Erinnerungen aus einem streitbaren Leben

Marianne Awerbuch

Erinnerungen aus einem streitbaren Leben

Von Berlin nach Palästina –
Von Israel nach Berlin

Mit einem Beitrag
von Jonathan Awerbuch

Herausgegeben von
Hermann Simon und Hartmut Zinser
unter Mitarbeit von
Ulrich Werner Grimm und Daniela Gauding

Reihe
»Jüdische Memoiren«
Herausgegeben von Hermann Simon
Band 15

HENTRICH & HENTRICH

Druck: Brandenburgische Universitätsdruckerei und
Verlagsgesellschaft Potsdam mbH

1. Auflage 2007
Printed in Germany
ISBN 978-3-938485-39-2

Inhalt

Marianne Awerbuch (1917–2004)

Vorwort

Marianne Awerbuch hinterließ bei ihrem Tode ein umfangreiches Manuskript mit Erinnerungen aus ihrem Leben. Einen Titel hatte sie dem Manuskript noch nicht gegeben. Die Herausgeber wählten „Erinnerungen aus einem streitbaren Leben“ in Anlehnung an Gespräche mit Marianne Awerbuch und in Diskussion mit ihrem Sohn Jonathan.

Das Manuskript bestand zum überwiegenden Teil aus maschinengeschriebenen Seiten, manche auf beiden Seiten beschrieben. Einzelne Abschnitte lagen zugleich als Kopie vor. Sowohl im Original wie in den Kopien waren handschriftliche Korrekturen und Umarbeitungen eingetragen, die nicht immer übereinstimmen. Von einzelnen Abschnitten gibt es auch mehrere Entwürfe, ohne dass erkennbar ist, welches die letzte oder die von ihr bevorzugte Fassung ist. Inhaltliche Differenzen gibt es zwischen diesen verschiedenen Fassungen kaum; vielmehr hatte die Verfasserin daran gearbeitet, ihren Erinnerungen eine literarische Gestalt zu geben und sich damit viel Mühe gemacht. Sie hat Abschnitte verschiedenen ihrer Freunde laut vorgelesen und dabei Formulierungen, die ihrem Sprachduktus nicht entsprachen, geändert. Manchmal hat sie Sätze und ganze Absätze dabei mehrfach mit den Änderungen vorgelesen, bis sie die ihr zusagende Formulierung gefunden hatte. Angebote, ihre „Erinnerungen“ zu diktieren, hat Marianne Awerbuch mehrfach abgelehnt. Sie legte Wert darauf, jedes Wort genau abzuwägen und selbst zu schreiben.

Die Herausgeber haben Veränderungen des Textes auf ein Minimum beschränkt. Korrekturen wurden lediglich vorgenommen, um Schreibweisen abzugleichen und abgekürzte Namen auszuschreiben; sehr selten wurden zum besseren Verständnis Worte eingefügt. In den Anmerkungen haben die Herausgeber die heute einem breiten Publikum nicht mehr bekannten Personen und Ereignisse kurz erläutert.

Der zusammenhängende Text von Marianne Awerbuch hört mit ihrer Promotion auf. Er umfasst mithin die beiden ersten Phasen ihres Lebens: Kindheit und Jugend in Berlin, das Leben in Israel nach der Vertreibung aus Berlin und die ersten Jahre nach ihrer Rückkehr in ihre Heimatstadt. Diese war von ihr eigentlich nur als Studium mit dem Ziel der Promotion geplant. Sie blieb dann aber bald 40 Jahre bis zu ihrem Tode in Berlin und wurde – einem dringenden Wunsch von ihr nachkommend – auf dem Friedhof in Berlin-Weißensee neben ihrem sieben Jahre vorher verstorbenen Mann Max begraben.

Bei der Beerdigung amtierte Rabbiner Chaim Rozwaski; Kantor Isaak Sheffer sang El male Rachamim. Für Freunde und Kollegen hielten Caspar Elm und Winfried Sühlo ehrende Ansprachen. Unter strömendem Regen und Donner sagte am Grab Marianne Awerbuchs ihr Sohn Kaddisch.

Da ihre „Erinnerungen" die ersten beiden Abschnitte ihres Lebens umfassen und vom dritten nur die Berichte über ihre Promotionsstudienzeit vorliegen, erfährt man über ihre Arbeit als Wissenschaftliche Assistentin und Professorin bis 1982 und über die Jahre nach ihrem Ausscheiden aus der Universität und damit auch über ihre wissenschaftliche Arbeit nur wenig. Sie hat aber in der Freien Universität Berlin als Professorin und Dekanin eine wichtige Rolle gespielt, keinen Konflikt gescheut, in strittigen Fragen Position bezogen, Studenten gefördert und Kollegen unterstützt. Sie erwarb sich dadurch Anerkennung und – man kann es nicht anders sagen – liebende Zuwendung vieler, zog aber auch die Kritik einiger auf sich. Wie in der Universität hat sie auch in der Stadt in gesellschaftlichen und politischen Diskussionen ihren Standpunkt eingenommen. Dabei war ihr das Verhältnis von Juden und Christen, nichtjüdischen und jüdischen Deutschen immer eine brennende Frage. Dieser Lebensabschnitt von Marianne Awerbuch wird vielleicht einmal von einem Biographen dargestellt; die Herausgeber konnten und wollten die von ihr selbst verfassten Erinnerungen nicht ergänzen. Einen kleinen Einblick verschaffen die von ihr veröffentlichten Schriften, die – leider unvollständig – am Ende dokumentiert sind. Der Edition beigegeben ist ein persönliches Wort von Jonathan Awerbuch über seine Mutter sowie die Worte des Gedenkens von Winfried Sühlo.

Die Hauptlast bei der redaktionellen Bearbeitung des Manuskripts trug Ulrich Werner Grimm (www.textagentur-grimm.de); Daniela Gauding vom Centrum Judaicum ist ebenfalls zu danken.

Es war Marianne Awerbuchs Wunsch, ihre „Erinnerungen" zu veröffentlichen. Die Herausgeber freuen sich, diesem Wunsch mit dem vorliegenden Band entsprochen zu haben und hoffen zugleich, dass ihre „Erinnerungen" über das Individuelle hinaus auch zum Verständnis ihrer Zeit Einblicke eröffnen.

Hermann Simon *Hartmut Zinser*

Kindheit in Berlin

Es wurde wenig gesprochen an diesem Januarabend des Jahres 1939. Meine Eltern und ich warteten auf Max und dessen Eltern in unserer Wohnung. Wir waren fertig angekleidet, gehüllt in dicke Wintermäntel, umgeben von meinem Handgepäck und warteten auf die anderen und auf die Autodroschke. Vater ging ans Fenster: „Das Auto kommt grade." In dieser Minute hörten Mutter und ich Schritte vor unserer Wohnungstür – Max und seine Eltern. „Also gehen wir", sagte Vater. Schnell öffnete ich noch einmal die Tür zu unserem großen Musikzimmer. In dem fast leeren Raum wirkte der große Konzertflügel unheimlich, ein einsames und nutzlos gewordenes Prunkstück, schmerzliches Symbol der Erinnerung an eine zerstörte Jugend. Die Erkenntnis der Unwiederbringlichkeit erfüllte mich plötzlich mit tiefer Bitterkeit.

Nachdenklich und schweigend gingen wir die Treppen hinunter und nahmen Platz in dem wartenden Auto. Niemand sprach, nur Vater gab die kurze Anweisung an den Fahrer: „Anhalter Bahnhof, bitte." Es war kalt und dunkel, es schneite. Der Bahnsteig war bedeckt mit geschmolzenem, schmutzigem Schnee. Überall standen kleine Gruppen von sechs bis acht Personen eng beieinander, in deren Mittelpunkt ein Junge oder ein Mädel, von denen es Abschied zu nehmen galt. Es war still, trotz der vielen Menschen. Alle sprachen leise, fast flüsternd. Erwartungsvolle Mienen der Jugendlichen – sie lebten bereits in der Zukunft, in Gedanken waren sie in Palästina, in der Kibbuzgemeinschaft. Leidvolle Mienen der Erwachsenen, der Eltern und Verwandten.

Auf fast komische Weise wurde unsere Gruppe unerwartet abgelenkt. Wie der reitende Bote aus alten Erzählungen erschien eilig in letzter Minute ein Abgesandter unserer untergehenden Welt in der Gestalt des Hausdieners unserer besten Freunde. In einem Körbchen präsentierte er uns ein köstlich zubereitetes Abendmahl, dem es an nichts fehlte, was zu einer feinen Mahlzeit gehörte. Er erinnerte mich an den Auftritt des kleinen Mohren ganz zum Schluss des „Rosenkavaliers“[1] – er gehörte nicht mehr zur Handlung. Die Marschallin hatte sich verabschiedet und sie vermisste sicher nichts weniger als ihr Spitzentaschentuch. Ebenso wenig vermissten wir in dieser Stunde ein feines Abendessen, denn auch wir waren in Gedanken bereits gegangen, verabschiedet von allem bisherigen Leben.

Unsere Schutzbefohlenen kletterten in die Abteile. Ein schriller Pfiff ertönte. Das erste Zeichen zur Abfahrt des Zuges. In einer Hand balancierte ich das Körbchen, umarmte meine Schwiegereltern und küsste meine Eltern. Die Koffer unserer Kinder waren verstaut. Die meisten der hundert Jungen und Mädchen waren bereits im Zug, drängelten sich an den Fenstern und versicherten ihren Angehörigen immer wieder, dass ihnen bestimmt nichts zustoßen würde. Jetzt, buchstäblich in letzter Sekunde, trennten auch wir uns von unseren Eltern. Wir stellten uns an das Zugfenster. Neben uns, hinter uns unsere Schutzbefohlenen. Wir streckten die Hände aus, lehnten uns weit hinaus und winkten und winkten. Die Eltern wurden kleiner und kleiner, und man erkannte nur noch die wehenden Tücher. Ich winkte noch – sinnlos, wie in Gedanken versunken – als der Zug längst in eine Kurve eingebogen war. „Komm“, sagte Max und führte mich ins Abteil, wo er neben der Tür einen Eckplatz für mich freigehalten hatte, das Esskörbchen von Tante Ilse daneben.

Zwei Gedanken beherrschten mein Bewusstsein: Wir sind etwas Schrecklichem, Unvorstellbarem entronnen; wir werden unsere Eltern niemals wieder sehen.

Es war dunkel, eine Januar-Schneenacht. Zusammengekauert, die Augen geschlossen, saß ich in meiner Ecke. Alle waren ruhig, als hingen sie ihren Gedanken nach. Der Zug fuhr in die Dunkelheit. – Hinter meinen geschlossenen Augen stehen noch immer meine Eltern. Sie winken nicht mehr. Es ist, als stünde ich neben ihnen. Schweigend wenden sie sich ab, werden eins mit der Dunkelheit. In meiner Versunkenheit wende auch ich mich vom Bahnhofseingang ab. Wie im Wachtraum folge ich meinen Eltern. Ich beschleunige meine Schritte, je näher ich ihnen komme, desto mehr verändern sie sich. Jung sehen sie aus, ihre Traurigkeit ist zu Frohsinn geworden. Ich hole sie ein. Jetzt gehe ich mit ihnen. Sie nehmen mich in ihre Mitte, liebevoll und zärtlich schauen sie auf mich herab. Meine Mutter nimmt mich auf ihren Arm. Mein Vater gibt einem in einiger Entfernung stehenden Kutscher ein Zeichen. Dieser steigt in sein Gefährt und lenkt es unter lauten Zurufen an die Bordschwelle, um uns aufzunehmen. Es ist nicht mehr Nacht. Jetzt ist es heller Tag. Die Sonne scheint warm, das Kind jauchzt. Vater und Mutter herzen und küssen es. Das Pferd trabt hurtig. Die Straßen werden breiter. Hohe grüne Bäume säumen sie. Vorgärten blühen vor den mit reichem Stuck geschmückten Bürgerhäusern. Eine breite Allee führt uns am Bahnhof vorbei, der, gleich Park und Schloss, die hinter ihm liegen, den passenden Namen „Bellevue" trägt. Das ist nicht mehr der schwarze, rauchige, überfüllte Bahnsteig des Anhalter Bahnhofs. Hier ist Heimat. Das ist zu Hause. Endlich zu Hause, vorbei der Spuk! – Dann ein Ruck des Zuges, ein schrilles Quietschen. Ich fiel seitlich auf die Schulter meines Nachbarn. Ich fuhr wieder in die Ungewissheit eines anderen Lebens, von dem ich nichts weiter wusste, als nur das Eine: Es wird keine Wiederkehr geben, und – ich werde die Eltern niemals wieder sehen.

Zeit meines Lebens blieb ich in dieser oder jener Form meinem ersten Zuhause, der elterlichen Wohnung, verhaftet. Wie oft meine ich das Läuten in der elterlichen Wohnung zu vernehmen. Wie oft denke ich, wenn ich von einer Reise zurückkomme und als erstes ein Bad nehmen möchte, an das Badezimmer meiner Kindheit. Oder ich meine beim Aufwachen, wie aus weiter Ferne das Klavierspiel meines Bruders zu vernehmen, und ich will in das große Musikzimmer eilen. Doch sekundenschnell hat mich die Wirklichkeit eines anderen Lebens zurückgeholt. Immer wieder geschieht es, dass ich nach einem bis in die späten Nachtstunden dauernden geselligen Zusammensein in völliger Übermüdung und Sehnsucht nach Alleinsein in Gedanken meinen Heimweg nicht nach Grunewald, sondern nach dem Bahnhof Bellevue antrete und den leicht abschüssigen Weg des Holsteiner Ufers hinunter eile, um, in Gedanken schon vor meinem Geburtshaus angelangt, blitzartig der Realität zurück gewonnen zu werden.

Die Kinderwelt vergeht nicht. Meine Lebenswanderung begann in Berlin und endet in Berlin. Hier bin ich geboren, hier wird man mich begraben. Doch das Berlin, in dem ich geboren wurde, besteht nur in meinen Wachträumen, manchmal, in gänzlich anderer Form, in meinen Nachtträumen. Die einen bedeuten unbezwingbare Sehnsucht – die anderen unvorstellbares Grauen und unrealistische, törichte Hoffnungen.

Damals, in jener Winternacht im fahrenden Zug, hatte die stufenweise, aber radikale Loslösung von der Kindheitswelt zu beginnen, hatte sich die Erkenntnis durchzusetzen, dass es eine Wiederkehr nicht geben kann, dass diese Loslösung der Preis ist für die Lebensrettung durch die Flucht aus einer wahnwitzigen, geschändeten Welt, von deren kommenden Schrecknissen wir damals keine Vorstellung hatten und nicht haben konnten.

Meine Kindheit und frühe Jugend endete endgültig am 30. Januar des Jahres 1933, meine Jugend, ja mein erstes Leben am 19. Januar 1939 auf dem Anhalter Bahnhof, mit einem letzten verzweifelten Blick auf Eltern und Schwiegereltern. Ich hockte in meiner Abteilecke, hielt die Knie umklammert; wie von fern vernahm ich jetzt die Stimmen der von uns betreuten Jungen und Mädchen, die trostreiche und Sicherheit vermittelnde ruhige Stimme von Max, der geduldig Fragen beantwortete, mit den Schaffnern verhandelte, Sitzplätze verteilte und Gepäck verstaute.

Wir fuhren in die Nacht, wörtlich und bildlich. Zeit zum Nachdenken. – Hinter den geschlossenen Augen wechseln die Bilder in ungeordneter Folge. Ich beginne, Ordnung in den zeitlichen Ablauf der Ereignisse zu bringen, die einzelnen Bilder zu einem Gemälde zusammenzustellen. Die Bemühung, mir die Dinge zu vergegenwärtigen, beruhigt. Ich zähle die Lebensjahre. Was ist mir in der Erinnerung von meinen frühen Kindheitsjahren, von den Jahren ungebändigter Neugier und Lebenslust der frühen Jugend geblieben, die abrupt und unvorhergesehen am 30. Januar 1933 abbrachen durch das Entstehen einer „Gegenwelt", einer „Nichtwelt", die zur Quelle unvorstellbaren Grauens, unbezwingbarer Angst, der Umwertung aller Werte wurde? Wie schwer war es, diese Zerstörung als unaufhebbare Realität zu begreifen, und nicht an ihr zu zerbrechen!

*

Die dominierende Persönlichkeit meiner Kindheit und Jugend war mein Vater, Georg Selbiger, seines Zeichens Direktor einer Getreide Handels AG, geboren in Stolp in Pommern im Jahre 1881. Als mein Vater drei oder vier Jahre alt war, verstarb seine Mutter im Kindbett des siebten Sohnes; ein Kind hatte sie in dessen viertem Lebensjahr verloren. Man sagt, die Großmutter hätte sich so innig ein Mädchen gewünscht und wäre vor Enttäuschung über den siebten Sohn lebensüberdrüssig geworden. Wahrscheinlicher ist jedoch, dass sie am Kindbettfieber gestorben ist. Mein Großvater zog mit seinen fünf Söhnen nach Berlin. Auf der Suche nach einer Haushälterin und Erzieherin für seine Söhne, brachte er Johanna ins Haus. Sie blieb für uns Kinder immer „Tante Johanna", über die wir nur erfuhren, dass sie eine angeheiratete sehr entfernte Verwandte sei, für die keine guten Heiratsaussichten bestanden hätten, weshalb ihr diese Art der Existenzsicherung höchst willkommen gewesen sei. Sie war eine rührende Hausmutter, stets um das Wohl ihrer Schutzbefohlenen besorgt – erst um Großvaters Söhne und später nicht weniger aufopfernd um deren Kinder. Wie selbstverständlich stand sie zur Verfügung, wenn man ihre Hilfe benötigte. Berühmt wurde sie im Familienkreis wegen ihrer Mürbekekse. „Sie zergehen im Munde" hieß das höchste Lob meines Vaters. Meine Mutter sah sich in einem ewigen Wettbewerb mit Tante Johanna. Mit den Jahren jedoch erreichte Mutter das Ziel der Klasse, und es hieß nicht mehr, Tante Johannas Saucen, Kuchen, Nachspeisen und so weiter wären so und so im Vergleich mit denen meiner Mutter gewesen. Mutter wurde zur anerkannt besten Kochkünstlerin der Familie, so das ungeteilte Lob aller Familiengäste. Ein Lob, dem sich mit der Zeit mein Vater eher notgedrungen anschließen musste.

Vater war eine imposante Erscheinung. Gut aussehend, hoch gewachsen, mit ebenmäßigen Gesichtszügen, Selbstsicherheit in einem Maße ausstrahlend, die viele Menschen, mit denen er in Berührung kam, von seiner Wichtigkeit überzeugte. Dank seiner unerschütterlichen Lebensregeln, wusste er immer, was richtig und was falsch war. Wir Kinder wurden regelrecht gedrillt, um den Ansprüchen meines Vaters zu genügen. Wir lernten früh, wie man sich bei Tisch zu benehmen hat, wie man Gäste begrüßt und wie man sich als Gast, bei Verwandten, Freunden oder Bekannten, zu verhalten hat. Einerseits ein Haustyrann, war Vater andererseits ein beliebter Gesellschafter. Verwandte und Freunde fanden seinen unerschütterlichen Sinn für Humor und seine oft groben Späße, meist auf Kosten anderer, höchst unterhaltsam.

Meine Mutter war wunderschön, von ihr hieß es, sie gleiche einer Feuerbachschen Frauengestalt. In der Tat ähnelte sie verblüffend den südländischen Frauentypen mancher Gemälde von Anselm Feuerbach. Ich kann mich nicht erinnern, dass sie an den – gelinde formuliert – skurrilen Erziehungsdoktrinen meines Vaters jemals Kritik geübt hätte. Vollkommen personifizierte sie die ideale Gattin und Haus-

Georg (1881–1943) und Lotte Selbiger (1885–1943)

frau des wohlhabenden Bürgertums ihrer Generation. Sie unterwarf sich ohne Klagen seinen unabänderlichen Gewohnheiten für den Tagesablauf. Niemals versäumte sie mittags am Wohnzimmerfenster die Ankunft meines Vaters abzuwarten, um bei seinem Erscheinen eiligst in der Küche Anweisung zu geben, dass das Essen in fünf Minuten serviert werden solle, nachdem sich der Herr des Hauses an dem großen runden Esszimmertisch niedergelassen hatte.

Meine Mutter war kühl und zurückhaltend, selten zärtlich, liebevoll nur bei besonderen Gelegenheiten. Doch widmete sie uns viel Zeit, unternahm an den Nachmittagen ausgedehnte Spaziergänge in den Tiergarten – im Herbst um Kastanien zu sammeln, im Winter um auf dem Neuen See Schlittschuh zu laufen, und sie unterwies uns in dieser Kunst. Im Sommer lehrte sie uns Mädchen aus Blättern und Wiesenblumen kunstvolle Kränze zu flechten. Wir liebten diese Spaziergänge mit unserer Mutter. Ich erinnere mich nicht, irgendwann einmal mit ihr ein ernstes Gespräch geführt oder über ein Buch mit ihr gesprochen zu haben. Hingegen erzählte sie oft und gerne Geschichten aus ihrer Kindheit und Jugend, von der Ritterlichkeit ihrer drei Brüder, von ihren Bewunderern und ihren Verehrern. Früh erfuhren wir, dass sie ihre große Liebe nicht heiraten konnte. Den Grund verschwieg sie uns leider. Leise seufzend und doch dabei wehmütig lächelnd, erzählte sie uns, dass sie sich dann, nach allgemeinem Zureden entschlossen hätte, den „kleinen Selbiger“ – klein im Sinne von jung, er war der jüngste seiner Brüder – zu heiraten. Schließlich war sie schon für damalige Begriffe in einem Alter – ich denke 28 Jahre alt –, in dem man schon an ein „altes Mädchen“ dachte! Sie genoss es, wenn Männer ihr auf der Straße bewundernd nachschauten, und nicht einmal bat sie mich: „Sage einmal ganz laut Mutti zu mir!“, um einen etwaigen Verehrer abzuschrecken.

Sie war stolz auf ihre Schönheit und nicht weniger auf ihre ausgebildete Singstimme. Zu meinen frühesten Erinnerungen an meine Mutter gehören ihre Gesangsvorträge.

Mein Vater oder mein Onkel Richard begleitete sie am Flügel. Sie hatte eine schöne warme Mezzosopranstimme, doch verführte sie ihre Eitelkeit oder Geltungssucht in späteren Jahren dazu, ihre stimmlichen Grenzen zu überschreiten, und was in meiner Kindheit klar und lieblich ertönte, bekam einen schrillen Beiklang.

Gesellschaftliche Zusammenkünfte, Gastereien in unserem Hause, Theater, Oper und Konzertbesuche füllten das Leben meiner Eltern aus. Noch heute erinnere ich mich mit Stolz an meine wunderbare schöne Mutter, elegant gekleidet, mit kostbarem Schmuck behangen, an der Seite meines stattlichen, eindrucksvollen Vaters, die uns in den Betten liegenden Kindern Gute Nacht sagten, und an meine unbezwingbare Furcht, sie könnten aus irgendeinem Grund nicht nach Hause zurückkehren. Oft wachte ich in solchen Nächten nach Mitternacht auf und wartete im dünnen Nachthemd bangend am Fenster, zitternd vor Müdigkeit und Kälte, auf die Rückkehr meiner Eltern. Wenn sie dann endlich vor unserem Haus erschienen, lief ich in Windseile in mein Zimmer, legte mich ins Bett und schloss die Augen. Sie sollten von meiner Nachtangst nichts wissen, denn sie passte doch so gar nicht zu meinem widerspenstigen Verhalten im täglichen Zusammenleben. Manchmal war ich aber nicht schnell genug, und ich begegnete meinen Eltern auf dem langen Korridor. Dann waren sie zwar leicht verärgert, doch irgendwie gerührt, wurden lieb und zärtlich, und entgegen allen erzieherischen Grundsätzen bekam ich manches Mal – wie Mutter sagte – zur Beruhigung ein Stück Schokolade.

Unmut und Ungeduld zeigten beide Eltern, wenn wir Kinder erkrankten. „Schon wieder", klagte meine Mutter, „diesmal schicke ich sie" – oder ihn – „aber ins Krankenhaus". Und Vater: „Ich schäme mich vor meinen Geschäftsfreunden. Schon wieder" – auch er – „muss ich auf Befragen mitteilen, dass einer von euch krank ist!" Krankheiten waren störend, und wir absolvierten alle drei sämtliche Kinderkrankheiten, immer schön einer nach dem anderen, so dass wirklich viele Wochen vergehen mussten, bis meine Eltern die „Abendausgehzeit“, ohne auf ein krankes Kind Rücksicht nehmen zu müssen, wieder voll und ganz genießen konnten.

Meine Mutter hieß mit ihrem Mädchennamen Lotte Calé. Ihr Vater – mein Großvater – starb, als sie sieben oder acht Jahre alt gewesen war. Meine Großmutter Jenny muss sehr wohlhabend gewesen sein. Ihren vier Kindern fehlte es an nichts. Meine Mutter war die Jüngste und einzige Tochter. Die Jungen besuchten die Universitäten, meine Mutter ein Mädchenlyzeum, das Dorotheen-Lyzeum in Moabit, in das später auch meine Schwester und ich zu einer Zeit eingeschult wurden, als es bereits zum „Oberlyzeum“, in dem man das Abitur machen konnte, ernannt worden war. Der Lebensstil meiner Großmutter entsprach völlig dem Lebensstil in dem Haus meines Großvaters und somit auch unserem, ihrer Kinder. Bildung, Musik, Literatur, Gesellschaften, Museumsbesuche, Kunstbetrachtungen gehörten somit zur Familientradition. Meine Eltern behielten nach ihrer Heirat ihren bisherigen Lebensstil bei. Für meine Mutter änderte sich herzlich wenig. Sie wurde am Schleswiger Ufer geboren. Nach ihrer Hochzeit zog sie in eine ähnliche sehr große Sieben- oder Acht-Zimmer-Wohnung am Holsteiner Ufer. Meine Großmutter möblierte die Wohnung, während meine Eltern auf der Hochzeitsreise – natürlich Venedig – waren.

Als wir zur Welt kamen, lebte nur noch der älteste Bruder meiner Mutter, mein Onkel Richard. Der dritte Bruder Fritz fiel im Krieg. Ein Geheimnis umwitterte den Bruder Walter. Sehr früh wurde uns mitgeteilt, dass er ein Hochbegabter, ein wahres Wunderkind gewesen sei. Seine Lernfähigkeit auf allen Gebieten des geistigen Lebens, sei es Philosophie, Literatur, Kunst, war sehr früh entwickelt. Niemand wusste, wie er – ohne Anleitung – seine profunden Sprachkenntnisse, vor allem der klassischen Sprachen, erwarb. Er war der Stolz des humanistischen Friedrichsgymnasiums, das an seinem Geburtstag noch Jahrzehnte nach seinem Tode eine Erinnerungsstunde für ihn abhielt. Als er 22 Jahre alt war, nahm er sich, unfassbar für alle, das Leben. Nachdem er seine Gedichte, Novellen, ein Bühnenstück und Tagebücher in einer Nacht verbrannt hatte, gab er sich den Todesschuss. Niemand kennt die Ursache seiner Todessehnsucht. Man kannte ihn als fröhlichen, geselligen Freund, als hingebungsvollen Sohn und Bruder. Seine Gedichte jedoch zeugen von Vereinsamung und Todessehnsucht. Seine „Nachgelassenen Schriften“[2], die sich zur Zeit seines Todes bei Freunden befanden, wurden einige Jahre später vom S. Fischer Verlag mit einer schönen, entsprechenden Würdigung von Fritz Mauthner herausgegeben. Meine Mutter sprach oft mit tiefer Liebe und Verehrung von ihm. Früh gab sie mir seine Gedichte zu lesen, einige wurden zu meinen Lieblingsgedichten, andere halfen mir die Furcht vor dem Tode zu überwinden, sie wiesen mir einen möglichen Fluchtweg aus einer die Menschenwürde bedrohenden feindlichen Welt. Doch darüber später.

Mein Bruder Walter war vier Jahre älter, meine Schwester Ilse zwei Jahre jünger als ich. Tiefe Liebe verband mich mit meiner kleinen Schwester, die, oft schutzbedürftig, sich gern auf ihre „große Schwester“ verließ und ein williger Kumpan war, wenn es mir einfiel, meinen Eltern einen Streich zu spielen. Mein Bruder terrorisierte mich, drohte, seinen Freund, einen starken Mitschüler, zu mir zu schicken, um mich zu verhauen. Aber seine schlimmste Drohung lautete, dass er mich an die Tiergartenschleuse bringen würde, vor deren rauschendem Wasser ich mich ungemein fürchtete, und, indem er meine Furcht mit meinem Abscheu verband, mir dort eine mir verhasste Mahlzeit hinbringen würde, nämlich grüne Bohnen mit Hammelfleisch. Wie unglücklich war ich, wenn meine Mutter dieses Gericht mittags auftischen ließ, und ich gezwungen war, es aufzuessen. „Alles aufessen“ gehörte zu den unumstößlichen Regeln meiner Eltern. Diese Drohung meines Bruders tat immer ihre Wirkung. Ich tat, was er wollte. Seine Forderungen waren harmlos: Ich sollte mit ihm spielen, ihm ein Lied vorsingen, öfter aus einem

Buch vorlesen – ich lernte lesen, bevor ich in die Schule kam –, besser vorbuchstabieren. Das konnte ich nur sehr, sehr langsam, da ich nie verstand, worum es sich eigentlich handelte. Mein Bruder machte es sich anscheinend zur Pflicht, meine Fortschritte zu prüfen, seine Überlegenheit gegenüber der kleinen Schwester zu demonstrieren.

Doch erregte er sehr früh mein Mitleid. Als einziger Sohn stand er im Mittelpunkt der Interessen meines Vaters, wurde auf völlig unvernünftige Weise gezwungen, sich gefälligst auch den absurdesten Anordnungen meines Vaters zu fügen. Unsere Kindheit war von der väterlichen Tyrannei geprägt. Jeder von uns reagierte auf seine Weise. Ich rebellierte früh und wurde in der Familie bekannt unter der Bezeichnung „das Kind, das immer nein sagt". Auf jede höfliche Anfrage meines Vaters „Marianne, möchtest du nicht bitte…" antwortete ich prompt, ohne ihn aussprechen zu lassen: „NEIN" – ich wollte ihm nicht die Zeitung, die Zigarre, den Aschenbecher oder ein Glas Wasser bringen. Selbstverständlich musste ich nachgeben, doch wurde das Urteil über mich früh gefällt: Marianne hat einen schlechten Charakter. Ich kann damals nicht älter als drei oder vier Jahre alt gewesen sein.

Evident wurde mein schlechter Charakter, als ich drei Jahre alt war. Ich erinnere mich deutlich. Ich saß auf der „Wickelkommode" – ein unentbehrliches Möbelstück in jedem Kinderzimmer – und wurde von unserem Kindermädchen gewaschen und angekleidet. Da kam plötzlich, ungewohnt zu dieser Stunde, mein Vater ins Zimmer, blieb an der offenen Tür stehen und sagte: „Heute Nacht ist Großvater gestorben." Er sah mich forschend an. Und ich, anstatt wie erwartet in Tränen auszubrechen, sagte – gar nichts! Vielleicht sagte ich „Ach". Auf jeden Fall zeigte ich weder Trauer noch gar Verzweiflung. Was für ein hartherziges Kind, dabei hat Großvater gerade dieses Kind so sehr geliebt! Auf den Gedanken, dass ich mit der Mitteilung nichts anzufangen wusste, gar nicht wissen konnte, was „gestorben" heißt – auf diesen Gedanken kamen beide

Eltern nicht. Dabei liebte ich meinen Großvater heiß und innig, und ich wusste mich von ihm wiedergeliebt. Wie sonst ist es möglich, sich an eine Person der ersten Kindheitsjahre so lebhaft zu erinnern. Ich weiß, dass ich oft auf seinen Knien saß, dass ich, von Tante Johanna begleitet, mit Begeisterung zu ihm ging; ich wusste, er wollte mich so oft wie möglich um sich haben. „Unverständlich", so meine Eltern, „dass das Kind nicht trauert, dabei hat er von allen Enkeln wirklich nur sie geliebt." Immer wieder wurde mir von meinen Eltern vorgehalten, wenn ich deren Wunschvorstellungen nicht entsprach: „Großvater würde sehr enttäuscht sein, er war sicher, dass aus dir einmal etwas Großes werden würde." Da es auch für ein Kind bedrückend ist, darauf hingewiesen zu werden, dass man die Erwartungen nicht erfüllt, bildete die Beurteilung meiner Person durch meinen Großvater ein notwendiges Gegengewicht zu den leichtfertigen elterlichen Einschätzungen meines Charakters und auch meiner Veranlagungen.

Ungehorsam ist gleichbedeutend mit schlechtem Charakter, Gehorsam somit eine notwendige Tugend, „preußisch" und „bürgerlich" – beide waren erstrebenswerte Eigenschaften, standen an oberster Stelle in der Werteskala meiner Eltern. Erziehung bedeutet vor allem Entdeckung und Förderung möglicher Begabungen. Wunderkinder wären höchst willkommen gewesen, und meine Eltern gaben ihre Bemühungen der Suche nach den Talenten ihrer Kinder niemals auf. Sie begannen damit außergewöhnlich früh. Ich kann nicht älter als 20 oder 22 Monate gewesen sein, als mein Vater der Kinderfrau die Anweisung gab, mich – es muss nach dem Abendbrot der Eltern, also ungefähr zwischen acht und neun Uhr abends gewesen sein – aus dem Bett zu holen, mich anzukleiden und mich an das andere Ende der großen Wohnung ins Musikzimmer zu bringen. Aus tiefem Schlaf geweckt, unfähig, die Augen offen zu halten, festlich gekleidet, befand ich mich plötzlich in dem hell erleuchteten Musikzimmer. Stimmengewirr umgab mich, ich wurde von einem Arm auf den anderen gereicht. Man setzte mich in einen großen Sessel. Da saß ich nun, Köpfchen auf der Schulter, blinzelnd ins Licht blickend – so der Bericht meiner Mutter viele Jahre später – wartete ich auf die kommenden Dinge. Das Stimmengewirr verstummte, es wurde sehr still, und süß und lieblich ertönte melodische Musik, gespielt von Onkeln und Freunden. Das beruhigte, das war bekannt, stets ertönte in diesem Hause Musik. Ich schloss die Augen und schlief erleichtert ein, so tief, dass ich nicht aufwachte, als ich in mein Bett zurückgebracht wurde. Ich erinnere mich klar und deutlich an dieses Ereignis. Es wurde mir verwehrt, es zu vergessen, da mein Vater es mir wieder und wieder, in vorwurfsvollem Ton, ins Gedächtnis zurückrief. Tief enttäuscht wäre er gewesen, denn seine Kinder dürften nicht unmusikalisch sein, hätte er lange vor unserer Geburt verkündet. Offensichtlich hatte ich die erste Prüfung nicht bestanden und galt somit vorerst als unmusikalisch.

Doch war dies nicht die einzige Enttäuschung, die ich meinen Eltern bereitete. Was für ein süßes Baby ich doch gewesen wäre, schwärmten beide in der Erinnerung: „Süße Spucklöckchen“ hätten mein „rosiges Gesicht“ umrahmt, meine Augen wären „himmelblau gewesen“ – und jetzt? Bereits im Vorschulalter waren die Haare glatt, dabei von gewöhnlicher dunkelbrauner Farbe, das strahlende Blau der Augen wandelte sich in eine grau-grüne Mischfarbe. Doch endgültig machten mich meine Sommersprossen zur „hässlichen Tochter“. Mein Vater betrachtete sie kopfschüttelnd und nahm sie zum Anlass wiederholter Spöttereien: „Marianne“, so mein Vater, von einem Spaziergang heimgekehrt, „pass auf deine Sommersprossen auf, denn schon wieder habe ich welche in der Brückenallee gefunden.“ Auch meine Mutter machte sich Gedanken, wie sie – eine anerkannte Schönheit – zu der unscheinbaren Tochter gekommen sein könnte, tröstete sich aber damit, dass wenigstens meine Schwester Ilse ihr doch außerordentlich ähnlich sehe. Auch sie spottete, wenn ich angsterfüllt die Vorbereitungen für die nächtlichen Ausgänge beobachtete: „Du brauchst dich nicht zu fürchten. Niemand wird dich entführen. Bis zur nächsten Laterne ist es nur ein kurzer Weg, dann bringt Dich jeder Dieb sofort zurück."

Vater und Mutter amüsierten sich köstlich über ihren eigenen Humor, verstanden sie doch nicht diese kindliche irrationale Angst. Ich blieb ja nicht allein in der Wohnung. Geschwister und Hausangestellte waren in der Nähe. Meine Mutter meinte, mich mit Spott zur Vernunft bringen zu können, meine Angst zu unterdrücken. Es gelang ihr auch. Innerlich zog ich mich früh von meinen Eltern zurück, vertiefte mich mehr und mehr in eine eigene Gedankenwelt. Über meine „Hässlichkeit" grämte ich mich nicht. Dafür war meine Schwester „schön" und mein Bruder „hochmusikalisch". Früh improvisierte er auf dem Klavier, und als er im Alter von sechs Jahren den ersten Klavierunterricht erhielt, stellte sich zur hellen Begeisterung meiner Eltern heraus, dass er das absolute Gehör besaß, das einige Jahre später zu einem beliebten Spiel von meinem Bruder und mir wurde.

Mit der Zeit hatte mein Bruder seine Lust mich zu ängstigen überwunden. Durch die Musik schuf er sich eine eigene Welt, die ihm alles andere als unwichtig erscheinen ließ. Gern gewährte er mir Einlass in diese seine eigene Welt, nachdem er in mir eine nimmer ermüdende Bewunderin erkannt hatte. Ich achtjährig, er vier Jahre älter, sehe ich ihn in meiner Erinnerung am Flügel musizierend und mich als begeisterte Zuhörerin in der Nähe – Da beschloss man, auch mir Klavierunterricht zu geben. Wie weit zurück war ich doch im Vergleich zu meinem Bruder! Wie wenig Vergnügen machte es mir, die langweiligen Fingerübungen endlos zu wiederholen. Mein Vater übernahm wieder einmal bezeichnenderweise die Rolle des Spaßmachers. Während ich mich bemühte, lehnte er an der Musik- und Wohnzimmer verbindenden Glastür und sang zu einer spontan erfundenen Melodie folgende Worte:

„Affe du, Affe du,
Lass den Flügel
Jetzt in Ruh
Affe du, Affe du …“

„Lass den Flügel jetzt in Ruh“ – ich tat es wirklich, ich hörte auf zu üben. Und damit auch mit dem Klavierunterricht. Wahrlich eine pädagogische Leistung meines Vaters! Meine Musikliebe und mein Interesse konnte er jedoch nicht zerstören. Er wollte es wahrscheinlich gar nicht! Wie oft forderte er mich auf, mit ihm zusammen zweistimmig zu singen, und er widmete sich intensiv meiner musikalischen Bildung. Aber ein „hoch musikalisches Kind“ war ihm genug. Für mich wollte er etwas anderes herauszaubern. Für meine kleine Schwester schwebte ihm bereits das Bild einer künftigen Sängerin – sie hatte wirklich eine liebliche Stimme – oder Malerin vor, denn auch ihr Zeichentalent war beträchtlich. Was blieb also für mich?

Ganz einfach. Meine Leseintensität, mein Interesse an Literatur und Geschichte, mein gutes Gedächtnis wiesen mich eindeutig als „hoch intelligent“ aus, was sie durch meine späteren Schulleistungen bestätigt fanden und mich wiederum anspornten, die Richtigkeit ihrer Behauptung unter Beweis zu stellen. So hatte meine Mutter immer Gesprächsstoff, wenn sie mit ihren Freundinnen oder Schwägerinnen über ihre sehr verschiedenen, aber hoch begabten Kinder sprechen konnte. Jeder Erfolg wurde jeder mitgeteilt, die es wissen wollte. Und alle wollten es wissen, weil jede eifervoll darauf bedacht war, ihrerseits über die eignen „Wunderkinder“ Bericht zu erstatten. Gute Schulzensuren machten schnell die Runde, schlechte wurden verschwiegen. „Ilse hat ein süßes Lied gesungen, Marianne ein langes Gedicht auswendig gelernt, Walter geradezu geniale Fortschritte gemacht“. Die Gegenseite war verschnupft und Mutter legte triumphierend den Hörer auf.

Anderer Kinder Leistungen wurden uns strengen Tones als beispielhaft vorgeführt. Als der 14-jährige Jehudi Menuhin nach Berlin kam, um die drei großen B-Konzerte – Beethoven, Bach und Brahms – zu spielen, und die Eltern für die ganze Familie Karten kauften, kam mein Vater nicht in den vollen musikalischen Genuss der wirklich einmaligen Darbietung. Zu Hause angelangt, machte er seinem enttäuschten Herzen Luft: „Alles heißt Kinder haben", seufzte er über das ungerechte Schicksal, dass nicht er der Vater eines derartigen Wunderkindes geworden war.

Stolz und Eitelkeit – scharfe Kritik, unaufhörliche Ermahnungen, Bestehen auf unerschütterlichen Grundsätzen, man schreckte auch vor Prügel nicht zurück, der oft mein armer Bruder vor allem bei geringfügigem Anlass ausgesetzt war. Spott, grobe Späße, begleitet von großbürgerlicher Bildungsbeflissenheit und einem höchst anregenden Geselligkeitsstil, wie aufwendigen Geburtstagsfeiern, bildeten eine Mischung, die uns Kinder hin- und hertaumeln ließ zwischen Ungehorsam, Angst und Frechheit, begleitet von dem steten Bemühen Liebe und Achtung der Eltern zu erwerben.

Wir lebten unser eigenes Leben, vor allem mein Bruder und ich. Seitdem ich denken kann, von meinen ersten Schultagen an, war mein liebster Platz im Musikzimmer in der Nähe meines Bruders. Dort erledigte ich meine Schularbeiten, vertiefte mich in meine Lektüre und verfolgte dabei mit gleicher Intensität Walters Klavierspiel. Selbst die ermüdenden Wiederholungen mancher schwieriger Passagen konnten mich nicht vertreiben. Aufmerksam lauschend, drang auch ich in seine Musik ein, freute mich an der fortschreitenden Vollendung einer Sonate oder eines Konzertes. Meine Schularbeit bekam den nötigen Impuls und manch langweilige Schulpflicht wurde durch die gleichzeitige Erlernung eines Musikstückes erträglich. Beherrschte Walter sein Musikstück vollkommen, konnte auch ich es zur großen Freude meines Bruders auswendig. Triumphierend teilte Walter unseren Eltern mit, dass sie ein Fehlurteil getroffen hätten, denn in keiner Weise wäre ich „unmusikalisch".

Ich blieb für immer meines Bruders „Musikvertraute“ und verdanke nur ihm mein Wissen über Musik – durch seine unermüdlichen Erklärungen des Aufbaus eines Stückes und durch seine Bereitschaft vor einem Konzert- oder einem Opernbesuch den Klavierauszug durchzuarbeiten, „Leitmotive“ zu erklären und auf die Höhepunkte eines bestimmten Werkes hinzuweisen.

So kam es, dass der Konzert- oder Opernbesuch ein aufregendes Wiedererkennen bedeutete, Gefühl und Verstand gleichermaßen in Anspruch nehmend, Musik somit zum Urerlebnis meiner geistigen Existenz wurde. Sie begleitete mich stets in meiner Gedankenwelt, sei es beim Lesen eines Buches, bei einer Kunstbetrachtung, ja selbst bei der erst sehr spät begonnenen wissenschaftlichen Arbeit.

„Marianne“, sagte Walter häufig, „ich gehe jetzt ins Herrenzimmer und du schlägst mit allen zehn Fingern eine Zehnton-Dissonanz an. Gleich ob schwarze oder weiße Tasten!“ Ich tat es, und Walter, den ich nicht sah und dessen Stimme ich nur hörte, benannte ohne zu zögern oder zu irren die von mir angeschlagenen Töne.

Mein Bruder war verschlossen, kränklich, in seinen Umgangsformen schüchtern und linkisch. Dadurch war er ein dauerndes Ärgernis für meinen redseligen und kommunikationsfreudigen Vater, der verärgert und missmutig seinen Sohn betrachtete, während er wie selbstverständlich zum unterhaltsamen Mittelpunkt jeder Abendgesellschaft wurde. Walter hingegen gab auf Befragen höchst unbeholfen und missmutig Antwort, wobei ihm die Langeweile von seinem verschlossenen Gesicht abzulesen war. Die Harmonie konnte nur wieder hergestellt werden, wenn mein Bruder gebeten wurde, sich ans Klavier zu setzen. Dann war für ihn und für die Gäste der Abend gerettet, da er so schnell von seinem Flügel nicht abließ. Unaufgefordert, als wäre er allein im Raum, brillierte er – auswendig – mit einem schwierigen und vielseitigen klassischen Programm, zur Freude der Gäste und zum Stolz der Eltern. Mein Bruder sprach nicht, er musizierte, und mir schien es schon als ganz junges Mädchen, als wäre die Musik der Schlüssel zu seiner Geistes- und Gedankenwelt, so dass ich ihn als außergewöhnlich mitteilsam empfand, da er eine Sprache vermittelte, die ich im Tiefsten meines Wesens verstand, und deren Widerhall ich in meiner damaligen Lieblingsliteratur wiederfand. Sprache und Musik wurden in meiner Vorstellung zur vollkommenen Ausdrucksform – das eine Element führte zum anderen –, waren letztlich unzertrennlich. Es gibt bis heute kein schriftstellerisches Werk vollendeter Sprache, das ich während des Lesens nicht mit einer bestimmten Musik assoziiere. So verbindet sich in meiner Vorstellung, um hier nur ein Beispiel zu nennen, das A-Moll Klavierkonzert von Robert Schumann – Walter übte es ein, als ich neun oder zehn Jahre alt war – mit „Gösta Berling"[3], dem Nobelpreisbuch der Selma Lagerlöf, wahrlich ein „Musik-Buch", das ungemessene Freiheit der Empfindung und des Denkens gleich dem Schumann-Konzert auslöste. Aller Ärger, alle Ängste verschwanden. Walter spielte, übte, fing von vorn an, übte wieder endlos – und ich las. Niemals wieder in meinem Leben war ich einem Menschen so nahe, wie in diesen Stunden meinem Bruder.

Die Widerwärtigkeiten des häuslichen Lebens überwand ich, ohne, wie mir scheint, ernsthaften Schaden zu nehmen. Meine Selbstsicherheit erlitt durch die Feststellung meiner „Hässlichkeit" und meines „schlechten Charakters" keinerlei Erschütterung. Mein Verstand sagte mir, dass jene Feststellung nichts mit dem „wahren Wert" – damals für mich eine ungemein wichtige Kategorie – einer Person zu tun hat, und dass dieses Urteil sprachlich falsch formuliert war. Ich war ungehorsam, aufsässig, verachtete den Tugendkalender meiner Eltern – ein unmoralischer Mensch, der hatte einen schlechten Charakter, das hatte nichts mit mir zu tun. Mein Bruder war sensibel, bei weitem empfindlicher, verströmte seinen Widerstand in der Musik. Meinem Vater unmittelbar gegenüberstehend, wurde er machtlos. Er war dessen Hohn und Spott nicht gewachsen und vergaß – wie strafbar – die festgesetzten Hausregeln zu beachten. Diese Regeln waren oft sinnlos, eine willkürliche Erfindung meines Vaters. „Erst trinken, dann essen“, lautete das erste „Frühstücksgebot“. Und wenn mein Bruder in seiner Unaufmerksamkeit in sein Brötchen biss, ohne den Kakao zu trinken, dann schreckte mein Vater, in seinem Zorn, auch vor Prügel nicht zurück. Walter heulte, hielt seine Arme schützend vor sein Gesicht, Ilse weinte bitterlich, ich erstarrte innerlich, wurde gefühllos. Meine Mutter schwieg. Wehe, wenn wir nach dem Frühstück um etwas Geld baten, um Bleistifte, Schreibhefte und so weiter zu kaufen! So etwas musste am Abend vorher angemeldet werden, sonst käme es einem Überfall gleich! Hier hatte auch meine Mutter ein nimmer endendes Drangsal zu erleiden. Ich kann mich nicht erinnern, dass ihre Bitte um Wirtschaftsgeld anstandslos beschieden wurde. Erst folgte unausweichlich eine lange gereizte Rede, wie viel Geld sie verbrauche, denn er hätte doch erst vor ein paar Tagen… Schließlich öffnete er unwillig die Brieftasche, um meiner Mutter Bitte zu erfüllen. Meine kleine süße Schwester weinte bei derartigen Szenen bitterlich, entwickelte früh Geräusch- und Geruchempfindlichkeiten, Aversionen gegen Speisen, klagte oft über starke Leibschmerzen, deren Ursache kein Arzt auffinden konnte. Mutter schwieg.

Es ist der Facettenreichtum seiner Persönlichkeit, der nur mit Schwierigkeiten angemessen geschildert werden kann. Er war der Haustyrann – und der Spaßmacher. Oh, wie lachten wir, wenn er einen Rabbiner oder einen unserer Nachbarn parodierte oder uns bei Tisch berichtete, wie er seine Berufskollegen verulkt hatte. Oder seinen Rechtsanwalt-Bruder, der ihn in der Börse aufsuchte, sich dann ein Taxi bestellen ließ, dessen Fahrer von meinem Vater einige Mark erhielt, damit der dem „Gast aus der Provinz“ – mein Onkel war Berliner, wohnte im Bayerischen Viertel – „ein bisschen Berlin zeigen“ möge. Mein Onkel konnte sich nicht wehren, da sich die Glasscheibe zwischen Fahrgast und Fahrer nicht öffnen ließ. So musste sich mein Onkel das ihm bekannte Berlin erklären lassen und kam mehr als eine Stunde später erschöpft und wütend zu einem verspäteten Mittagbrot nach Hause.

Solche Späße entsprangen spontanen Einfällen. Jede Begegnung konnte zum Anlass werden, niemand war vor meinem Vater sicher. So erging es einem Geschäftsfreund namens Pessen, dem er beim Verlassen der Herrentoilette der Börse begegnete. „Machen Sie keine Possen, Herr Pessen, das könnte Ihnen so passen hier zu p…ssen", ermahnte er ihn väterlich mit erhobenem Finger. Strahlend berichtete er am Mittagstisch der Familie von seiner Heldentat.

Unwiderstehlich und gleichzeitig nervenaufreibend war der singende Vater. Morgens früh im Badezimmer, wenn er sich rasierte, auf dem Weg durch den langen Korridor ins Speisezimmer ertönten seine Lieblingslieder, wie „Wer hat dich du schöner Wald…" oder „Durch Feld und Buchenhallen…". „O Täler weit, o Höhen…" wurde zum Familienlied, alle mussten mitsingen. Später einsetzend, hatte er – hoch musikalisch – eine selbständige zweite Stimme komponiert, die ihn unsäglich mit Stolz erfüllte. Zum ständigen Ritual wurde der sonntägliche Rundgang um den großen runden Esszimmertisch. Vater vornan, die Kinder der Größe nach ihm folgend, begeistert singend: „Des Sonntags in der Morgenstund, da wandert sich's so schön am Rhein…" Doch was zu viel ist, ist zu viel. Als eines Morgens aus seinem Schlafzimmer „Oh, wenn ich tausend Zungen hätte…" ertönte, krochen wir alle entsetzt unter die Bettdecken.

Wir kannten zwei Väter, einen unermüdlichen Spaßmacher und einen unbesiegbaren Despoten. Aber im Grunde hatte er ein sonniges Gemüt, niemals, nicht im Zorn oder in seinem Frohsinn, dachte er an die Wirkung auf seine Umgebung. Ein unerschütterlicher Optimist, der in den kritischen Jahren zunehmend seinen Sinn für die Realität verlor – was ihm und unserer Mutter zum Verderben geriet. Meine Schwester und ich verdankten letztlich nur meinem „schlechten Charakter“ unser Leben. Doch darüber später.

Doch wer konnte in jenen Jahren Derartiges ahnen. Schrecken verbreiteten Nachrichten anderer Art, wie Einbrüche in der Nachbarschaft, Dachstuhlbrände. Grauen und Furcht erregten die Berichte von bösen Männern, die sich an kleinen Kindern in furchtbarer Weise vergingen. Früh wurden Ilse und ich gewarnt, niemals mit einem Fremden mitzugehen, keine Süßigkeiten anzunehmen, und vor allem niemandem zu glauben, der behauptete, im Auftrag unseres Vaters uns abholen zu sollen, um uns zu ihm zu bringen. Diese oft ausgesprochene Warnung gab mir Gelegenheit, meinen Vater mit seinen eigenen Waffen zu schlagen.

Ich muss ungefähr 10 Jahre alt gewesen sein, als wir nach Dresden fuhren, wo mein Vater geschäftliche Angelegenheiten zu besorgen hatte. Aber zuerst und vor allem wegen der Kunsterziehung. Er besichtigte mit mir die Brühlsche Terrasse, Hof- und Frauenkirche und – die Hauptsache – die Gemälde im Zwinger. Lang und breit interpretierte er die berühmtesten Gemälde, um vor der Sixtinischen Madonna eine lange stille Betrachtungspause einzulegen. Die Einzigartigkeit der auf Wolken schwebenden Maria mit dem Kinde wurde mir eindringlich erklärt. Bald sah ich mich als Teil des Gemäldes, mir war, als schreite die Madonna schnell auf mich zu, ich nahm nichts mehr wahr, schaute nur und hörte wie aus weiter Ferne die Worte meines Vaters: „Bleibe du hier sitzen, auf dieser Bank. Ich werde Dich in einer halben bis einer Stunde abholen.“ Und ich blieb allein, vertieft in den Anblick der Ruhe und Frieden verströmenden Lieblichkeit der Madonna. Plötzlich stand ein junger Mann zwischen mir und dem Gemälde: „Bist du Marianne? Dein Vater bat mich, dich zu ihm zu bringen.“ Ich wusste, er sagte die Wahrheit, doch ich erhob mich nicht. „Mein Vater hat gesagt, du sollst niemals, niemals…“

Keine Versicherung, kein Zureden half. Ich erlebte meinen kleinen Triumph. Wie gehorsam war ich doch. Ich hatte also keinen „schlechten Charakter“. Der junge Mann verschwand, kehrte mit meinem Vater zurück, der nicht wusste, ob er lachen oder zürnen sollte. Doch er war gerecht, auf diese seine Eigenschaft war er stolz, er machte mir keine Vorwürfe, obgleich ich wusste, dass er mich durchschaut hatte. Ich konnte also gehorsam sein, der Charakter war nicht unverbesserlich schlecht.

Derartige unerwartete Streiche spielte ich öfter, ohne dass mein Mienenspiel irgendetwas von meinem Vorhaben verriet. Meine Eltern spielten in solchen Fällen „die guten Verlierer“ und gaben mir einen neuen Namen, der mir damals nichts sagte: „Die fromme Helene“.

Die wiederholte Spöttelei über meine „Hässlichkeit“ – nun wurde auch mein „süßes Babynäschen lang und länger“ und „was ein Näschen ist, das krümmt sich bei Zeiten“, sinnierte mein Vater, mich missmutig betrachtend. Niemals wurde der Vergleich mit dem kleinen Portierkind ausgelassen und anschließend seufzend gefragt: „Vielleicht ist sie gar nicht unsere Tochter?“ Das ließ in mir den Entschluss reifen, mich auf meine Weise zur Wehr zu setzen.

Klein-Ilschen war wie immer zu allem bereit. Willig ließ sie sich von mir alte ausgewachsene Kleider anziehen, sich Löcher in die Strümpfe schneiden, Kohle ins Gesicht schmieren. Und nachdem ich mich in gleicher Weise verwandelt und wir unsere Haare zerrauft hatten, sahen wir wie die vielen Bettlerkinder aus, die in Berlin von ihren Eltern in die Hinterhöfe geschickt wurden, um mit ihrem Gesang die Herzen zu erweichen, in der Hoffnung einige Münzen aus den Fenstern zugeworfen zu bekommen. Also los. Leise, leise schlichen wir nach dem Mittagessen die Treppen des Hinterhauses, die in den kreisrunden Hof führten, hinunter, stellten uns in die Mitte des Hofes und begannen das damals berühmte Hof- und Bettlerlied zu singen, besser zu plärren:

Waldesluuust, Waldesluuust,
Ohhh wie einsam schlägt die Bruust!
Mein Vater kenn ich nich,
Mein Mutter liebt mich nich,
Und sterben will ich nich,
bin noch zu jung.

Wir hielten uns an den Händen, erhoben unsere Köpfe und ich begann laut und eindringlich zu reden: „Liebe, liebe gute Leute, eine kleine Gabe. Wir haben Hunger. Bitte bitte…" Ein Hoffenster nach dem anderen öffnete sich, die Nachbarn erkannten uns nicht, hatten jedoch Mitleid und warfen uns Münzen hinunter. Nur meine Eltern, die etwas Schreckliches ahnten und sich erst einmal seelisch vorbereiten wollten oder unschlüssig waren, wie sie sich verhalten sollten, erschienen nicht. Als ich aber mit verstärkter Stimme erneut zu plärren begann, öffnete sich das große Esszimmereckfenster, und beide Eltern erschienen und – lachten. Lachend warfen sie uns eingewickelte Münzen hinunter, sie zielten mit Erfolg auf unsere Köpfe. Alle lachten, und wir hatten gewonnen.

Leichtfertig waren unsere Eltern, denn sie wussten nicht, was herabsetzende Bemerkungen oder Feststellungen anrichten konnten. Das Wort „Pädagogik" war und blieb ein Fremdwort für sie.

Jedes Frühjahr und jeden Herbst wurden wir beiden Mädchen neu eingekleidet. Mutter war Wochen damit beschäftigt, in den großen Warenhäusern – Wertheim, Tietz, Kaufhaus des Westens – Stoffe für Kleider, Blusen, Röcke, auch für Mäntel und Kostüme und Schnittmuster einzukaufen. Wir bekamen die gleichen Kleidungsstücke. Arme Ilse, denn was mir zu klein war, bekam dann sie, so dass es viel länger dauerte, bis sie ein völlig neues Kleidungsstück erhielt. Dafür wurde sie mit Komplimenten verwöhnt: Wie süß sie aussehe, wie gut ihr alles stehe, im Gegensatz zur dürren, eckigen und dazu noch sommersprossigen Marianne, der auch das schönste Kleid nichts nütze! Unsere Hausschneiderin, Anna Renner – wir liebten sie sehr, und begeistert stellten wir fest, dass ihr Name von hinten nach vorn gelesen immer noch „Anna Renner“ war –, versuchte meine Mutter zu mäßigen und gab sich mit meinen Kleidern besondere Mühe. Anna Renner blieb jedes Mal mindestens eine Woche in unserem Hause, arbeitete in dem „Durchgangszimmer“ zwischen Esszimmer und dem langen Korridor, wo man ihr auch die Mahlzeiten servierte. Sie aß nicht mit den Hausangestellten in der Küche und nicht mit der Familie im Speisezimmer. Sie war eine Kategorie für sich. Und sie war eine wahre Künstlerin. Ich erinnere mich an weinrote Stilkleider aus Seidentaft für Konzert- und Opernbesuche, Wintermäntel mit pelzbesetzten Pelerinen, Schul- und Feiertagskleider, sportliche Kostüme. Sie konnte einfach alles. Die wunderschönen Modelle, die unsere Mutter für uns aussuchte, und auch ihre Freude über mein Aussehen in den neuen Kleidern bewiesen mir, dass ihr Spott und ihre Sprüche, sollten sie auch Leichtfertigkeiten oder gar Lieblosigkeiten enthalten, doch durch ihren Stolz auf beide eher ansehnliche Kinder gemildert wurden.

Es ist schwer als Erwachsener die eigene Kindheit zu beurteilen, zu entscheiden, ob sie wirklich glücklich gewesen war. Spiegelt die Erinnerung nicht eher den Verlust an Sorglosigkeit und Geborgenheit sowie den Drang nach Wiederbelebung einer entschwundenen und zerstörten Welt wider? Die Erinnerung an Spannungen, an Ängste, an Geräusche und Gerüche, an Gesprächsfetzen, erobert die verloren gegangene Kindheit und Jugend zurück. Die innere Erregung, die die Beschreibung der zurückgerufenen Bilder begleitet, zeugt für die Wahrhaftigkeit der damaligen Empfindungen und Ereignisse, doch sind sie letztlich nur Teilausschnitte eines widersprüchlichen und vielschichtigen Gesamtbildes. Den dunklen Bildern entsprechen die hellen Bilder, und beide erscheinen nicht nacheinander, sondern nebeneinander, gleichzeitig, so dass Erinnerungen immer eine Geschichte mehrerer Wahrheiten enthält.

Unterschiedlich litten wir drei Kinder unter dem oft irrationalen Eigenwillen unseres Vaters und unter dem unerschütterlichen Gleichmut unserer Mutter. Mein Bruder wurde ständig beobachtet und kritisiert, wurde demzufolge zunehmend linkischer und unbeholfener im praktischen Leben. Seine innere Unsicherheit drückte sich in Sprachschwierigkeiten aus; er wurde verschlossen, zog sich in sich selbst zurück. Stundenlang ging er allein spazieren; als wir älter wurden, bat er mich, ihn zu begleiten, dann setzten wir uns auf eine Bank im Bellevuepark, schwiegen oder sprachen über Musik. In solchen Stunden war ich meinem Bruder sehr nahe, fühlte mich tief gekränkt durch meines Vaters sich fast täglich wiederholende Schimpfszenen – dies oder das hätte er wieder einmal falsch gemacht. Vaters erhobene Stimme, die Prügel, die mein Bruder sehr oft bezog, wurden in der Erinnerung zu einem Schreckensbild. Es genügte eine schlechte Schulnote, eine Vergesslichkeit oder Unbeholfenheit, um meinen Vater aus dem Gleichgewicht zu bringen. Ich sehe uns am Esszimmertisch, vor oder nach der Mahlzeit: Vater war wütend, Mutter schwieg und meine Schwester weinte bitterlich. Sie entwickelte schon in der frühesten Kindheit neurotische Verhaltensweisen und suchte bei ihrer großen Schwester immer häufiger Zuflucht. Und ich? – Ich schwieg. Nicht aus Gleichgültigkeit. Mein Schweigen drückte Ablehnung, einen inneren Hochmut aus, der in meinem Unwillen, mich in eine Auseinandersetzung mit meinen Eltern einzulassen, zum Ausdruck kam.

Ein liebender, Achtung gebietender Vater offenbarte sich in seinen Bemühungen, uns eine umfassende Bildung zu vermitteln. Auf diesem Gebiet wurde ich Vaters bester Kunde, da ich mich in meinen frühen Jugendjahren stets bemühte seinen Vorstellungen von einer begabten und intelligenten Tochter zu entsprechen. So schwankten meine töchterlichen Gefühle zwischen Zorn und Anhänglichkeit. Da mein Vater jedoch sein Lehrmeisteramt sehr redselig und autoritär ausübte, ging es ihm bald wie dem „Zauberlehrling" mit dem Besen: Er konnte meinen Bildungsdrang nicht mehr bremsen. Ich wurde ungeduldig, fühlte mich gegängelt und strebte nach geistiger Unabhängigkeit. Ich hatte noch nicht das 14. Lebensjahr vollendet, als ich mich meinem Vater unendlich überlegen fühlte, mich gegen jegliche Belehrung auflehnte oder sie gleichgültig über mich ergehen ließ.

Ein Elternhaus als Hort des Friedens und des Wohlbefindens erstand uns regelmäßig an Festtagen und Geburtstagsfeiern, deren fest geregelter Ablauf von uns Kindern jährlich mit großer Spannung und Vorfreude erwartet wurde. Das Weihnachtsfest wurde sicher in keiner frommen christlichen Familie festlicher begangen als im Hause meiner Eltern und Verwandten. Von dem Erwerb der Tanne – möglichst einer Doppel-Edeltanne – eine Woche vor dem Fest, dem Schmücken des Baumes bis zur Bescherung am Abend des 24. Dezember lief alles nach festen Regeln. Zwei Tage vor dem Fest wurden Kartons mit dem Christbaumschmuck vom Dachboden heruntergeholt. Meine Schwester und ich verfertigten Papierketten und schmückten den Baum mit allem nur erdenklichen Tand – Kugeln in allen Farben, Engeln, Lebkuchenherzen, blank geputzten leuchtenden roten Äpfeln – und mit unendlich viel Lametta, so dass von dem herrlichen Baum am Ende nichts mehr zu sehen war. Da stand er, eine geschmacklos aufgeputzte Riesenpyramide, von uns Kindern begeistert bewundert.

Noch heute ist Weihnachtsstolle mein liebstes Gebäck. Die Düfte des selbstgebackenen Stollens meiner Mutter und des von langer Hand vorbereiteten Festbratens gehören zu meinen mir teuersten Kindheitserinnerungen. Am Nachmittag des 24. Dezember durften wir unsere Zimmer nicht verlassen. Festlich gekleidet und klopfenden Herzens warteten wir im dunklen Kinderzimmer auf die Ankunft von Familiengästen, lauschten angestrengt, ob irgendein Geräusch das Ende der Spannung verraten würde. Dann, endlich, erklang das Läuten einer Glocke und die Stimme meines Vaters: „Kinder, kommt, kommt!“ Der Baum mit den zahlreichen Kerzen erstrahlte. Auf langen, mit weißen Tüchern bedeckten Tischen prangten die Geschenke. Doch noch mussten wir uns gedulden, da meine Mutter zuerst die Hausangestellten an ihre Gabentische führte. Erst dann durften wir unsere Geschenke bewundern. Die Vielfalt und der Reichtum der Gaben standen im krassen Widerspruch zu den Grundsätzen meiner Eltern von einer Erziehung zur Genügsamkeit. Feste Bestandteile waren der Bunte Teller, auf dem sich alle Weihnachtsleckereien häuften, und Winterkleidungsstücke, von uns kaum beachtet. Wir fieberten den eigentlichen Überraschungen entgegen, die keine waren, da wir einfach alles bekamen, was wir uns gewünscht hatten. Noten für meinen Bruder und Bücher für mich waren mit Bedacht ausgewählt. Sie bildeten die Grundausstattung unserer Noten- und Literaturbibliothek. Nachdem sich der erste Begeisterungssturm gelegt hatte, setzte sich mein Vater an den Flügel und intonierte das Familien-Lieblingsweihnachtslied „Stille Nacht, Heilige Nacht“ – mit Andacht gesungen, übertönt von der jubelnden Stimme meiner Mutter –, das jedoch stets eine kleine Verstimmung meines Vaters auslöste, an der ich schuld war. Statt richtig „Stille Nacht, Heilige Nacht“ zu singen, sang ich hartnäckig „Stillige Nacht, Heilige Nacht“, da ich das ruckhafte „Sti-i-lle Nacht“ vermeiden wollte. Vater gab den Kampf auf, aber der Misston blieb. Nach dem Festmahl folgte ein geselliges musikalisches Zusammensein. Mutter sang solo. Onkel, Tante, Vater und die Kinder sangen gemeinsam. Cousine Liselotte und Bruder Walter gaben Solostücke für Klavier und Cello zum Besten. Eine festliche Weihnachtswoche folgte, Besuche und Gegenbesuche und intensive Beschäftigung mit den vielen Geschenken bestimmten den Tagesablauf.

Dieser von meinen Eltern praktizierte Lebensstil, diese merkwürdige Mischung aus niemals in Frage gestellter Zugehörigkeit zur „mosaischen Religionsgemeinschaft“ und

Einhaltung von Weihnachten und Ostern bedeutete für uns Kinder keinerlei Widerspruch, umso weniger, als zahlreiche jüdische Familien Berlins der gleichen gesellschaftlichen Schicht ihre Kinder nicht anders erzogen und wir fast nur christliche Schulfreundinnen oder Freunde hatten. Den Widerspruch hob mein Vater durch die oft wiederholte Behauptung auf, dass die christlichen Festtage – Weihnachten und Ostern – „Deutsche Feste“ seien, und dass wir Deutsche waren, das unterlag für uns Kinder keinem Zweifel. Kleine, vorerst unwichtige Begebenheiten während meiner ersten Schuljahre erweckten bei mir Nachdenklichkeit. Aber erst zu Beginn der dreißiger Jahre – so schien es mir damals – geriet die Selbstsicherheit meines Vaters ins Wanken. Seinen deutschen Patriotismus betonte er weiterhin unerschütterlich, doch verlor er in einem gewissen Maße seine Gleichgültigkeit gegenüber der jüdischen Religion. Es war, als setze sich auch bei ihm sehr langsam die Erkenntnis durch, dass seine Kinder einen stärkeren gesellschaftlichen Rückhalt brauchten, als denjenigen, den ihnen die christliche Gesellschaft garantieren konnte. Die heile Welt unserer Eltern, die Welt ihrer Vorstellungen erfuhr durch die politische und gesellschaftliche Entwicklung eine Erschütterung. Doch es sollte sich herausstellen, dass sie niemals imstande sein würden, die Gefahr, die ihrem Selbstbild durch die zunehmende Macht des ihnen aufgezwungenen Feindbildes drohte, zu erkennen.

Silvester war in unserem Hause ein großes gesellschaftliches Ereignis: Zahlreiche Gäste, reiche Speisenfolge, viel Hausmusik, Beethovens Neunte Symphonie, und alle waren hochgestimmt. Ich sehe mich um Mitternacht auf unserem Balkon stehen. Die Spree, erleuchtet von den vielen Feuerwerkskörpern, der feierliche Klang der Kirchenglocken, die mit Schnee bedeckten Vorgärten, das verschneite Ufergelände, die menschenleeren Straßen, die sich von den Balkons mit erhobenen Gläsern freudig zuprostenden Nachbarn schufen in meinem Kindergemüt ein Bild vollständigen Friedens und der Harmonie zwischen uns und der übrigen Welt. Ahnungslosigkeit und Freude prägten die Stimmung auch der Erwachsenen. Es war, als wären alle, auch die Nachbarn, Familienmitglieder. Niemals wieder empfand ich einen solchen Grad an Sicherheit, solch ein Gefühl der Zusammengehörigkeit von Familie und Welt, wie an diesen Tagen.

Meine Schwester und ich hatten Pech, dass unsere Geburtstage in denselben Monat, den Juni, fielen. So war es immer ein ganzes Jahr von einer Freudenzeit zur anderen. Geburtstage wurden ebenfalls mit Spannung und Herzklopfen erwartet. Kleidungsstücke, die man ohnehin brauchte, galten nicht als Geschenke, auch nicht als Überraschungen, umso weniger, als ich durch Ilses Geschenke erraten konnte, was auf meinem Tisch liegen würde. Da wir immer gleich gekleidet waren, lag der Unterschied allein in der Farbe. Ilses Farbe war rosa, meine – himmelblau. Aber darüber hinaus bekamen wir buchstäblich alles, was unser Herz begehrte. Für Bücher sorgte mein Vater. Sie wurden mit Methode ausgewählt, als Einführung in Weltliteratur und Kunstbetrachtung. Doch der Höhepunkt jeder Geburtstagsfeier war die Kindergesellschaft, von meiner Mutter mit viel Mühe und Hingabe vorbereitet, als wollte sie ihre eigene Kindheit wiedererleben. Zwölf oder auch vierzehn Kinder durften wir einladen, natürlicherweise nur Mädchen – seltsam, dass ich mich nicht an Kindergesellschaften für meinen Bruder erinnere –, da es in den Jahren der Weimarer Republik keine gemeinsame Schulerziehung für Knaben und Mädchen gab. Stunden vor Ankunft der Gäste wurde der Tisch gedeckt. Der große runde Esszimmertisch wurde ausgezogen, von den mehr als zwanzig Stühlen, die die Wände des sehr großen Raumes zierten, die nötige Anzahl hinzugestellt. Aus dem Buffet und der Kredenz, Riesenmonster feinster Kunsttischlerarbeit im Geschmack der Jahrhundertwende, wurden jedes Jahr dieselben kleinen dünnwandigen, in allen Abstufungen pastellfarbenen Kaffeetassen nebst den dazugehörigen Untertassen und Kuchentellern herausgenommen. Behutsam wurden sie auf der kostbaren, mit Blumengirlanden eingewebten damastleinenen Tischdecke – ich bin sicher, sie stammte aus dem Wäscheschrank meiner Großmutter, wenn nicht meiner Urgroßmutter – gesetzt. Zu den kleinen Tassen und Tellern passende Servietten wurden, kunstvoll gefaltet, jedem Gedeck hinzugefügt. Der Tisch bot einen festlichen und prächtigen Anblick. Dieser Eindruck wurde noch durch eine ständige leise Geräuschkulisse erhöht. Auf dem Buffet stand inmitten von 24 Gläsern aus bläulich-weißem, sehr dünnem Milchglas eine große Bowle, die bei der leisesten Erschütterung, manchmal genügte ein Durchschreiten des Raumes, ein leises Läuten erklingen ließ. Kindergesellschaften setzten die Bowle in eine pausenlose Tätigkeit. Es läutete ständig leise und lieblich, als akustische Untermalung dieses Freudenfestes.

Es ist sehr verführerisch, den Bestand an Wäsche und Geschirr in den Schränken meiner Mutter zu beschreiben. Die Wäsche fand in dem so genannten Durchgangszimmer, wo unsere Anna Renner ihre Kunst ausübte, das Geschirr in dem sehr langen Korridor, ich glaube, er war mindestens zwölf Meter lang, ihren Platz. Diese Wäsche- und Geschirrschränke sind Symbole der Verbindung ererbten bürgerlichen Wohlstandes mit tief verwurzelten Familienerinnerungen. Meine Mutter konnte über jedes einzelne Prachtstück Meißner Porzellan, über jedes Service eine Familiengeschichte erzählen. Wie oft habe ich mich in den vielen Jahren äußerster Armut an diesen, in vielen Bürgerhäusern selbstverständlichen Überfluss erinnert.

In welchem Maße diese Erinnerung mich offensichtlich ständig begleitete, hat auch meinen Max anscheinend nachhaltig beeindruckt. Es muss in den Jahren 1940/41 gewesen sein, den Jahren unserer völligen Besitzlosigkeit, in denen wir außer der notwendigsten Kleidung und einiger Bettwäsche, deren Nachsendung unseren Eltern von den deutschen staatlichen Behörden nach unserer Ankunft in Palästina erlaubt worden war, nur zwei Steingutteller und -tassen, ein Essbesteck für jeden, zwei Kochtöpfe und eine Bratpfanne besaßen. (Die genaue Schilderung unserer Einrichtung erfolgt in einem späteren Zusammenhang.) Es war an meinem Geburtstag, am 20. Juni, als ich aus dem Zentrum Tel Avivs kommend in einem Autobus saß, der mich an das äußerste Ende der Stadt, zu unserem damaligen Wohnsitz brachte. Als ich in der verkehrsreichen Straße der Innenstadt, der Herzlstraße, aus dem Fenster blickte, zog ein Radfahrer meine Aufmerksamkeit auf sich. Seine Fahrweise war nicht nur merkwürdig, sondern auch gefährlich. Er fuhr in Wellenlinien, so als wäre er angetrunken oder als beherrsche er die Kunst des Radfahrens nicht. Der Autobus fuhr wegen des dichten Verkehrs sehr langsam und der Radler fuhr neben meinem Fensterplatz, aber immer einige wenige Meter voraus, so dass ich nur seinen Rücken vor mir sah. Irgendwie beunruhigte er mich, da er mir seltsam bekannt vorkam. Plötzlich fuhr der Bus kräftig an, überholte meinen Radler und – oh Schreck – ich erkannte meinen Max und gleichzeitig den Grund für seine gefährliche Fahrweise: Er balancierte mit äußerster Vorsicht in der einen Hand einen großen Karton, den er von Zeit zu Zeit in die andere Hand wechselte oder ihn vor sich auf die Lenkstange stellte. Ich war eher zu Hause als er und wartete mit Spannung auf seine Heimkehr. Als er mit seiner Last ins Zimmer trat, teilte er mir bedeutungsvoll mit: „Hier bringe ich dir dein Geburtstagsgeschenk." Ich sollte aber auf dem Korridor warten, bis er es ausgepackt hatte. Zu meiner größten Überraschung prangte dann auf dem kleinen Tisch unseres sehr spärlich möblierten Zimmers eine überdimensional große Suppenterrine aus wertvollem Porzellan – Hutschenreuther –, so groß, dass sie für eine Suppenmahlzeit einer mindestens achtköpfigen Familie gereicht hätte. „Ja", meinte Max, als er mein ungläubiges Erstaunen bemerkte, „ich wollte dir doch so etwas wie eine Erinnerung an dein Elternhaus schenken." Es war großartig und gleichzeitig ungeheuer rührend. Konnte ich mir doch vorstellen, dass er das kostbare Stück nur durch zusätzliche schwere Arbeit hatte finanzieren können. An die Komik der Diskrepanz zwischen diesem Prunkstück und unserer damaligen Armut werde ich bis zum heutigen Tag erinnert. Wir haben die Terrine niemals, kein einziges Mal, in Betrieb genommen – einfach, weil wir niemals so viele „Suppengäste" an unserem gastlichen Tisch versammelt hatten. Wir haben sie jedoch fünfzig Jahre lang nicht nur in Israel von einer Wohnung in die andere geschleppt, sondern sie schließlich auch von Ramat Gan nach Berlin überführt. Hier prangt sie noch heute auf meiner Porzellan- und Glasvitrine in unserem Wohnzimmer als vieldeutiges Erinnerungszeichen an unsere damalige, zweite Lebensphase und unsere Mühen, sich in einer ungemein schwierigen und bisher unbekannten Lebenssituation zurechtzufinden.

Aber zurück zu Mutters Kindergeburtstagsvorbereitungen. Auf der Mittelschneise des prächtig gedeckten Tisches waren auf großen Porzellanplatten selbstgebackene Kuchen gehäuft, in der Mitte des Tisches die Lieblingsleckereien jeder Kindergesellschaft: Mohrenköpfe und Sahnebaisers. Mütter oder Kindermädchen lieferten die Gäste ab, und meine Mutter organisierte mit Hilfe ihrer Schwägerinnen Spiele, die im Laufe der Jahre in einer festgelegten Reihenfolge abliefen. Das Lieblingsspiel blieb all die Jahre „Die Reise nach Jerusalem", die Jagd nach einem leeren Stuhl, bei der es immer einen Stuhl weniger gab als um die Stühle herumlaufende Kinder. Höhepunkte der Veranstaltung waren Verlosung und Topfschlagen. An der Freude über die kleinen wertlosen Gewinne konnte man erkennen, dass es nicht um den Gewinn als solchen ging, sondern allein um Spannung und Spiel. Das Fest endete nach dem Abendbrot mit appetitlich angerichteten kleinen Brötchen und Eiscreme als Nachtisch. Wie brav die Kinder doch waren! Kein Geschrei, kein Herumtoben, kein ermahnendes Wort der Erwachsenen. Um acht Uhr abends wurden die Gäste abgeholt: Komplimente, viele Dankeschön-Knickse, artige Verabschiedungen.

Die Erinnerung an unsere Geburtstagsfeiern und besonders an die Freude über die kleinen wertlosen Verlosungsgewinne und die Leckereien macht mich heute, Jahrzehnte später, nachdenklich. Oft bin ich erstaunt, wie Kinder mit Geschenken und Süßigkeiten geradezu überschwemmt werden, ohne irgendwie beeindruckt zu sein, auch wenn der Gabensegen keinesfalls den finanziellen Möglichkeiten der Eltern entspricht. Für uns bedeutete ein „Mohrenkopf" eine Sensation. Nur einmal in der Woche, am Sonnabendabend, fanden wir auf unserem Kopfkissen ein Stück Schokolade. Wenn mein Vater nach einem langen Spaziergang mit seinen kleinen Töchtern irgendwo „einkehrte" und diese wünschten sich Eiscreme, dann bestellte mein Vater nur eine Portion, das heißt zwei Kugeln, aber ein Extraglas dazu, so dass er die eine Portion teilen konnte und jedes Kind eine Kugel bekam. „Das genügt. Nicht verwöhnen!", lautete die Devise dieser Elterngeneration, die aber äußerst großzügig war, wenn es sich um Bildung, gleich auf welchem Gebiet, handelte.

Ich kann mit gutem Recht behaupten, dass ich meine humanistische Allgemeinbildung neben der Schule vor allem meinem Vater verdanke. Er schuf das Fundament und erzeugte die Motivationen, die meinen Bildungshunger weckten, der mich zu ständigem Lesen und Lernen trieb. Ich entwickelte sehr früh eine Fähigkeit des In-Gedanken-Versinkens, des Abtauchens, die mir bei den ständigen störenden Familienszenen, aber auch bei langweiligem Schulunterricht zugute kam. Ich erinnere mich, ich muss wohl elf oder zwölf Jahre alt gewesen sein, dass ich während des Schulunterrichts die Augen zwar auf den Lehrer gerichtet hatte, um vorzugeben, dass ich mit Spannung seinen Ausführungen folgte, jedoch weder seine Worte noch irgend etwas in meiner Umgebung wahrnahm. Erst als der verständnisvolle Lehrer, dem meine Unaufmerksamkeit auffiel, mir das Ständchen „Schlaf Herzenssöhnchen, mein Liebling bist du" darbrachte und alle Mitschülerinnen mich lachend anguckten, erwachte ich aus meinen Träumereien. Heute noch kann es geschehen, dass mich Max, Sohn Jonathan oder Schwester Ilse plötzlich ungeduldig und mit Bitterkeit ermahnen: „Marianne, wach auf! Du bist schon wieder nicht da!" Sicherlich, das ist ein stetes Ärgernis für Familienangehörige, aber es war auch, man verzeihe mir das Pathos, ein lebensrettendes Element in den schlimmen Jahren, in denen mir eine eigene Traumwelt zur Verfügung stand, die es mir ermöglichte, die Tür zur Außenwelt hinter mir zu schließen. Die Vertiefung in Sprache, Töne, Bilder verlieh mir eine innere Sicherheit, die sich vorerst in einem deutlich zur Schau getragenen Hochmut ausdrückte und Eltern und Lehrer zwischen Anerkennung und Ungeduld schwanken ließen.

Im Kreise Gleichaltriger galt ich als arrogant. Ich muss zugeben, nicht ohne Grund. Besaß ich doch im Vergleich zu meinen Altersgenossen einen wahren Schatz an Gedanken, bestehend aus Erinnerungen an Musik und Literatur, die meine Einbildungs- und Vorstellungskraft, wie mir schien, in den Himmel wachsen ließen. Mir war, als hielte ich den Stein der Weisen in der Hand, als wäre „nichts Menschliches mir fremd"[4]. Mit Begeisterung fand ich mich in jeder dramatischen, vor allem tragischen Gestalt der großen Dichter wieder. Ich war Maria Stuart, Johanna von Orleans, auch die arme Luise Millerin und vor allem Klärchen. Ohne wirklich ihre Leiden verstehen zu können – ich sah nur die arme Gefangene Maria, nicht die tragische politische Verwicklung, an der sie nicht unschuldig war; für mich gab es die Hellen und die Dunklen, und die Hellen litten, wie alle wahren Gerechten, zu denen ich selbstverständlich gehörte, die ich zu meinem damaligen Kummer in meiner Umgebung nicht finden konnte. Nicht im Elternhaus, aber auch nicht, wie mir schien, in der Schule, obwohl es dort an verständigen Pädagogen zuweilen nicht fehlte. Ich wollte tragisch missverstanden sein. Vielleicht, um meinen Hochmut zu rechtfertigen, allerdings leisteten mir meine Eltern mit ihrer leichtfertigen Bewertung meiner Charaktereigenschaften und, wie sie meinten, meines unscheinbaren Äußeren Vorschub.

In der Schule wurde ich zum anerkannten Mittelpunkt des Deutschunterrichtes. Selbstverständlich musste ich beim Lesen mit verteilten Rollen den Monolog der Maria Stuart vortragen, Egmonts Monolog vor der Hinrichtung oder Johannas „Himmelfahrt" – bekanntlich wird Schillers Jungfrau nicht verbrannt, sondern sie entschwebt in höhere Sphären: „Der schwere Panzer wird zum Flügelkleide. Hinauf – hinauf…", und dann: „Kurz ist der Schmerz, und ewig ist die Freude!"[5] Ich war hingerissen, Klasse und Lehrer nicht weniger. Ich weiß heute, dass ich meine „ewigen Wahrheiten" den Klassikern zu verdanken hatte. Schillers Worte „Wenn der Gedrückte nirgends Recht kann finden / Wenn unerträglich wird die Last – greift er / Hinauf getrosten Mutes in den Himmel / Und holt herunter seine ew'gen Rechte, / Die droben hangen unveräußerlich / Und unzerbrechlich, wie die Sterne selbst…"[6] wurden zum Fundament. Hier lagen die Elemente meiner Überlebenskraft, aber auch meiner Todesbereitschaft, denn gleichzeitig lernte ich, dass das „Leben doch des Lebens höchstes Gut"[7] nicht ist. Es entstand eine Dialektik von „Willen zur Selbstentfaltung" (Stefan George) und juveniler Todesbereitschaft, nämlich dann, wenn der „Mensch in seinem Wahn" oder die „ewig Blinden" alle derartigen Bestrebungen gegenstandslos machen würden.

Mein Vater gab mir Gedichte zum Auswendiglernen. Jeden Sonntagvormittag hatte ich mich zur festgesetzten Stunde in die geöffnete Glasschiebetür zwischen Speise- und Musikzimmer zu stellen und den Beweis meines wöchentlichen Fleißes anzutreten. Ich kann mich nicht an alle Gedichte erinnern, es handelte sich bestimmt um Balladen von Schiller und Goethe, aber auch um die schaurigschönen Balladen von Uhland. „Er wirft sein Schwert, das blitzend des Jünglings Brust durchdringt, / Draus, statt der goldnen Lieder, ein Blutstrahl hoch aufspringt“[8] oder „Zur Rechten sieht man wie zur Linken / Einen halben Türken heruntersinken“[9] wurden von mir mit dunkler leicht gruseliger Stimme rezitiert. Eine wortreiche erzählerische Einführung ging der väterlichen Aufgabenverteilung voraus, dann las mein Vater, nicht schlecht, aber doch sehr pathetisch – das war der Stil der Zeit – das Gedicht oder die Ballade vor, die ich gefälligst am nächsten Sonntag zu deklamieren hatte! Mein Bruder war wegen seiner musikalischen Inanspruchnahme dispensiert. Ilschen schaffte niemals das Pensum, also blieb nur ich. Ich lernte gern und schnell auswendig, es machte mir keine Mühe und gab dadurch meinem Vater die erwünschte Gelegenheit meine Betonungen zu berichtigen oder die Diktion zu verbessern. In dieser Zeit wurde ich „Vaters Tochter“, doch währte die Idylle wegen meiner Eigenwilligkeit und einer Besserwisserei oder Humorlosigkeit nicht lange. Anstatt mich auf meine Irrtümer freundlich hinzuweisen, wurde er ungeduldig und steigerte sich zuweilen in Wutausbrüche. Verständlich, dass mir diese despotische Art väterlicher Pädagogik schnell die Lust nahm, mich von ihm belehren zu lassen, und dass ich mich entschloss, mir meine literarische Bildung selbständig zu erwerben. Die reiche und vielseitige Bibliothek meiner Eltern – auch meine eigene entwickelte sich zu stattlicher Größe – machten Anleitungen ohnehin gegenstandslos!

Zwei Vorfälle, die mir meinen Vater als Lehrmeister unerträglich machten, sind mir in Erinnerung geblieben, da sie mir die Diskrepanz meiner von Emotionen beherrschten Literaturliebe mit seinen vernünftigen Bildungsvorstellungen allzu deutlich vor Augen führten. In beiden Fällen war das Recht auf Seiten meines Vaters. Ich sehe das Szenenbild deutlich vor mir: Ich stehe in unserem Herren-, auch Bibliothekszimmer einige Meter entfernt von meinem Vater, der es sich in einem der tiefen Ledersessel bequem gemacht hatte und deklamierte die Ballade „Der Sänger“ von Goethe. Wie immer mit Leidenschaft. Ich verteilte die Rollen der Sprechenden, veränderte meine Stimme, je eine für König und Erzähler, dann wieder König, mit der entscheidenden Aufforderung, von mir mit tiefer, sonorer Stimme langsam vorgetragen: „Lasst mir herein den Alten!“ So weit lief alles ohne Zwischenfall ab. Vater saß zurückgelehnt, seine dicke Zigarre genießend, wohlwollend seine Tochter betrachtend. Doch dann geschah es: Der Sänger wies den Lohn für seinen Gesang, eine goldene Kette, vehement mit folgenden Worten zurück: „Die goldene Kette gib mir nicht, / Die Kette gib den Rittern,…“ – doch ich hatte nur die leidenschaftliche Zurückweisung des edlen Sängers im Sinn, rief mit tönender Stimme: „Die goldene Kette gib mir nicht, / Die goldene Kette…“ Vater unterbrach ärgerlich: „Hast du keinen Sinn für Rhythmus? Wiederhole!“ Ich: „Die goldene Kette… die goldene Kette“ Ich weiß nicht, welcher Teufel mich ritt, ich konnte auf das zweite „goldene“ nicht verzichten. Vater höhnisch: „Warum sagst du nicht gleich, die goldene Kette, die du gestern erworben hast…“ – und so weiter. Die Idylle zerplatzte wie eine Seifenblase. Mein Vater wütend, ich störrisch, verließen wir den zurückgezogenen Ort musischer Taten, und „Der Sänger“ verschwand von der Agenda, wenigstens für meinen Vater, nicht für mich. Ich deklamierte ihn oft vor dem Spiegel, mal richtig, mal falsch, und wenn falsch, dann immer mit einem Gefühl der Genugtuung.

Eine ähnliche Auseinandersetzung zeitigte „Mignon“. Warum ich dieses Gedicht von Goethe auswendig lernen musste, das ich nicht verstand, denn ich war nicht älter als zehn Jahre, blieb mir unverständlich. Aber immerhin: Es klang traurig, fast verzweifelt, und war eine Gelegenheit für mich, mich in die Rolle eines unglücklichen Mädchens hineinzuversetzen. Da ich überhaupt nicht auf den Inhalt achtete, von „Wilhelm Meister“ keine Ahnung hatte, nur die Stimmung und die Worte wahrnahm, wurde es nun ganz schlimm. Ich hub an: „Heiß mich nicht reden, heiß mich n i c h t schweigen…“[10] Vater, außer sich vor Zorn: „Was soll sie denn sonst tun, wenn sie nicht reden und nicht schweigen darf! Wie kannst du bloß so dumm sein!“ Recht hatte er, aber er hatte n u r Recht. Die Art wie er sein „Rechthaben“ demonstrierte, zerstörte das notwendige Vertrauen zwischen Lehrer und Schüler. Also machte ich mich selbständig, schwelgte ungestört in Worten, in Rhythmen. Nichts erweckte meine Kritik, nichts minderte meine Begeisterung. Ich sprach zu meinem Spiegelbild, ich war mir mein bestes Publikum, doch waren auch andere von mir zu überzeugen – meine Lehrer und Klassenkameraden. Stets musste ich die dramatischen und tragischen Dramenhelden beim Lesen mit verteilten Rollen übernehmen.

Wahrscheinlich hätte ich mich niemals der Mühe des Auswendiglernens unterzogen, wenn mir nicht die Liebe zur Literatur überhaupt, gleich in welcher Form, in die Wiege gelegt worden wäre. Meine Eltern hofften, dass der dichterische Genius des Bruders meiner Mutter in mir wiedererstehen würde. Er tat es aber nicht. Ich versuchte mich in Gelegenheitsgedichten, weniger aus eigenem schöpferischem Bedürfnis als aus dem Wunsch meinen Eltern eine Freude zu bereiten. Meine Eltern begrüßten jubelnd meine kindischen Elaborate, nötigten mich, diese Verwandten und Freunden vorzulesen. Ich weigerte mich. Ein sicheres Gefühl für wahre „Dichtung“ sagte mir, dass meine Bemühungen gestelzt, gezwungen, hochtrabend – kurz, unkünstlerisch waren. Meine Eltern hatten wieder einen Beweis für meinen „schlechten Charakter“. Ich jedoch war zufrieden, dass ich auf dem glatten Spiegel der Eitelkeit nicht ausgerutscht war. Nein, ich war keine „Dichterin“, dessen war ich mir sicher. Meine Anliegen waren Nachdenklichkeit, Mitempfinden, Sehnsucht nach Geistesfreundschaft, wie ich es damals in meiner frühen Jugend etwas pathetisch formulierte. Es dauerte nicht lange, einige menschliche Enttäuschungen brachten mich auf den Weg, als mir Brüder, Schwestern, Freunde, auch Feinde, aus der Literatur entgegentraten. Ich kann mir heute kaum einen jungen Menschen vorstellen, der mit ähnlicher Hingabe und Intensität gelesen hatte, sich immer wieder in Romanhelden verliebte oder sich mit leidenden und liebenden Frauen in einem Maße identifizierte, wie ich es in meinen jungen Jahren erlebte. Im Rückblick scheint mir, dass ich hier den Schatz am Wege gehortet, eine Art Gegen-Leben gestaltet hatte, da mir eine liebevolle Aufmerksamkeit, ein Eingehen auf meine wirklichen Neigungen – so schien es mir wenigstens – von meinen rigiden und schwer ansprechbaren Eltern versagt geblieben war.

Und doch kümmerte sich mein Vater, wenn auch weniger um meine geistigen Bedürfnisse, so doch auf seine Art um meine bürgerliche Bildung. So fand er es unerhört wichtig, dass einer der ersten großen Romane, die er mir in die Hand drückte, „Soll und Haben" von Gustav Freytag war. Aufschlussreich war seine Begründung für diese Empfehlung: „In diesem Buch, liebe Marianne, wirst du den Kaufmannsstand in einzigartiger Weise gründlich kennen lernen. Lauterkeit, Gradlinigkeit, alle Tugenden eines wahrhaft preußischen Ehrenmannes stellt in diesem Buch der Kaufherr dar. Von seiner Verlässlichkeit hing das Wohl und Wehe des Bürgertums ab! Lies es, dann wirst du auch verstehen, welch wichtigen Platz Dein Vater in der Gesellschaft einnimmt."

Mein Vater rühmte vor uns Kindern häufig seine berufliche Tätigkeit. Während des Krieges bekam er eine kaiserliche Auszeichnung für seinen Beitrag an der Getreideversorgung, und nach dem Krieg war er der Hauptlieferant von Getreide und Futtermitteln der wichtigsten Bäckereibetriebe und Brauereien. Viele Jahre später wurde mir klar, dass beide Eltern schmerzlich einen akademischen Titel vor ihrem Namen vermissten, umso mehr, als die Ehefrauen der Brüder das Recht hatten, sich „Frau Doktor" nennen zu lassen, als Ehefrauen von Anwälten und Ärzten. Meine Mutter versuchte sich durch den Titel „Frau Direktor“ schadlos zu halten, was mir schon als Kind irgendwie lächerlich vorkam, obwohl eine „Frau Steuerberaterin“ oder „Frau Oberinspektor“ damals durchaus üblich waren. Wie oft betonte mein Vater seinen Abscheu vor Spekulantentum, er wurde immer wieder in den Börsenvorstand gewählt und nahm das Amt eines Schiedsrichters ein. Die gesamte Innung – so erfuhren wir immer wieder – schätzte ihn wegen seiner Zuverlässigkeit. „Ehrlich wie Selbiger“, soll an der Börse ein geflügeltes Wort gewesen sein.

Nun aber dieses Buch – Vaters Bibel: Das dort geschilderte Handelshaus war der Sitz aller Tugenden, mit dem mein Vater sich und seine Firma völlig identifizierte. Anfangs war ich willig und bereit seine Sicht der Dinge zu übernehmen: Wahrlich wunderbare Menschen, nicht nur der Kaufherr, auch sein Lehrling war ein wahrer Ausbund an Tugenden, einfach zum Verlieben, des Kaufherrn Töchterlein war nur zu beneiden um den künftigen Erben und Ehemann. Doch bald lernte ich in „Soll und Haben“ Menschen kennen, denen ich niemals, weder vor noch nach dem Lesen dieses Buches, begegnet bin: wahre Karikaturen polnisch-jüdischer Händler einerseits und prunksüchtige, eitle jüdische Emporkömmlinge andererseits, die ihren Reichtum dem verarmten Adel zu verdanken hatten. Welche Verteilung von Licht und Schatten, von Schurken und Opfern! Waren denn alle Juden außer Georg Selbiger und seiner Familie Gauner und Betrüger oder bestenfalls Parvenüs? Empört lief ich zu meinem Vater. „Aber Bernhard, der Sohn des reichen Ehrenberg, der hatte zwar sein Geld durch Gaunereien zusammengescheffelt, aber sein Sohn ist ein Gelehrter und ein Freund des künftigen Schwiegersohnes des edlen Kaufherrn“, so mein Vater. „Aber der stirbt, der ist nicht lebensfähig, der muss von der Bühne abtreten“, entrüstete ich mich. Mein Vater war nicht zu überzeugen. Ihm kam es auf die Glorifizierung des Kaufmannstandes an! Nein, das entsprach nicht meiner Weltsicht. Ungerechtigkeiten erfuhr ich zu Genüge in der Behandlung von uns Kindern, in der Familie und in der Schule. Lieschen, mit der ich nicht spielen durfte, Edelgarde, über die mein Vater sich nicht empörte, und jetzt seine Beurteilung von „Soll und Haben" – das waren Erfahrungen, die mich von der Vorstellungswelt meiner Eltern entfernten. Ich wurde zunehmend widerspenstig, wie meine Eltern es formulierten, übernahm die Ansichten meiner Eltern über Ereignisse und Menschen prinzipiell nicht, und bestärkte somit ihr Urteil über meinen „schlechten Charakter". Trotzdem überwachten beide Eltern auch weiterhin meine intellektuelle Entwicklung, beschenkten mich mit Büchern und Kunstalben und waren trotz aller Ärgernisse stolz auf ihre „kluge Tochter".

Spätestens von meinem 12. Lebensjahr an las ich kreuz und quer in der Weltliteratur, las systematisch alle großen Dramen, Romane und Novellen. Meine Lieblingsgedichte schrieb ich ab, da gab es einiges zu schreiben, beschäftigt war ich immer! Lange Zeit wurde Konrad Ferdinand Meyer mein Lieblingsdichter, heute weiß ich, dass es seine Interpretation historischer Ereignisse und Persönlichkeiten gewesen war, die meine Faszination auslöste. Die großen gesellschaftskritischen Romane von Dostojewski und Tolstoi, das farbenprächtige Historiengemälde „Krieg und Frieden", offenbarten eine vielschichtige Welt aller menschlichen Schwächen und Tugenden, in der man seine Heimat finden konnte, in der die Menschheit, wie es später in der realen deutschen Gegenwart geschah, nicht abhanden kam, das Weltvertrauen nicht erschüttert wurde. Die Bücher meiner Generation, meiner Sorgen, Leiden, Bedrängnisse fand ich in den zeitgenössischen Romanen Jakob Wassermanns, in dem Musikerroman „Das Gänsemännchen" mit der Schilderung der menschlichen Unzulänglichkeit des Musikers – wahrlich, ich dachte während des Lesens nur an meinen Bruder –, im „Christian Wahnschaffe", der die Welt wie sie wirklich ist, abseits von Familie, Herkommen, Prunk und Eitelkeit, findet; aber vor allem war es Etzel Andergast, der überaus intelligente, mutige, Gerechtigkeit suchende Rebell, der seinen Vater, einen Staatsanwalt, aus der Gesetzeswelt in die Menschenwelt katapultiert und ihn dadurch zum Erliegen bringt, dann aber selber den geliebten Meister und Arzt verrät und entsetzt beobachten muss, wie dieser in die Knie bricht. – Hier wurden Menschen mit allen ihren Tugenden und Schwächen geschildert, Fragen gestellt und Antworten gegeben. Ich lebte in der Vorstellung, dass dieser Schriftsteller Jakob Wassermann der Sprecher unserer Generation gewesen war. Hier wurde die Welt, der „nichts Menschliches fremd ist", in all ihren Möglichkeiten eindrucksvoll geschildert. Aber all dies durchlebte ich Jahre später, in den „Jungmädchenjahren", wie man damals formulierte, als der Januar des Jahres 1933 noch fern war. Während der ersten Schreckensjahre wurde Wassermann zu meiner ständigen Lektüre.

Besuche von Opern oder Theateraufführungen wurden lange vor dem Ereignis Thema intensiver Überlegungen. Das Werk an sich musste meinem noch nicht ausgereiften musikalischen Verständnis entsprechen, und die Aufführung musste erstklassig besetzt sein. „Gerade für Anfänger", so meine Mutter, die mich zu den ersten Aufführungen begleitete, „ist das beste gerade gut genug." Nach eingehenden Überlegungen und Gesprächen wurde der Entschluss gefasst, dass „Der Freischütz" von Carl Maria von Weber meine erste Oper sein sollte. Sie wurde in jenem Winter, es wird das Jahr 1926 gewesen sein, in der Kroll-Oper – die gab es damals noch – unter der musikalischen Leitung von Alexander von Zemlinski aufgeführt. Ich wurde angewiesen, den Text zu lesen, mein Bruder, mir aus dem Klavierauszug die musikalischen Höhepunkte vorzuspielen. Die ganze Familie, auch meine kleine Schwester, sang von morgens bis abends den „Jungfernkranz", „Leise leise fro-omme Weise" oder „Durch die Täler durch die Höhen". Gewarnt vor der gruseligen Wolfsschlucht (man fürchtete, ich würde weinend davonlaufen), war ich gründlich vorbereitet, um, festlich gekleidet, meinen ersten Opernbesuch zu erleben. Der Eindruck konnte tiefer nicht sein, und das Resultat – die endgültige Neubeurteilung meiner Musikalität. Ich konnte nicht nur die Arien, sondern mehr oder weniger die ganze Oper, auch die schwierigsten Passagen auswendig singen. Das bewies mein musikalisches Gedächtnis, das mir in meinen Musik-Hungerjahren in Palästina, als ich völlig mittellos nicht daran denken konnte, mir eine Konzert- oder eine Opernkarte zu kaufen, durch Singen, immer wieder Singen von Liedern, die meine Mutter entweder gesungen oder uns gelehrt hatte, oder Opern, in die wir gründlich eingeführt worden waren, oder Konzertmusik, die wir auf unserem Grammophon in unserer Berliner Wohnung abgespielt hatten, jedes Konzert ersetzte. Max erzählt noch heute jedem, der es hören will, dass er seine Musikkenntnisse vor allem meinem unaufhörlichen Singen zu verdanken habe. Ich sang morgens beim Ankleiden, in der Badewanne, im Autobus, später im eigenen Auto, Schumann, Schubertlieder, Opernarien, Symphonien, vor allem Brahms und Beethoven, ich war niemals zu bremsen. Ich kann noch nicht einmal behaupten, dass es nur meine Sangesfreude war, die als schwacher Ersatz für einen Konzert- oder Opernbesuch gedient hat. Meine Begeisterung wurde durch die doppelte Erinnerung an „Zuhause und Musik“ entfacht und sorgte für eine Art innerer Befriedung.

Textstudium, musikalische Vorbereitung nach dem Klavierauszug, Erlernen der Arien und anderer musikalischer Höhepunkte – nach diesem Plan lief jede Opernvorbereitung ab. Kein Wunder, dass ich bis zum heutigen Tag nicht die Reihenfolge der von mir erlernten Opern vergessen habe. Meine nächsten Opernerlebnisse waren „Fidelio“, unter Klemperer, dann „Carmen“, diesmal in der Städtischen Oper (heute Deutsche Oper), unter der Leitung von Fritz Stiedry.

Hier möchte ich vorgreifen und von meinem tiefsten Musikerlebnis meiner Jugendjahre berichten. Ich war bereits 13 Jahre alt, als ich von Eltern und Bruder für reif genug erklärt wurde in eine Wagneroper zu gehen. Ausgewählt wurde „Die Walküre", aufgeführt wieder in der Städtischen Oper in der Bismarckstraße. Bis heute verfalle ich in tiefes Grübeln, wenn ich mich bemühe herauszufinden, aus welchem Grunde mich dieses Werk derart nachhaltig beeindruckte. Am nächsten Morgen, nach dem Opernabend, war ich unfähig in die Schule zu gehen. Meine Mutter erlaubte mir, im Bett zu bleiben, ich schlief fast den ganzen Tag. Am nächsten Tag war ich nicht vom Flügel, von der Seite meines Bruders fortzubringen. Er spielte für mich „Walküre", ich folgte seinem Spiel, sang die Motive und Arien mit, konnte bereits sämtliche Texte auswendig. Ich war nicht zu beruhigen und begann, mich mit den Texten der übrigen Ringopern zu beschäftigen, bat meinen Bruder mich in die Musik einzuführen, studierte die Klavierauszüge und lebte vollständig in der „Wagner-Welt", kehrte jedoch stets zurück in den ersten Akt der Walküre.

So ginge es nicht weiter, meinte meine Mutter. Sie lief zu unserem Klassenlehrer und erzählte ihm den wahren Grund meiner Schul-Absentia. Ich hatte einen selten verständigen Lehrer, Herr Simon, unser Mathematiklehrer, mein schwächstes Fach, für das ich mich überhaupt nicht interessierte. Herr Simon war ein Pädagoge, es ging ihm um das Verständnis zwischen Lehrern und Schülern. Herr Simon wurde mir zum ständigen nachahmenswerten Vorbild, als ich viele Jahre später in Israel den Lehrerberuf ausübte. Er ließ mir durch meine Mutter ausrichten, ich möge doch in die Schule kommen und in der Mathematikstunde statt seiner das Wort ergreifen und den Schülerinnen von meinem Musikerlebnis berichten. So geschah es: Ich stellte mich auf das Podium und begann den gesamten Inhalt der Ringopern zu erzählen, sang die Leitmotive und die Arien, riss mit meiner Begeisterung die gesamte Mädchenschar und den Lehrer mit. Das Pausenläuten wurde überhört, ich fuhr fort zu reden, die nächste Unterrichtsstunde begann, auch dieser Lehrer unterbrach mich nicht, bis ich endlich völlig erschöpft zum Schluss gelangte. Die Klasse, aber auch die Lehrer waren hingerissen – eher von meinem Gedächtnis, meiner Beredsamkeit und meiner Begeisterung als von Richard Wagner, dem man ja auf eine solch dilettantische Art kaum nahe kommen kann. Ich bin noch heute der festen Überzeugung, dass ich niemals wieder in meinem Leben eine derartige Redefertigkeit, frei vortragend, syntaktisch fehlerfrei, ohne zu stocken, ohne Notizen, imstande sein könnte vorzuführen.

Konzert- und Theaterbesuche wurden in gleicher Weise vorbereitet. Wie hasste ich Geßler[11] – dargestellt von dem jungen Bernhard Minetti – oder „Franz die Kanaille"[12], um nur zwei Beispiele meiner frühen Bühnenerlebnisse zu erwähnen. Oft gingen mein Bruder und ich in die Philharmonie, damals ein einfacher Konzertsaal in der Bernburger Straße[13]. Lange Zeit vor Beginn des Konzertes standen wir „Schlange", um in den glücklichen Besitz der billigen Plätze „hinter den Säulen" zu gelangen. Von dort konnte man wahrlich nichts sehen, aber wer muss denn in einem Konzert sehen, wenn man hören kann und dies ohne durch den Anblick auf Dirigent und Orchester abgelenkt zu werden. Wir gingen zu den Generalproben an den Sonntagen am Vormittag und hörten Symphonien von Brahms und Beethoven unter Bruno Walter und Wilhelm Furtwängler, die trotz der Bezeichnung „Generalprobe" niemals unterbrochen wurden. Die Karten für die Generalproben waren einfach billiger und für derartig begeisterte Konzertbesucher, die wir waren und die sich fast jede Woche ein anderes Musikerlebnis verschafften, erschwinglich. Abends gab es Klavierkonzerte, gespielt von Walter Gieseking, Wilhelm Kempff oder Edwin Fischer. Sie waren vor allem für meinen Bruder unverzichtbare Ereignisse, wurde er doch Jahre später in der staatlichen Musikhochschule Schüler von Edwin Fischer. Wir saßen eng aneinander geschmiegt, Partituren auf unseren Knien und verfolgten aufmerksam die Darbietung, wobei mein Bruder niemals versäumte, mich durch eine

Geste, einen Blick auf einen musikalischen Höhepunkt aufmerksam zu machen. Oft standen wir sonntagmorgens bereits um halb vier vor der Staatsoper Unter den Linden, um für eine Wagner-Aufführung, besetzt mit großartigen Sängern, billige Karten für den vierten Rang zu erlangen. Mein Vater, der um acht Uhr sein Frühstück beendete, sich wohl ohne seine zwei großen Kinder langweilte, sich dann erinnerte, wo sie zu finden waren, fand dann auch sein väterliches Herz, und von Mitleid überwältigt, machte er sich eines Sonntags auf den Weg zur Staatsoper und drückte uns schweigend, gerührt von seiner eigenen Großzügigkeit, Geld für teure Karten in die Hand. Wir hatten umsonst gelitten, waren aber nichtsdestoweniger sehr dankbar.

Doch zurück zu meiner frühen Kindheit. Meine Welt bestand nicht nur aus Eltern und Geschwistern, nicht nur aus Literatur und Musik. Die Welt ist bevölkert, auch die Kinderwelt. Kindergärten, Spiele auf der Straße mit den Nachbarkindern lehrten uns die Tücken und die Gefahren gesellschaftlichen Lebens kennen. Da ich Ende Juni geboren bin und das Schuljahr Mitte März begann, war ich noch keine sechs Jahre alt, als ich mit einer riesigen Schultüte und ausstaffiert mit einer Schulschürze als Schulkleidung eingeschult wurde. Meine erste Lehranstalt war die Privatschule von Fräulein Rosenthal in der Klopstockstraße. Dort konnte ich allein hingehen, ohne Begleitung, es war eine ruhige, fast menschenleere Gegend. Wir waren fünf Schülerinnen in der ersten Klasse und die Aufmerksamkeit von Fräulein Rosenthal galt jedem einzelnen von uns. Ich erinnere mich, sie war nett, freundlich und immer ruhig und gelassen. Da ich im letzten Jahr vor der Einschulung einen Montessori-Kindergarten der orthodoxen Art besucht hatte, konnte ich bereits lesen, bevor ich in die Schule kam. Schreiben in schöner Sütterlinschrift wurde früh zu meiner Leidenschaft. Wir schrieben mit Griffeln auf Schiefertafeln. Auf der Tafel waren in verschiedenen Abständen Linien eingezeichnet, die uns Höhe und Breite der einzelnen Buchstaben vorschrieben. Ich habe immer wieder „Schönschreiben“ geübt, habe auch jahrelang sehr schön geschrieben, wie heute noch an der Namenszeichnung derjenigen Bücher, die ich in meiner Kindheit geschenkt bekommen habe und die mir meine Eltern nach Palästina schicken konnten, zu erkennen ist. Während unserer ganzen Schulzeit, bis zum Abitur, durften wir nur „Deutsch“ oder „Gotisch“, wie es genannte wurde, schreiben, lateinische Buchstaben waren nur in den Fremdsprachenfächern erlaubt. Im Rechenunterricht schoben wir auf einem Holzgestell, das mit Eisendrähten bespannt war, rote und blaue Holzkugeln hin und her. Es war alles sehr einfach, keine Mengenlehre, kein „Ganzwortlesen“, eine Methode, die sich nur an die optischen, nicht aber an die analytischen Fähigkeiten des Schülers wendet. Heute, nach meiner langjährigen Unterrichtserfahrung, auch mit schwer erziehbaren Kindern, wage ich zu behaupten, dass die „Ganzwortmethode“ die so genannte Legasthenie (Leseblindheit) geradezu produziert. Doch darüber mehr in einem anderen Zusammenhang. Jedenfalls ist mir kein Fall von Legasthenie später in der Gemeindeschule, wo ich als Lehrerin mit Kindern aller sozialen Schichten zusammentraf, begegnet. Allerdings hatte ich die „Ganzwortmethode“ sehr schnell aufgegeben und stattdessen die analytische Methode meiner ersten Schuljahre in Berlin mit Erfolg angewendet.

Zu Hause mußte ich regelmäßig berichten, wie der Schultag verlaufen war. Ich erinnere mich deutlich an folgendes Gespräch mit meinem Vater, das ein bezeichnendes Licht auf die religiöse Erziehung in unserer Familie wirft.

Vater: „Was hast du heute gelernt?“

Ich: „Rejon!“

Vater: „Was hast du in ‚Religion‘ – so heißt das Wort – gelernt?“

Ich: „Die Geschichte über Adam und Eva.“

Vater: „Erzähle mir die Geschichte.“

Ich: „Also: Die haben gesündigt. Eva hat nämlich dem Adam einen Apfel gegeben.“

Vater: „Ist denn das eine Sünde? Weiter!“

Ich: „Auf jeden Fall wurden sie gestraft wegen der Sünde.“

Vater: „Wie wurden sie gestraft?“

Ich: „Die Schlange musste auf dem Bauch kriechen, Adam musste im Schweiße seines Angesichts sein Brot verdienen und Eva“ – stottern – „musste dauernd unter Schmerzen gebären!“

Vater: „Dauernd?“

Ich: „Ja!“

Vater: „Sie wird mal ausgesetzt haben!“

Das war meine erste Religionsstunde, die folgenden machten anscheinend keinen Eindruck auf mich, sie sind mir aus meinem ersten Schuljahr nicht im Gedächtnis geblieben. Aber doch zeitigten die „Rejonsstunden“ merkwürdige Früchte. Ein Traum, den ich eines Morgens geheimnisvoll meinen Eltern mitteilte, ist Beweis für die Leichtfertigkeit aller Religionspädagogen, die ihre Schüler mit Begriffen und Ereignissen konfrontierten, von deren Bedeutung sie beim besten Willen keine Ahnung haben konnten, und dafür, dass die Lehrer unfähig waren, in meiner Kinder- und Jugendzeit noch dazu gehemmt, um die Dinge angemessen zu erklären. Also, ich träumte: „Heute Nacht saß Walter auf der Wickelkommode und brach Ehe!“ „Was tat er“, fragten meine Eltern erstaunt und belustigt. „Ganz einfach, er brach Ehe!“, antwortete ich. Da auch meine Eltern der Meinung waren, dass Kinder „davon noch nichts zu wissen haben“, blieb eine solche Tat eigenen Vorstellungen überlassen. „Rejon“ war vorerst entweder unverständlich oder langweilig. Es sollte ein langer, von Zufällen begleiteter Weg werden, der mich vom Interesse für die Geschichten der Bibel zu einem tiefen Bibelverständnis leitete.

Aber Fräulein Rosenthal starb ganz plötzlich, und diese einmalige Schulidylle nahm ein Ende. Meine Eltern fassten den Entschluss, mich in die 263. Gemeindeschule in der Bochumer Straße einzuschulen. Leicht ist meinen Eltern dieser Entschluss nicht gefallen. Wer weiß, so werden sie gefürchtet haben, mit welcher Leute Kinder unsere Tochter dort zusammentreffen wird, welchen Berliner Dialekt ich dort hören und übernehmen würde, war es doch im Hause meiner Eltern strikt untersagt zu „berlinern".

Es war eine drastische und schockierende Umstellung. Vierzig Mädchen in einer Klasse, ein großer trister Raum, grau in grau, ein ewiger säuerlicher Geruch von heißer Milch – wir waren alle verurteilt diese Quäker-Milch-Schulspeisungen zu konsumieren – lag in sämtlichen Räumlichkeiten. Das erste Mal in meinem Leben befand ich mich in einem richtigen Klassenzimmer, mit aufklappbaren Pulten, Tintenfässern, Podium und Katheder für den Lehrer und einer großen Schiefertafel, fast von Wand zu Wand. Das war der Ernst des Lebens, vor dem mich niemand gewarnt hatte und auf den ich nicht vorbereitet war. Ich verschwand in der Anonymität, meine Individualität war schlagartig aufgehoben, ich wurde zur Person, nur wenn ich aufgerufen wurde. Es war beklemmend. Doch der wahre Schock ergriff mich, als ich bereits am ersten Tag die Erziehungsmethoden unseres Klassenlehrers, Herrn Pfeiffers, eines untersetzten glatzköpfigen Mannes, kennen lernte. Anlässlich eines nur geringfügigen Vergehens, ging er eiligen Schrittes auf die „Übeltäterin" zu, legte sie über sein Knie und versetzte ihr mit flacher Hand einige Schläge. War das Vergehen ernster, liftete er den Rock der Sünderin und versetzte ihr die Hiebe auf die Unterhose. Ich war außer mir vor Entsetzen, umso mehr, als sich diese Prozedur, die den übrigen Mädchen längst zur Gewohnheit geworden war und zum normalen Schulstundenablauf gehörte, mehrere Male am Schultag wiederholte. Das Vergehen stand in keinerlei Verhältnis zu der Strafe. Es genügte ein an den Nachbarn gerichtetes geflüstertes Wort oder das Nichtbeachten irgendeiner unwichtigen Ordnungsvorschrift. Die Delinquenten weinten, sicher nicht aus Reue, sondern, so kam es mir vor, aus Scham, aber das rührte Herrn Pfeiffer nicht, der übrigens ein ausgezeichneter Lehrer war.

Ich bin sicher, dass seine Satzkästchenmethode, mir die Syntax der deutschen Sprache in einer Weise vermittelte, die es mir später leicht machte Fremdsprachen zu erlernen. Die in logischer Graphik dargestellte deutsche Satzkonstruktion konnte jederzeit beispielhaft für jede Satzkonstruktion einer anderen Sprache herangezogen werden.

Ich war eine gute und gehorsame Schülerin und eine der Lieblingsschülerinnen von Herrn Pfeiffer. Aber dann geschah es doch, dass er eines Tages die Nerven verlor und ich sein Opfer wurde. Er brüllte „Ruhe“ und ich hatte gleichzeitig meiner Nachbarin etwas zugeflüstert. Er stürzte auf mich zu, legte mich über sein Knie, hob, zu meinem Entsetzen, meinen Rock hoch – ich schrie „Nein, nein!!!“, was ihn zusätzlich erboste – und versetzte mir einige Schläge. Ich saß auf meinem Platz, weinte, schluchzte laut und konnte nicht aufhören. Hilflos sah mich Herr Pfeiffer an, wann immer er sich mir näherte, sicher, um mich zu trösten, doch ich verstärkte mein Weinen. Es blieb ihm nichts übrig, er schickte mich nach Hause. Ich stürzte weinend meiner Mutter in die Arme. Ein Wunder, denn sie verstand meine Verzweiflung. Es war der brutale Eingriff ins Private, ins Intime. Keine Beruhigungspille half. Ich weinte, stellte mich vor den Großen Spiegel meines Kleiderschrankes und beobachtete meinen Tränenfluss. Das war nicht gespielt! Ich fühlte mich entsetzlich gedemütigt, mein Stolz war auf brutalste Weise gebrochen worden. Vater war ebenfalls außer sich, stellte mich zur Rede, warum ich bis jetzt von diesen Erziehungsexzessen nichts erzählt hatte. Ja, warum nicht? Vielleicht, weil ich zu oft von meinen Eltern gehört hatte: „Du übertreibst schon wieder“, „Es wird so schlimm nicht sein“, „Benimm dich anständig, dann kann dir nichts passieren!“. „Was, du hast wirklich nur geflüstert?“, fragte mein Vater kopfschüttelnd. Mutter ging am nächsten Tag in die Schule, und ich war von diesem Tage an für Herrn Pfeiffer tabu, nicht aber meine Mitschülerinnen. Der Rektor der Schule, ein vernünftiger Mann, sprach wohl mit seinem

Kollegen, aber anscheinend waren Prügel in der Schule ein durchaus anerkanntes pädagogisches Mittel, so dass sich keine Beschwerdestelle fand. Nur ich wurde zur Ausnahme erklärt, nur das war zu erreichen!

Wie schon erwähnt, Herr Pfeiffer war ein guter Lehrer, das musste man ihm lassen. Im Sandkasten errichteten wir die gesamte Mark Brandenburg, buddelten für jede Ortschaft ihren Platz, für jeden Fluss seinen Verlauf, legten Seen an, pflanzten Bäume, vermerkten Dörfer und Städte mit ihren Wappen, die ihre Eigenheit kennzeichneten. Es war ein ewiges Heimatkunde-Spiel, an dem sich alle Schülerinnen beteiligten. Er hatte jedoch auch schrullige Unterrichtsmethoden. Meine Eltern waren nicht wenig erstaunt, in meinem Schulheft folgenden Satz zu lesen: „So sollst du nicht sprechen: De Hunde loofen uff de Straße, de Leute mang de Beene.“ Da ich nur feinstes Hochdeutsch sprach, verstand ich den Satz gar nicht, und meine Mutter war nicht bereit, ihn mir zu erklären. „So sollst du eben nicht sprechen“, so meine Mutter, „das genügt.“ Man schreibt nicht an die Tafel, wie man n i c h t sprechen darf! Recht hatte sie.

Ein anderes Gemeindeschulereignis war schmerzhaft und nachhaltig. „Ich habe eine neue Freundin“, verkündete ich zu Hause. „Wie heißt sie denn?“, so die Eltern. Ich: „Lieschen.“ Vater: „Lieschen. Und weiter? Wer und was ist ihr Vater?“ Ich: „Weiß ich nicht, hab nicht gefragt!“ „Wisse mein Kind“, eröffnete mir mein Vater eine seiner Fundamentalweisheiten, „du kannst erst dann ein Kind zu deiner Freundin erklären, wenn du weißt, welchen Beruf der Vater ausübt.“ „Ich werde sie fragen“, meinte ich, „aber glaubt mir, Lieschen ist wunderbar.“ Am selben Nachmittag gingen Mutter und ich das Holsteiner Ufer hinauf bis zur Bärenbrücke. Und da, an der Ecke, stand ein Gemüsewagen. „Marianne – Lieschen“, und wir warfen uns in die Arme und waren glücklich. Mutter stand verlegen daneben, zog mich nach einer kurzen Weile weg und erklärte mir, dass Lieschen unter keinen Umständen meine Freundin sein kann. Die Tochter eines Gemüsehändlers, dazu noch ein „Wagenhändler", er hatte noch nicht einmal einen Laden! Die Indignation meiner Mutter klang eindeutig und unwiderrufbar. Da ich Lieschen nicht nach Hause bringen durfte, sie auch nicht in unserer Straße wohnte, sie eine unter vierzig Mitschülerinnen war, vergaß ich über kurz oder lang wohl meine Zuneigung zu Lieschen, nicht aber die mir völlig unverständliche Ungerechtigkeit meiner Eltern, die den Wert eines Kindes nicht nach seinen Tugenden oder Verdiensten, sondern allein nach dem sozialen Status seiner Eltern einschätzten. Ich rebellierte, die Welt meiner Eltern wurde mir zunehmend undurchschaubar.

In der 263. Gemeindeschule bekamen wir auch Religionsunterricht. Herr Pfeiffer unterrichtete die protestantischen, für die katholischen kam ein Geistlicher und für die „mosaischen" Schüler ein ausgebildeter jüdischer Religionslehrer ins Haus. Von dem Unterricht ist mir so gut wie nichts in Erinnerung geblieben, nur eine Theatervorstellung zum Chanukkafest, in dem ich die Hauptrolle spielte – die Mutter einer kinderreichen Familie und liebliche züchtige Hausfrau eines edlen Familienvaters. Ich erinnere mich kaum an das Stück, wohl aber an meinen Vater, der in der ersten Reihe saß und während der Vorstellung buchstäblich Tränen lachte. Wohl amüsierte er sich über mein pathetisches Auftreten und über die zärtlichen und gleichzeitig schüchternen Umarmungen meines Bühnen-Ehemannes, eines ausgeliehenen 12-jährigen Schülers aus der Jungen-Schule. Ich zündete die Sabbatkerzen an, segnete sie, war nicht minder gerührt als beim Singen von „Stillige Nacht, Heilige Nacht". Ich stellte die vollkommene jüdische Hausmutter dar, eine Person, der ich niemals vorher in meinem Leben begegnet bin. Die Diskrepanz lag zwischen meinem realen Familienleben und der Vorstellung, die ich zum Besten gab – wahrscheinlich waren es die Lichter, das Pathos und die schüchternen Umarmungen meines „Gatten" (ich gestehe, er war mir nicht unsympathisch), die mich zu einer nie erfahrenen Phantasiewelt hinweg trugen, während mein Vater all dies außerordentlich komisch fand. Auch weiterhin feierte ich die Feste wie sie fielen. Feste erregten die Phantasie. Ob Weihnachten oder diese Schul-Chanukkafeier – ich feierte mit Begeisterung und ohne jegliches Bedenken!

Es war in dieser Schule, dass ich zum ersten Mal dem „Judenhass" – das Wort „Antisemitismus" war mir vollkommen fremd, meine Eltern vermieden es, dieses Wort zu erwähnen – begegnete. In den Pausen zwischen den Unterrichtsstunden waren wir angewiesen, wirklich wie in einem Gefängnishof, paarweise um den Schulhof zu spazieren. Während des Gehens verzehrten wir unser Frühstücksbrot und unterhielten uns leise. In der Mitte des Hofes gingen zwei Aufsichtslehrer hin und her, sprachen miteinander, aber vergaßen nicht uns zu beobachten. Wir konnten uns unseren Spazierpartner aussuchen, und eines Tages war meine Mitschülerin Edelgarde – so schön hieß sie, dazu hatte sie noch einen adligen Familiennamen – meine Partnerin. Innig umarmt machten wir unsere Runden. Plötzlich verlangsamte Edelgarde ihre Schritte und wies indigniert auf zwei vor uns spazierende Mädchen hin, die Anni und Regina hießen. Ihre Namen habe ich niemals vergessen, Jahre später schlossen wir miteinander Freundschaft. „Scheußlich, diese jüdischen Mädel", murrte Edelgarde. „Wie bitte?", fragte ich. Sie wiederholte ihre Worte und fügte noch stärkere Bezeichnungen hinzu. Erschrocken stieß ich ihren Arm von meiner Schulter, blieb stehen und sagte verwirrt und wütend: „Ich bin auch jüdisch, sieh dich vor, ich sag's meinem Bruder, der wird dich verhauen." Darauf folgte Edelgardes klassische Antwort, die nicht nur ich, sondern tausende jüdische Kinder in ähnlichen Zusammenhängen immer wieder gehört hatten: „Was, du bist jüdisch? Das merkt man dir wirklich nicht an. Ja wenn alle Juden so wären wie du!" Ich ließ sie stehen, entschuldigte mich bei den Lehrern und ging in das Klassenzimmer zurück.

Ich berichtete den Vorfall zu Hause. Mein Vater sah mich nachdenklich an, dann sagte er: „Nimm es dir nicht zu Herzen, du warst ja nicht gemeint!“ Das war die dritte Unstimmigkeit und logische Verdrehtheit, die mein Vater mir gegenüber zum Besten gab. Sein Weltbild war total „verrutscht“, so empfand ich es mit meinen damaligen zehn Jahren. Lieschen war arm – mit armen Mädchen befreundet man sich nicht. „Soll und Haben“ wurde von ihm uminterpretiert – er identifizierte sich mit der Gruppe, zu der der Dichter ihn nicht rechnete, und zu den anderen Gruppen gehörte er wahrlich auch nicht, zumindest nicht, was deren moralische Qualitäten betrifft, also suchte er sich die Elemente aus, in denen er sich widerspiegeln konnte: ein wohlhabender Kaufherr mit vielen Angestellten, einem überaus reichen Kundenkreis, geachtet von den Mitmenschen. Die Ungereimtheiten und Ungerechtigkeiten nahm er nicht zur Kenntnis. Mein so selbstgerechter Vater hatte eben kein humanes Weltbild. Er grenzte aus. Sicher, man war mosaisch, andere waren evangelisch oder katholisch, aber man tanzte nicht aus der Reihe. Anni und Regina kamen aus einem frommen Hause. An den Sonnabenden *(Sabbat)* schrieben sie nicht – das war der Kompromiss, den viele religiöse Juden schlossen, um die doch sehr einseitig ausgerichtete jüdische Schule zu vermeiden. Mein Vater meinte dazu, wenn alle am Sonnabend schrieben, dann hätten Anni und Regina dies auch zu tun. Die judenfeindliche Einstellung Edelgardes war nach Vaters Denkmuster fast entschuldbar.

Mein Vater formulierte sein Selbstgefühl, seine Selbstsicherheit mit einer für ihn sehr einleuchtenden Aussage, die er immer wieder, sei es am Familientisch oder in Gesellschaften, verkündete: „Wenn ich meine Mitmenschen betrachte“, so mein Vater, triumphierend in die Runde blickend, „dann komme ich immer wieder auf mich selbst zurück.“ Alle lachten beflissen, obwohl jeder wusste, dass er, Georg Selbiger, hiermit sein wahres Credo verkündete. Er war, so meinte er, unübertrefflich und amüsierte sich darüber in seiner Art. Ich erinnere mich an eine lange Liste, auf der unter dem Titel MEINE VORZÜGE alle vortrefflichen Eigenschaften des Georg Selbiger aufgezählt waren, angefangen mit seiner Ordnungsliebe, weiter mit seiner, wie er meinte, ewig guten Laune, seiner trefflichen Kindererziehung (Oh weh!), seinem Verhalten als Gast oder als Gastgeber, seinem Verhältnis zu den Hausangestellten. Die Liste war sehr lang. An einen „Vorzug" erinnere ich mich deutlich, der lautete „Ich schnauze niemals einen Kellner an". Auch diese Liste wurde bei Gesellschaften zum Besten gegeben, allerdings nur unter sehr guten Freunden oder unter Verwandten. Man war teils belustigt, teils enerviert, da man nicht umhin kam, dem Verfasser „seiner Vorzüge" nicht nur den Bonus eines Witzes zu erteilen, da seine narzisstische Selbsteinschätzung, trotz der teils sehr witzigen Formulierungen, nicht zu überhören war.

Komme was wolle, er setzte seinen Willen durch, dies sollte ich im Alter von acht Jahren erleben. Mein Schuljahrgang war der erste, dessen Schüler, so sie die nötige Lernfähigkeit unter Beweis gestellt hatten, nicht nach drei Jahren, sondern nach vier Jahren von der Grund- oder Gemeindeschule in eine „höhere Schule", Gymnasium oder Lyzeum, übergeleitet werden sollten. Mein Vater nahm diese Regelung sehr persönlich und protestierte. Seine begabte Tochter noch ein Jahr in der Gemeindeschule – undenkbar! Er wandte sich an das „Provinzial-Schulkollegium", damals die zuständige Behörde, schilderte die Fähigkeiten seiner Tochter in allen Farben, so dass diese Behörde beschloss, mich einer „Intelligenzprüfung" unterziehen zu lassen. Damals, es war im Jahre 1925/26, wusste man noch nichts von modernen Intelligenztests. Meine Intelligenz wurde einfach nach meinen Fähigkeiten in den gängigen Schulfächern Rechtschreibung, Aufsatzschreiben, Rechnen, Heimatkunde beurteilt, die ich an einem festgelegten Schultag allein in einem gewöhnlichen Klassenzimmer unter Aufsicht verschiedener, sich abwechselnder Lehrer unter Beweis zu stellen hatte. Ich erinnere mich genau: Sechs Stunden währte diese alle Schulfächer umfassende Prüfung meiner „Intelligenz“, um mich am Ende als durchaus geeignet für die erste Lyzeumsklasse zu befinden. Wer nun glaubt, alles wäre zu einem guten Ende gelangt, der irrt sich. Jetzt kam der Schularzt, ein älterer Herr, sehr freundlich, im weißen Kittel, der meine körperlichen Kräfte – bisher handelte es sich nur um meine geistigen Kräfte – beurteilen sollte. Warum man diese Prozedur nicht umgekehrt ablaufen ließ, hat mir niemals eingeleuchtet. Der Onkel Doktor war gar nicht zufrieden mit meinen körperlichen Kräften, er stellte fest, dass ich ein zartes Pflänzchen wäre, das viel begossen werden müsse, am besten mit einem viertel Liter süßer Sahne täglich, dann würde ich wohl in einem Jahr kräftig genug sein, um die „höhere Schule“ besuchen zu können. Nein, er war nicht umzustimmen, nicht durch meine Mutter, nicht durch meinen Vater. Mir war alles ganz egal, ich verstand das ganze Theater nicht. Meine Eltern wollten den Verwandten und Bekannten ein Wunderkind vorstellen, und das sollte an einem viertel Liter süßer Sahne scheitern? Würde ich dadurch intelligenter werden? Die Prüfung hatte ich glänzend, mit den besten Noten in allen Fächern, bestanden. Was hatte das mit „zu zart, zu dünn“ zu tun? Mir kam der unlogische Gedanke, dass, hätte der Test festgestellt, ich wäre zu hässlich, oder hätte einen zu schlechten Charakter, die Empörung meiner Eltern nicht so groß gewesen wäre.

Ich sehe Vater grübelnd im Wohnzimmer hin und her laufen. Da – er hatte es! Er ließ sich an seinem Schreibtisch nieder und verfasste ein Schreiben an das „Provinzial-Schulkollegium“ und argumentierte folgendermaßen. Erstens: Die medizinische Prüfung hätte nicht nach, sondern vor der Intelligenzprüfung stattfinden müssen. Zart und dünn war ich bereits sechs Stunden zuvor! Ergo: Was hat das eine mit dem anderen zu tun? Meine Intelligenz, und nur diese stand zur Debatte, ist klar bewiesen, nachdem ich in allem die Note 1 erhalten hatte. Daraus folgt, so mein Vater in seiner schön geschwungenen Handschrift, dass ich überhaupt zu zart und zu dünn bin, um in die Schule zu gehen. Ein Malheur, aber laut ärztlichem Befund mit einem viertel Liter süßer Sahne täglich zu beheben, dafür würde er sich verbürgen! Somit stelle er hiermit für seine Tochter Marianne den Antrag, sie für ein Jahr, weil zu zart und zu dünn – vom Schulunterricht zu befreien. Und, oh Wunder, der Brief überzeugte die zuständigen Instanzen und ich wurde zu einem Jahr „Schulfrei“ verdonnert! Ich freute mich wirklich nicht. Ich ging gern zur Schule, hatte viele Freundinnen, und die „Freude“ über die Schulfreiheit wurde durch das Edikt der süßen Sahne, das meine Mutter penibel befolgte, reichlich verdüstert. Ich kniff die Nase zu und schluckte, schluckte, verschluckte mich – es war der tägliche Schrecken.

Trotz alledem, dieses Freijahr ist mir eine schöne Kindheitserinnerung geblieben. Dreimal in der Woche erschien die Frau Gemahlin unseres Schulrektors und sorgte während zweier Stunden dafür, dass bei mir nichts in Vergessenheit geriet. In den Zwischentagen machte ich meine Schulaufgaben, meistens schrieb ich Aufsätze, meine Lieblingsbeschäftigung. Nachmittags spielte ich auf der Straße mit den Nachbarskindern, leidenschaftlich entweder Hopse, auch „Himmel und Hölle“ genannt, oder Murmeln. Murmeln waren klein und aus Ton, begehrenswert waren die größeren bunten Glaskugeln, Bucker, die man mit einiger Geschicklichkeit gewinnen konnte. Die Nachbarkinder waren Hinterhofkinder, sie durften daher, wenn sie uns besuchen oder uns zum Spiel auf der Straße abholen wollten, nur den „Aufgang für Dienstboten“ benutzen. Welcher Unfug in meinen Augen! Auf der Straße waren wir gleich, in den Treppenhäusern nicht! Ich lernte in meiner Kindheit viel über lächerliches Standesbewusstsein, über Snobismus. Ich wusste immer, dass es Gleiche und solche gibt, die „gleicher“ sind, auch gab es „Ungleiche“. Mit solchen Kindern spielt man nicht, mit solchen Leuten verkehrt man nicht, habe ich zu oft im Elternhaus gehört. Dass sich eine derartige inhumane Werteskala einmal gegen sie selbst und gegen alle ihre „feinen“ Freunde und Verwandten in brutalster Weise richten sollte, haben sie nicht geahnt, und als es geschah, niemals wirklich begriffen. „Wir können doch nicht gemeint sein?“ und „Das geht vorüber“ waren die ersten Formulierungen der Selbsttäuschung, denen viele aller erlebten Realität widersprechende Sprüche folgen sollten. Meine, wie mir scheint, angeborene Rebellion gegen jegliche Standesmoral hat mir wohl in den kommenden Jahren meine Widerstandskraft verliehen und meine Selbstachtung erhalten.

Aber noch lebten wir in unserem goldenen Zeitalter. Im Sommer des Jahres 1926 fuhren die Eltern mit uns für drei Monate nach Spindlermühle ins böhmische Riesengebirge. Wir waren glücklich, machten Bekanntschaften mit Kindern, mit denen wir spielen „durften“. Die Eltern waren entspannt, die Regeln wurden gelockert, und viele Ausflüge und Wanderungen, die Suche nach Waldfrüchten brachten uns den Eltern näher. Sommerreisen gehören zu meinen schönsten Familienerinnerungen.

Wir fuhren in die Dolomiten, in das Grödnertal – viele Jahre später fuhr ich wieder dorthin, begeisterte mich wieder an der Langkofel-Kulisse –, man konnte Enzian und Edelweiß pflücken, und das Entzücken an der Natur war ein nicht endendes tägliches Erlebnis. Ähnlich unvergesslich ist der Achensee in den österreichischen Alpen, heute aber ein derart überlaufener Ferienort, dass sogar die kristallklare Bläue des Sees sich in eine bläulich-graue Mischfarbe gewandelt hat. Wir blieben stets mehr als sechs Wochen an unseren Ferienorten, so dass wir uns nach 14 Tagen bereits als „Einheimische“ fühlten und keinerlei Sehnsucht nach Berlin verspürten.

Nach Spindlermühle fuhren wir mehrere Sommer hintereinander, er ist in meiner Erinnerung mein Lieblingsort geworden. Jedesmal, wenn wir wieder dort anlangten, war es für mich wie ein „Nach-Hause“-Kommen. Des Wirtes

Töchterlein hieß Marianne, so wurde ich „Mariandel“ gerufen, und, oh Wunder, die Leute liebten mich, verspotteten mich nicht wegen meiner Sommersprossen. An keinem Ort war ich so fröhlich und ausgelassen wie in Spindlermühle.

Die letzten zwei Monate meines Freijahres wurde ich in die Schule zurückgeschickt, damit ich die Aufnahmeprüfung in die Sexta des Dorotheen-Oberlyzeum anstandslos bestehen würde. Während dieser zwei Monate geschah es, dass sich endlich mein dichterischer Genius voll offenbarte. Jedenfalls waren meine Eltern und auch Herr Pfeiffer, der mich begeistert zurückempfing, davon völlig überzeugt. Für mich war die gesamte Veranstaltung mit ihren Folgen urkomisch. Was ich als Blamage empfand, als Jux niederschrieb, wurde in einem Grade überbewertet, der ein Licht auf den unpädagogischen Unernst und den Ehrgeiz vieler anderer Eltern dieser Generation warf. Wir hatten einen Aufsatz zu schreiben zu dem Thema „Besuch beim Schularzt“. Mir war das einfach zu langweilig, mich noch einmal erzählerisch mit diesem Thema zu befassen, umso mehr, als die Erinnerung daran nicht gerade erhebend war. Also, ich kaute an meinem Federhalter – und schrieb erst einmal gar nichts. Erst als Herr Pfeiffer mich mahnte, doch endlich zu beginnen, wurde ich zornig: Was für einen Aufstand hatte man meinetwegen veranstaltet, niemals befragt, wurde ich hin und her geschoben, wurde über mich entschieden. Die freie Zeit zum Lesen, die schönen Reisen hatten manches wieder geglättet, aber nun: „Besuch beim Schularzt“! Das brachte die unangenehmen Erinnerungen zurück. Beim Schularzt! Ein Aufsatz! Nein, denen werde ich es zeigen, und ich schrieb in einem Zug ein idiotisches Gedicht in mein Aufsatzheft. Ich war viel früher fertig als die anderen Schülerinnen, lehnte mich trotzig zurück und verschränkte die Arme. „Hier bitte“, ich ging zum Katheder, dem Sitz von Herrn Pfeiffer, „ich bin fertig.“ Misstrauisch blickte er auf das Blatt, er las und ich traute meinen Augen nicht, sein Gesicht verklärte sich, er lachte, rief mich zu sich, streichelte meine Haare, gab mir ein Küsschen auf die Wange und meinte, ich wäre großartig. Eine glatte Eins, besser könnte es gar nicht sein. Zu Hause zeigte ich mein Elaborat meinen Eltern. Und auch hier die gleiche Begeisterung. Sind die alle verrückt geworden? Ich wurde geherzt, geküsst, mit Komplimenten überhäuft, Mutter eilte ans Telefon, um die Geburt des Genies anzukündigen, ich stand daneben und leistete in meinem Herzen einen Schwur: Nie, nie wieder werde ich dichten! – Zu oft wurde ich gezwungen es vorzulesen, so dass ich es bis ans Ende meines Lebens auswendig hersagen kann, also soll es hier verewigt werden als Beweis meines „dichterischen Genius“:

„Süsse Sahne bekommt mir gut
zunimmt auch schon Fleisch und Blut
Der Arzt sagt: zartes Pflänzchen
trinke fleißig aus Deinem Känn(z)chen
dann wirst Du wieder ganz gesund
die Backen sind dann kugelrund
alle Kinder schreien: Ha
ist das denn Marianne da?
Jetzt gefällt sie uns viel mehr
dick und fett ist sie auch sehr!“

Es war im Frühjahr des Jahres 1927. Festlich gekleidet erschien ich, begleitet von meiner Mutter, im Dorotheen-Oberlyzeum, Berlin-Moabit, Wilhelmshavener Straße 2. Meine Mutter war in gehobener Stimmung, war es doch ihre alte Schule, die sie mit der Mittleren Reife – das Abitur konnte man damals kaum in einer Mädchenschule ablegen – verließ. Viel hatte sie mir von dieser Schule erzählt, als ich eingeschult wurde, unterrichteten noch einige Lehrer dort, die auch ihre Lehrer waren. Zwei Eigenschaften hätten die Lehrer damals bei ihr festgestellt: sie wäre sehr s c h ö n – ein Lehrer hätte sie jedesmal, wenn er ihr begegnete, mit dem Ausruf „kalos kalä kalon“[14] begrüßt – und ihr „Betragen“ hätte einiges zu wünschen übrig gelassen, gab sie leise seufzend, aber auch ein bisschen stolz zu. Nicht einmal wurde mir dies von den alten Lehrern mit der Feststellung „Du bist viel artiger als Deine Mutter" bestätigt. Doch die „Artigkeit" nahm mit zunehmendem Alter ab. Zu oft rebellierte ich gegen Ungerechtigkeiten mancher Lehrer gegenüber meinen Mitschülerinnen!

Die Schule war ein mächtiger Backsteinbau aus zwei Seitenflügeln und einem lang gestreckten Hauptbauteil. In der Mitte lag der Eingang, zu dessen großem Portal einige breite Stufen führten. In einem der beiden Seitenflügel befand sich das Standesamt des Stadtteils Moabit. Es war stets ein schwieriges Unterfangen für die Lehrer, uns Schüler von dem Anblick eines Brautpaares und der Festgäste loszueisen. Fasziniert beobachtete ich stets die „Blümchen-Streuerinnen", mit welcher Routine sie dem Brautpaar vorangingen und die kostbaren Blüten vor ihre Füße streuten. Beschämt erinnerte ich mich an meine erste – und letzte – Amtsausübung als Blümchenkind. Wie ein störrischer Esel hatte ich mich geweigert, die schönen Blumen auf die Erde zu werfen, um sie von dem Brautpaar zertrampeln zu lassen. Kein Zureden half, nur ein Kompromiss konnte die Situation retten. Das Brautpaar ging voran, dann kam ich mit meinem Blumenkorb und streute die Blumen auf den Weg, den das Paar bereits gegangen war, und keine Blume wurde beschädigt. Ich war hoch zufrieden, meine Eltern hingegen sehr verärgert! Dabei hatte meine Mutter mehrere Probestreuungen auf dem Hinteraufgang durchführen lassen, allerdings nicht mit Blumen, sondern mit Küchenkräutern gefüllten Körbchen. „Kein Problem", dachte ich und erlitt einen Schock, als es sich bei der Hauptvorstellung nicht um Küchenkräuter, sondern um Rosen und Nelken handelte! Jetzt, in der Erinnerung, auf dem Weg zu meiner Aufnahmeprüfung, schämte ich mich meiner damaligen Unvernunft, oder war es vielleicht doch „Vernunft"? Mutter zog mich fort vom Standesamt und von meinen Erinnerungen. Sie war sichtlich erregt und fürchtete, ich käme zu spät zur Prüfung.

Prüfungen konnten mich nicht mehr beeindrucken. Völlig ruhig, sehr konzentriert erledigte ich meine Aufgaben, und als meine Mutter mich um die Mittagszeit abholte, war ich mit meinen Gedanken ganz woanders, ich konnte mich beim besten Willen an keine einzige Prüfungsaufgabe erinnern. Nach dem Mittagessen ging ich auf die Straße. Das Holsteiner Ufer war eine sehr ruhige Straße, Autos fuhren dort überhaupt nicht, hin und wieder tauchte ein Radfahrer auf, niemand war besorgt, seine Kinder dort zum Spielen herunter zu schicken. Mit Hingabe spielte ich Hopse, Murmeln, schlug Kreisel und spielte mit den Nachbarskindern „Verstecken". Ich war völlig in die Spielereien vertieft und wurde durch die ärgerliche Frage meiner Mutter gestört, die an einem der Fenster unserer Wohnung erschien, ob ich denn vergessen hätte, dass man uns um fünf Uhr die Prüfungsergebnisse in der Schule mitteilen würde. „Ich habe die Prüfung bestimmt bestanden", sagte ich, „lass mich doch spielen, geh du allein, und erzähle mir, wie es ausgegangen ist." Meine Mutter war entrüstet, erschien auf der Straße, zog mich mit sich fort. Auf dem Weg zur Schule trafen wir Dutzende von Freunden und Bekannten und ich begann, mich auf die neue Schule zu freuen. Eltern, Kinder und Lehrer waren in der Turnhalle versammelt. Jede Klasse hatte zwei Parallelklassen, in jeder Klasse wurden ungefähr 40 Schülerinnen unterrichtet. Es war ein ziemliches Gedrängel, jeder wollte dem Ober-Studiendirektor so nahe wie möglich einen Platz ergattern. Doktor Bretschneider, ich werde ihn niemals vergessen, war ein ausgezeichneter Pädagoge, ein sehr guter Lehrer. Sein Fach war Mathematik – nicht gerade mein Lieblingsfach –, und er war der Herausgeber der Mathematiklehrbücher für höhere Schulen. Aber das wichtigste Fach war für ihn Sport, „Leibesübungen", wie es damals genannt wurde. Er sah in diesem Fach nicht nur ein Mittel der körperlichen Ertüchtigung, sondern vor allem der charakterlichen Bildung. Von ihm stammt die Behauptung, dass für ihn eine Fünf in Sport Grund genug sei um sitzen zu bleiben. Sicher ein Bonmot, aber bezeichnend für seine pädagogische Werteskala. Auf jeden Fall genoss die gesamte Schulgemeinde seine Sportliebe. Viermal die Woche stand im Stundenplan „Leibesübungen“, einmal die Woche tummelte man sich für einige Stunden am Nachmittag auf dem Sportplatz Tiergarten. Unser Direktor organisierte im Winter Skifahrten und im Sommer Ruderriegen.

Nicht nur der Herr Direktor gab durch seine Vorlieben der Schule ihr besonderes Gepräge. Der Musiklehrer, Herr Hedke, stand ihm in seinem Fach in nichts nach. Er war nicht nur hochmusikalisch, sondern auch ein ausgezeichneter Didaktiker, und er besaß umfassende Kenntnisse der Musikliteratur. Fünf Chöre organisierte er unter den Schülern, darunter einen „Auswahlchor“ von nur 25 Schülerinnen. Bei diesem Chor kam es ihm nicht nur auf die Stimmschönheit, sondern vor allem auf das musikalische Gehör an. Ich glaube, dass ich letzterer Bedingung meine Aufnahme in diesen Chor verdankte, worüber meine Eltern sehr erstaunt waren, dies umso mehr, als meine kleine Schwester, die zwei Jahre später in diese Schule aufgenommen wurde und wirklich eine schöne Stimme hatte, keine Gnade in den Augen des Musiklehrers fand. Ihr Gefühl für Rhythmus und ihr musikalisches Gedächtnis überzeugten Herrn Hedke nicht, wie er meiner bekümmerten Mutter leider mitteilen musste. Die Chorproben fanden entweder morgens von 7 bis 8 Uhr, oder nach den Schulstunden, oft von 2 bis 3 Uhr, statt. Niemand dachte daran, nicht zum Chorsingen zu erscheinen. Wir liebten unseren Musiklehrer und seinen Unterricht außerordentlich. Man probte fast immer für irgendwelche Festlichkeiten. Einmal, es muss im Jahre 1932 gewesen sein, studierte er mit allen seinen Chören „Die Jahreszeiten“ von Haydn ein, die unter Beteiligung eines Männerchores, dem Herr Hedke außerhalb seiner schulischen Pflichten ebenfalls vorstand, und dem Schulorchester in der Singakademie zur Aufführung gelangten. Wir probten damals viele Monate, niemand ermüdete, alle waren begeistert und das Publikum, darunter meine Eltern, nicht minder. Es war wohl weniger die musikalische Klangschönheit als die innere Beteiligung der vielen Schüler, ihre Hingabe an die Musik, die die Begeisterung des teils sehr anspruchsvollen Publikums auslöste.

Die Nachmittage waren ausgefüllt mit „Arbeitsgemeinschaften“, für die jüngeren Jahrgänge für Mal- und Werkunterricht, für die höheren Klassen für Französische Literatur, Spanisch und sogar für Stenographie, gelehrt vom Herrn Direktor persönlich. Ich kann heute noch stenographieren, so gut war sein Unterricht, obwohl es für mich beruflich niemals notwendig war. Ich liebte diese Schule außerordentlich, sie füllte mein gesamtes Leben aus. Wenn die Ferienzeit anbrach, war ich in keiner Weise begeistert. Doch wurden die Ferien sehr bald durch die Gründung eines „Landschulheimes“ – damals eine höchst moderne Erfindung – sehr inhaltsreich ausgefüllt. Ich greife hier vor und stelle die Schule in ihrer Grundcharakteristik vor, es wird noch in einem anderen Zusammenhang viel von ihr zu erzählen sein. Denn noch war es nicht so weit. Jetzt wartete ich gespannt auf die Prüfungsergebnisse. Dass ich die Prüfung bestanden hatte, dessen war ich vollkommen sicher, doch plötzlich hatte mich, wohl wegen der feierlichen und gespannten Stimmung in der Turnhalle, der Ehrgeiz gepackt, gute oder sogar sehr gute Noten erschienen mir plötzlich erstrebenswert. Ich wollte der Schule gefallen, weniger meinen ehrgeizigen Eltern, daher wohl der plötzliche Wandel in der Einstellung zu den Prüfungsergebnissen.

Der Herr Direktor teilte mit, dass er nur die Namen derjenigen Schülerinnen vorlesen würde, die die Prüfung bestanden hatten. Wer an den Noten interessiert sei, solle nach der Verlesung an sein Podium treten, um diese dort in Erfahrung zu bringen. Also, die Verlesung begann, und um mich herum ertönte entweder ein Seufzer des Schreckens oder ein Seufzer der Erleichterung. Als mein Name verlesen wurde, nahm ich diese Mitteilung gleichgültig zur Kenntnis, während meine Mutter in Entzückungsrufe ausbrach. Ich hegte den leisen Verdacht – böse wie ich als Kind sein konnte –, dass sie sich ein bisschen vor den Nicht-Aufgerufenen hervortun wollte. Nach der Namensverlesung kam meine große Stunde. Mutter trat an das Podium und fragte gespannt: „Marianne Selbiger?" „Oh", so der Herr Oberstudiendirektor, „da brauche ich gar nicht herumzublättern, sie war die Beste von allen, nur Einsen!" Was für ein Triumph, diesmal nicht nur für meine Mutter, sondern auch für mich.

Zu Hause erwartete mich mein Vater – in weiser Vorahnung mit dem Examensgeschenk. Es war die Voss'sche Übersetzung der Odyssee, geschmückt mit unzähligen sehr kunstvollen Radierungen, die die Handlung verdeutlichten und die Spannung während des Lesens steigerten. Noch am selben Abend führte mich mein Vater in den Hexameter-Rhythmus ein, so dass der Text sehr schnell, als wäre er Prosa, völlig natürlich erklang. Erst las ich halblaut, und als ich merkte, dass ich keinen Betonungsfehler beging, wurde das Dichtwerk mit seiner Vielfalt an Erzählungsstoff, an Personen – Götter oder Menschen, ich merkte den Unterschied bald nicht mehr – mit ihren Verstrickungen zu einer wahren Schatzgrube phantasiereicher Assoziationen, die in meiner Vorstellung niemals ihren Rückhalt zur realen Menschheitswelt, wie ich sie als Kind erlebte, verlor. Die Odyssee wurde für mich das Buch schlechthin, wie man im Judentum von jeher die Bibel bezeichnete, von der ich allerdings damals, in meinem zehnten Lebensjahr noch gar nichts wusste. Nichts Menschliches blieb mir fremd, auch die Götter waren „Menschen" oder zumindest „menschlich". Ich war von diesem Buch nicht mehr loszueisen. Gleichzeitig las ich die klassischen griechischen Sagen, so dass die Odyssee Teil einer vielschichtigen Welt wurde. Das spiegelhafte Verhältnis zwischen Menschen und, wie sie genannt wurden, Göttern oder Halbgöttern schien mir übertragbar auf die gegenwärtige Welt, deren Unzulänglichkeiten in der zwischenmenschlichen Verständigung ich bereits im Elternhaus und in der Gemeindeschule glaubte erfahren zu haben. Wie einfach, so schien es mir in meiner kindlichen Vorstellung, einfach Götter, Halbgötter oder Zauberwesen zwischen dem Menschen und seinen Nächsten einzusetzen, die auf Grund ihrer nicht-irdischen Eigenschaften Schicksale lenkten oder unentwirrbar scheinenden Verwicklungen einen gerechten Ausweg wiesen.

Ich war beschäftigt. Ich las vor dem Einschlafen, auf einer Bank im Tiergarten, im Bellevuepark (der gehörte damals noch nicht irgendeinem Bundespräsidenten) oder im Musikzimmer in der Nähe meines Klavier spielenden Bruders. Noch waren Ferien, doch dieses Examensgeschenk vergrößerte meine Vorfreude auf meinen neuen Lebensabschnitt. Die Odyssee erwies sich als die ideale Einführung in meine neue Lebenswelt, denn welch ein Zufall: Die Lektüre in der Deutschstunde der Sexta war die Odyssee. Wie weit voraus war ich somit von Beginn an meinen Mitschülerinnen, doch hatte diese Doppellesung auch ihre Nachteile. Allein mit meinen Gedanken hatte ich mich tief in den Stoff versenken können, die Wiederholung in der Schule, kapitelweise abgehandelt – einige Kapitel wurden überschlagen –, enthielt doch ein gehöriges Maß an Langeweile, und meine Gedanken schweiften nicht nur einmal ab. Zum großen Erstaunen der Lehrerin, die mich wegen meiner Träumereien zur Rede stellte und mir Prüfungsfragen aufgab, hatte meine Unaufmerksamkeit keinerlei Einfluss auf meine Kenntnisse.

Deutsch und Geschichte wurden für immer meine Lieblingsfächer, das konnte auch der langweiligste Unterricht nicht verhindern. Oft habe ich mich in meinem sehr langen Leben gefragt, was mich an „Geschichte" von Beginn an derartig fasziniert hatte. In allen höheren Schulen Berlins, so auch bei uns, war das Lehrbuch für Geschichte der „Täubner", der den Stoff systematisch gegliedert, in Daten, Ereignisse, Zusammenhänge und Exkurse in Wirtschafts-, Sozial- und Kulturgeschichte, für den Schüler übersichtlich geordnet darstellte. Das Lehrbuch war keineswegs eine spannende Lektüre, die Sprache war fast telegrafisch formuliert, Ausschmückungen irgendwelcher Art suchte man vergeblich. Auch war der Unterricht alles andere als interessant. Also, woher diese Liebe zu diesem Fach? Heute meine ich diese Frage beantworten zu können. Den Ehrgeiz meiner Eltern, aus mir eine Schriftstellerin, gar eine Dichterin zu machen, konnte und wollte ich nicht befriedigen. Dies erkannte ich wahrscheinlich sehr früh, weil mir auch sehr früh klar wurde, dass ich, die kleine Schwester meines großen, hoch begabten Bruders, niemals Musik als Beruf ergreifen würde. Da warf ich gleich die Flinte ins Korn, wobei mir mein Vater mit seinem unpädagogischen Humor ungewollt große Hilfe geleistet hatte. Ich nehme heute auch an, dass meine Eltern trotz aller Eitelkeit nicht dermaßen unvernünftig waren, mich als berufliche Literatin zu erträumen, und als ich Jahre später erkannte, dass es die eigenen Lebenserfahrungen sind, die imstande sind eine Brücke in die Vergangenheit zu schlagen, dass jede Darstellung historischer Persönlichkeiten und Situationen letztendlich Spiegel eigener Erfahrungen ist, und die die Motivation auslösen, in der Vergangenheit das Verständnis für die erlebte Gegenwart zu erlangen. Somit spielten auch der langweilige Geschichtsunterricht und das trockene, bar jeglicher Inspiration verfasste Lehrbuch keine entscheidende Rolle. So pathetisch es klingen mag, Geschichte wurde für mich im übertragenen Sinn zum Spiegel meiner eigenen Erfahrungen und Beobachtungen und daher zum Tummelplatz meiner kindlichen Phantasien. Jahrzehnte später erlernte ich erst die Methode einer zünftigen wissenschaftlichen Darstellung. Doch in allen meinen wissenschaftlichen Arbeiten, in dem methodisch einwandfreien Gewand war ich – wie ich hoffe – incognita anwesend auf der von mir errichteten Bühne vergangenen Geschehens. In einem späteren Zusammenhang werde ich auf diese unaufhebbare Dialektik von Autobiographie und Geschichtsschreibung ausführlich eingehen.

Ich kann es immer wiederholen: Der Schulunterricht wurde zum Lebensinhalt, allerdings zugestandenermaßen nur in den humanistischen Fächern, wie Geschichte, Deutsch, Geographie, in den Sprachen, bei weitem weniger in den naturwissenschaftlichen Disziplinen. Im Sportunterricht gab ich mir die größte Mühe, schon um unserem Direktor und den Turnlehrerinnen zu gefallen, die sich sämtlich Mühe gaben, freundschaftliche Beziehungen zu den Schülerinnen aufzubauen, um deren Ängste vor schwierigen Geräteübungen zu überwinden. Leidenschaftlich wurde Völkerball, Schlagball und Handball gespielt, nachmittags trafen wir uns gruppenweise im Tiergarten, um unsere Spielsucht dort auszutoben. Musik, Malen und Werkarbeit ergänzten die Freizeitbeschäftigung zu Hause und meine Mutter wurde nicht müde, uns die nötigen Materialien zur Verfügung zu stellen: Farben, Ton, Plastellin und vieles andere, so dass auch unsere wenigen freien Stunden in den Ferien und an Wochenenden sinnvoll ausgefüllt werden konnten. Meine Mutter, die für derartige Handfertigkeiten selbst eine große Begabung besaß, ging noch darüber hinaus und besorgte uns Materialien für feine Stickereien auf kostbarem Leinen und Seidenstoffen.

Die Anregungen, die wir auf allen möglichen Gebieten unserer Schule zu verdanken hatten, verbanden uns Schülerinnen untereinander, und es bildeten sich Freundschaftsgruppen, die jahrelangen Bestand hatten. Bis heute erinnere ich mich an meine Schulfreundinnen, an die Geburtstagsfeiern in unserem und in deren Häusern, an die Eltern meiner Freundinnen und an die Familienatmosphäre, die so sehr dem Lebensstil meines Zuhause glichen, so dass der Zugang zu den Familien frei von Spannungen war. Ich erinnere mich an alle Namen meiner damaligen Freundinnen. Meine so genannte „beste Freundin", jeder hatte eine „beste Freundin" neben den anderen Gruppenfreundinnen, hieß Helga. Sie wohnte im Nebenhaus, ebenfalls in der dritten Etage, unsere Balkons waren vielleicht sechs Meter voneinander entfernt, so dass wir in einer graden Luftlinie Stricke von einem Balkon zum anderen spannen konnten, an diese unsere

Schularbeiten, Bücher oder schriftlich formulierte Herzensergüsse, die nach Erhalt sofort vernichtet werden mussten, befestigten. Wir waren immer zusammen, gingen gemeinsam morgens in die Schule und mittags nach Hause, die Seile von Balkon zu Balkon waren unsere Privatpost. Ich liebte Helga innig. Sie war etwas größer als ich, hatte lange dicke dunkelbraune Zöpfe, die, straff geflochten, fast bis an die Kniekehlen reichten, und war eine mittelmäßige bis gute Schülerin. Sie führte mich in die damalige Jungmädchen-Banalliteratur ein, wie „Nesthäkchen" und „Trotzköpfchen" – Bücher, die das gutbürgerliche, recht voraussehbare Mädchenleben in gesellschaftlich gehobenen Familien schilderten. Wir fanden unsere Freuden und Leiden in Schule und Familie in diesen Büchern wieder, und es war, schien mir zuweilen, als blätterte ich Seite um Seite in einem großen Familien-Photographien-Album, allerdings in einer stark idealisierten Form, denn Konflikte zwischen Eltern und Kindern oder unter Geschwistern wurden, wenn sie überhaupt entstanden, sehr schnell überwunden. Es waren Trostbücher, alles führte zu einem guten Ende.

Das Lieblingsbuch meiner Mitschülerinnen war „Nesthäkchen", deren Name „Annemarie" war, also die Umkehrung meines eigenen Namens „Marianne". Vom ersten Schultag an, dem Tag riesiger Schultüten, durch die Jahre inniger Mädchenfreundschaften, Tanzstunden, Schwärmereien für Lehrer und Lehrerinnen und – züchtig, wie es sich schickte – für die Freunde der Brüder, begleiteten wir Annemarie durch zehn „Nesthäkchen"-Bände – ich mit leicht gerümpfter Nase, denn gemessen an der Lebenswirklichkeit war die Banalität zu offensichtlich. Annemarie bestand ihr Abitur, ging auf die Universität, unterbrach ihr Studium, weil sie sich in einen älteren Studenten verliebt hatte. Es folgten Verlobung und Hochzeit. Wir lernten „Nesthäkchen" als Mutter kennen, erlebten mit ihr erst die Mutter-, dann die Großmuttersorgen – es nahm und nahm kein Ende. Bald wurde mir klar, dass diese Darstellungen letzten Endes Atmosphäre und Lebensstil meiner eigenen Kindheit und Jugend widerspiegelten und daher das Interesse an dieser Banalliteratur erweckten. Geburtstagsfeiern, Weihnachtsfeste, Ostern entsprachen meinen eigenen Kindheitserlebnissen. Ich war daher einerseits erschüttert, andererseits jedoch nicht wenig erstaunt, als ich Jahre später erfuhr, dass die Verfasserin Else Ury Jüdin war, und es besteht keinerlei Zweifel, dass es eigene Kindheits- und Jugenderfahrungen waren, die in ihren Büchern ihren Niederschlag gefunden hatten. Die Tatsache, dass die betagte Else Ury, die Lieblingsautorin vieler deutscher „arischer" höherer Töchter, dem Rassenwahn der NS-Ideologie zum Opfer fiel, ihr Leben in einem Vernichtungslager ein furchtbares Ende fand, ist Beweis für die subjektive Wahrheit der Empfindungen einer deutschen Jüdin, die – gleich Tausender anderer deutscher Juden – keinerlei Diskrepanz empfand zwischen Judentum und Deutschtum. Ich bin sicher, dass es ihr niemals gelungen wäre mit der gleichen Herzenswärme und Selbstüberzeugung ein Lebensbild zu entwerfen, das zwischen „Deutschtum" oder „Christentum" und „Judentum" zwei unüberbrückbare Bereiche unterschieden hätte. Es wäre ihr schlechthin nicht gelungen, da ich fast sicher bin, dass sie von jüdischem Brauchtum, Feiertagen, von der Religion der alten hebräischen Bibel keinerlei Ahnung hatte. Darin vergleichbar mit der Ignoranz meiner Mutter gegenüber jüdischer Lebensweise, die die unpassendsten Fragen stellte, wenn sie, was selten geschah, zu einem Freitagabend-Sabbatmahl oder einem Pessachfest irgendwelcher Verwandten väterlicherseits, bei denen hin und wieder jüdische Festtage mit Kerzenanzünden gefeiert und Segenssprüche über Brot und Wein gesprochen wurden, eingeladen war. Dann konnte Mutter verwirrt um sich blicken und sich flüsternd bei ihren Tischnachbarn erkundigen, ob sie jetzt aufstehen müsse oder ob sie sich wieder hinsetzen könne oder ob sie das Glas Wein leer trinken dürfe. Sie wusste es wirklich nicht, obwohl sie, wegen ihrer schönen

Stimme oft gebeten wurde in der liberalen Synagoge in der Fasanenstraße den Gottesdienst mit der Hymne „Wie schön sind deine Zelte Jaakob, deine Wohnungen Jisraël" mit Enthusiasmus, von der Höhe der Empore, neben der Orgel stehend, solo zu eröffnen.

Über unser Judentum wird noch einiges zu berichten sein, doch jetzt will ich zu meinen Schulfreundinnen zurückkehren, die sämtlich aus christlichen Häusern stammten, allerdings sonntags so wenig in die Kirche wie wir am Sonnabend in die Synagoge gingen, dafür die christlichen Feiertage in ähnlicher Weise festlich, wenn auch weniger aufwendig, begingen. Zu ihren Konfirmationen wurde ich selbstverständlich eingeladen, und ich glaube, dass ich auf diese Weise öfter in die Kirche als in die Synagoge ging, da ich nur einen Bruder und drei Vetter besaß, und so nur viermal zur Bar Mizwa-Feier war – das ist der 13. Geburtstag der Knaben, an dem sie zum ersten Mal aufgerufen wurden, den an diesem Tag fälligen Bibelabschnitt in der Synagoge vorzutragen. Mit seinem dreizehnten Geburtstag wurde der jüdische Knabe zum „Sohn der (religiösen) Pflicht", hebräisch Bar Mizwa. In den Gesellschaftskreisen meiner Familie wurde dieses Ereignis äußerst aufwendig begangen. Der Knabe wurde mit Geschenken geradezu überhäuft, unter denen die gesamte klassische Literatur als Grundstein für die künftige Bibliothek, die traditionelle geistige „Mitgift" für das künftige Mitglied des deutschen Bildungsbürgertums, von entscheidender Bedeutung war. Es war ein großartiges Familienfest, das auf die künftige religiöse Lebensweise des „Pflicht-Sohnes" allerdings keinerlei Einfluss ausübte. Man blieb liberal im weitesten Sinne des Wortes und beging nach wie vor die christlichen – mein Vater bezeichnete sie als deutsche – Feiertage. In den späteren Jahren, soweit ich mich erinnere nach meinem 12. Geburtstag, machten mich wohl meine christlichen Freundschaften auf Unstimmigkeiten unserer Lebensweise aufmerksam, und ich versuchte durch Fragen an meinen Vater diese beizulegen. Er hatte – als hätte er darauf gewartet – seine Antwort bereit. Doch gehört der Bericht über diese Unterhaltungen, die wahre Konflikte, sowohl in meiner Gedankenwelt als auch in meinen Beziehungen zu meinen Eltern, auslösten, in einen anderen Zusammenhang; sie bedeuteten erste Anzeichen für das Ende meiner gedankenlosen und naiven Kindheitsjahre.

Meine christlichen Freundinnen, meine widersprüchliche Erziehung im Elternhaus und meine Überzeugung in einer friedfertigen Welt zu leben, deren Ärgernisse und Irritationen nicht in der Gesellschaft, sondern in den pädagogischen Grundsätzen meiner Eltern und Verwandten ihren Ursprung hatten, ließen mir Kindheit und frühe Jugend als eine Zeit von Erlebnisgier und Glückssuche erscheinen. Meine Willensstärke und Vorstellungskraft gaukelten mir ein Familienleben vor, das mit der Realität nur sehr wenig zu tun hatte, die sich allerdings zuweilen in der Empfindsamkeit und in der auch für mich sichtbaren Glück- und Sprachlosigkeit meiner Geschwister allzu deutlich widerspiegelte.

Auch die Schulzeit wurde durch meine vielen freundschaftlichen Bindungen zu meinen christlichen Mitschülern eine Zeit des Glückes, frei von der Wahrnehmung einer feindlichen Umwelt. Es ist sicher von Bedeutung, dass ich mich an die Vor- und Nachnamen meiner Schulfreundinnen erinnere, der Leser möge mir Glauben schenken und mir die Beweisführung durch Aufzählung der Namen erlassen. Die Väter meiner Freundinnen gehörten dem gehobenen Mittelstand an, waren Ingenieure, Lehrer oder Verwaltungsbeamte im höheren Dienst. Der Unterschied zwischen unserem und dem Lebensstil meiner Freundinnen war offensichtlich. Alles war reduziert, der Umgangston weniger affektgeladen, die Beziehungen zu den Hausangestellten kühl und autoritär, die Wohnungseinrichtungen bei weitem weniger kostbar, heute würde ich sagen, es haftete ihnen etwas Kleinbürgerliches an. Der Vater meiner aller-allerbesten Freundin, Helga, war

Kammergerichtsrat, ein kultivierter, ausnehmend höflicher Herr, die Frau Mamma, höchst eindrucksvoll, entsprach dem „germanischen“ Schönheitsideal mit ihrem hohen überschlanken Wuchs und mit ihren langen dicken blonden Zöpfen, die sich auf ihrem edlen Haupt zu einer hohen Krone türmten.

Ich lernte Helga im Jahre 1928 kennen, da waren wir in der Quinta. Wir legten den Schulweg gemeinsam zurück, trafen uns an unseren freien Nachmittagen. Meine Eltern luden sie zu unseren Wochenend-Autoreisen ein – zu dieser Zeit wurde meinem Vater von seiner Firma ein Auto nebst Fahrer zur privaten Verfügung gestellt. Helgas Bruder hieß Welf (nicht etwa Wolf), poussierte intensiv mit meiner süßen kleinen dunkelhaarigen Schwester Ilse, die Erwachsenen besuchten sich gegenseitig, kurz, es war eine idyllische Familienfreundschaft. Die Zeichen einer Konfliktsituation, in die sich die Familie Helgas durch diese Freundschaft begeben hatte und die vom Jahre 1930 an nicht zu übersehen war, wollte ich nicht wahrnehmen. Erste Absagen von fest getroffenen Verabredungen kränkten mich, ich bestand auf Erfüllung der getroffenen Abmachung. Oft gelang mir dies, so dass ich die Kränkung vergaß und weiterhin von der Vorstellung einer lebenslänglichen, unzerstörbaren Freundschaft überzeugt war. Das zunehmend kühle Verhalten ihrer Mutter konnte letztlich nicht übersehen werden, die freundschaftlichen Beziehungen wurden weniger herzlich, bis auch ich – heute meine ich, dass meine Eltern in diesem Fall aufmerksamer waren als ich – die Veränderungen zur Kenntnis nehmen musste. Da wir eine Gruppe von zehn bis zwölf Freundinnen bildeten, kam es nicht zum Bruch. Ich glaube, es war der Bruder Welf, der uns endlich die Augen öffnete, als wir ihn noch vor dem 30. Januar des Jahres 1933 in der Kluft irgendeines – ich vergaß welcher – NS-Jugendbundes auf der Straße trafen.

Die Geschichte dieser Beziehung scheint mir symptomatisch für die Gleichzeitigkeit menschlicher Nähe und politischer Hass-Indoktrinierung zu sein, die ich nicht nur im Fall Helga erlebte. Im Jahre 1933 sollte ich erschreckende Entdeckungen machen, über die ich im gegebenen Zusammenhang berichten werde. Obwohl ein Drittel meiner Mitschülerinnen Jüdinnen waren, bildeten auch diese keine geschlossene Gruppe, sondern integrierten sich in die verschiedenen Gruppen christlicher Mitschülerinnen. Vor dem Hintergrund derartiger gesellschaftlicher Beziehungen ist das unumstößliche Vertrauen meiner Eltern wie aller deutschen liberalen Juden – und diese bildeten in Berlin eine absolute Mehrheit – erklärlich. Sie sahen das, was sie sehen wollten, jede „Helga-Beziehung" bestätigte ihr Gesamtbild der deutschen Gesellschaft, das sie sich bis zu ihrem fürchterlichen Ende nicht zerstören ließen.

Noch lebten wir glücklich in unserem Narrenparadies. Der Schulunterricht war oft anregend, oft langweilig, die Beziehungen zwischen Lehrern und Schülern ausgeglichen und oft freundschaftlich. Unsere erste Fremdsprache war Französisch, unsere Lehrerin war Fräulein Schmidt, ihr Lehrfach taufte sie zu „Mademoiselle Schmidt". Da meine Eltern gute französische Sprachkenntnisse besaßen, erhielt ich zu Hause jede Hilfe, so dass ich schnell zu Mademoiselle Schmidts Lieblingsschülerin avancierte. Sie begann mit dem Unterricht von Kinderliedern („Sur le pont d'Avignon"), Abzählreimen und gelangte mit atemberaubender Schnelle zu den Tierfabeln von La Fontaine, die wir einfach wie Papageien auswendig lernten, ohne Syntax und Formenlehre zu begreifen. Mademoiselle wollte uns in die Sprachmusik der Franzosen einweihen, richtige Aussprache war vorerst wichtiger als die formalen grammatikalischen Kenntnisse. Doch dann überfiel sie uns mit der Lehre vom „Subjonctiv" – die sie in einem, mir bis zum heutigen Tage, unverständlichen Lehrsatz formulierte, den wir zu Beginn jeder Französisch-Stunde im Chor aufzusagen hatten. Den Satz habe ich bis zum heutigen Tag nicht vergessen und bis zum heutigen Tag nicht verstanden, er lautet: Der Subjonctiv ist die Vorstellung vom möglichen Tun oder Sein, der sich je nach den Umständen verwirklichen kann oder nicht. „Oder nicht“ – ja was denn nun, fragte ich mich immer wieder, wagte aber nicht Mademoiselle um eine Erklärung zu bitten, umso weniger, als mir die Sache selbst sehr schnell einleuchtete und die Anwendung des Subjonctiv mir keinerlei Schwierigkeiten bereitete. Mademoiselle war verliebt in Frankreich, verliebt vor allem in die Stadt Paris. Mit Hilfe von Bildern, Graphiken beschrieb sie uns die Topographie der Stadt, schwärmte von den vielen berühmten Gebäuden, erklärte uns, wie man vom Montmartre zum Louvre, von dort zum Arc de Triomphe gelangte, und zwar mit einer solchen Eindringlichkeit, dass diese Stadt in meiner Vorstellung für alle Zeiten lebendig blieb. Als ich viele Jahre später, im Jahre 1966, mit meinem Sohn zum ersten Mal nach Paris fuhr, konnte ich von unserem Hotel aus, das in der Nähe vom Place Pigalle lag, ohne nach dem Weg zu fragen die Stadt zu Fuß erobern, um alle Sehenswürdigkeiten von Paris zu bewundern, die mir durch die begeisterten Berichte über Paris von Mademoiselle in allen Einzelheiten in meinem Gedächtnis verhaftet geblieben waren. Trotz 28 Jahren Palästina-Israel, in denen ich vor allem Hebräisch lernen musste, machte es mir keinerlei Mühe im Jahre 1970 mit einem Thema aus dem französischen Mittelalter promoviert zu werden. Die gesamte Sekundärliteratur war in Französisch, die Quellenliteratur, wenn nicht lateinisch, mittelfranzösisch, und kein Text bereitete mir dank Mademoiselle irgendwelche Verständnisschwierigkeiten. Mademoiselle war vielseitig und tat alles, was den Schülerinnen ihre geliebte französische Sprache nahe bringen konnte. So erdichtete sie französische Texte zu den ungarischen Tänzen von Brahms, gab selber den entsprechenden Ballettunterricht oder komponierte Melodien zu französischen Kinderliedern und bestritt mit einem solchen Programm einen Konzertnachmittag für Eltern und Schüler.

Aber im Mittelpunkt des täglichen Interesses stand von Beginn an, bereits in der Grundschule, der Deutschunterricht. Und im Lyzeum, nachdem man voraussetzen konnte, dass sich Syntax und Formenlehre zum festen Wissensbestand der eigenen Muttersprache entwickelt hatten und somit die Fähigkeit, eigene Gedanken sprachlich mehr oder weniger einwandfrei zu formulieren, sich durchzusetzen vermochte, gab es für mich kein Halten mehr. Schreiben wurde zu einer Art von Besessenheit. Ich begann, Tagebuch zu führen, meine Gedanken, damit dieses Erstlingsgut geistiger Kräfte nicht verloren gehen würde, zu Papier zu bringen. Erlebnisse, Begegnungen, Ereignisse zu notieren, erschien mir in meiner damaligen Überheblichkeit zu banal. Das, was ich dachte, was ich mir vorstellte, erschien mir mit meinen zehn oder elf Jahren unerhört wichtig. Aber merkwürdig: die Euphorie erlahmte, die Furcht, jemand könnte meine hehren Gedankengänge entdecken, sie nicht verstehen und sie dann der Lächerlichkeit preisgeben, war stärker als die Freude einer inneren Selbstdarstellung. Und wieder floh ich, diesmal nicht in die Geschichte, sondern in die Literatur, in der ich wunderbare Spiegelbilder meiner Person, jegliche Anregung zur Vervollkommnung meiner Persönlichkeit zu finden meinte, und nachahmenswerte Vorbilder und Gefahren drohende Feindbilder entdeckte. Meistens waren es die Gegensatzpaare, wie Uriah Heep und David Copperfield[15], wie die hingebungsvollen Frauen und ihre verbitterten oder unglücklichen Männer der Schwestern Anne, Charlotte und Emily Jane Brontë[16]. Literatur und Geschichte wurden zur eigentlichen Heimat, entwickelten einerseits meine Vorstellungskraft, doch überspitzten andererseits ein Selbstgefühl, das mich meiner Umwelt gegenüber gleichgültig machte. Kein Wunder, dass mich viele meiner Mitschüler für arrogant, für kaltherzig hielten. In der Schule hatte ich mehrere „beste Freundinnen", Helga an der Spitze, die alles von mir erwarten durften, in der Familie meine kleine Schwester und meinen weltfremden

Bruder, denen gegenüber ich bewusst die Rolle einer Beschützerin annahm.

Der Deutschunterricht, oh der Deutschunterricht im Dorotheen-Oberlyzeum Ende der 1920er und zu Beginn der 1930er Jahre! Zwei Lehrer waren es, die mir lebhaft in der Erinnerung blieben. Der eine wurde mein Klassenlehrer. Pedantisch, von der uralten Schule, glaubte er an das Auswendiglernen und die alt gewohnte Auswahl von Dramen und Trauerspielen, mit denen in derselben Schule meine Mutter bereits gelangweilt wurde. Nicht nur sein völlig uninspirierter Unterricht, seine Einfallslosigkeit machten ihn mir unvergesslich. Seine Biederkeit, sein Name, Wohnort, Habitus – alles vereinigte sich in ihm zu dem trefflichen Biedermann, wie er im Buche steht. Ein Mann, dem man ansah, dass er nachts ruhig schlief und zufrieden mit sich selbst und seinem Schicksal jeden Morgen pünktlich den weiten Schulgang antrat, um seine Pflichten zu erfüllen. Niemals hätte ich mir in den 1920er Jahren vorgestellt, dass er eine politische Ideologie vertrat, dass er störrisch und unvernünftig auf die Erfüllung einer nationalpolitischen Erziehung bestand, aber in den zwanziger Jahren nur in dem Maße, wie er sie verstand. Sein Name war Herr Professor Dr. Wilhelm Splettstößer, genannt Willibald. Er wohnte in Mahlsdorf und dort noch zu allem Überfluss in der – so wurde behauptet, ob es zutraf, weiß ich nicht – Kiekemaler Straße 1.[17] Viele Gedanken über Sinn und Form seines Unterrichtes machte er sich nicht. Wir merkten, dass er dieselben Gedichte, Novellen, Dramen unzählige Male unterrichtet hatte, dass er die gleichen Aufsatzthemen, mit einigen Veränderungen in den Formulierungen, schreiben ließ. In der Notenbeurteilung war er unangemessen streng. „Genügend" galt als eine erstrebenswerte Note, und es kam nicht selten vor, dass nur eine Schülerin dieses Glück einer solchen Beurteilung erfuhr. Wir lernten die gesamte „Glocke" von Schiller auswendig, und mit dem Aufsagen des zu diesem Tage fälligen Abschnittes – mehrere Schüler mussten vortreten und wie im

Staffellauf die Verse herunterrasseln – verging schon der größte Teil der Stunde. Goethes „Schatzgräber" wurde nicht nur auswendig gelernt, sondern auch noch zu einem Aufsatzthema formuliert, das mir wörtlich in der Erinnerung verhaftet geblieben ist. Es lautete: „Der Schatzgräber berichtet in einem Brief seinem Freund seine Erlebnisse." Es war der Herr Professor Doktor nicht gerade sehr anspruchsvoll. Er war völlig zufrieden, wenn seine Schülerinnen die schöne Ballade in einen Prosatext verwandelten, das Deutsch einwandfrei war und die Interpunktion den damals geltenden Regeln entsprach. Ich erinnere mich, mein Aufsatz wurde sehr gelobt, vielleicht weil ich doch des Guten mehr getan und die Angst und die Spannung des Schatzgräbers eindringlich und wortreich geschildert hatte. „Durchaus gut" lautete seine Bewertung, und ich war unheimlich stolz, doch nicht sehr zufrieden mit meinem Elaborat, denn ich kam mir doch ein wenig pathetisch und geschwätzig vor.

Das also war der Herr Professor Doktor Willibald. Langweilig, jedoch literarisch gebildet, national und, wie es mir schien, auch monarchistisch gesinnt, wie es seine Erschütterung über die Machtlosigkeit des deutschen Kaisers und die wirren Zustände, wie Goethe sie in seinem „Götz von Berlichingen" geschildert hatte, verriet. Bei seinen Schülerinnen war er nicht beliebt, man langweilte sich. Er versuchte, uns durch pathetische Deklamationen von Heimatgedichten – Löns, Stehr[18] – zu beeindrucken, provozierte jedoch nur leises Kichern. Armer Willibald! Doch es kam die Zeit – ich musste sie noch erleben –, die ihm volle Genugtuung für seinen, wie er es vielleicht leicht verstehen wollte, Patriotismus verschaffen sollte. Was wir auch mit ihm lasen – Schillers „Die Braut von Messina", Konrad Ferdinand Meyers „Die Hochzeit des Mönchs" –, es war und blieb langweilig. Ich wurde von ihm als eine seiner besten Schülerinnen im Deutschunterricht voll anerkannt, was mir im Rückblick auf seine späteren politischen Überzeugungen doch erwähnenswert erscheint.

Aber die Schulfreuden überwogen alle langweiligen Unterrichtsstunden, dafür sorgte vor allem unser Klassenlehrer, Herr Simon, der ein ausgezeichneter Pädagoge war, dem sogar meine schwachen Leistungen in seinem Fach, der Mathematik, nicht davon abhielten, mir seine Sympathie entgegen zu bringen. Er gehörte zu den seltenen Lehrern, die den Schüler als Gesamtpersönlichkeit werteten und es nicht bei der Unterrichtsstunde und dem obligaten Schulausflug als erzieherische Mittel bewenden ließen. Er war es ja auch, der mich aus der Isolation meiner „Walküre-Träume und Wagner-Euphorie" herausriss und mir meine Mitschülerinnen – wie bereits berichtet – als aufmerksame und bewundernde Zuhörerinnen meiner Musikerlebnisse überließ. Ich liebte ihn sehr, ich sehe ihn noch heute deutlich vor mir: eine hohe, hagere Gestalt, leicht gebeugt, kurzer Kinnbart, unendlich gütige, tiefblaue aufmerksame Augen. Er sah über mein mangelndes Mathematikinteresse hinweg, war voller Anerkennung für meine Begabungen auf anderen Gebieten. Als das Landschulheim gepachtet wurde – es befand sich in Fichtengrund, einer kleinen Ortschaft, zwei Kleinbahnstationen von Oranienburg entfernt, meine Eltern gehörten dem Gründungsbeirat an –, weihte unsere Klasse mit ihm das Haus ein. Er war es, der dem Leben in diesem Haus seinen Stil verlieh, die Mahlzeiten und ihre Speisenfolgen festlegte, Sportspiele organisierte und für die Räume des Hauses Namen erfand. Da gab es die „Morgenröte", es hatte eine rosa Tapete und die Fenster öffneten sich nach dem Osten, den „Siebenschläfer", da es Platz für sieben Betten hatte, und das „Dreimädelhaus", ein Haus für drei Freundinnen, das „Grüne Gewölbe", es lag zu ebener Erde, war sehr hoch, dunkel und hatte eine grüne Tapete, und andere mehr. Unsere Klasse hatte sich in feste Freundschaftsgruppen, unterschiedlicher Mitgliederzahl aufgeteilt, so dass für jede Gruppengröße das passende Zimmer zur Verfügung stand. Ich wohnte immer mit denselben Freundinnen zusammen. Helga schlief im Nachbarbett, und auch die anderen Mitbewohnerinnen standen mir mit der Zeit nicht weniger nahe. Jede Schulklasse fuhr zweimal im Jahr für eine Woche von Montagfrüh bis Sonnabendabend nach Fichtengrund. Die Vorfreude war jedes Mal ungeheuer groß. Herr Simon unterrichtete in Fichtengrund Mathematik und die Lehrer für Französisch und Deutsch kamen jeder einmal in der Woche ins Landschulheim. Wir machten unsere Schularbeiten, doch mehr als drei oder vier Stunden täglich waren wir mit schulischen Dingen nicht beschäftigt. Hingegen wurden lange Wanderungen unternommen, unser Lehrer erklärte uns anschaulich alles, was im Walde blüht, wächst und kraucht. Seine Leidenschaft waren Pilze, und oft wurden wir aufgefordert ihn bei seiner Pilzsuche zu begleiten. Konzentriert ging er auf Entdeckungen aus, gespannt folgten wir ihm, beobachteten, wie er die Pilze prüfte, sie nach eingehender Betrachtung entweder stehen ließ oder sie behutsam aus dem Boden grub und sie in den Korb, den wir ihm nachtrugen, legte. Wenn dieser endlich gefüllt war, setzten wir uns im Kreis auf den Waldboden und er erklärte uns jeden einzelnen Pilz, nannte seinen Namen und belehrte uns, worin sich jeder einzelne von den ungenießbaren und den giftigen Pilzen unterschied. Manche ungenießbare, die irrtümlicherweise von ihm in den Korb gelegt worden waren, warf er fort. Ein Exemplar des giftigsten aller Pilze, den „Knollenblätterpilz", hat er zur Anschauung und zum Abschrecken ebenfalls in den Korb gelegt, uns auf seine Eigentümlichkeiten hingewiesen und uns vor allem gewarnt, ihn niemals mit dem Waldchampignon zu verwechseln, dem er sehr ähnelt. Es gäbe, warnte er uns, keine Rettung vor dem Vergiftungstod für denjenigen, der irrtümlich einen Knollenblätterpilz gegessen hatte. Das war gruselig. Niemals in meinem Leben habe ich seit diesem Pilzunterricht Waldchampignons gegessen, ich entwickelte ein wahre Pilzphobie, so dass ich mich überhaupt an keiner Pilzmahlzeit selbst geernteter Pilze, zu der ich von Pilzfreunden eingeladen wurde, beteiligte. Ich begnügte mich ausschließlich mit Treibhaus-Champignons. Aber zurück zu unserem, wie mir damals schien, heroischen Lehrer. Am Abend kehrten wir in unser Heim zurück, die Pilze wurden der Haushälterin übergeben, mit der Bitte, zum Abendbrot eine gute Pilzmahlzeit auf den Tisch zu bringen. Eine große Sammlung von Pilzen, keiner glich dem andern, jeder hatte seinen eigenen Namen, von denen wir uns die meisten nicht gemerkt hatten, wanderte in den Kochtopf. Zum Abendbrot verspeiste unser Lehrer genüsslich seine Pilze. Der Reihe nach lud er jeden von uns ein, an seiner Mahlzeit teilzunehmen, doch wollte niemand von uns sein Leben riskieren. Ängstlich beobachteten wir ihn die nächsten Tage und atmeten erleichtert auf, als wir feststellen konnten, dass seine Gesundheit keinerlei Schaden erlitten hatte.

Das Landschulheim übte auf mich und auch auf meine Schwester eine ungeheure Anziehungskraft aus. Da Herr Simon in den großen Ferien bereit war, mit seiner Frau eine Gruppe von Schülerinnen aller Klassen in Fichtengrund zu betreuen, verzichteten Ilse und ich auf die große Reise von sechs Wochen mit den Eltern. Sie fuhren in den Jahren 1930/31 nach Tirol und nach Dänemark und wir, meine Schwester und ich, nach Fichtengrund. Als wir dies unseren Eltern mitteilten, waren sie über unsere Genügsamkeit höchst erstaunt, hatten jedoch nichts dagegen einzuwenden. Unser Musiklehrer, Herr Hedke, schloss sich uns mit Frau und Kindern an und weckte uns jeden Morgen mit einem mächtig lauten Klaviervortrag, wie „Wachet auf" oder dem Hochzeitsmarsch aus Mendelssohns „Sommernachtstraum". Wir unternahmen tagelange Wanderungen, und kein Gras, kein Baum, keine Wiesenblume blieb unbeachtet und unerklärt. Kricket, Tischtennis, Johannisbeerernte – niemals in meinem Leben habe ich wieder dermaßen oft und viel Johannisbeergrütze gegessen, übergossen mit frischer Milch, wie während dieser Sommermonate in Fichtengrund. An den Abenden wurde viel gesungen und viel geschwiegen, man lehrte uns die Geräusche der abendlichen Natur zu verstehen und die Farben der Abenddämmerung zu bewundern. Heute scheint mir, dass ich niemals wieder in derartiger Harmonie mit Mensch und Natur gelebt hatte. Ich kann mich an jede Einzelheit, bis zur Zusammenstellung der Mittagsmahlzeiten, erinnern.

Herr Simon war es auch, der mit unserer Klasse eine vierzehntägige Fußtour „Von Dresden nach Dresden", wie er es bezeichnete, unternahm. Wir wanderten durch die Sächsische Schweiz, durch das böhmische Mittelgebirge und landeten irgendwie nach vierzehn Tagen wieder in Dresden. Mit schwer beladenen Rucksäcken wanderten wir in dem gebirgigen Gebiet fünfundzwanzig Kilometer jeden Tag, genossen die Landschaft und waren einander sehr zugeneigt. Wir liebten uns alle sehr, jede Nacht wechselten wir Schlafnachbarn, es gab keine Aufteilung in Gruppen. Unser Lehrer war der Mittelpunkt und vereinte uns durch seine Ausgeglichenheit und stets gute Laune. Wir sangen unaufhörlich und waren völlig unbeschwert.

Herr Simon war drei Jahre unser Klassenlehrer, er verließ uns im Frühjahr des Jahres 1933. Er hat die neue Zeit bestimmt nicht mit Freuden begrüßt, das war offensichtlich. Als unsere Klasse im Sommer des Jahres 1933 in Fichtengrund war, gab es bereits eine scharfe Trennung zwischen den jüdischen und den christlichen Schülerinnen. Noch konnten wir mit dem Begriff „arisch" nichts anfangen. Herr Simon besuchte uns in Fichtengrund als unser alter Klassenlehrer und forderte die christlichen Schülerinnen auf, mit ihm einen Spaziergang zu unternehmen, um ihnen zu erklären, dass die ehemaligen jüdischen Freundinnen sich in keiner Weise verändert hätten, dass es keinen Grund gäbe uns zu isolieren. Und wirklich, nach dem Spaziergang war der Bann gebrochen und wir verhielten uns zueinander wie ehedem. Herr Simon gehörte zu der wirklich nicht großen Zahl derjenigen, denen ich – sei es in Berlin, in Palästina, Israel und wieder in Berlin – begegnet bin, die, wie es eigentlich Anstand und Sitte von allen verlangte, den persönlichen Mut aufbrachten und ihr eigentliches Wesen nicht verraten hatten.

Es waren kleine, mir damals unwichtig erscheinende Begebenheiten, die meine Unbefangenheit aber nur vorübergehend beeinträchtigten. Es muss in der Sexta gewesen sein, dass unsere Zeichenlehrerin, Fräulein Schröder, ein Krippenspiel für die Weihnachtsfeier vorbereitete. Oh Freude – ich sollte einer der Weihnachtsengel sein, die kniend an der Krippe das Jesuskind anbeteten. Am nächsten Tag kam die Enttäuschung: Fräulein Schröder hatte im Klassenbuch herausgefunden, dass ich „mosaisch" war! Nein, das wäre ja Gotteslästerung, muss sie empfunden haben, und sie kürte einen anderen Engel. Ich war völlig gebrochen, weinte und jammerte zu Hause, so dass meine Mutter sich entschloss, das harte Herz unserer Lehrerin zu erweichen. Jedoch es half nichts, kein Argument war überzeugend.

Fräulein Schröder war eine einfallsreiche Lehrerin, die sich alle Mühe gab, Begabungen zu fördern. Unendlich geduldig im Werkunterricht, machte sie keinerlei Unterschiede zwischen christlichen und jüdischen Schülerinnen. Anfang der Dreissigerjahre wurde in der Schule bekannt, dass Fräulein Schröder NSDAP-Parteimitglied ist – eine Tatsache, die uns in keiner Weise beunruhigte, da sie außerordentlich freundschaftlich mit allen Schülerinnen umging.

Ein anderer Vorfall ist eher komisch. Es war nach den jüdischen Hohen Feiertagen[19], an denen auch ich nicht die Schule besuchte. Das war für meine Eltern eine Selbstverständlichkeit, obwohl wir an diesen Tagen weder feierten noch in die Synagoge gingen. Manches Mal wurden wir von Freunden oder Verwandten, die wenigstens die Hohen Feiertage beachteten, zu einem Abendfestmahl, zu dem rituelle Gerichte zubereitet wurden, geladen. Einmal geschah es, dass eine Lehrerin einen Tag nach dem jüdischen Neujahrsfest das Klassenbuch aufschlug und alle diejenigen, die an den Vortagen gefehlt hatten, strengsten Tones fragte:

„Warum hast du gefehlt?“ Die Antwort: „Ich bin jüdisch, und wir hatten Feiertage.“ Wir waren 12 oder 13 jüdische Schülerinnen zu dieser Zeit, so hatte sie ihre Frage oft zu wiederholen, wobei ihr Ton immer ungeduldiger wurde. Schließlich wandte sie sich an mich als Letzte – mein Mädchenname beginnt mit dem Buchstaben S –, und diesmal war ihr Ärger unüberhörbar: „Warum bist du…“ Meine prompte, vielleicht spöttische Antwort: „Ich bin jüdisch und wir hatten Feiertage.“ Welche Frechheit! Sie war außer sich vor Wut und schrieb mir einen Tadel ins Klassenbuch, denn unverfroren hätte ich ihr ins Gesicht gelogen. Die Klasse lachte, ich lachte, es läutete, die Stunde war zu Ende, die Lehrerin verließ wütend die Klasse. Zu Hause amüsierten sich meine Eltern königlich, Mutter bescheinigte, dass ihre Tochter „mosaisch“ ist, die Lehrerin war verwirrt, und der Tadel wurde selbstverständlich gestrichen.

Zu derselben Zeit fand folgender Dialog zwischen mir und Helga statt. Helga: „Ihr habt Jesus Christus gekreuzigt!“ Ich: „Haben wir?“ Zu Hause fragte ich sofort meinen Vater: „Ist das wahr, haben wir wirklich…“ Vaters sehr logische Antwort: „Jesus Christus war doch Jude.“ Ich: „Ach?“ Als ob es absolut verzeihlich wäre, einen Juden zum Tode zu verurteilen. Am nächsten Tag in der Schule lief ich mit meiner Botschaft sofort zu Helga: „Hallo, mein Vater sagt, Jesus Christus wäre ein Jude gewesen.“ Helga: „Das glaube ich nicht.“ Zu Hause berichtete ich, dass sie es nicht glaubt. Darauf mein Vater fast triumphierend: „Sag ihr, er war beschnitten.“ In der Schule löste diese Botschaft große Verwirrung aus: „Beschnitten“, so Helga, „was ist denn das?“ „Ich weiß nicht“, musste ich zugeben. Jetzt wurde mein Vater ärgerlich: „Das musst du noch nicht wissen!“ Dieser religiöse Disput, der erste in meinem Leben, war somit zu Ende.

Es wird Zeit, dass ich Anni vorstelle, meine ständige Begleiterin seit den ersten Schuljahren bei Fräulein Rosenthal. Es herrschte eine ständige Spannung zwischen uns, ohne dass ich die Gründe hierfür angeben kann. Irgendwie waren wir uns nahe. Auch sie war jüdisch, ihre beste Freundin Regina desgleichen, aber auch sie befreundete sich spannungslos mit christlichen Mitschülerinnen. Anni und Regina schrieben – wie schon erwähnt – nicht am Sonnabend, das wurde wie selbstverständlich von allen Lehrern geduldet, und doch erschien es mir immer wie eine Demonstration. Sie kamen beide aus religiösen Familien und weigerten sich das Gedicht „Belsazar“ von Heinrich Heine auswendig zu lernen, da in der Strophe „Jehovah! dir künd ich auf ewig Hohn“ der Name Gottes ausgesprochen wurde, was nach rabbinischer Lehre eine Todsünde ist. Anni war Zionistin und erzählte nur vom Zionismus. Sie war Mitglied im Sportverein Bar Kochba und in der zionistischen Jugendbewegung Makkabi Hazair (der Junge Makkabi). Verächtlich sprach sie über diejenigen Juden, die den Antisemitismus, ebenfalls ein neues Wort für mich, nicht zur Kenntnis nahmen. Da wir einen gemeinsamen Heimweg von der Schule hatten, nutzte sie immer wieder die Gelegenheit, mir ein düsteres Schicksal zu prophezeien, wenn ich nicht endlich begreife, dass die Zukunft der Juden im eigenen Staat liege, Palästina die Rettung bedeute. Ich verstand gar nichts von dem. Was sie sagte, klang in meinen Ohren völlig irrational, widersprach in allem meiner Erfahrung. Obwohl ich ahnte, dass mein Vater ungehalten sein würde, fragte ich endlich, müde der vielen düsteren Prophezeiungen Annis, meinen Vater, was Antisemitismus ist. Vater antwortete: „Das war einmal, vor Hunderten von Jahren, im dunklen Mittelalter, als die Menschen noch dumm waren, an Hexen und Zaubereien glaubten. Das ist, Gott sei Dank, vorüber!“ „Und was ist Zionismus?“ Vater wurde wirklich ärgerlich: „Das ist eine sehr schlimme Weltanschauung, darüber brauchst du nichts zu wissen.“ Abrupt beendete er die Unterhaltung und verließ den Raum. Anni gab nicht nach, ich erwiderte nichts, schon deshalb, weil ich wirklich nichts verstand. Anni verkörperte meine Gegenwelt. Ich bewunderte ihre Selbstsicherheit, ihre Beredsamkeit, sie war eine ausgezeichnete Schülerin, bekam in allen Fächern die besten Noten, nicht wie ich nur in den humanistischen Fächern. Noch war ich vollkommen unerschüttert von ihren ständigen Versuchen meine Welt zu verteufeln, mir Angst einzujagen. Ich sah keinerlei Sinn in ihren Bemühungen, denn alles was sie sagte, hatte nichts mit mir zu tun. Oft wurde sie nur lästig.

Anni war eine gesellige, fröhliche Mitschülerin, die „beste Freundinnen" unter den christlichen Mädchen fand. Sie war eine ausgezeichnete Sportlerin und auf allen Gebieten hilfreich, kurz, „ein guter Kamerad". Ich sollte ihr später sehr oft begegnen, sowohl im Bar Kochba als auch im Zionistischen Jugendbund. Wirkliche Freundinnen wurden wir nie, nichtsdestoweniger fühlte ich mich aufgerufen, mich vehement für sie einzusetzen, als sie mit unserem neuen Deutschlehrer in einen anscheinend längst fälligen Konflikt geriet, in dem Anni nur den Kürzeren ziehen konnte.

ER – man muss ihn mit Großbuchstaben einführen – hieß Doktor Ziegenrücker, und er war, was wir umgehend erfuhren, NS-Landtagsabgeordneter. Groß und massig, sehr blond, rosige Gesichtshaut, stellte er sich auf dem Podium vor uns auf. Sein Unterricht war temperamentvoll, er übernahm außer Deutsch auch Französisch – spannend, kompetent, rhetorisch überwältigend. Wenn wir seine Schritte von weitem hörten, verstummten wir. Schnellen Schrittes betrat ER den Klassenraum, schwang sich trotz seiner Leibesfülle elegant aufs Podium, grüsste nicht, stellte ein Bein vor das andere, und, der Klasse halb zugewendet, deklamierte ohne einführende Worte, ohne Titel oder Verfasser zu verraten, mit schöner voller Stimme und ausgezeichneter Diktion ein Gedicht. Das war ein Mensch für mich. Ich hing förmlich an seinen Lippen, atmete jedes Wort tief ein, unterlag völlig Erscheinung und Sprache dieses exzentrischen Schauspielers. Selten kannte ich eines der von ihm deklamierten Gedichte, so zum Beispiel Nietzsches „Die Krähen schrei'n / Und ziehen schwirren Flugs zur Stadt: / Bald wird es schnei'n. – / Wohl dem, der jetzt noch Heimat hat."[20], auch an Morgenstern erinnere ich mich. Merkwürdig und bezeichnend für die Faszination, die er auf mich ausübte, ist die Tatsache, dass ich viele Jahre manche Gedichte, obwohl nur einmal gehört, nicht mehr vergessen konnte. Sie blieben in meiner Erinnerung haften. Noch heute kann ich einige auswendig, ohne zu wissen, wer der Verfasser ist.

Unvergesslich: Grosse Stille, er erschien, kostete seine Bannkraft über die Schülerinnen genüsslich aus – und begann:

> Das wär ein Grauen
> Wenn eines Morgens tief erschrocken
> Alle Glocken von selbst erklängen:
> Gott ist tot
> Erst stände jeder wie versteinert still
> Dann Rufen, Schreien und Gebet voll Not
> Weil ihn ein jeder aufwecken will!

Der Verfasser? Ich weiß es nicht, und er verriet es nicht. Einige Sekunden Stille, dann begann der Schultag. Er war großartig, sein Thema das bürgerliche Trauerspiel, als erstes: „Emilia Galotti"[21]. Meine rebellische Natur lehnte sich unbewusst gegen seinen autoritären Unterricht auf: Er stellte Fragen und er urteilte, ob die Antwort „richtig" oder „falsch" war. Meist hielt er Monologe, anregend, aufreizend, niemals langweilig. Doch ich lehnte mich auf. Manifest wurde diese Auflehnung zum ersten Mal in literarischer Form. Wir lasen mit verteilten Rollen und kamen zu dem Zwiegespräch zwischen dem Kammerherrn Marinelli und der Maitresse des Prinzen, der Gräfin Orsina. Oh, ich kannte meinen Lessing schon lange und wusste, wie demütigend die Worte des Misstrauens, der Verachtung der Gräfin auf den Höfling wirken konnten. Herr Dr. Ziegenrücker übergab mir die Rolle der Gräfin. Und – eine Premiere – er übernahm den Höfling. Es war kein Wille, der mich lenkte – all meine unterdrückte Aufsässigkeit verwandelte mich in die betrogene Orsina, in ihm sah ich den Schurken, das Mordwerkzeug des Prinzen: „Für mich keine einzige Lüge mehr? Keine einzige kleine Lüge mehr, für mich?… Was kostet Ihnen denn eine Lüge?… Geschwind, Marinelli; und ich gehe."[22] Mit boshafter Lust nannte ich ihn „Teufel"[23], verdächtigte ihn des Meineides, und als ich ihm verkündete, dass ich (Orsina) alles wusste, dass sich ihm (Marinelli) die Haare sträuben würden, wenn er erraten würde, was „ich" wüsste! An dieser Stelle lachte die Klasse, denn den Kopf des Herrn Doktor Ziegenrücker schmückten keine Haare. Und mein Lehrer? Der spielte mit, amüsierte sich königlich ob meiner Wut, meiner Verachtung, las wunderbar die Gegenrede dieses schillernden Höflings und lobte ausgiebig mein literarisches Verständnis. – Meine Mutter kam zweimal im Jahr in die Schule, um sich nach den Leistungen ihrer Tochter zu erkundigen. Herr Doktor Ziegenrücker auf Mutters Frage: „Wie, das ist ihre Tochter?" Er blickte sie nachdenklich an und sprach sein Urteil im schönsten Berlinisch: „Na, intelligent is ja det Aas" – und ließ meine Mutter stehen. Welche Erkenntnis plötzlich in ihm dämmerte, als er meine schöne Mutter vor sich sah, der ich so gar nicht ähnelte, weiß ich nicht. Doch es kam schließlich zu einem Aufsehen erregenden Zusammenstoss zwischen ihm und mir. Herr Doktor Ziegenrücker leitete die Deutschstunde wie üblich, in dem er die Schüler kaum beteiligte, jedoch lange Vorträge hielt, die viel mit Literatur zu tun hatten, aber immer Realitätsbezüge enthielten. Sein politisches Weltbild war für den aufmerksamen Schüler evident. Während seines Vortrages geriet er nicht selten in Zorn über diese oder jene Zeiterscheinung, verkündete seinen Standpunkt autoritär, und es war jedem deutlich, dieser unser Lehrer wollte nicht nur nicht unterbrochen werden, er duldete auch keinen Widerspruch. Eines Tages konnte Anni nicht mehr an sich halten. Sie erhob sich von ihrer Bank und sagte klar und deutlich: „Herr Doktor Ziegenrücker, das ist kein Unterricht. Wir kennen nur Ihre Ansichten. Warum beteiligen Sie aber uns nicht, warum werden wir nicht zur Gegenrede aufgefordert? Wir wollen diskutieren", verkündete selbstbewusst die durch die Heimabende ihrer jüdischen Jugendbewegung geschulte Anni. „Aber bitte, bitte", so der Herr Doktor, „komm hierher, übernimm meinen Platz. Ich weiche dir. Leite eine Diskussion, ich bin ganz Ohr." Anni, noch nicht eingeschüchtert, stellte sich auf das Podium. Dort ließ unser Lehrer sie nicht zu Worte kommen: „Nun los, diskutiere, zeige deine berühmte Intelligenz, kritisiere, ich will endlich etwas von Dir lernen!" Der Hohn war beißend, Anni wurde völlig hilflos, brachte kein Wort hervor. Seine Worte wurden immer schärfer. Ich weiß nicht, ob mir klar wurde, dass er auf kindische, aber Furcht einflössende Art seine Wut über den „jüdischen Intellekt" austobte. Auf jeden Fall wurde ich zunehmend unruhiger, ich konnte Annis Demütigung nicht länger ertragen, sprang auf, zog Anni vom Podium. „Setz dich!", befahl ich und wandte mich wutentbrannt meinem Lehrer zu: „Das nennen Sie Unterricht? Erfüllen Sie denn überhaupt die Grundaufgabe eines Pädagogen, Talent und Können der Schüler zu fördern? Da stehen Sie und verhören und demütigen eine begabte Schülerin, die mit ihren Mitschülerinnen eine Diskussion über Ihre Thesen führen wollte. Ich ertrage das nicht." Ich war sehr erregt, sprach mit erhobener Stimme, packte meine Sachen verließ das Klassenzimmer und schlug krachend die Tür hinter mir zu.

Ich ging nach Hause, erzählte nichts – ich war ja ungehorsam, mein schlechter Charakter hätte sich wieder gezeigt, hätten meine Eltern mich gescholten. Ich erklärte, ich wäre krank, legte mich ins Bett. Meine Mutter sah, dass ich sehr blass war und am ganzen Körper zitterte und war hilflos. Ich blieb im Bett. Am Mittag des nächsten Tages läutete das Telefon, und siehe, der Herr Direktor Doktor Bretschneider persönlich wollte meine Mutter sprechen. Nun erfuhr sie, was vorgefallen war. Es wurde vereinbart, dass ich noch einen Tag zu Hause bleiben, aber den Tag darauf in der Schule im Direktorenzimmer erscheinen sollte.

Herr Doktor Bretschneider empfing mich sehr freundlich. Kein Vorwurf, kein Wort des Tadels. Er bat mich, meinen Lehrer aufzusuchen. Dieser wäre auch nicht ärgerlich, alles würde wieder ins Lot kommen. So war es auch. Auf dem Korridor, der zu meiner Klasse führt, begegneten wir uns. Er kam breit lächelnd auf mich zu, nahm mich in seine Arme und fragte: „Welcher Teufel hatte Sie denn geritten?" Ich lächelte verlegen, überwältigt von so viel pädagogischem Verständnis, sagte gar nichts und ging erleichtert in die Klasse. Niemand erwähnte den Vorfall, man ging zur Tagesordnung über, der Unterricht blieb spannend, anregend und autoritär.

Es war das Jahr 1932. Am 11. August, dem Verfassungstag, hielt Herr Doktor Ziegenrücker die Festrede. Er gab eine temperamentvolle eloquente Übersicht der Geschichte der Weimarer Republik. Zum ersten Mal hörte ich die ganze Palette der Argumentation der Republikfeinde: vom „Dolchstoß in den Rücken", vom Versailler Schandvertrag, von der „Erfüllungspolitik", von der Unfähigkeit von SPD und Zentrum, Deutschlands Ehre wieder herzustellen. Nach seiner Rede herrschte eisige Stille. Der Direktor bestieg das Podium und brachte ohne irgendwelche überleitenden Worte ein tief bewegtes Hoch auf die Spitzenpolitiker der preußischen SPD, Otto Braun und Carl Severing, aus. Da erhob sich Herr Hedke und stimmte das Deutschlandlied an, in das wir alle niemals so bewegt aus voller Kehle sehr ernst einstimmten – ohne genau zu wissen, welche Gefahr drohte. Alle jubelten ekstatisch „Deutschland, Deutschland über alles", als wollte man ein drohendes Unheil abwenden. Es war dies der letzte Verfassungstag, der in Deutschland gefeiert wurde.

Es war offensichtlich: Die alte Ordnung war in Gefahr. Zusammenstöße zwischen Kommunisten und Nazis in Moabit und im Kleinen Tiergarten brachten uns manche freie Schultage. Meine Eltern registrierten den Rechtsdruck, waren aber sicher, dass keine Gefahr drohte, umso mehr, als ihr gesellschaftliches Leben keinerlei Störungen erfuhr. Alles war verwirrend, doch ich lebte in meinen Träumereien. In mein Poesiealbum trug sich meine Mitschülerin Dorothee von Blomberg mit einem schönen Gedicht ein, und unterschrieb „Deine Freundin Dorothee.". Gleichzeitig verriet sie mir, dass ihr Vater, der General Werner von Blomberg[24], zwar nichts gegen Juden hätte, aber ihre beste Freundin sollte keine Jüdin sein – sie war es aber. Sie hieß Doris und verkehrte häufig im Hause Blomberg. Als Blomberg nach – soweit ich mich erinnere – Ostpreußen versetzt wurde, es muss im Jahre 1931/32 gewesen sein,[25] wurde sein Nachfolger im Amt und in der Dienstvilla in der Paulstraße der General Wilhelm Keitel[26]. Sein ältester Sohn E.W. wurde Klassenkamerad meines Bruders. Er war hoch musikalisch, hatte einen schönen Bariton und es dauerte nicht lange und der gesellschaftliche Umgang zwischen Walter und E.W. entwickelte sich zu einer wahren Musikfreundschaft. E.W. sang, und Walter begleitete ihn, und es dauerte nicht lange und Walter wurde ins Haus Keitel geladen, da Vater Keitel nicht nur sang, sondern auch Klavier spielte. Wir gingen zu dritt in die Oper, spielten gemeinsam Tennis, und mir scheint, dass ich, vier Jahre jünger, begann, mich ein bisschen in E.W. zu verlieben. Er war sehr ernst, vertrat hohe moralische Ansprüche und erklärte mir, dass kein Grund für mich bestünde auf meine beiden „Goethe-Namen" Marianne und Ulrike stolz zu sein. Beide wären Geliebte des Dichters gewesen, laut E.W. noch obendrein verheiratet.[27] Ich verteidigte meine schönen Namen, vor allem Ulrike, die wirklich keusch den alten verwitweten Dichter abgewiesen hatte. Nein, E.W. war mir zu ernst, zu förmlich. Aber zu seinem Lobe sei mitgeteilt, dass er einige Wochen nach der Wahl Hitlers unangemeldet bei meinen Eltern erschien, um ihnen zu sagen, dass das freundschaftliche Musizieren doch nicht abgebrochen werden müsste. Ich war bei der Unterhaltung zwischen ihm und meinem Vater nicht dabei, doch hat mein Vater, so sein Bericht, erklärt, dass es für beide Teile besser sei, die Beziehung nicht aufrecht zu erhalten.

Im Nachhinein wurde mir klar, dass sich das Ende meiner Unbeschwertheit, meines Traumlebens ankündigte. Noch erschütterte es mich nicht. In der Schule gab es keine Veränderungen und die blutrünstigen SA-Lieder, gebrüllt von den braunen SA-Bataillonen, „Wenn der Sturmsoldat ins Feuer geht, dann hat er frohen Mut / und wenn das Judenblut vom Messer spritzt, dann geht's nochmal so gut" oder „Deutschland erwache! Juda verrecke!" ekelten mich an, doch gleichzeitig beruhigte mich die Überzeugung, dass dieser Pöbel niemals an die Macht gelangen könnte, nicht in unserem Land der Lieder und der Dichter und Denker. Meines Vaters Optimismus bestärkte mein Vertrauen, und so lebte ich ruhig und ohne wirkliche Sorgen, dies umso mehr, als mir auch weiterhin weder im Haus, in der Strasse noch in der Schule irgendwelche judenfeindliche Bemerkungen zu Ohren kamen. Die Rowdy-Chöre auf der Straße berührten mich nicht. Subaltern, opportunistisch, ungebildet – kurz, Pöbel, resümierte ich, das hat nichts mit uns zu tun. Mein Vater war anscheinend der gleichen Meinung, und doch demonstrierte er in seinem Verhalten Ambivalenz und Unsicherheit.

Zwei Vorfälle: Zu Beginn der dreißiger Jahre löste ein Kabinett das andere ab, und es kam häufig außerturnusmäßig zu Neuwahlen. Es war Mittag, zwei Uhr. Ich komme von der Schule nach Haus, blicke gewohnheitsmäßig nach oben, hinauf zu unserem Balkon, wo meine Mutter oft stand, um auf ihre Familie zu warten – und ich traue meinen Augen nicht: An unserem Balkon flattert eine große schwarz-weiß-rote[28] Fahne. Eine Sekunde bleibe ich erstarrt stehen, stürme die Treppen hinauf, klingele Sturm, beide Eltern öffnen, ich laufe wie eine Wilde an ihnen vorbei auf den Balkon und ziehe die Fahne ein. „Verräter!", brülle ich meinen Vater an, der sich auf mich stürzt, um mir die Fahne zu entwinden. Wir balgen uns regelrecht, ich bin außer mir, schreie etwas von Würdelosigkeit, lasse die Fahnenstange nicht los, und – Vater gibt nach. Mag sein, dass meine Mutter ihn beruhigte, ich erinnere mich nicht. Die schwarz-rot-goldene[29] Fahne kam wieder zu Ehren, wenn auch nur, was wir damals nicht ahnten, für kurze Zeit. Ich hoffte, dass die Familie meiner Freundin Helga von dem für mich demütigenden Versuch meines Vaters, sich bei der feindlichen Front Liebkind zu machen, nichts gemerkt hatte.

Vater war sichtlich verwirrt. Er suchte, für jeden auffällig, nach einer veränderten Lebensform. Es kam die Zeit, in der auch meine Welt langsam versank. Obwohl ich erkannte, dass das überhebliche und blutrünstige Gebrüll der marschierenden Braunhemden nichts mit Vaterlandsliebe, mit dem traditionellen Patriotismus zu tun hatte, war nicht zu überhören, dass etwas völlig Neues, nie Dagewesenes, Unvorstellbares auf den Strassen, auf dem Lande wucherte, obwohl meine Welt aus Familie–Heim–Schule noch unversehrt blieb.

Bereits zu Beginn des Jahres 1932 fand ich meine Eltern öfter als gewöhnlich vertieft in ernste Gespräche. Das Resultat wurde mir nach kurzer Zeit mitgeteilt. Man hatte sich entschlossen, mir zu erlauben, einem jüdischen Jugendbund beizutreten, und sie hätten bereits, nach einigen Erkundigungen, den „richtigen“ für mich gefunden, und zwar den Jüdisch-liberalen Jugendbund (Jli), der sei „antizionistisch“, die jugendlichen Mitglieder kämen alle – wurde betont – aus „gutem bürgerlichen Hause“. Sie nannten die Namen einiger Mädchen, die ich kannte. Sie waren entweder in höheren oder in Parallelklassen. Ich war begeistert: Das bedeutete, dass die geschlossene Mädchengesellschaft für mich gesprengt werden sollte, dass ich selbstverständlich an abendlichen Veranstaltungen und an Wanderungen an Sonntagen, an „Fahrten“, so der zünftige Begriff, teilnehmen durfte.

Aber zuvor hatte mein Vater ein ernstes Gespräch mit mir zu führen, das mich ungeheuer beeindruckte, besonders deshalb, weil mir die Botschaft völlig unverständlich blieb. Es war meinem Vater sichtlich sehr schwer dieses Gespräch zu führen. Er blickte prüfend auf meine kleine Schwester und entschloss sich spontan, sie an dem Gespräch zu beteiligen. Also: Wir saßen zu dritt im Herrenzimmer. Vater begann entgegen seiner sonstigen Selbstsicherheit sehr zögerlich: „Hört zu, ihr kommt jetzt mit jungen Männern zusammen. Also, hm, hm", lange Pause, „seid vorsichtig. Lasst Euch in keine engen Freundschaften mit ‚Männern' ein. Das Ergebnis ist für Mädchen oft katastrophal. Die Männer stürzen die Mädchen in die Schande, sie werden von der Gesellschaft geächtet, doch die Männer gehen ‚pfeifend von dannen'." – Max hat stets behauptet, wenn sein gelegentliches Pfeifen mich nervös machte: „Siehst du, immer noch wirkt der Einfluss Deines Vaters." – Diese Botschaft führte mein Vater mit vielen Worten und Wendungen des Längeren, mit erhobener Stimme aus. Ilse und ich guckten verwundert, fragten nichts und verließen schließlich in Gnaden und, wie mein Vater meinte, gefeit vor jeglicher männlicher Verführung den Raum.

Ich greife vor: Ich besorgte mir das notwendige „Wissen" bei einer älteren Freundin, und mein Vater praktizierte seine gesellschaftlichen Überzeugungen auf groteske Weise. Als er meine 14-jährige Schwester mit ihrem gleichaltrigen Freund auf einem Sofa in unserem Zimmer zusammen sitzend vorfand, bekam er einen Tobsuchtsanfall: Er beschimpfte schreiend beide und vertrieb den Knaben – er war vielleicht ein Jahr älter als Ilse – aus der Wohnung. Und als sie, vielleicht zwei Jahre später, von einem Spaziergang mit meinem späteren Freund und Ehemann Max nach zehn Uhr abends nach Hause kam, stürzte er sich auf sie, schrie, er werfe sie in die Spree, schimpfte sie „Hure". Und wenn ich mich nicht mit Gewalt zwischen sie gedrängt und sie aus dem Zimmer gezerrt hätte, ich weiß nicht, wozu er in seiner Wut noch fähig gewesen wäre. Mutter – wie immer – stand schweigend daneben.

Neue, bisher unbekannte Elemente begannen unser Leben zu verändern. Einerseits hörten die mehrwöchigen Auslandsreisen auf – doch das Landschulheim wurde ohnehin von uns bevorzugt. Walter wurde in die Dirigentenklasse der Musikhochschule aufgenommen. Er gehörte zu den wenigen der weit über Hundert Bewerber, die Gnade vor den Augen der Meister gefunden hatten. Gmeindl war sein Kompositions-, Edwin Fischer sein Klavierlehrer, Hindemith stand der Dirigentenklasse vor. So stand Musik weiterhin im Mittelpunkt aller gesellschaftlichen Zusammenkünfte. Das Ehepaar G. und B. – er war 1. Klarinettist im Staatsoper-Orchester; Walter musste als künftiger Dirigent ein zweites Instrument konzertreif beherrschen – waren künftig unsere Gäste, hinzu kam häufig Walters Lateinlehrer, Doktor Naumann, mit seiner Frau. Es entwickelten sich ungetrübte freundschaftliche Beziehungen. Dies alles war in den Jahren 1932/33, also auch noch nach dem 30. Januar 1933.

Ich vergnügte mich während dieser Zeit im Jüdisch-liberalen Jugendbund. An den Heimabenden gab es zwei Themen: Wir lasen Ausschnitte aus dem „Kapital" von Marx. Ein ungefähr 20-jähriger, sehr intelligenter Junge las und interpretierte, alle verstanden und beteiligten sich an der Diskussion, nur ich – die Jüngste – zeigte zwar eine angestrengt nachdenkliche Miene, aber, jetzt kann ich es ja gestehen, verstand nicht viel. Ich erinnere mich an Erwin[30], ein sehr gütiger, immer hilfsbereiter Mensch. Er war Student an der „Hochschule für die Wissenschaft des Judentums". Seine Freundin Gerda war wunderschön. Sie gingen auf Fahrten Hand in Hand, und ich beneidete Gerda. Manchmal übernachteten wir in einer Scheune eines Bauernhofes, sangen zu Erwins Klampfe deutsche Wanderlieder, Volkslieder, mehrstimmige Kanons. Ich glaube, dass meine Sing-Freudigkeit mir in diesem Kreis der Jugendlichen, von denen die meisten älter waren als ich, die Herzen dieser neuen Freunde öffnete. Erwin war Rabbinerkandidat, lehrte uns die Melodien der Sabbat-Liturgie. Dies war meine erste wirkliche Begegnung mit dem Judentum. Freitagabend nahm er uns in eine der kleineren Synagogen mit, die keinen Chor besaß, und wir jubelten dort unter seiner Leitung die Psalmenmelodien, begrüßten die „Königin Sabbat“ und repetierten mit fester und ruhiger Stimme das Glaubensbekenntnis. Ich fand alles wunderbar, und meine Eltern waren merkwürdigerweise zufrieden. Sie hatten auch nichts dagegen, dass ich an den „Heimabenden“ erst nach zehn Uhr abends zu Hause war. Meist wurde ich von einem der Jungen begleitet, von Herbert oder Martin. Meine Eltern warteten geduldig und beobachteten scharfäugig die Abschiedsszene mit dem Kavalier. Ich hatte den Verdacht, dass sie kontrollieren wollten, ob auch alles mit rechten Dingen zuging.

Das Jahr 1932: Weihnachten wurde noch gefeiert, schon wegen der Hausangestellten, die jahrelang bei uns arbeiteten. Aber, völlig unerwartet, baten uns meine Eltern eines Abends vor Weihnachten ins Wohnzimmer zu kommen und, siehe da: eine Menora, richtiger ein Chanukkaleuchter. Vater gab einige Erklärungen zum Makkabäer-Fest – wir wussten all dies besser aus dem Religionsunterricht – und sang mit uns die Chanukka-Hymne, die wir gleichfalls aus dem Religionsunterricht kannten.

Merkwürdig: Das Rad drehte sich lautlos vom christlichen zum jüdischen Lebensbewusstsein. Wir drei Kinder fanden daran nichts Außergewöhnliches: der jüdische Jugendbund, die neuen jüdischen Freunde und vor allem meine neue „Helga“, sie hieß Margot und wurde „meine beste Freundin“. Es wurde eine sehr sentimentale Freundschaft. Margot schenkte mir zum Geburtstag – es muss schon nach 1933 gewesen sein – eine Auswahl der von ihr selbst getippten Gedichte der Agnes Miegel. Wir wussten damals noch nicht, dass sie später „Führerhymnen“ verfassen würde. Margot verließ mich, als Max in den Mittelpunkt meines Lebens trat. Ich bedauerte es tief, aber sie zog sich mehr und mehr zurück. Ich weiß nicht, was aus ihr geworden ist.

Zurückblickend ist es, als waltete ein Engel über mir, der im entscheidenden Augenblick die Tür zu einer Welt, deren Sinn und Bedeutung mir bislang verborgen waren, öffnete. Langsam ließ ich mich hineinführen, gleichsam schrittweise, mich immer noch umblickend, jedoch plötzlich beschleunigt durch die Wahrnehmung einer unbegreiflichen mörderischen Umwelt. Der Engel erschien in der Person unserer neuen Religionslehrerin. Sie war klein, rothaarig, zu meinem Vergnügen sommersprossig, für mich unbestimmten Alters, wobei sie jedoch nicht älter als 28 bis 30 Jahre alt gewesen sein kann. Ich begegnete ihr mit meiner gewohnten Gleichgültigkeit gegenüber jeglichem Religionsunterricht und stellte mich seufzend auf eine Stunde tödlicher Langeweile ein. Sie wies uns an, das Buch Samuel aufzuschlagen, und statt mit uns wie üblich den Text zu lesen, hielt sie ein einleitendes Referat zu den historischen Büchern der Hebräischen Bibel. Nach den ersten fünf Minuten hatte sie mich voll und ganz in ihren Bann gezogen. Das war ja Geschichte! Ein neuer, ungeahnter Vorhang öffnete sich für Phantasien und Träumereien, als neue Zufluchtsstätte vor einer dunklen und äußerst unheimlichen, auf den Straßen, in den Parks und in den Gärten schwelenden Bedrohung, die unsere reale Gegenwart in sich barg.

Jetzt wartete ich mit großer Spannung auf jeden Religionsunterricht. Die Lehrerin registrierte sehr bald meine Aufmerksamkeit, meine Erwartungen, und sie bat mich nach dem Unterricht um ein Gespräch, in dessen Verlauf sie mich einlud, sie zu besuchen, denn sie wolle eine Tasse Tee mit mir trinken und sich mit mir über die biblischen Erzählungen unterhalten. Mit Begeisterung nahm ich die Einladung an. An den genauen Inhalt des Gespräches kann ich mich kaum erinnern, desto deutlicher an ihre kleine moderne Wohnung in Neu-Westend und an den tiefen Eindruck ihrer Worte und Erklärungen. Ich erfuhr, dass es eine Bibelwissenschaft gibt, dass wir, die Juden, „das Buch der Bücher“ nicht „Altes Testament“, sondern „Hebräische Bibel“ nennen sollten. Sie sprach von der christlichen Uminterpretierung, ohne dass ich dies so recht verstanden habe. Eines wurde mir jedoch überaus deutlich: Bibel – das ist ein Riesenkomplex von Archäologie, Numismatik und vor allem der Geschichte des gesamten alten vorderen Orients. Allerdings, das wahre Verständnis könne nur durch die „Ursprache“ Hebräisch vermittelt werden. Sie erzählte mir, dass die Sprache der Bibel jeden, der sich in sie vertiefe, begeistert. Es wäre das Ziel jedes Historikers, der sich wissenschaftlich mit dieser Epoche der Menschheit beschäftigen wolle, dieses Buch im „Urtext“ verstehen zu können. Dann las sie mir einen Abschnitt vor, und ich war erstaunt, wie verschieden diese Bibelsprache von unserer Gebetssprache mit ihrer deutschen Betonung war. Zum ersten Mal bekam ich einen Eindruck, ohne ein Wort zu verstehen, von der Schönheit der Bibelsprache, und ich glaubte meiner Lehrerin, dass keine Übersetzung in irgendeine Sprache Rhythmus, Poesie und Musik wiederzugeben imstande sei. Ich staunte und erschrak bei dem Gedanken, was für ein gewaltiges Unternehmen vor mir liegen würde, wollte ich – und zu dieser Zeit freundete ich mich bereits mit dem Gedanken an – Bibelwissenschaft als ein besonderes Gebiet der Geschichtswissenschaft als Studienfach wählen. Als ich davon sprach, lächelte sie belustigt und meinte, dass es ja vorerst genüge, begriffen zu haben, dass es sich bei der Bibel um das älteste und bedeutendste Schriftwerk der Weltgeschichte handele.

Meine Lehrerin war promoviert und Absolventin des Breslauer Seminars und wohl auch der Breslauer Universität. Im Breslauer Seminar lehrten die größten Gelehrten der „Wissenschaft des Judentums“, unter anderen der berühmte Historiker Heinrich Graetz, der mit seiner elfbändigen „Geschichte der Juden“ den Grundstein für die jüdische Geschichtswissenschaft gelegt hatte. Ihr Name war – ich will ihn nennen – Ellen Littmann[31]. Ich traf sie in

Palästina wieder. Später, nach dem Krieg, ging sie nach London und lehrte am dortigen Rabbinerseminar. Sie hat niemals erfahren, wie entscheidend ihre Lehrtätigkeit am Dorotheen-Oberlyzeum für mich gewesen war, die nur wenige Monate dauerte. Das Frühjahr 1933 machte jeglichem jüdischen Religionsunterricht ein plötzliches Ende.

Ihre Ausführungen klangen in mir nach. Hebräisch lernen und diese Sprache vollkommen zu beherrschen, dies schien mir damals unerreichbar. Ich wusste, was „Sprache" bedeutet, bildete ich mir doch mit meinen 14 oder 15 Jahren ein, im deutschen Sprach- und Schreibstil über meinen Altersgenossen zu stehen. Es schien mir undenkbar, eine ähnliche Eloquenz und Ausdrucksfähigkeit zu erlangen, noch dazu in einer Sprache, deren Gesetzmäßigkeit keinerlei Analogie zu irgendeiner mir bekannten europäischen Sprache ermöglicht. – Ich möchte hier vorgreifen: Dass es mir letztendlich, allerdings nach vielen Jahren gelang, Hebräisch nicht als „zweite", sondern als „andere" Sprache mir zu eigen zu machen, erfüllt mich heute noch mit größerer Genugtuung als berufliche Erfolge und akademische Würden, die ja ohne eine völlige Überwindung des Sprachenproblems gar nicht erreichbar gewesen wären. – Noch lebte ich im Bewusstsein einer heilen Welt. Die Zuwendung zum Judentum empfand ich als Bereicherung, nicht als eine Veränderung meines Weltbildes.

Mein Vater wiederholte bei jeder Gelegenheit seinen unerschütterlichen Optimismus, dass dieser Pöbel niemals die Regierung würde übernehmen können. Die letzten Wahlergebnisse im November des Jahres 1932 schienen ihm Recht zu geben. Unbeschwert feierten wir im üblichen Rahmen, in gehobener Stimmung Silvester. Allerdings sprach man an geselligen Abenden mit Verwandten und Freunden mehr denn je über Politik, der Straßenradau wurde mit Empörung zur Kenntnis genommen, die Hitlerreden wurden weniger als gefahrenträchtig, denn als abscheuerregend empfunden. Noch wurden wir Geschwister nach wie vor von unseren christlichen Freunden besucht und eingeladen. Wiederholt tröstete man sich mit der banalen Spruchweisheit: Es wird nichts so heiß gegessen, wie es gekocht wird. Eine Naziregierung wäre schier unvorstellbar, versicherten wiederholt Eltern, Freunde und Verwandte. Man machte sich lustig über den „Deutschen Gruß“ und schüttelte sich innerlich vor Grauen, doch ließ man sich nichts anmerken. Die in vielen Fällen demonstrierte Gesetzlosigkeit, die brutalen Morde an unschuldigen Opfern – zum Beispiel der vom „Führer“ als Heldentat gepriesene viehische, sadistische Mord an einem kommunistischen Arbeiter vor den Augen seiner Mutter in dem oberschlesischen Dorf Potempa im Sommer des Jahres 1932[32] – wurde entsetzt, letztendlich ungläubig und als politisch bedeutungslos zur Kenntnis genommen, und somit als Beweis für die Unmöglichkeit einer Regierungsübergabe an eine offensichtliche „Verbrecherbande“, so die ständige Bezeichnung meines Vaters und seiner Freunde für diese „nationale Erhebung“.

Die Veränderung im Lebensstil war kaum merkbar, der Wandel vollzog sich langsam und schmerzlos. Im „Bund“ diskutierten wir über die Aufgaben des Judentums in der nichtjüdischen und jetzt sichtbar feindlich gewordenen Umweltgesellschaft, lasen die Schriften des bedeutenden Reformers Abraham Geiger, des Neo-Orthodoxen Samson Raphael Hirsch, versuchten die Schriften Hermann Cohens, des Neu-Kantianers, und Leo Baecks, der eine Gegenschrift zu Harnacks „Wesen des Christentums“, das „Wesen des Judentums“, verfasst hatte, zu verstehen. Ich fand alles äußerst spannend, obwohl ich nur die Hälfte verstand. Ohne wirkliche Bibelkenntnisse und der rabbinischen Auslegung lässt sich nur ein unvollständiges Bild vom „Judentum“ erstellen. Aber was ich erfuhr und mir dann durch Selbststudium der Geschichte der Juden aneignete, festigte mein Selbstbewusstsein und ließ mich das blutrünstige Geschrei auf der Straße überhören. Es berührte mich nicht, es hatte nichts mit mir zu tun, es war deren Scham und

Niedrigkeit, die sie derartig hemmungslos herausbrüllten. Ich lebte intensiv und innerlich erregt mein neues, sich stetig veränderndes Leben. Im Jüdisch-liberalen Jugendbund bildeten wir Gruppen. Altersmäßig war ich immer die Jüngste. Singend und unbeschwert zogen wir durch die märkische Landschaft. Wir trugen keine Einheitskleidung wie die Wandervögel und die zionistischen Jugendverbände, wir marschierten nicht in Reih und Glied, es war im wahrsten Sine des Wortes „liberal". Erwin war hochmusikalisch und an den Abenden im Freien – Erwin spielte Klampfe und wir sangen – fühlte ich mich in meinem Element. Wir sangen, wie berichtet, Wander- und Heimatlieder, vielstimmige Kanons von Haydn, Mozart und Beethoven. Erwins Blicke und leichte Handbewegungen sorgten für einen harmonischen Zusammenklang. Das enge Zusammensein von Jungen und Mädels führt zu Freundschaften, eher Verliebtheiten, charakterisiert durch erotische Zuneigungen und gleichzeitigem renitenten Verhalten, als schäme man sich, einander zu nahe zu kommen. Aber vielleicht erfuhr ich es allein in dieser Art, schließlich war ich erst 14 oder 15 Jahre alt, und der Zorn meines Vaters schwebte fühlbar über meinem Haupt.

Endgültiges Ende der Kindheit und damit meines ersten Lebens 1933

Die Idylle und das unbeschwerte Nebeneinander alter und neuer Lebensformen nahmen ein abruptes Ende. Es war der 30. Januar 1933. Wie gewöhnlich kehrte ich um zwei Uhr mittags aus der Schule nach Hause zurück. Unsere Hausangestellte öffnete mir die Wohnungstür, und durch die halb geöffnete Tür zum Speisezimmer sah ich zu meiner Überraschung meine Eltern, sich am ungedeckten Esstisch stumm gegenüber sitzend. Irgendetwas schnürte mir die Kehle zu, ich ahnte, dass meinen Eltern etwas völlig Unerwartetes widerfahren sein müsste. Sie sprachen nicht, Vater war zu einer ungewöhnlichen Zeit zu Hause. „Was ist los, ist jemand krank?", fragte ich erregt. Stille. Vater blickte Mutter an, dann richtete sich sein Blick auf mich: „Hitler ist Reichskanzler geworden", sagte er fast tonlos, sehr ruhig, ohne selbstbeschwichtigende Kommentare. Es war das einzige Mal, dass ich meinem Vater eine echte Erschütterung anmerkte. Damit hatte er – ein Mann der Ordnung, mit einem bestimmten Standesbewusstsein – nicht gerechnet. Es war für ihn undenkbar, solche Menschen ernst zu nehmen, mit Regierungsaufgaben zu betrauen. Er war ruhig, aber doch fassungslos. Meine Mutter – wie üblich – schwieg.

Dieses Esszimmertisch-Bild mit meinen fassungslosen Eltern, das Angst und Bedrohung gegenwärtig machte, ist als Erinnerungsbild unauslöschlich in mein Bewusstsein geprägt. Auch wenn in späteren Zeiten andere an Grauen und Schrecken nicht zu überbietende Bilder sich vor dieses Urbild schoben, so schienen mir diese stets wie durchsichtig, hinter ihnen wurde immer das Elternbild am Esszimmertisch in seiner Stummheit sichtbar, das Bild, das meiner Kindheit, meiner frühen Jugend, ohne dass mir dies in vollem Ausmaß in diesem Augenblick bewusst wurde, ein jähes Ende bereitete.

Nichts war mehr wie einst. Es begann mit riesigem Getöse am Abend des 30. Januar 1933: Fackelzüge, der „Führer" am Fenster seines Hotels, die hysterisch exaltierte Masse, Hakenkreuzfahnen, wie es schien auf allen Balkons – so sah ich es später in den Wochenschauen vor der Filmvorstellung. Bei uns im stillen Tiergartenviertel herrschte Ruhe, und ich erinnere mich nicht mehr wie dieser Tag verging. Nur eins war auffällig: Es gab keine Telefonanrufe, niemand, auch von den Nachbarn, klopfte an unsere Wohnungstür. An dieser Volkserhebung hatten wir keinen Anteil. Für uns ging dieser Tag in unheimlicher Ruhe zu Ende.

Der nächste Tag in der Schule leitete eindrucksvoll die neue Zeit ein. Ich betrat das Klassenzimmer, meine christlichen Mitschülerinnen saßen in einer großen Gruppe zusammen, ich hörte ihre Stimmen, als ich mich dem Klassenzimmer näherte. Doch als ich erschien und nach mir auch die anderen jüdischen Mitschülerinnen, verstummten die Gespräche.

Es war ja bereits Ende des Semesters, wir standen wenige Wochen vor der Erlangung des „Einjährigen", vor der Versetzung in die Obersekunda. Für ungefähr ein Drittel der Schülerinnen bedeutete dies den Übergang in eine Berufsausbildung, meist in eine Handelshochschule oder in eine Ausbildungsstätte für Kindergärtnerinnen und Jugendleiterinnen. Der größere Teil der Schülerinnen, Helga und andere christliche Freundinnen, bereiteten sich auf das „Oberlyzeum" vor – Lateinunterricht war für die letzten drei Schuljahre die eigentliche Neuheit. Die Frage, ob ich die Schule jetzt im Frühjahr 1933 verlassen sollte, wurde gar nicht gestellt, nicht von meinen Eltern, auch nicht von meinen Lehrern, denn für mich käme nur ein Abgang nach dem

Abitur in Frage. Wir fuhren noch im Februar 1933 für eine Woche in das Landschulheim. Die große Vorfreude wurde diesmal nicht empfunden. Es war alles anders. Wie selbstverständlich, ohne dass darüber gesprochen wurde, bezog ich mit Anni und Regina das „Dreimäderlhaus“ und verstand mich mit ihnen glänzend. Meine Stimmung hob sich, als es mir gelang, aus dem sorgfältig organisierten Tischtennisturnier als Siegerin hervorzugehen. Doch danach kam der physische Zusammenbruch. Ich bekam plötzlich sehr hohes Fieber. Meine Mutter wurde benachrichtigt, blieb einen Tag im Heim und brachte mich dann nach Hause. Dort wurde ich genauso übergangslos wieder gesund.

Das Ende des Schuljahres war gekommen. Zwei wesenlose Festakte wurden in der Aula gefeiert. Zuerst die Verabschiedung der Abiturientinnen, unter ihnen die von mir seit Jahren schwärmerisch geliebten Landschulheimfreundinnen. Das Glanzzeugnis erhielt eine jüdische Schülerin, und unser Direktor gratulierte ihr mit aufrichtiger Herzlichkeit. Meine von mir so verehrte „Abiturfreundin“ hielt die Fest- und Dankrede. Auch sie blieb so lange, wie es noch ungestraft möglich war, ihren jüdischen Freundinnen treu. Mir fiel der Abschied von diesen meinen Freundinnen ungeheuer schwer.

Am nächsten Tag fand die Abschiedsfeier der „Einjährigen“ statt. Ich saß in meinem weinroten Taftkleid, kunstvoll geschneidert von Anna Renner, auf dem Podium als Mitglied des „Auswahlchors“, um mit wahrer Inbrunst das Chorstück aus Mendelssohns „Elias“ „Hebe Deine Augen auf zu den Bergen, von welchen dir Hilfe kommt“ zu singen. Das war die letzte Mendelssohn-Vorführung nicht nur in unserer Schule, sondern im neu erwachten Deutschland überhaupt.

Die Verfemung „jüdischen Ungeistes“ wurde schon längst mit tönendem Pathos und Gebrüll obszöner Lieder und Sprechchöre auf den Gassen, in den Versammlungen, in Radioansprachen in schauriger Weise verkündet. Die Juden

Deutschlands wurden als Feinde Deutschlands diffamiert. Es war eine Umwertung aller Werte, Gesetzlosigkeit wurde zum Gesetz erklärt, es war die stufenweise Bewusstseinsvergiftung aller Bevölkerungsschichten, begleitet von pausenloser Aufreizung irrationaler, bisher irgendwie im Zaum gehaltener Emotionen, die mein Wissen um das zunehmende Ausgestoßensein, um Welt- und Menschheitsentfremdung vertieften. Der Bruch war vollständig. Ich musste neue Lebensstrategien entfalten und fand sie wie in meiner Kindheit und in den frühen Jugendjahren vorerst durch den totalen Rückzug in meine erprobte Welt der Träumereien, die mich stets anlässlich bitterer Erfahrungen von Ungerechtigkeiten in Familie und Schule den Mut zum Widerstand finden ließ. Ich wurde wieder zum „Kind, das immer nein sagt". Meine Selbstsicherheit war nicht zu erschüttern. Vulgarität, verbrecherisches Denken und bodentiefe Dummheit waren zu evident. Die Welt war offensichtlich aus den Fugen geraten, so mein Urteil. Welcher vernünftige, zivilisierte Mensch konnte idiotische Leitsätze, die täglich zu hören und zu lesen waren, die jeglicher Vernunft widersprachen, die Wahrheit und Wahrnehmung der Realität höhnisch negierten, wie „Juden können nur jüdisch denken.", „Schreibt er deutsch, dann lügt er.", „Jüdische Werke haben in hebräischer Sprache zu erscheinen oder sind als Übersetzungen zu kennzeichnen.", ernst nehmen?

Die Welt, in der ich lebe, ist von Irrsinn befallen, war meine Schlussfolgerung. Dies ging mich nichts mehr an, es betraf mich nicht, sie können ihre Kräfte sparen, völlig unnötig, mir diesen Wahnsinn durch pausenloses Geschrei zu verdeutlichen. Ich erlebte alles mit: Bücherverbrennung, übertragen im Radio, wieder vorgeführt in den Wochenschauen der Filmvorstellungen, der Boykott jüdischer Geschäfte, der Reichstagsbrand mit seinen Folgen – an mein inneres Sein rührte nichts. Aber es blieben Grauen und Angst. Angst nicht vor dem Verlust des Lebens, ich lernte sehr früh mit dem Tod zu leben, sondern vor dem Verlust von Ehre und Würde.

Die neue Welt war nicht nur Feindeswelt, sie war abscheuerregend. Da spielten sich in den Nächten grauenhafte Dinge ab, unschuldige Menschen wurden aus ihren Wohnungen verschleppt, in irgendwelchen Kellern öffentlicher Gebäude auf sadistische Weise entwürdigt, gefoltert und totgeschlagen. Nacht für Nacht spielten sich im Dunkeln, in den später so genannten wilden Konzentrationslagern viele „Potempas" ab, stillschweigend von den Regierungsbehörden gebilligt. Diese Vorfälle erlebte ich aus nächster Nähe, musste erfahren, dass der Vater einer Freundin, ein Rechtsanwalt, der während der Weimarer Zeit Kommunisten verteidigt hatte, verschwand, losgerissen von Frau und Kindern, auf Nimmerwiedersehen. Einer unserer nächsten Freunde, Nachbar in dem Haus, in dem wir wohnten, Direktor bei der Reichsbahn, gehörte zu den ersten Verschleppten. Durch das Eingreifen hochgestellter Kollegen und Mitarbeiter ließen sie ihn nach einigen Wochen geprügelt, geschunden und tief gedemütigt wieder laufen.

Noch interpretierte man derartige Auswüchse als revolutionären Überschwang. Die Ordnung würde sicher bald wieder hergestellt werden, und als einige Monate später die „ordentlichen KZs" die „wilden" entbehrlich machten und Juden deshalb, weil sie Juden waren, nicht in „Schutzhaft" – so die euphemistische Bezeichnung für diese Mord-und-Totschlag-Institutionen – genommen wurden, konnten sich die guten, stets optimistischen deutschen Juden beruhigen. Mein Vater blieb bis zum Ende des Jahres 1938 seiner Überzeugung treu, dass kein völlig Unschuldiger verhaftet werden würde, jetzt, nachdem die nächtlichen Überfälle der Schlägerbanden aufgehört hatten und sie nicht mehr ihr Unwesen trieben, jetzt ginge alles – so mein Vater – mit rechten Dingen zu. Oh, wie mich diese Reden in helle Aufregung versetzten! „So, kommunistisch zu sein wäre ein Verbrechen, die Äußerung einer Kritik an der Regierung rechtfertige Verhaftung und Einweisung in ein KZ?", schrie ich höchst respektlos und verließ bei derartigen Auseinandersetzungen mit lautem Türengeknalle den Raum. Nichtsdestoweniger milderte er niemals sein Urteil über die „Verbrecherbande", die „Pöbelregierung" und schöpfte daraus seinen unerschütterlichen Glauben, dass das eigentliche, das „gute" Deutschland dem Spuk ein baldiges Ende bereiten würde. So könne man ihm auch nicht das „Deutschtum" absprechen. Er wäre der wahre Repräsentant des wahren Deutschland, diese Emporkömmlinge wären die „Undeutschen", handelten „wider den Deutschen Geist", absurd sich von deren Verlautbarungen beeindrucken oder sich einschüchtern zu lassen. Er wüsste, wer er und was er sei! Mein Vater war mit seinen Auffassungen kein Einzelgänger. Im Gegenteil. Ein hoher Prozentsatz der deutschen Juden ließ sich ihren festen Glauben an das wahre Deutschland, das sich letztendlich durchsetzen würde, nicht nehmen. Der Zionismus, so mein Vater, übernimmt mit seiner Ideologie antisemitische Denkweisen. Diese schrieen „Einbahnstraße nach Palästina" – jene proklamieren „Raus mit euch!" Sie, die Zionisten, übernehmen willig die Version der Nationalsozialisten vom „undeutschen Geist" der Juden.

Unsicherheit war meinem Vater nicht anzumerken, obwohl seine Existenz gleich zu Beginn der Regierungszeit Hitlers schwer erschüttert wurde. Das Unternehmen „Getreidegroßhandel Gebrüder Arnhold, Dresden-Berlin" löste in den ersten Monaten des Jahres 1933 die Zweigniederlassung Berlin, der mein Vater vorstand, auf, und Vater versuchte selbständig, in der Hoffnung, einige der alten Kunden würden ihm die Treue halten, das Geschäft in kleinem Maße fortzusetzen. Die große Fünf-Zimmer-Büroetage in der Burgstraße neben der Börse wurde aufgegeben und unser Herrenzimmer in die Arbeitsstätte meines Vaters umgewandelt. Eine Sekretärin und ein „Junger Mann", so die Bezeichnung für den in den Lehrjahren befindlichen angehenden Kaufmann mit Gymnasialbildung, waren die einzigen Angestellten der neuen Firma. Der „Junge Mann“ war keineswegs zu beneiden. Er wurde als Nachfolger meines Bruders zum „Erziehungsobjekt“ meines Vaters. Mein Bruder ging mit großem Erfolg seinen Weg in der Musikhochschule, geachtet von seinen Lehrern und intensiv damit beschäftigt, auf seinem zweiten Instrument, das unabdingbar war für einen künftigen Kapellmeister, der Klarinette, schnell Fortschritte zu machen. Er ging seinen eigenen Weg, und mein Vater hatte keinerlei Anhaltspunkte, ihn mit Spott, Hohn oder beißender Kritik zu überziehen. So war der „Junge Mann“ zum Ersatzsohn auserkoren. Seine Erziehung begann jeden Morgen, nachdem man ihn auf sein Klingeln in die Wohnung hereingelassen hatte. Mal kam er zu spät, dann zu früh, er grüßte zu leise oder zu laut, hing seinen Mantel auf den falschen Platz – er machte nichts richtig. Zu seinem Pech war er ähnlich linkisch, verschlossen und ungeschickt wie mein Bruder, und es schien mir, dass mein Vater wirklich meinte seinen untüchtigen und weltfremden Sohn vor sich zu haben und sich keinerlei Hemmungen auferlegte. Je mehr er mit dem armen Knaben herumschrie, desto linkischer und eingeschüchterter wurde er. Er tat mir unendlich leid und in gleicher Weise meiner Schwester. Wann immer ich an meinem Vater Kritik übte, er solle doch toleranter werden, das morgendliche Geschrei wäre unerträglich, stieß ich auf völliges Unverständnis: „Davon verstehst du nichts, misch dich nicht ein.“ Die Atmosphäre im Hause wurde höchst ungemütlich, die Stimmung äußerst gespannt und ärgerlich. Das traute Heim bildete in keiner Weise die notwendige geruhsame Zufluchtsstätte vor den Unbilden der neuen Gesellschaft des neuen Staates.

Neben meiner seit frühester Kindheit erprobten Traumwelt eroberte ich mir eine bisher unbekannte, vor meinen Eltern verschwiegene andere Welt, die mir mein Selbstbewusstsein und meine Urteilskraft entscheidend stärkte und darüber hinaus eine mir höchst viel versprechende

Zukunft versprach, und sich letztlich als lebensrettend, nicht nur für mich, sondern auch für meine Schwester erweisen sollte.

Bereits im Januar 1933 wurde ich dank Annis Zuspruch Mitglied des zionistischen Sportvereins Bar Kochba. Doch trieb ich nicht nur Sport, sondern traf mich nachmittags und abends mit Mitgliedern des zionistischen Pfadfinderbundes Makkabi Hazair, nahm an den Heimabenden teil, beteiligte mich an den Lesungen über Palästina–Jerusalem–Zion. Es fehlte diesen Begriffen wahrlich nicht an Romantik. Meine selbständigen Studien der Geschichte des Alten Israel, als Folge des Einflusses, den meine Religionslehrerin Ellen Littmann auf mich ausgeübt hatte, verklärten die Berichte über die tapferen Pioniere, die Chaluzim[33], die, getragen vom Idealismus tolstoischer Genügsamkeit und Naturnähe, einen harten materiellen Kampf, wie durch Urbarmachung des Bodens, Anlegen von Gemüse und Obstplantagen, führten, stets bewaffneten arabischen Angriffen ausgesetzt, denen die tapfersten zum Opfer fielen.

Wir verschlangen geradezu die Berichte, zusammengefasst unter dem Titel „Jiskor“ (Gedenke) oder unter einem weniger pathetischen Titel „Arbeiterinnen erzählen“. Meine Traumwelt erweiterte sich, wurde gegenwartsbezogen und forderte „Verwirklichung“, wie wir es bezeichneten, die die Ernsthaftigkeit unserer, wie wir es verstanden, revolutionären Zukunftsabsichten, in Palästina nicht nur eine „Heimstätte“, sondern vor allem eine bessere Gesellschaft zu gründen, unter Beweis stellte. Es war schon eine besondere Art einer Idealisierung zionistischer Vorstellungen. Man träumte von Gemeinschaftsleben, von engen, durchaus loyalen Freundschaften aller mit jedem, vom Singen, Musizieren in der Freizeit. Die ständige Gefahr arabischer Angriffe würde das Zusammengehörigkeitsgefühl stärken und die Zielstrebigkeit fördern. Wir – vielleicht besser ICH – musste bald feststellen, dass meine Zukunftsträume nicht unbedingt denen der anderen entsprachen, vor allem in einem, in der entscheidenden Frage der künftigen Lebensform: Ich wusste von jeher, dass ich zur Pionierarbeit, das bedeutete damals nur landwirtschaftliche Arbeit, völlig ungeeignet sein würde. Jede physische Tätigkeit, die meine Kräfte natürlicherweise völlig in Anspruch nehmen würde – ich wusste, dass man in den Kibbuzim acht bis zehn Stunden arbeitete –, die mir das Denken, Lesen, Schreiben oder, wie ich damals romantisch und ichbezogen frei nach Stefan George für mich formulierte, meine eigentliche Persönlichkeit zur Vollkommenheit zu gestalten, nicht ermöglichen würde, jagte mir einen tiefen Schrecken ein. Ohne es mir zuzugeben, wusste ich, dass ich einen anderen, eigenen Weg suchen müsste, um in der neuen Gesellschaft einen mir entsprechenden Platz zu finden. Ich wusste es und wollte nicht, dass dieses Wissen mich verleiten würde zum Außenseiter dieser neuen Gemeinschaft im zionistischen Jugendbund zu werden. Das Resultat war ein schmerzvoller, oft niederdrückender Zick-Zack-Weg, den ich zu gehen gezwungen war, der bereits in Berlin seinen Anfang nahm und jahrelang mein Leben in Palästina bestimmte.

Aber noch war ich Schülerin der Obersekunda des Dorotheen-Oberlyzeums. Das Sommersemester begann, wir waren nicht mehr als drei jüdische Schülerinnen und blieben unter uns. Ich wandte mich an keine meiner ehemaligen Freundinnen. Hin und wieder sprach man das Nötigste. Der neue Klassenlehrer – er sollte Deutsch unterrichten – betrat das Klassenzimmer. Oh Schreck, es war Willibald, in SA-Uniform. Kleider machen Leute, er strahlte eine Selbstsicherheit aus, die ich früher an ihm nicht beobachtet hatte. Er sah mich, erinnerte sich an mich, vergegenwärtigte sich, dass ich Jüdin bin und wandte sich leutselig an mich: „Sage mir, Marianne, was habt ihr im letzten Jahr gelesen?“ Mich biss der Affe, es reizte mich wohl die Uniform, blieb sitzen und antwortete: „Das, Willibald, habe ich leider vergessen!“ Meine Mitschülerinnen lachten. Meine Frechheit war nicht gesetzwidrig: In der Obersekunda mussten wir gesiezt werden, das war Vorschrift. Aber auch Willibald hatte seine Lektion gelernt. Von Leutseligkeit konnte nicht mehr die Rede sein, als er am nächsten Tag die Klasse betrat, die Schülerinnen mit ausgestrecktem Arm und dem „Deutschen Gruß" begrüßte und zu seinem Ärger feststellen musste, dass ich sitzen geblieben war und weder „Deutsch" noch anderswie grüßte, fuhr er mich grob an: „Warum stehen Sie nicht auf?" Ich räkelte mich hoch. „Strecken Sie den Arm aus und grüßen Sie: Heil Hitler!" „Nee, mach ich nich", ich fiel ins Berlinische. „Jeder Deutsche hat zu grüßen", man sieht, er war noch rückständig, völlig hatte er die neue Kurve nicht gekratzt. „Ich bin keine Deutsche, das erfahre ich jetzt täglich aus der Presse und im Radio." „Man hat die fremde Nation zu ehren!", sagte er. Na also, dachte ich, schon besser, jetzt hatte ich meinen Auftritt: „Sagen Sie mal, wofür halten Sie mich eigentlich? Unsereiner wird von morgens bis abends verleumdet, beschimpft. Blutrünstige Lieder werden über uns gebrüllt, und ich soll DIE FREMDE NATION ehren?", und ich setzte mich unerlaubter Weise wieder hin. Zu Ehren meiner ehemaligen Freundinnen sei es gesagt, dass sie sich über mich freuten. Willibald ließ mich in Ruhe, die anderen Lehrer auch, nur als auf dem Schulhof unter wehender Hakenkreuzfahne eine Schlageter-Feier[34] abgehalten wurde, und ich mich weigerte, den Klassenraum zu verlassen, kam es wieder zu einer heftigen Diskussion zwischen mir und diesem Lehrer. Der Direktor wurde gerufen, der Herr Oberstudiendirektor Bretschneider, auch er in SA-Uniform, er, der überzeugte SPD-Genosse. Das war für mich eine furchtbare Erfahrung, ich erkannte, wie weit Terror, Opportunismus, Subalternismus, Angst um den Arbeitsplatz einen Menschen zur Selbstentfremdung bringen können. „Lassen Sie diese Schülerin in Ruhe. Sie möge, wenn sie es so will, in der Klasse bleiben", und da blieb sie auch bei allen ähnlichen Gelegenheiten, derer es eine große Anzahl geben sollte. Es war immer ein Anlass, durch Feierlichkeiten und Absingen aggressiver und blutrünstiger Lieder die Indoktrinierung und die Furcht zu vertiefen.

Das war nicht mehr meine heiß geliebte Schule. Der Unterricht war entweder farblos und langweilig oder lächerlich, wie im Biologieunterricht. Die arme gute Lehrerin, die wir aus den vergangenen Jahren in freundlicher Erinnerung hatten, sah sich gezwungen, im Anatomieunterricht auf rassische – arische, semitische – Merkmale einzelner Körperteile, Gesichtszüge hinzuweisen. Man merkte ihr an, dass sie sich quälte, auch die Schülerinnen quittierten diese neuen Erkenntnisse mit einem ironischen Lächeln, dies umso mehr, als wir drei jüdische Schülerinnen partout kein Anschauungsmaterial für die „neudeutsche" Rassenbiologie vorweisen konnten. Zu Beginn des Semesters riss mich wenigstens der Lateinunterricht aus meiner Apathie, doch brachte ich bereits nach kurzer Zeit nicht mehr die nötige Konzentration und Disziplin auf, die für einen Sprachunterricht unabdingbar sind, und so – zum Erstaunen meines Lehrers – ließen meine Leistungen sehr schnell nach, bis sie auf dem Herbstzeugnis nur noch mit der Note „Mangelhaft" bewertet werden konnten.

Es war schließlich dieses Herbstzeugnis des Jahres 1933, das mir bewies, dass ich niemals das Abiturientenexamen in diesen Zeiten bestehen würde. Schon zu Begin des Sommerhalbjahres erhielten allein Kinder von Frontkämpfern und darüber hinaus fünf Prozent aller Schüler einer Klasse die Berechtigung für den Besuch einer städtischen oder staatlichen Schule. Mein Vater war aus gesundheitlichen Gründen vom aktiven Kriegsdienst zurückgestellt worden, doch unser Schuldirektor versicherte meiner Mutter, dass er alles tun würde, um mich durch das Abitur zu bringen. Er tat wirklich alles. In der Obersekunda wurde er unser Mathematiklehrer, wirklich mein schwächstes Fach. Er kümmerte sich rührend um mich. Wenn er feststellte, dass meine Gedanken wieder einmal abschweiften, rief er mich an die Tafel und erklärte mir das Problem so eindringlich, bis ich an der Tafel die Aufgaben selbständig lösen konnte. „Sehen Sie", so der Lehrer an die ganze Klasse gewandt, „sie versteht alles glänzend." Aber es half nichts. Als die Zeugnisse verteilt wurden, musste ich erfahren, dass ich zwar in Mathematik „Genügend", doch zu meinem Entsetzen die gleiche Note in „meinen Fächern" Geschichte, Deutsch, Geographie und Französisch erhalten hatte. Die Zeugnisse wurden von den Klassenlehrern vor allen Schülerinnen laut verlesen. Als ich an die Reihe kam, seufzten auch meine ehemaligen Freundinnen – jetzt engagierte BDM-Mädchen – verstört, die Ungerechtigkeit war zu offensichtlich.

Ein kurzer Entschluss: Nach der letzten Stunde begab ich mich in das Zimmer unseres Direktors und teilte ihm mit, dass ich die Schule verlasse. Ich hinterließ ihm diese Mitteilung schriftlich, auch im Namen meines Vaters. Ich war sicher, dass ich dessen etwaigen Widerstand überwinden würde und dass er meiner Mitteilung die väterliche Legitimation nicht verweigern würde. Schweigsam, nachdenklich verließ ich die Schule, erklärte meinen Eltern, dass bis zur Oberprima aus dem „Genügend" ein „Mangelhaft" werden würde, wenn man bereits jetzt nicht vor offensichtlichen Ungerechtigkeiten zurückschrecke. War es Apathie, Einsicht, ich weiß es nicht. Die optimistischen Einwände meines Vaters erfolgten nicht. Warum war er sofort einverstanden? Einsicht in die Unabwendbarkeit einer kommenden Katastrophe?

Eher vermute ich eine gewisse Gleichgültigkeit, vielleicht auch Einsicht, dass bisherige Zukunftspläne keine absolute Gültigkeit mehr haben konnten. Oder war es die Erkenntnis, dass es sinnlos wäre auf meinen festen Willen irgendeinen Einfluss nehmen zu wollen? Ich weiß es nicht. Sicher spielte die niemals aufgegebene Hoffnung eine Rolle, dass der hässliche Spuk bald vorübergehen würde, schließlich – das musste ich oft genug hören – lebt ja der alte grundanständige Reichspräsident Hindenburg noch – zum Schlimmsten kann es überhaupt nicht kommen.

Am Nachmittag erzählte mein Bruder, dass er meinen Schuldirektor auf der Straße getroffen hätte. Dieser hätte ihm sein Leid geklagt: „Die ganze jüdische Intelligenz verlässt mich", und „Reden Sie Ihrer Schwester gut zu, sie kann jederzeit zurückkommen!" Mein Vater sah mich forschend an: „Na – was meinst du jetzt?" Ich schüttelte nur vehement meinen Kopf.

Ilse, zwei Jahre jünger als ich, wurde in die neu gegründete Theodor-Herzl-Schule umgeschult. Die zionistische Grundhaltung des Lehrerkollegiums bereitete meinem Vater keinen Schrecken. Die bürgerliche Schülerschaft aus dem vornehmen jüdischen Westen einerseits und der hohe Standard allgemeiner Bildungsgüter, die den dortigen Unterricht auszeichnete, waren sicher für Vaters Einverständnis entscheidend. In der Theodor-Herzlschule lernten Jungen und Mädchen in einer Klasse, und sie war somit eine der wenigen Berliner Schulen, in denen die Koedukation eingeführt worden war. Ilse fühlte sich glücklich, umso mehr, als ihre verschiedenen künstlerischen Talente, wie Malen und Singen, dort ausgiebig zu ihrem Recht kamen.

Was sollte jedoch mit mir geschehen? Schließlich hatte ich eine abgeschlossene Schulbildung, es gab gerade für Mädchen viele Ausbildungsstätten, unter denen sich, so mein Vater, auch eine mir angemessene würde finden müssen.

Und ich? Ich war verwirrt, mir schien es unmöglich konsequent zu denken, geschweige denn zu handeln. Es war mir klar, dass kein Anknüpfungspunkt für die Verwirklichung meiner bisherigen Pläne aufzufinden sein würde, „Konsequenz" wäre Selbstzerstörung gleich gekommen. Eine völlige Neuorientierung wurde zur Notwendigkeit.

Die Schule war ich los, war aber nichtsdestoweniger von morgens bis abends beschäftigt. Ich verließ den Jüdisch-liberalen Jugendbund und wurde Mitglied des zionistischen Pfadfinderbundes, gegründet von dem Sportverein Bar Kochba. Der Bund nahm bald den Platz ein, den die Schule bisher eingenommen hatte, wurde zum gesellschaftlichen und geistigen Mittelpunkt meines neuen Lebens. Es kam einer Befreiung gleich, die reale Welt mit ihrem abgrundhaften Menschenhass – nicht nur Judenhass – verschwand wie im Nebel, jedoch nur vorerst, alle lebten wir „vorerst“ wie auf Abruf, von einem Tag, von einem Ereignis zum andern. Der Nebel konnte jeden Tag zerreißen und uns die gefährliche Fratze der neuen Zeit mit ihren Bedrohungen offenbaren.

Im zionistischen Pfadfinderbund wurden neue Freundschaften, intensiver als alle bisherigen, geschlossen, die meisten Mädchen fanden ihren „Freund“. Die Liebe, romantisch-erotisch überspannt, wurde nicht öffentlich demonstriert, doch begegnete man den verliebten Paaren an späten Abenden im Tiergarten oder im Bellevuepark, Hand in Hand, sich tief in die Augen schauend, und jeder wusste, wer zu wem gehörte, ohne irgendein Aufhebens davon zu machen. Doch entwickelten sich neben Freundschaft und Liebe auch vehemente Gegnerschaften, die weniger den persönlichen Beziehungen als den unterschiedlichen Auffassungen, besser Ideologien über die Art der „Verwirklichung“ im Heiligen Land entsprangen. Die Kibbuzbewegung im Lande war nicht einheitlich, sie war politisch-ideologisch ausgerichtet und zerfiel in drei Hauptströmungen. Sozialistisch waren sie alle, doch war die eine konsequenter oder dogmatischer als die andere in ihrer Auffassung über die erstrebenswerte Gesellschaftsform, die selbstverständlich im Kibbuz verwirklicht werden sollte. Über die Möglichkeit bürgerlicher, städtischer Berufe sprach man kaum, auch die handwerkliche Ausbildung sollte letztlich im Kibbuz ausgeübt werden. Zionismus und Kibbuzgründung wurden zu austauschbaren Begriffen.

Nein, wir zogen uns nicht in ein geistiges oder ideologisches Ghetto zurück. Die zionistischen Jugendbünde, vor allem die weder rechts noch links indoktrinierten, verrieten nicht ihre bisherigen Wertvorstellungen. Weiterhin las man Rilke, Stefan George, ja sogar Rudolf G. Binding und fand der Welträtsel Lösung in den Schriften Schopenhauers und Nietzsches. Man las Wassermann, Feuchtwanger, Werfel und studierte die „Geschichte der Juden“ von Heinrich Graetz. Man war davon überzeugt, dass die Juden „ein Volk“ sind und dass mit dem Auftreten Theodor Herzls Juden und Judentum nach vielen Hunderten von Jahren die Bühne der Weltpolitik wieder betreten hatten. Die durch Schule und Familientradition erworbenen Bildungsgüter wurden nicht als „nationales“ Eigentum, sondern als Eigentum eines jeden, der es besitzen wollte, begriffen. Viele von uns begaben sich auf eine Doppelfahrbahn. Ich glaube, dass ich in dieser Kunst einer doppelten Befindlichkeit, einer Synthesenbildung, vielleicht nicht repräsentativ, aber im höchsten Gerade effizient gewesen war. Ich fühlte mich bereichert, umso mehr, als durch mein selbständiges Bibelstudium die jüdisch-christlichen Grundlagen unserer abendländischen Kultur im höchsten Grade überzeugend auf mich einwirkten. Das „Neue Deutschland“ kam mir – man verzeihe mir die grobe Bezeichnung – zunehmend idiotisch, schwachsinnig vor, mit seinen Bemühungen, „Christentum“ als „Ariertum“ zu interpretieren, Jesus von Nazareth das Judentum abzusprechen. Die Entwicklung der Kirche Deutschlands zum „Deutschen Christentum“ war nur folgerichtig. Vorerst empfand ich Unglaube, dann zunehmend Verachtung für die Willfährigkeit der gebildeten Eliten, die diese frei erfundenen, verlogene Gespensterlehren, sei es über Rasse, Religion, Kunst oder Literatur, willig, allzu willig übernahmen. Wenn es mir auch im Jahre 1933 nicht bewusst wurde, so weiß ich heute, dass ich mich damals auf einen schwierigen Weg begeben hatte, „mein Deutschland“ als ein „befreites Deutschland“ im Heiligen Land – wo konnte es besser aufgehoben sein als in der Wiege unseres abendländischen Erbes – neu erstehen zu lassen. Kontinuität im Denken zu bewahren einerseits und den Bruch alles Bisherigen zu vollziehen andererseits war ein schwieriges, wenn nicht unmögliches Unternehmen.

„Zion“ war ein Begriff, der alles an Wünschen und Träumen beinhaltet, so sollte das „neue Land“ (Herzls Altneuland), „Zion“ heißen. Der Name „Deutschland“ ist ohnehin besudelt, mit ihm lässt sich nichts mehr verbinden.

Ich war frei, daher nicht unglücklich. Jeder Tag brachte etwas Neues. Ich lernte neue Menschen kennen, neue Lebensformen, Zukunftsträume füllten meine Gedanken aus, begeisterten mich für einen Tag, um am nächsten Tag wieder verworfen zu werden. Einerseits Chaos und Beunruhigung, andererseits Ungebundenheit und Zuversicht, hinzu kam eine stetig fortschreitende geistige Loslösung von allem Bisherigen.

Heute erscheint es mir merkwürdig, dass meine Eltern sich wenig Gedanken über meine berufliche Zukunft machten – sei es aus Ratlosigkeit, sei es, weil sie ihr Leben als eine Art Wartestand begriffen, in dem man keine Pläne verfolgte. Eine Entscheidung stand für mich unerschütterlich fest: Ich gehe nach Palästina. Trotzig wiederholte ich mir in Gedanken immer wieder diesen Entschluss, um mich von den Widerständen, die sich mir entgegenstellten, nicht entmutigen zu lassen. Schließlich war ich erst 16 Jahre alt, und die Einwilligung meines Vaters für eine Einwanderung nach Palästina zu erlangen war ganz und gar unmöglich. Auch wenn er eines schönen Tages eingesehen hätte, dass mein Wille nicht zu brechen oder dass die gegenwärtige politische Realität kein vorübergehender Spuk war, so wäre er, laut wiederholter Versicherung, nicht in der Lage gewesen, mir ein Studium in Palästina, das mehrere Jahre dauern müßte, zu finanzieren. Das entscheidende Hindernis jedoch lag in mir selbst, in meiner unüberwindlichen Abneigung durch eine landwirtschaftliche Vorbereitung, ein „Pionier-(Chaluz-)Zertifikat“ zu erwerben. Ich wurde nicht ungeduldig, meinte ich doch mit meinen 16 Jahren viel Zeit zu haben. Meine geistige Neuorientierung nahm mich völlig in Anspruch, angeregt durch das intensive und spannungsgeladene Leben im Jugendbund, durch stundenlange Diskussionen mit älteren Mitgliedern der Bewegung, durch Selbststudium über Palästinas „Land und Leute", wie ein bekannter Buchtitel damals lautete, über die Geschichte des alten Israel, bereits zionistisch ausgerichtet durch neue Werke jüngerer bekannter Historiker und durch den Versuch Hebräisch zu lernen.

In der Älteren-Gruppe gehörte ich zu den Jüngsten, fühlte mich jedoch keineswegs unterlegen. Im Gegenteil. Meine seit langem erlernte Selbständigkeit im Denken und meine dadurch gefestigte Selbstsicherheit musste sich in der letzten Zeit, im Verlauf des Jahres 1933, bis zur Arroganz gesteigert haben, wie mir meine Freunde und meine Gegner versicherten. Zu Recht oder zu Unrecht – ich fühlte mich allen überlegen. Der Zwang sich durchsetzen zu müssen, erst in der Familie, dann in der Schule, hatte in mir Streitlust geweckt und in der Zeit, als ich meine bisherigen Freunde verlor und meine Eltern zwar genau zu wissen meinten, was richtig und was falsch ist, aber ohne in der Lage zu sein, einen Plan zu verfolgen, denn alles war für sie „vorläufig", ein Gefühl der Überheblichkeit entstehen lassen. In der Familie empfand ich mich als klüger, im Bund gebildeter und begabter als alle anderen. Da mein soziales Verhalten ohne Fehl und Tadel war, ich benahm mich durchaus zünftig, das heißt „bündisch", und ich meinen Hochmut nur den älteren Jungen gegenüber herauskehrte, allen Mädchen aber hilfreich zur Seite stand, fand man sich nicht nur mit meinem zuweilen unbequemen Verhalten ab, sondern beschloss darüber hinaus, mich zur Gruppenführerin zu ernennen. Ich wurde beauftragt, eine Gruppe von 12- bis 14-jährigen Mädchen zusammen zu trommeln – „keilen" war der bündische Terminus –, um mit ihnen Heimabende, gesellige Zusammenkünfte am Sabbat-Ausgang, Wanderungen und mehrtägige Fahrten zu veranstalten.

Mit Begeisterung stürzte ich mich in meine neue Aufgabe. In kürzester Zeit hatte ich „meine Gruppe" zusammen – die ersten Anwerbungen kamen aus dem Bar

Kochba, dann warb eine die andere –, sodass ich meinen Eltern schon nach wenigen Tagen die frohe Botschaft über mein neuestes Unternehmens mitteilen konnte. Gegen geselligen Verkehr, und dazu nur mit Mädchen, hatten sie gar nichts, stellten jedoch ihre Bedingungen: Die Mädchen sollten den Hinteraufgang unseres Hauses benutzen, da dieser nicht von unserem Hausmeister – jetzt Blockwart – kontrolliert wurde. Um durch den „Eingang nur für Herrschaften" ins Haus zu gelangen, musste man klingeln, und der Hausmeister konnte durch ein kleines Fenster seiner Wohnung feststellen, ob dem Besucher Einlass gewährt werden konnte. War dieser ihm unbekannt, öffnete er persönlich die Tür und fragte nach seinem Begehr. Auch in normalen Zeiten kündigten meine Eltern ihre gesellschaftlichen Abende vorher an. Jetzt war er „Amtsträger", und man versuchte alles, nicht seinen Unmut zu erwecken.

Diese Vorschrift meiner Eltern war leicht zu erfüllen. Hätten sie jedoch gewusst, was so ein Heimabend ihnen an Neuem und Unerwartetem bescheren würde, hätten sie vielleicht nicht gerade ihre Einwilligung verweigert, sie jedoch nicht so unbefangen erteilt. Zweifach war die Überraschung: Ein Heimabend musste der zuständigen Polizeibehörde gemeldet werden, und es lag in deren Ermessen die Veranstaltung zu besuchen, um festzustellen, ob auch alles mit rechten Dingen zuging. Da unser Polizeirevier unsere Familie gut kannte – es waren alles ältere Beamte –, kamen sie oft gar nicht oder nur, um den Kopf zur Tür hineinzustecken, freundlich Guten Tag zu sagen, um dann zu verschwinden. Sollte jedoch ein pflichtbesessener Polizist sich in das Zimmer begeben, um das Geschehen dort zu beobachten, dann zog jede ein Knäuel von starkem Bindfaden hervor, und ich erteilte Unterricht in „Knoten knüpfen", eine zünftige Pfadfindertätigkeit, die zum Zeltebauen überaus notwendig war. Das wurde dem Beobachter schnell langweilig, und er verließ eiligst die Stätte vermeintlicher staatsgefährdender Aktivitäten. Dieser Behördenbesuch war für meine Eltern eine unerwartete Erfahrung, mit der sie nicht gerechnet hatten. Dass man vermuten konnte, dass in ihrem Hause etwas nicht mit rechten Dingen zugehen könnte, beunruhigte sie außerordentlich, und mein dahingesagtes „Na, so ist es eben heute" beseitigte nicht die Irritation. Viel schlimmer war für meinen Vater der Gesang, der aus dem Zimmer ertönte. Die hebräischen Lieder, meist zionsliebend oder zionistisch, über den heroischen „Aufstieg" – so die hebräische Bezeichnung für die Einwanderung nach Palästina, nach „Zion"– waren zwar ungewohnt (Wer singt schon Hebräisch?), doch waren die Melodien schön, und unter meiner Leitung bemühten sich alle, zurückhaltend und musikalisch ihre Stimme ertönen zu lassen. Doch es blieb nicht bei den hebräischen Liedern. Wir sangen auch mit Begeisterung jiddische Lieder. Obwohl unsere jiddische Aussprache für einen Fachmann viel zu wünschen übrig ließ, machte unsere Begeisterung die sprachliche Unzulänglichkeit wieder wett. Mein armer Vater! Was musste er hören! Ich wusste, er steht entgeistert hinter der geschlossenen Tür und hört, wie seine Tochter Lieder lehrt und anstimmt, des Inhalts etwa: „Oi, wie fajn, wet es sajn, wenn meschiach (Messias) wet kumen zu gejn, oi joi joi joi jooiii!" oder „Und wenn der Rebbe lacht, dann lachen alle Chassidim", und dann: „Ha, ha, ha haahaahaa! Und wenn der Rebbe weint, dann weinen alle Chassidim, hu hu hu huuuuh", und so weiter. Er war verzweifelt: So etwas in seiner Familie! Ich hatte zuweilen den Eindruck, dass die zionistische Wende seiner Töchter – Ilschen ging getreu in den Fußstapfen der schrecklichen Marianne – schmerzhafter war als die „nationale Erhebung". Nach seinem Verständnis war der Zionismus das ins Jüdische übertragene Abbild des neuen Staates, hinzu kam seine tiefe Abneigung gegen das so genannte „Ostjudentum", mit dem „wir", gemeint sind die völlig in die europäische Kultur integrierten deutschen Juden, nichts zu tun haben. Er war wie viele aus seiner gesellschaftlichen Schicht der Meinung, dass die „Ostjuden" gemeint sind, die vor den russischen Pogromen geflüchteten

Juden, die sich in Berlin im so genannten Scheunenviertel niedergelassen hatten, deren Schläfenlocken und Schaufäden an ihrer Kleidung sie unverwechselbar als „Juden“ kenntlich machten, die den Antisemitismus immer wieder provozierten. Da konnte ich ihm stundenlang Vorträge über diese neue Art von „Nazijudenhass“ halten, ihn darauf hinweisen, dass kein Jude, ob in Ost- oder Westeuropa, im Nazi-Deutschland ein Lebensrecht besäße, dass die Fratzen von Streichers „Angriff“ keinem Juden glichen, und dass die Thesen eines Hans Blühers[35] und der Studenten den voll in die europäische Kultur integrierten Juden „Mimikry“ vorwarfen („Er, der Jude, lügt, wenn er deutsch spricht.“), erinnerte ich meinen Vater. Aber er wollte sich von der Gefahr derartiger Angriffe nicht überzeugen lassen. Da jedoch die Jugendlichen, die in unser Haus kamen, keinen Anlass für Kritik oder gar Missachtung boten und dem Berliner jüdischen Mittelstand angehörten, fand er sich schließlich mit den Gegebenheiten ab. Seine Töchter hätten eben viele Freunde, waren in keiner Weise isoliert und sahen sich offensichtlich den bedrückenden politischen Umständen enthoben, beruhigte er sich. Seine Überzeugung, dass es zu einer Einwanderung nach Palästina nicht kommen würde, lag sicher seiner Duldsamkeit zu Grunde.

Das war ungefähr von Herbst des Jahres 1933 an für mich die Sonnenseite meines neuen Lebens, das Gefühl des „Ausgestoßenseins“ wurde noch vor seinem eigentlichen Entstehen erstickt. Den Lebenssinn hatte ich wieder gefunden. Mit meinen Überlegungen jedoch über den Weg zu meiner zionistischen „Verwirklichung“ kam ich trotz intensiver Nachdenklichkeit zu keinem Ergebnis, bis im Oktober desselben Jahres Annis ältere Schwester, Fanny, bei uns zu Hause auftauchte, um mir einen praktischen Vorschlag zu unterbreiten: Sie hätte sich entschlossen, eine Schneiderinnenlehre zu beginnen, es wäre doch nützlich, auch für mich, mich ihr anzuschließen. Die Chefin des Schneiderei-Ateliers wäre bereit noch ein Lehrmädchen aufzunehmen.

Schneiderei wäre schließlich ein Handwerk, so ihre Argumentation, und eminent wichtig für den Aufbau Palästinas, so dass eine ausgebildete Schneiderin einen Anspruch auf ein Pionier-(Chaluz-)Zertifikat anmelden könne.

Meine Mutter war sofort mit Fannys Vorschlag einverstanden. Sicher dachte sie, dass es für eine Tochter aus gutem Hause nicht unpassend wäre, zünftig schneidern zu können, es müsste ja nicht als Beruf ausgeübt werden. Schließlich hätte sie seit einigen Jahren meine Schwester und mich in feinen Handarbeiten wie Hohlsaum und Gobelinstickereien unterwiesen, Fertigkeiten, mit denen ich meine Mutter und meine Tanten zu ihren Geburtstagen beglücken konnte. So ungefähr interpretiere ich ihre sofortige Zustimmung zu dem Plan. Hinzu kam, dass auch sie zufrieden war, dass mein Tagesablauf nunmehr geregelt sein würde.

Doch ihr weiteres Verhalten erweckte meine Zweifel über ihre ernsthafte Einstellung zu meiner künftigen Schneiderinnen-Ausbildung. Zwar ging sie umgehend mit mir zu der Chefin des Unternehmens, das sich in der Tauentzienstraße befand, einer freundlichen Frau mittleren Alters, und vereinbarte mit ihr, dass sie mir einen Stoff für die Anfertigung eines Kleides für die erste Lehrstunde mitgeben solle. War es Sparsamkeit oder Gleichgültigkeit? Sie, die selber nähen und schneidern konnte, kaufte mir kein, für eine Anfängerin passendes Material, sondern grub aus den Tiefen ihres riesigen Kleiderschrankes einen hässlichen einfarbigen Stoff hervor, der dazu rau und unhandlich war, den sie aus irgendwelchen Gründen vor Jahren gekauft und ungenutzt liegengelassen hatte, wohl weil sie selbst nicht wusste, wie er verarbeitet werden könnte.

Mir war alles recht, ich nahm den Stoff und begab mich mit Fanny in die erste Lehrstunde. Das Material sollte zugeschnitten werden, eine Aufgabe, die ich ohne Hilfe von Fanny und Meisterin niemals bewältigt hätte. Ich fummelte noch mit Stoff und Schnittmustern herum, als Fanny schon längst ihre Aufgabe bewältigt und bereits angefangen hatte zu nähen. Oh, wie krumm und schief wurden etwas später meine Nähte, sie mussten wieder aufgetrennt werden, der Stoff war auch allzu spröde, sogar meine Lehrmeisterin seufzte und schüttelte über meine Mutter missbilligend den Kopf. Aber ich war auch zu ungeschickt und ganz und gar nicht bei der Sache, da es öfter geschah, dass ich Teile zusammennähte, die nicht zusammen gehörten. Neiderfüllt beobachtete ich Fanny, die schon nach einer Woche etwas Vorzeigbares fertig gestellt hatte. Ich blieb trotzdem verbissen bei der Sache, und irgendwie gelang es mir nach einigen Wochen, so meinte ich jedenfalls, die einzelnen Teile zusammenzufügen. Die Meisterin konnte sich nicht nur um mich kümmern, so dass ich unbeobachtet mutig drauflos nähte. Gerade wurden meine Nähte nie, selbstkritisch trennte ich sie immer wieder auf. Meine Lehrmeisterin ermunterte mich hin und wieder, und da sie wusste, dass ich sticken konnte, ließ sie mich meine Schneiderei für eine Weile unterbrechen und ließ mich Säume nähen und Knopflöcher anfertigen, so dass ich auch meine kleinen Erfolgserlebnisse haben konnte. Das machte mir Spaß, doch beobachtete ich neiderfüllt Fannys Fortschritte. Unter ihren geschickten Händen entstand ein hübsches Sommerkleid aus gemusterten leichten Musseline, mit Glockenrock und Bolero, wie es der damaligen Mode entsprach. Seufzend setzte ich mich wieder an die Maschine, um den schwierigsten Teil zur Fertigstellung meines neuen Kleides in Angriff zu nehmen: Ärmel einnähen, lange Ärmel eines Winterkleides, denn für ein Sommerkleid war der Stoff viel zu dick und schwer. Ich trampelte mit den Füßen auf dem Nähmaschinenboden, schob den Stoff unter der Nadel hin und her, nähte über die wegen meiner Ungeschicklichkeit entstandenen Fältchen einfach hinweg, der Faden riss, mit Mühe fädelte ich ihn wieder ein, kam wieder in Schwung, und schließlich zog ich „mein Kleid" unter der Nadel hervor, hielt es triumphierend in die Höhe und – Lehrerin und Freundin guckten entgeistert! „Was ist los? Immer noch nicht zufrieden?", fragte ich gekränkt. „Aber, aber", stotterte Fanny, „das sind ja zwei linke Ärmel. Du musst alles wieder auftrennen und von vorn anfangen." Verwirrt und verärgert betrachtete ich mein Machwerk und musste feststellen: Sie hatte Recht. „Nein, nein", rief ich verzweifelt, schmiss mein Erzeugnis auf den Boden und verließ den Schauplatz meiner „Heldentaten". Für immer! Meine Eltern unterrichtete ich von meinem Versagen und gleichzeitig von meiner Weigerung, einen neuen Versuch zu unternehmen. Meine Eltern, deren Ehrgeiz es wirklich nicht war, aus mir eine gute Schneiderin zu machen, unternahmen nichts, um mich von meinem Entschluss abzubringen. So endete mein erster Versuch am Aufbau des Judenstaates mitzuwirken. Fanny hingegen blieb viele Monate in diesem Schneideratelier, machte von Monat zu Monat bemerkenswerte Fortschritte, ging Jahre später als gelernte Handwerkerin nach Palästina, wo es ihr in kurzer Zeit gelang, als bekannte und umworbene Modenmacherin ihr eigenes Atelier zu eröffnen. Mit der Zeit verlor ich sie aus den Augen, hörte aber hin und wieder bewundernde Berichte über ihre beruflichen Erfolge.

Ich sah mich sofort nach einer neuen Möglichkeit um, mich als Pionierin zu qualifizieren. In der Zwischenzeit nutzte ich intensiv meine freie Zeit und beschäftigte mich von morgens bis abends, sei es mit „zionistischer Arbeit", sei es mit sportlicher Betätigung. Ich schrieb mich in einen Hebräisch-Kurs ein, lernte dort mit wenig Erfolg die Grundlagen der hebräischen Grammatik. Der Unterricht war so gut wie kostenlos, da er vom Palästina Amt[36], der Auswandererinstitution, mit Unterstützung der Jüdischen Gemeinde organisiert wurde. Die Zahl der Teilnehmer war zu groß, und meine Gedanken waren in diesen Monaten nicht bei der Sache. Außer an meinen eigenen Gruppenveranstaltungen nahm ich abends an den Diskussionen und Lesungen zionistischer Schriften der Älterengruppe teil, deren Thematik immer um die Gestaltung unserer Zukunft im Heiligen Land kreiste. Wir sangen viel, „keilten" Mitglieder, haderten und stritten mit den Mitgliedern anderer zionistischer Jugendgruppen und nahmen die feindliche Außenwelt nicht wahr. Es waren unsere Probleme, die uns beschäftigten. Doch hielt dies uns nicht davon ab, den Geist anderer Jugendbewegungen – auch der Hitlerjugend – kennen zu lernen. So beschlossen eines schönen Tages einige meiner Freunde und ich den damals viel bewunderten Film „Hitlerjunge Quex“ zu besuchen. Schließlich handelte auch dieser Film von den Nöten und Idealen unserer Generation, derselben Jungen und Mädchen, mit denen wir noch bis vor kurzem gemeinsam die Schule besucht hatten. Idealismus und Heldenmut standen auch in der zionistischen Jugendbewegung an der Spitze des Tugendkalenders. Das Kampflied vom Hitlerjungen Quex wurde zum Bekenntnislied der gesamten NS-Jugendbewegung, Text und Melodie wirkten – bis auf die häufige Erwähnung des verhassten Namens des Erfinders der Bewegung – ähnlich wie das Flötenspiel des Rattenfängers auf die Kinder von Hameln. Ich kann beides, Text und Melodie, bis auf den heutigen Tag auswendig, dermaßen eindringlich war damals im Jahre 1933 die Wirkung. Wir, und nicht nur unsere Pfadfinder- und Sportbewegung, merkten nicht, in welchem Maße wir zu Grenzgängern, zu unkritischen Beobachtern wurden, die unbewusst gewisse national-politische Erziehungsdoktrinen übernahmen. Erst die räumliche Entfernung, meine in den Jahren 1935/36 halbjährige Abwesenheit von Berlin, machte mir die Gefahr unserer Grenzgängerei bewusst, die ich dann nach meiner Rückkehr nach Berlin im Jahre 1936 vehement und streitbar zur Diskussion stellte.

Die jüdisch-zionistischen Jugendbünde vor und nach dem Jahre 1933 unterschieden sich in ihren politischen Vorstellungen über den Aufbau des neuen Staates, über die Art der künftigen Siedlungsform, in der man sein Gesellschaftsideal verwirklichen wollte. Die meisten Jugendbünde waren sozialistisch, in Abstufungen von einer sozialdemokratischen Einstellung bis zum orthodoxen Marxismus. Der Kibbuz als ideale Lebensform wurde von allen, auch von den religiösen und von den ultrarechten – den Anhängern von (Wladimir) Se'ew Jabotinsky[37] – angestrebt. Diese hatten sogar von den Nazi-Behörden die Erlaubnis erhalten, eine der SA nicht unähnliche Uniform zu tragen, sie bewunderten Mussolini, behaupteten Realisten in ihrer Auffassung der Araberfrage in Palästina zu sein und propagierten eine simple, uns unmenschlich scheinende Lösung des Problems. Wir, die konsequenten Zionisten – so ihre Lehre –, beanspruchen nichts weiter als das „Land unserer Väter". Allerdings gehörte zu diesem Land Palästina zu beiden Seiten des Jordans, somit die Wiedererstehung des alten Davidischen Königreichs. Die Araber – von Palästinensern sprach man damals noch nicht – haben ungeheure, nicht genutzte Territorien in den Ländern des Vorderen Orients, es fehle ihnen nicht an Land, und bevor „wir", die Zionisten, begannen Palästina zu besiedeln, wäre das Land öd und leer gewesen. Man wolle sie nicht vertreiben, ein Minderheitenstatus wäre nachdenkenswert. Auf jeden Fall solle man sich nicht einbilden, dass wir, die Europäer, jemals begeistert von den Arabern Palästinas empfangen werden würden, auch wenn wir ihnen die Augenkrankheiten heilen – immer wieder betont von den friedliebenden sozialistischen Zionisten – oder Elektrizität in ihre verfallenen Hütten bringen würden. Jabotinskys Anhänger sangen kriegerische, aggressive Lieder, marschierten im Gleichschritt und wurden von allen anderen zionistischen Gruppierungen vehement verurteilt. Nein, wir anderen waren friedliebend, menschenfreundlich, durch und durch humanistisch, und es entstand eine zionistische Jugendbewegung, die diese Tugenden bis zum Elitarismus praktizierte, die für mich vorerst eine starke Attraktion war. Später aber, als ich mich bemühte dieser Vereinigung beizutreten, entdeckte ich in ihrer angestrebten Exklusivität vor allem einen unberechtigten Hochmut, der mich abstieß.

Ende der zwanziger und zu Beginn der dreißiger Jahre nannten sie sich „Kameraden", waren nicht zionistisch, und als sie sich nach dem Januar 1933 zu Zionisten erklärten, nannten sie sich wie aus dem Vokabularium eines Stefan George entnommen „Werkleute“. Im Sommer des Jahres 1933 wandte ich mich an eine ältere Cousine – nennen wir sie Eva, Mitglied der „Werkleute“ – und bat um ihre Unterstützung bei meiner Bewerbung um Aufnahme in diesen exklusiven Verein. Ich war mittlerweile zu dem Resultat gekommen, dass meine „Geistesgaben“, von denen ich sehr eingenommen war, im Rahmen der „Werkleute“ einen würdigeren Rahmen erhalten würden als in einem Sport- und Pfadfinderbund, dem es doch, wie es mir damals schien, an intellektueller Tiefe mangelte. „Nein“, sagte Cousine Eva, „so einfach, wie du dir das vorstellst, ist das nicht. Wer weiß, ob du überhaupt zu uns passt, zu unserer Art zu denken, zu fühlen, zu empfinden, zu unserer Art Freundschaften zu schließen,…“ Ich weiß wirklich nicht mehr, mit welchen Zweifeln an meiner, ihr so robust erscheinenden Persönlichkeitsstruktur sie mir die geistige Exklusivität ihres Vereins zu verdeutlichen versuchte. Ihre hochnäsigen Ausführungen überzeugten mich, dass ich die Aufnahmeprüfung in diesem Verein nicht bestehen würde, schon deshalb nicht, weil mir alles, was sie sagte, lächerlich vorkam, wie eine banale Imitation des früheren George-Kreises, von dem ich allerdings schwer beeindruckt war. Herstellung wirklicher aufrichtiger geistiger Nähe des einen zum andern – das wäre mein Ideal gewesen. Die Formen und Regeln entwickeln sich erst aus dieser geistigen Gemeinsamkeit, doch hier, in diesem „Werkleutebund“, schien mir genau der umgekehrte Weg eingeschlagen zu sein. Erst seien wir einmal etwas Besonderes, das andere ergibt sich dann von selbst. Es war bereits aufschlussreich zu beobachten, wie sich die einzelnen Mitglieder begrüßten. Zuerst blickte man sich tief in die Augen, dann ging man einen kleinen Schritt aufeinander zu, gab sich fest die Hand und zog den Arm des anderen kraftvoll senkrecht hinunter. Das Idol dieser Vereinigung war Martin Buber, der einen kleinen Kreis Erleuchteter, die „Zion“ als transzendentalen Mythos verinnerlichten, um sich scharte. Er verkündete seine Lehre von der dialogischen Beziehung von Mensch zu Mensch, vom „Ich und Du“, übertragbar auf die Beziehung, im Buberschen Sinne „Zwiesprache“, zwischen Mensch und Gott, die sich nur in Zion verwirklichen lässt. Nur dort könnten die Juden zu ihren Ursprüngen zurückfinden.

Ich muss gestehen, verstanden habe ich es wohl, doch mir fehlte der Glaube. Völlig unkritisch, als wäre er ein Prophet, verehrten sie Buber, tranken buchstäblich jedes Wort von seinem Munde. Man war sich darüber einig, den sich im ewigen Dialog mit Gott befindenden, den neuen „jüdischen Menschen“ zu erstreben, einen buberianisch philosophierenden Ackerbauern. Martin Buber zog die „Werkleute“-Jugend an, auch er ein Rattenfänger von Hameln. Sie waren stets darauf bedacht, nur die „Buber-würdigen“ Hamelnkinder aus der Stadt, aus der Diaspora, herauszuführen.

Durch die wortreichen Ausführungen meiner Cousine wurde mir klar, dass nach ihrer Meinung ich niemals dazu gehören könne. „Keine Angst, Cousinchen“, dachte ich bei mir. Ich empfand ihre Ausführungen als geistigen Hochmut, der die geistige Freiheit des Einzelnen notgedrungen beschränkt. Man musste dazu gehören und dies voll und ganz. Da blieb ich lieber bei meinen sehr irdisch denkenden Sport- und Pfadfinderbünden, deren Mitglieder gar nicht daran dachten, sich andächtig einer unumstrittenen geistigen Führerpersönlichkeit unterzuordnen. Dabei sangen die „Werkleute“ gleich den anderen Jugendbünden kriegerische Landsknechts- und patriotische Zionslieder und gingen gleich den anderen zionistischen Jugendbünden auf landwirtschaftliche Vorbereitungslager. Zu ihrem Lob möchte ich erwähnen dass sie Ende der dreißiger Jahre einen vorbildlichen Kibbuz, Hasorea (Der Säende), gründeten und in ihm einen kulturell hoch stehenden, humanen Zionismus verwirklichten. Gleich ihrem Meister Martin Buber, der in Jerusalem zu der kleinen Gruppe Intellektueller gehörte, die den Friedensbund (Brit Schalom) gegründet hatten, setzten sie sich bedingungslos für ein politisch friedliches Zusammenleben von Arabern und Juden in Palästina ein.

Nachdenken und Grübeln nahmen kein Ende, ich kam zu keinem Ergebnis, wie ich mein Leben gestalten sollte, wie ich meine bisherigen Vorstellungen möglichst bruchlos mit meiner zionistischen Überzeugung in Einklang bringen könnte. Nun brachte der zionistische Jugendbund vielfältige Abwechslung in meinen Tagesablauf, so dass ich Zukunftspläne irgendwie beiseite schob, meine Zeit mit Bundesveranstaltungen, Geselligkeiten und Sport völlig ausfüllte und mich vor mir selbst rechtfertigte, dass meine Eigenausbildung zu einer perfekten Zionistin dem Aufbau des Landes nur Nutzen bringen konnte.

Meine Eltern beschäftigten sich wenig mit mir in diesen Monaten. Es war inzwischen Winter des Jahres 1933. Sie ließen den Dingen ihren Lauf. Irgendwie habe ich nie verstanden, wie wenig Gedanken sie sich um meine und meiner Schwester Zukunft machten. Eine mögliche Erklärung war ihre Überzeugung, dass die neuen Machthaber sich nicht lange ihrer Macht erfreuen würden. Und doch gab es heftige Auseinadersetzungen zwischen uns, die zur Abwechslung diesmal nichts mit meiner neuen Weltanschauung und nichts mit meinem „schlechten Charakter" zu tun hatten.

Im Sommer 1933 wurde der Kulturbund Deutscher Juden[38] gegründet. Abonnements für Theater, Opern, Operettenvorstellungen und für Konzerte wurden verkauft, und zu meinem Erstaunen gehörten meine Eltern zu den Ersten, die dieses Unternehmen begrüßten, das unter Aufsicht der „Reichskulturkammer" auf einer den Abonnenten zugewiesenen Berliner Bühne Werke jüdischer Autoren und Werke, die von Juden handelten, zur Aufführung bringen durfte. Nun wurden, wie in allen anderen Berufszweigen, alle Künstler, Schauspieler, Sänger, Instrumentalisten aus dem deutschen Kulturleben ausgeschlossen. Man hatte somit die Rechtfertigung, ein eigenes Theater zu schaffen. „Arische

Autoren“ waren erlaubt, wenn ihre Werke von Juden handelten, wie „Nathan der Weise“ oder „Der Kaufmann von Venedig“. Später wurden, soweit ich mich erinnere, auch diese Werke verboten, da die Autoren ebenfalls Juden sein mussten. Ich empfand die Bereitwilligkeit, mit der die Berliner Juden dieses Unternehmen begrüßten, als allzu willige Übernahme nationalsozialistischer Doktrinen, als Anerkennung der irrsinnigen Kategorien, nach denen jede Kunst von Juden und über Juden als „undeutsch“ erklärt und gnädigst den Juden überlassen werden müsse. Bis heute kann ich nicht verstehen, wie man den Kulturbund, wie es dessen Initiatoren betonten, als „geistigen Widerstand“ interpretieren konnte. Ich empfand die gesamte Institution, zu deren Verteidigung man nur anführen kann, dass sie jetzt brotlos gewordenen Künstlern Arbeit verschaffte, als würdelos und demütigend. Sie hätten nun ihr eigenes Theater, berichteten stolz die Zeitungen der jüdischen Gemeinden, und es dauerte Jahre – und bei manchen nie – bis man sich eingestehen musste, auf zynische Weise instrumentalisiert worden zu sein. Vorerst machten sie wirklich – soweit ich das beobachten und den Gesprächen von Eltern und Gästen entnehmen konnte – passables bis gutes Theater. Der Strick wurde von Jahr zu Jahr enger gezogen, so dass die Repräsentanten des Unternehmens mich später an den amerikanischen Helden, der in japanische Gefangenschaft geriet, aus dem Film „Die Brücke am Kwai“ erinnerten, der den Auftrag von den Japanern erhielt eine Brücke zu bauen. Es war eine Aufgabe, der er sich vollkommen hingab. Als sich jedoch die amerikanische Armee näherte und er den Auftrag bekam, die Brücke zu sprengen, um deren Vordringen zu verhindern, nahm sich der amerikanische Ingenieur, der es nicht über sich brachte sein Werk zu zerstören, das Leben. Die Diskrepanz zwischen Werk und Sinn, die Identifikation des Schöpfers mit dem jeglichen Sinnes entleerten Werk, die ihn zur Selbstzerstörung zwang, ist ein Kafka-Thema, man erinnere sich an Kafkas „Strafgefangenenlager“.

Die Künstler des Kulturbundes wurden, wie tausende von Berliner Juden, nach dem 9. November 1938 in die Konzentrationslager verbracht, wurden jedoch nach einigen Wochen entlassen und erhielten den Befehl, den Betrieb wieder aufzunehmen. Ich war damals nicht mehr in Berlin, bin aber den Entlassenen aus den KZ-Lagern, darunter vielen Jugendlichen, geschunden und gedemütigt, krank von Frost, Unterernährung und Prügelexzessen, im Monat Dezember 1938 vielfach begegnet, so dass mich ein Schauder ergreift bei dem Gedanken, dass diese Künstler nach ihrer Entlassung gezwungen wurden, dem Ausland „business as usual" vorzulügen. Die letzte Phase ihrer Existenz spielte sich in dem holländischen Lager Westerbork ab, wo sie mit Hingabe für ihre Peiniger Operetten wie „Zum Weißen Rößl" auf die Bühne brachten. Obwohl sie wussten, dass sie am nächsten Tag nach Theresienstadt verbracht werden würden, belustigten sie am letzten Abend ihre Peiniger. Theaterspielen, auf der Bühne stehen, nur daran dachten sie. Obwohl wir all dies viele Jahre später, nach Kriegsende, erfuhren und auch damals nur ratenweise, empfand ich das Unternehmen im Herbst 1935, als meine Mutter mir wegen Erkrankung meines Vaters seine Karte überließ, als beschämendes Ghettotheater. An dem einen Abend, an dem ich Kulturbundtheater erlebte, spielte man „Judith" von Hebbel.[39] Noch war der „arische" Autor erlaubt. Nichts gefiel mir, nicht das Pathos der Schauspieler und nicht das Drama. Als Judith am Schluss auftrotzend herausschrie, anders kann man die Darstellungsweise nicht bezeichnen: „Ich will dem Holofernes keinen Sohn gebären!", belehrte ich ironisch-bitter meine Mutter: „Daran hätte sie vorher denken müssen. Charlotte Corday[40] brauchte derartiges nicht zu befürchten". Ungerecht war dies von mir, daran war schließlich Hebbel schuld mit seiner Deutung der Heldin Judith. Die Begeisterung des Publikums, dem es erlaubt war, das Drama eines „arischen" Dichters auf ihrer Bühne zu bewundern, empörte mich.

Mein Bruder und ich pfiffen auf das neue Kulturghetto, wie vorher gingen wir auch in den Jahren 1933 bis Ende 1936 in die Oper, kauften Karten für die Proszeniumslogen, die unmittelbar über dem Orchester lagen, so dass wir in die Partitur des Dirigenten einsehen und die Aufführung intensiv mittels unserer Partitur, die wir mit Hilfe einer Taschenlampe auf unseren Knien hielten, verfolgen konnten. Wir unsererseits und vor allem ich, als ich nach dem Kriege in Israel mit einem Cousin – dieser war Flötist bei den Israelphilharmonikern – über diese Zeit diskutierte, wurde als beschämend und würdelos beschimpft, weil ich, obwohl alle jüdischen Künstler herausgeworfen wurden, weiterhin Theater, Oper und Konzerte besucht hatte. Die letzte Theateraufführung, an die ich mich erinnere, war im Jahre 1936 zur Zeit der Olympiade. Man spielte „Hamlet"[41] im Schauspielhaus am Gendarmenmarkt. Gründgens war Hamlet in einer Weise, die mir unvergesslich in der Erinnerung blieb. Ich will auch heute nicht richten – mich gingen die Nazis nichts an, so mein ganz früher Beschluss –, ich will heute nicht entscheiden, wer und was würdelos war, nur eins ist richtig auch nach meinem heutigen Verständnis: Als geistigen Widerstand kann man die Gründung des „Kulturbundes" sicher nicht bezeichnen.

Noch einmal will ich es betonen: Niemand konnte, auch nicht nach dem 9. November 1938, ahnen, was letztlich „die Endlösung der Judenfrage" tatsächlich bedeutete!

Ich blieb nicht lange beschäftigungslos. Herta, so hieß meine neue Intimfreundin, zurückgekehrt nach Berlin nach fast einjähriger landwirtschaftlicher Ausbildung, suchte sich nun in Berlin eine zusätzliche Ausbildung, um ihre Aussichten auf ein Chaluz-Zertifikat zu erhöhen. Herta war zwei oder drei Jahre älter als ich, bildschön, hatte volles lockiges dunkelblondes Haar, große tiefblaue Augen und eine vorbildlich sportlich durchtrainierte Figur. Sie war der Schwarm vieler unserer Sport- und Bundesgenossen, die ihr den Beinamen „Daniela" gaben, den Namen der Heldin des damals beliebten Bestseller-Romans von Wilhelm Speyer „Der Kampf der Tertia“. Ich liebte sie innig, obwohl ich nach kurzer Zeit den Verdacht schöpfte, dass sie in mir eine Konkurrentin fürchtete, als sie festzustellen meinte, dass ihr „Objekt der Begierde“, ein gleichermaßen gut aussehender Jüngling, anfing sich für mich zu interessieren. Ich hatte davon gar nichts gemerkt. Mit meinen gerade 16 Jahren war ich von einer umwerfenden Naivität und wahrscheinlich auch verklemmt, vielleicht als Resultat der Männer verteufelnden Warnungen und Drohungen meines Vaters. Kurz, ich nahm die aufkeimende Liebe zwischen den beiden kaum zur Kenntnis, so dass kein Schatten auf meine freundschaftlichen Gefühle für Herta fiel. Sie war es, die mir von ihrem Entschluss berichtete, in der Wohlfahrtsküche der Jüdischen Gemeinde zu arbeiten, und sie überzeugte mich, dass auch meine Arbeit dort sehr erwünscht sein würde und einer Verwirklichung meiner Palästina-Aufbaupläne nur nützlich sein könnte. Wir gingen beide in das Wohlfahrtsamt der Gemeinde und wurden bereitwillig als ungelernte Küchenhilfskräfte angenommen. Die Arbeit war schwer und langweilig, doch gab ich mir alle Mühe mit Herta Schritt zu halten, die sich als ausgezeichnete, immer gut gelaunte Arbeitskraft bewies. Wir schälten Unmengen von Kartoffeln, putzten alle Sorten von Gemüse, deckten die Tische – es wurde in zwei Schichten von jeweils hundert Menschen gegessen. Ich war erstaunt, dass es so viele hilfsbedürftige Juden in Berlin gab. Alle Altersstufen waren vertreten: von jungen erwerbslosen ehemaligen Studenten bis zu alten und sehr alten Frauen und Männern, die aus irgendwelchen Gründen auf eine billige warme Mahlzeit angewiesen waren. Herta und ich stellten die Schüsseln mit den Speisen auf die Tische, die Gäste mussten nicht Schlange stehen, und gaben das Essen aus. Es ging sehr schweigsam zu, die Menschen waren einander fremd und hatten anscheinend keinerlei Bedürfnis einander kennen zu lernen. Langsam, sehr langsam gelang es vor allem der fröhlichen und temperamentvollen Herta, mit den Jüngeren ins Gespräch zu kommen. Nach dem Essen der zweiten Schicht wurde abgedeckt, abgewaschen und die Reinigung der Essräume und der Küche in Angriff genommen. Selbstverständlich waren außer uns beiden besoldete angestellte Frauen dort tätig, so dass wahrlich wir nur Hilfsdienste leisteten und die Hauptarbeit von den Dauerangestellten übernommen wurde. Ich war entschlossen durchzuhalten, aber ohne Hertas fröhliche Gegenwart und dauernde Hilfsbereitschaft wäre mir die schwere und wenig anregende Arbeit unerträglich gewesen. Wer weiß, ob ich dann nicht wieder die Flinte ins Korn geworfen hätte.

Doch man soll den Tag nicht vor dem Abend loben. Die Oberküchenchefin meinte, dass die Zeit gekommen sei, mich am eigentlichen Kochen der Speisen zu beteiligen. Schließlich sollte ich doch auch etwas lernen und nicht nur Hilfsdienste leisten. So führte sie mich eines Morgens an einen der großen rechteckigen Holztische, der über und über mit großen Stücken rohen Rindfleisches bedeckt war, und forderte mich freundlich auf, in dem sie mir mehrere scharfe Messer auf den Tisch legte, das Fleisch in Würfel zu schneiden, passend für ein Gulaschgericht. Sie würde mir nach einiger Zeit eine Hilfskraft schicken, denn es wäre ja doch eine nicht leichte Arbeit für meine ungeübten Handgelenke. So verließ sie mich, und ich blieb mit einem Messer in der Hand vor den Fleischbergen stehen, unfähig mich zu rühren. Ich empfand einen derartigen Ekel vor dem rohen Fleisch und der Gedanke, da einfach reinzuschneiden – brrrr! Meine Mutter hatte mich niemals in die Küche hereingelassen: „Du würdest nur stören, wenn du erst verheiratet bist, dann lernst du es von allein, schließlich willst du doch deinen Mann mit einer guten Mahlzeit erfreuen.“ Hier war aber kein Mann, den ich erfreuen konnte. Außerdem erlaubte die Masse, die vor mir lag, keinerlei romantische Assoziationen. Ich nahm ein kleines Stückchen Fleisch, schloss die Augen und schnitt verzweifelt zu – in meinen

Finger! Ich war völlig hilflos, ich wusste, ich würde mich nicht überwinden können. Ich ging zur obersten Küchenfee, erzählte ihr, ich fühle mich nicht wohl, anscheinend wäre ich krank, erbat Urlaub und fuhr nach Hause.

Armes Zion! Armes Palästina! Wie es aussieht, kann ich Dir keinerlei Nutzen bringen. Ich wurde zusehends weniger lebhaft, dafür sichtlich nachdenklicher. Jetzt merkten auch meine Eltern, dass man sich um mich Gedanken machen müsste, und sie fassten den vernünftigen Entschluss, mit mir in die Berufsberatungsstelle der Jüdischen Gemeinde zu gehen. Meine Mutter begleitete mich, es war der Februar des Jahres 1934. Auf dem Weg dorthin sprach ich mit ihr kein Wort oder nur das Allernötigste. Ich war völlig in Gedanken versunken. Ich bemühte mich, irgendwelche Gedanken zu entwickeln, die ich der Berufsberaterin vortragen könnte. Ich dachte, ohne mich überhaupt zu kennen, könne sie mich auch nicht beraten, ich war ihr doch vollkommen fremd.

Wir wurden erwartet und sahen uns einer nicht mehr jungen Frau gegenüber, deren Alter sehr schwer zu schätzen war. Sie war nach allgemeinen Vorstellungen hässlich, sehr unförmig, klein, ein schwaches Bärtchen zierte ihre Oberlippe. Sie war die zuständige Sozialarbeiterin und Berufsberaterin der Jüdischen Gemeinde. Jahre später stellte sich heraus, dass diese erste Begegnung etwas Schicksalhaftes für mein zukünftiges Leben hatte. Als ich bereits in der Jugendhilfe der Reichsvertretung arbeitete, leitete sie das Palästina-Amt, die zuständige Institution für die Auswanderung nach Palästina. Jahre später traf ich sie zufällig nahe meinem damaligen Wohnort im gerade gegründeten Staat Israel, und wieder war sie es, die mich dann stetig unter Wahrnehmung glücklicher Umstände auf den Weg brachte, den ich als Kind für mich erstrebt hatte.

Sie empfing uns außerordentlich freundlich. Sie sah mich eine kleine Weile sehr aufmerksam an, hörte nur halb zu, was meine Mutter ihr zu erzählen hatte, wandte den Blick nicht von mir. Ich hörte meiner Mutter überhaupt nicht zu, war fasziniert von ihrer Hässlichkeit, aber auch von ihrer warmen Stimme und ihren dunklen ausdrucksvollen Augen, die mich aufmerksam betrachteten. Sie nahm mich völlig für sich ein. Es war merkwürdig, innerhalb weniger Minuten, merkte ich, dass sie Sympathie für mich empfand und dass sie alles, was in ihren Kräften stand, tun würde, um mir den rechten Weg zu weisen. Sie ließ mich reden, bedeutete meiner Mutter höflich, mich nicht zu unterbrechen. Ich fasste Zutrauen, erzählte ihr von meinen Kindheitsplänen, von Geschichte und Deutsch, von meiner Musikbesessenheit, von den missglückten Versuchen mich für den Palästina-Aufbau zu qualifizieren. Ich wäre eben nicht fähig meinen Tag mit physischer Arbeit zu verbringen. Ich berichtete ihr von meiner zionistischen Gruppenarbeit, meiner Freude an den jüngeren Mädchen, von den Veranstaltungen mit ihnen. Ich erzählte ihr, dass ich in die armen Wohngebiete der polnischen und russischen Juden ginge – das war völlig neu für meine erstaunte Mutter –, um die 13- und 14-jährigen für den Bund zu „keilen", wie sehr ich diese Jugendarbeit liebte, wie stolz ich sei, dass all die Mädchen mich liebten und die Eltern Vertrauen zu mir hatten.

Da es mir unmöglich wäre, fuhr ich fort, meine Universitätspläne zu verwirklichen, wäre es mein Traum, jetzt nach Palästina auszuwandern, im Hebräischen Lehrerseminar in Bet Hakerem bei Jerusalem erst die Vorklassen, um Hebräisch zu lernen, zu absolvieren und mich dann im Seminar zur Lehrerin auch in Gymnasien ausbilden zu lassen. Meine Fächer müssten Geschichte, Hebräisch und Bibel sein – Bibel aber nicht als Religionsunterricht, sondern als Geschichts- und Literaturunterricht. Ich wäre eben kein religiöser Mensch und würde es sicher auch niemals werden. Ich redete mir mein Herz leer und meine Lippen wund. Lucie hörte intensiv zu, lächelte mich verständnisvoll an, weil ich mich so rückhaltlos mitteilte. Sogar meine Mutter hörte aufmerksam zu. Ich hatte den Eindruck, als würde sie zum ersten

Mal feststellen, dass sich hinter meiner Widerspenstigkeit ein klares Selbstbild verbarg, und es schien, als dämmere es ihr, dass man mir helfen müsste, meinen Weg irgendwie zu verwirklichen. Nur in Palästina durfte ich nicht landen, da stimmte sie völlig mit meinem Vater überein.

Ich verstummte, es war alles gesagt. Lucie – sie sollte aus meinem Leben nicht so schnell verschwinden – lehnte sich zurück und sagte: „So, das wäre alles gar nicht so schwierig." Aufmerksam folgte sie meinem Bericht über meine Jugendarbeit, den Versuchen meinem in Unordnung geratenem Leben einen Sinn zu verleihen, der Schilderung meiner freundschaftlichen Beziehungen zu gleichaltrigen, älteren und jüngeren Kindern und Jugendlichen, den Berichten über meine Liebe zu meinem Musiker-Bruder und meiner Versicherung, dass ich eigentlich in völliger Weltzufriedenheit lebe. Die Außenwelt nähme ich nicht zur Kenntnis, teilte ich ihr entschieden mit. Aber wie gelange ich nach Palästina, und wie kann ich in der Zwischenzeit meine Lernfähigkeit unter Beweis stellen? Am besten in einem institutionellen Rahmen, in dem ich Bildung und Anregungen für eine spätere – hoffentlich in Palästina – Weiterbildung erlangen würde?

Also, Lucie entwickelte einen Plan, der, obwohl mir dies erst sehr viel später klar wurde, zur Grundlage wurde für meine so wechselreichen Tätigkeiten, zu dem ich immer wieder zurückkehren konnte, so dass meine Existenz in Palästina niemals wirklich in Gefahr geriet im Chaos zu enden. Immer wieder bot sich mir die Möglichkeit, auf die mir von Lucie geratene Berufsgrundlage zurückzukehren, so dass trotz vielfacher ungewollter Unterbrechungen doch ein gewisses Kontinuum entstand. Als ich Jahre später Lucie zufällig wieder begegnete und ich ihr von meinen immer wieder unterbrochenen bisherigen Tätigkeiten erzählte, brachten mich ihre Ratschläge und Empfehlungen endlich nach vielen Jahren auf einen Weg, der mir letztlich die Verwirklichung meiner Kindheitsvorstellungen ermöglichte.

Auf Grund eines Gesetzes vom 26. Februar 1935 wurde mir nach abgeschlossener Ausbildung ein „Arbeitsbuch", ein dunkelbraunes paßähnliches Büchlein, verziert in der Mitte mit dem Reichsadler und an allen vier Ecken mit einem Hakenkreuz, ausgehändigt. Merkwürdigerweise hat dieses Dokument meine Lebensodyssee überlebt, liegt jetzt vor mir, und aus ihm erfahre ich, welchen Beruf ich nach der Unterhaltung mit Lucie erlernen sollte: Kindergärtnerin. Es war ein Seminar für Kindergärtnerinnen, Hortnerinnen und Jugendleiterinnen, das im Frühjahr 1934 von der Jüdischen Gemeinde Berlin unter der Leitung von Nelly Wolffheim[42], einer Mitarbeiterin von Anna Freud und einer Schülerin von Siegmund Freud, eröffnet wurde. In Berlin gab es seit einigen Jahrzehnten sehr renommierte Ausbildungsstätten für diese Berufe: zum Beispiel das Pestalozzi-Fröbel-Haus und das Jugendheim. Darüber hinaus existierte in Deutschland seit langem eine Reihe von so genannten „Freien Schulgemeinden". An der Gründung vieler dieser Institutionen waren Juden beteiligt, so auch in den Berliner Ausbildungsstätten für Kindergärtnerinnen und Jugendleiterinnen. Nelly Wolffheim hatte somit keine Not, ausgezeichnete Lehrkräfte für das von ihr gegründete und geleitete Unternehmen zu gewinnen. „Kindergärtnerinnen" oder gar „Jugendleiterinnen" durfte sie nicht ausbilden, das war „deutschen" Institutionen vorbehalten. Und obgleich in meinem Arbeitsbuch und später in meinem Pass die Berufsbezeichnung „Kindergärtnerin" prangte, erhielt die neue Institution von den Behörden folgenden umständlichen Namen, unter dem sich kaum einer etwas Konkretes vorstellen konnte: „Umschulungslehrgänge der Jüdischen Gemeinde zu Berlin für die Erziehungsarbeit in Familien und Heimbetrieben". Jeder Anklang an eine traditionelle Bezeichnung deutscher Frauenberufe sollte vermieden werden, so dass der formale Wert dieser „Umschulungslehrgänge" – man ging also davon aus, dass die Schülerinnen bereits einen Beruf ausgeübt hatten, den sie nun unter der

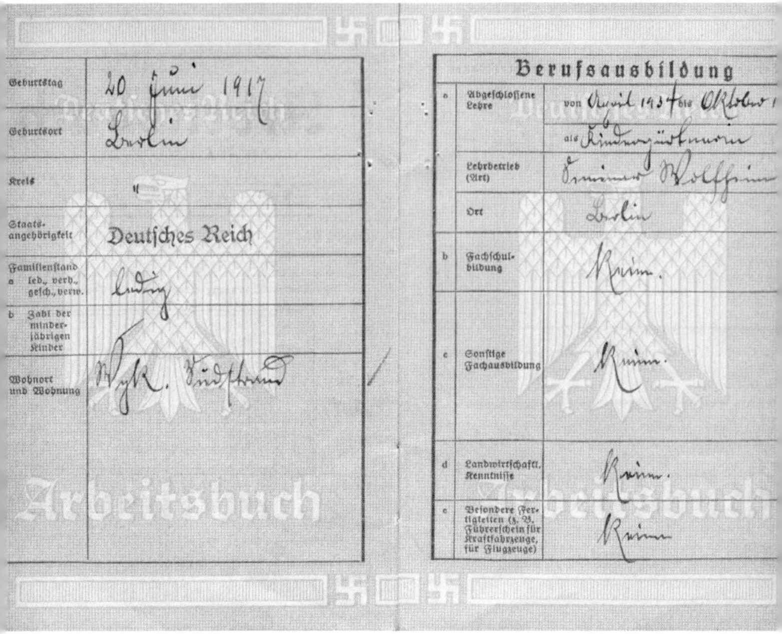

Geburtstag	20 Juni 1917
Geburtsort	Berlin
Kreis	"
Staatsangehörigkeit	Deutsches Reich
Familienstand a led., verh., gesch., verw.	ledig
b Zahl der minderjährigen Kinder	
Wohnort und Wohnung	Wyk. Südstrand

Arbeitsbuch

Berufsausbildung

a	Abgeschlossene Lehre	von April 1934 bis Oktober 1 als Kindergärtnerin
	Lehrbetrieb (Art)	Seminar Wolfheim
	Ort	Berlin
b	Fachschulbildung	Keine.
c	Sonstige Fachausbildung	Keine.
d	Landwirtschaftl. Kenntnisse	Keine.
e	Besondere Fertigkeiten (z. B. Führerschein für Kraftfahrzeuge, für Flugzeuge)	Keine

Arbeitsbuch

Arbeitsbuch von Marianne Awerbuch

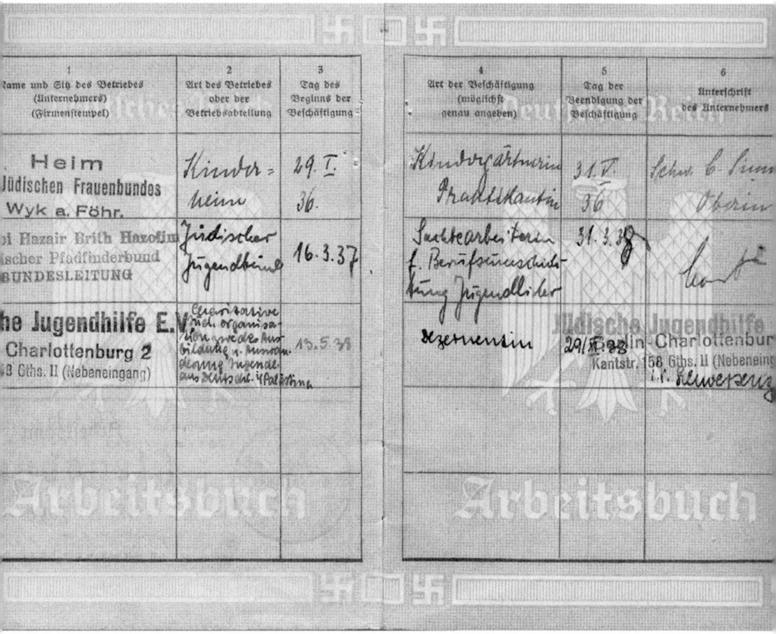

1 Name und Sitz des Betriebes (Unternehmers) (Firmenstempel)	2 Art des Betriebes oder der Betriebsabteilung	3 Tag des Beginns der Beschäftigung	4 Art der Beschäftigung (möglichst genau angeben)	5 Tag der Beendigung der Beschäftigung	6 Unterschrift des Unternehmers
Heim ...Jüdischen Frauenbundes Wyk a. Föhr.	Kinderheim	29. V. 36.	Kindergärtnerin Praktikantin	31. V. 36	Schw. [illegible] Oberin
...i Hazair Brith Hazofim ...ischer Pfadfinderbund ...BUNDESLEITUNG	Jüdischer Jugendbund	16.3.37	Sachbearbeiterin f. Berufsumschichtung Jugendlicher	31.3.38	[illegible]
...he Jugendhilfe E.V. ... Charlottenburg 2 ...8 Gths. II (Nebeneingang)	Charitative und organisatorische Zwecke Ausbildung u. Auswanderung Jugendl. aus Deutschl. i. Palästina	13.5.38	Dezernentin	29/11.38	Jüdische Jugendhilfe Berlin-Charlottenbur... Kantstr. 158 Gths. II (Nebeneing... i.A. [illegible]

neuen Gesetzeslage aufzugeben hatten – in höchstem Grade unsicher war.

Meine Eltern waren einverstanden, hielten sich an dem Begriff „Kindergärtnerin und Jugendleiterin“ fest. Auch die Leiterin der neuen Institution, Nelly Wolffheim, scheute sich nicht, ihre Neugründung als „Seminar für Kindergärtnerinnen und Jugendleiterinnen“ zu bezeichnen, später, als sie allgemein bekannt wurde, kürzte sie den Namen ihrer Ausbildungsstätte ab und nannte sie nur noch „Pädagogisches Seminar“. Von meinen Eltern vernahm ich keinerlei Beschwerde über das nun zu entrichtende Unterrichtsgeld. Anscheinend waren sie zufrieden, dass ich durch dieses Seminar einer sozial höher stehenden Berufsgruppe als bisher als Schneiderin oder Küchenhilfe, im besten Fall Köchin, angehören würde. Ich war sehr zufrieden, machte mir allerdings Gedanken, in welchem Maße mich eine solche Ausbildung für ein Chaluz-Zertifikat qualifizieren würde, hegte andererseits Hoffnungen, dass eventuelle sehr gute Lernerfolge mir die Erlangung eines Stipendiums für das hebräische Lehrerseminar in Bet Hakerem erleichtern könnten.

So hatte ich ein äußerst gedrängtes, volles und anregendes Tagesprogramm zu bewältigen. Vormittags volontierte ich in einem Kindergarten im Berliner Westen, nachmittags fand der theoretische Unterricht statt. Meine Heimabende wurden auf die frühen Abendstunden verlegt. Abends nahm ich an den Diskussionen der Älteren teil, und an den Wochenenden gingen wir entweder gemeinsam mit anderen Gruppen auf Zeltlager oder tummelten uns auf unserem, der Jüdischen Gemeinde überlassenen Sportplatz nahe dem S-Bahnhof Grunewald. Eines unserer ältesten Bundesmitglieder war bereits anerkannter Diplom-Sportlehrer, der den zünftigen Unterricht im Hallen- und Geräteturnen und auf dem Sportplatz die leichtathletischen Disziplinen, die uns Jüngeren noch fremd waren, wie Speerwerfen oder Kugelstoßen, übernahm. Ich war glücklich und hatte überhaupt keine Minute Zeit. Nach dem Mittagessen stürzte ich fort, meine Eltern sahen mir kopfschüttelnd nach, waren aber vorerst nicht unzufrieden.

Mein erster Kindergarten war ein „moderner“ Kindergarten für Kleinkinder im Alter von zwei bis drei Jahren. Ich wurde angewiesen, mich in eine Ecke des Raumes zurückzuziehen, die Kinderchen, in die ich mich ausnahmslos verliebte, zu beobachten und über ihre Art zu spielen, ihren Umgang mit den anderen Kindern, über ihre Freuden und Leiden Buch zu führen. Die letzte halbe Stunde durften wir uns an den Kinderkreisspielen beteiligen oder bei den Bodengymnastikübungen helfend eingreifen, nachmittags fand der Unterricht statt. An der Spitze standen Pädagogik und Psychologie. Es kamen biblische-jüdische Geschichte, Musikpädagogik und Werkunterricht dazu. Die Schülerinnen teilten sich in zwei Gruppen. Die kleinere bestand aus ungefähr drei Mädchen in meinem Alter, mit denen ich mich dick befreundete, vor allem mit Nelly, die schon im Jahre 1935 nach Palästina ging, so dass ich in Berlin nur kurze Zeit mit ihr verbringen konnte, doch traf ich sie sporadisch in Tel Aviv und später in der Universität wieder.

Wir drei jungen Gören sonderten uns sichtlich von den übrigen Schülerinnen, den ehemaligen Studentinnen ab. Diese waren ungemein empfänglich für jede psychoanalytische Erkenntnis und für jede emphatische, unkritisch vorgetragene, erfolgreich abgeschlossene psychoanalytische Behandlung, wie sie Freud oder seine Tochter Anna über ihre Patienten berichteten. Unsere Lehrerin und ihre älteren Studentinnen bildeten bald eine Art Geistesgemeinschaft mit Nelly Wolffheim, von der ich mich – die beiden anderen mit mir Gleichartigen empfanden dies anscheinend nicht in demselben Maße – ausgeschlossen fühlte. Jedes Mal, wenn ich mich nach der Lektüre eines Textes an der Diskussion in aller Zurückhaltung beteiligen wollte – wirklich, ich empfand ungeheuren Respekt vor den Älteren, die den engen Kreis um unsere Seminardirektorin bildeten –, wurde ich nachsichtig belächelt. Im Rückblick scheint mir, dass es meine

Selbstsicherheit oder oft bemängelte Arroganz gewesen sein könnte, die die Damen der höheren Weihen erschreckte, oder der leise Zweifel, den ich oft nicht etwa an Freud oder an seiner Tochter Anna – Um Gottes Willen, wo wären wir denn dahin gekommen! –, sondern an den Rückschlüssen unserer Lehrerin und ihrer Gläubigen äußerte. Ich war zu jung und passte nicht in eine Gemeinschaft, die den Wert ihrer Mitglieder nach den Einsichten in die eigenen Neurosen festsetzte. Es war mir anzusehen, es kann auch sein, dass ich dies lauthals verkündete, dass ich so etwas wie „Neurosen" überhaupt nicht habe. Meine eingebildete psychische Unverletzbarkeit demonstrierte ich mit aufreizendem Hochmut, so dass sowohl Nelly Wolffheim als auch ihre Jüngerinnen, zarte, leise sprechende, tief nachdenkliche junge Frauen, mich für unerlaubt robust, daher eigentlich ungeeignet für eine pädagogische Tätigkeit, basierend auf modernsten psychologischen Kenntnissen und Einsichten, hielten.

Diese Erkenntnis dämmerte mir erst sehr viel später, da Nelly Wolffheim, eben eine Psychologin, geübt war, ihre Affekte zu unterdrücken, immer gleichmäßig freundlich zu mir war, so dass meine gute Stimmung während meiner Ausbildungszeit nicht beeinträchtigt werden konnte. Intellektuell war alles außerordentlich spannend. Bereits die einleitenden Thesen unserer Meisterin beschäftigten mich: „Es gibt keine schlechten Kinder, es gibt nur schlechte Erzieher oder Lehrer" oder „Kinder spielen nicht, sie arbeiten", was wohl auf die Kindergartenpädagogik zutrifft, jedoch weniger auf die häuslichen Spiele oder Gemeinschaftsspiele im Freien, oder „Es gibt drei Arten von Erziehern: die Sadisten, die Neurotiker, die Eigenbestätigung in den Neurosen ihrer Zöglinge suchen (die Beziehung zerbricht, wenn das Kind seine Neurose überwunden hat), und ‚der Künstler'", so die Bezeichnung Nellys für die dritte, ideale Erzieherpersönlichkeit. Ich stellte mir darunter einen Lehrer vor, der die schlechten Schüler nicht weniger liebte als die guten, im Gegenteil, diesen mehr Mühe zuwenden würde.

Schule wurde – nachdem ein Universitätsstudium einfach nicht mehr in Frage kommen konnte – mein ersehntes Betätigungsfeld, dies umso mehr, als für den Zionismus Kinder- und Jugenderziehung in Palästina zu den Elementaraufgaben gehörte, somit als Pioniertätigkeit anerkannt wurde. Zur Veranschaulichung dieser Einstellung sei erwähnt, dass als erste Gewerkschaft im jüdischen Palästina nicht eine Arbeiter-, sondern eine Lehrergewerkschaft gegründet wurde.

Wir studierten die Grundbegriffe der Freud'schen Psychoanalyse, wie Ödipuskomplex, Kastrationskomplex, das Bewusste-Unbewusste, Verdrängung, Projektion, Ich und Über-Ich, Bedeutung von Träumen. Es war eine völlig neue Welt, die sich mir eröffnete. Alles machte einen tiefen Eindruck auf mich, alles nahm ich tief gläubig an, wie die alten Israeliten ihre Lehre am Berge Sinai. Das war ja eine Sensation, gab mir den Glauben an die Welt der Erwachsenen zurück. Es gab also keine „schlechten Kinder" nur „schlechte Erzieher", somit, folgerte ich nicht völlig unrichtig, hatte das Kind immer Recht. Schreien, Prügeln wären verwerfliche Erziehungsmittel. Das Kind müsste doch überzeugt werden, dass es einen Fehler begangen hat, plädierte Nelly Wolffheim. Es muss die Rechtmäßigkeit einer Bestrafung verstehen, diese muss in logischem Zusammenhang mit dem so genannten Vergehen verständlich gemacht werden.

Oh, wie ich jubilierte! Während ich dem Unterricht intensiv lauschte, erinnerte ich mich mit Verbitterung an zwei erzieherische Maßnahmen meiner Mutter. Als ganz kleines Kind, ich muss nicht älter als zwei Jahre alt gewesen sein, hatte ich eine höllische Angst vor Hunden und lief schreiend weg, wenn ich nur von weitem einen sah. Als ich einmal stolperte, hinfiel, mir mein Knie auf dem Pflaster aufschlug, rief ich schreiend nach meiner Mutter um Hilfe. Meine Mutter aus einiger Entfernung: „Steh ruhig auf, das tut nicht so weh!" Ich wollte aber unbedingt getröstet werden und schrie weiter. Darauf meine Mutter: „Marianne, ein Hund kommt!“ Sofort stand ich auf und lief davon, und meine Mutter amüsierte sich. Sie war hoch zufrieden über ihren effektiven erzieherischen Einfall. Meine Angst vor Hunden habe ich bis zum heutigen Tag nicht überwinden können.

Ein anderes Erinnerungsbild aus meiner Kinderwelt: Ich spielte mit meinem Ball auf einer Wiese am Rande eines Gehölzes. Es muss in den Sommerferien gewesen sein. Mutter saß mit ihrer Schwägerin, meiner Tante Alice, auf Gartenstühlen in der Nähe, beschäftigt mit ihren Handarbeiten. Plötzlich fiel der Ball meiner Mutter in den Schoß. „Mutti, bitte, mein Ball“, rief ich. Mutter lachte, warf den Ball mit aller Kraft weit weg, der rollte den Abhang herunter. Ich sah ihm entgeistert nach, dann packte mich der Zorn, ich stolperte und fiel in ein Brennnesselgebüsch. Ich schrie und schrie, vor Wut und nun auch noch vor Schmerzen, und Mutter – schwieg diesmal nicht, sie lachte, amüsierte sich köstlich über mein Gebrüll. Das wäre die Strafe für meine Unbeherrschtheit, dozierte sie mit erhobenem Finger und Tantchen – Mutter von vier Kindern, die den gleichen Erziehungsmethoden ausgesetzt waren – lächelte beifällig. Dann seufzten sie beide über meinen „schlechten Charakter“.

Und nun lernte ich, dass man an meiner zarten Kinderseele gesündigt hatte, so ungefähr bezeichnete Nelly Wolffheim derartige Erziehungsmethoden. Es war eine, wenn auch verspätete Genugtuung für mich und stolz belehrte ich im Familienkreise – Onkel und Tante waren anwesend – über die Erkenntnisse des weltberühmten Erfinders der Psychoanalyse Siegmund Freud, und ich wies damit auf die prinzipielle Unschuld aller kleinen Kinder, auf das fortwährende Unrecht, das ihnen angetan wird durch diese überlieferten, aber längst als verwerflich erkannten Erziehungsmethoden. Die Reaktion? Entrüstung. Einmal über die pädagogischen Erkenntnisse – Prügel haben noch niemandem geschadet – aber vor allem über die Termini der

Psychoanalyse, die ich lang und breit genüsslich erklärte. Man rümpfte die Nase, das wären ja furchtbare Unanständigkeiten – sie benutzten eine andere Bezeichnung. Hätten sie das gewusst! Später erschien mir erstaunlich, in welchem Maße das moderne Leben an meinen Eltern und Verwandten vorbei gerauscht war. Für neuere Musik und Malerei brachten sie Verständnis und Bewunderung auf. In ihren gesellschaftlichen Vorstellungen lebten sie in einer versteinerten Welt nicht von Gestern, sondern von Vorgestern. Für mich bedeutete diese Unterhaltung nicht mehr als ein Gesellschaftsspiel, mit der Verständnislosigkeit meiner Eltern hatte ich mich seit langem abgefunden.

Seminar, Bund, Sport, Freundschaften, meine Praktikantinnen-Tätigkeit im Kindergarten, der hoch interessante theoretische Unterricht und die damit verbundene pädagogische und psychologische Fachliteratur – all dies verlieh meinem Tagesablauf einen festen Rahmen, es fehlte nicht an Spannung und Anspannung. Kein Gedanke an eine verlorene Zukunft kam in mir auf. War es wirklich so, war es keine Einbildung, oder war es der tapfere Entschluss, gelenkt vom Willen, Würde und Selbstachtung zu bewahren, letztlich ein Akt der Selbstverleugnung, erzwungen durch die offensichtliche, rohe Zerstörung aller wirklichen Werte?

Es war der Juni des Jahres 1934. Ich schlenderte Hand in Hand mit Freundin Herta die Tauentzienstraße entlang. Hin und wieder bewundernde Blicke auf die prachtvollen Schaufenster werfend, machten wir Pläne für die abendliche Zusammenkunft mit unseren Bund-Freunden. Plötzlich kam Bewegung in die gemächlich dahingehenden vielen Menschen, die wie gewöhnlich an den späteren Nachmittagsstunden die elegante Einkaufsstraße bevölkerten. Zeitungsmeldungen wurden mit lauter Stimme, in höchster Erregung ausgerufen: Röhm verhaftet, prominente SA-Führer standrechtlich erschossen, desgleichen General Schleicher und seine Frau sowie die Adjutanten von von Papen, der „Führer“ hätte einer Revolte der SA vorgebeugt. Niemand konnte sich einen Reim aus diesen zusammenhanglosen Mitteilungen machen. Das Geschrei der Zeitungsverkäufer übertönte jedes Großstadtgeräusch. Und ich? Ich blieb wie angewurzelt stehen, ließ Hertas Hand los, die wenig beeindruckt, aber tief erstaunt meine Erregung wahrnahm, und rief ihr wie von einem unerwarteten Glücksgefühl ergriffen zu: „Hörst du? Das ist das Ende! Sie morden sich gegenseitig. Morgen früh melde ich mich in der Schule zurück, ich mache das Abitur, werde studieren…"

Ich trennte mich schnell von meiner Freundin und fuhr nach Hause. Auch meine Eltern interpretierten die Ereignisse als den Zusammenbruch des Führerstaates. Schließlich war die SA entmachtet. Sie war es, die ihre Gegner in Folterkellern brutal umbrachte. Wohl kaum einer war in der Lage an diesem 30. Juni 1934 die tatsächlichen Zusammenhänge zu erkennen. Eines wurde aber sehr bald deutlich: Der Zusammenbruch der Regierung hatte nicht stattgefunden! Die Karten wurden nur neu gemischt, es war die Geburtsstunde des totalen Führer- und SS-Staates, die Konsolidierung des unaufhebbaren Grauens. Es war aber auch die Stunde meiner Erkenntnis, dass ich mich von meinen Jugendträumen nicht losgerissen hatte, dass mein „Zionismus" neben allem Idealismus auch ein Fluchtweg, eine lebenserhaltende Strategie war. Die blitzartig erwachte Freude über die Möglichkeit einer Wiederkehr, einer Wiederherstellung des Zerstörten wurde symptomatisch in dieser oder jener Form für mein weiteres künftiges Leben. Es wurde zu einem Leben der zweifachen, jedoch sehr unterschiedlichen Bindung, ein Leben von unvereinbaren Befindlichkeiten, von zwei unüberbrückbaren Lebenswelten. Jegliches Leugnen war sinnlos, wollte man nicht in einer unaufhebbaren Lebenslüge verharren! Es galt, diese Gratwanderung doppelter Befindlichkeit mit Anstand und Würde zu bestehen, Gefahren durch Verirrungen oder Übertragungen der bisherigen, bisher als Werte anerkannten, anerzogenen Begriffswelt auf die neue, pervertierte Realität als solche zu erkennen.

An jenem 30. Juni 1934 erlebte ich nur eine Erschütterung, über die ich, als die Ernüchterung eintrat, erstaunte, die ich dann aber schnell mit Erfolg versuchte zu vergessen. Ich hatte die Richtungslosigkeit meiner Eltern als warnendes Beispiel vor meinen Augen, meine Richtung musste ich kompromisslos verfolgen: Auch wenn sie sich gegenseitig totschlagen, predigte ich in meinem Herzen, meine Welt ist nicht mehr hier. Auch wenn es keinen Zionismus, keine neue Gesellschaft zu gründen gäbe, die bisherigen Geschehnisse, die verbrecherische Ideologie, ohne Zögern von den gesellschaftlichen Eliten, wenn auch nicht übernommen, so doch geduldet, haben die Lossagung von allem Bisherigen zur moralischen Verpflichtung erhoben.

Von der Psychoanalyse Sigmund Freuds, zur Individualpsychologie Alfred Adlers, C. G. Jungs neue Lehre von den Archetypen, kritisch referiert, Fallstudien zur Diskussion über angewandte Pädagogik und psychologische Rückschlüsse in der Beurteilung kindlichen Verhaltens – sie bildeten die geistigen, intellektuellen Grundlagen, absorbierten meine Gedanken und Überlegungen, Beobachtungen und Tagebucheintragungen – jetzt in einem orthodoxen Montessorikindergarten – und unterwarfen sie entweder Kritik oder Bestätigung. Der Montessorikindergarten versetzte mich anfangs jeden Tag in tiefes Erstaunen über die tatsächliche Gleichbedeutung von Spiel und Arbeit. Jedes Kind wusste genau, an welchem Spiel oder Arbeitstisch an diesem oder jenem Tag sein Betätigungsfeld ist, zu welchem Zeitpunkt es auf ein anderes Arbeitsfeld vorrücken würde, die Materialien waren hierarchisch geordnet, gemessen an dem augenblicklichen Stand der Fähigkeiten des Kindes. Ohne dass das eigentliche Lernziel dem Kind mitgeteilt wurde, wusste es nach einer kurzen Zeit von Anleitung und Beobachtung, worin die Aufgabe besteht. Spielend oder „arbeitend" erlernte es das Zählen, Addieren, Schreiben und Lesen. Ein Absolvent eines solchen Kindergartens konnte lesen, schreiben und die eine Grundrechenart – Zählen und

Addieren –, bevor er in die Schule kam. Für das Kind war es „Spiel", mochten die klugen Erwachsenen die Tätigkeiten nennen wie sie wollten, letztlich dienten sie dem Verständnis der vom Erzieher gestellten Aufgabe. Für das Kind war die Benennung unwesentlich. Bodengymnastik, Spring- und Laufübungen beschlossen den Vormittag. Für mich war ein solcher Kindergarten ein Erlebnis, das mir eindrücklich die gestrigen und seelengefährdenden Erziehungsmethoden meiner Eltern und deren Brüder verdeutlichte.

Es kam die Reihe an mich, ein Referat in der Psychologie-Erziehungsstunde bei Nelly Wolffheim zu halten. Man war völlig frei in der Themenwahl, und ich – bis heute weiß ich nicht, was mich dazu bewog – wählte den Essay von Martin Buber „Ich und Du" in der festen Überzeugung, meinen blendenden Intellekt oder meine außergewöhnlichen Geistesgaben unter Beweis stellen zu können. Also ich dozierte und registrierte nach einer Weile Missmut und Ablehnung meines Publikums. Nach Beendigung meines Vortrags wurden kritische Fragen an mich gestellt, denen ich – da sie alle von der unumstößlichen Wahrheit Freudscher Lehren ausgingen, mit denen das „Ich und Du" Martin Bubers, so wie ich es verstand, gar nichts gemeinsam hatten – keineswegs gewachsen war. Ton und Sprache wurden spöttisch bis aggressiv, und in dieser Stunde Ende des Jahres 1934 wurde mir klar, dass meine Denkensart – Zionismus, Judentum, Literatur und Musik – auf Ablehnung stieß, mehr noch meine in den Augen meiner Lehrerin und ihrer Lieblingsschülerinnen, besser ihren Anhängerinnen, durch nichts gerechtfertigte Selbstsicherheit.

Mein Tagesablauf war ausgewogen und intensiv. Alle meine Bedürfnisse, soziale und geistige, waren erfüllt, ich hatte keinen Grund mich zu beklagen. Die eigentliche Welt blieb vor der Tür, ich hatte mir eine eigene Welt geschaffen, die mich völlig in Anspruch nahm.

Im Seminar begann jetzt auch neben den pädagogischen-psychologischen Fächern der Geschichtsunterricht. Unser

Lehrer war ein gefeuerter Studienrat, der uns vor allem in die biblische Geschichte einführte. Wir lasen Kapitel aus dem Pentateuch, die gesamten historischen Bücher, und ausgewählte Propheten-Reden. Dies war mein zweites Juden-Erlebnis. Durch diesen Lehrer begriff ich, dass die Bibel zwar als religiöses Glaubensbuch zu begreifen ist, dass sie jedoch gleichzeitig als ein erstaunlich frühes, unnachahmliches Geschichtswerk entstanden war, über das ein theologisch vereinendes Band gespannt wurde, ohne die Sündhaftigkeit der Helden der „Heiligen Schrift" – überliefert oder erfunden – zu verschweigen. Hin und wieder stieß unser Lehrer einen Stoßseufzer aus: „Dies alles können Sie eigentlich gar nicht vollkommen verstehen. Die Bibel ist in ihrer literarischen Größe nur im Urtext, Hebräisch, wirklich zu verstehen." Nun, Hebräisch hatten wir alle nicht gelernt, wir hatten uns eben mit der lutherischen Übersetzung zu begnügen, Wie berechtigt seine Seufzer waren, verstand ich Jahre später, als ich endlich in der Lage war, dieses „Buch der Bücher" zu lesen und zu studieren. Aber damals, im Seminar, begriff ich, dass die Bibel als einmalige Geschichtsschreibung der Antike einen unerreichbaren Fundus von Sprachgewalt und Poesie enthielt, dass die Dichter der Psalmen und die Reden der Propheten eigentlich unübersetzbar sind und dass hier der alle Generationen verbindende Urquell meines Jude-Seins zu finden ist, vermittelt wiederum nicht durch einen Theologen, sondern durch einen ausgezeichneten Lehrer der Geschichte und Literatur. Also Hebräisch muss man lernen, jedoch es fehlte nicht nur an Zeit, es fehlte auch an der notwendigen Konzentrationsfähigkeit, mehr als die Grundbegriffe der Grammatik vermochte ich nicht mir anzueignen.

Im Hochsommer des Jahres 1934 waren die wichtigsten jüdischen Institutionen in Berlin – die „Reichsvertretung der deutschen Juden", von den Behörden später umbenannt in „der Juden in Deutschland"[43] – und das Palästina-Amt in allen ihren Abteilungen konsolidiert. Auch die Jugendbünde schlossen sich zu größeren Einheiten zusammen. Mit unserem Makkabi-Bund wollte sich der Bund jüdischer Pfadfinder, hervorgegangen aus dem ersten zionistischen Jugendbund Blau-Weiß, vereinen. Man beschloss, sich mit den neuen Bundesfreunden (hebräisch „Chawerim“) in einem Zeltlager zu treffen. Dort, im Hochsommer des Jahres 1934, sah ich zum ersten Mal Max Awerbuch, die führende Persönlichkeit dieses Pfadfinderbundes. Er und seine Gefolgschaft machten auf mich einen höchst ungewohnten Eindruck. Sie waren alle in den gleichen Farben gekleidet: grau und grün in allen Abstufungen. Bündische Einheitskleidung und Insignien waren den jüdischen Jugendbünden verboten und allein der HJ und dem BDM vorbehalten, so dass unser Sportbund mehr oder weniger in beliebigen Farben gekleidet war: die Mädchen meist in dunkelblauen Röcken, die Jungen in dunkelblauen, aber auch in khakifarbenen Hosen.

Persönlich lernte ich Max auf diesem ersten Treffen überhaupt nicht kennen. Wir sprachen kein Wort miteinander. Wer war ich denn schon im Vergleich mit ihm? Er – sechs Jahre älter als ich, ich – gerade 17 Jahre alt geworden. Das ist ein ungeheurer Altersunterschied in einer Jugendbewegung. Hinzu kam, dass er in seinem ganzen Gehabe eine ungeheure Beachtung heischte.

Ich erinnere mich: Wir schlugen unsere Zelte auf, Max belehrte uns, wie wir das zünftiger, als wir es vollbrachten, bewerkstelligen müssten, kochten unsere Mahlzeiten auf einem von den „Pfadfindern“ effizient und schnell entfachten Lagerfeuer, aßen unsere mitgebrachten Stullen. Ölsardinen war der häufigste Brotbelag. Viele Jahre nach den Makkabi-Jahren konnte ich keine Ölsardinen vor lauter Überdruss essen. Selbstverständlich wurden die Vorräte eingesammelt und dann verteilt, denn es käme gar nicht in Frage, dass jeder seinen eigenen Proviant verzehre, wurden wir belehrt. Dann sangen wir unsere altgewohnten zionistischen Palästina-Aufbaulieder, ohne den Text wörtlich zu verstehen. Wir wussten nur ungefähr, worum es sich handelte. Und als es Nacht wurde, saßen wir schweigend um das Feuer herum, bis es verglimmte, zogen uns in unsere Zelte zurück, wickelten uns in unsere Schlafsäcke und fielen wie immer auf unseren Fahrten in einen tiefen Schlaf.

Den Tag darauf verbrachten wir mit Gesprächen, wir wollten unsere neuen Mitglieder kennen lernen. Ich merkte sehr schnell, dass es in diesem Verein nur eine Stimme gab: Max Awerbuch. „Max hat gesagt", „Max ist der Auffassung", „Max meint, das macht man nicht so, sondern ganz anders" – es nahm kein Ende, und ich beschloss sofort: „Das mach ich nicht mit!" Ich wusste, ich kann ihn nicht ausstehen. Ohnehin galt mein aufkeimendes Interesse einem anderen Jüngling, der sich leider wenig für mich interessierte und dessen Aufmerksamkeit ich vergeblich zu erlangen versuchte.

Am späten Nachmittag des zweiten Tages bildeten wir einen großen Kreis und es wurde feierlich die Aufnahme des „Bundes jüdischer Pfadfinder", abgekürzt „BjP" beschlossen. Dann sprach Max Awerbuch. Er erklärte uns, dass wir noch viel zu lernen hätten, wir benähmen uns nicht zünftig, nichts an uns wäre, wie es zu sein hätte, nicht die Kleidung, nicht die Umgangsformen, nicht das Verhalten in der Natur. Und dies war sein Credo: Wir sind Pfadfinder, diese Selbstbestimmung verpflichte uns zu einem streng formulierten Lebens- und Umgangsstil. Fahrtenkleidung in unauffälligen Farben, angepasst an die Farben der Natur, leises Sprechen im Walde, dass man die Geräusche der Natur nicht übertöne, waren unabdingbar. Er sprach von Pfadfindertugenden, kurz, er referierte, was ich damals noch nicht wusste, einen Baden-Powel[44], in dessen Lehren Höflichkeit, Ehrfurcht gegenüber dem Alter, „gute Taten" eine eminente Rolle spielten. Max war sehr imponierend. Die Hochachtung seiner Gruppen beeindruckte, auch uns, doch wehrte ich mich gegen eine Vereinnahmung. Wie man sich zu benehmen hat, das habe ich Zeit meines bisherigen Lebens von meinem Vater gehört, jetzt kam ein zusätzlicher Sittenkalender, der mir eigentlich sehr zusagte, aber die Verehrung aller anderen weckte einmal mehr meinen „schlechten Charakter". Selbstverständlich: Wir rauchen nicht, wir schminken uns nicht, wir trinken nicht, wir tanzen keine Gesellschaftstänze, wir tanzen wenn überhaupt „zionistische" Volkstänze, die Horra. Wir kleiden uns auch außerhalb unseres Bundeslebens unauffällig, die Mädchen gehen sicher nicht auf Stöckelschuhen, tragen auch keine seidenen Strümpfe, lassen sich keine Dauerwellen legen, heute würde man sagen, sie sind verpflichtet, so unattraktiv wie nur möglich zu erscheinen. Am Schluss seiner Rede hob Max Zeige- und Mittelfinger seiner rechten Hand zum Pfadfindergruß, mit ihm sein Gefolge; wir machten es ihm nach, und es wurde feierlich das Zions-Lied, die spätere Nationalhymne des Staates Israel, die Hatikwa – „Die Hoffnung" – gesungen. So weit so gut. Auch wir, der Makkabi, sangen nach jeder größeren Veranstaltung die Hatikwa, aber Max und seine Leute begnügten sich nicht mit der ersten Strophe, sie sangen alle Strophen, von denen ich gar nicht wusste, dass es sie gibt. Ohnehin konnte keiner von uns, auch Max nicht, diesen Text wörtlich übersetzen. Die zweite Strophe sangen noch einige seiner Zöglinge mit, die letzte sang er ganz allein. Vielleicht kann er viel, dachte ich, aber singen kann er nicht, ich konnte mit Mühe das Lachen verkneifen, während die anderen andächtig zuhörten.

Irritiert und leicht verärgert trennte ich mich von meinen Freunden, und hatte mich von diesem Tage an, da wir jetzt regelmäßig mit der Awerbuchschen Gefolgschaft zusammentrafen, mit den hehren Lehren ihres großen Magiers auseinanderzusetzen. Die Jungen waren zwar nicht kritisch, aber auch nicht versessen ihn zu verherrlichen, während die Mädchen, mit denen ich zusammentraf, in meinem Alter oder ein bis zwei Jahre älter als ich, mich nach jedem zweiten Satz unterbrachen: „Aber Max hat gesagt…" In Privatgesprächen machten sie mir klar, dass ich weit, weit entfernt wäre IHN zu begreifen Das läge wohl an meiner bürgerlichen Erziehung oder an meinem Hochmut. Ich kam niemals mit ihm ins Gespräch, ich war uninteressant für ihn. Hingegen entbrannten heftige Diskussionen und Streitgespräche zwischen ihm und den älteren Jahrgängen, die an den Abenden stattfanden. Es stellte sich nämlich heraus, dass Max den „Kibbuz" auch nicht als die einzig selig machende Lebensform in Palästina erachtete. Er übte Kritik am „Sozialismus" aller Jugendbünde, und er hielt Se'ew Jabotinsky, den Gründer der Revisionistischen Partei mindestens für diskussionswürdig. Jabotinsky wurde – außer in dem Bund, der sich auf seine Ideologie berief, diese aber pervertierte – als Faschist verteufelt, so dass Max seinen Gegnern, denen seine Führungsfähigkeiten nicht genehm waren, leichtfertig Argumente lieferte, um ihn abzuwerten. Nichtsdestoweniger behielt er in allen Diskussionen die Oberhand, doch ich muss gestehen, dass mich all dies wenig beeindruckte.

Aber neben diesen Schwärmereien für den großen Max, erfuhr ich mit der Zeit einiges über ihn, was mir eine vage Vorstellung seiner eigentlichen Persönlichkeit vermittelte. Sein Vater stammte aus Russland, aus Kischinew in Bessarabien. Im Jahre des schlimmsten Pogroms, im Jahre 1905, floh er aus seiner Geburtsstadt nach Deutschland, traf dort eine junge Frau, die aus ihrem ultra-orthodoxen Elternhaus in Krakau fortgelaufen war, Frieda Kanner. Sie heirateten und ließen sich in Offenbach a. M. nieder. Dort wurde Max im Jahre 1911 – sein Bruder Nathan im Jahre 1913 – geboren, wenig später zog die Familie nach Berlin. Bei Ausbruch des Krieges wurde der Vater als Ausländer interniert. Auf welche Weise die Mutter diese vier Jahre sich und ihre Kinder durchbrachte, weiß ich nicht. Nach Beendigung des Krieges wollte Samuel Awerbuch weder für Sowjetrussland noch für Rumänien optieren – er hatte die Wahl – und wurde somit staatenlos. Als ich Max im Jahre 1934 kennen lernte, wohnte die Familie in der Alexandrinenstraße, in der Nähe des Moritzplatzes und des Hausvogteiplatzes. In ihrer Wohnung betrieben sie zu dieser Zeit eine Werkstatt zur

Herstellung von Lederwaren, von Taschen und Mappen jeglicher Art. Recht und schlecht schlugen sie sich damit durch, die Mutter arbeitete voll mit. Es war ein Zwei-Mann-Betrieb: Einkauf, Herstellung, Verkauf und Lieferung – alles lag in ihren Händen, und trotzdem reichten die Einkünfte nur sehr knapp für den Lebensunterhalt und für die Erziehung der Söhne. Der sehr junge Max erleichterte seinen Eltern die täglichen Nöte. Bereits in den untersten Klassen des Gymnasiums verdiente er sein Schulgeld durch Nachhilfestunden und beteiligte sich an der Auslieferung der fertig gestellten Lederwaren. Es war ein ernstes und schweres Kinder- und Jugendleben. Die Mutter war streng, ungemein fleißig, schweigsam, der Vater war eher gesellig, hatte seine Kneipen-Stammtischfreunde, teilte denen seine erheiternden und optimistischen Lebensweisheiten mit, über die ich, als ich ihn einige Jahre später kennen lernte, herzlich lachen konnte.

Max bestand sein Abitur am Königsstädtischen Realgymnasium mit durchweg sehr guten und guten Noten. Er zeigte mir dieses Zeugnis später, als wir Freundschaft geschlossen hatten und ich in der Alexandrinenstraße häufiger Gast wurde. Mehr als die Noten beeindruckte mich die kurze Charakteristik, die sein Klassenlehrer in dieses Zeugnis geschrieben hatte. Ich las: „Awerbuch versteht logisch zu denken und sich begrifflich klar auszudrücken. Er will Ingenieur werden.“ Es war eine ungewöhnliche Berufswahl für einen Juden. Nicht Rechtsanwalt oder Arzt, Maschinenbauer wollte er werden. Er immatrikulierte sich an der heutigen Technischen Universität, damals Technische Hochschule (TH), studierte intensiv und verdiente nebenbei die damals üblichen, nicht niedrigen Studiengebühren. Ende des Jahres 1932 bestand er sein Vordiplom.

Im Frühjahr 1933 veranstaltete die Gestapo eine Haussuchung in der Technischen Hochschule und entdeckte in der Aktentasche des Studenten Awerbuch eine Mitgliedskarte des KJV, des Kartell Jüdischer Verbindungen, einer zionistischen Studentenorganisation. Die Gestapo interpretierte KJV als „Kommunistischer Jugendverband". Seine Erklärungsversuche halfen ihm nicht, man brachte Max ins Gestapogefängnis am Alexanderplatz. Einer sehr beherzten Bundesfreundin gelang es, die Gestapobeamten von ihrer Fehlinterpretation zu überzeugen, und nach einer Woche wurde Max – oh, Wunder – ohne weitere Auflagen entlassen. Es war ihm nichts geschehen, aber die traumatische Erfahrung hatte ihm den Mut, das Studium fortzusetzen, genommen. Ich lernte ihn ein Jahr später kennen. Über seine Verhaftung berichtete mir seine beherzte Befreierin, die gleichzeitig seine größte Bewunderin war.

In dieser Zeit nach seiner Verhaftung ging er nur sporadisch in die Technische Hochschule, studierte nicht eigentlich, besuchte jedoch von Zeit zu Zeit einen Repetitor, um nicht alles zu vergessen, gab wieder Nachhilfestunden, half seinen Eltern bei der Abwicklung des geschäftlichen Teils, der Auslieferung der fertig gestellten Waren, und widmete sich intensiv der zionistischen Jugendarbeit. Er organisierte einen vielstimmigen Chor, lehrte uns neue Palästina-Lieder, modern vertonte Psalmentexte und romantische „Blaue-Blume"-Lieder[45], die man auch als Kanon singen konnte. Dazu spielte er sehr musikalisch Gitarre. Er hielt an vielen Abenden Vorträge über „Palästina – Land und Leute", wie ein bekannter Buchtitel damals lautete. Der Verhaftungsschock währte lange, erst im Laufe des Jahres 1934 setzte er seine Studien fort. Staatenlose Studenten galten als Ausländer, deutsche jüdische Studenten waren bereits aus den Universitäten vertrieben worden. Bemerkenswert war, dass die wenigen verbliebenen Studenten, wie Max berichtete, keinerlei antisemitischen Angriffen ausgesetzt waren. Er nahm an, dass sie entweder gar nicht wussten, dass er Jude war, da er hin und wieder gefragt wurde, ob er seine vier „arischen Großeltern" schon beisammen hätte. Die Dokumente, so klagten die TH-Studenten, wären nur mit größten Schwierigkeiten aufzufinden. Heute mutet die Situation komisch an, aber damals waren Ängste und Nervenanspannungen stündliche Begleiter eines Studiums. Jeder Tag konnte in einer Katastrophe, einer erneuten Verhaftung auf Grund eines Irrtums, einer Denunziation oder eigener Unvorsichtigkeit enden.

Bei uns zu Hause hatte sich in den Jahren 1933/34 wenig verändert. Mein Vater erwähnte oft die drastisch verringerten Einkünfte, doch war dies unserem Lebensstil kaum anzumerken. Unser Mädchenzimmer war noch bewohnt, für schwere Hausarbeit und die Wäsche kamen zusätzliche Hilfskräfte ins Haus, gesellige Abende mit Verwandten und Freunden, unter ihnen auch die bisherigen nicht-jüdischen Freunde, fanden weiterhin statt, und so folgten auch die Eltern wiederholten Einladungen zu Familienfesten und Musikabenden. Einschneidend war allein die Umwandlung des Herrenzimmers in den Büroraum meines Vaters, doch war auch dieser Verlust erträglich, da weder die Bibliothek noch die großen Ledersessel aus dem Raum entfernt wurden, so dass ich mich an den Abenden und Wochenenden dorthin zurückziehen konnte. Meine Eltern verharrten im Wartestand. An Auswanderung dachten sie nicht, obwohl aus unserem Hause zwei jüdische Familien auszogen und an deren Stelle regierungstreue hohe Offiziere der Reichswehr einzogen. An Liebenswürdigkeit und Höflichkeit ließen es diese Familien nicht fehlen. Man grüßte höflich, hielt meiner Mutter die Tür auf, und als mein Bruder wieder einmal Stunden am Flügel verbrachte, schickte der Herr Major-Nachbar seinen zehnjährigen Sohn zu uns herauf, mit der höflichen Bitte, möglichst bald mit dem Klavierspielen aufzuhören, da er, der Herr Major, eine wichtige Arbeit für den Führer fertig zu stellen hätte. Selbstverständlich entsprach man seiner Bitte sofort.

Meine Onkel, Rechtsanwalt Leo und Arzt Siegfried, Vaters Brüder, und Richard, Mutters Bruder, verharrten ebenfalls unerschüttert im Wartestand. Man unterhielt sich über die Möglichkeiten einer Auswanderung, aber niemals ernsthaft. Sie 1ießen sich nicht vertreiben. Hinzu kam das

Wissen um die Unmöglichkeit, ihre Berufe in irgendeinem Exilland ausüben zu können. Meine Onkel konnten oder wollten es nicht verhindern, dass ihre erwachsenen Kinder Deutschland verließen. Onkel Leos Tochter Liselotte, eine Cembalistin und Bach-Interpretin, ging mit ihrem Mann, einem Musikwissenschaftler, nach Dänemark, wo meine Cousine zur „prominentesten Bach-Interpretin", so die dänischen Kritiken, wurde. Mein Vetter Martin, Onkel Richards Sohn, ging nach Südfrankreich, Blumenzucht und Gärtnerei zu lernen, um später nach Palästina auswandern zu können, was auch im Jahre 1935 geschah. Merkwürdigerweise leistete die Familie keinen Widerstand gegen die spätere Palästinaauswanderung ihres Sohnes. Susanne, die älteste Tochter Onkel Richards, verfolgte gemeinsam mit ihrem Verlobten Auswanderungspläne in die USA. Beide Rechtsanwalt-Onkel gehörten anscheinend zu den „Privilegierten", die noch nicht aus der Anwaltskammer ausgeschlossen worden waren. Auswanderung wurde indessen nicht zu einem Gesprächsthema bei den Gesamtfamilientreffen während der ersten drei Jahre. Weiterhin wartete man auf den Zusammenbruch der Naziregierung. Wir blieben „Deutsch".

Siegfried, der Arztbruder meines Vaters, fühlte sich darüber hinaus hinlänglich geschützt durch die Ehe mit Tante Klara, einer hochblonden „Arierin", die dem Idealtyp der „Deutschen Frau" entsprach. Die Verbindung der beiden wurde lange von meinen Eltern mit Verachtung gestraft, da Tante Klara wahrlich nicht den Vorstellungen eines deutsch-jüdischen Bildungsbürgertums entsprach: Sie war die typische „Berlinerin mit Schnauze", liebte meinen Onkel innig, wurde ebenso innig wiedergeliebt, war vor der Ehe mit ihm jahrelang heimlich liiert gewesen, und erwies sich letztlich als Rettungsanker für ihren Mann, nicht aber für dessen Brüder. Als Onkel Siegfried seine Klara endlich, einige Jahre vor dem Januar 1933, in die Familie einführte, mussten meine Eltern mit Erstaunen feststellen, dass Klara ihren Mann nicht „Siegfried" sondern „Fritz" nannte. „Warum das“, fragte meine Mutter, „er heißt doch Siegfried?“ Darauf die unvergessliche Antwort der neuen Schwägerin: „Siegfried – ist mir zu jüdisch!“ In der Tat gaben jüdische Eltern der Großvatergeneration häufig ihren Söhnen, wie mir scheint aus Begeisterung für die Wagnerhelden, Namen wie Siegfried oder Siegmund.

Mit der Heirat wurde Klara schnell von der Familie anerkannt, dies umso mehr, als der Onkel ihr ein Auto kaufte und Klara mit „Fritz“ und unserer Familie oft Fahrten in die schöne Berliner Umgebung unternahm. Unterwegs schimpfte sie mächtig und lautstark – es fehlte ihr nicht an berlinischen Kraftausdrücken – auf andere, sie störende Autofahrer. Alle waren nun zufrieden, nur unsere Hausschneiderin Anna Renner nicht. Meine Tante und sie, beide waschechte Berlinerinnen, vertrugen einander nicht. „Bei Ihnen merkt man aber, dass Sie keine Jüdin sind“, fuhr Anna Renner meine Tante im Verlauf eines Streites an. Derartige Erfahrungen mit dem Antisemitismus der so genannten „einfachen Leute“ machte ich zu meinem Vergnügen öfter. Jahrzehnte später – seit Ende des Jahres 1966 war ich wieder in Berlin – geriet ich mit einer ehemaligen Schulfreundin, von der ich wusste, dass sie niemals Nazi-Kompromisse geschlossen hatte, in einen heftigen Streit, in dessen Verlauf sie zornig ausrief: „Und DU willst eine Jüdin sein!?“ Ich musste herzlich lachen, und der Streit war beendet.

Von 1933 bis zum Ende des Jahres 1936 lebte ich rundum zufrieden in meiner neuen gesellschaftlichen Normalität. Ich empfand, außer den nimmer endenden Überlegungen, auf welche Weise und auf welchem Wege ich nach Palästina gelangen könne, keinerlei Bedrückungen und noch keine Ängste. Spannungen gab es wie gewöhnlich zwischen meinen Eltern und mir, manchmal auch zwischen meiner Seminarleiterin Nelly Wolffheim und mir, aber nicht im Unterricht und noch weniger in meiner praktischen pädagogischen Ausbildung. Im Jahre 1935 arbeitete ich als Praktikantin in dem Kinder- und Jugendinternat „Ahawah“, auf

Deutsch „Liebe“, einer Institution für Kinder aus zerstörten Familien, Halbwaisen und für Kinder kranker oder sozial schwacher Eltern. Vormittags hatte ich Unterricht, danach, um die Mittagszeit, ging ich ins Heim in die Auguststraße in Berlin-Mitte, um mit den Schulkindern gemeinsam zu essen, sie danach bei den Schulaufgaben zu beaufsichtigen und Gemeinschaftsspiele zu organisieren. Erst am späten Nachmittag war ich zu Hause, frei für meine zionistischen Aktivitäten, für Heimabende, Diskussionen ohne Ende über Zions Zukunft im Allgemeinen und unseren Tribut zur zionistischen Verwirklichung, und für Freundschaften.

Ein unvergessenes Erlebnis war die Skifahrt im Winter des Jahres 1934/35. Eine Gruppe von 12 bis 14 Jugendlichen, darunter zwei Mädchen, trafen wir uns auf dem Görlitzer Bahnhof und stolperten in die von uns reservierten Abteile. Auf den Rücken waren wir beladen mit unserem mit Fell überzogenen Tornister – bündisch „Affe“ genannt –, umspannt und fest gezurrt mit schweren Schlafsäcken, behangen mit Kochgeschirr, und auf den Schultern mit unseren Skiern. Meine mich begleitenden Eltern stellten überrascht und konsterniert fest, dass außer mir nur noch ein Mädchen mitfuhr und dass die Jungen alle mindestens zwei bis drei Jahre älter waren als ich. Aber es war zu spät um noch Einspruch zu erheben. Belustigt und beruhigend winkte ich ihnen zu, als der Zug sich in Bewegung setzte.

Wir fuhren bis Krummhübel im Riesengebirge. Zu meiner Enttäuschung lag dort kein Schnee, doch je näher wir der tschechischen Grenze kamen, desto dichter wurde die Schneedecke, dazu schneite es dicke Flocken, so dass wir Mühe hatten, zusammen zu bleiben. Als wir die Grenzbauden erklommen hatten, zeigten wir aus einiger Entfernung unsere deutschen Pässe vor, niemand sah sie sich genauer an, ein leichtes Winkzeichen, und wir überschritten die deutsche Grenze. Unglaublich, wie einfach, wie ungefährlich sich dies im Winter des Jahres 1934 abspielte. Es wäre auch möglich gewesen, die Grenzbauden zu umgehen, um von dort ohne jegliche Kontrolle in die ČSR zu gelangen. Es ist ja hinlänglich bekannt, wie zahlreiche jugendliche Flüchtlinge – meist wegen Zugehörigkeit zur KPD – diesen Fluchtweg einschlugen, nicht um in der ČSR zu bleiben, sondern um von dort durch Österreich, die Schweiz nach Frankreich zu gelangen und, als es auch dort lebensgefährlich wurde, zu versuchen in die USA einzuwandern. Wir waren naiv und daher genügsam oder anspruchslos. Wir dachten gar nicht daran, außerhalb der deutschen Grenzen zu bleiben. Wir empfanden uns nicht als gefährdet. Gründlich und in Ruhe, wie wir meinten, wollten wir von Deutschland aus unsere „Rückkehr" – so der biblische Terminus – nach unserem eigentlichen „Heimatland", Palästina, vorbereiten.

Vorerst war unser Ziel in keiner Weise abenteuerlich. Wir wollten zu den „Tambauden", mitten im Tschechischen Riesengebirge. Die Tambauden waren seit einigen Jahren das Ziel unserer Makkabi-Skifahrer. Der Baudenbesitzer kannte einige aus unserer Gruppe und hatte bereits das großräumige Dachgeschoß seines Hauses für uns vorbereitet. Gleich hinter den Grenzbauden schnallten wir unsere Skier an. Ich stand zum ersten Mal auf diesen langen schmalen Brettern, beim Anschnallen mussten mir die geübten Wintersportler Hilfe leisten, doch dann stand ich, und – oh, Wunder – nicht nur, dass ich nicht sofort umfiel, ich lief auch tapfer meinen Freunden nach, die meinen sportlichen Mut bewunderten. Noch heute bin ich stolz auf meinen damaligen Erfolg. Ich schrieb ihn meinem Ehrgeiz zu, vor den Jungen zu brillieren, aber nicht weniger meinen wirklich guten Eislaufkünsten.

Wir verbrachten herrliche, unvergessliche Wochen auf den Tambauden. Von morgens bis Abends waren wir auf unseren Skiern, bald bewältigte ich auch die steilsten Abfahrten, ohne zu fallen. Noch heute höre ich hinter mir die bewundernden Rufe der Freunde: „Sie läuft, sie läuft noch immer!" Unseren Proviant nahmen wir mit, kehrten mittags in einer Baude ein, bestellten heiße Getränke und kehrten hundemüde bei Einbrechen der Dunkelheit auf unseren Dachboden zurück. Wir kochten selbst, meist Nudeln oder Reis mit Tomatensauce. Danach diskutierten wir wie üblich über unsere zionistischen Probleme, und wickelten uns, die Jungen und wir zwei Mädchen mittendrin, nach kurzer Zeit in unsere Schlafsäcke. Mein Nachbar bot mir bereits in der ersten Nacht Platz in seinem Schlafsack an, und wir verbrachten freude- und liebesvolle zärtliche Nächte. Wir sprachen kein Wort miteinander, es geschah, als wäre es die natürlichste Sache der Welt. Ich wusste, und er wusste, dass ich es wusste, dass er eine feste Bindung eingegangen war in Berlin. Ich lebte für den Augenblick, wie auf allen Ebenen so auch auf dieser. Zur eigentlichen Sache kam es nie, ich glaube heute, das war auch verpönt. Wir verwirklichten unsere erotischen Träume unbekümmert und unverbindlich. Unerfahren wie ich war, meinte ich, schöner könnte es niemals werden. Ich lebte für den Augenblick und war glücklich. Heute kommt mir die damalige Unbeschwertheit kaum glaubhaft vor, schließlich waren wir außerhalb der deutschen Grenzen, keiner dachte daran, das Weite zu suchen, draußen zu bleiben. Diese Sorglosigkeit teilten wir in diesem Winter des Jahres 1934/35 mit vielen anderen. Unterwegs auf meinen Skiern, mit einem anderen Begleiter, tauchte plötzlich aus dem Schneenebel Doktor Felix A. Theilhaber auf, einer der ältesten und prominentesten Zionisten Berlins, außerdem Vater des jüngsten Mitglieds unserer Fahrtengruppe. Er lud uns in Johannisbad zu einem heißen Grog ein. Selig und leicht beschwipst kehrten wir mit einbrechender Dämmerung zurück in die Tambauden und überbrachten dem Jüngsten unserer Gruppe einen herzlichen Gruß von seinem Vater.

Nach zwei Wochen kehrten wir nach Berlin zurück, glücklich und todmüde. Zwei Wochen der Harmonie und Unbeschwertheit waren vorbei. Es war wie ein böses Omen, dass ich, als der Zug am Bahnhof Bellevue noch nicht völlig zum Stehen gekommen war, bereits aussteigen wollte und bäuchlings, alle viere von mir gestreckt in meiner „Heimat" landete. Marta, noch unsere Hausangestellte, von meinen Eltern beauftragt, mir zu helfen, mir Tornister und Skier gegebenenfalls abzunehmen, wartete auf dem Bahnsteig. Das war nach meinem Fall eine Wohltat, und so hinkte ich neben ihr her in das elterliche Haus, wo ich erleichtert empfangen wurde. Es war bereits das Jahr 1935, und die Fürsorge einer treu sorgenden, bei uns wohnenden Hausangestellten sollte uns im Lauf dieses selben Jahres genommen werden. Aber noch war sie bei uns. Es war eine „Marta", vorher war es eine „Frieda" und wieder davor ebenfalls eine „Frieda". Sie blieben alle eine lange Zeit bei uns und gingen dann fort, weil sie heirateten – Marta musste im Spätsommer 1935 laut „höherem Befehl" gehen. Aber noch war sie da, kochte uns ihre unerreichbaren Nachspeisen und Suppen. In ihre Kochkunst belehrend einzugreifen fand meine Mutter keinen Anlass, alles, was Marta zubereitete, fand ihre volle Zustimmung.

Es geschah im Frühjahr des Jahres 1935. Die Eltern waren zu einer Abendvorstellung ausgegangen, danach wollten sie sich noch mit Freunden in einem Restaurant treffen. Wir Kinder wollten auch unser Vergnügen und luden Cousin Erich (Querflöte) und Cousine Ursula (Cello) ein. Walter war „einheimisch" und stand immer zur Verfügung. Ilse und ich bildeten Solostimmen oder Chor, und wir freuten uns auf einen fröhlichen Musikabend. Meine Mutter hatte alle möglichen Leckerbissen in der Küche bereit gestellt, die Aussichten auf einen gelungenen Abend waren also ausgezeichnet. Wir begannen, ich hastete von einem zum andern und blätterte die Noten um. Zwischendurch labten wir uns an Mutters Köstlichkeiten, kehrten aber schnell zur Musik zurück, sangen Lieder, Arien, Duette, parodierten ein wenig und amüsierten uns.

Plötzlich, wie aus heiterem Himmel, wurde mir übel. „Ich leg mich für eine Weile hin, komme gleich wieder", konnte ich gerade noch hervorbringen und krümmte mich vor Schmerzen, wollte ins Badezimmer, das jedoch von Marta belegt war, ich konnte sie schlecht aus der Wanne herausbefehlen, schleppte mich, an den Musikanten vorbei, in das andere Badezimmer am Ende der Wohnung, vorbei an meinen schimpfenden Gästen: „Hab dich nicht so, verdirb uns nicht den schönen Abend." Ich weiß nicht wie ich in das Schlafzimmer gekommen bin, niemand half mir, man nahm mich nicht ernst. Die Schmerzen wurden schlimmer, das Fieber stieg und mir war, als hätte ich das Bewusstsein verloren. Wie aus einem Nebel sah ich plötzlich meine Eltern an meinem Bett: „Das ist eine akute Blinddarmentzündung, muss sofort operiert werden, ich hole Ernst", unseren Hausarzt und Jugendfreund meiner Mutter, „und bitte ihn, gleich einen Chirurgen mitzubringen." Bis heute kann ich mir die Intuition meiner Mutter nicht erklären, mein Vater anscheinend auch nicht. Er fuhr sie heftig an: „Das sind gewöhnliche Leibschmerzen. Die harmloseste Sache der Welt. Was macht du für ein Theater?" „Und das Fieber?", erwiderte Mutter ruhig aber entschieden. So kannte ich sie gar nicht. Ich fasste plötzlich ein tiefes Vertrauen zu ihr, wie ich es bisher niemals empfand, denn ich spürte ihre tiefe Sorge. Mein letzter Gedanke war: „Sie liebt mich doch!" Arzt und Chirurg bestätigten Mutters Diagnose. Wie aus weiter Ferne hörte ich Vaters aufgeregte Proteste aus dem weit entfernten Wohnzimmer. Der Chirurg, ebenfalls ein Familienfreund, wurde zornig. Er übernähme keinerlei Verantwortung, wenn nicht sofort operiert werden würde. Die scheltenden Stimmen, eine uralte Erfahrung aus frühester Kindheit, diese immer wiederkehrende akustische Halluzination, tobten noch lange in meinen Ohren, obgleich sie längst verstummt waren, bis ich im Krankenhaus in die Narkose fiel.

Es war wahrlich der letzte Moment, Vater war zerknirscht, Vetter, Cousine, Schwester und Bruder – alle waren zerknirscht, doch Mutter wurde von mir tief bewundert. Niemals hatte ich mir vorgestellt, dass sie sich derart entschieden gegen meinen herumschreienden Vater stellen würde. Sie hatte mir wirklich das Leben gerettet. In mir entstand ein neues „Muttergefühl". Sie kam jeden Tag ins Krankenhaus, bewaffnet mit einer feinen Handarbeit, und zum ersten Mal in meinem Leben unterhielten wir uns auch, über die Familie und über unsere Zukunft. Sie sorgte sich um unsere Zukunft. Wir sollten nicht Vaters Despotismus zum Opfer fallen. Sie würde Ilse und mir helfen, unsere Wünsche durchzusetzen. Walter wäre ein anderes Problem, und sie verriet mir, dass sie bereits einige Pläne entwickelt hätte, wie sie ihm nach beendeter Hochschulausbildung helfen würde, im Ausland, am besten in Übersee, seine Musikerkarriere zu starten. Mit Vater hätte sie noch nicht darüber gesprochen.

Am zweiten Tag nach meiner Operation legte sie ein Buch auf meinen Nachttisch: „Sicher willst du etwas lesen", meinte sie und lächelte vielsagend. Ich werde es nie vergessen, es waren „Die Geschichten Jaakobs", der erste Band von Thomas Manns Joseph-Tetralogie[46], deren erste zwei Bände noch in Berlin erscheinen durften. Mutter wusste doch, was mich bewegte, dachte ich dankbar.

Dieses Buch wurde zu meinem zweiten „Judenerlebnis". Es half mir in diesen Wahnsinnszeiten „Judentum" nicht als eine staatliche Verordnung, als Mittel dauernder sich verschärfender Diskriminierungen zu empfinden, sondern zu seinem eigentlichen Urquell vorzudringen und mich selbst zu erkennen als eingebunden in diese lang zurückreichende Traditionsgeschichte. Und es liegt nun an mir zu erkennen, in welcher Richtung diese Tradition zum Leben führen wird und in welcher – zum Tod, zum Verderben. Wobei ich nicht müde werde zu betonen, dass ich mir über „Tod und Verderben" kein Bild zu machen versuchte. Da stand vor meinem inneren Augen eine schwarze und undurchdringliche Wand.

Tief tauchte ich unter, in den „Brunnen der Vergangenheit", in die Welt der Vorzeit. Faszinierend erschienen vor meinem inneren Auge die biblischen Gestalten, sämtlich zur Genüge bekannt aus dem Religionsunterricht, aber welch ein Unterschied: Sie waren keine exemplarisch guten oder bösen Menschen, sie waren gewöhnliche Menschen, lebend unter den Gesetzen ihrer Zeit. Sie waren nicht entweder vollkommen „schlecht" wie Esau oder „gut" wie Jaakob – schließlich betrog er seinen Bruder zweimal: einmal um die Erstgeburt, dann um seinen Segen, so wird es zwar in der Bibel berichtet, doch erhielten diese bösen Taten eine göttliche Rechtfertigung. Gott leitete die Dinge so und nicht anders, so dass dem Schulkind dieser betrügerische Urvater niemals als solcher erscheint, umso mehr, als unsere frommen Religionslehrer den göttlichen Willen, der über allen Handlungen waltete, in den Mittelpunkt stellten und somit das wirkliche Bild mit einem Glorienschein überzogen. Dem Religionsschüler erschienen die Personen ohne Betonungen der moralischen Wertungen, die ja der biblische Text keineswegs verschweigt, schablonenhaft und uninteressant. Thomas Mann unterlegt seinen Geschichten über „die Guten", über „die Bösen" und über „Das Walten Gottes" mit einem ironischen „Basso continuo", der niemals zum Verstummen kommt, so dass auf den Leser das Heilige und das Menschlich-allzu-Menschliche untrennbar und wie dem wahren Leben entnommen einwirkt. Thomas Manns Geschichten stehen niemals in einem Widerspruch zu den biblischen Erzählungen. Sie sind vielmehr Erweiterungen, füllen das nicht Genannte aus, so dass der Leser überzeugt ist, dass es so und nicht anders in dem Buch der Bücher zu finden ist.

Jahre später, während meines Universitätsstudiums in Israel, entdeckte ich, wie tief Thomas Mann in die rabbinische mittelalterliche Auslegung eingedrungen war, so weit sie ihm in deutscher Sprache vorlag. Noch heute lese ich mit meinen Theologiestudenten im Rahmen eines Seminars über mittelalterliche Bibelauslegung zur Begeisterung meiner Schüler die entsprechenden Charakterschilderungen aus Thomas Manns Joseph-Tetralogie.

Zu Hause wurde ich verhätschelt und verwöhnt, eine neue herrliche Erfahrung. Schließlich hatte man mir den Bauch aufgeschnitten, damals noch eine Sensation. Alle kümmerten sich um mich, waren nett und freundlich. Und siehe da, auch ich stellte meine sonstige Arroganz und „Berliner Schnauze" in die Ecke und sonnte mich in dem allgemeinen Wohlwollen. Sogar Nelly Wolffheim entschloss sich, mir das Leben angenehm zu machen, und hielt Seminarsitzungen in unserem sehr großen Wohnzimmer ab, da mir noch nicht erlaubt wurde, das Haus zu verlassen. Mutter war eine wunderbare Gastgeberin, bewirtete sämtliche Schülerinnen, ihre Freundlichkeit ließ mich in den Augen meiner bisherigen Gegnerinnen, den ach so „ichbezogenen", psychoanalytisch ausgerichteten sanften und hochmütigen Maiden, sympathischer erscheinen, so dass alle zufrieden waren.

Ich kehrte in die „Ahawah" zurück. Dort hatte ich mir seit langem die Zuneigung der Kinder erworben. Alle freuten sich, dass ich wieder da war, was mein Herz erwärmte. Ich wusste nun, dass mein pädagogisches Talent in der Arbeit mit Schulkindern zu Tage treten wird. Man stand buchstäblich Schlange, um bei mir aufgenommen zu werden, meine Beliebtheit bei meiner Makkabi-Jugendgruppe stellte dies ebenfalls unter Beweis und gab mir zusätzlichen Mut.

Während der Sommerferien des Jahres 1935 schickte Nelly mich und eine andere gleichaltrige Seminaristin – ihr Name war Edith – zur praktischen Arbeit in ein Kindererholungsheim im Riesengebirge. Der Ort hieß: Hohenwiese.

Da kam es zu einem dramatischen Ende, sowohl mit Nelly Wolffheims plötzlich erwachter Sympathie als auch mit dem Frieden mit meinen Eltern.

Es sollte mich mein ganzes berufliches Leben begleiten: diese drastische, spontane, vielleicht unüberlegte Reaktion auf das, was ich als „ausbeuterisch" und mit Sicherheit unfreundlich empfand. Später in Palästina machte ich allen

Versuchen eines „Mobbing“ – damals kannte man den Begriff noch nicht – ein Ende mit Schrecken.

Die Leiterin, eine Frau, weit über fünfzig Jahre, betrieb Jahr für Jahr ihr Unternehmen mit Hilfe zweier diplomierter Erzieherinnen, die zu ihren Vertrauten gemacht wurden. In diesem Terzett waren wir beide überflüssig. Man gab uns Anweisungen, kurz und knapp, die hatten wir zu befolgen. Eigene Ideen der Freizeitgestaltung mit den Kindern wurden höhnisch abgelehnt. Wir fühlten uns wie Heloten. Unsere Arbeit beschränkte sich weiß Gott nicht auf die Beschäftigung mit den Kindern. Haus- und Reinigungsarbeit wurde uns ebenfalls zugeteilt, die wir auch willig übernahmen. Unerträglich war, dass wir dauernd kritisiert wurden, niemals ein freundliches Wort an uns gerichtet wurde, und das Schlimmste war, dass wir in Gegenwart der Kinder diffamiert wurden. „Edith“, sagte ich, „das nächste Mal packen wir unsere Sachen und hauen ab. Ich telegrafiere dann meinen Eltern.“ Edith war ein guter Kumpel, sie fand mich einfach fabelhaft, sie war sofort einverstanden. „Das nächste Mal“ ließ nicht auf sich warten. Der Befehl lautete: „Heute werden Kämme geputzt“, und drohend wurde hinzugefügt „Aber GRÜNDLICH!“ Es handelte sich um mehr als sechzig reichlich verfilzte Kämme. Ich besorgte zwei Schemel für uns und zwei für die Schüsseln, die wir mit Wasser füllten, und wir machten uns an die Arbeit. Plötzlich standen die drei Damen in der offenen Tür: „Oh!“, so die höhnische Stimme der Leiterin. „Die feinen Damen haben es sich bequem gemacht. Sie wollen nicht stehen während der Arbeit!“ Ich legte die Kämme zurück in das Wasser, sagte „Edith, komm“, und sie folgte. Die drei trauten ihren Augen nicht. Ich sprach kein Wort zu ihnen, telefonierte mit meinen Eltern: „Erklärungen gebe ich zu Hause ab. Ich bin gesund. Übrigens, ich bringe eine Freundin mit, ihre Eltern sind nicht in Berlin“, und schnell hing ich den Hörer an. Die „Vertrauten“ unserer Leiterin wollten uns umstimmen. Ich sagte: „Zu spät. Warum habt ihr das zugelassen?“ Wir schleppten unsere Koffer zum Bahnhof und waren einige Stunden später in Berlin.

Keine Marta erwartete uns. Zu Hause nur verstörte und ärgerliche Eltern: „Das macht man nicht. Man hält so etwas aus. So ist das wahre Leben“ und so weiter. Mein Vater musste es ja wissen, behandelte er ja seine Angestellten auch nicht besser! Also hatte ich meinen „schlechten Charakter“ wiederum unter Beweis gestellt. Arme Eltern, sie taten mir manchmal leid, aber öfter tat ich mir selbst leid. Ich wurde immer ungerecht behandelt, bei jeder Streitfrage zwischen mir und meiner Schwester – mit meinem Bruder hatte ich niemals Streit – bekam ich, ohne zu fragen, ohne mich anhören zu wollen, erst einmal eine schallende Ohrfeige! Merkwürdig diese Mischung aus Stolz, Anerkennung, sogar liebevoller Zuneigung, wie meine Mutter sie während meiner Krankheit unter Beweis gestellt hatte, und dieser Kampf gegen mich! Anders denn als Kampf konnte ich mir diese spontanen ungerechten Reaktionen nicht erklären.

Nelly Wolffheim war sehr wütend, am liebsten wollte sie mich aus dem Seminar hinausschmeißen. Sie tat es dann nicht, doch zeigte sie mir niemals wieder ein freundliches Gesicht! Mutters und Nellys Zorn schlugen sich in der Schlussprüfung im Herbst des Jahres 1935 deutlich nieder. Mutter wollte mir kein neues Kleid für die Prüfung anfertigen lassen, „Bündisch“ wie ich war, besaß ich nur Röcke und Hemdblusen. Ich nahm also, ohne um Erlaubnis zu bitten, irgendein Kleid aus dem Schrank meiner Mutter, und da mir dies viel zu weit war, machte ich es mir passend, indem ich es in der Innenseite mit Sicherheitsnadeln enger machte. Ich fand, ich sähe wunderbar aus. Obwohl das Kleid während der mündlichen Prüfung bei jeder Bewegung schmerzvoll piekte, schnitt ich in diesen Prüfungen mit einigermaßen guten Noten ab, am besten wie gewöhnlich in Geschichte, nicht so gut in den psychologischen Fächern, in denen Nelly Wolffheim, wie ich mich erinnere, nicht sehr fair die Fragen formulierte.

Es war der Herbst des Jahres 1935, und die „Nürnberger Gesetze“ traten in Kraft. Unsere noch nicht 40-jährige Marta musste gehen – bis zu ihrem fünfundvierzigsten Jahre wären „arische“ Hausangestellte, wurde propagiert, durch ihre jüdischen Arbeitgeber eventuellen sexuellen Übergriffen ausgesetzt, und „Rassenschande“ wurde nun zu einem Schwerverbrechen. Diese „Nürnberger Gesetze“ formulierten genau die einzelnen hierarchisch bestimmten Stufen der NS-Rassenideologie: die höchste Stufe war „Arisch“ (= vier „arische“ Großeltern), die tiefste „Volljude“ (= mindestens drei „der Rasse nach volljüdische“ Großeltern), dazwischen standen die so genannten „Mischlinge ersten Grades“ (= zwei jüdische Großeltern) oder zum andern „zweiten Grades“ (= ein jüdischer Großelternteil). Ich studierte die „Gesetze“ aufmerksam, und der in ihnen enthaltene Blödsinn verringerte in gewissem Maße sogar den Ärger. Es stellte sich nämlich heraus, dass letztlich die Religion das Gift enthält, das das Blut „verseucht“, denn sollten die „Mischlinge“ – man kam sich wirklich vor wie in einer Tierhandlung – christlich erzogen werden, galten sie als „Privilegiert“, wenn jüdisch als Juden.

Nach dem ersten Schreck fanden sich meine Eltern schnell mit der neuen Realität ab. Ida, die Ehefrau unseres Schuhmachers, über 45 Jahre alt und daher außer Gefahr einer sexuellen Verführung meines Vaters zum Opfer zu fallen, war bereit, täglich bei uns im Haushalt zu helfen. Unsere Waschfrau, seit Generationen in der Familie, war weit über fünfzig Jahre alt, konnte also gleichfalls ihren Dienst weiterhin bei uns verrichten, desgleichen Anna Renner, unsere Hausschneiderin.

Vater seufzte erleichtert auf, als er feststellen konnte, dass der Haushalt mehr oder weniger wie bisher versorgt werden und meine Mutter angemessene Hilfe erhalten würde. „Alles nicht so schlimm, es geht ja wieder“, so seine Art der Betrachtung. Er registrierte die akute Veränderung, fürchtete sich vor Unbequemlichkeiten, vor einer Veränderung des gewohnten Lebensstiles, weigerte sich jedoch die einzelnen Verordnungen als Teile eines ausgeklügelten Systems zu begreifen. Er wollte nicht zur Kenntnis nehmen, dass sich der Strick enger und enger um den Hals eines jeden „Nichtariers" spannte: Für den Augenblick ist ja alles in Ordnung, ein bisschen Einschränkung, ein wenig mehr Mühe bedeutet noch keine Katastrophe. Trotzdem wurden auch in unserem Hause Überlegungen angestellt, die zum mindesten ein „Nichtanpassungsspiel" ausprobierten. Als Ilse nach Beendigung ihrer Theodor-Herzl-Schule erklärte, sie wolle auf ein landwirtschaftliches Vorbereitungsgut gehen, um für sich ein „Chaluz-Zertifikat" erwerben zu können, erhob sich kein Widerstand. Eine gewisse Apathie hatte meine Eltern ergriffen – außerdem war Klein-Ilschen, das Sorgenkind, oft krank, immer nervös, die gute Landluft konnte ihr nur gut tun, und dann wird man ja immer noch weitersehen.

Für meine Schwester begann eine kleine Odyssee von einer Landwirtschafts-Ausbildungsstelle zur anderen. Erste Station war am Bodensee. Dort wurde sie krank und musste umständlich nach Hause transportiert werden. Dann kam Gut Winkel, nicht weit entfernt von Berlin. Auch dort wurde sie krank, oder es gefiel ihr nicht, ich erinnere mich nicht ganz genau. Die Eltern nahmen sie nach Hause und schulten sie nach langem Hadern auf Grund meines Vorschlages bei Nelly Wolffheim ein. Dort war sie glücklich, da sie als die liebe, gute Schwester der bösen und renitenten Marianne geachtet und bewundert wurde. Schwierigkeiten machten ihr die Schulaufsätze, aber die schrieb ich ihr. Und – oh Wunder – Ilschen bekam unter meine Aufsätze immer die besten Noten, während ich zu meiner Zeit stets höchst mittelmäßige Noten erhalten hatte. Ich lachte, Ilse lachte, und wir stellten wieder einmal fest, dass man sich auf Erwachsene, weder auf Eltern noch auf Lehrer, nicht verlassen konnte. Walter absolvierte mit großem Erfolg die Dirigenten-, Komposition-, Klavier- und Klarinettenklasse in der Musikhochschule, war anerkannt, dirigierte mit dem

Hochschulorchester bereits Opern und war völlig absorbiert. Jetzt hatte er wahrlich seine eigene Welt.

Kein Besserwisser, kein despotischer Vater hatte irgendeinen Zutritt. Wir lebten unbekümmert von einem Tag zum andern. Ich hatte das Seminar beendet, suchte Arbeit, und Nelly meinte, es könne mir nichts schaden, als Erzieherin in einer Familie zu arbeiten. Und so trat ich meinen „Dienst" bei einem jungen wohlhabenden Ehepaar mit zwei kleinen Kindern, die gerade eingeschult worden waren, an. Ich fühlte mich fehl am Platz. Es fiel mir schwer, den Unterschied zwischen unseren nicht ausgebildeten Kindermädchen, die unsere Kindheit begleitet hatten, und mir – einer modernen, ausgebildeten Pädagogin, die Freud, Adler und Jung studiert hatte – festzustellen. Die Dame des Hauses war freundlich, aber gnädig. Ich liebte die Kinder, ging mit ihnen Schlittschuhlaufen, lehrte sie neue Gesellschaftsspiele und betätigte mich jedoch sehr zu meinem Ärger im Haushalt: wusch die Kinderwäsche, plättete sie, räumte Schlaf- und Spielzimmer der Kinder gründlich auf und bereitete ihnen die Abendmahlzeit. Dass ich die Flinte nicht ins Korn warf, verdankte ich einem Jüngling namens Max – nicht dem eigentlichen, sondern einem anderen, jüngeren Max, der sich, ohne dass ich dies in meiner Naivität bemerkte, in mich unsterblich verliebte. Er war mir angenehm, sah gut aus, war ungeheuer höflich, im Gegensatz zum „Eigentlichen", und hoch musikalisch. Halbe Nächte gingen wir im Tiergarten spazieren, setzten uns schließlich auf eine Bank und sangen wunderschöne Lieder, begleitet von seiner Klampfenmusik. Bei ihm lernte ich vielstimmige Kanons, auch schwierige von Haydn, Mozart und Beethoven, dazu alte Lieder aus dem späten Mittelalter, Marienlieder, Sehnsuchtslieder nach „der blauen Blume". Oft gesellte sich meine kleine Schwester zu uns, so dass wir dreistimmig singen konnten, wobei ihre wirklich sehr liebliche Stimme das Unternehmen zu einem musikalischen Ereignis gestaltete. Ilschen erzählte davon dem eigentlichen Max, so dass dieser sich öfter mit uns traf. Es waren idyllische harmonische Abende, spannungsfrei – zumindest was mich betrifft, da ich von der aufkeimenden, bald in Blüte stehenden Liebe des Klampfen-Max partout nichts merken wollte. Wahrscheinlich war ich bereits in den eigentlichen Max verliebt, was ich mir jedoch in keiner Weise eingestehen wollte, dazu war man – oder vielleicht nur ich? – zu stolz. Auf jeden Fall: Es war wunderschön, als lebten wir in einem Paradies und hätten überhaupt keine Probleme. Klampfen-Max kam zu uns nach Hause, gefiel meinen Eltern, wurde zum Abendbrot eingeladen, und Mutter machte sich alle erdenkliche Mühe, ihm eine religiös einwandfreie Mahlzeit vorzusetzen. Er gefiel ihr einfach: seine Höflichkeit, seine guten Tischsitten, seine Musikalität, seine Bildung und sicher nicht zuletzt die Tatsache, dass er aus einem sehr wohlhabenden Hause stammte. Sein Vater war Münzsammler und -händler und prominent auf diesem Gebiet. Für die Münzsammler künftiger Generationen wurde er zu einem Begriff, wie ich Jahrzehnte später, nach meiner Rückkehr nach Berlin, einem Gespräch mit einem Universitätskollegen, dessen Hobby Münzensammeln war, zufällig entnehmen konnte.

Aber Klampfen-Max mochte am liebsten mit mir allein sein, und so wandelten wir nächtelang im Tiergarten. Er hielt meine Hand, blieb von Zeit zu Zeit stehen, atmete schwer, blickte mir tief in die Augen, konnte wahrlich den Blick nicht von mir wenden, und ich – wußte wirklich nicht, was all dies zu bedeuten hatte. Er machte auch nicht die geringste Anstalt, als wolle er mich umarmen oder gar küssen, hin und wieder seufzte er leicht. Spät brachte er mich nach Hause, und – oh Wunder – meine Eltern hatten gar nichts gegen diese Verbindung. Eines Tages teilte er mir mit, dass er im Auftrag seines Vaters nach Amsterdam fahren müsste, er würde sich freuen, wenn ich ihn zur Bahn bringen würde. Dort warteten bereits seine Eltern, waren lieb, fast familiär zu mir, wieder ein tiefer Blick, ein etwas schwererer Seufzer, dann: „Wir sehen uns ja sehr bald wieder. Du kommst ja nach Amsterdam“, und seine Eltern nickten strahlend. Oh ich heilige Unschuld. Ich merkte auch nichts, als vom Tage seiner Ankunft in Amsterdam regelmäßig riesige Blumenbouquets durch Fleurop zu Hause eintrafen, in denen Briefe steckten, die schon einige Ähnlichkeit mit Liebesbriefen hatten, da sie unterschrieben waren mit „Mit vielen Grüßen und Küssen“. Mutter war selig über die vielen Blumen, hatte bald nicht genug Vasen, wunderte sich über meine kühle, leicht ironische Haltung. Auch als ein Buch-Geschenk „Deutsche MADONNEN“ – wie sinnig, dachte ich – bei mir eintraf mit der Widmung, auf Hebräisch, „Meinem Mädchen Mirjam“, fand ich dies eher peinlich und kitschig, fühlte mich aber nichtsdestoweniger völlig frei. „Schön, so geliebt zu werden“, dachte ich, das steigert das Selbstgefühl! Doch müsste ich lügen, wenn ich behaupten würde, dass ich mich nach meinem Klampfen-Max sehnte. Ich kannte ihn ja gar nicht, niemals haben wir ein wirkliches Gespräch geführt, fiel mir ein, warum hat er eigentlich niemals mit mir geredet? Wie soll man denn so einander näher kommen? Und es kam mir vor, als wüsste ich bereits, mit wem ich bestimmt ein Gespräch führen würde und könnte, in wem ich wirklich meinen „Geistesfreund“ – so pathetisch dies klingen mag, aber ich lebte eben in derartigen Vorstellungen – finden würde, der nur dann mit mir schweigen würde, nachdem wir für diese Stunde bereits alles einander mitgeteilt hatten. Nein, ich wurde ungeduldig und unwillig, wenn ich an meinen Klampfen-Max immer wieder durch die vielen Blumen und die „Gruß- und Kuss-Briefe“ erinnert wurde. Als eines Tages meine kleine Schwester Ilse mir empört mitteilte, dass unser „großer Max“ sich mit Herta, dieser oberflächlichen, dummen Kuh – wie Ilse sie bezeichnete –, befreundet hatte, dass er Abend für Abend mit ihr spazieren ging, gab es mir einen Stich ins Herz, und ich wusste endlich, auf wen ich wartete. „Warum verabredet er sich nicht mit dir?“, Ilse konnte sich gar nicht beruhigen! „Sie ist eben schön“, seufzte ich und empfand vielleicht zum ersten Mal in meinem Leben meine mangelnde Schönheit als schmerzlich. „Blödsinn“, so Ilse, „du bist schön! Innerlich schön!“, trumpfte sie auf. „Lass mal, ich werd‘s ihm schon beibringen! Es gibt eben Jungens, denen muss man die Augen öffnen. Außerdem machst du durch deinen Hochmut die Pferde scheu, und wenn du durch Vaters Warnreden so verblödet bist und dich nicht traust, ihm ein Zeichen zu geben, na, dann – wozu hat man denn eine kleine vernünftige Schwester?!“ Sie sprach wirklich mit ihm über mich, pries mich als die einzig adäquate Freundin für ihn. Wo hätte er denn seine Augen? Es muss ihn beeindruckt haben, denn wie vom Himmel gefallen, erhielt ich eines Tages – als ich schon seit einiger Zeit in dem Nordseekinderheim meine Arbeit angetreten hatte – einen langen, langen herrlichen Brief von ihm. Keinen Liebesbrief, sondern einen Brief, dem zu entnehmen war, dass der Absender viel und lange an mich gedacht hatte, einen Brief voll mit wichtigen Gedanken, wunderbar formuliert, in literarisch vollendeter Sprache, über Nietzsche – Schopenhauer-Gedanken, über das kurze Leben zwischen Leben und Tod, über die Unwichtigkeit des Daseins. Es war als spräche meine eigene Stimme aus meinem Herzen zu mir – und Klampfen-Max verschwand, als hätte es ihn nie gegeben.

Da war ich bereits auf meiner Nordseeinsel, in Wyk auf Föhr, in einem Kindererholungsheim der Jüdischen Gemeinde der Stadt Hamburg. Mein Vater gab den Anstoß für den Ortswechsel: „Kindermädchen ist unter deiner Würde“, meinte er, „du hast dich doch in der ‚Ahawah‘ so gut gefühlt, vielleicht gibt es so etwas außerhalb von Berlin, dann kommst du vielleicht auf neue Gedanken.“ Auch er hatte mein Klampfen-Max-Dilemma durchschaut. Es war Spätherbst, als ich auf meiner Insel landete. Es war wirklich ein neues Leben. Nichts war wie gewohnt. Nicht die Landschaft, nicht die Insel-Menschen, nicht die Mitarbeiter in dem Heim und letztlich auch nicht das Gebäude. Dieses war sehr heimelig. Die Wände mit dunklem rotbraunem Holz verkleidet, schneeweiße Gardinen vor den niedrigen Fenstern. Mein Bett stand genau unter den Fenstern, über dem Strand, nahe dem Meer, an dessen Horizont die Halligen wie aus dem Wasser geboren hervortraten. Wenn Ebbe war, schien es, als könnte man schnell hinüberlaufen. Man tat es aber nie, denn man wurde wieder und wieder über die Gefahr belehrt. Die Heimleiterin warnte, man könne die Entfernungen nicht abschätzen, man hätte zwar den Weg zu den Halligen und zu der Insel Amrum durch hohe Pfähle markiert, doch ein plötzlich einbrechender Nebel mache es unmöglich, von einem Pfahl den nächsten zu finden, und hatte man erst einmal einen verloren, geriet man unerbittlich auf Abwege, verlor die Richtung irrte stundenlang im Watt umher und war vor der zurückkehrenden Flut nicht zu retten. Das war der ideale Ort für eine gründliche Selbstbesinnung.

Wyk auf Föhr war ein Paradies. Die Menschen außergewöhnlich freundlich und hilfsbereit, die Frauen mit ihren weizenblonden Zöpfen, kornblumenblauen Augen und ihrer Friesentracht wunderhübsch anzusehen.

Unser Heim war eine Frauengemeinschaft. Alle hatten „Diplome", als Wirtschafterinnen, als Küchen- und Backstubenleiterinnen und, nicht zu vergessen, als Kindergärtnerinnen und Jugendleiterinnen. Zur letzten Kategorie gehörte ich. Außerdem gehörte eine Gruppe einheimischer Inselfrauen zu den täglichen Hilfstruppen, die für alles, was gerade anstand, einsatzbereit waren. Geleitet wurde das Heim von einer „Schwester Oberin", einer strengen, schweigsamen, schwer zugänglichen, enorm tüchtigen Arbeitskraft. Im Laufe der Zeit lockerte sie mir gegenüber den Umgangston, fragte mich, ob ich gern lese und stellte mir ihre Bibliothek zur Verfügung, so dass ich mich mit Lesestoff reichlich versorgen konnte. Vor allem hatten es mir englische Autoren, die ich so gut wie gar nicht kannte, angetan. Mit größter Spannung las ich „David Copperfield", „Große Erwartungen", „Little Dorrit"[47], manches auf Deutsch, manches auf Englisch. Begeistert war ich von Emily Brontës „Sturmhöhe"[48] – wild romantisch, wie die Winterlandschaft der Insel an den Abenden. Ich genoss die beruhigende Winterstimmung in meinem kleinen holzgetäfelten Zimmer, spätabends nach einem anstrengenden Arbeitstag in meinem Bett, von dem aus ich, immer wieder vom Lesen abgelenkt, auf das Meer und die Halligen hinüber schaute. Es waren die Wintermonate 1935/1936. Oft tobte das Meer im Sturm, untermalte geräuschvoll meine Lektüre, friedlich tauchten am Horizont die schneebedeckten Friesendächer der Halligen auf, die so nahe erschienen, dass man meinte, man müsse nur in einen Mantel schlüpfen und während der Ebbe schnell hinüberlaufen. Es war wie ein Sog. Man wusste um die Gefahr des Wattenmeeres, und man wusste auch, dass wir uns mit den Wattläufen, die wir regelmäßig mit unseren Kindern, barfüßig, einige Meter vom Strand entfernt, veranstalteten, begnügen mussten.

In dem Heim wurden ungefähr 50 bis 60 Jungen und Mädchen im Alter von sechs bis 14 Jahren betreut. Viele blieben ein halbes Jahr dort, alle litten unter Anfälligkeiten für Grippe-, Mandel- und auch für Lungenerkrankungen. Die Anlage bestand aus mehreren zweistöckigen Gebäuden, lag dicht am Strand und nahe dem Zentrum des Städtchens Wyk. Die Oberaufsicht führte die Jüdische Gemeinde Hamburg, die auf strenges Einhalten des jüdischen Religionsgesetzes achtete. Vor den Mahlzeiten wurden die Segenssprüche im Chor sehr diszipliniert vorgetragen, nach beendeter Mahlzeit wurde das sehr lange Tischgebet verlesen, oft durch Gesang, an dem sich alle Kinder und die Erwachsenen begeistert beteiligten, unterbrochen. Es war jeden Tag, mittags und abends, sehr feierlich und immer wieder ein freudiges Ereignis für die Kinder.

Ich erlebte zum ersten Mal, wie beruhigend ein durch religiösen Brauch geregelter Tagesablauf auf Stimmung und

Gemeinschaftssinn wirkte. Eine Insel-Friesin, von allen Bewohnern des Heimes innig geliebt, verrichtete am Sabbat die Dinge, die dem frommen Juden verboten waren, wie Licht an- und ausschalten, Feuer machen oder, wenn notwendig, Telefonieren. An dem großen Pessach-Putz, der einen Monat vor dem Fest begann, beteiligten sich alle Heimbewohner und alle dienstbaren Geister der Insel. Systematisch wurde jeder Winkel des Hauses, jedes Möbelstück gründlich gereinigt, wobei neben der gewöhnlichen Putzarbeit vor allem dafür Sorge getragen werden musste, dass auch kein Krümelchen „Sauerteig" in den Häusern übersehen wurde. „Sauerteig" war alles, nicht nur Brot, sondern alles, was aus Mehl hergestellt wird. Beendet ist diese Arbeit erst um die Mittagszeit des letzten Tages vor dem Fest, das durch den „Sederabend" am Abend eingeleitet wird und acht Tage dauert. Mit Freude beteiligten sich alle an der schweren Arbeit des systematischen Hausputzes, auch die Erzieherinnen und die Schwester Oberin. Es war, als baue man sich ein neues Haus, niemand war unwillig, alle freuten sich auf den Abend.

Der „Seder" – die Liturgie zur Erinnerung an den Auszug der Kinder Israels aus Ägypten, aus der Knechtschaft in die Freiheit – wurde von dem ältesten Sohn des Hamburger Oberrabbiners Carlebach geleitet.[49] Die Kinder tranken die vier vorgeschriebenen Becher „Wein" – es war Rosinenwein –, sie wurden nichtsdestoweniger zunehmend fröhlicher und beteiligten sich mit Begeisterung an den Fragen und Antworten, an den Psalmengesängen und an den traditionellen Volksgesängen nach der Mahlzeit, die an diesem Abend außerordentlich üppig zubereitet wurde. Es wurde später als Mitternacht, die Kinder wurden ruhiger, die Lieder leiser, und es bedurfte keinerlei Mühe, sie zu Bett zu schicken.

Ich war sehr glücklich in Wyk auf Föhr. Langsam erwarb ich mir die Achtung der Schwester Oberin. Sie freute sich über die Singzirkel, die ich mit den Kindern abhielt. Nach dem Abendbrot lud sie mich manchmal in ihr Zimmer ein, bewirtete mich mit Tee und Gebäck, und wir unterhielten uns über die Kinder und über die Lektüre, die ich ihrer Bibliothek verdankte. Die übrigen Mitarbeiter waren freundlich, hilfsbereit und loyal. Ich las und dachte ohne Unterlass an jemanden in Berlin, ohne zu wissen, was ich eigentlich wollte oder erwartete. Die Kinder hingen sehr an mir, umso mehr, als ich sie Kanon-Singen – alte deutsche, oft traurige, aber auch lustige und schwierige Kompositionen für drei bis vier Stimmen von Haydn, Mozart oder Beethoven – lehrte. Die Kinder liebten die Singnachmittage sehr, die Schwester Oberin war begeistert und ich war in meinem Element, hatte buchstäblich alles, was mein Herz begehrte. Keinen Gedanken verlor ich an politische Gefahren, die auf unserer menschenfreundlichen Insel ohnehin nicht in Erscheinung traten. Mein Glücksgefühl wurde vollkommen, als eines Tages und von dann an jeden zweiten Tag ein langer, inhaltsreicher Brief von „meinem richtigen Max" eintraf. Endlich wusste ich die Quelle meiner Begriffsstutzigkeit – wonach ich mich sehnte, das war Gedankenaustausch, geistige Nähe und Gemeinsamkeiten. Alles dies war zur Genüge in diesen Berliner Briefen enthalten. Sie zu beantworten füllte mein Denken voll und ganz aus. Ich gab mir die größte Mühe, sein Interesse an mir nicht erlahmen zu lassen. Die Sorge erwies sich schnell als überflüssig. Seine Briefe wurden von Mal zu Mal persönlicher, wärmer, und obwohl der Amsterdamer Max wie bisher seine „Gruß- und Kussbriefe" nach Wyk entsandte, verblasste sein Bild zunehmend, nur aus Höflichkeit antwortete ich ihm. Ich wunderte mich, dass er nichts merkte. Er schien sich seiner Sache sehr sicher.

Als ich im Sommer des Jahres 1936, nach meiner Rückkehr nach Berlin, mich endlich entschloss, dem Klampfen-Max reinen Wein einzuschenken, in dem ich ihm meine tiefe Liebe zu Max offenbarte, erschrak ich doch über die Wirkung. Er würdigte mich keiner Antwort, niemals habe ich wieder etwas von ihm gehört. Als ich in meiner Not nach den Novemberpogromen des Jahres 1938 mich an ihn um Hilfe, wenigstens für Max, wandte – ich wusste, dass er ihn seit vielen Jahre tief verehrte –, schließlich befand sich Klampfen-Max zu dieser Zeit in völliger Sicherheit in Amsterdam, erhielt ich auch keine Antwort. Jahrzehnte später erfuhr ich von einem gemeinsamen Freund, dass Klampfen-Max den Krieg überlebt hatte und sich in Israel befand. Niemals hatte er sich bei mir gemeldet.

Wie wenig weiß doch der Eine vom Anderen. Niemals ist mir der Gedanke gekommen, dass ich ihm tiefen Schmerz zugefügt haben könnte. Er redete nicht, gestand mir nicht seine Liebe, er sprach sich nicht aus. Da war kein Funke, der auf mich – abhängig vom Wort, wie ich nun einmal bin – überspringen konnte.

Mein Glücksempfinden in Wyk wurde durch den regelmäßigen Briefwechsel mit Max gestärkt, begleitet allerdings von einem zunehmenden Gefühl der Sehnsucht nach einer persönlichen Begegnung und einer Aussprache. Ich träumte von Berlin, viel weniger von Amsterdam, versuchte Klarheit in meine Gefühle zu bringen, mit dem Resultat, dass ich erst einmal krank wurde. Was vorerst wie eine gewöhnliche Grippe aussah, war nach zwei Wochen, nachdem sich trotz vieler Medikamente der Zustand wenig verändert hatte, schwer zu diagnostizieren. Am Tage verschwand das Fieber, so dass ich sogar in der Lage war, einige Kleinkinder, die an Erkältungskrankheiten litten, zu betreuen, doch am Abend brach das Fieber wieder aus. Ich wurde müde, litt an Appetitlosigkeit, so dass die Schwester Oberin mir zur Stärkung Abend für Abend ein Glas Portwein, untermischt mit einem Eigelb, in mein Zimmer brachte. Sie war wirklich rührend um mich bemüht, doch mein Zustand änderte sich nicht. Der Inselarzt, sein Name war Dr. Schütte, ein wirklich herzensguter und freundlicher Mann, kam täglich, war jedoch letztlich hilflos. Ende Mai verkündete er, dass es wohl das Klima wäre. So etwas hätte er schon öfter erlebt. Einige Monate ginge es gut mit dieser Art von Patienten, doch dann tat das „Insel-Reizklima“ seine Wirkung. Die meisten könnten von ihren Krankheit geheilt werden, wenige jedoch, eigentlich gesund, würden nach einer gewissen Zeit fieberkrank. Er riete, sofort nach Berlin zurückzukehren.

Ich machte mich also auf die Reise, traurig und erwartungsvoll gleichermaßen. Meine Eltern freuten sich, mich wieder zu haben, diesmal konnte man mir auch keinen Vorwurf machen, es herrschte offensichtlich höhere Gewalt.

Die Olympiade neigte sich ihrem Ende zu. Noch waren viele ausländische Gäste in der Stadt, noch wurde „Der Stürmer“[50] nicht öffentlich ausgerufen und die „Für Juden verboten“-Beschilderungen nicht wieder hervorgeholt. Unsere Bund-Sportler besuchten einige Veranstaltungen, man betrog sich sichtlich, in der Hoffnung, dass eine gewisse Normalität, jetzt nach dem internationalen Jubel, den die wirklich imposanten und gut organisierten Spiele überall in der Welt ausgelöst hatten, hergestellt werden würde. Auch ich hatte in den ersten Berliner Wochen mein großes Kultur-Erlebnis im Schauspielhaus am Gendarmenmarkt. Man spielte „Hamlet“, unvergesslich und unnachahmlich war Gustav Gründgens, der neue „Staatsschauspieler“ und Intendant, in seiner Rolle als Hamlet. Ich war erschüttert. Dieser Stimmungswechsel, dieses Minenspiel, diese Beweglichkeit und, vor allem im Auftreten in der „Schauspieler-Szene“, der Kontrast zwischen den marionettenhaften Schaustellern und dem ungeheuer lebendigen, alle möglichen Stimmungen durchspielenden Hamlet versetzte den Zuschauer in die Teilnehmerrolle, als wäre er dabei, als erlebe er all dies nicht als Theater, sondern als Realität. Auch als Jahre später Lawrence Olivier den Hamlet verfilmte, mit ihm in der Titelrolle, blieb die Gründgens-Interpretation für mich unvergesslich. Damals hatte Klaus Mann sein Buch „Mephisto“ noch nicht geschrieben, aber dessen tiefe Verbitterung über Gründgens Verrat an allen ehemaligen Gemeinsamkeiten ist – trotz einiger Überspitzungen – durchaus nachfühlbar. Unverständlich bis zum heutigen Tage ist mir das Verhalten vieler Intellektueller und Künstler geblieben, vor allem der Musiker – Furtwängler ist als repräsentatives Beispiel zu nennen –, die alle, da sie nicht an „Sprache" gebunden waren, keinerlei Karriereeinbußen im Ausland erlitten hätten. Toscaninis und Bruno Walters Ruhm in den USA stellt dies eindrucksvoll unter Beweis.

Von einem Tag zum andern wurde ich in Berlin gesund! Vielleicht war ich wirklich „gefühlsverwirrt" oder gar „sehnsuchtskrank"? Max war hoch erfreut, mich zu sehen. Stundenlange abendliche Spaziergänge, intensive Gespräche über „Gott und die Welt" ließen die übrige Welt aus meinem Bewusstsein verschwinden. Ich lebte von einem Tag zum andern, um Max zu sehen, zu sprechen, in seiner Nähe zu sein. Ein bisschen gehemmt waren wir wohl beide, ich nicht zuletzt auf Grund der väterlichen Lehren, und er – wie mir heute scheint – merkte wohl das erste Mal in seinem Leben, dass eine Situation entstanden war, mit der nicht zu spaßen ist, jetzt könnte es ernst werden. „Aber eine Frau macht nicht den Anfang", hörte ich Vaters Stimme wie von Ferne. Jedoch „Max" ist nicht gleich „Max", sehr bald schaffte er unwiderrufliche Tatsachen und wir wurden vom Freundes- zum Liebespaar.

Die Olympiade war beendet, die ausländischen Gäste abgereist, die Erde hatte uns wieder. Ich suchte Arbeit und fand sie durch Max' Vermittlung, der viele prominente Persönlichkeiten der zionistischen Bewegung kannte, als schlecht bezahlte Kindergärtnerin in einem von mir zu gründenden Kindergarten unter Aufsicht der Zionistischen Vereinigung für Deutschland. Zuständig für das Unternehmen war ein Berliner Arzt, an den ich mich um Rat oder Hilfe wenden konnte. Dieser Kinderkreis sollte mittellosen Familien helfen, ihre Kinder während des Tages unter pädagogischer Betreuung unterzubringen, da beide Eltern arbeiteten. Ich bekam die Adressen einiger Familien, es handelte sich wirklich um soziale Härtefälle, meist um Einwanderer aus Polen oder der Türkei, die begeistert die angebotene Hilfe annahmen, die sie keinen Pfennig kostete und ihren Kindern im Alter zwischen zwei und fünf Jahren eine pädagogische Betreuung garantierte. Geld war nicht vorhanden, also sammelte ich eifervoll Spielzeug bei Verwandten und Freunden, einiges lieferte auch die Organisation. Mein Kinderkreis war in einem uralten Berliner, leicht verwahrlosten Haus mit vielen Eingängen und Hinterhöfen in der Nähe des Bahnhofs Jannowitzbrücke untergebracht. Die Kinder blieben bis ungefähr fünf Uhr nachmittags bei mir. Nachdem sie abgeholt wurden, eilte ich ans Fenster, sehnsüchtig Ausschau haltend nach meinem Max, der um diese Zeit aus Eberswalde, wo er im Rahmen seines Studiums an der Technischen Hochschule als Praktikant in einer Maschinenfabrik arbeitete, vom Bahnhof Jannowitzbrücke nach Hause eilte. In Windeseile war ich auf der Straße – ich wollte, es solle wie Zufall aussehen, da ich wusste, wie erschöpft er von dem langen Arbeitstag war, und ich nicht wollte, dass er auch nur wenige Minuten auf mich zu warten hatte –, lief ihm entgegen oder ihm nach und begleitete ihn nach Hause. Er wohnte nicht weit entfernt von meinem Kindergarten, in der Alexandrinenstraße.

Es war ein anstrengender Tag. Bevor die Kinder eintrafen, kaufte ich Lebensmittel. Sie bekamen täglich eine warme Mahlzeit. Anweisungen besorgte ich mir schriftlich von meiner Mutter. Suppen, Kartoffeln und Gemüse konnte ich bald perfekt auf einer etwas primitiven Kochvorrichtung zubereiten. Ich hatte also eine, wenn auch keine zukunftsweisende Beschäftigung, es gab somit keinen Grund für meine Eltern, mir irgendwelche Vorhaltungen zu machen.

Jedoch mein Hauptinteresse war nach wie vor mein Bundesleben, jetzt umso mehr als Vertraute und Freundin – eine Tatsache, die wir mit Erfolg vor den Bundesmitgliedern geheim hielten – von Max, der mehr als zuvor das große Wort in unserer Gemeinschaft führte. Vielleicht liegt es in der Natur der Dinge, dass man nach einer längeren Abwesenheit

Veränderungen aufmerksamer und vor allem kritischer zur Kenntnis nimmt. Veränderungen, streng formulierte Verhaltensregeln, sind von Max eingeführt und von seinen Anhängern kritiklos sanktioniert worden. Es wurden der Pfadfindergruß nebst Bekenntnis in hebräischer Sprache eingeführt, eine strenge Kleiderordnung zur Vorschrift erhoben und gewisse Lebensregeln in einer Weise formuliert, die für meine Ohren inhuman und intolerant klangen. So wurde stundenlang über das Verhalten eines Mitgliedes unserer Gemeinschaft diskutiert, der durchaus seine Freundschaft zu einer christlichen Engländerin nicht aufgeben wollte. Unausgesprochen bedeutete das eine Übernahme inhumaner Kriterien – gelinde gesagt – des Zeitgeistes, und ich protestierte heftig grundsätzlich gegen eine derartige Diskussion und gegen einen solchen hypernationalen Zionismus, dem rassische Elemente nicht fremd waren. Ich machte mich in keiner Weise bei meinen Bundesfreunden beliebt, die mein „hochmütiges bürgerliches Gehabe", wie sie es ausdrückten, das auch in meiner unerschütterlichen Weigerung auf ein landwirtschaftliches Vorbereitungslager zu gehen zum Ausdruck kam, ablehnten. Max jedoch liebte mich einfach, amüsierte sich auch über meinen Widerstand, und es fiel kein Schatten auf unsere Liebe und auf das Gefühl der Zusammengehörigkeit.

Zu dieser Zeit hatte Max von der Gestapo bereits ein „Redeverbot" erhalten. Das bedeutete, dass er auf öffentlichen, bei den Behörden gemeldeten Veranstaltungen keine Ansprachen oder Reden halten durfte. Eine Übertretung hätte unweigerlich Verhaftung und wahrscheinlich Einweisung in ein KZ zur Folge gehabt. Hin und wieder konnte er sich dennoch nicht im Zaum halten und ergriff das Wort, allerdings niemals von einem Rednerpodium aus und immer unter strenger Beobachtung der Tür. Bei dem leisesten Verdacht, es könnte sich ein Fremder dem Eingang zum Veranstaltungssaal nähern, übernahm ein anderer das Wort. Wir waren leichtsinnig, ich verstehe es heute noch nicht, wie unvernünftig wir mit dem Feuer spielten. Eine Erklärung findet sich in unserem zionistischen Eifer. Jeder wollte seine Vorstellung vom zukünftigen Leben in Palästina zur Diskussion stellen, und Max' Einstellung zu einem verwirklichten Zionismus in Palästina unterschied sich von der Meinung der Allgemeinheit. Schließlich hatte er sich für ein Hochschulstudium entschieden und meinte, dass er als Maschinenbauer dem Lande nützlicher sein würde als ein x-beliebiger Arbeiter in einem landwirtschaftlichen Gemeinwesen. In diesem Punkt stand ich voll auf seiner Seite, auch ich weigerte mich weiterhin auf ein landwirtschaftliches Vorbereitungslager zu gehen, eine Entscheidung, die mich bei den anderen in keiner Weise beliebter machte.

Jahrzehnte später, in den neunziger Jahren, als wir schon längst in Berlin lebten und alle Akten zugänglich wurden, entdeckte einer meiner Historiker-Kollegen die Gestapo-Begründung für das an Max ergangene Redeverbot. Er hätte anlässlich einer großen Bundeszusammenkunft über Palästina gesprochen und die klimatischen und ökonomischen Schwierigkeiten des Landes beschrieben, somit die Jugendlichen von einer Auswanderung nach Palästina abgeschreckt. Es waren eben noch die Jahre, in denen der NS-Staat „Auswanderung" zur Lösung des „Judenproblems" forderte. Systematische Vernichtung stand in den Jahren vor dem Krieg nicht auf dem Programm.

Unser Kreis wurde Ende des Jahres 1936 und in den folgenden Monaten kleiner. Immer wieder hieß es Abschied nehmen. Es schlossen sich Gruppen von Auswanderern zusammen, die in Palästina als so genannte „Arbeitsgruppen" zusammen bleiben wollten, um sich gemeinsam an Klima und schwere körperliche Arbeit zu gewöhnen und dann als bereits zusammengewachsene Gemeinschaft auf die Zuweisung eines Siedlungsareals vom „Nationalfond"[51] zu warten, um dort ihren eigenen Kibbuz zu errichten. Auch Herta und Anni und viele andere Freunde verließen uns. Der Trennungsschmerz war erträglich, da wir wussten, dass wir uns bald wiedersehen würden. Ich war in einer seelischen Verfassung, dass nichts, was sich um mich herum ereignete, mich wirklich berührte, zu tief war ich absorbiert von meiner Liebe zu Max. Wir hielten unsere Liebe geheim, verhielten uns in der Gegenwart unserer Freunde besonders kühl und uninteressiert zueinander, niemand merkte etwas. Was mir wirklich Sorge bereitete, war die Ungewissheit über unser beider Zukunft. Ich unternahm in diesen Monaten einige halbherzige Versuche, ein Stipendium für das Lehrerseminar in Bet Hakerem bei Jerusalem zu erhalten und war über das Misslingen nicht allzu unglücklich. Eine Trennung von Max erschien mir unerträglich.

Schließlich begannen meine Eltern, sich Gedanken über die Zukunft der Familie zu machen. Walter stand vor seinem Abschlussexamen in der Musikhochschule, und meine Eltern fassten den Plan, wenigstens ihm zur Auswanderung, und zwar nach Argentinien, zu verhelfen. Dass er in Deutschland trotz Begabung und Kulturbund keine Zukunft hatte, war auch ihnen klar geworden. In dieser Zeit, in den Jahren 1936/1937, war es sehr unkompliziert in Buenos Aires eine dauernde Aufenthaltsgenehmigung zu erlangen. Eine Schiffskarte Erster Klasse berechtigte jeden Touristen ohne weitere Formalitäten in Argentinien zu bleiben. Warum dies so war, weiß ich nicht. Auf jeden Fall galt diese Möglichkeit nur für diese zwei Jahre, so weit ich mich erinnere. Anscheinend machten zu viele Auswanderungswillige Gebrauch von dieser Art der Auswanderung, so dass die argentinische Regierung erschwerte Bedingungen erließ, die für viele – darunter auch für meine Eltern, die übrigens in diesen Jahren noch nicht ausreisewillig waren – unerfüllbar waren. Ich kann mich nicht erinnern, dass meine Eltern jemals im Familienkreis über ihre wirklichen Pläne sprachen. Ich nehme nach allem, was weiterhin geschah, an, dass sie es selbst noch nicht genau wussten. Eins wurde deutlich: Sie rechneten damit, dass es Walter gelingen würde, sich in Buenos Aires in nicht allzu langer Zeit eine

Existenz aufzubauen, so dass sie mit seiner Hilfe ihre Auswanderung nach Argentinien bewerkstellige könnten und durch die berufliche Existenz meines Bruders vor äußerster Not geschützt sein würden. Welche Vorstellungen sie sich über die Zukunft ihrer beiden Töchter machten, war mir völlig unklar. Vielleicht meinten sie, die arme kleine Ilse mitzunehmen und Marianne würde ohnehin ihren eigenen Weg gehen. Einfluss auf sie auszuüben wäre sinnlos. Meine Mutter begann sich in einigen Fertigkeiten ausbilden zu lassen. Ich erinnere mich an die Herstellung von künstlichen Blumen, dann von handgenähten Handschuhen aus feinem Leder und letztlich von edlem Konfekt – zu dieser Zeit war unsere Wohnung vom Duft von Kakao, Marzipan und feinen Gewürzen erfüllt. Sie beglückte alle Freunde und Verwandte mit ihren Erzeugnissen. Ich bewunderte ihre Geschicklichkeit und wunderte mich über Vaters Optimismus. Es war, als hätten sich für ihn alle Probleme gelöst: Walter wird schon Erfolg haben, Mutter wird ihre Erzeugnisse verkaufen können. Und ER? Er würde der Manager und Ratgeber des Doppelunternehmens werden, spottete ich, wirklich nicht fair, in meinen Gedanken.

Walter bestand glänzend seine Abschlussprüfungen, erhielt warme Empfehlungsschreiben von seinen Hochschullehrern – schließlich beherrschte er außer seinen Qualifikationen in Kompositionslehre die zwei Instrumente Klavier und Klarinette. Durch Vermittlung der Hochschule erhielt er von Furtwängler die Erlaubnis, ihm während einer Probe in der Staatsoper vorzuspielen. Furtwängler ließ meinen Bruder ein reichhaltiges Programm vortragen, hörte aufmerksam zu, desgleichen die Mitglieder des Orchesters. Wiederholt bat Furtwängler um Zugaben. Alle Anwesenden applaudierten begeistert, und mein Bruder erhielt ein sehr warmes Empfehlungsschreiben Furtwänglers, in dem ihm absolute Konzertreife bestätigt wurde. Meine Eltern waren stolz und zuversichtlich.

Mein Bruder verließ uns zu Beginn des Jahres 1937. Der Abschied war schmerzlich. Er – in Argentinien, ich – in Palästina, die weltpolitische Unsicherheit. Ich bemühte mich keine Verzweiflung aufkommen zu lassen und verhielt mich während der Vorbereitungszeit, als würde er irgendeine Reise unternehmen, von der er in absehbarer Zeit nach Hause zurückkehren würde. Zornig machten mich die endlos in unliebenswürdigem Ton vorgetragenen Verhaltenspredigten meines Vaters, die mein Bruder schweigend über sich ergehen lassen musste. Sie begannen gewöhnlich: „Du mit deiner Ungeschicklichkeit solltest, wenn du Erfolg haben willst, und Erfolg m u ß t du haben…" Endlos und immer wieder: „Schreib sofort, tue dies, tue jenes, sorge dich um die Auswanderung deiner Eltern. Deine Pflicht…" Es nahm kein Ende. Ich konnte meine Wut kaum unterdrücken. Erst als Walter schon einige Zeit in Buenos Aires war und die Beschwerden über seine „Trägheit" und „Untüchtigkeit" – er hätte wieder nicht geantwortet auf seine Fragen – nicht aufhören wollten, konnte ich mich nicht mehr beherrschen. Es schrie aus mir heraus: „Walter wäre ja blöd, wenn er sich die väterliche Plage, der er endlich entronnen ist, wieder aufladen würde." Ich zitterte vor Erregung, verließ mit lautem Türenzuschlagen das Speisezimmer. Vater war konsterniert, und wir sprachen wochenlang kein Wort miteinander. Aber da waren wir schon mitten im Jahr 1937, als auch meinem Vater irgendwie dämmerte, dass irgendetwas für ihn und meine Mutter zu geschehen hätte.

Die ganze Familie und Max begleiteten Walter zum Bahnhof. Mein Bruder war sehr blass und schweigsam. Als der Zug abfuhr, eilten Max und ich zur S-Bahn, die neben dem D-Zug bis zum Bahnhof Wannsee fuhr, stellten uns ans Fenster. Walter bemerkte uns, auch er stand am Fenster. Wir winkten und winkten, meine Hände ermüdeten, ich sandte ihm Kusshände zu, endlich lächelte er, seine Miene hellte sich auf. Dann nahm sein Zug eine Biegung, und ich habe meinen Bruder zum letzten Mal in meinem Leben gesehen. Ich empfand unendliches Mitleid mit ihm. Weltfremd und in einem Land, von dem sich damals niemand in Europa eine Vorstellung machte, der Landessprache nicht mächtig, ohne einen Menschen in Buenos Aires zu kennen, überfiel mich große Furcht, ob er imstande sein wird, zum einen die allen Emigranten gemeinsamen und zum anderen die seinem künstlerischen Berufsziel besonderen Schwierigkeiten zu überwinden.

Ohne es auszusprechen wuchsen Max und ich mehr und mehr zu einer untrennbaren Einheit zusammen, verbrachten jede Stunde, die frei von irgendeiner berufsvorbereitenden Art war, zusammen, um spazieren zu gehen oder bei mir zu Hause Walter, solange er noch bei uns war, zu bitten, uns etwas vorzuspielen, was er gerne tat. Manchmal waren wir auch bei ihm zu Hause, wo wir in seinem kleinen unheizbaren Zimmer, dessen Fenster nach dem Lichthof hinausging, eng aneinander geschmiegt auf seiner schmalen Couch lagen, um über alles zu sprechen was uns am Herzen lag. Hin und wieder betrat seine Mutter den Raum, betrachtete mich streng, ich setzte mich aufrecht, grüßte artig, stand auf, um ihr die Hand zu geben, die sie meistens ignorierte, schon deshalb weil das Teetablett, das sie zu unserer Bewirtung vorbereitete hatte, ihre Hände nicht frei ließ. Sie war nicht freundlich zu mir, beobachtete mich misstrauisch, ließ sich in kein Gespräch mit mir ein. Bei unserer ersten Begegnung schüttelte sie den Kopf und murmelte: „Was für ein daarer Dronjak“, und verschwand. „Was heißt ‚daarer Dronjak‘?“, fragte ich Max. Der erwiderte lachend: „Ein dürrer Dornenstock.“ Nein, meiner Schwiegermutter war ich sichtlich unheimlich. Warum war ich auch so dünn? Ich läse wohl zu viel, wäre zu klug, um mich den irdischen Dingen zu widmen, der arme zukünftige Ehemann, auch er wird bald „ein daarer Dronjak“ werden, bei dieser „klugen“ Frau. Das alles ließ sie in meiner Gegenwart verlauten, trocken und unfreundlich, erinnerte ihren Sohn an die prächtige blonde, rotbäckige und rundliche Lilly, warum komme die ihn denn niemals besuchen? „Mutter, hör auf!", bat Max verlegen, doch ich konnte vor Lachen nicht sprechen, ich fand die Situation nur komisch, erhob mich von meinem Platz und ging zu meinem künftigen Schwiegervater in die Werkstatt, wo ich mich an seinen Tisch setzte und ihn aufmerksam bei seiner Arbeit beobachtete. Der freute sich über meine Gegenwart, erklärte mir auf meine Fragen seine Handgriffe, und ich erzählte ihm, dass meine Mutter sich ebenfalls neuestens mit der Herstellung feiner Lederhandschuhe beschäftige, und als Mutter und Sohn wieder in der Werkstatt erschienen, sahen sie uns – zum Erstaunen der Einen und zur Erheiterung des Anderen – freundschaftlich miteinander scherzen. Vater Samuel schöpfte aus einem unerschöpflichen Born russischer Anekdoten, deren Witz in der nicht zu erschütternden Lebenskunst des einfachen russischen Menschen besteht. Schwiegermama litt unter dem niedrigen sozialen Status ihrer Familie. Sie hätte gern in einer größeren Wohnung in einem besseren Viertel gelebt, Gäste empfangen und vor allem sich der täglichen Mühe entledigt, das nötige Geld für einen auskömmlichen Lebensunterhalt zusammenzubringen. Doch damit haperte es oft. „Was maulst du", so der Schwiegervater, „man muss doch einmal genug haben, mal genug Brot, Fleisch, genug Fett – ich kann es ja gar nicht mehr verkochen, und mal habe ich genug Geld! Ich muss es nicht ansammeln, um mir unnötiges Zeug kaufen zu können." Ihm genügte seine Werkstatt, der abendliche Ausgang in die Kneipe, wo er den Helden und den Clown spielen konnte, alle liebten ihn, immer war er guter Laune, er verachtete auch nicht die Frauen, und seine Frau wusste davon und grämte sich. „Weißt du Marianne", so Samuel Awerbuch zu mir, „es ist kein Unglück, wenn mal das Haushaltsgeld ausgeht. Dann kocht man einfach ‚Beilsuppe'." Ich sah in fragend an. „Ganz einfach. Ein Beil gibt es in jeder Wohnung, man tut es in einen großen Kochtopf, dazu eine Mohrrübe, eine Zwiebel und einen alten Knochen, der bei der letzten Brühe nicht mehr in den Topf hineinging, etwas Grünzeug, ein Löffelchen Fett, eine Kartoffel… all das findet sich immer noch, auch wenn man denkt, dass man nichts mehr in der Wohnung hat. All das hinein in den Topf, es kocht zwei Stunden, man nimmt das Beil wieder heraus und fertig ist die beste Suppe.“ Ich lachte Tränen, aber Schwiegermutter Friedas steinernes Gesicht verzog sich auch nicht zu dem leisesten Lächeln. Ich saß gern auf dem hohen Schemel in der Werkstatt meiner künftigen Schwiegereltern, beobachtete sie bei der Arbeit: die Mutter still, verschlossen und unfreundlich, der Vater lustig bis lärmend, immer unterhaltsam. Kein Wunder, dass er sich bei den Handwerkern der Gegend, die sich abends in ihrer Stammkneipe versammelten, höchster Beliebtheit erfreute. Kein Schimmer von Judenfeindschaft begegnete ihm. Sein Deutsch war nicht gerade sehr literarisch, aber akzentfrei, während Schwiegermama mehr jiddisch als deutsch sprach und beide sich miteinander in einer Sprache verständigten, die wohl beide für Deutsch hielten.

Ich wusste immer, vom ersten Augenblick an, dass meine künftige Schwiegermutter mit ihrer künftigen Schwiegertochter nicht warm werden wollte. Ich war ihr fremd. „Niemals wird sie dir die Wäsche waschen oder die Wohnung reinhalten. Armer Max, verhungern wirst du an ihrer Seite, nie wird sie dir ein vernünftiges Essen kochen. Nur Bücher hat sie im Kopf, eingebildet und hochmütig ist sie…“ So versuchte sie ihn von seinen Heiratsplänen abzubringen. Immer wieder fragte sie nach „Inge“ oder nach „Hilde“, junge Mädchen nach ihrem Geschmack, wirklich schon äußerlich das völlige Gegenteil von mir. Blond, immer lachend, sofort in die Küche eilend und helfend, dabei von ansehnlicher Rundlichkeit, die auch meinem Schwiegervater außerordentlich gefiel. Eine andere Welt tat sich mir auf. Für sie blieb ich das „reiche verwöhnte Mädchen aus dem Westen“, obwohl auch sie wussten, dass all dies vorbei war, aber sie wussten auch von der immanenten

Verachtung wohlhabender „Westjuden“ Berlins gegenüber den „zugewanderten Ostjuden“, die in ihrer Borniertheit in ihnen den Grund für den stetig anwachsenden Antisemitismus erkannten.

Max kümmerte sich nicht um die Aversion seiner Mutter gegen mich, die seine Liebe in keiner Weise beeinflusste. Er hörte einfach weg, blieb aber nichtsdestoweniger ein guter und gehorsamer Sohn seiner Mutter. Sie musste bloß aus weiter Ferne „Max“ rufen, schon unterbrach er jede Tätigkeit und eilte ihr zur Hilfe. Und ich? Ich nahm sie einfach nicht ernst. Sie imponierte mir, ich bewunderte ihre Tapferkeit. Mit dem zwar humorvollen, aber zu genügsamen Ehemann hatte sie es mit ihren bürgerlichen Sehnsüchten und Ambitionen wirklich nicht leicht.

Die Begegnung zwischen Max und meinen Eltern lieferte wahrlich Stoff für eine Komödie. Dies wurde deutlich, als ich endlich den Mut aufbrachte, Max in unsere Familie einzuführen. „Ich habe meinen Freund zum Abendbrot eingeladen. Er heißt Max Awerbuch, und wir werden heiraten.“ „Sooo“, sagte mein Vater, Mutter schwieg. Die üblichen Fragen „Was macht der Vater, was macht die Mutter, wo wohnen sie…“ konnten wahrlich nicht beruhigend beantwortet werden, umso weniger, als ich meine Ironie kaum unterdrücken konnte, als wollte ich sagen: „Was sagst du nun?“ Jedoch konnte ich ihnen einen Trost spenden. Max, mein Max, studierte Allgemeinen Maschinenbau an der Technischen Hochschule, und in einem Jahr wird er mit „Herr Diplom-Ingenieur“ anzusprechen sein. Ein Seufzer der Erleichterung beider Eltern.

Ich muss zugeben, ich hatte nicht wenig Angst. Max legt wenig Wert auf Konventionen, lässt sich nicht so leicht imponieren, und wenn es ihm geradeso passt, macht er es seinen Gastgebern in keiner Weise leicht, gibt kurze knappe Antworten, begnügt sich zuweilen mit Kopfnicken oder -schütteln, stellt keine Gegenfragen und gibt sich keinerlei Mühe, ein Gespräch in Gang zu bringen. Nach einigen wenigen Begegnungen konnte mein Vater nicht zu Unrecht feststellen: „Max hat die seltene Eigenschaft, nach seinem Eintreten in unser Wohnzimmer die angenehm milde Luft in Eis zu verwandeln.“ Vaters Witze verpufften, prallten an Max’ stoischer Gleichgültigkeit ab, Vaters Selbstsicherheit wurde nicht wenig erschüttert. Niemals werde ich das erste Abendbrot mit Max in unserem Hause vergessen. Er kam, benahm sich vorerst tadellos, sprach jedoch nicht. Erste Irritation: Mutter wollte ihm den Brotkorb reichen, Max schüttelte abwehrend seinen Kopf, nahm eine Gabel und piekte, seinen Arm weit ausstreckend, eine Stulle auf und legte sie auf seinen Teller. Blickwechsel zwischen Vater und Mutter. Vor der zweiten Stulle stellte ich eiligst den Brotkorb vor ihn hin. Dann: Mutter servierte einen Pudding zum Nachtisch. „Herr Awerbuch, möchten Sie vielleicht noch eine Portion?“ Max nickte. Dies wiederholte sich sechsmal. Vor dem siebenten Kopfnicken fragte Mutter, nicht wenig geschmeichelt über den Zuspruch zu ihrer Kochkunst: „Schmeckt es Ihnen, Herr Awerbuch?“ Die unerwartete Antwort: „Zu süß!“ Diesmal ließ ich vor Schreck den Löffel auf den Teller fallen, die Eltern lächelten angestrengt. Es sollte jedoch viel schlimmer kommen. In das allgemeine Schweigen hinein wollte meine Schwester die Stimmung etwas beleben und fragte mit süßer sanfter Stimme: „Sage mal, Max, wie geht es denn deiner Syphilis?“ Beide Eltern starrten ungläubig abwechselnd ihre Töchter, dann den künftigen Schwiegersohn an. Dieser hob seinen Finger in die Luft, betrachtete ihn von allen Seiten und antwortete nachdenklich mit vollem Munde: „Danke, es bessert sich langsam.“ Nun musste ich doch eine Erklärung abgeben: „Nicht nur du, liebster Vater, hast ein Recht Freunde und Bekannte zu verulken, andere können dies auch.“ Und ich klärte meine Eltern zu deren Beruhigung über Ilschens Naivität auf. Nach dem Essen kam es dann doch noch zu einer angeregten Unterhaltung zwischen Max und meinem Vater, so dass dieser Abend nicht in elterlichem Aufruhr endete. Bei meiner Mutter hatte er sehr schnell einen Stein im Brett, da er jedes Mal auf Befragen: „Max, da ist Kohlrabi“ – Karotten, Pudding und so weiter – „vom Mittagessen übrig geblieben. Wollen Sie nicht?“ Max wollte, immer und zu jeder Zeit. Begeistert pries Mutter den „Freund von Marianne“ vor ihren Freundinnen: „Er isst ALLES, ich brauche nichts mehr fortzuwerfen!“ So gewöhnte man sich schnell an den häufigen Gast, dessen „Fähigkeit sich logisch auszudrücken“, wie es bereits in seinem Abitur-Zeugnis vermerkt wurde, auch meinen Vater bestach, der sich gern mit ihm unterhielt. Mit der Zeit wurde Max als Familienmitglied anerkannt, ohne dass über die Zukunft gesprochen wurde, wohl auch, weil für meine Eltern kein Zweifel an unser beider Entschluss, sobald wie möglich auf irgendeinem Weg in Palästina unseren Zionismus zu verwirklichen, bestand. Max bereitete sich auf sein Diplom-Examen vor. Jeden Abend holte ich ihn jetzt von der Technischen Hochschule in der Hardenbergstraße ab oder wartete auf ihn am Bahnhof Bellevue. Überhaupt scheint mir diese sehr ausgedehnte „Brautzeit“ vor allem aus einem „Warten auf Max“ bestanden zu haben. Wann kommt er? Wann telefoniert er? Wird er mich abholen, oder werden wir uns am S-Bahnhof Zoo unter der Normaluhr treffen? Diese Fragen beschäftigten mich von morgens bis abends, umso mehr, als mein „Kindergarten“ zwar meine Zeit, jedoch nicht meine geistigen und menschlichen Bedürfnisse befriedigte.

Doch unvorhergesehen trat eine plötzliche Veränderung ein. In der „Reichsvertretung der Juden in Deutschland“ konsolidierte sich außer einer Schul- eine Jugendabteilung, die hauptsächlich die Betreuung Jugendlicher im Alter von 17 bis 19 Jahren übernahm, die ihre landwirtschaftliche Vorbereitung auf Schulfarmen oder Bauerngütern verstreut in ganz Deutschland, aber auch in den Niederlanden, Dänemark und Schweden absolvierten, um nach ungefähr einem Jahr für ein „Chaluz-Zertifikat“ zu kandidieren. Die zentralen Institutionen für diese Betreuung waren das Palästina-Amt und die Reichsvertretung mit ihrer Unterabteilung Jugendhilfe. Diese betreute Vorbereitung und Gruppenzusammenstellung organisierte nach einem Monat Vorbereitungslager die Beschaffung von Jugendzertifikaten – Alter 15 bis 16 Jahre – und verhandelte mit den Kibbuzim, den Kwuzot und mit der Jewish Agency in Palästina und, was das Wichtigste war, hielt ausführliche Beratungsstunden mit Eltern und Jugendlichen ab, die sich aus allen Gemeinden Deutschlands an die Jugendhilfe wandten. Jeder Jugendbund wurde aufgefordert einen Repräsentanten zu benennen, der fähig sei, die organisatorische und vor allem die pädagogische Arbeit zu übernehmen, das Vertrauen sowohl der Jugendlichen als auch der Eltern zu erwerben. Die älteren Jugendlichen wurden vom Palästina-Amt betreut, die Jüngeren von der Unterabteilung Jugendhilfe der Reichsvertretung. Die Jugendhilfe im Gebäude der Reichsvertretung in der Kantstraße wurde nicht nur zu einem organisatorischen, sondern auch zu einem geistigen Mittelpunkt der zionistischen Arbeit in Deutschland.

Jede Jugendbewegung entsprach einer bestimmten Kibbuzbewegung, so dass die Jugendgruppen bereits in Deutschland wussten, welcher Kibbuzbewegung sie zugeordnet werden würden. In den dreißiger Jahren waren alle Kibbuzbewegungen und Jugendbewegungen „sozialistisch". Obwohl jeder Jugendbund etwas anderes unter der Verwirklichung eines praktizierten Sozialismus verstand, war doch ein Grundelement allen gemeinsam: Besitz gehörte der Gemeinschaft, Arbeit wurde in langen Abendsitzungen nach dem Willen der gesamten Kibbuzgemeinschaft zugeteilt, desgleichen Wohnstätten. Von „Wohnungen" konnte man schlecht sprechen, wohnten doch vor allem alle Neuankömmlinge in Zelten oder in primitiven Holzbaracken, deren Wände so dünn waren, dass man wirklich flüstern musste, wollte man nicht die gesamte Gemeinschaft an seinen Problemen teilnehmen lassen. Die Alteingesessenen wohnten bereits in kleinen, sehr niedrigen Betonhäusern. Das Arbeitsleben war hart, das Klima extrem, zu viel Sonne und Feuchtigkeit oder zu viel Regen und Sturm. Verständlich, dass man die Kinder der Jugend-Alija[52] einer gründlichen ärztlichen Untersuchung unterzog, ehe das letzte Wort über ihre Eignung – jung wie sie waren, ohne Eltern und Geschwister, ausgesetzt den schweren klimatischen Bedingungen und der ungewohnten körperlichen Arbeit – gesprochen werden konnte. Wir waren davon überzeugt, außerordentlich sozial, human und vernünftig die wenigen Zertifikate unter den älteren, bereits ausgebildeten und den zukünftigen jüngeren Pionieren verteilt zu haben. Wie anfechtbar das gesamte System war, wurde manchen niemals klar. Ich begriff es schlagartig Ende des Jahres 1938.

In der zionistischen Bewegung Berlins war Max allseits bekannt und geachtet. Als man einen geeigneten Repräsentanten unseres Makkabi-Pfadfinderbundes für die Arbeit im Palästina-Amt und später in der Jugendhilfe suchte, wandten sich die leitenden Instanzen an ihn um Rat. Ohne Zögern schlug er mich vor, und so begann ich zu Anfang des Jahres 1937 mit meiner Arbeit im Palästina-Amt und zu Beginn des Jahres 1938 in der Jugendhilfe. Jetzt war ich endlich in meinem Element, ich leistete wirkliche zionistische Jugendarbeit, wurde zur wichtigsten Bezugsperson und zum Ratgeber für die älteren Jugendlichen, die nach Beendigung ihrer landwirtschaftlichen Vorbereitungszeit nach Berlin kamen, erledigte mit Hilfe einer Sekretärin die notwendige Verwaltungsarbeit und Korrespondenz mit den Behörden in Berlin und in Palästina. Wir gründeten „Pionierheime“ in Berlin, mieteten für diesen Zweck geräumige Etagenwohnungen im Zentrum der Stadt für diejenigen Pioniere, die sich durch eine handwerkliche Lehre für ein Einwanderungszertifikat qualifizieren wollten und organisierten Kurse für den Hebräischunterricht. Für meine Arbeit bezog ich ein Gehalt und war somit in der Lage meine Eltern wenigstens etwas finanziell zu unterstützen.

Die Olympiade war beendet, die NS-Regierung war von der Rücksichtnahme auf ausländische Gäste befreit. Als hätte man etwas nachzuholen, wurden Monat für Monat neue Gesetze erlassen, die das wirtschaftliche Leben der Juden Deutschlands systematisch einschränkten. Mit allen Mitteln wollte man die Auswanderung erzwingen, unsere Arbeit in der zionistischen Organisation wurde aus diesem Grunde geduldet, jedoch scharf beobachtet. Monat für Monat mussten prominente Mitarbeiter des Palästina-Amtes und später auch der Jugendhilfe bei der Gestapo erscheinen, um dort Rechenschaft über die geleistete Arbeit abzugeben. Das bedeutete, die genaue Zahl der von uns zur Auswanderung nach Palästina gelangten Jugendlichen nachzuweisen. Jeder von uns, der diesen schweren Gang zur Gestapo antreten musste – im Jahre 1938 kam auch die Reihe an mich –, war erleichtert, wenn er wieder gesund und heil herauskam.

Während des Jahres 1937 kam es zu spontanen Verhaftungen so genannter „Asozialer", eine Bezeichnung für alle, die aus irgendeinem, meist banalem Anlass eine „Vorstrafe" erhalten hatten. Als „vorbestraft" galt, wer geringfügige Übertretungen im Straßenverkehr begangen und andere polizeiliche Ordnungsstrafen, wie für nachlässiges Fortwerfen von Obstschalen oder Einwickelpapier, erhalten hatte. Diese „Asozialen" waren ausnahmslos Juden, so dass jetzt erstmals Juden, weil sie Juden waren, in die Konzentrationslager verbracht wurden, aus denen sie sofort entlassen wurden, wenn sie Auswanderungspapiere vorlegen konnten. Dass dies niemals vom Willen der Betroffenen, sondern von den zunehmend verschärften Bedingungen aller Einwanderungsländer abhing, war den NS-Behörden bekannt, doch Rücksicht wurde auf diese Tatsache nicht genommen. Zu Beginn des Jahres 1938 wurden alle jüdischen Geschäftsinhaber gezwungen, ihre Firmennamen mit vorgeschriebenen weißen Papierstreifen bestimmter Länge und Breite auf die Schaufenster zu kleben. Kurfürstendamm und Tauentzienstraße leuchteten geradezu von schneeweißen Buchstaben. „Arisierungen“ nahmen überhand. Noch nannte man sie euphemistisch „freiwillig“, doch hätte kein jüdischer Geschäftsinhaber unter normalen Rechtstaatsbedingungen sein Geschäft weit unter dem Wert verkauft. Es geschah, um „Reichsfluchtsteuer“ und Auswanderung finanzieren zu können. Irgendeinen tatsächlichen Gewinn erzielte durch diesen Zwangsverkauf niemand der jüdischen „Verkäufer“. Im besten Fall konnte man eine beschränkte Summe zur Sicherung eines Existenzminimums zurücklegen. Man ahnte, dass planmäßige Vorbereitungen getroffen wurden, deren Ziel die totale wirtschaftliche Vernichtung der jüdischen Bevölkerung auf allen Gebieten ihrer beruflichen Tätigkeiten sein würde. Zurückdenkend lebten wir in diesen zwei Jahren, in einem Dauerzustand extremer Spannung und Bedrückung, in ständiger Erwartung neuer Unerträglichkeiten. Man ahnte, dass eine unvorstellbare, unbekannte Gefahr drohte, die in den Monaten Oktober und November des Jahres 1938 ihr grausiges Antlitz enthüllen sollte.

Im Hause meiner Eltern verfehlten diese Zuspitzungen, Einschränkungen und vor allem die unerklärlichen Verhaftungen der „Asozialen“ nicht ihre Wirkungen. Noch hielt mein Vater an seiner Meinung fest, dass einem völlig Unbescholtenen, wie er es war, nichts geschehen würde, jedoch wurde Auswanderung jetzt doch zu einem Thema und einem Familienproblem. Mein Bruder war in Buenos Aires, schrieb regelmäßig über seine Schwierigkeiten, beruflich Fuß zu fassen. Vater erwartete täglich Erfolgsmeldungen und wurde ungeduldig: „Da sieht man wieder seine Ungeschicklichkeit, seine Schüchternheit, seine…“ – das Schelten nahm kein Ende, bis ich ihm in zorniger Aufwallung seine ewigen Nörgeleien und seine extreme Unduldsamkeit, die mich so lange ich denken konnte, quälten, wutentbrannt, mit lauter Stimme vorwarf. Danach trat Ruhe ein, zumindest in meiner Gegenwart, aber, wie bereits berichtet, wir sprachen einige Wochen nicht miteinander. Mir schien, als lebe mein Vater in einer zweifachen Hoffnung. Zum einen wollte er Berlin nicht verlassen, denn er fürchtete mit Recht, dass ihm ein beruflicher Erfolg in seinem Alter nicht mehr beschieden sein würde. Wirtschaftlich hatte er zum anderen aber auch in Berlin keinerlei Existenzmöglichkeit, also baute er auf den beruflichen Erfolg seines Sohnes, der ihm letztendlich die notwendige Einwanderungserlaubnis nach Argentinien ermöglichen würde.

Die fortschreitende Auflösung war spürbar. Mutters Bruder Richard, seine Frau, meine Tante Alice, und deren jüngste Tochter Renate lösten ihren Haushalt auf und zogen in unsere Wohnung. Die älteren drei Kinder waren bereits ausgewandert: der Sohn nach Palästina, die Töchter nach den USA. Onkel und Tante warteten auf ihre Visa für die USA. Tochter Renate wollte, wie meine Schwester und ich, nach Palästina gehen. Onkel und Tante bezogen das Zimmer meines Bruders, Renate teilte jetzt statt meiner das Zimmer mit meiner Schwester, und ich zog begeistert in das frühere Mädchenzimmer, das ich mir nach meinem Geschmack einrichten konnte. Ich hatte nun mein Reich für mich, niemand störte mein Zusammensein mit Max. Ich lebte in diesen Monaten ungeheuer intensiv, arbeitete zehn bis zwölf Stunden jeden Tag, auch an den Wochenenden, und befand mich seelisch in völligem Gleichgewicht. Wie wir beide, Max und ich, uns ohne landwirtschaftliche Vorbereitungen, mit unseren „bürgerlichen" Berufsausbildungen für ein Zertifikat qualifizieren würden, bereitete mir jetzt keine Sorge. Irgendetwas würde sich jetzt auch für uns ergeben. Man würde uns nicht im Stich lassen, da auch Max freiwillig, ohne Gehalt seine freie Zeit dem Palästina-Amt zur Verfügung stellte.

Das Zweifamilienleben in unserer Wohnung gestaltete sich harmonisch. Ich hatte zwei kleine Schwestern, abends musizierten der Onkel und die Eltern, Ilse sang, man lud auch weiterhin Gäste ein, diskutierte lebhaft und bewirtete üppig. Die Schwägerinnen waren dick befreundet, und Max wurde von allen wie ein Familienmitglied behandelt. Die Anpassungsfähigkeit meiner Eltern, ihre ungebrochene gute Laune, trotz drohender Gefahren, erstaunte mich. Mutter widmete sich stundenlang ihren neu erlernten Fertigkeiten – aus den Geschenken wurden Waren, so dass mittels Freunden und Bekannten auch ihre Erzeugnisse einiges zum Wirtschaftsgeld beisteuerten. Ohnehin beteiligte sich die Richard-Familie an den Gesamtausgaben des Haushalts.

Wer meinen Vater zu dieser Zeit beobachtete, musste sich über seine ständig gute Laune und Unbeschwertheit wundern. Es schien, als hätte er eine neue Lebensphilosophie entwickelt, in der Verzicht auf Luxus und Genügsamkeit – ohnehin preußische Tugenden – eine eminente Rolle spielten und ihn sogar noch mit Stolz erfüllte. Als ich ihm mein von mir neu eingerichtetes „Mädchenzimmer" zeigte, meinte er, wie glücklich er wäre, wenn er wüsste, dass man ihm Zeit seines Lebens eine derartige bescheidene Unterkunft garantieren würde. Asketische Bescheidenheit wurde zur Rechtfertigung für „Ausharren". Es könne nicht schlimmer werden, noch scheine die Sonne, man könne spazieren gehen, lauteten seine tagtäglich wiederholten Selbstaufmunterungen. Auch meine Mutter, so schien mir, nahm die Realität und die Gefahren nicht eigentlich zur Kenntnis. Ich hatte immer den Eindruck, als bedeuteten ihr die handwerklichen Betätigungen eher ein Spiel, sie freute sich über ihre eigene Tüchtigkeit, so dass der bittere Ernst des Unternehmens niemals völlig in ihr Bewusstsein drang. Sie war kindlich stolz auf ihre Erfolge, die – seien es die Blumen, die Handschuhe oder die Confiserien – sich vor den vornehmsten Firmen Berlins wirklich nicht zu verstecken brauchten.

Meine Arbeit war physisch ungeheuer anstrengend, beanspruchte jedoch Gemüt, Gefühl, auch Intellekt, so dass Übermüdung, Ängste vor unbekannten Gefahren wie in einen tiefen Brunnen furchterregender Ahnungen fielen, die durch die nimmer endende Spannung der täglichen Arbeit das Bewusstsein nicht beherrschten, jedoch auch nicht vertrieben wurden.

Im Palästina-Amt traf ich Luci wieder, meine Berufsberaterin vom Jahre 1934. Sie war äußerst zufrieden, dass man mir dieses Amt übertragen hatte – ihr selbst hatte man im Palästina-Amt eine leitende Stellung anvertraut – und meinte, dass es mir sicher gelingen würde, Vertrauen von Eltern und Jugendlichen zu erringen.

Es war „Ein ernstes Leben“[53], das ich auf mich genommen hatte; ich fühlte mich dem Ernst durchaus gewachsen. Die damit verbundene Schwere oder gar Last trat nicht in mein Bewusstsein. In meiner Vorstellung empfand ich meine Tätigkeit als „Außenarbeit“, die mich in jeder Hinsicht mit meinem eigentlichen Ziel, mit Palästina, verband. Diese Vorstellung beherrschte mein Bewusstsein vollständig, als ich zu Beginn des Jahres 1938 in die Jugendhilfe berufen wurde. Dort übertrug man mir das Dezernat für die Zusammenstellung von Jugendgruppen und deren Einordnung in den Chewer Kwuzot, in einen Verband von Gemeinschaftssiedlungen, – deren Mitgliederzahl geringer war als die der Kibbuzim –, gegründet in den ersten Jahrzehnten des 20. Jahrhunderts von jungen russischen Intellektuellen, wie Degania[54] und Kinneret[55], zu deren ersten Mitgliedern u.a. Salman Rubaschow, als Salman Schazar späterer Staatspräsident Israels, und die Dichterin erster moderner Zionslyrik, Rachel (Blaustein), gehörten.

Die Leiterin der Jugendhilfe war Hilde David, promovierte Juristin aus Breslau, und die Leiterin der mit ihr verbundenen „Kinderhilfe“, die Kinder in die Landschul-Siedlung Ben Schemen oder auch in Familien dörflicher Gemeinschaftssiedlungen in Palästina einordnete, Recha Freier. Sie war die „Erfinderin“ dieser Rettungsaktion von Kindern und Jugendlichen. Die Arbeit in Palästina wurde von Miss Henrietta Szold, einer amerikanischen Jüdin, übernommen. Sie handelte die Zahl der Zertifikate mit der

Mandatsregierung und der Jewish Agency aus und übernahm gleichzeitig die Betreuung der jungen Einwanderer in Palästina. Dr. Josef Burg aus Dresden wurde Dezernent der religiösen Jugendbünde, später wurde er dienstältester Innenminister des Staates Israel. Unter anderen prominenten Repräsentanten der nicht religiösen Jugendbünde wurde Dr. Georg Josephthal[56], später Landwirtschaftsminister, zum wichtigsten Berater aller Dezernenten.

Eine meiner ständigen Mitarbeiterinnen war Gisela Warburg[57], eine Tochter des Hamburger Bankiers Max Warburg[58]. Sie und ihre Schwester Lola Hahn-Warburg[59], letztere arbeitete neben Recha Freier für die Kinder-Alija, arbeiteten auf freiwilliger Basis wie jeder andere, wenn nötig zehn bis zwölf Stunden, inklusive der Wochenenden in der Jugendhilfe. Gisela fuhr regelmäßig mit mir in die „Vorbereitungslager" und begleitete mich an den vorgeschriebenen Erscheinungstagen zur Gestapo. Ihre Begleitung war für mich von unschätzbarem Wert, denn noch hatte man eine gewisse Achtung vor der Internationalität der Familie Warburg. Der Hamburger Max Warburg, überzeugter deutscher Patriot, zögerte fast zu lange mit der Auswanderung nach Amerika. Erst Ende September des Jahres 1938 verließen die Warburgs, und somit auch meine Helferin Gisela, Deutschland.

In den Vorbereitungslagern wurden die Jugendlichen bei ihrer körperlichen Arbeit und ihrem Verhalten im Gemeinschaftsleben von erfahrenen Jugenderziehern einen Monat lang beobachtet. Nach Ablauf dieser Zeit bestimmten wir, die Dezernenten und die Jugendleiter, wer sich bewährt hatte; von den 60 Bewerbern waren wir gezwungen mindestens ein Drittel zurückzuweisen, um die wirklich Geeigneten ausfindig machen zu können, so dass die Zahl der Bewerber die Zahl der zur Verteilung überwiesenen Zertifikate[60] in die Vorbereitungslager übersteigen musste. Es fiel uns unendlich schwer, Absagen zu erteilen. Wir taten das Menschenmögliche, Selbstbewusstsein von Kindern und Eltern nicht zu erschüttern. Nächtelang diskutierten und argumentierten wir, bis wir meinten, die „ideale Gruppe“ zusammengestellt zu haben. Wenn ich heute an dieses Vorgehen zurückdenke, krampft sich mir das Herz zusammen. Damals konnten wir nicht ahnen, dass die Gefahren einer Zurückweisung unendlich größer waren als etwaige psychische oder physische Krisen in den Gemeinschaftssiedlungen Palästinas. In der Erinnerung scheint mir, dass wir damals in unserer Unwissenheit und Naivität, gemeinsam mit den zionistischen Instanzen in Palästina, unter dem Druck der Mandatsregierung bereits eine Art von „Selektion“ vorgenommen hatten. Der „Aufbau Palästinas“ und nicht die Rettung Jugendlicher schien in unserem Bewusstsein wenn nicht die dominierende so doch eine gleichbedeutende Rolle gespielt zu haben. Die regelmäßigen Berichte von Miss Szold über Einordnungsschwierigkeiten mancher Jugendlicher, über psychische Krisen – es geschah auch, dass Jugendliche ausbrachen und alle Beteiligten in helle Aufregung versetzten, bis man sie irgendwo wieder fand – erregten ernsthafte Besorgnisse und mahnten uns, wie wir meinten, zur Vorsicht.

Mein Vater beobachtete mit Verwunderung meine ganztägige Abwesenheit, meine abendliche Erschöpfung und meine monatlichen mehrtägigen Reisen in die landwirtschaftlichen Betriebe, in die „Vorbereitungslager“. „Was machst du eigentlich in der Kantstraße?“, fragte er mich eines Abends. Ich berichtete ihm so ausführlich wie möglich. Darauf er, äußerst verwundert: „Du hältst Sprechstunden ab? – Für wen? Die Eltern kommen zu dir, einer 19-Jährigen, aus allen Teilen Deutschlands, um sich über die Zukunft ihrer Kinder Rat zu holen?“ Er schüttelte ungläubig seinen Kopf.

Meine Sprechstunde hielt ich an den Vormittagen ab. Die Eltern warteten mit ihren Kindern im Vorzimmer und betraten mein Zimmer, wenn die Vorhergehenden meinen Raum verließen. Ich trat also nicht in Erscheinung, war daher völlig überrascht, als sich mein Vater plötzlich mir gegenüber niedersetzte: „Nanu? Ist irgendetwas zu Hause passiert?“ „Nein nein“, beruhigte mich Vater, „ich wollte nur einmal feststellen, was sich hier so abspielt. – Also wirklich, meine Tochter berät Eltern?!“ Wieder schüttelte er den Kopf über diese verrückte Welt. Vielleicht wurde ihm plötzlich bewusst, dass ich außerhalb der Familie absolut als „erwachsen“ galt. Nichtsdestotrotz schien er mir von meiner Selbstsicherheit im Umgang mit Eltern und Jugendlichen nicht wenig beeindruckt. Derartige Erkenntnisse, brachten mir sein höchstes Kompliment ein: „Marianne ist Vaters Tochter!“

Meines Vaters Verwunderung erreichte einige Wochen später ihren Höhepunkt. Es läutete an unserer Wohnungstür, mein Vater öffnete, betrachtete verwundert den Besucher, der in einem fremdländischen Deutsch „Fräulein Selbiger“ zu sprechen wünschte. Höflich bat ihn mein Vater in der Diele Platz zu nehmen, er wolle seine Tochter rufen. Erregt betrat er mein Zimmer, berichtete von einem merkwürdigen Menschen, ungewöhnlich gekleidet – keine Krawatte, „ungepflegt“, so seine Formulierung, unheimlich wäre er – und gab mir Anweisung, ihn im Wohnzimmer zu empfangen. Er würde im Erker des Esszimmers sitzen, dort könne man ihn vom Wohnzimmer aus nicht sehen, die Verbindungstür solle offen bleiben, so dass er mir, wenn nötig, zu Hilfe eilen könne. Er wolle in der Nähe bleiben! Jetzt wurde ich neugierig. Ich bat den Gast, in dem ich sofort einen „Alt-Chaluz“ aus Palästina erkannte, im Wohnzimmer Platz zu nehmen. Er stellte sich vor als Abgesandter der Jewish Agency[61] aus Palästina, er wäre Mitglied von Kwuzat Degania[62]. Er wolle mit mir über die Möglichkeit der Eingliederung von Jugendlichen des Makkabi und der Gordonia[63] in dörfliche Kollektivsiedlungen und über die Gruppenzusammenstellungen sprechen. Sein Name – man solle ihn sich merken – war Levi Schkolnik[64].

Ich war begeistert. Ein privates Treffen mit einem Altzionisten von der zweiten Alija, russischer Herkunft,

Mitbegründer der berühmtesten Kwuzot! Wir verstanden uns glänzend. Wie alle russischen Juden sprach er außer Russisch und Hebräisch auch Jiddisch. Wir vereinbarten ein zusätzliches Treffen für den nächsten Tag in der Jugendhilfe. Er verabschiedete sich, und ich konnte Vater beruhigen. Ich berichtete ihm, dass dieser Gast zu den prominentesten Vertretern des jüdischen Palästinas, zu dem engsten Kreis um Ben Gurion[65] gehörte. Doch machte dies alles keinen großen Eindruck auf meinen Vater. Er konnte nicht ahnen, dass zehn Jahre später Ben Gurion den Staat Israel ausrufen und dessen erster Ministerpräsident und Levi Schkolnik in den sechziger Jahren, dann unter dem Namen Levi Eschkol, dessen Nachfolger sein würde.

Das Jahr 1938! – Ein Jahr unerträglicher Spannungen und Ahnungen. Im Monat März marschierten Hitlers Soldaten in Österreich ein. Mit Schaudern und Entsetzen erfuhren wir durch die Leiter der zionistischen Jugendbünde Österreichs von den sofort einsetzenden Drangsalierungen und Demütigungen der Wiener Juden. Derartiges hatten wir in den fünf Jahren NS-Herrschaft in Berlin nicht erlebt. Es war wie eine Ankündigung der zukünftigen verschärften Judengesetzgebung auch in Deutschland, ohne dass wir aber eine Vorstellung von dem perversen Einfallsreichtum unserer Zerstörer haben konnten! Während des Einmarsches in Österreich befand ich mich auf dem „Weißen Hirsch“ in Dresden, neben Berlin meine Lieblingsstadt. Ich hatte dringend wenigstens für zwei Wochen eine Erholung nötig. Ich wohnte in einer kleinen jüdischen Familienpension, befreundete mich dort mit einer jüdischen Studienrätin für Mathematik, die wie alle jüdischen Beamten bereits im Jahre 1933 entlassen worden war. Mit ihr unternahm ich täglich ausgedehnte Spaziergänge, begeisterte mich wieder an den Schönheiten dieser einmaligen Stadt, die mit Recht „Elb-Florenz“ genannt wird. Als im Jahre 1945 die Nachricht von der Zerstörung Dresdens nach Palästina gelangte, war ich tief erschüttert! Abends hörten wir in der Pension im Radio die österreichische Hitlerhysterie[66], die wir in diesem Maße in Berlin im Jahre 1933 niemals erlebt hatten. Als lachhaft empfand ich nach dem Kriege die österreichische Selbstdarstellung als unschuldiges Opfer und die Behauptung, Österreich wäre erobertes Territorium gewesen!

In diesem unserem letzten Jahr in Berlin, verbrachten Max und ich jede freie Stunde zusammen. Ich holte ihn von der Technischen Hochschule ab, wo er sich auf die Diplomprüfung vorbereitete. Wann er sich für die Prüfung anmelden würde, wusste ich nicht, merkwürdigerweise fragte ich ihn niemals danach. Wahrscheinlich war ich vollkommen absorbiert durch meine Arbeit in der Jugendhilfe. Aber, oh Wunder, mein Vater wurde plötzlich realistisch, und, es muss im Spätsommer gewesen sein, fragte ihn in meiner Gegenwart: „Wann wirst du endlich deine Diplomprüfung ablegen?“ Zu meiner Bestürzung antwortete Max prompt: „Ich habe kein Geld, um die Prüfungsgebühren zu bezahlen.“ Ich war erschrocken und bestürzt: Niemals hatte er mit mir darüber gesprochen. Naiv, wie ich war, wusste ich gar nichts über „Prüfungsgebühren“. Mein Vater, der anscheinend eine derartige Antwort erwartet hatte, meinte: „Wie ich Marianne kenne, bin ich sicher, dass sie Geld spart.“ Und an mich gewandt: „Warum gibst du ihm nicht, was er braucht?“ Darauf ich: „Das erlaubst du?“ Die Zeiten hatten sich vollständig verändert. Undenkbar war es für mich, dass mein Vater es nicht skandalös finden würde, wenn eine junge Frau ihrem künftigen Ehemann Geld schenken würde! „Selbstverständlich“, war die ungeduldige Antwort meines Vaters, „ich habe kein Geld, wie du wissen solltest, sonst hätte ich es längst getan. Gib ihm schnell, was er braucht.“ Ich war selig und erleichtert. Für damalige Zeiten war es eine beträchtliche Summe, die ich ihm übergab. Abend für Abend tippte ich nun nach seinem Diktat die Diplomarbeit. Er reichte sie termingemäß ein und bereitete sich intensiv auf die mündlichen Prüfungen vor, die er Ende Oktober des Jahres 1938 mit durchweg guten Noten bestand. Ich verstehe heute noch nicht, woher Max die Kraft nahm, sich in diesen Wochen unbeschreibbarer Spannungen auf seine Abschlußprüfungen zu konzentrieren, deren Ausgang mehr als ungewiß war. Konnte er doch überhaupt nur zu den Prüfungen zugelassen werden, weil er keinen deutschen, sondern einen Staatenlosen-Pass besaß und somit als Ausländer galt, der – wenn auch jüdisch – zugelassen wurde. Auch ich leistete in dieser Zeit bei weitem mehr als heute vorstellbar ist. Die von Monat zu Monat an Intensivität zunehmende Arbeit in der Jugendhilfe, die Schreibmaschinenarbeit für Max' Diplomarbeit absorbierten völlig meine Kräfte. Hinzu kam, dass sich die häuslichen Verhältnisse von Woche zu Woche veränderten und die Trennungen uns nicht zur Ruhe kommen ließen: erst von Renate, die ein Jugend-Alija-Zertifikat durch ihren Werkleutebund für einen Kibbuz im Emek Jesreel erhielt; dann von Alice und Richard, die endlich ihre Visa für die USA und dazu die Erlaubnis erhielten, ihre sehr kostbare Amati-Geige mitzunehmen; schließlich die schmerzvollste Trennung, von meiner Schwester Ilse, die auf Grund ihrer landwirtschaftlichen Vorbereitungszeiten, zuletzt auf Gut Elgut in Oberschlesien, ein „Arbeiterinnenzertifikat" für Ajanot erhielt, einer Farm südlich von Tel Aviv, die von den ersten Pionierfrauen, die mit der zweiten Alija während der ersten Jahrzehnte des 20. Jahrhunderts von Russland nach Palästina einwanderten, gegründet und geleitet wurde.

Als Ilse meinen Eltern mitteilte, dass sie ein Zertifikat bekommen hatte und in ungefähr zehn Tagen Deutschland verlassen würde, war mein Vater sprachlos vor Überraschung. Erst jetzt wurde mir klar, dass er sich wohl damit abgefunden hatte, auf mich verzichten zu müssen, schon deshalb, weil Max und ich unwiderruflich zusammen gehörten, dass er aber fest damit gerechnet hatte, dass Ilse einverstanden sein würde, mit den Eltern nach Argentinien auszuwandern. Wie unrealistisch und wie unvernünftig war er noch immer. Aus Walters Briefen war bisher nichts zu entnehmen, was auf eine baldige Anforderung der Eltern hinwies, außerdem war von irgendwelchen Plänen meiner Eltern, Ilse mitzunehmen niemals die Rede gewesen. „Was? Ilse nach Palästina?!“ Vater war außer sich. Er tobte, schrie und als alles nichts nutzte, kniete er jammernd vor ihr nieder, flehte sie an, nicht auf „die böse Marianne“ zu hören. Onkel Walter, der reiche Onkel und Familienfreund, würde ihr tausend Mark schenken, sie könne mit dem Geld machen, was immer sie wolle. Dieses Schauspiel war demütigend und entwürdigend und für meine Schwester und mich äußerst peinvoll – und darüber hinaus nutzlos: Ilse wollte nach Palästina. Schließlich hatte auch sie im Jugendbund Freundschaften geschlossen, auch für sie bedeutete Zionismus und Palästina Wiederherstellung menschlicher Würde. „Was soll ich denn in Argentinien?“, rief sie verzweifelt und rannte aus dem Zimmer.

Vater verschloss sich, sprach nicht mehr darüber. Ich gab Mutter Geld, um für Ilse die notwendige Ausstattung zu kaufen. Die Reisekosten übernahm das Palästina-Amt. Zwei Tage vor der Abreise bekam sie eine Vorladung von der Gestapo. Das war Routine, um dort ihre Ausreisepapiere vorzulegen. Mutter begleitete sie, wartete auf der Straße, war erleichtert, wie wir alle, als sie nach einiger Zeit unversehrt wieder erschien.

Es war Anfang Oktober, und ich war allein mit den Eltern. Somit hatten wir viel Platz in der großen Wohnung, und als Hilde mich fragte, ob wir ihr nicht ein Zimmer vermieten könnten, gaben die Eltern gern ihre Zustimmung, und meine Arbeitskollegin wurde zu meiner Wohnungsgenossin. Hilde sorgte darüber hinaus für eine zusätzliche Einnahmequelle, indem sie meiner Mutter vorschlug für einige uns nahe stehende Mitarbeiter der Jugendhilfe einen Mittagstisch zu eröffnen Die Freunde, die jetzt bei uns ein- und ausgingen, hoben die Stimmung. Es war wie eine große Familie. Max und Hildes Rudi – Hildes Freund und späterer Ehemann – waren ständige Gäste, auch außerhalb der Mahlzeiten. Vater war beeindruckt von den Freunden und

Mitarbeitern seiner Tochter, schließlich waren alle führende Persönlichkeiten der zionistischen Jugendbünde und leitende Mitarbeiter in der Jugendhilfe – ich war mit Abstand die Jüngste –, und er war ein launiger Gesellschafter. Mutter bewies tagtäglich ihre Kochkünste, alle waren zufrieden. Da ereignete sich die nächste Katastrophe.

Ende Oktober wurden alle polnischen Staatsbürger ausgewiesen.[67] Binnen weniger Tage hatten sie Deutschland ohne ihre Habe zu verlassen. Die Hintergründe: Die polnische Regierung drohte die Pässe derjenigen, die während der letzten fünf Jahre nicht in Polen gewesen waren, für ungültig zu erklären, also entschieden sich Deutschlands Machthaber der polnischen Regierung zuvorzukommen und die Betroffenen auszuweisen. Max verbrachte die Nacht des 29. Oktober auf dem Bahnhof, um durch seine Gegenwart beruhigend auf die verzweifelten Menschen einzuwirken. Viele unserer Bundesfreunde und deren Familien waren durch diesen brutalen Ausweisungsakt betroffen. Niemand wusste, was ihr Schicksal sein würde, aber eines war gewiß: Die Polen würden für sie nicht die Grenzen öffnen. Wir kennen die Berichte der Unglücklichen, die tagelang im Niemandsland hin- und hergetrieben wurden, bis sich die polnischen Behörden entschlossen, sie herein zu lassen. Die meisten von ihnen wurden in Lagern untergebracht, die jüdischen Gemeinden halfen so gut sie konnten, einige Glückliche konnten bei Verwandten unterkommen. Diese polnischen Juden, seit Jahrzehnten ansässig in Deutschland, wurden ein knappes Jahr später durch den Überfall der Wehrmacht auf Polen zu den ersten Opfern der „Endlösung“. Für sie hatten die unbeschreibbaren Brutalitäten des kommenden Krieges bereits im Oktober 1938 begonnen.

Die „Polenaktion“ war ein Vorspiel nur, so fürchteten wir mit Recht. Wir waren sicher, dass neue Schrecknisse auf uns warteten. Wir arbeiteten fieberhaft, forderten Zertifikate an, führten Telefongespräche mit den jüdischen Instanzen in

Palästina, trieben zur Eile. Alle Vorbereitungslager waren belegt, die Zahl der Anwärter überstieg wie nie zuvor die Zahl der zur Verfügung gestellten Zertifikate. Hektik, in ständiger Erwartung lebensbedrohender Verordnungen, beherrschte die Stimmung in der Jugendhilfe – im Hause Selbiger hingegen Ruhe: Vater war wie immer optimistisch, als würde es ihn nicht betreffen, Mutter arbeitsam für den Mittagstisch und tüchtig in Herstellung und Verkauf ihrer Erzeugnisse.

Was mich in der Erinnerung an diese Tage immer wieder in Erstaunen versetzt, ist die Nervenstärke aller Mitarbeiter in den zionistischen Organisationen. Die enge menschliche Zusammenarbeit und der freundschaftliche Umgang aller mit allen gaben unserer Arbeit den bitter notwendigen Antrieb. Niemand erlahmte, trotz einer undefinierbaren angstvollen Erwartung vor dem nächsten Schlag.

Der kam am 8. November 1938. Wie jeden Tag aßen wir bei meinen Eltern, um drei Uhr waren wir wieder in der Kantstraße. Um sechs Uhr läutete das Telefon. Einer der Leiter des Palästina-Amtes teilte uns mit, dass ein junger Pole Schüsse auf einen Legationsrat der deutschen Botschaft in Paris abgegeben und ihn schwer verletzt hatte. Wir begriffen die furchtbare Bedeutung dieser Tat. Da wollte ein Einzelner sich für die Deportation seiner Familie nach Polen rächen, und alle Juden Deutschlands würden dafür zur Rechenschaft gezogen werden und schwer für diese Tat büßen müssen. Ein anderer „van der Lubbe"[68] lieferte den Vorwand für seit langem beschlossene Untaten und Verbrechen. Diese unerträgliche Ungewissheit: Was, ja was, was nur würde ihnen einfallen? Max und ich dachten scharf nach und versuchten nach allen Erfahrungen ihre Pläne zu erraten. Was wollten unsere Folterer? Sie wollten, resümierten wir, dass alle Juden aus Deutschland verschwinden und ihr Vermögen in Deutschland zurücklassen. Bei unseren regelmäßigen Gestapovorladungen wurde überaus deutlich: Die Auswanderung vollzog sich viel zu langsam, nicht zuletzt deshalb, weil alle Staaten ihre Grenzen so gut wie verschlossen hatten und weil es den meisten Ausreisewilligen nicht gelang, trotz verzweifelter Bemühungen, Visa für irgendein Land Europas, für die USA oder Südamerika zu erlangen. Sie werden – so unsere Überlegungen – eine grausame Methode erfinden, die Juden Deutschlands zur Verzweiflung zu bringen, um somit den Druck auf die unwilligen Einreiseländer zu verstärken.

Beklommen verbrachten wir den Abend und die halbe Nacht mit Gesprächen. Hilde und ich bangten vor allem um unsere Männer, um Max und Rudi, und ich zusätzlich um meinen Vater, der, ruhig und heiter, immer noch nichts begriff, keinerlei Furcht hegte, denn er, so seine Worte, „habe sich nichts zu Schulden kommen lassen".

So verrückt dies klingen mag: In unseren Herzen beteten wir für das Leben des Legationsrates, des Herrn vom Rath, als wenn sein Überleben auch unser Leben verbürgen würde, als wenn der Mordversuch allein des jungen Polen nach Nazimoral jede Rache an allen Juden rechtfertigen würde.

Am Nachmittag des 9. November erhielten wir aus dem Palästina-Amt in der Meineckestraße die Mitteilung, dass der Herr vom Rath seinen Schussverletzungen erlegen sei. Wir gingen jetzt besser nach Hause. In weiser Voraussicht nahmen Hilde und ich die Karteikarten unserer Anwärter, die sich entweder bereits in den Vorbreitungslagern oder noch in ihren Elterhäusern befanden, mit uns in die Wohnung meiner Eltern. Zu Hause gelang es mir, nach endlosen Beschwörungen, meinen Vater dazu zu bewegen zu der christlich verheirateten Schwester von Tante Alice zu ziehen. Rudi und Max wechselten jeden Tag ihr Quartier, Max schlief oft bei einem Stammtischbruder seines Vaters.

Es folgten Tage des Grauens. Wieder und wieder, bis zum heutigen Tag, versuche ich in der Erinnerung an jene Zeit eine Erklärung für meine Kaltblütigkeit zu finden, die mich bis zu den Tagen des Abschiedes von meinen Eltern nicht verließ. Meine Erklärung mag manchem unglaubhaft klingen. Zum einen war die Erkenntnis, dass unsere Arbeit in der Jugendhilfe lebensrettend für Hunderte von Jugendlichen ist, in einem Maße augenfällig, dass Gedanken über die eigene Rettung das Bewusstsein vorerst kaum beherrschten. Auch hatte ich immer noch die Überzeugung, dass sich für uns irgendein Weg, sei er auch illegal, finden würde. Man würde uns nicht im Stich lassen. Dies klingt heute irrational, denn Millionen wurden letztendlich von allen, von der gesamten zivilen Welt im In- und Ausland im Stich gelassen, was wir damals nicht wussten, und es war und ist bis zum heutigen Tag unerklärlich! Jedoch verrät mein letzter geheimer Fluchtplan, der in meinem Herzen seit Jahren tief verankert war, nämlich die Flucht in den Tod, meine doch vorhandene dumpfe Ahnung von einer Ausweglosigkeit, von der Gefahr der Entwürdigung, einer Entwürdigung, die ich nicht im Stande gewesen wäre auf mich zu nehmen. Wie bei anderen jungen Intellektuellen meiner Generation hatte auch mein Wille zu einem „Überleben um jeden Preis" Grenzen, beeinflusst durch Schopenhauer- und Nietzschelektüre, verzaubert durch Wagnermusik und nicht zuletzt von frühester Jugend an beeindruckt durch den Freitod des jungen Walter Calé, des Bruders meiner Mutter, für den der Todesgedanke stets letzte Ausflucht vor unerträglichem Lebensleid bedeutet hatte. Im Alter von 20 Jahren dichtete er über den „schwarzen Reiter"[69]:

Er lehnt schon hundert Jahre
vor meinem runden Tor;
die Zeit wird ihm nicht lange,
ich komme nie hervor.
…
Das ist so schön zu wissen!
Ich sag' es tausendmal:
„Es warte einer draußen!"
und bleibe doch im Saal.

Ist es schwer zu verstehen, dass diese Worte Trost und auch ein Gefühl der Überlegenheit verliehen? Man muss nicht leben, um jeden Preis:

> Es braucht nur dreien Schritte,
> so kann ich bei ihm stehn,
> so kann ich mit ihm reiten,
> wie meine Wünsche gehn.[70]

zitierte ich in diesen Tagen lautlos in meinem Herzen.

Am 10. November 1938 fuhren Hilde und ich mit der S-Bahn in die Kantstraße. Durch die Fenster des fahrenden Zuges sahen wir mit Schrecken die dunklen Rauchwolken der brennenden Synagoge in der Fasanenstraße. Wir arbeiteten bedrückt und schweigend, erfuhren die Schreckensnachrichten der zerstörten Geschäfte, der zertrümmerten Schaufenster. Darum also die unerklärlichen weißen Buchstaben! Früher als sonst verließen wir am Nachmittag die Büroräume,

Einen Tag später, am 11. November, gingen wir wieder in die Jugendhilfe. Kurz nach 12 Uhr rief meine Mutter an, ich möge doch bitte sofort nach Hause kommen. Sie sprach ruhig, war nicht in Panik, doch ich wusste, dass etwas Schlimmes geschehen war. Ich eilte sofort zu ihr – und sie berichtete: Zwei Männer in Zivilkleidung hatten nach Vater gefragt, und sie hatte geantwortet: „Er ist nicht hier." Sie fragten: „Wo ist er?" „Ich weiß es nicht", so meine tapfere Mutter, „er ist spazieren gegangen, er müsste schon längst wieder hier sein. Ich bin besorgt, vielleicht ist er auf der Straße aufgegriffen worden?" Die Männer gingen durch alle Zimmer, öffneten alle Schränke, guckten unter die Betten, wurden sehr ärgerlich und fuhren meine Mutter wütend an: „Wir kommen morgen wieder um dieselbe Zeit. Sollten wir Ihren Mann wieder nicht vorfinden, verhaften wir Sie und Ihre Tochter", damit verließen sie unsere Wohnung.

Ich bewunderte meine Mutter. Sie blieb ruhig. Ich sagte: „Nicht telefonieren, niemandem etwas sagen, Vater nichts ausrichten. Außerdem, es gibt keine Konzentrationslager für Frauen, höchstens Gefängnis! Ich denke, das ist eine leere Drohung. Sicher bleibe ich jetzt und morgen bei dir." Im Laufe des Nachmittags erschien Hilde und berichtete erregt, dass alle Männer gefährdet seien. Man hätte zahlreiche leitende Mitarbeiter der Reichsvertretung und des Palästina-Amtes verhaftet. Nach welchem System die Opfer ausgesucht wurden, wussten wir zu dieser Stunde noch nicht. Wohin die Opfer gebracht wurden, erfuhren wir nicht. Ununterbrochen läutete unser Telefon, und wir hörten die Schreckensberichte über die Verhaftungen.

In unserem Hause wohnte in der ersten Etage der Rabbiner der Reformgemeinde Dr. Karl Rosenthal mit seiner Frau und seinen zwei Söhnen. Auch Frau Rosenthal hatte man gedroht, sie und ihre Söhne mitzunehmen, sollte sich der Herr Doktor am nächsten Tag, ebenfalls um 12 Uhr, nicht in seiner Wohnung einfinden. „Was soll ich tun?", fragte Frau Rosenthal verzweifelt. „Die Ruhe behalten", antwortete ich ihr. Über unseren Vater teilte ich ihr nichts mit. Sie sollte auf Befragen über meinen Vater keine Antwort geben können. Max schlief jede Nacht woanders, meist bei den Kneipen-Freunden seines Vaters, auf die man sich verlassen konnte. Vater war bei unseren angeheirateten christlichen Verwandten. Mutter begab sich in die Küche, um ein leckeres Abendbrot vorzubereiten, ich bewunderte ihre Nervenruhe. Indessen telefonierten Hilde und ich mit Ms. Szold in Jerusalem. Wir versuchten, ihr die Situation so deutlich wie möglich zu schildern: Zu unserem Entsetzen hatten wir erfahren, dass man unsere 15- bis 16-jährigen Jungen von unseren Vorbereitungslagern abgeholt hatte. Die Angst und die Sorge um das Wohl und Wehe nächster Verwandter und Freunde, der Gedanke, dass mein Max oder mein Vater diesen Henkern in die Hände fallen könnten, und jetzt die Vorstellung bevorstehender Leiden und Entwürdigungen unserer Jugendlichen brachten mich, und alle Mitarbeiter, dem Wahnsinn nahe. Mit intensiver Arbeit konnte man sich betäuben. Das Einzige, was man tun konnte, war telefonieren – und dies nur mit Jerusalem, der einzig möglichen Institution, die Hilfe leisten konnte. Wir brauchten Zertifikate, vorerst nur für diese Kinder. Sie mussten raus, raus aus diesen Höllenlagern. „Eilt Euch, eilt Euch!“ – mehr wagten wir nicht zu sagen, und wir durften nur dringlich, nicht aufgeregt argumentieren. Auslandsgespräche wurden abgehört, und jede Beschwerde, Klage oder gar ausführliche Schilderung wurde als „Gräuelpropaganda“ bezeichnet, die klassische Legitimation für die Schuldzuweisung an die Opfer für jede feindliche Reaktion im Ausland auf Hilfeschreie aus Deutschland.

Am nächsten Tag, es war der 12. November, fanden wir die Räume der Reichsvertretung, des Palästina-Amtes und der Jugendhilfe von der Gestapo versiegelt. Mutter und ich warteten in unserer Wohnung auf die Mittagsstunde. Zu meinem Entsetzen erschien plötzlich Max bei uns. Er wolle bei mir sein, sagte er trotzig und verbissen: „Ich gehe hier nicht fort. Du kannst das nicht allein bewältigen!“ In derselben Minute klingelte es an unserer Wohnungstür. „Max, schnell raus!“, rief ich erregt. Der aber saß wie gelähmt und rührte sich nicht. Ich höre ihn heute noch, seine Stimme in diesem Augenblick werde ich niemals vergessen: „Ich will nicht weglaufen. Ich lasse mich nicht jagen. Ich habe nichts verbrochen“, stieß er hervor. Wütend riss ich ihn hoch. Es läutete wieder an unserer Wohnungstür, ich geriet in Panik, stieß ihn auf dem Korridor vor mich her, wütend trommelte ich auf seinen Rücken, öffnete die Tür zum Hinterausgang unserer Wohnung, in der Hoffnung, er könne sich durch den Hof auf die Straße retten, was auch geschah. Ich raste nach vorn und öffnete die Tür. Vor mir standen zwei Männer im Straßenanzug, freundlich lächelnd fragten sie: „Entschuldigen Sie die Störung. Wo wohnt in diesem Hause die Familie Rosenthal?“ Ich war verdutzt – sie suchten nicht uns, wir standen anscheinend nicht auf ihrer Liste. ‚Die wissen nicht, dass wir Juden sind‘, schloss ich schnell und antwortete ohne lange nachzudenken: „Hochparterre. Sie sind vorbeigelaufen!“

Habe ich Rabbiner Rosenthal ausgeliefert? Das habe ich mich immer wieder gefragt, und immer wieder gab ich mir selbst die Antwort: Ich konnte doch denen nicht erzählen, dass ich das nicht weiß. Eine meiner vielen Erfahrungen, die ich während meiner „Nazi-Jahre“ machen musste, lautete, dass man niemals das Richtige machen konnte, weil es in dieser umgestülpten Welt einfach das Richtige nicht mehr gab! Hätte ich sagen sollen „Was wollen Sie von ihm?“ Oder hätten sie mir geglaubt, wenn ich ihnen versichert hätte, ich wüsste nicht, wer noch in diesem Hause wohnt? Sie wären misstrauisch geworden! Sie verabschiedeten sich sehr höflich, wandten sich um, gingen die Treppen hinunter und klingelten Hochparterre bei Rosenthals. Dort wartete brav der Herr Dr. Rosenthal, dem Flehen seiner Frau, doch nicht sie und die Söhne zu gefährden, gehorchend, auf seine Verhaftung. Oh Wunder, sie kehrten nicht zu uns zurück, nicht an diesem und nicht an den nächsten Tagen.

Mutter blieb tapfer allein zu Haus, ging nicht ans Telefon. Max und ich trieben uns im Grunewald herum, in der irrigen Meinung, dass wir dort sicher seien. Später erfuhren wir, dass die Gestapo den Grunewald, die U- und die S-Bahn systematisch durchsucht hatten, um ihnen verdächtig Erscheinende festzunehmen. Nicht wenige unserer Freunde fielen in der S-, in der U-Bahn oder bei Spaziergängen in strömendem Regen der Gestapo in die Hände. Anscheinend waren viele, die auf den Listen standen, nicht zu Hause, hatten sich versteckt, also ging die Gestapo auf Zufallssuche. Es kam auch vor, dass die Gestapo, wenn sie den Gesuchten nicht in seiner Wohnung vorfand, statt seiner einfach einen zufälligen Besucher oder Verwandten, der gar nicht auf der Liste stand, mitnahmen. Sie hatten eben, so stellten wir einige Tage später fest, ein „Soll“ an Verhaftungen zu erfüllen.

Es waren Tage des Wahnsinns, schon deshalb, weil man notwendigerweise völlig isoliert war. Niemand durfte etwas von einem anderen wissen. Mein Vater in seiner Naivität und mit seiner Weigerung, irgendeine Gefahr für sich zur Kenntnis zu nehmen, war wie immer gut für Überraschungen, weshalb ich dauernd um ihn fürchten musste. Max und ich wollten nach einem Spaziergang im Grunewald am S-Bahnhof von einer Telefonzelle aus christliche Freunde anrufen. Die Zelle war besetzt. Ein breitschultriger Herr führte ein endloses Gespräch, wir warteten ungeduldig, wagten jedoch nicht ihn zu unterbrechen, denn alles bedeutete Gefahr. Endlich legte er den Hörer auf, wandte sich uns zu und – welche Überraschung! Mein Vater stand vor uns. „Mit wem hast du telefoniert?", fragte ich ihn streng und erregt. Seine Georg-Selbiger-Antwort werde ich niemals vergessen: „Mit der Gestapo. Ich wollte mich erkundigen, wo es für einen älteren Herrn komfortabler wäre. In Buchenwald oder in Sachsenhausen?" Max und ich sahen uns entsetzt an: Ist er von Sinnen? Nein, er war es nicht. Wie immer begriff er gar nichts, wollte nichts begreifen.

Einige Wochen später, als die Verhaftungen schon längst aufgehört hatten und diejenigen entlassen wurden, deren Angehörigen es gelungen war, Visa für ein Ausland zu erlangen, traf mein Vater den Rabbiner Rosenthal im Treppenhaus. Er war jämmerlich anzusehen, kaum wieder zu erkennen, kahl geschoren, bedeckt mit Frostbeulen und kaum verheilten Wunden. Vater ging fröhlich auf ihn zu: „Na, Herr Doktor, wieder im Lande. Wie war es denn?" „Fragen Sie nicht, es war die Hölle!", antwortete der Geschundene. „Der übertreibt auch schon!", meinte Vater, als er bei uns angelangt war, kopfschüttelnd zu Mutter und mir.

Nach einer Woche hörten die Verhaftungen auf, die Räume des Palästina-Amtes, der Reichsvertretung und der Jugendhilfe wurden entsiegelt, und wir stürzten uns in unsere Arbeit, die darin bestand, die verhafteten Jugendlichen aus Buchenwald und Sachsenhausen herauszuholen, um sie unverzüglich – die Zertifikate hatten wir inzwischen dank unserer telefonischen oder telegraphischen SOS-Rufe erhalten – nach Palästina zu schicken. Ich war nicht unter denjenigen, die sie in Empfang genommen hatten, aber die ausführlichen Schilderungen ihrer körperlichen und seelischen Verfassung waren herzzerreißend. Diese 15- bis 16-Jährigen erlitten gleich den Erwachsenen grausame Prügel und tiefste Erniedrigungen. Auch sie, kahl geschoren, über und über mit Wunden und Frostbeulen bedeckt, erschienen wie aus der Hölle entkommen. Man brachte sie in den Heimen der Jugendhilfe unter. Es wäre nicht möglich gewesen, berichtete man uns, sie zum Sprechen zu bewegen. Stumm und steif saßen sie an den für sie gedeckten langen Tischen und aßen, ohne die Augen von den Tellern zu erheben, ohne miteinander und gewiss nicht mit den sie umsorgenden Erwachsenen irgendeinen Kontakt aufzunehmen. Binnen weniger Tage waren sie auf dem Weg nach Palästina.

Die Novemberpogrome waren der brutale Versuch, die Juden Deutschlands zur Auswanderung zu zwingen. Verhaftet wurden, wie wir später rekonstruierten, nur deutsche Staatsangehörige, und zwar vor allem diejenigen, die einige Wochen vor dem 9. November 1938 unter Zwang und Androhungen von Höchststrafen ihr Vermögen – Vermögen in jeder Form, auch geringste Sachwerte – bei den Behörden aufgelistet angemeldet hatten. Ausländer, auch Staatenlose, die zu dieser Zeit noch als Ausländer galten, so dass weder Max noch seine Eltern gesucht wurden, blieben unbehelligt.

Nach diesen Tagen wurde alles anders. Für die aus den Lagern Entlassenen wurde die Beschaffung von Zertifikaten zur dringlichsten Aufgabe. In England hatte eine jüdische Hilfsorganisation, initiiert von wohlhabenden und politisch einflussreichen Juden, „Permits"[71] für 8- bis 14-jährige Kinder erwirkt, und wir arbeiteten in den Räumen des Palästina-Amtes an den Gruppenzusammenstellungen.[72] Der Massenandrang von Eltern, die ihre Kinder auf diese Weise retten wollten, war außerordentlich groß. Über die Tragik der Situation, Hilfe für eine Trennung – wahrscheinlich für immer – von Kindern und Eltern zu leisten, sprach niemand. Rettung hieß die Aufgabe, die wir zu erfüllen hatten. Für Emotionen war diese Zeit ungeeignet!

Meine Sorge, meine Ängste kreisten um Max. Die Vorstellung, man könnte sich an ihm vergreifen, ihn foltern, prügeln, unendlich erniedrigen, kahl scheren war unerträglich. In meiner Verzweiflung wandte ich mich an Klampfen-Max nach Amsterdam, bat um Hilfe für meinen Max, dem er in Berlin viele Jahre treuer Freund und Bewunderer gewesen war. Er antwortete nicht einmal auf meinen Brief. Wie tief muss seine Verbitterung über meine „Treulosigkeit" gewesen sein! Eine andere Erklärung hatte ich für seine wortlose Verweigerung nicht, die sich einige Jahre später, als während des Krieges die holländischen Juden ebenfalls der Nazi-Judenpolitik zum Opfer fielen, als eine besondere, zeitgemäße Art von „Glück" erweisen sollte.

In den letzten Novemberwochen zog Hilde bei uns aus. Wohin und warum, daran erinnere ich mich nicht genau. Wahrscheinlich zog sie mit ihrem Rudi zusammen. Sie schickte „Ersatz": Ein anderer Mitarbeiter, mir freundschaftlich verbunden, zog in das „Kinderzimmer". Mutter kochte wieder für einige Freunde, doch auch bei derartigen Veranstaltungen war unübersehbar, dass kein eigentliches Gespräch geführt werden konnte, da jeder seinen eigenen Gedanken nachhing.

Auch wir hatten nur einen Gedanken: Nichts wie raus! In diesen Tagen erhielten wir und andere Freunde, unerbeten, vermittelt durch Gisela Warburg, ein Affidavit[73], die Versicherung, dass wir den USA nicht zur Last fallen würden, als Voraussetzung für die Erlangung eines Visum. Wir freuten uns sehr über Giselas Treue zu ihren Freunden, jedoch wollten wir nach Palästina. Hinzu kam, dass wir wussten, dass man trotz Affidavit auf die Zuteilung eines Visum mehrere Jahre zu warten hatte, denn die „Quote"[74] war für eine lange Zeit erfüllt. Ich bedankte mich bei Gisela und fragte sie, ob es nicht möglich wäre, dieses Affidavit auf meine

Eltern umzuschreiben. Ihre Antwort erreichte mich nicht mehr, da ich schon auf dem Weg nach Palästina war. Anscheinend war eine derartige Umschreibung nicht möglich. Meine Eltern waren zu alt, als dass völlig fremde Menschen, obwohl außerordentlich wohlhabend, die Garantie für ihren Lebensunterhalt übernehmen konnten.

Das Affidavit war auf das Ehepaar Awerbuch ausgeschrieben, unter meiner Adresse. Gisela wusste von unseren Heiratsplänen. Wir hatten unmittelbar nach den Novemberpogromen beschlossen, sie zu verwirklichen. Wir wussten, dass zur Erlangung eines Zertifikates für uns beide die Eheschließung notwendig war.

Eine jüdische Hochzeit im November 1938! Zwangsweise losgerissen von jeglicher Erinnerung an Familienhochzeiten, an den „schönsten Tag des Lebens", wurde unser „schönster Tag des Lebens" zu einem Tag der Spannung, Ängste und Ratlosigkeit. Wie feiert man eine jüdische Hochzeit im November des Jahres 1938? Noch heute bewundere ich mit Rührung Brautpaare: *Er* im dunklen Anzug, *sie* im weißen Seiden- und Spitzenkleid, beladen mit Blumen, umgeben von lachenden Verwandten und Freunden, posieren sie nach dem Verlassen des Schmargendorfer Rathauses für den Fotografen, und ich freue mich an der Familienfreude, empfinde das Schauspiel als ein mir geltendes persönliches Ereignis, so, als wäre ich der Mittelpunkt, und merkwürdigerweise fühle ich keine Trauer oder Verbitterung, da ich mich entschädigt fühle, weil es mir nach allem Elend vergönnt ist, Zeugin bürgerlicher Festnormalität zu sein.

Am 28. November ging ich in unser zuständiges Polizeirevier, Ecke Claudius- und Flensburger Straße, und beantragte einen Staatenlosen-Pass: „Ich heirate morgen, mein Mann ist ‚staatenlos', mein deutscher Pass wird mit der Eheschließung ungültig." Die Beamten kannten mich, Murmel und Hopse spielend, Kreisel schlagend oder mit der Schulmappe auf dem Rücken nach Hause eilend, von frühester Kindheit an. Sie waren verwirrt. „Aber Mariannchen“, sagte endlich der Zuständige, „man gibt doch die deutsche Staatsangehörigkeit nicht auf!“ Diese Reaktion war bezeichnend für viele „kleine Leute“ unserer Nachbarschaft, die unsere Familie seit Jahrzehnten kannten. „Was, verhaftet werdet Ihr auch!?“, rief meine Gemüsefrau am 11. November entsetzt aus, und man sah es ihr an, dass sie und die anderen anwesenden Hausfrauen nichts verstanden. Ich antwortete ihr nicht, genauso wenig wie den erstaunten Polizisten.

Am 29. November 1938 gingen wir – meine Eltern, ich, Max' Eltern und Max – auf das Standesamt in Moabit, Wilhelmshavener Straße 2, das in einem Seitenflügel meiner einst so heiß geliebten Schule untergebracht war. Der Standesbeamte waltete seines Amtes ruhig, mit dem notwendigen Ernst. Wir sagten unser „Ja“, Ringe hatten wir nicht, sie wurden auch nicht verlangt. Der Beamte verabschiedete uns freundlich, nachdem er die Ehe zwischen dem Diplomingenieur Max Awerbuch und der Kindergärtnerin Marianne Ulrike Selbiger vollzogen hatte.

Meinen Staatenlosen-Pass erhielt ich einen Tag nach der Hochzeit, am 30. November. Der Pass liegt jetzt, in der Stunde, in der ich dies niederschreibe, vor mir. Ich weiß also genau, wie ich in diesen Tagen ausgesehen hatte: sehr schlank, 48 Kilogramm wiegend, das Haar kurz, seitlich gescheitelt, bekleidet mit Wollkleid und Strickjacke, das Gesicht schmal, hohe Stirn, lange gerade Nase, eine energische Kinnpartie, hochmütig leicht geschlossene Augen, ein ironisches Lächeln um die Lippen. Der Pass selbst ist kein eindrucksvolles Dokument, denn „staatenlos“ war ein würdeloser Zustand: in großen Druckbuchstaben die Überschrift DEUTSCHES REICH, am unteren Ende in gleicher Schrift FREMDENPASS, in der Mitte prangt der Reichsadler, auf einem umkränzten Hakenkreuz hockend. Die Hakenkreuzstempel an den Ecken meines Passbildes verliehen meinem ironischen Lächeln einen unabsichtlichen Sinn. Ich betrachte heute dieses Bild und wie damals

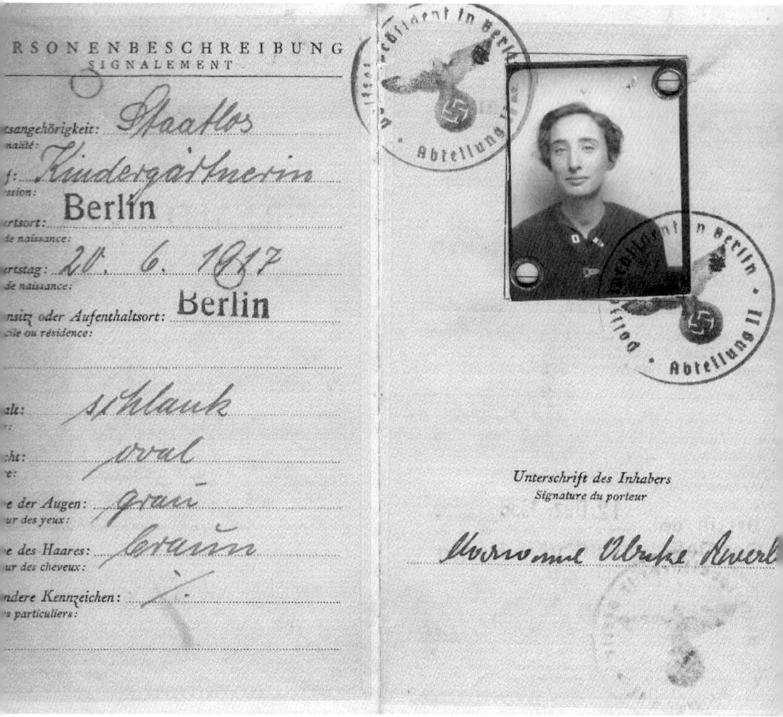

Fremdenpass von Marianne Awerbuch

überflutet mich ein Gefühl von Stolz, Hochmut und Verachtung, die in diesen Novembertagen des Jahres 1938 neben Angst und Spannung mein Bewusstsein erfüllten. Unter „Besondere Kennzeichen" ist vermerkt „keine", ich würde sagen: Dies ist das Konterfei einer selbstbewussten, überheblichen Göre. In normalen Zeiten hätte mein Vater bei der Betrachtung dieses Bildes meinen „schlechten Charakter" dokumentiert gesehen.

Vom Standesamt gingen wir alle in unsere Wohnung. Mutter hatte eine „Delikatessen-Mahlzeit" kleiner Köstlichkeiten vorbereitet. Vater schenkte Max eine sehr schöne Uhr, gekauft in dem berühmten Uhrengeschäft „Felsenstein" Unter den Linden. Ich erhielt von meinen Schwiegereltern eine handgepunzte dunkelbraune Schreibmappe, in die, kunstvoll umgeben von Blumengirlanden in einer dunkleren Braunfarbe, meine Initialen M.A. eingraviert waren. Wahrlich ein rührendes Geschenk, eine kunsthandwerkliche Leistung. Die Bedeutung dieses Geschenkes erhöhte sich mit dem zeitlichen Abstand von dieser Hochzeitsfeier.

Nach dem Essen fuhr Max mit seinen Eltern in die Alexandrinenstraße. Sie wollten ein wenig ruhen, am frühen Abend sollten sie wieder bei uns sein. Auch wir hielten Mittagsruhe. Am späten Nachmittag kamen bereits Gäste. Wir hatten niemanden eingeladen, alles war höchst unkonventionell. Die Verwandten, die Brüder meines Vaters, erfuhren erst danach von diesem Familienereignis. Meine Tante Klara hat mir dies niemals verziehen. Sie verstand nicht, dass dies keine Zeit war, derartige Ereignisse mit der traditionellen Fröhlichkeit und Freude zu begehen. Es kamen die Freunde vom Makkabi und der Jugendhilfe. Wir bekamen rührende Geschenke, man merkte, wie jeder sich den Kopf zerbrochen hatte, was wohl angemessen sein könnte. Mutter und ich eilten immer wieder in die Küche, um zusätzliche Speisen aufzutischen. Man führte ernste Gespräche, über die vergangenen Schrecken und über die zu erwartenden Verordnungen, über Freunde, die aus den Lagern noch nicht befreit werden konnten. Keiner der bereits Entlassenen, unter ihnen manche unserer engen Mitarbeiter, erschien zu Ehren dieser Eheschließung, die schwer als Hoch-Zeit zu bezeichnen war. Vater versuchte Stimmung zu verbreiten, man sah ihn verwundert an und kehrte zu den ernsten Gesprächen zurück. Heute weiß ich: Jeder war an diesem Abend allein, dachte an seine eigene ungewisse Zukunft, doch sprach niemand von seinen Plänen. Hilde und Rudi teilten telefonisch mit, dass sie nicht kommen können, gratulierten und gaben einem gemeinsamen Freund ein Geschenk für mich mit, eine wunderschöne dunkelblaue Saffian-Schreibmappe. Nun hatte ich zwei Schreibmappen, das minderte meine Dankbarkeit in keiner Weise. In diesen Tagen überhaupt an ein Geschenk zu denken, den Kauf zu tätigen, das war ein Zeichen tiefer Verbundenheit. – Es war ein Kommen und Gehen, ein Abschied von allem Bisherigen, jeder wusste es. Aber niemand, auch wenn er Schritte zum Verlassen Deutschlands eingeleitet hatte, besaß Gewissheit über sein künftiges Schicksal, Max und ich am wenigsten. Manche der anderen Besucher und Gratulanten wussten, dass sie bereits in den nächsten Wochen oder Monaten weggehen würden, unter ihnen Hilde und Rudi, dessen Vater sich schon einige Jahre zuvor in Jerusalem als Zahnarzt niedergelassen hatte. Auch Rudi hatte sein Studium als Zahnarzt noch beenden können. Nicht alle traf ich in Palästina wieder. Einige gingen nach Buenos Aires, andere nach Uruguay, von dort in die USA, wieder andere warteten zu lange. – Nein es war kein rauschendes Fest, eher ein letztes Zusammensein der engsten Freunde. Kurz nach Mitternacht war es zu Ende. Beide Elternpaare waren irritiert: Man hätte sie so gar nicht zur Kenntnis genommen, obwohl die besten Freunde meiner Eltern, der reiche Onkel Walter, ehemals Reichsbahndirektor, der bereits in den ersten Tagen, wie berichtet, verhaftet und geschunden wurde, mit Tante Ilse, deren Esskörbchen mir zum Anhalter Bahnhof gebracht werden sollte, auf einige Zeit bei uns auftauchte. Vater beschwerte sich, als wir allein waren, verbittert über angeblich erlittene Unhöflichkeiten. Ich beruhigte ihn, erklärte meine Freunde, so gut ich konnte. Vater begriff, wie immer, die Zeit nicht! Max ging mit seinen Eltern nach Hause. Er wollte sie an diesem Tage nicht allein lassen, er blieb über Nacht bei ihnen, erst am nächsten Tag zog er bei uns ein.

Am Tag nach der Hochzeit wollten meine Freunde prüfen, ob ich mich wirklich und wahrhaftig in eine Ehefrau gewandelt hatte. Sie riefen mich an, und wenn ich mich wie gewohnt „Hier Marianne Selbiger" meldete, hörte ich Gelächter und die Antwort: „Entschuldigen Sie, aber wir sind anscheinend falsch verbunden. Wir wollten mit Frau Awerbuch sprechen", und legten auf. Wie richtig sie mich einschätzten! Es fiel mir unendlich schwer, mich an den neuen Namen zu gewöhnen, ich blieb „semper idem", wie mein Vater lachend feststellte, als er meine Verbundenheit mit meinem Geburtsnamen bemerkte.

Wir arbeiteten weiter nach der bewährten Methode, organisierten Vorbereitungslager, stellten Gruppen zusammen, verhandelten schriftlich und mündlich mit Eltern und Behörden. Wozu dieses Theater einer Auswahl der „Geeigneten", fragte ich mich ungeduldig, wozu diese Bürokratie, wenn es um Lebensrettung ging, fragte ich mich immer wieder und musste feststellen, dass die meisten meiner Mitarbeiter die Situation nicht in demselben Maße dramatisch und todbringend beurteilten wie ich. Hinzu kam, dass die Ungewissheit über die eigene Zukunft und die Angst um Max mich unaufhörlich quälten.

Von Mitte November 1938 an hagelten Tag für Tag neue Gesetze, Verordnungen und Bestimmungen auf die Juden Deutschlands nieder, die sie auf allen Gebieten des sozialen, kulturellen und wirtschaftlichen Lebens vernichteten und ihre Bewegungsfreiheit auf entwürdigende Art einengten. Besonders zwei Bestimmungen, die am 1. Januar 1939 in

Kraft treten sollten, verrieten mir das Endziel einer völligen Vernichtung allen jüdischen Lebens in Deutschland – ohne mir vorstellen zu können, auf welche Art diese Mörderregierung dieses Ziel zu erreichen gedachte! Sollten wir alle verhungern? Soll das Volk zu neuen schärferen Pogromen aufgehetzt werden? Es war ihnen am 9. November nicht gelungen die Bevölkerung in ihrer Mehrheit für brennende Synagogen und zerstörte Geschäfte zu begeistern, in Berlin wurde dies offensichtlich! „Sie können doch nicht alle Juden systematisch ermorden", sinnierte ich wie der kleine jüdische Kaufmann in dem Film „Das Narrenschiff"[75], der auf die verwunderte Frage, warum er von seiner Schiffsreise nach Nazi-Deutschland zurückkehre, antwortete: „Warum denn nicht? Sie können uns doch nicht alle ermorden?!" Doch sie konnten, aber das wollte man nicht glauben, auch, als es schon längst geschah!

Im August 1938 war dekretiert worden, dass alle Juden ab 1. Januar 1939 jüdische Vornamen tragen mussten. Es wurde eine Liste angefertigt, aus der jeder Jude entnehmen sollte, ob er bereits einen dort angeführten Namen trage – die Auswahl der Namen auf dieser Liste verrät gleichzeitig die Bösartigkeit und den Schwachsinn der Gesetzgeber. Handelte es sich doch zum Teil um Namen, die nur vom „Stürmer" erfunden sein konnten, die es in Wirklichkeit gar nicht gab. Hingegen erschienen manche biblische Namen, die auch von Christen getragen wurden, wie Eva, Ruth oder Joseph, nicht auf dieser Liste. Wer keinen dieser Listen-Voramen trug, und das waren die meisten, handelte es sich doch um erfundene Namen, musste, wenn männlich, seinem Geburtsnamen den Namen „Israel", wenn weiblich, den Namen „Sara" hinzufügen! Gleichfalls am 1. Januar 1939 musste jeder Jude im Besitz einer „Kennkarte" sein, auf der ein großes rotes „J" für Jude aufgedruckt war, und diese ständig bei sich tragen.

Ich empfand diese Bestimmungen als Vorboten eines Ghettos, jetzt waren nicht die Geschäfte – diese waren ohnehin zerstört –, jetzt waren die Menschen gekennzeichnet. Da ich durch meine Eheschließung „staatenlos" geworden war, war ich von den Bestimmungen nicht betroffen. Doch als am 1. Januar mein Vater „Georg Israel", meine Mutter „Lotte Sara" hieß und mit diesen Namen unterschreiben und sich ausweisen mussten, kam ich um vor Mitleid und fühlte mich mit ihnen erniedrigt.

Die Erlösung kam unterwartet und plötzlich. In der letzten Dezemberwoche läutete am frühen morgen das Telefon. Hilde meldete sich und teilte mir mit, dass für meine bereits zusammengestellten Gruppen die beantragten Zertifikate für einhundert Jugend-Alija-Kinder angekommen seien. Ohne nachzudenken kam meine prompte Forderung: „Hundert Jugendliche? Das bedeutet Touristenvisa für zwei erwachsene Begleitpersonen, also für Max und mich?" „In Ordnung", antwortete Hilde und legte den Hörer nieder. Ohne etwas zu Hause mitzuteilen fuhr ich in die Kantstraße. In Hildes Zimmer waren sechs oder acht Personen versammelt, sie warteten auf mich. Unter ihnen Hildes Nachfolger Kurt, ein seit frühester Jugend bewährtes und allgemein beliebtes Mitglied des Dachverbandes aller sozialistischen Jugendbünde, des Hechaluz[76]. Hilde und Rudi standen wenige Tage vor ihrer Alija nach Palästina, wahrscheinlich angefordert von Rudis seit Jahren in Jerusalem etablierten Eltern. Recha Freier, ich hatte kaum Zeit mich hinzusetzen, ergriff sofort das Wort: „Marianne, Frauen sind nicht gefährdet, Max soll allein fahren, wir brauchen dich hier." Alle sahen mich erwartungsvoll an, und ich verlor das erste und das letzte Mal in dieser Schreckenszeit die Nerven. Trennung von Max, ich allein in Berlin? Unvorstellbar, das war zu viel! Ich erinnere mich genau an meine sehr spontane Reaktion: „Nein, Nein, Nein!", schrie ich: „Wenn ihr mich zwingen wollt, hier zu bleiben, werdet ihr keinerlei Nutzen davon haben. Ich werde mich nie, nie mehr an irgendeiner Auswahl beteiligen. Zertifikate? Ich schicke die ersten fünfzig Bewerber, egal ob sie Gemeinschaftssinn haben oder arbeitstüchtig sind!"

Recha Freier mochte mich sehr gern, das hatte sie mich oft genug fühlen lassen. Jetzt aber gefiel ich ihr gar nicht. Ich sah ihr Schreck und tiefe Enttäuschung über meinen Ausbruch an. Hilde, Kurt und die anderen schwiegen. Nach einer Weile sagte Recha resigniert: „Also, fahre", und fügte noch hinzu: „Ohnehin bist du hier nutzlos mit Deiner Einschätzung der Situation." Es klang sehr bitter, aber sie konnte mich nicht irritieren. Die Sitzung war beendet. Meine „Einschätzung" sollte sich leider als die richtige erweisen. Mehrere Monate später verließ auch Recha Hals über Kopf Deutschland und wartete – laut den Berichten, die ich erhielt – in Constanza auf ein Zertifikat, das sie, als eine der Letzten, verdientermaßen auch erhielt.

Ein Gewirr von administrativen Erledigungen, von Einkäufen, Verabschiedungen beschäftigte mich nun von morgens bis abends. Meine Mutter war sehr hilfreich, mein Vater erhob keinerlei Einspruch. „Du passt auf Ilse auf" – diese wiederholte Bitte meiner Mutter verriet die Sorge um ihre Jüngste: „Der Gedanke, dass du bei ihr sein wirst, beruhigt mich." Der Abreisetermin wurde vom Palästina-Amt auf den 9. Januar 1939 festgesetzt, uns blieben nicht mehr als zwei Wochen für die notwendigen Erledigungen. Zwei Koffer Handgepäck konnte jeder von uns mitnehmen. Bücher, Wäsche und Kleidung sollten meine Eltern in zwei Kisten nachschicken. Unsere Pässe und die unserer Schutzbefohlenen wurden auf das englische Konsulat zum Einstempeln der Visa gebracht. Max und ich durften nur ein „Touristenvisum" beantragen. Das berechtigte uns, drei Monate in Palästina zu bleiben. Selbstverständlich dachten wir nicht daran, das Land wieder zu verlassen. Es würde sich schon ein Weg finden, meinten wir und alle unsere Freunde. In Palästina war es im schlimmsten Fall kein Problem, einfach unterzutauchen. Eine polizeiliche Meldepflicht gab es nicht.

Es war ein Schock, als einige Tage später eine Mitarbeiterin der Jugendhilfe mir telefonisch mitteilte, dass sich der Konsul geweigert hätte, unsere Pässe zu stempeln. Wir wären verheiratet, so die Erklärung des Konsulats, und würden das Land sicher nicht wieder verlassen. Wie richtig er unsere Lage einschätzte, ein braver englischer Beamter! Ich dachte scharf nach: „Ich weiß, ihr habt noch einmal eine große Anzahl Pässe zu stempeln. Reicht unsere Pässe noch einmal ein, aber ordnet die Pässe diesmal nicht alphabetisch – ein ‚Awerbuch' hier und der andere dort. Vielleicht merken sie es nicht!" Was für ein Vabanquespiel! „Was macht ihr, wenn es diesmal wieder nicht klappt?", wurde Max von einer Freundin gefragt. „Dann springt Marianne aus dem Fenster – und ich hinterher", antworte Max. Dies war kein Witz! Wir haben oft über die Grenze unserer Leidensfähigkeit gesprochen. Aber, oh Wunder, der zweite Versuch, die Täuschung, gelang, und wir hatten unsere mit einem Touristenvisum gestempelten Pässe in unseren Händen.

Jetzt hatten wir nur noch den schweren, gefahrenvollen Gang zur Gestapo vor uns, die uns eine „Rückreisegenehmigung" in unsere Pässe stempeln sollte, sonst würden wir in Palästina von den englischen Einwanderungsbehörden nicht die Landungserlaubnis bekommen. Wir hatten keine Schwierigkeiten, sie stempelten unsere Pässe, durchschauten mit Sicherheit unsere Pläne, aber sicher ist sicher. Sie legten uns einen vorgedruckten Revers vor, auf dem Folgendes stand: „Es ist mir bewusst, dass, sollte ich deutschen Boden je wieder betreten, ich in ein Konzentrationslager überführt werde." Kein Problem, würde man heute sagen, anstandslos unterschrieben wir und mokierten uns danach über die „Deutsche Gründlichkeit", wir sollten ihnen nichts vorwerfen können, man hatte uns ja gewarnt! Als hätte irgendein Widerspruch uns genützt, als wäre unsere Verhaftung der erste Rechtsbruch dieser Regierung gewesen!

Die letzten drei Tage vor der Abreise blieb Max bei seinen Eltern. Am letzten Abend fuhren wir beide in die Stadt, um einige Geschenke für meine Schwester, Max' Bruder und Freunde zu kaufen. Als wir die Treppe zum Bahnhof Friedrichstraße wieder hinaufstiegen, nachdem wir unsere Besorgungen erledigt hatten, fluchten wir bei jeder Stufe leise vor uns hin: „Ihr Verbrecher, ihr Mörder, niemals, niemals werden wir wiederkommen, Ihr sollt alle untergehen!" Wir hielten uns an den Händen. Der plötzlich aufgeflammte Hass verriet letztlich unsere tiefe Verletztheit und zugleich Verbundenheit mit diesem ins Verbrechen abgeglittenen Geburtsland. – Wir trennten uns. Max fuhr nach Osten, Jannowitzbrücke, ich nach Westen, Bellevue, zum letzten gemeinsamen abendlichen Zusammensein mit unseren Eltern.

In Palästina / Israel

Die Nachtreise von Berlin nach München ist heilsam. Langsam tauche ich aus meinen Nachtgedanken wieder auf, erinnere mich an die anderen, an Max und an unsere „Kinder" – in meiner Vorstellung sind sie „unsere Kinder" –, unsere jungen Chaluzim. Ich werfe einen Blick in alle Abteile. Die meisten schlafen, einige unterhalten sich leise. Wie diszipliniert sie sich verhalten. Die sorgenschweren letzten Jahre, die Trennung von den Eltern und nicht zuletzt unsere Pfadfindererziehung prägen ihr Verhalten. Eigentlich benötigen sie gar keine Begleitpersonen, denke ich, eine Aufsicht ist bestimmt überflüssig. Sie wissen, dies ist kein Schulausflug, und es gibt keine Heimkehr. Auch Max ist eingenickt, schreckt aber sofort auf, als ich das Abteil betrete. Ich winke ihm zu, schließe meine Augen als Aufforderung wieder einzuschlafen.

Ich beende meinen Rundgang, kehre in mein Abteil zurück und wäre erschrocken beinahe wieder umgekehrt. Zum ersten Mal nehme ich die anderen Personen in meinem Abteil wahr und stelle fest, dass wir nicht unter uns sind. Drei mir fremde Personen sitzen in der entgegen gesetzten Ecke, nahe am Fenster: Es sind zwei Erwachsene in langen schwarzen Ledermänteln. Hüte mit vorn heruntergeschlagenen Krempen lassen ihre starren, ausdruckslosen Mienen nur undeutlich erkennen. Hände in den Taschen, unbeweglich sitzen sie da. ‚Unheimlich!', ist mein erster Gedanke. Zwischen ihnen, wie eingeklemmt, sitzt ein junger Mann, sofort erkennbar als entlassener KZ-Häftling. Was ist das? Ich starre den jungen Mann an, er erwidert meinen Blick, ausdruckslos, gleichzeitig abweisend, als wolle er sagen: ‚Sprich nicht, komm nicht näher.' Ich begreife – die Gestapo fährt mit. Ich rate, sie bringen ihr Opfer über die Grenze. Das war Routine, wir hatten davon gehört, als müssten sie befürchten, dass ihre Opfer sich nicht von ihnen, von diesem Deutschland, zu trennen vermochten. Kurz hinter München verlassen die Männer den Zug. Ich atme auf, setze mich sofort neben den Zurückgelassenen. „Ich heiße Marianne, mein Mann heißt Max. Wer bist du, wo kommst du her, was hast du angestellt?“ Die halbdunklen Abteile lassen mich erst jetzt seine Gesichtszüge erkennen. Schlimmer, viel schlimmer, als unsere nach kurzer Zeit entlassenen Jungen ist er zugerichtet. Er beginnt sofort zu berichten: Zwei Jahre wäre er im KZ Sachsenhausen gewesen. Sein Verbrechen? „Rassenschande“! Der Wahnsinn fährt mit in unserem Zug, so leicht lässt er sich nicht abschütteln. Ich erfahre: Siebzehnjährig hatte er eine „arische“ Freundin gehabt. Sie kannten sich von Kindheit an, hatten sich geliebt, dann wurden sie denunziert und er verhaftet. Mit Hilfe von Verwandten in Palästina hatten ihm seine Eltern ein Zertifikat verschaffen können. In Sachsenhausen hatte man ihn gebadet, die Haare geschnitten und eingekleidet. Einen Koffer mit Kleidungsstücken hatten ihm seine Eltern an den Zug gebracht. Er hatte keine Erlaubnis bekommen, sie vorher wenigstens für eine Stunde sprechen zu können. Der Abschied am Anhalter Bahnhof ging sehr schnell vonstatten. Schnell, schnell trieben ihn seine Begleiter an, rissen ihn buchstäblich von seinen Eltern mit sich fort, und hier ist er nun. Max erscheint, hört von mir seine Geschichte und sagt ihm: „Von jetzt an gehörst du zu uns, zu unserer Gruppe.“ Unsere Kinder verstehen, ohne dass wir ihnen viel zu erzählen brauchen.

Der Zug fuhr durch die Berge, höher, immer höher hinauf. Es schneite dicke Flocken. Die Hohen Tauern wuchteten hinter den Zugfenstern, wild, hochromantisch war dieses Bild, das für immer in meinem Gedächtnis lebendig blieb, als mein eigentlicher Abschied von meiner heiß geliebten europäischen Hochgebirgslandschaft. Der Zug kämpfte sich seinen Weg durch das Schneegestöber. Langsam, vorsichtig, fuhr er in einen Bahnhof ein, hielt: Villach. Max verkündete, dass Schneewehen eine Weiterfahrt verhinderten, wir würden besser aussteigen, um uns im Wartesaal aufzuwärmen. Dort saßen wir auf unbequemen Holzbänken aufgereiht, viele versuchten zu schlafen. Max sagte zu mir, leise, um keine Unruhe aufkommen zu lassen: „Ich muss ein Telefon finden, den ‚Lloyd Triestino'[77] anrufen. Wir werden uns um Stunden verspäten, das Schiff muss auf uns warten." Er verließ mich, ich schlief ein. Im Halbschlaf fühlte ich Max' Arm, ich legte meinen Kopf an seine Schulter, er strich beruhigend über meine Haare. Ein angetrunkener Bauer vertiefte sich in unseren Anblick, schüttelte verwundert seinen Kopf und murmelte unaufhörlich vor sich hin: „Is dös a Lieb, is dös a Lieb!" Zeit unseres Lebens wurde diese Bauernerkenntnis in vertrauten oder sorgenvollen Stunden zum geflügelten Wort. Einer von uns beiden sagte: „Is dös a Lieb", und wir lachten beide, die Last der Sorgen wurde leichter.

Der Morgen graute, als endlich die Bahnstrecke schneefrei war und wir weiterfahren konnten. Mittags waren wir endlich in Triest, wo wir eigentlich übernachten wollten. Am Bahnhof warteten Autobusse auf uns, fuhren uns zum Hafen, und wir erreichten das Schiff rechtzeitig, ohne Verspätung konnte es in See stechen.

Max organisierte, er war in seinem Element. Er verteilte die Kajüten: Marianne bei den Mädchen, Max bei den Jungen. Ich teilte meine Kajüte mit zwei mir bekannten Berlinerinnen. Unbeschwert und glücklich nach langer Zeit richteten wir uns ein. Wir hatten eine einwöchige Schiffsreise vor uns, die wollten wir genießen. Zurück dachten wir in diesen Tagen nicht, auch nicht an das, was vor uns liegen mochte. Heinz, unser Schützling, blieb bei uns, befreundete sich mit allen, nahm die Mahlzeiten mit uns gemeinsam ein. Das Wetter war herrlich: Sonne, tiefblauer Himmel, ruhiges Meer. „Ab Kreta wird es kritisch", warnte uns das Schiffspersonal. Wir nahmen diese Prophezeiung nicht ernst. Jedoch, als ich am dritten Morgen unserer Reise aus tiefem Schlaf erwachte und mich aufrichtete, um aufzustehen, drehte sich alles um mich. Mit größter Mühe zog ich mich an, torkelte die Treppe hinauf, erreichte die Reling und wäre bestimmt vornüber in das Meer gekippt, wenn ich nicht mit aller Kraft zurückgerissen worden wäre: Es war mein neuer Freund Heinz, der mir im letzten Augenblick zu Hilfe geeilt war. Er bettete mich auf einen Liegestuhl, umsorgte mich, riet mir gut zu etwas zu trinken und auch zu essen, dies würde mir helfen, der herbeigeeilte Kellner unterstützte seine Bitte. Doch fühlte ich mich zu elend, ich konnte nichts zu mir nehmen. ‚Es stimmt also', war mein letzter Gedanke, bevor ich eindöste, ‚Seekrankheit ist eine schlimme Plage, wer hätte das gedacht!' Am Abend schob Heinz meinen Liegestuhl ins „Kino". Auf dem Deck hatte man irgendwie eine große Leinwand gespannt, man führte einen amerikanischen Film vor, die Schauspieler sprachen englisch, so dass ich wenig von der Handlung verstand. Doch im Verlauf des Abends fühlte ich mich langsam bedeutend besser, konnte zu meiner Genugtuung bereits die französischen Untertitel mitlesen. Ich setzte mich auf, um besser lesen zu können, und stellte fest, dass mein Liegestuhlnachbar mir bekannt vorkam: Es war Max, mein Max. Oh, der Arme! Da lag er, gar nicht mehr energisch, mit geschlossenen Augen, blass und litt augenscheinlich sehr. Schlimmer als ich war der große Pfadfinder von der Seekrankheit gepackt worden. Ich tröstete ihn später, dass er berühmte Leidensgenossen hatte. Auch Octavian-Augustus[78], auch Admiral Nelson[79] sollen unter der Seekrankheit gelitten haben, das beruhigte ihn sichtlich. Am nächsten Morgen war alles Leid vergessen. Jetzt wurde die Seereise wieder märchenhaft schön. Jetzt genossen wir nicht nur die ruhige See, den blauen Himmel, ich empfand jetzt erstmalig die Befreiung von Angst, ein Gefühl, das mich Jahrzehnte nicht verlassen sollte. Es war eine Befreiung, die mir bis zum heutigen Tag als ein unbegreifliches und unverdientes Wunder erscheint, im zunehmenden Wissen um die bis zum heutigen Tag auch für mich unerklärlichen Schrecknisse, die auch wir erlitten hätten, wären wir nicht wenige Monate vor Ausbruch des Krieges entronnen. Dass wir noch nicht außer Gefahr waren, wussten wir nicht, und so gaben wir uns der Vorfreude auf Landung und Wiedersehen mit den Geschwistern hin.

In der Dämmerung versammelten wir uns auf dem hinteren Teil des Schiffsdeckes, und ich – wie immer – wurde Gesangslehrerin. „Aus den Tiefen ruf' ich dich, o Ewiger! Herr, erhöre meine Stimme, möge dein Ohr aufhorchen bei meines Flehens Stimme." Wir sangen diese Psalmenworte als vierstimmigen Kanon einer zwei Oktaven fassenden Melodie, die Einsätze folgten dicht hintereinander, nicht mehr als zwei, drei Stimmen für jeden Einsatz. Die Kinder waren wirklich hochmusikalisch und sangen wunderschön. Viele Mitreisende standen um uns herum und lauschten voller Bewunderung. Darauf sangen wir einen modernen Kanon eines Kibbuzkomponisten über die Tora „Die wahre Lehre, gegeben von GOTT dem Volk". Der sternklare Himmel, viel näher der Erde als ein europäischer Himmel, das tiefdunkle, leisbewegte Meer, die Ergriffenheit unserer Sänger und ihrer Zuhörer – niemals werde ich das Bild vergessen.

Am nächsten Tag sprach mich ein älterer, vollbärtiger Herr an, stellte sich vor und zog mich in ein ernsthaftes Gespräch. Er war ein sehr bekannter Mann, einer der geistigen Repräsentanten der orthodoxen Agudat Israel[80]. Er wollte von mir wissen, ob religiöses Judentum für mich eine Bedeutung hätte. So, wie ich gestern Abend gesungen hätte, meinte er, würde es doch angemessen sein, mit mir über die Unabdingbarkeit eines streng religiösen Judentums für den Aufbau Palästinas zu sprechen. Ich begriff intuitiv, dass jegliche Gegenargumentation nutzlos sein würde, vielleicht dämmerte mir auch, dass er in einem gewissen Sinne gar nicht im Unrecht war, schwieg also und ließ mich gern belehren. Dass Zionismus etwas mit der Religion des Judentums zu tun haben muss, darüber gab es auch für mich keinerlei Zweifel, und mein hoch gelehrter, völlig undogmatischer und liebenswerter Gesprächspartner erweckte in mir tiefe Nachdenklichkeit über meinen und dem allen Jugendbünden gemeinsamen „Zionismus", die niemals verschwand. Ich weigerte mich einzugestehen, dass „Zionismus" allein Reaktion auf das ins Verbrechen pervertierte Deutschland bedeutete. Antisemitismus dürfte nur „Auslöser" sein, und um das Eigentliche, das Wesentliche zu definieren und zu verwirklichen, müsste hart gerungen werden. Nur eines war mir immer klar: die radikale Trennung von „Kirche" und Staat; und hierin lag sicher die Unvereinbarkeit zwischen mir und meinem gütigen Gesprächspartner.

Keine Zeit für Träume. Im Morgengrauen des letzten Tages unserer Reise standen wir mit unseren Kindern an der Reling, beobachteten den Sonnenaufgang und die dunklen Schatten des Karmelgebirges, dem wir uns langsam näherten. Wir sangen nicht die „Hatikwa", wir wollten keine sentimentale Gestik. Unser Schweigen war unpathetischer Ausdruck unserer Erwartung und unserer tiefen Erregung. Tel Aviv – der Hafen. Unsere Kinder wurden zuerst ausgebootet, alle waren erregt und erwartungsvoll. Keine Zeit für lange Abschiedsszenen. Auch Heinz verließ uns, übergab uns seine Adresse. Ich versuchte unter der wartenden Menschenmenge im Tel Aviver Hafen meine Schwester und Max' Bruder zu erkennen, doch die Entfernung war zu groß, und alle Menschen winkten, ob auf dem Schiff, ob wartend im Hafen, und jeder stellte sich vor, er wäre gemeint. Wir kamen an die Reihe, wir wiesen unsere Pässe vor, und dann kam der Schock! Die englischen Hafenbeamten prüften unsere Pässe, tauschten bedeutungsvolle Blicke, als wären sie auf unsere Ankunft vorbereitet gewesen, blickten auf uns, wie mir schien, ohne uns wirklich anzuschauen. Ihre Augen waren ausdruckslos. Sie riefen einen Vorgesetzten, blickten wieder auf uns. Die Mitteilung des Vorgesetzten war kurz und bündig: Man ließe uns nicht landen. Den Grund konnten wir leicht erraten, es war die Gewissheit, dass wir das Land nach drei Monaten nicht verlassen würden, um nach Deutschland zurück zu fahren – besser: nicht verlassen könnten. Wir waren keine „Touristen", eher potentielle illegale Einwanderer. Weiter erfuhren wir, dass man uns über Haifa, Beirut nach Italien bringen würde, von dort könnten wir mit Leichtigkeit nach Berlin zurückkehren. Als Einwanderungsbeamter musste man wohl in Zeiten akuter politischer Gefahr phantasielos sein. Der Leiter der Jerusalemer Jugend-Alija, Hans Beyth, ein Mitarbeiter von Henrietta Szold, sollte unser Retter sein. Er teilte mir beruhigend mit, dass er in Haifa an Bord gehen würde, um Verhandlungen aufzunehmen.

Das Schiff stach wieder in See. Nur wir und einige wenige Passagiere, die in Haifa an Land gehen wollten, waren noch an Bord. Merkwürdig: Mir schien, Max und ich wären die einzigen Passagiere. Wir sprachen nicht miteinander, jeder hing seinen Gedanken nach. Sicher, sinnierte ich, die Engländer wussten, dass uns das Rückreisevisum nach Deutschland erpresst worden war. Dass Einreiseländer Flüchtlinge an die Deutschen auslieferten, wurde später in der Schweiz zur Methode, zu einer Zeit, als man bereits wusste, dass mit der Zurückweisung das Todesurteil verkündet wurde. Uns drohte zu dieser Zeit ja „nur" Konzentrationslager, die englische Mandatsregierung in Palästina war sicher bestens unterrichtet, hatte ihren Geheimdienst und wusste von unserer erzwungenen Unterschrift für den Preis eines Rückreisevisums.

Max war auf dem Deck, stand schweigend an der Reling. In der Erinnerung erscheint es merkwürdig, dass wir nicht miteinander sprachen. Vielleicht wollte einer dem anderen das Herz nicht schwer machen. Ich hatte bereits einen Plan gefasst: ‚Zurückschicken lasse ich mich nicht, ich springe von Bord. Vielleicht habe ich eine Überlebenschance – durch Schwimmen, durch aufkommende Herzensgüte der englischen Einwanderungsbehörden?‘ Vorherrschend war der Entschluss: Kein Zurück in die Entwürdigung, eher den Tod! In aller Seelenruhe – man glaube mir – ging ich in den Speisesaal und bestellte kaltes Roastbeef mit Kartoffelsalat, dazu ein kleines Glas Bier. Es wäre gut, dachte ich, mir vor den Sprung in das kalte Mittelmeer einige Wärmeeinheiten zuzuführen.

Die Schiffsreise von Tel Aviv nach Haifa schien nicht enden zu wollen. Endlich: Zwei englische und ein jüdisch-palästinensischer Einwanderungsbeamter erschienen an Bord und mit ihnen, zu unserer großen Erleichterung, Hans Beyth. Eine nicht unfreundliche, aber knappe Befragung der Engländer. Wir antworteten auf deutsch, unterstützt von dem jüdischen Beamten, einem sehr Vertrauen erweckenden Russen, der mir aufmunternd zunickte. Mit Unterstützung von Hans Beyth berichteten wir über unsere Jugendarbeit in Berlin, dass ich es sei, die diese Gruppe zusammengestellt und vorbereitete hätte, was wäre da natürlicher, als dass wir, die diese Jugendlichen gut kannten, ihre Betreuer auf dieser Reise sein würden. Hans Beyth versicherte, dass man uns nach Ablauf der drei Monate entweder zur weiteren Jugendarbeit in ein europäisches Land – selbstverständlich nicht nach Deutschland – schicken oder uns ein Zertifikat zuteilen würde. Der „Russe“, ich werde seinen gütigen Gesichtsausdruck niemals vergessen, beriet sich flüsternd mit seinen englischen Kollegen, und, oh Wunder, unsere Pässe wurden gestempelt und wir konnten von Bord gehen. Mit einem herzlichen Händedruck und einen Briefumschlag mit vier englischen Pfund verabschiedete sich Hans Beyth von uns, und wir – sehr glücklich – betraten den Boden des „gelobten Landes“.

Die erste Nacht schliefen wir im „Bet Olim“, der Einwandererherberge, tief und fest auf Seegrasmatratzen, zugedeckt mit kratzenden Wolldecken. Am nächsten Morgen strahlte das Karmelgebirge in der Morgensonne vor unserem Fenster. „Da will ich hinauf!", rief ich spontan nach dem Frühstück. „Besser nicht", riet der Herbergsvater, „man schießt wieder in die Autobusse." Der arabisch-jüdische Konflikt war in diesen Monaten vor dem Beginn des Zweiten Weltkrieges auf einen neuen Höhepunkt gelangt. „Na und!?", so ich. Denn der Gestapo entronnen, konnte nichts mir Furcht einjagen.

„Nach Tel Aviv", sagte Max, „Ilse und Nathan warten auf uns!" Die freudige Erregung, die mich bei der Aussicht, meine Schwester wieder zu sehen, ergriff, ließ mich den Karmel vergessen. Wir bekamen Freifahrscheine für die Omnibusfahrt nach Tel Aviv.

Wir waren keine Emigranten, sondern Einwanderer, auf Hebräisch Olim, Emporsteigende, – dies sowohl im geistigen als auch im existenziellen Sinn: aus der Galut, der Verbannung, in das Gelobte Land. Wer es verlässt, aus welchen Gründen auch immer, ist ein Jored, ein Herabsteigender. Alle Länder dieser Welt bedeuten „Tiefe", das Land Israel allein „Höhe" – somit vollbringt der Oleh, der Emporsteigende, der Einwanderer, eine nationale und moralische Tat. Der Anspruch der zionistischen Bewegung, alle Juden der Welt seien potentielle Israelis – so wie es Herzl formulierte: „Wir sind ein Volk, e i n Volk." –, hat mit der Wiederbelebung der hebräischen Sprache die Begriffe geprägt. Entronnen dem Hitlerinferno, den unerträglichen Diffamierungen und Demütigungen, übernahmen die Einwanderer nach dem Jahre 1933, die sich aus der zionistischen Bewegung rekrutierten, mit Stolz diese Terminologie. Somit hatten auch wir beide, Max und ich, entsprechend den zionistischen Lehren, den Gipfel der Möglichkeiten eines jüdischen Lebens erklommen – eine Überzeugung, die viele Jahre unser Bewusstsein beherrschte und alle materiellen Bedrückungen und berufliche Aussichtslosigkeit in den Hintergrund rückte. Das Glücksgefühl unserer Rettung blieb vorherrschend, trotz Sorgen um das Schicksal der Eltern, von dessen grausiger

Wirklichkeit auch wir uns viele Jahre keine Vorstellung machen konnten, trotz Sehnsucht nach mitteleuropäischer Landschaft, nach Wäldern und hohen Bergen, nach milder Sonne an Stelle gleißender Helle und feuchter Hitze, nach leise rieselndem Schnee statt tagelangen Wasserergüssen, die auf das Pflaster pladderten, als hätte jemand im Himmel in riesige Wannen Löcher gebohrt.

Unvergesslich: die erste Autobusfahrt durch das abendliche hell erleuchtete Tel Aviv. Wir fuhren von der Ge'ulastraße, wo wir bei Nathan, Max' Bruder, eintrafen, unsere Koffer hinstellten, mit ihm durch die Allenbystraße, die Hauptgeschäftsstraße der Stadt, über den „Mugrabi", den großen Platz, gingen, von dem die Straßen zum Mittelmeer und nach dem Norden, dem neuen Tel Aviv, führten. Wir überquerten den Dizengoffplatz, benannt nach dem ersten Bürgermeister der einzigen völlig jüdischen Stadt in Palästina. Das Gefühl, dass alle Menschen im Autobus und auf den Straßen Juden und somit keine potentiellen Feinde waren, verließ mich keine Sekunde und versetzte mich in eine nicht zu beschreibende Glückshochstimmung. Endlich hielt der Autobus nicht weit von unserem Ziel, vor dem Haus unserer künftigen Freund-Familie – deren Tochter war einige Jahre Mitglied meiner Jugendgruppe gewesen –, die Max, mir und meiner Schwester für viele Jahre ein Ersatzzuhause bot. Meine Dankbarkeit gegenüber den Eltern meines Gruppenkindes hat mich bis zum heutigen Tag nicht verlassen. Die Selbstverständlichkeit und die Selbstlosigkeit ihrer dauernden Hilfsbereitschaft waren einmalig, wir fühlten uns einfach in ihre Familie aufgenommen. Dort erwartete mich sehnsüchtig meine Schwester. Erst jetzt war unser Aufstieg, unsere Alija, vollendet.

Es begann ein unordentliches, ein planloses, regelloses Leben mit dauerndem Aufenthaltswechsel: Gastunterkünfte bei Verwandten oder Freunden, möblierte Zimmer, leere Zimmer, ausgestattet mit Apfelsinenkisten und Klappbetten, Nägeln in der Wand zum Aufhängen unserer Kleider, Kibbuz-Intervalle, begleitet von verzweifeltem Suchen nach einer sinnvollen Arbeit. Sinnvoll hieß für Max als Ingenieur, für mich als Kindergärtnerin, Hortnerin oder Jugendleiterin, kurz irgendeine pädagogische Tätigkeit. Mein Nelly-Wolffheim-Seminar hatte ich inzwischen als meine Berufsausbildung anerkannt. Lehrerseminar oder gar Universität verschwanden hinter dem Horizont unerfüllbarer Wünsche. Mir kam niemals der Gedanke, meine Beziehungen zu prominenten Vertretern des jüdischen Palästinas, zu denen schließlich durch meine Arbeit in der Jugendhilfe Verbindungen geschaffen waren, irgendwie auszunutzen. Ich fühlte mich voll und genug entlohnt durch die Bewilligung der jüdischen Instanzen in Berlin, uns als „Transportbegleiter" anzuerkennen, und durch die Hilfe der Jerusalemer Jugend-Alija in der Person des Hans Beyth, der uns schließlich die Landung überhaupt erst ermöglicht hatte.

Hinzu kam eine Begebenheit in Berlin, die ich mit Erfolg in Vergessenheit geraten ließ, die mir, mittellos und berufslos in Palästina, aber jetzt in meinem Gedächtnis wieder auftauchte. Es muß im Jahre 1936 gewesen sein, noch vor dem Beginn meiner Freundschafts- und Liebesbeziehung zu Max. Meine Eltern teilten mir mit, dass Arthur Hantke, der Direktor des Keren Hajessod[81], zu Besuch nach Berlin gekommen sei, um seinen Bruder Leo Hantke, den besten Freund meines Vaters, zu besuchen. Vater und sein Freund schlugen mir vor, Arthur Hantke aufzusuchen, Bruder Leo würde dies vermitteln, und ihn bitten, mir zu helfen, ein Stipendium für das hebräische Lehrerseminar in Bet Hakerem bei Jerusalem zu erlangen. Das Treffen wurde vereinbart und fand in der Wohnung von Bruder Leo statt. Ich wartete stehend im Wohnzimmer mindestens zehn Minuten, dann trat der Bruder Artur ein, blieb stehen, bat mich nicht, Platz zu nehmen, blieb dermaßen kalt und reserviert, dass mir die Worte im Halse stecken blieben. Schließlich bat ich ihn nur stotternd um Name und Adresse der Institution in Palästina, die mir bei der Erlangung eines Stipendiums behilflich sein könnte. Sein

Gesicht blieb unbewegt, eine klare Antwort geschweige ein Hilfsangebot erhielt ich nicht. Er interessierte sich nicht einmal für meine damalige Tätigkeit – es war kurz nach meiner Rückkehr von Wyk auf Föhr – und blieb äußerst unbeteiligt. Es war ihm anzusehen, dass er nur darauf wartete, dass ich mich verabschiedete.

Jetzt im Januar 1939 erinnerte ich mich wieder an den Vorfall – die Hilfsbereitschaft der Watikim[82], der Alteingesessenen, der „Gründer", hatte ihre Grenzen. Von den Neueinwanderern erwartete man, dass sie sich einer Kibbuzgründung anschließen würden oder sich mittels ihres Kapitals, so sie durch ein „Kapitalistenzertifkat" ins Land gekommen waren, selbständig als Landwirte niederlassen würden. Hinzu kam eine unverhohlene Verachtung den deutschen Einwanderern gegenüber, deren Zionismus sie höchst gering einschätzten. Wir, Max und ich, hatten noch eine zusätzliche Schwierigkeit zu überwinden: den Konkurrenzkampf. Schließlich war nicht zu übersehen – und unser Ruf, den wir in Berlin hatten, ging uns voran –, dass wir unsere eigenen Meinungen von allem hatten und diese nicht immer sehr taktvoll verschwiegen. Dieses kleine Land, mit geringen beruflichen Aussichten vor allem für diejenigen, die völlig mittellos eintrafen, bot faktisch keinerlei Möglichkeiten, sich irgendwo beruflich einzugliedern. Alles schlug fehl. Als Bittstellerin war ich völlig ungeeignet. Max' Versuche, Verbindungen zum Technion[83] aufzunehmen und zu einigen Großkapitalisten, die in Tel Aviv oder in Haifa Fabriken gegründet hatten, waren ebenfalls nicht erfolgreich. Derart abweisend wie Arthur Hantke war jedoch niemand, man überschüttete uns mit vielen Ratschlägen und Versprechungen.

Mit Witzen versuchten die Neulinge untereinander, unausbleibliche Depressionen zu überspielen: „Warum haben alle Neueinwanderer aus Deutschland schiefe Schultern?" Die Antwort: Jeder Deutschlandflüchtling trifft irgendwann einen Watik, dem er in irgendeiner der zionistischen Institutionen begegnet war, in der der Neuling um Arbeit oder

Unterstützung nachsuchte; der Watik, der diesen schwerelosen Zustand absoluter Armut wahrscheinlich niemals kennen gelernt hatte, kommt dem Neuling strahlend entgegen, umarmt ihn, als wäre er sein bester Freund, und bestürmt ihn mit Fragen: „Wie geht es dir? Hast du Arbeit gefunden? Was macht deine Familie? Hast du Probleme…“, es nimmt kein Ende. Die Anteilnahme ist außerordentlich herzlich, dem Neuen taut die Seele auf, er schüttet sein Herz aus. Sicher wird ihm jetzt geholfen werden. Der „Freund“, oder „Chawer-Genosse“[84], hört aufmerksam zu, schlägt dem Neuling dann kräftig auf die Schulter und brüllt ihm wiederholt in die Ohren: „Alles wird gut! Alles wird gut!“ (auf Hebräisch: „Jihjeh tow!“) – außer „Schalom“[85] die ersten hebräischen Worte, die der „Jecke“[86] lernte.

Nichts wurde gut, denn es konnte nichts „gut“ werden. Max wurde oft zu Vorstellungsgesprächen eingeladen, die aber ergebnislos verliefen, und übernahm schlecht bezahlte Gelegenheitsarbeiten. Es gab einfach keine qualifizierte Arbeit für Neueinwanderer aus Deutschland – die sich mit der Sprache des Landes abquälten, ihre europäischen Maßstäbe für korrektes Verhalten mit ihrer Kleidung offen demonstrierten und in den Augen der meist aus Osteuropa eingewanderten Watikim ungeschickt bis zur Lächerlichkeit wirkten. Das Land gehörte den russischen Watikim, den „echten Zionisten“, die nicht „Naziflüchtlinge“ waren, wie die „Kapitalisten“, Ärzte und Rechtsanwälte, die in ihren Berufen keine Arbeit finden konnten.

Von Max und mir erwartete man – immerhin wurden wir als echte Zionisten anerkannt –, dass wir uns einer Landarbeitergruppe (auf Hebräisch: Plugat Awoda) anschließen würden, der der Nationalfond nach einigen Monaten der Gewöhnung an körperliche Arbeit und an die klimatischen Bedingungen Land zur Pacht überlassen würde, um einen Kibbuz aufzubauen. In diesem Kibbuz würden wir unsere zionistischen Aufbau-Tugenden beweisen können, um später mit höheren Aufgaben in den zionistischen

Institutionen oder in den Gewerkschaften betraut zu werden. Fast alle Repräsentanten der jüdischen Palästinaorganisationen waren ehemalige Kibbuzniks. Mein damaliger Besucher in Berlin, Levi Schkolnik, war Mitbegründer von Kwuzat Degania, und als er Ministerpräsident wurde, hieß es, fuhr er an Wochenenden in seinen Kibbuz, und er zögerte nicht, an den Tagen, an denen er an der Reihe war, in der Küche zu arbeiten und Geschirr abzuwaschen. Nur wenige Intellektuelle, die in den 1920er Jahren nach Jerusalem gingen und einen höchst individuellen, abstrakten „Zionismus" verkündeten – genannt seien hier Gerhard Scholem und Hugo Bergmann, Mitbegründer der Hebräischen Universität in Jerusalem –, bildeten die Ausnahme. Ihr Zionismus fand seinen Niederschlag in ihrer gründlichen Kenntnis der hebräischen Sprache und Literatur, die sie zu einer Art von „geistigen Pionieren" werden ließ.

Doch wir dachten nicht daran, diese scheinbar einzige Möglichkeit der Einordnung in das jüdische Palästina ernsthaft in Betracht zu ziehen. Schließlich hatte Max mit großer Beharrlichkeit, unter schweren und gefahrenträchtigen Umständen einen akademischen Beruf erlernt, und ich wusste, dass ich weder für ein enges Gemeinschaftsleben noch für physische berufliche Tätigkeit geeignet war. Wir meinten, dass meine Ausbildung als Erzieherin und Max' abgeschlossenes Studium als Diplomingenieur für allgemeinen Maschinenbau uns ebenfalls als „Pioniere" auswiesen. Wir beschlossen Hebräisch zu lernen und nicht die Geduld zu verlieren.

Geduld brauchten wir, denn wir hatten weder einen festen Wohnort noch irgendwelche Einkünfte. Die ersten Wochen wohnten wir bei einem Vetter von Max, der eine hohe Stellung in der Arbeitergewerkschaft einnahm. Dieser Vetter, Sohn einer Schwester meiner Schwiegermutter, war schon viele Jahre im Lande, verheiratet mit einer Tochter eines wohlhabenden polnischen Bankdirektors und wohnte für das damalige Palästina in seltenem Wohlstand. Der Vetter und seine Frau überließen uns ihre Wohnzimmercouch für die Nacht, frühstückten mit uns am Morgen. Wir zogen nach dem Frühstück los und eroberten Tel Aviv, sonnten uns am Strand und badeten im Mittelmeer, aßen ein billiges Mittagbrot in einer für Neueinwanderer eröffneten Gaststätte. Dort wurde nur deutsch gesprochen. Man unterhielt sich mit allen und jedem, tauschte Erfahrungen aus. Am Nachmittag besuchten wir alte Bekannte aus Berlin, die entweder von ihrem „Kapitalistengeld" lebten oder – durch bereits in Deutschland aufgenommene berufliche Beziehungen – Stellungen in Versicherungsgesellschaften oder in Privatbanken erlangt hatten. Aber auch diese Familien, die bereits über ein geregeltes Einkommen verfügten, wohnten meist in kleinen Zwei-Zimmer-Wohnungen. Die Couchecke oder Ausziehcouch verwandelte sich in der Nacht in das elterliche Schlafzimmer. Das zweite Zimmer war den Kindern vorbehalten. Für unsere Freund-Familie blieb es selbstverständlich, uns, vor allem in unseren ersten wohnungslosen Wochen, zu beherbergen, wann immer wir nach Tel Aviv kamen. Zwei Klappbetten wurden für die Nacht im Kinderzimmer aufgestellt.

Bald nach unserer Ankunft erhielt ich durch Ilse eine herzliche Einladung von Ada Fischmann, der Leiterin der landwirtschaftlichen Schule Ajanot: Ich solle mich doch erst einmal erholen, schrieb sie. Ich nahm die Einladung an, verbrachte viel Zeit mit meiner Schwester und ließ Max in der Hoffnung in Tel Aviv, dass sein Gewerkschaftsvetter ihm eine sinnvolle Arbeit vermitteln würde. Zu meinem Erstaunen erschien Max zehn Tage später in Ajanot und teilte mir mit, dass der Vetter uns zur Orangenernte nach Ness Ziona vermittelt hätte. In der dortigen Gewerkschaftszentrale würden wir ein Zelt, zwei Bettstellen und zwei Matratzen erhalten. Der tägliche Arbeitslohn für Max würde 20, für mich 18 Piaster betragen. An Regentagen würde nicht gepflückt, nach dem Regen könne man die Arbeit einige Tage auch nicht aufnehmen, da die Früchte, die für den

Export bestimmt seien, nur trocken geerntet werden dürften. Ich weigerte mich vehement, diese zionistische Tagelöhnerarbeit anzunehmen. Max ließ sich unschwer überzeugen. Wir müssten uns ja überhaupt nicht mehr bei dem Vetter melden, soll er von uns denken, was er will, argumentierte ich, und wir überließen Betten und Matratzen dem Gewerkschaftsbüro, entschwanden nach Tel Aviv und quartierten uns wieder wie selbstverständlich bei unserer Freund-Familie ein. Sie waren die Einzigen, die uns keine hochnäsigen Ratschläge erteilten und uns wirklich wie nahe Familienangehörige aufnahmen.

Wir waren um unsere Existenz nicht besorgt, denn da war die jüdische Stadt Tel Aviv, da waren die vielen Bekannten. Jeden Tag traf man ehemalige Bundesfreunde, besuchte diese unangemeldet, da man sich überhaupt nicht anmelden konnte, weil es keine Telefone gab. Gastfreundschaft war eine Selbstverständlichkeit. Man kam, meist in den späteren Abendstunden, wurde mit heißem Tee und einfachem Gebäck herzlich willkommen geheißen, diskutierte mehrere Stunden über die zionistische Realität im Palästina des Jahres 1939 und berichtete über die schrecklichen Verfolgungen, Verhaftungen und die neuen „Judengesetze“ der deutschen Machthaber. Ich war es, die immer wieder darüber sprechen wollte. Zu schwer wog meine Angst um unsere Eltern und ihr Schicksal in Berlin. Zu meiner Bestürzung musste ich erleben, dass meine eindringlichen Schilderungen und Aufforderungen an die Freunde, alles zu unternehmen, um ihre Angehörigen zu retten, bei den meisten Gesprächspartnern leise Zweifel an der Wahrhaftigkeit meiner Erlebnisse auslösten. „Bezeichnend für Marianne“, erwiderte leicht verärgert ein naher Bundesfreund, als ich ihn beschwor, alles zu unternehmen, um seine Eltern aus Berlin herauszuholen: „Wie so oft geht ihr Temperament mit ihr durch. Was sie berichtet ist bestimmt übertrieben.“ Die Eltern dieses Freundes gingen wenige Jahre später den furchtbaren Weg nach Auschwitz.

Nach einigen Wochen fand ich für die Nachmittagsstunden eine sehr schlecht bezahlte Arbeit als Erzieherin. Ich sollte deutsche Einwandererkinder bei ihren Schularbeiten beaufsichtigen und sie beschäftigen, bis ihre Eltern sie an den frühen Abendstunden abholten. Vermittelt wurde mir diese Tätigkeit durch meine sehr verehrte ehemalige Religionslehrerin Ellen Littmann, die ich zu meiner Freude eines Tages zufällig auf der Straße traf. Sie wiederum brachte mich zu Susi Elbogen, deren Bekanntschaft ich ebenfalls in den letzten Jahren in Berlin gemacht hatte. Sie war die Tochter eines Lehrers an der Berliner Hochschule für die Wissenschaft des Judentums, des Historikers Ismar Elbogen. Susi organisierte einen preiswerten und nahrhaften Mittagstisch für ihre Bekannten und Freunde, so dass wir mit vielen ehemaligen Berlinern ungezwungen und freundschaftlich zusammen kamen. Max übernahm technische Reparaturarbeiten, mal hier mal dort und höchst unregelmäßig. Nichtsdestoweniger beschlossen wir, uns unabhängig zu machen, keine Gastfreundschaft mehr anzunehmen und ein möbliertes Zimmer zu mieten. Im damals äußersten Norden Tel Avivs fanden wir ein preiswertes, sehr einfach möbliertes Zimmer bei einem russischen „Ureinwanderer-Ehepaar". Ihren Namen habe ich nicht vergessen: Sie hießen Millmann. Er war ein höherer Angestellter im Israel-Nationalfond, die erwachsenen Kinder waren im Kibbuz und Frau Millmann besorgte ihr kleines Einfamilienhaus und den Garten. Millmanns waren außerordentlich freundliche Menschen, die sich um unsere Zukunft sorgten. Sie sprachen oft und einfühlsam mit uns. Wir waren gezwungen mit ihnen Hebräisch zu sprechen und unsere Hebräisch-Bemühungen überzeugten sie sehr schnell von der Ernsthaftigkeit unseres „Zionismus". Zu meiner Freude prophezeiten sie mir, dass es mir sehr schnell gelingen würde, wirklich gut Hebräisch zu sprechen. Die richtige Aussprache hätte ich, im Gegensatz zu allen deutschen Einwanderern, bereits erlernt. Dieses Urteil machte mir Mut, doch sollte es viele Jahre dauern, bis ich, gemessen an meinen deutschen Sprach- und Schreibfähigkeiten, mein Ziel, die völlige Beherrschung der hebräischen Sprache, erreichen konnte. Es fehlte mir die Muße, meine Zeit in den Bibliotheken zu verbringen und mich voll und ganz hebräischen Sprachstudien zu widmen. Wir suchten Arbeit.

Frau Millmann, die auch die mangelnde Hilfsbereitschaft und unverhohlene Verachtung der Watikim gegenüber den Jecken gut kannte, beobachtete mit zunehmender Sorge die vergeblichen Bemühungen von Max. Eines Tages riet sie uns, schon um Land und Leute kennen zu lernen, doch für einige Zeit in einen Kibbuz zu gehen. Arbeitskräfte würden dort immer gebraucht, für unsere Unterkunft und unseren Unterhalt würde dort gesorgt werden. Jeden Abend, wenn sie unsere enttäuschten Gesichter beobachtete, wurde ihr Zureden intensiver und auch überzeugender. Schließlich war „Kibbuz" das gesellschaftliche Wahrzeichen des künftigen Judenstaates.

Wie oft hatten wir auf unseren Heimabenden über diese Lebensform diskutiert. Die Argumente von Max Awerbuch bedeuteten ein Ärgernis für viele unsere Mitglieder. „Alija" und „Kibbuz" waren nach deren Verständnis zu austauschbaren Begriffen geworden, wobei die Tatsache nicht wenig wog, dass für Chaluzim, die außer ihrer landwirtschaftlichen oder handwerklichen Vorbereitungszeit keinen Beruf erlernt hatten, der gemeinschaftliche Kibbuz die einzige, wenn auch physisch anstrengende Möglichkeit einer Existenzgründung war. Land, Geräte Zelte, Baracken würden vom Nationalfond zur Verfügung gestellt werden, ebenso Waffen zwecks Verteidigung der in allen Teilen des Landes entstehenden jüdischen Siedlungen vor arabischen Angriffen. Noch befanden wir uns in der Epoche von „Choma u-migdal" („Mauer und Turm"): Die Siedlungen wurden bei Nacht errichtet – als erstes die Mauer aus Sandsäcken, dann der Turm zwecks Beobachtung und Bewachung.

Palästina kennen lernen, den künftigen Judenstaat in der Aufbauphase erleben – das ist die Pflicht eines jeden Mitgliedes einer zionistischen Jugendbewegung. Wir müssen dort hingehen, dort mitarbeiten, beweisen, dass wir das auch alles können und dass unsere Gegnerschaft zum Kibbuzleben wahrlich nicht Arbeitsscheu oder mangelnde zionistische Energie bedeutete. Nein, wir waren keine verweichlichten „Diaspora-Juden". Wir werden uns alle Mühe geben, uns zu integrieren, jedoch gleichzeitig deutlich machen, dass wir nicht für eine Dauer-Mitgliedschaft in ihrem Kibbuz kandidieren würden. So diskutierten Max und ich halbe Nächte, mehr und mehr überzeugten wir uns, dass es unsere Pflicht war, unseren eigentlichen „Zionismus" zu beweisen. Und eines schönen Tages packten wir unsere sieben Sachen, brachten einige Koffer nach Ajanot zu Ilse, einige andere Koffer zu Nathan. Wir nahmen nur das Nötigste mit, Arbeitskleidung, Stiefel, Wäsche. Dann stellten wir uns an die Landstraße, die parallel zum Mittelmeerstrand nach Norden führt.

*

Nein, man glaube mir: Ich fuhr nicht mit innerlich gerümpfter Nase in den Kibbuz. Ich ging, wie so oft in meinem früheren, jugendbündisch bewegten Leben, „auf Fahrt". Es sollte eine Abenteuerfahrt werden. Ich würde Neues kennen lernen. Nicht eine zeitgebundene landwirtschaftliche Vorbereitungszeit, sondern deren Vollendung als unauflösliche Lebensgemeinschaft wollte ich erfahren

Unser Ziel war „Kwuzat Ma'ajan", gegründet von unseren Berliner Bundesfreunden, von den eigentlich „Gerechten", die ihren zionistischen Weg von Beginn ihrer Mitgliedschaft im Makkabi-Pfadfinderbund an klar vor sich sahen und niemals den geringsten Zweifel an dieser Form des Pionier-Zionismus aufkommen ließen. Etwaige Probleme wollten sie auch auf unseren Heimabenden in Berlin niemals zur Diskussion stellen. Somit war unser Entschluss, nach Ma'ajan zu gehen, nicht ohne Risiko. Habe ich doch in Berlin, wann immer man über Lebensart und Lebensform in Palästina diskutierte und man mich fragte, wann ich endlich „auf Hachschara" gehen würde, aus meinem Herzen keine Mördergrube gemacht und offen verkündet, dass ich mich keiner Kibbuzgruppe anschließen wolle. Ich hätte berufliche Pläne, wolle intensiv Hebräisch lernen, landwirtschaftliche Arbeit als Beruf aber entspräche nicht meinen Fähigkeiten. „Welch ein Hochmut!", war nicht selten die Reaktion und es wurde sogar der Antrag gestellt, mich aus dem „Bund" auszuschließen. Es blieb aber bei der Rhetorik, meine sonstigen Begabungen waren offensichtlich. Und schließlich hatte niemand etwas dagegen einzuwenden, als ich zu Beginn des Jahres 1937 erst ins Palästina-Amt und wenige Monate später in die Jugendhilfe berufen wurde. Meine Hingabe an die Erfüllung dieser wahrlich „zionistischen" Aufgaben war weithin bekannt – und man schwieg.

Welche Schwierigkeiten meine Kibbuz-Makkabi-Gemeinschaft nichtsdestoweniger mit mir haben würde, sollte mir schnell bewusst werden. Gerechterweise muss ich zugeben, dass ich, wie so oft, ohne zu zögern Kritik ohne Takt und Zurückhaltung übte. Hinzu kam der wahrlich unbegründete Verdacht, dass ich aufgrund meiner Berliner Verdienste hierarchische Ansprüche stellen würde – eine Furcht, die durch mein hochmütiges Verhalten noch geschürt wurde. Vielleicht hätte man es mit mir noch ausgehalten. Aber mit Max? Hatte dieser nicht mehrere Male die Reden und Schriften Jabotinskys, sein Auftreten vor der Peel-Kommission[87] 1937, die die jüdische Einwanderung nach Palästina drastisch einschränken wollte, emphatisch gelobt? Weit entfernt war Max vom „BETAR"[88] und gewiss von den selbsternannten Erben Jabotinskys, den Terrorbewegungen, an deren Spitze später Menachem Begin stand. Wann immer die intellektuelle Persönlichkeit Max' allzu evident wurde, gefiel es den „Genossen" bereits in Berlin, ihn als „Revisionisten" zu verteufeln. In diesem Zusammenhang sei bemerkt, dass später Ben Gurion und seine Anhänger die Judenstaatpolitik von Jabotinsky stillschweigend übernahmen, jedoch, wie jeder vernünftige und moralische Mensch, die Terrormethoden derjenigen, die sich nach dem frühen Tod Jabotinskys noch auf ihn beriefen, scharf verurteilten. – So wusste ich vor meiner Ankunft in Ma'ajan, dass sich die Begeisterung der Chawerim über unseren Besuch in Grenzen halten würde. Ich wusste aber auch, dass unsere Anwesenheit eine willkommene Abwechselung bedeuten würde und dass wir mit selbstverständlicher Gastfreundschaft rechnen könnten.

Wir trampten von Tel Aviv nordwärts, an der Kreuzung Sichron-Haifa stiegen wir aus, und nach kurzer Wanderung westwärts, Richtung Mittelmeer, sahen wir bereits unser Ziel vor Augen: Kwuzat Ma'ajan. Von weitem sahen wir den Turm und die Mauer, Choma u-migdal, die, wie bereits erwähnt, aus Sicherheits- und Verteidigungsgründen noch vor allen anderen Behausungen für Mensch und Vieh errichtet wurden. Die „Mauer“ bestand aus Sandsäcken, hoch aufeinander geschichtet, als Schutz vor feindlichen Kugeln. Der Turm war der Wachtturm, von dem der Wächter, der Schomer, etwaige feindliche Bewegungen beobachten sollte. So konnten wir unser Ziel nicht verfehlen. Wir betraten das von der Mauer umschlossene innere Siedlungsgebiet, stießen sofort auf Berliner Chawerim, die uns herzlich und freudig begrüßten, keine Fragen stellten, es nicht nur als selbstverständlich betrachteten, dass wir sie besuchten, sondern dass wir auch für einige Zeit bei ihnen bleiben wollten. Man wies uns unsere Behausung, einen Raum in einer lang gestreckten Holzbaracke, einem „Zrif“, an, in der zwei Bettstellen, Seegrasmatratzen, Decken und einige Kisten, die als Tische oder als Abstellplätze für Bücher oder tägliche Gebrauchsgegenstände dienen sollten, die Einrichtung bildeten. Wir packten unsere Koffer aus, brachten Handtücher und Bettwäsche in das Magazin, in dem alle Chawerim ihren Privatbesitz als Gemeineigentum abzuliefern hatten, und behielten für uns nur unsere Kleidung und Schuhe. Los ging's, nun waren wir Kibbuzniks.

Von allen Ecken, es war gerade Mittagszeit, kamen die Chaluzim von ihren Arbeitsplätzen in die Siedlung, begrüßten uns lärmend mit kräftigem Schulternklopfen, gingen in ihre Behausungen, um mit entblößtem Oberkörper, einem Handtuch und einem Stück Seife in den allen gemeinsamen Duschräumen zu verschwinden. Stolz zeigten mir die „Chawerot", die an diesem Tage Speisesaal- und Küchendienst hatten, den großen Essraum. Lange Bänke standen zu beiden Seiten von Tischen, die aus auf hohen Böcken liegenden Holzplatten bestanden. „Nun", fragten mich die Mädchen stolz, „wie gefällt dir unser Chadar ochel?" Und schon beging ich meine erste Sünde, die, wie ich wenig später feststellen musste, durch keinerlei Reue wieder gutzumachen war; allerdings muss ich zugeben, dass ich nicht einmal Reue empfand: „Was, hier wird gegessen!? Der Fußboden ist ja furchtbar schmutzig!" Ich rümpfte die Nase. „Wir haben heute schon sauber gemacht", war die Antwort. Diese Chaluzim gehörten in Berlin zwar nicht gerade zu meinem Freundeskreis, aber zu den älteren Gruppen, mit denen ich zahllose gemeinsame Abenddiskussionen, Sabbat-Ausgangsfeiern und Zeltfahrten unternommen hatte. Taktlos fühlte ich mich daher berechtigt, belehrend zu erklären, dass man einen Fußboden nicht zu festen Tageszeiten, sondern immer dann reinigt, wenn er wieder schmutzig geworden ist. Emsig schleppte ich Eimer und Scheuerlappen herbei und begann allein den Fußboden zu reinigen. Sprachlos und verärgert beobachteten mich meine „Genossinnen". Hochmütig und naiv merkte ich gar nicht, dass das Urteil über mich bereits gefällt war. Ich blieb fröhlich und unbefangen. Am nächsten Tag wurde ich für die Arbeit im Pardes, in der Apfelsinenplantage, eingewiesen. Man gab mir eine Turija, eine besondere Art Spitzhacke, in die Hand, und mit anderen Jungen und Mädchen, die alle älter waren als ich, begab ich mich an den Arbeitsplatz. Auf dem Weg dorthin beging ich die zweite Sünde. Wir wurden zu unserem Schutz von zwei mit Gewehren bewaffneten Genossen begleitet, die ich aus

Berlin gut kannte und zu deren Mut und Schießfertigkeit ich keinerlei Vertrauen hatte, dies umso weniger, als immer wieder berichtet wurde, dass Kibbuzmitglieder durch Schüsse ihrer eigenen Beschützer versehentlich verwundet wurden. Ich bat daher die bewaffneten Beschützer, vor mir zu gehen, ich würde sie schon vor feindlichen Angriffen schützen. Verblüfft tauschten sie die Reihe mit mir, und ich stolzierte unbewaffnet als Letzte unserer Kolonne. Die Arbeit im Pardes, im Orangenhain, war ungeheuer schwer. Es schien, als sei der Boden seit Jahren nicht gelockert und umgegraben worden. Mein Hochmut war wie weggeblasen, als ich die körperlichen Kräfte und den Arbeitseifer der Eingesessenen beobachtete, die mich durch ihre guten Ratschläge beschämten, die es mir dann doch ermöglichten, mit der unhandlichen Turija umzugehen.

Der Tag verging viel zu langsam mit langweiliger, wie mir schien, völlig unnützer Arbeit. Man zählte die Minuten, die Stunden, die Zeit wollte und wollte nicht vergehen. Endlich wurde es Abend, man stellte sich unter die Duschen. Oft geschah es, dass man sich unvorsichtigerweise einseifte und erst dann den Wasserhahn aufdrehte, um entsetzt festzustellen, dass das Wasser wieder einmal verbraucht war und man Minuten im eingeseiften Zustand zu warten hatte, bis die Reinigungsprozedur fortgesetzt werden konnte. Man setzte sich zum Abendbrot nieder, sprach kaum miteinander, jeder hing seinen eigenen, sehr persönlichen Gedanken nach. „Wer würde mit wem nach dem Essen durch die Felder streifen?" – dieses Problem hatte ich nicht. Schließlich waren Max und ich noch sehr jung verheiratet und lebten noch nicht zu lange Zeit zu dicht zusammen, so dass mein Abendprogramm „Max" hieß und ich niemandem in die Quere kam. Es gab kein Kino, es fanden keine Heimabende statt, man las keine Bücher, man war zu erschöpft. Der einzige „Sport", der die Geister erwecken konnte, war Partnersuche zwecks eines stummen Arm-in-Arm-durch-die-abendlichen-Felder-Streifens. Auch Max und ich begaben uns auf unseren Abendspaziergang, unterhielten uns lebhaft und begegneten vielen, manchmal verheirateten, oft unverheirateten, flüsternden, sich tief in die Augen blickenden Paaren. Nachts hörte man dann aus den Zelten oder aus den dünnwandigen Barackenzimmern Geflüster, das stets um dasselbe Thema kreiste: Wer wohl mit wem den Abend verbracht hatte! Geistlose Tagesarbeit, abendliche Müdigkeit, die es nicht ermöglichte, außer Tratschereien höchst persönlicher Art ein vernünftiges Gespräch zu führen, waren keine gute Voraussetzungen für freundschaftliche Verbindungen. So blieb ich also sehr isoliert. Ich hatte zwar Max, den diese Art von Isolation nicht im Geringsten störte, da er ohnehin der Überzeugung war, dass zwischen ihm und den übrigen „Genossen" keinerlei gemeinsame Interessen außerhalb der wirtschaftlichen Notwendigkeiten der Siedlung bestanden. Er hatte ja Marianne, und mit der ging das Gespräch niemals aus. Hinzu kam, dass Max im Gegensatz zu mir die beneidenswerte Eigenschaft besaß, stundenlang stumm mit anderen in Gesellschaft zu verbringen. „Man muss nicht reden", so seine oft wiederholte Behauptung, während ich immer wieder verkündete: „Man muss reden. Sonst ist jedes Zusammenleben nicht nur sinnlos, sondern auch seelisch belastend."

Mein dritter Sündenfall ereignete sich am Ende der ersten Woche. Ich begab mich ins Wäschemagazin und bat um meine wöchentliche Handtücherration. Man gab mir zwei Handtücher. Darauf ich: „Vier, bitte." Die erstaunte Erwiderung: „Was? V i e r ? Sammelst du Handtücher?" Ich entgegnete belehrend: „Zwei – für jeden. Eins für ‚oben', eins für ‚unten'." Man sah mich entgeistert an, beriet sich, um mir endlich – mir, dem unchaluzischen Gast – kopfschüttelnd vier Handtücher auszuhändigen. Ich fühlte es: Wieder einmal hatte ich eine „chaluzische Palästina-Aufbauprüfung" nicht bestanden.

Die primitiven Lebensbedingungen, die nimmer vergehende Müdigkeit, auch die stete Malariagefahr, der alle ausgesetzt waren – wir kauten stets Chinin und hatten daher ständig ein dumpfes Gefühl in den Ohren –, bedrückten mich in keiner Weise: So hatte ich es mir vorgestellt, das war meine Art von „zionistischem Heldenleben". Hinzu kam, dass mich das Bewusstsein, zu den Geretteten zu gehören, niemals verließ. Nur eine Sonderheit der zwischenmenschlichen Beziehungen erschien mir unüberwindbar: die grenzenlose Distanzlosigkeit, die nicht nur in hemmungsloser und lautstarker Bewertung des Anderen zum Ausdruck kam, sondern auch vor dem Besitz des Anderen nicht Halt machte. So fand ich, als ich eines Nachts todmüde in mein Bett fallen wollte, meine Matratzen nicht vor. Sie waren mir von einem am selben Tage eingetroffenen Chawer „weggefunden" worden, wie wir die hemmungslose Klauerei euphemistisch bezeichneten. Ich holte sie mir zurück, als ich den „Freund" in den Duschräumen wusste. Das Geschrei des aus dem Duschraum Zurückgekehrten half ihm nicht. Ich wehrte mich gegen seine Bemühungen der Wiederrücknahme mit Kratzen und schlug um mich.

Erfreulich waren die Babys, derer es bereits ein halbes Dutzend gab. Oft ging ich nach der Arbeit in den Kinder-Zrief und ergötzte mich an ihrem Anblick. In den nächsten Wochen wurde Nachwuchs erwartet. Im Rahmen meines Wolffheim-Seminars hatte ich auch Säuglingspflege gelernt. Und da sich meine Turija-Arbeit als nutzlos erwies – ob es meine Ungeschicklichkeit oder die knochentrockene, durch tiefe Risse gespaltene Erde waren, die alle meine Bemühungen zum Scheitern verurteilten, konnte ich nicht feststellen, und es war mir schließlich auch egal, denn ich wusste, dass nutzlose körperliche Arbeit Galeerenarbeit und nichts für mich war –, so begab ich mich eines Abends ins Allerheiligste, in die „Maskirut", das Kibbuzsekretariat, und bat dringlichst um eine andere Arbeit, die dem Kibbuz Nutzen bringen würde. „Was würdest du denn gern tun?", fragte mich der Maskir, der Sekretär. Die Jungen waren viel weniger dogmatisch als die Mädchen. Ich fasste Zutrauen und erzählte ihm, dass ich in Berlin einige Monate in einem Säuglingsheim praktiziert hätte. „Laßt mich doch die Babys versorgen“, bat ich. „Gut“, war die Antwort. Ich ließ mir einen weißen Kittel geben. Leider verriet ich dabei auch den Grund für dieses Extrakleidungsstück, und ich hätte mich eigentlich nicht wundern dürfen, dass, als ich am nächsten Morgen in meinem blütenweißen Kittel strahlend den Kinder-Zrief betrat, fünf oder sechs wütende Mütter auf der Schwelle erschienen und mich buchstäblich anfauchten: „Was willst du denn hier? Du und unsere Kinder? Gestern bist du erst gelandet und nimmst Dir bereits heraus…“ Ich wollte das Ende des Wortschwalles nicht hören, rannte hinaus und warf mich in meinem Zimmer weinend auf das Bett. Der Sekretär kam, um mich zu trösten: „Arbeiten willst du und sollst du auch. Ich habe mit den Müttern ernsthaft gesprochen und sie sind letztlich damit einverstanden, dass du die Babywäsche übernimmst. Man muss eben von unten anfangen“, versuchte er zu scherzen. Des lieben Friedens willen erklärte ich mich einverstanden und begab mich in die Waschküche. Wie gut, dass mir Frau Millmann in Tel Aviv die Benutzung des Primus’, des Petroleumkochers, erklärt hatte. Man kochte die Wäsche in großen Kesseln auf dem lärmenden Primus, dessen Flamme durch Pumpen immer wieder angefacht werden musste, mittels eines langen Holzstabes entnahm man die triefende Wäsche dem Kessel und ließ sie in einen großen kreisrunden Zuber fallen. Auf einem Waschbrett schrubbte man mit allen Kräften die einzelnen Wäschestücke, spülte in einer Wanne die gewaschene Wäsche wieder und wieder und hing dann auf dem Hof alles zum Trocknen auf. Jahrelang habe ich später in meinem eigenen Haushalt auf diese vorsintflutliche Art meine gesamte Wäsche gewaschen. Allerdings musste ich meine Arbeit auf dem Flachdach des Hauses verrichten, es war ein dauerndes, sehr anstrengendes Rauf-und-runter-Rennen, das, als mein Baby zur Welt kam, Tag für Tag wiederholt wurde. Nicht viel bequemer hatten es die Hausangestellten meiner Eltern, nur, dass sich unter dem Dach eine große Waschküche befand und man die Wäsche auf einem riesigen Kohlenherd zum Kochen brachte, zudem kam eine zusätzliche Dienstkraft, eine Waschfrau, für zwei bis drei Tage ins Haus. Moderne Geräte kannte man noch nicht in den dreißiger Jahren unseres Jahrhunderts. In Palästina war der lärmende Primus das einzige technische Gerät, und die Wasserknappheit wurde zu einem zusätzlichen Hindernis, die Arbeit zügig zu verrichten.

Ich arbeitete emsig und versuchte meinen Zorn zu überwinden, bat jedoch nach dem Abendbrot die jungen eifervollen Mütter, doch bitte den Babykot aus den Windeln zu entfernen, das verlange doch schließlich der elementare Reinlichkeitssinn. Schade, dass ich meinen Trieb, belehrend einzuwirken, nicht unterdrückt hatte. So war es nicht verwunderlich, dass ich am nächsten Tage die Windeln nebst Baby-Produktion in der Waschküche vorfand. Diesmal packte mich die Wut. Ich besorgte mir einen Eimer, entleerte die Windeln und stellte den Ertrag in das Baby-Schlafzimmer. Eins zu null für mich, doch wurde ich von diesem Tage an von den Müttern boykottiert, man sprach kaum noch mit mir. Nach zwei Wochen wurde mir die aufgezwungene Rolle der „Schweigsamen Frau“ zu lästig, schließlich war ich und bin ich noch heute auf Gespräche mit meinen Mitmenschen angewiesen. Also begab ich mich wiederum zum Sekretär, dieser zeigte Verständnis, begeisterte sich auch nicht für die zickigen Mütter und versetzte mich in den Gemüsegarten. Der Leiter war ein in Deutschland ausgebildeter Gärtner, sehr hilfsbereit und kameradschaftlich, und plötzlich entwickelte ich mich zu einer anstelligen Gehilfin, die Respekt und Anerkennung gewann. Bald wurde mir ein begrenzter Teil der Gemüseanpflanzungen zur selbständigen Bearbeitung und Pflege überlassen.

Wir waren nun bald sechs Wochen „Gäste“, in den kommenden Wochen würden wir zur Kategorie der „Kandidaten“ gehören. Da wir wahrlich nicht die Absicht hatten, für eine ständige Mitgliedschaft zu kandidieren – dies hatten wir am Tage unserer Ankunft sogleich klargestellt –, beratschlagten Max und ich Abend für Abend, wie und wann wir uns für die uns erwiesene Gastfreundschaft herzlichst bedanken und weiterziehen würden. Max zog es nach Ejn Charod, einem der ältesten großen Kibbuzim, gelegen am östlichen Ende des bis unter den Meeresspiegel abgleitenden Emek Jesre'el[89] zu Füßen des Berges Gilboa, nicht weit entfernt von Tiberias und dem Tiberiassee, dem Jam Kinneret. Wahrlich eine bibelträchtige Landschaft: Auf dem Gilboa fielen Saul und Jonathan in der letzten Schlacht gegen den Usurpator David. Jonathan, eine der wenigen wahrhaft hochherzigen Persönlichkeiten, auf den auch nicht der leiseste Schatten fällt, ist der Königsohn, der die Königsinsignien bei Lebzeiten dem „Besseren, als ich es bin" überreichen wollte, und der von David, dem vielfachen Sünder, glaubhaft beklagt wurde mit den Worten „Mein Bruder Jonathan". Ohne nachzudenken, gab ich meinem Sohn, geboren im Jahre 1942, den Namen Jonathan – wieder ein Hinweis für meine immerwährende geistige Verbundenheit mit dem „Buch der Bücher", meinem Brunnen, aus dem sehr früh mein „Zionismus" entstand.

Ich gebe es freimütig zu: Ich habe es ihnen durch meinen Hochmut leicht gemacht, aber eine derart schnöde Behandlung, die uns von einer Stunde zur nächsten aus Ma'ajan vertrieb, hatten wir nicht verdient. Während Max und ich noch darüber sprachen, auf welche freundschaftliche Art wir unseren Abschied nehmen sollten, gesellte sich plötzlich der „Altgenosse", einer der Gründer der jüdischen Pfadfinderbünde Berlins, zu uns. Wir gingen während unseres Gespräches auf dem Innenhof hin und her, und er informierte uns zu unserem maßlosen Erstaunen darüber, dass soeben, am hellen Vormittag, eine Generalversammlung stattgefunden hätte, auf der unsere Kandidatur einmütig abgelehnt worden sei. „Aber", entrüstete ich mich, „wir haben doch gar keinen Antrag gestellt! Niemand hat uns gefragt.

Im Gegenteil, vom ersten Tage an haben wir nur von einem mehrwöchigen Besuch als arbeitende Gäste gesprochen…“ Ich konnte mich kaum beruhigen, ich empfand diese Mitteilung als eine beabsichtigte, völlig sinnlose Beleidigung. „Lass sein“, so Max, „wir wussten es doch. Bevor wir kamen, hatten die schon beschlossen, uns nicht aufzunehmen. Dein Hochmut oder deine Taktlosigkeiten haben überhaupt nichts damit zu tun.“

Das war meine erste bittere Erfahrung mit der charakteristischen israelischen Nonchalance und Brutalität, wenn es darum ging, unliebsame Kibbuzgenossen oder Mitarbeiter in den israelischen Institutionen, aus welchem Grunde auch immer, loszuwerden. Da gab es keinerlei Nachdenken über das weitere Schicksal der „Opfer“ völlig unsachlicher Entscheidungen. In unserem Fall wusste man von unserer völligen Mittellosigkeit, von unserem Entkommen in letzter Minute aus der Nazihölle – nichts konnte den Entschluss, den „Störenfried“ loszuwerden, erschüttern. Die Generalversammlung war beendet, die Genossen bevölkerten den Innenhof, wichen unseren Blicken aus, niemand fragte uns „Wohin werdet Ihr gehen?“ Niemand gab eine Erklärung ab. Erstaunlich, dass ich erst jetzt, Jahrzehnte später, dieses Verhalten als derart unmenschlich empfinde. Damals widerte mich eher die Hinterhältigkeit und die Feigheit an und mehr noch die absichtsvolle Beleidigung, da wir ja – ich beschwöre es in der Erinnerung wieder und wieder herauf – keinerlei Hinweis gegeben hatten, aus dem man hätte schließen können, dass wir in Ma’ajan zu bleiben gedachten.

Wir waren nicht die einzigen, die eine solche Behandlung erfuhren. Man wollte oder man wollte nicht. Auch wenn man vorerst wollte, änderte man nicht selten einige Wochen später die Meinung. Wer sich nicht widerspruchslos den Gesetzen der Gründer unterwarf, konnte Opfer jedweder Willkür werden.

Ich greife vor: Vielleicht zwanzig Jahre später, empfahl mir ein Freund, der freiwillig Ma’ajan verlassen hatte, mit ihm den Kibbuz zu besuchen: „Ich werde dich dort als meine holländische Cousine vorstellen“, sagte Heini, den ich noch sehr gut aus meiner Berliner Zeit kannte. Gesagt, getan – ich war neugierig. Heini und ich machten uns auf den Weg. Inzwischen war der Kibbuz auf den Karmelberg gezogen. Die Genossen wohnten in Stein-Bungalows, die ein Wohn-Schlafzimmer, einen Duschraum und eine kleine Küche enthielten. Die Hauptmahlzeit nahm man wie eh und je im gemeinsamen Speisesaal ein. Gleich am Eingangstor der Siedlung trafen wir Friedel, jetzt erster Sekretär des Kibbuz: „Hallo, Heini.“ „Hallo, Friedel. Das hier ist meine holländische Cousine. Sie will einen Kibbuz kennen lernen.“ Friedel, dem ich früher sehr nahe stand – er war hochmusikalisch, liebte Bach und vor allem die „Johannespassion“ heiß und innig, damals habe ich oft über den judenfeindlichen Text dieses biblischen Johannes mit ihm gesprochen –, sah mich scharf an, wurde verlegen und rief dann voller Begeisterung: „Aber das ist doch Marianne Selbiger! Wie schön, dich wiederzusehen. Alle werden sich sehr freuen. Komm, die Frauen decken gerade den Tisch für das Abendbrot. Komm und staune über unseren neuen Speisesaal.“ Er ging voraus, Heini und ich hinterher, wir betreten den Speisesaal: Da standen sie alle zusammen, die erzürnten Babymütter erkannten mich sofort, und ich konnte ihre ersten Gedanken lesen: schmutziger Fußboden, Handtücher, Babywäsche und so weiter. Sie lebten von ihrem Erlebnispotential, Veränderungen waren Kibbuzveränderungen, die Welt blieb draußen. Das Ereignis war der neue Speisesaal, auf einer der Karmel-Anhöhen gelegen, mit einem hinreißenden Blick auf das weit entfernte Mittelmeer. „Nun“, fragten sie stolz, „wie gefällt es dir?“ Und jetzt geschah es, so, als wäre die Uhr damals stehen geblieben: „Ja, wenn ihr mal die Fenster von dem Fliegendreck befreien würdet, könnte man ja die Aussicht genießen.“ Betretenes Schweigen. Die Situation wurde von Friedel gerettet: „Marianne, wo wohnst du, was machst du, wie geht es Max…?“

„Ich bin Lehrerin in Ramat Gan, unterrichte hebräische Sprache und Literatur, Bibel und Geschichte", antwortete ich. „Oh", meinte Friedel, „wir brauchen dringend eine qualifizierte Lehrerin für die hebräischen Fächer. Komm doch zu uns!" Die anwesenden Mütter schwiegen, blickten mich forschend und ängstlich an. „Komm doch zu uns", wiederholte Friedel. Daraufhin drohte ich: „Noch ein Wort und ich komme!" Verlegenheit auf allen Gesichtern. Ich lachte. Dann wurde ich von vielen in ihre Behausungen eingeladen. Mir fiel gleich auf, dass alle im Flüsterton sprachen. Es war offensichtlich: Sie wollten nicht, dass die Nachbarn zuhörten. Doch plötzlich wurde laut gesprochen: „Marianne, Ruthi ist eine wunderbare Lehrerin!" – und das, nachdem man sich zuvor äußerst negativ über Ruthis menschliche Qualitäten geäußert hatte.

Ich registrierte schnell eine von unaufhebbarer Spannung beherrschte Atmosphäre. Der Grund war offensichtlich. Die viel gerühmte „Gleichheit" war das Aushängeschild, im Eigentlichen herrschte eine qualvolle Ungleichheit. Einigen bereits in Berlin prominenten Gruppenleitern war es gelungen Karriere zu machen. Der eine wurde Direktor der Arbeiterbank, der andere Direktor von „Tnuwa", der Vereinigung aller Unternehmungen für Milcherzeugnisse im Land, um nur zwei Beispiele zu erwähnen. Der bereits in Berlin unbeholfene und unpolitische einfache Genosse, nennen wir ihn Jossi, arbeitete aber noch immer im Kuhstall. Hierarchien in einer zahlenmäßig kleinen Gemeinschaft, in der jeder jeden seit Jahrzehnten kennt, schaffen eine spannungsgeladene Atmosphäre. Misstrauen gegen alle, das bekam auch ich zu spüren. In Berlin war ich mit Trude befreundet. Jetzt erkundigte ich mich nach ihr, wollte sie einfach wiedersehen. Heini ging zu ihr und ich ihm nach. So hörte ich ihre Erwiderung, als sie erfuhr, dass ich sie sprechen möchte: „Ach, die will ja nur meine Hilfe für einen Wiedergutmachungsantrag erbitten." „Aber Trude", sagte ich zu ihr, „wie hast du dich verändert! Kannst du dir einen uneigennützigen Freundschaftsbesuch einfach nicht mehr vorstellen?“ Trude war höchst verlegen, ich ließ sie stehen und verließ bald darauf mit Heini dieses Paradies der Menschenliebe und des Gemeinschaftsgeistes.

Viele Jahre später, als ich bereits in Berlin arbeitete, wurde der Begriff „Mobbing“ erfunden: das Vergraulen eines unliebsamen Mitarbeiters mit brutalen Mitteln aus dem Job. Als ich diesen Begriff zum ersten Mal hörte, kam mir der Gedanke, dass hier eine Israel-Erfindung ihren Weg nach Deutschland gefunden hatte. Ma'ajan war nicht meine erste Erfahrung in Palästina und später im Staat Israel: Allzu leichtfertig beschloss man einen aus irgendwelchen Gründen unliebsamen Mitarbeiter loszuwerden, man „mobbte“ sich zusammen und machte dem „Unliebsamen“ den Job zur Hölle. In der Berliner Universität erlebte ich derartige Vorfälle nicht. Da ging es im Allgemeinen nach Recht und Gesetz zu, es gab schließlich einen Personalrat, doch avancierte Mobbing in manchen Zweigen der freien Wirtschaft zur Lieblingsbeschäftigung. Immer, wenn ich von derartigen Vorfällen hörte, kam mir der Gedanke, dass wenigstens diese eine israelische Erfindung Karriere gemacht hatte.

Eigentlich verfügte ich nun über genügend Kibbuzerfahrung, doch folgte ich seufzend meinem Max nach Ejn Charod. Er freute sich, seine Jugendfreunde aus den Zeiten der ersten großen zionistischen Jugendbünde, dem Kadima[90], wieder zu treffen. Ich hatte genug gelernt, meinte ich, widersprach seinem Wunsch jedoch nicht, denn wir hatten ohnehin kein bestimmtes Ziel vor Augen. Kein Arbeitsplatz in Tel Aviv, kein fester Wohnort warteten auf uns. Noch gefiel mir diese Ungebundenheit. Jeder Tag brachte neue Erfahrungen. Die vielseitige Landschaft Palästinas nahm alle Aufmerksamkeit in Anspruch. Man lernte sehr leicht neue Menschen kennen. Jeder, dem man – sei es im Bus oder auf der Landstrasse – begegnete, ließ sich sofort in ein Gespräch ein, freute sich über die neuen Chaluzim, wünschte uns viel Erfolg für den Aufbau Palästinas und vergaß auch nicht, uns in „seinen“ Kibbuz einzuladen, um dort einige Tage zu verbringen. Gegen Abend landeten wir auf dem Hof von Ejn Charod. Die Siedlung war auf den Hügelabhängen, die den Gilboa umgaben, rund um einen sehr großen Hof erbaut. Der Kibbuz hatte damals ungefähr 800 Mitglieder. Für die zuletzt Gekommenen, also auch für uns, waren Zelte aufgestellt worden. Die Kibbuz-Hierarchie war an den Wohnstätten der Mitglieder zu erkennen: Die „Ältesten“, die Gründer, wohnten in kleinen, niedrigen, meist weißen Ein-Raum-Betonhäusern, die späteren Einwanderergenerationen in Holzbaracken. Die Zelte waren für die „Letzten“ bestimmt.

Max fragte sich zu seinen Freunden durch, die ihn wirklich begeistert empfingen. Des Schulterklopfens war kein Ende: „Mensch, Maxe, du hier bei uns! Ach, Maxe!“, lauteten die erregten Liebeserklärungen. Der Wortschatz schien im Kibbuz einzuschrumpfen. Man führte uns in die hübsch eingerichteten Behausungen: Gardinen an den niedrigen Fenstern, Tischdecken und Blumenvasen, Lampen und handgewebte Teppiche gaben den Räumen einen wohnlichen Glanz. Um mich kümmerte man sich nicht. „Ach, du bist verheiratet?“, war alles, was man sagte. Ich zockelte hinterher, wurde auch von den inzwischen eingetroffenen Ehefrauen kaum beachtet. Man war nicht unfreundlich, nur gleichgültig. Und Max? Der war völlig von der Freude über das Wiedersehen mit seinen alten Kameraden absorbiert und hatte mich ebenfalls völlig vergessen.

Sike, Max' bester Freund, war der Leiter der großen Blumenplantagen. Er hatte den Gärtnereiberuf bereits gründlich in Deutschland erlernt. Zwi, der andere, viel jüngere Freund, leitete eine Werkstatt, in die er Max gleich zu integrieren gedachte. Ich wagte nicht „Und ich?“ zu fragen, folgte jedoch den Freunden in den Speisesaal zum Abendbrot. Rohes Gemüse, Quark, saure Milch, Oliven, Brot, Margarine und Riesenkannen mit kochendheißem Tee bildeten das Nachtmahl. Nach wenigen Tagen stellte ich fest, dass jeden Morgen und jeden Abend die gleichen Lebensmittel auf den Tisch kamen. Mittags gab es gekochtes Gemüse, irgendeine schwer definierbare Suppe, Brot und Tee. Nachmittags um vier Uhr bediente man sich selbst mit trockenem Brot, schwarzen Oliven und Tee, der praktischerweise aus der Wand durch gewöhnliche Wasserhähne in die Tassen gegossen wurde. Man belehrte mich gleich, dass gegen die Hitze, schließlich war es Sommer und Ejn Charod lag unter dem Meeresspiegel, kochendheißer Tee das einzige Mittel war, um den dauernden Durst zu löschen.

Nach dem Essen wurden die Wiedersehensgespräche fortgesetzt, und ich blieb das fünfte Rad am Wagen, bis eine der Frauen merkte, dass meine Augen vor Müdigkeit zufielen. Sie brachte mich in ein anderes Zimmer derselben Baracke, erklärte mir, dass die Ehefrau zu ihren Eltern in die Stadt gefahren und der Ehemann zur Nachtwache eingeteilt sei, ich also das Zimmer für mich hätte. Man würde mich am nächsten morgen vor sechs Uhr wecken. Todmüde schlief ich sofort ein, wachte aber nach einigen Stunden tief erschrocken auf. Jemand bemühte sich um einen Platz neben mir in meinem Bett. Ich schrie auf, das Licht ging an und erstaunt starrte mich ein sehr gutaussehender Chawer, bereits im Pyjama, an: „Wer bist du denn?" Der wusste von nichts: nicht, dass seine Frau zu ihren Eltern gefahren war, und nicht, dass er Einquartierung bekommen hatte. Er war in keiner Weise entrüstet, nahm die Situation gelassen zur Kenntnis, wünschte mir höflich eine gute Nacht und ging in sein eigenes Bett. Auch ich schlief sofort wieder ein, schließlich ging es in unseren Zeltlagern im Bund auch sehr unkonventionell und ebenso unschuldig zu.

Ich wurde zur Weintraubenernte – es war Mitte Juni –, Max zur Arbeit an der Drehbank eingeteilt. Man übergab uns Zeltbahnen nebst allem Zubehör, Max errichtete als geübter Pfadfinder das Zelt fachgemäß in kurzer Zeit. Wir erhielten Betten und Matratzen sowie Kisten in allen Größen zur beliebigen Verwendung. Als Beleuchtung diente eine Petroleumlampe. Das Zelt wurde um einen Bretterfußboden errichtet, es hatte eine verschließbare Zelttür. Und schon war unsere Wohnung fertig. Ich fühlte mich wie auf Fahrt, und ich ertappte mich manchmal bei der Vorstellung: ‚Übermorgen fahren wir nach Hause, dann habe ich wieder mein gutes, weiches Bett mit blütenreiner Bettwäsche.'

Doch letztlich bedrückte mich die radikal veränderte Realität meines Lebens nicht. Max war bei mir, wir waren gerettet, entkommen. Und wir waren völlig damit beschäftigt uns sprachlich durchzuschlagen, uns sozial zu integrieren, was äußerst schwer war, da die Menschen in Palästina und besonders in den kleineren Gemeinschaften, in den Kibbuzim, nach dem Wetek, nach der Zeitspanne ihrer Kibbuzexistenz, geachtet wurden. Den „Neuen" – man blieb sehr lange „neu" – begegnete man freundlich, aber distanziert. Max ging es gut. Er hatte seine Freunde, eine Arbeit, die ihn nicht langweilte. Er fühlte sich vollkommen unbeschwert. Ich war nicht unglücklich, nur sehr allein. Die Landschaft war herrlich, man konnte sich an dem Farbenspiel, der flimmernden Luft über Berg, Hügel, Tal und Quellen nicht satt sehen. Die Weintrauben waren köstlich, und ich besserte die karge, eintönige Kost durch enormen Traubenkonsum auf, bis es des Guten zu viel wurde und ich unter Dysenterie-Verdacht[91] ins Kibbuzkrankenhaus gebracht wurde. Wie gut ging es mir dort! Ich hatte ein kühles Zimmer in einem der wenigen Steinhäuser, ein bequemes Krankenbett, blütenweiße Bettwäsche und eine sehr warmherzige Zimmergenossin, deren Alter ich auf ungefähr zwischen 50 und 55 Jahren schätzte. Wie erstaunt war ich, als sie mir berichtete, dass sie erst 40 Jahre alt war, aber seit Beginn der zwanziger Jahre zur Gründergeneration des Kibbuz gehörte. Ich war erschüttert beim Anblick dieser an Jahren jungen Kibbuzgenossin, deren faltenreiches Antlitz ihr wahres Alter Lügen strafte. Ihre Berichte über die Gründerjahre bezeugten den Heldenmut dieser jungen Leute, mit dem diese ein streng asketisches Leben auf sich genommen hatten, Besitz missachtend, ihre Gesundheit aufs Spiel setzend. In jenen Jahren standen ihnen noch nicht die Gewerkschaften und die jüdischen Nationalfonds effizient zur Seite. Fast völlig auf sich gestellt, bewerkstelligten sie den Aufbau dieser blühenden Siedlung, wie sie jetzt, im Jahre 1939, vor unseren Augen lag. Mein Hochmut schmolz wie Schnee in der Sonne. Voller Bewunderung konnte ich nicht genug erfahren über die mir unüberwindlich erscheinenden Schwierigkeiten der Gründerzeit. Askese war auch jetzt noch bittere Notwendigkeit. Man exportierte Weintrauben, Gemüse, Blumen und verzichtete auf die notwendigen Verbesserungen des Lebensstandards. Die karge Verpflegung war Ausweis der Bedürfnislosigkeit des Einzelnen im Interesse der wirtschaftlichen Entwicklung der Siedlung als Ganzes.

Lea, meine Zimmergenossin, erzählte, man hätte zu Beginn aus Sicherheitsgründen die Zelte zu Füßen des Gilboa, unter den Eukalyptusbäumen am Ufer der Quellen aufgestellt, dort, wo ich in den Weinbergen arbeitete. Damals arbeiteten die Chawerim ununterbrochen zwölf Stunden am Tag. Wir hingegen leisteten es uns zwischen zehn und zwei Uhr mittags eine Pause einzulegen. Die feuchte Hitze machte die Weinlese in diesen Stunden zur Qual. Lea und ihre Freunde hatten nicht die Mittel, sich voll und ganz der Landwirtschaft zu widmen. Geld war nicht vorhanden, also gingen viele der Chawerim in die Außenarbeit. Zu Fuß begab man sich am frühen morgen nach Tiberias. Die Männer verdingten sich als Bau- oder Erntearbeiter, die Frauen arbeiteten in den Haushalten als Wäscherinnen. In den frühen Abendstunden machte man sich auf den Heimweg. Meine Bewunderung für die Leistungen dieser jungen Pioniere, die ihre Jugend und ihre Gesundheit opferten, war grenzenlos. Jetzt, im Jahre 1939, einem Jahr der Arbeitslosigkeit in den Städten und des Geldmangels in den Siedlungen, gelang es den Bewohnern von Ejn Charod mittels des Exportes ihrer Erzeugnisse den Kibbuz auch auf anderen Gebieten als dem der Landwirtschaft zunehmend wirtschaftlich zu stabilisieren.

Lea wurde meine Freundin und bot mir an, die arbeitsfreien Mittagsstunden in ihrem Häuschen zu verbringen, da es im Zelt noch heißer war als im Freien. Da man mich nicht in die Weinberge zurückschickte, sondern zur Arbeit im Wäschemagazin einsetzte, wo es keine Hitzepausen gab, musste ich ihre Gastfreundschaft nicht in Anspruch nehmen. Zwar als gesund entlassen, galt ich aber noch lange Zeit als Rekonvaleszentin und wurde darum an den langen Extratisch gesetzt, an dem köstliche Hühnchen und Fleischgerichte serviert wurden. Ich bedauerte Max und die anderen „Nur-Gemüse-und-Kartoffel-Esser" und versuchte ihren Blicken auszuweichen. Es kam mir der ketzerische Gedanke, ob es nicht wirtschaftlicher gewesen wäre, für alle eine bessere Kost zuzubereiten. Vielleicht wären nicht so viele erkrankt. Ich fühlte mich unbehaglich an diesem Rekonvaleszententisch. Der fühlbare Stolz der noch Gesunden auf ihre Robustheit milderte jedoch etwas mein schlechtes Gewissen, unverdient bevorteilt zu werden.

Ab jetzt absolvierte ich eine normale Arbeitszeit von sieben Uhr morgens bis fünf Uhr nachmittags. Ich lernte fachmännisch das Bügeln, was mir sogar anfangs großen Spaß machte. Max profitierte später von meiner neuen Kunst. Seine Hemden nebst Kragen und Manschetten waren immer tadellos gebügelt. Doch bald packte mich wieder die Ungeduld, und eines Morgens erschien ich im Sekretariat bei dem Sekretär, der die Arbeitsplätze verteilte, und bat ihn um eine längere Unterredung. Ich erzählte ihm von meiner Ausbildung bei Nelly Wolffheim und bat ihn drängend, mich dem Kinderhaus zuzuweisen. Seine Reaktion war zwar nicht so hysterisch wie die der Heldenmütter in Ma'ajan, aber nicht minder abweisend: „Nein! Du bist erst gestern gekommen. Jahre wird es dauernd, bis wir dich für geeignet halten können, für unsere Kinder, unseren wertvollsten Besitz, zu sorgen. Also: Ein Jahr arbeitest du in der Landwirtschaft, ein Jahr wirst du im Wäschemagazin waschen, plätten und ausbessern, ein Jahr in der Küche

Geschirr spülen und kochen. Und dann werden wir in der Hauptversammlung darüber entscheiden, ob du bereits…" – das Ende wollte ich nicht hören. Das Wort „Hauptversammlung" hatte meinen Zorn erregt. Alles wurde dort geregelt. Die letzte Hauptversammlung hatte zu entscheiden gehabt, ob Jossi, der bislang in der Werkstatt gearbeitet hatte, in den Kuhstall versetzt werden sollte:

„Jossi, ab morgen arbeitest du im Kuhstall", so der erste Sekretär.

Jossi: „Lo rozeh!" („Will nicht!")

Ein älterer Chawer, ein Watik: „Höre, Jossi. Unsere Wirtschaft, unser Etat, deine Arbeitskraft…" Zehn Minuten redete er auf Jossi ein.

Jossi: „Lo rozeh!"

Chawer Nummer zwei: „Denk an Theodor Herzl und an seinen Idealismus, an die ersten Pioniere, an ihren Hunger, an deren schwere Arbeit…" Redezeit: eine Stunde

Jossi: „Lo rozeh!"

Chawer Nummer drei beschwörend: „Jossi, Jossi!", und er liest aus der Bibel vor, was die Erzväter geleistet hatten, als sie Brunnen bohrten und ihre Viehherden vermehrten. Redezeit: 90 Minuten, niemand unterbrach ihn.

Jossi: „Lo rozeh!!!"

Es war bereits nach Mitternacht, fast alle kämpften mit dem Schlaf, als der erste Sekretär sagte: „Jossi, also du willst nicht! Das hättest du gleich sagen sollen. Dann kann man nichts machen. Gute Nacht." Die Sitzung war beendet.

Bei mir würde so eine Sitzung in umgekehrter Richtung verlaufen. Man würde sagen „Du bist noch nicht fähig" und ich würde sagen „Aber ich will!" Nur würde ich nach zehn Minuten die Verliererin sein. Außerdem: Drei Jahre warten? Nein. Ich verließ das Sekretariat, sah einen Autobus und zwei Fahrer im Hof, fragte sie „Wohin des Wegs?" Die Antwort war: „Nach Haifa." „Wartet bitte fünf Minuten", bat ich, ging ins Zelt, schrieb Max eine Notiz, er könne mich über Henrietta Szold in Jerusalem erreichen, ich würde abhauen. Da wir vorher über meine Absicht, einen Antrag für die Kinderhausarbeit zu stellen, gesprochen hatten, konnte Max meine Gründe für den plötzlichen Abschied erraten. Außerdem wusste ich, dass dies auch für ihn den Abschied bedeutete und er zu seinem Bruder nach Tel Aviv gehen würde.

In den späteren Abendstunden kam ich in Haifa an. Ich kannte in der Stadt nur eine Adresse: die meines Berliner Hebräischlehrers, eines Kommilitonen von Max, dem es gelungen war, in den Ölraffinerien in Haifa eine Arbeit zu finden. Auf mein Klingeln öffnete er mir die Tür, freute sich sehr, erzählte mir, dass seine Frau bei ihren Eltern in Chadera sei und ich deshalb im Ehebett übernachten könne. Nach einem Abendbrot legte ich mich schlafen. Und als wären derartige Überraschungen mein persönliches Schicksal, erschien um sieben Uhr früh, während wir noch schliefen, die Ehefrau. Sie erfuhr von meinem Lehrer die Geschichte, lachte herzlich und servierte uns Frühstück an das Bett, an dem auch sie sich beteiligte.

Mittags war ich dann bereits in Jerusalem, fragte mich durch, gelangte in die Gebäude der Jewish Agency, fand die Büros der Jugend-Alija und wurde von Henrietta Szold und von Hans Beyth herzlich empfangen. „Mein Visum ist schon längst abgelaufen“, sagte ich, „was soll geschehen?“ „Es gibt drei Möglichkeiten“, meinte Misses Szold: „Zertifikat, Jugendarbeit in England oder Abtauchen in die Illegalität.“ Ich wählte zu aller Zufriedenheit die letzte Möglichkeit. Denn mit einem Zertifikat konnte man ein Leben retten. Ich war ja bereits im Lande, und wenn man mich durch Zufall erwischte, käme ich ins Frauengefängnis nach Bethlehem, und das auch nicht für lange Zeit, so meine Überlegungen.

„Hast du Arbeit?“, fragte Misses Szold. Als ich verneinte, sagte sie: „Ich gebe dir einen Brief an die Leiterin eines Kinderheimes in Bet Hakerem mit. Ich telefoniere vorher mit ihr. Sie wird dich nehmen. Jetzt in den Schulferien hat sie dort ein Sommerlager für deutsche Neueinwandererkinder organisiert. Ich weiß, sie sucht geeignete Mitarbeiter." Ich verabschiedete mich strahlend. Ich solle mich ruhig, wenn nötig, um Hilfe an sie wenden, aber fürs Erste sei ich ja versorgt, meinte Henrietta Szold. Ich machte mich auf den Weg zur Autobushaltestelle und fuhr zu meinem ersten besoldeten Arbeitsplatz in das schöne bewaldete Bet Hakerem.

Bet Hakerem – was für ein Glücksgefühl erfüllte mich, als der Autobus durch die schöne saubere Villenvorstadt fuhr. Ich wusste, hier würde ich aufatmen, mich erholen können, hier wäre ein Ort des Kräftesammelns, der Besinnung. Anne, die Leiterin des Kinder- und Jugendheims, hatte einige Jahre in Wyk auf Föhr gearbeitet. Das war vor meiner Zeit. Noch jetzt stand sie in freundschaftlicher Verbindung mit der Schwester Oberin. So wusste ich von der ersten Stunde an, was von mir erwartet wurde. Tagesablauf, Umgangsformen, Freizeitprogramm – alles war bekannt, es war wie ein „Wyk in Palästina".

Endlich kam ich dazu, ausführliche Briefe an die Eltern zu schreiben. Ich verschwieg meine Sorgen und bemühte mich meine Erlebnisse so humorvoll wie möglich zu beschreiben. Aus den Antworten der Eltern entnahm ich, dass sie nicht mehr am Holsteiner Ufer wohnten. Die neue Adresse lautete: Nürnberger Straße 66. Eigentlich hätte ich damit rechnen können, trotzdem war diese Neuigkeit eine Überraschung. Obwohl meine Eltern, wenige Tage vor unserer Abreise, begonnen hatten, einige Möbelstücke zu verkaufen, meinte ich damals, dass sie sich aus finanziellen Gründen dazu entschlossen hatten. Von Umzug war niemals die Rede. Die Laune meines Vaters war unverändert. Nach wie vor spielte er sich eine heile Welt vor, die seit langem nicht mehr bestand. „Ich habe gar nicht gewusst, wie angenehm es ist, in einem möblierten Zimmer zu wohnen", schrieb mein Vater. Das war kein Galgenhumor oder eine verschlüsselte Art, uns eine schmerzvolle Veränderung mitzuteilen. Er lebte gemäß seinem Entschluss, sich von den politischen Geschehnissen nicht beunruhigen zu lassen.

Mutter schrieb, dass „Schwester Else und ein älterer kranker Herr“ höchst angenehme Mitbewohner wären und dass Schwester Else uns in Kürze ein Päckchen schicken würde. Es handelte sich, wie sich später herausstellte, um Mutters selbst gefertigtes Marzipan. Ganz nebenbei erfuhren wir, dass meine Schwiegereltern nicht mehr in Berlin wohnten. Warum und wohin – darüber schrieben meine Eltern nichts. Im Juli und August des Jahres 1939 konnten weder Max noch ich uns einen Reim aus diesen Mitteilungen machen. Über „Judenwohnungen“ war in Palästina nichts bekannt. Keine Zeitung machte darüber irgendeine Mitteilung. Also konnte ich mir einbilden, dass sie aus finanziellen Gründen einschneidende Veränderungen vorgenommen hatten. Vater klang ganz fröhlich: Er helfe jetzt Onkel Walter, dem reichen Wahlonkel, dem ehemaligen Reichsbahndirektor, seine Papiere und sein Testament in Ordnung zu bringen. Der Onkel wäre sehr krank, und tatsächlich erfuhren wir einige Wochen später, dass er gestorben sei. Seine Frau, Tante Ilse, bereitete ihre Ausreise vor. Wohin? Wie schaffte sie das? Wir bekamen keinen Hinweis. Wahrscheinlich durften sie nicht deutlicher schreiben, denn alles könnte als „Gräuelpropaganda“ ausgelegt werden. Der letzte Brief enthielt eine meinen Vater bezeichnende Mitteilung: „Sage bitte Deiner Schwester, sie möge aufhören, sich um eine Einwanderung nach Palästina zu bemühen.“ „Palästina ist das letzte Land, in das ich geben würde!“ – wie oft habe ich mich in den folgenden Jahren bis zum heutigen Tag kopfschüttelnd an diesen Satz erinnert. Da ich „illegal“ im Lande lebte, konnte ich nichts für die Eltern unternehmen, Ilse tat ihr Möglichstes auch weiterhin, trotz des väterlichen Befehls. „Im übrigen“, so mein Vater, „wird uns nichts geschehen.“ Die Nachbarn vom Holsteiner Ufer hätten versprochen, ihre schützende Hand über sie zu halten. Dieser Nachbar war ein hoher Nazi, ein Korvettenkapitän, ein höflicher und liebenswürdiger Mensch, der sich die künftige „Judenpolitik“ bestimmt anders vorgestellt hatte.

Die elterlichen Briefe waren lang, reich an Worten und arm an Inhalten. Den Brüdern meines Vaters, dem Anwalt Leo und dem Arzt Siegfried, ginge es gut, wurde uns noch mitgeteilt. Siegfried, Tante Klaras „Fritz", überlebte dank ihres Schutzes. Nach dem Krieg erfuhr ich, dass sie sich immer dann auch den Judenstern angeheftet hatte, wenn er das Haus verlassen musste. Diese „arischen" Frauen waren Heldinnen. Ich kenne keinen einzigen Fall, dass eine von ihnen, trotz des ungeheuren Druckes, der von Seiten der Behörden ausgeübt wurde, ihren Mann verließ. Viele Männer waren weniger standhaft.

Ilse hatte Ajanot verlassen, nachdem sie ein Stipendium von der Kunsthochschule „Bezalel" erhalten hatte. Ich traf mich oft mit ihr, doch die innige Kindheitsbeziehung hatte ihr Ende gefunden. Ilse hatte in Jerusalem Freundschaften geschlossen und ihren künftigen Mann in „Bezalel" kennen gelernt. Der Ablösungsprozess war für mich sehr schmerzhaft, da Ilse, um sich von der starken Schwesterbindung zu befreien, ihn sehr drastisch vollzog. Ich konnte nicht Schritt halten, war unfähig, meine Liebe zu meiner Schwester zu ersticken. Ilses monatliches Stipendium war sehr gering. Obgleich sie sich ein ärmliches Zimmer in einem ärmlichen Jerusalemer Viertel mit ihrer Freundin teilte, kam sie niemals mit ihrem Geld aus. Ich freute mich, sie während meiner Jerusalemer Arbeit von Zeit zu Zeit unterstützen zu können, vielleicht in der innigen Hoffnung, die alte Kindheitsbeziehung wieder herstellen zu können, und ich konnte nicht verstehen, dass es wieder meine „Überlegenheit" war, die sie zwar bewog oder nötigte meine Hilfe anzunehmen, die jedoch andererseits ihre Abwehr gegen mich verstärkte. Haushalten konnte Schwesterchen nicht. Bis heute habe ich nicht vergessen, wie ich sie während eines Spazierganges in Jerusalem weinend auf einer Parkbank antraf. Ihre Tränen vermischten sich mit einem riesigen Stück Cremetorte. „Warum weinst du denn?", fragte ich sie verwundert. „Das sind meine letzten Piaster gewesen. Und die habe ich für diese Torte ausgegeben. Es besteht keine Hoffnung, dass ich mir je wieder ein Stück Torte werde leisten können", berichtete sie und hörte nicht auf bitterlich zu schluchzen. Sie verstand gar nicht, dass ich die Situation unglaublich komisch fand. „Wie soll das denn weitergehen?", schluchzte „Klein-Ilschen". Mutter wusste schon, warum sie beruhigt war, dass Ilse nicht allein, sondern mit ihrer großen Schwester in das ferne Land Palästina übersiedelte! Doch verhungerte Ilse nicht. Kein Student, auch kein Neueinwanderer, verhungerte! Die Studenten wurden zu festen Familienmittagstischen eingeladen. Das war eine alte traditionelle jüdische Sitte. Ilse nahm regelmäßig die Hauptmahlzeit des Tages am Mittagstisch der Familie Buber ein. Martin Buber kannte die Familie meiner Mutter. Ilse ging gern in das Haus der Bubers. Fasziniert beobachtete sie den Philosophen bei seiner Mahlzeit, die er schweigend zu sich nahm. Er wäre dermaßen in seine Gedanken vertieft gewesen, so der Bericht meiner Schwester, dass sie die Überzeugung gewann, dass er niemals wusste, was er eigentlich aß. Auch die übrige Familie Buber schwieg, vor Ehrfurcht, um den Philosophen bei seinen Gedankengängen nicht zu stören.

In der letzten Augustwoche 1939 – die Schulferien gingen ihrem Ende entgegen und somit auch meine Tätigkeit in dem Schullandheim von Anne – bekam ich plötzlich hohes Fieber. Der Arzt schöpfte Verdacht auf Diphtherie. Eines Abends, das Fieber war auf 40 Grad herauf geklettert, trat Anne an mein Bett: „Hitler ist in Polen eingefallen. England und Frankreich haben Deutschland den Krieg erklärt." Es war der 1. September des Jahres 1939. „Er hat es also geschafft", ergrimmte sich Anne. Mein erster Gedanke, entstanden in meinen Fieberwirren, war: ‚Endlich, endlich!' Bis heute denke ich über meine Reaktion auf diese Schreckenskunde nach. Was meinte ich? Ein Ende – endlich – der unerträglichen Spannung? Oder: Endlich steht die Welt gegen diesen Verbrecher auf, das wird sein Ende bedeuten? Ich weiß es nicht. Bestimmt, so makaber dies klingen mag, enthielt diese Empfindung ein Element der Erleichterung: Endlich wissen wir, woran wir sind, jetzt wird jegliches Nachdenken sinnlos, die Dinge entwickeln sich ohne mich! Nur – wir hatten keine Ahnung, was uns, was der gesamten Welt bevorstand!

Das Land, Palästina, wurde zur Militärbasis, der arabisch-jüdische Konflikt stillschweigend auf Eis gelegt, als hätte es ihn niemals gegeben. „Wir müssen die Briten im Krieg unterstützen, als gäbe es kein Weißbuch, und wir müssen die Politik des Weißbuchs[92] bekämpfen, als gäbe es keinen Krieg", wurde als politische Linie von Ben Gurion und der Jewish Agency verkündet. Max und ich konnten uns in Sicherheit fühlen, denn Illegale, die bereits im Lande waren, wurden nicht verfolgt. Hingegen sah sich die Mandatarmacht England gezwungen, eine illegale Masseneinwanderung mit allen, auch den brutalsten Mitteln zu verhindern. Der Krieg machte eine legale Zertifikatszuteilung unmöglich und vergrößerte die Not der Juden in Deutschland von Tag zu Tag mehr. Palästina-Amt und Jugendhilfe sahen sich gezwungen illegale Einwanderung zu organisieren. Es wurden untaugliche Schiffe angemietet, verantwortungsloses Schiffspersonal angeheuert, der zur Verfügung stehende Schiffsraum überfrachtet. Nahrungs- und Wassermangel bei wochenlangem Herumirren auf hoher See war die Regel. Die Juden Palästinas verfolgten mit Spannung, Anteilnahme und Hoffnung das Schicksal der letzten Flüchtlinge. Es gab keinen Parteienzwist, weder in den Berliner noch in den palästinischen Institutionen, alle zogen an einem Strick: „RETTUNG!".

Rettung um jeden Preis, lautete die Devise. Und der Preis war entsetzlich hoch! Das Schicksal der „Patria" steht stellvertretend für zahlreiche Flüchtlingstragödien der kommenden Jahre. Der Versuch der Hagana[93], durch Sprengung die Verbringung der Passagiere nach der Insel Mauritius zu verhindern, kostete, verursacht durch technische Fehler des Sprengungskommandos, zwei- bis dreihundert Menschen das

Leben, unter ihnen manchen meiner noch in Deutschland verbliebenen Mitarbeiter in der Jugendhilfe. Tag für Tag wurde Max und mir mehr und mehr bewusst, durch welchen Zufall und mit welchem Glück wir uns im letzten noch möglichen Augenblick aus der Nazihölle gerettet hatten. Wir waren wirklich und wahrhaftig die Allerletzten, die legal in Palästina an Land gehen konnten, das illegale Verbleiben bedeutete in keiner Weise irgendeine Gefahr.

Der Heldenmut vieler Kibbuzmitglieder, von denen nicht wenige ihr Leben riskierten, wenn die Flüchtlingsschiffe entdeckt wurden, bleibt unvergessen. Nahe der Küste, in völliger Dunkelheit, sprangen die Flüchtlinge ins Wasser, wateten an den Strand, wo sie in Sekundenschnelle auf Lastwagen geladen und auf die Häuser der von der Küste entfernteren Siedlungen verteilt wurden. Englische Polizei, die in diese Häuser drang, fand friedliche Tischrunden vor. Man sang – immer wurde in diesem Land gesungen – sentimentale zionistische Pionierlieder, die in den Jugendbünden aller europäischen Länder gelehrt und gesungen wurden. Gesellige Zusammenkünfte waren Hauptelemente palästinensischen Lebensstils. Die Polizeikundschafter fühlten sich überrumpelt von der Gelassenheit der Teilnehmer dieser abendlichen Tischrunden, und es blieb ihnen nichts anderes übrig, als sich zurückzuziehen.

Warum blieben Mitarbeiter und Freunde, auch als es allen deutlich wurde, dass die legale Einwanderung nicht mehr möglich war, in Deutschland? War es Aufopferung für die Hilflosen, die keinen Weg fanden, dem drohenden Unheil zu entfliehen? Der Rabbiner Leo Baeck soll gesagt haben, dass, solange es noch Juden in Deutschland gebe, er diese nicht im Stich lassen würde, er bliebe in Berlin. Mein Vater sagte wiederholt: „Solange unser Oberrabbiner Baeck noch in Berlin ist, kann es so schlimm ja nicht sein, sonst hätte er uns sicher alle gewarnt!“ Welch tragisches Nicht-Verstehen! Oder richtiger: Welch tragische Konstellation, die ein gegenseitiges Verstehen-Können unmöglich gemacht hatte!

Mein Nachfolger in der Jugendhilfe, Alfred Selbiger, war ein sehr entfernter Verwandter von mir. Zu Beginn des 18. Jahrhunderts hatten wir einen gemeinsamen Urahnen in Tuchel in Westpreußen, wie ich Jahrzehnte später, nach meiner Rückkehr nach Berlin, herausgefunden hatte. Er antwortete mir, als ich ihn buchstäblich beschwor, meine Nachfolge nicht anzutreten und so schnell wie möglich Deutschland zu verlassen: „Ich bin nicht so lange Mitglied der zionistischen Jugendbewegung wie du und habe mir keine Verdienste erworben, deshalb wird man mir kein Touristenvisum überlassen." Ich sagte ihm: „Dann geh in ein anderes, in irgendein südamerikanisches Land. Geh nach Schanghai, rette dich!" Er war aufrichtig und vertrauensvoll: „Weißt du, das ist das erste Mal, dass man mir ein Spitzenamt übertragen hat. Plötzlich bin ich wichtig geworden, immer habe ich mir dies erhofft!" Alfred wurde wenige Monate später Leiter der gesamten Jugendhilfe, und im Jahre 1942 wurden mein entfernter Vetter Alfred und viele andere Spitzenamtsträger der Jüdischen Gemeinde und der Reichsvereinigung von den Nazis erschossen.

Paul Eppstein gehörte zu den leitenden Mitarbeitern der Reichsvertretung. Seine Frau Hedwig saß mit mir und Hilde nach dem 9. November 1938 in unserer Wohnung am Holsteiner Ufer. Hedwig war tief verstört und verzagt. Ihr Mann war, wie unsere Männer auch, versteckt. Hilde und ich mussten ihr immer wieder Mut zusprechen, denn sie war getrieben von Angstvorstellungen. Zu meinem Erstaunen erfuhr ich nach dem Krieg, dass Paul Eppstein, obwohl er auf Grund seiner Verbindungen bestimmt Möglichkeiten gehabt hatte auszuwandern, von den Nazis zum obersten „Judenrat" in Theresienstadt ernannt worden war. Seine Frau und er erhielten – so die Berichte – eine Dreizimmerwohnung in dieser Ghettostadt, die letztendlich ein Durchgangslager für Auschwitz war. Die Meinungen über Eppsteins Auftreten und seine Tätigkeit in Theresienstadt sind kontrovers. Ich kann mir nicht vorstellen, dass er wirklich dem negativen Bild, das der Theresienstadt-Chronist Adler von ihm entwirft, entsprach. Eines scheint gewiss: Auch er hatte sich täuschen lassen, meinte, dass Theresienstadt „Endstation", ein Vorzugslager, wie es die Nazis propagierten, sei. Eines Tages wurde ihm befohlen auf der „Burg", dem Amtssitz der Gestapo in Theresienstadt, zu erscheinen. Er kam von dort nicht zurück. Er wurde dort erschossen! Hedwig wurde in Auschwitz umgebracht. – Warum? Warum ist er in Berlin geblieben? War der Ehrgeiz, ein hohes Amt zu bekleiden, so groß, dass jegliche Vernunft verdunkelt wurde? War Hedwigs Abhängigkeit von ihrem Mann so stark, dass sie sich betören ließ? Alle, die ihn in Berlin kennen lernten, behielten ihn in guter Erinnerung! Ist er letztlich erschossen worden, weil er die Wahrheit über Theresienstadt einigen ihm bekannten Häftlingen verraten hatte? Auch das wird behauptet, und mir scheint, dass diese Version der Wahrheit am nächsten kommt. Auch Leo Baeck hat geschwiegen, bewusst über die Bedeutung von Auschwitz geschwiegen! Dieses Ineinanderwirken von Ehrgeiz, Heldenmut, Naivität und auch Aufopferungswillen macht es unendlich schwer, Verhaltensweisen zu verstehen oder gar zu beurteilen. Der Beginn des Jahres 1939 war der letzte Zeitpunkt, der es einem Spitzenfunktionär ermöglichte, sein Seelenheil durch die Emigration zu retten, um es keiner erniedrigenden Konfliktsituation aussetzen zu müssen. Es folgten die Jahre des Grauens für die Juden Europas. Die Juden Palästinas lebten in einer entfernten und eigenen Welt, ahnten manches, waren von ständiger Furcht gepeinigt, doch erfuhren sie während der Jahre des Krieges niemals auch nur annähernd die volle Wahrheit.

War Palästina bis zum Ausbruch des Zweiten Weltkrieges bereits eine entsprechend den Herkunftsländern der Bewohner bunt zusammengewürfelte Gruppengesellschaft, so nahm die Zahl und Verschiedenartigkeit der Gruppen mit Ausbruch des Krieges in einem solchen Maß zu, dass Palästina zu einer „Kleinen Welt" wurde. England verwandelte das Land in eine Militärbasis. Mit Fortgang des Krieges wurden in Palästina militärische Einheiten aller Krieg führenden europäischen Staaten stationiert. Die Stadt summte geradezu von Lebenskraft: Noch war im Lande selbst wenig vom Krieg zu spüren, hingegen verwandelten Lärmen, Gelächter und die Gesprächsfetzen in den fremden Sprachen die breiten Geschäftsstraßen, die Restaurants und Caféhäuser und vor allem den Mittelmeerstrand der kleinen, ruhigen Stadt Tel Aviv in ein höchst eindrucksvolles Kunterbunt aus Zivilisten und Militär mit unterschiedlichen ethnischen Eigenheiten und Verhaltensweisen, das durch das allen gemeinsame Bewusstsein von einer außerordentlichen Situation zusammengehalten und von der Ungewissheit über das Geschehen des folgenden Tages beherrscht wurde.

Wir erfuhren die Schreckensnachrichten über die deutschen Siege, über den Zusammenbruch Frankreichs, die Besetzung fast aller europäischen Staaten, über die phantastische Rettung der englischen Armee in Dünkirchen. Erleichtert und hoffnungsvoll richteten wir uns nach dem europäischen Zusammenbruch, während der deutschen Bombardements englischer Städte an Churchills berühmter Rede vom 18. Juni 1940 auf. Nichts, aber auch gar nichts erfuhren wir über das Schicksal der Juden in den eroberten Ländern. Es dauerte mindestens ein Jahr, bis durch Berichte vor allem polnischer Soldaten einiges zu erfahren war. Es begann für mich die Zeit der wiederholten Schreckensträume: Auf irgendeinem Wege gelangte ich im Traum nach Deutschland, überraschte meine Eltern in ihrer neuen Unterkunft in der – ich erinnere mich – Nürnberger Straße. Vater und Mutter freuten sich ungeheuer, fragten aber, was ich denn wolle? „Ich will euch retten", so meine Botschaft. Der Augenblick der Euphorie verwandelte sich sehr schnell in höllische Angst, nicht nur um das Leben der Eltern, sondern um mein Leben. Ich durchlebte im Traum in verstärktem Maße panische Ängste. Ich wusste in meinem Traum, ich bin in der Falle, und als der Horror seinen Höhepunkt erreichte, als ich wusste, dass ich nichts für die Rettung meiner Eltern tun konnte, sondern vielmehr selbst keinerlei Ausweg für mich aus der Hölle sah – wachte ich auf. Einschlafen konnte ich nicht mehr. Dieser Traum wiederholte sich in dieser oder jener Form während des Krieges wieder und wieder, und die Gewissheit über den sicheren Tod meiner Eltern war mit der Hoffnung verbunden, dieser möge sanft und schnell eingetreten sein. Die 25-Wörter-Briefe, die durch das Rote Kreuz zwei bis drei Mal im Jahr zugestellt wurden und die sechs Wochen unterwegs waren, erweckten in mir quälendes Mitleid mit den Menschen in diesem schrecklichen Wartestand auf ein sicheres Ende, von dessen unvorstellbar grauenhaftem Vollzug wir keine Ahnung haben konnten.

Nach dem Krieg fand meine Cousine Liselotte, Tochter des Rechtsanwalt-Bruders meines Vaters, meine Adresse in Palästina. Sie teilte mir mit, ihre Eltern hätten im Dezember 1942 die Aufforderung erhalten, sich für den „Transport nach dem Osten" bereit zu halten. Am Abend vor dem Tag haben sie sich das Leben genommen. Einzelheiten erfuhr ich viele Jahre spätere, als ich meine Cousine in Kopenhagen besuchte. Bei dieser Gelegenheit übergab sie mir mehrere an sie gerichtete Briefe meines Vaters, in denen er sich bitter über den Pessimismus meiner Tante, ihrer Mutter, beschwerte, die seinen Bruder bewogen hätte, sich das Leben zu nehmen. „So schlimm wäre dies doch alles nicht", meinte mein Vater, denn noch könne man an sonnigen Tagen spazieren gehen, es wäre dem Leben noch viel abzugewinnen, er verstünde seinen Bruder nicht, nur seine Frau wäre Schuld an diesem Entschluss, niemals hätte sein Bruder... So ging es viele Seiten lang, das Lamentieren nahm kein Ende. Meine Cousine blieb untröstlich, auch als ich ihr sagte, dass ich sie um den würdigen selbst gewählten Tod ihrer Eltern beneide: Sie hatten, so berichtete Liselotte, Freunde und die Brüder zum Abendessen eingeladen und sich danach mit Lektüre – die Tante mit einem Roman von

Fontane, der Onkel mit Goethes „Wilhelm Meisters Lehrjahre“ – zur Ruhe gelegt. Irgendwann in der Nacht hatten sie dann das Veronal genommen. Ihre Tochter Liselotte, später „Dänemarks prominente Bachinterpretin“, wie die Konzertrezensenten schrieben, gehörte zu den glücklichen Juden in Dänemark, die von den dänischen Fischern nachts über den Sund nach Schweden gebracht wurden. Die einfachen Fischer riskierten bei ihrer Rettungsaktion ihr Leben. In Stockholm wurde Liselotte sofort nach ihrer Ankunft vom Radio mit Vorträgen und Konzerten beschäftigt. Bevor sie in Kopenhagen aus ihrer Wohnung geflohen war, hatte sie ihre Nachbarn gebeten, auf ihre Wohnung aufzupassen. Sie besaß eine vollständige Biedermeiereinrichtung für vier Zimmer und eine sehr wertvolle Instrumentensammlung. Ihre Eltern konnten ihr, als sie im Jahre 1934 Deutschland verließ, ein kleines Vermögen mitgeben. Nach Beendigung des Krieges holte sie bei ihren Nachbarn die Wohnungsschlüssel wieder ab und fand ihre Wohnung gepflegt, den Kühlschrank gefüllt und Blumen auf dem Tisch. Den Heldenmut der Dänen soll man niemals vergessen.

Der vorwurfsvolle und optimistische Brief meines Vaters erreichte meine Cousine im Januar des Jahres 1943. Am 27. Februar fand die „Fabrik-Aktion“ statt – meine Eltern wurden verhaftet, deportiert und in Auschwitz ermordet. Meine einzige Hoffnung ist, dass sie bis zur letzten Sekunde nicht begriffen haben, was ihnen bevorstand. Es ist furchtbar dies zu schreiben, aber ich stelle mir vor, dass sie von der Rampe gleich in die Gaskammern gebracht wurden und dort naiv, unschuldig und töricht auf das Wasser aus der Dusche, wie es ihnen weisgemacht wurde, gewartet hatten.

Es war die Gleichzeitigkeit der Geschehnisse – unsere reale Existenz in Palästina und die Vorstellung einer anderen furchtbaren Realität –, die uns „Gerettete“ einer unaufhebbaren Beunruhigung unterwarf. Hier ein friedliches Palästina mit Sonne, Meer und Strand, das Bild tagsüber beherrscht mit Soldaten, die mit ihren Bräuten flanierten, abends mit den vielen überfüllten Gaststätten, aus denen Gesang und Gelächter ertönte, und wo es so schien, als verschwende niemand einen Gedanken an Gefahren des nächsten Tages. Dort, im weit entfernten Europa dagegen, von Bomben zerstörte Städte, versklavte Zivilisten, die zunehmende Instrumentalisierung jüdischer Gemeinden zwecks eigener Vernichtung. – Die völlige Unvereinbarkeit unserer beschränkten Wahrnehmung mit dem globalen, von uns nur erahnten Grauen vertiefte das Gefühl eigener Hilflosigkeit. Wir, die unverdient „Geretteten", hatten oft mit einer schweren Belastung des Gewissens zu kämpfen.

Zugleich war unser tägliches Leben nach bürgerlichen Maßstäben außerordentlich schwer. Klima, Krankheiten, unzulängliche Wohnbedingungen, die Mittellosigkeit ohne Aussicht auf eine vernünftige Erwerbsquelle verlangten eine willensstarke Absage an eine sinnvolle Lebensgestaltung sowie Verzicht auf bürgerliche Bequemlichkeit und auf irgendeine wirtschaftliche Sicherheit. Max und ich ertrugen diese Umstellung wahrhaftig mit Anmut und Grazie, wir waren auch nicht überrascht, wir unterwarfen uns der Situation mit Humor und Selbstverständlichkeit. Wir waren schließlich „Zionisten" und seit Jahren auf ein spartanisches, genügsames Leben vorbereitet, Unsere Bemühungen konzentrierten sich auf zwei Dinge: die gründliche Erlernung des Hebräischen und die Ausübung einer sinnvollen Beschäftigung. „Sinnvoll" bedeutete, einen Beitrag, wenn auch vorerst einen bescheidenen, für den Aufbau des Landes, für die Schaffung einer neuen Gesellschaft zu leisten. Das Pathos, das mir heute nach vielen Jahrzehnten unglaublich kindlich wenn nicht kindisch erscheint, entsprach der allgemeinen Grundstimmung und gehörte zu den Grundbegriffen zionistischer Terminologie für all diejenigen, die bewusst die Strapazen und die fast unüberwindlichen Bedingungen in diesem Land, in dem Juden eine von der Mehrheit der Bevölkerung verhasste Minderheit bildeten, in dem die Mandatarmacht England in keiner Weise überparteiisch regierte, auf sich genommen hatten. Jedes andere Land wäre „Zufluchtsstätte" gewesen, in der die Einwanderer als Flüchtlinge ihre Armut als sozialen Abstieg empfinden mussten. Wir in Palästina hingegen hatten ein Ziel, arm oder reich spielte keine Rolle, konnte unser Selbstbewusstsein nicht erschüttern.

Oft habe ich mich während meines langen Lebens gefragt, immer dann, wenn die Widrigkeiten allzu belastend waren, ob ich vielleicht in Deutschland geblieben wäre, wenn die Nazis nicht an die Macht gekommen wären. Vielleicht hätte ich „Zionismus" als Idee bejaht, wenn auch nicht für mich, aber für andere, die es wollten, wie Herzl Skeptikern gegenüber entgegnet hatte: „Die Juden, die wollen, werden ihren Staat haben."[94] Aber die Frage „Was wäre gewesen, wenn …" ist müßig und nach meinen wissenschaftlichen Erfahrungen unernst. Geschichtliches Geschehen ist unvorhersehbar und somit gleicherweise der Lebenslauf jedes Einzelnen.

Nach meiner Rückkehr aus Bet Hakerem mieteten wir ein möbliertes Zimmer – zwei Eisenbetten, ein Tisch, zwei Stühle, an der Wand Garderobenhaken – wieder im äußersten Norden der Stadt. Die Familie hieß Binder. Wahrscheinlich Polen, deren Lebensstandard und -weise typisch waren, nicht nur für die deutschen Einwanderer nach dem Jahre 1933, sondern gleicherweise für viele polnische Einwanderer der zwanziger Jahre. Von den zwei Zimmern ihrer Wohnung vermieteten die Eltern ein Zimmer und bewohnten mit zwei Kindern das andere. Das eigentliche Wohnzimmer war die Küche, zu der ich keinen Zutritt hatte. Ich musste in unserem Zimmer kochen. Herr Binder war Arbeiter. Frau Binder war eine unfreundliche, stets launenhafte Frau. Ihre Scheltreden hörten wir auch in unserem Zimmer von morgens bis abends, obwohl es durch einen Korridor von dem Binder-Wohnbereich getrennt war. Es gelang mir meistens, ihr aus dem Weg zu gehen. Diese Ehefrauen und Mütter, die keinen Beruf hatten, ihrer

Kinder wegen nicht arbeiten konnten oder wollten, waren nicht imstande, gelassen mit ihrer Umgebung und ihrer Familie umzugehen. Das Arbeitergehalt reichte nicht für den Lebensunterhalt. Die Kinder lärmten, hatten keinen Platz zum Spielen. Zum Glück war in Israel mindestens zehn Monate im Jahr sonniges und warmes Wetter, so dass man die Kinder ins Freie schicken konnte. Aber die Lärmbelästigung war stetig. Die Kinder konnten sich anscheinend nur mit Geschrei verständigen, die Mütter kreischten hysterisch, wenn sie ihre Kinder vergeblich ins Haus riefen. Da der Autoverkehr in diesen Jahren in den Wohngebieten sehr spärlich war, verursachten Mütter und deren Kinder, die niemals gehorchten, einen nicht enden wollenden Lärm.

Ich kochte in meinem Zimmer auf dem Petroleumkocher, dem unvermeidlichen „Primus". Dessen Flamme war schwer regulierbar. Entweder sie war zu klein oder zu groß, entweder brachte man die Speisen nur sehr langsam zum Kochen oder sie brannten an. Letzteres geschah mir in meiner ersten Kochlernzeit sehr häufig. Kochen hatte ich niemals gelernt, denn meine Mutter empfand meine Anwesenheit in der Küche nur als störend. So war ich nun völlig hilflos. Als ich das erste Mal einen Topf mit Milch auf den lärmenden Primus stellte, um meinen lieben Max mit einem süßen Grießbrei zu erfreuen, zerbrach ich mir den Kopf darüber, woran ich merken würde, dass die Milch kocht! Da ich eine höllische Angst vor der immer schreienden Frau Binder hatte, rannte ich kurz entschlossen in die nächste Telefonzelle und fragte meine mütterliche Freundin: „Wie erkenne ich, dass die Milch kocht? Ich habe den Topf gerade aufs Feuer gestellt!" „Lauf schnell nach Hause, wahrscheinlich hast du gar keine Milch mehr", war die erregt mitleidige Antwort. In der Tat. Der Geruch verbrannter Milch stieg bereits in meine Nase noch bevor ich die Wohnung erreicht hatte.

Max arbeitete in einer Werkstatt in dem sehr ärmlichen und verwahrlosten Viertel „Merkas Wolowelski", das wohl nach dem polnischen Eigentümer dieser aneinander gereihten Gewölbe, die zur Straße hin offen waren, benannt war. Er versuchte sich gemeinsam mit einem Berliner Bundesfreund, Heinz, in Autoreparaturen. Heinz' Frau, Ester, eine Polin, erteilte mir Kochunterricht und vor allem Koch-Ratschläge. Da wir mit jedem Piaster rechnen mussten, war das Menü sehr eintönig. Hauptingredienz waren Auberginen, hebräisch Chazilim, eine wahrlich vielseitige Gemüsefrucht, aus der man einen Salat zubereitete, von dem wir uns einbilden konnten, dass er genauso wie gehackte Leber schmeckte. In größere Stücke geschnitten und dunkelbraun geschmort, nannten wir das Auberginen-Gericht „Gulasch". Ich bereitete die Auberginen am liebsten als eine Art Pfannkuchen zu: In fingerdicke Scheiben geschnitten, in Ei und Mehl gewälzt und in kochendheißem Öl gebraten, angerichtet mit Tomatensauce, schmecken sie mir bis zum heutigen Tag köstlich. Im Grunde war das die italienische „Lasagne", nur ohne gehacktes Fleisch. Beilagen waren Reis oder Nudeln. Orangen waren sehr billig, Äpfel gab es in diesen Jahren nicht in Palästina, dafür aber Bananen. Also gab es zum Nachtisch Obstsalat. Mit der Zeit, unter Anleitung einer anderen Zimmervermieterin, erweiterte sich meine Speisekarte. Max schmeckte alles, was ich ihm vor die Nase setzte, so dass auch ich auf meine Kosten kam und die Mühe, mit wenigen Mitteln schmackhaft zu kochen, niemals scheute.

Aber es ging sehr sparsam zu. Jeder Piaster musste nicht zweimal, sondern dreimal umgedreht werden. Haushaltsführung mit äußerst beschränkten Mitteln, noch dazu wenn man auf diesem Gebiet völlig ungeübt ist, kostet unendlich viel Zeit. Wir frühstückten zusammen, sehr früh, um sechs Uhr, tranken Tee – ich glaube, dass ich mir mindestens zehn Jahre keinen Kaffee leistete, höchstens israelischen Instantkaffee, der wirklich nicht schmeckte –, aßen dazu das in Palästina-Israel köstlich schmeckende Brot, als Belag Margarine, denn Butter bedeutete unerschwinglichen Luxus, und Marmelade. Max verschwand, und ich machte unser Zimmer gründlich sauber. Es musste jeden Tag nass in allen Ecken gewischt werden, sonst hätten wir jeden Abend mit Invasionen von Ameisen und, was viel lästiger war, von Kakerlaken zu rechnen gehabt. In das Aufwischwasser goss ich einen Schwung Petroleum. Das schreckte das Ungeziefer wenigstens für einige Stunden ab. Man musste höllisch aufpassen, keinen Krümel, kein Körnchen auf den Fußboden fallen zu lassen. Ich wischte nach jeder Mahlzeit das Zimmer noch einmal auf. Das Zimmer war sauber, das Essen gekocht, die Wäsche nach Kibbuz-Art auf dem Hof gewaschen und aufgehängt und meine Tagesarbeit damit in diesen Wochen oder Monaten, als ich noch keinen Arbeitsplatz erhalten hatte, mehr oder weniger erledigt.

Inzwischen waren auch unsere Kisten, mit Kleidern, etwas Geschirr und – oh Glück! – mit unseren Büchern, angelangt. Kleider und Mäntel wurden auf den Zimmerhaken aufgehängt, aus Brettern zimmerte Max ein Bücherregal, die Kisten wurden mit einer rostroten Lackfarbe angestrichen und dienten uns viele Jahre als Wäschetruhe und Geschirrschrank. Unser Zimmer wurde einigermaßen verschönt durch bunte Baumwollstoffe, die mir meine Mutter vorsorglich mitgeschickt hatte, die unseren Kisten, die jetzt eher Truhen glichen, als Decken und unseren an den Wänden hängenden Kleidern als Vorhänge dienten. Auf unserem „Bücherregal" prangten jetzt alle meine deutschen Klassiker und die Belletristik der „Verbrannten Bücher"[95], die mich, obwohl bereits mehr als einmal gelesen, immer wieder mit Lesestoff versorgten.

Ich widmete viel Zeit der Verbesserung meiner Kochkünste. Der Spruch meines Vaters, „Jede Frau, auch die völlig ungelernte, erwirbt in kürzester Zeit die notwendigen Kochkünste, um ihren Mann zu erfreuen", bewahrheitete sich. Und in der Tat war Max stets dankbar für jedes neue Gericht, das auf den Tisch kam, auch dann, wenn es bei der Premiere noch nicht völlig gelungen war. Eine Delikatesse waren meine Fleischklößchen, hergestellt aus je 60 Gramm

Fleisch für Max und mich, vermischt mit viel aufgeweichter Semmel. Fleisch war teuer, und es sollten viele Monate vergehen, bis ich in der Lage war, ein wirkliches Fleischgericht, das seinen Namen auch verdiente, auf den Tisch zu bringen. Not litten wir nicht, nur Unsicherheit fühlten wir. Niemals wussten wir, ob wir für den nächsten Tag das nötige Geld haben würden. Doch genossen wir die kleinen Freuden, wie gelegentlich einmal in einem Café einzukehren, und die kostenlose große Freude, sich an einem arbeitsfreien Sonnabend mit Freunden am Mittelmeerstrand zu vergnügen und im Meer zu schwimmen. Wir waren uns immer bewusst, dass Palästina das einzige Land war, in dem wir nicht den Status von „Flüchtlingen" hatten. Armut war in diesem Land nicht gleichbedeutend mit sozialem Abstieg – gewiss nicht für uns „Zionisten", die wir darauf vorbereitet waren, alle Unbilden dieses Landes auf uns zu nehmen.

Meine einzige wirkliche Sorge war, nicht schnell und gründlich genug das Hebräische zu erlernen. Jede Berufsausübung, die für mich in Frage kam, setzte gute hebräische Sprachkenntnisse voraus. Umgangssprache und Zeitungslektüre beherrschten wir in kurzer Zeit. Da ich mir aber meine Ausdrucksfähigkeit in der deutschen Sprache zum Maßstab gemacht hatte und ich weder Zeit noch Geld hatte, hebräische Sprache und Literatur zu studieren – damals gab es keine von der Regierung organisierten Sprachkurse für alle Neueinwanderer, jeder war auf sich gestellt –, wurde mir die Diskrepanz zwischen meinen materiellen Möglichkeiten und meiner ideellen Vorstellung oft schmerzlich bewusst. Besonders meine Bemühungen „schön" zu sprechen, literarische Idiomata in die Alltagssprache einzuflechten, sowie mein damals noch unverkennbarer deutscher Akzent erweckten bei einfachen Leuten Verständnislosigkeit und riefen bei den gebildeten Zeitgenossen Belustigung hervor, aber auch Anerkennung.

Am späten Vormittag, nach Erledigung aller Hausarbeiten begab ich mich in jener Zeit täglich auf den langen

Fußmarsch vom äußersten Norden zum äußersten Süden der Stadt. In der Allenbystraße fragte ich im Büro des „Zentrums für Einwanderer aus Deutschland" an, wo ich als Arbeitsuchende gemeldet war, und halbherzig, ob sich für mich ein Arbeitsplatz als Erzieherin oder als Kindergärtnerin gefunden hätte. Halbherzig, weil ich wusste, dass der Bescheid negativ sein würde. Noch hatte ich mich nicht entschlossen, mich als Haushaltshilfe zu verdingen – weniger aus Snobismus, mehr aus der Überzeugung, dass meine „Haushaltshilfe" viel zu wünschen übrig lassen würde. Danach spazierte ich gut gelaunt die Allenbystraße hinunter, besah mir die Schaufenster, deren Warenauslagen in keiner Weise mit irgendeiner Berliner Geschäftsstraße zu vergleichen waren. In einem kleinen Restaurant bestellte ich mir jeden Tag dasselbe Gericht aus Reis und weißen Bohnen. Man kannte mich schon und brachte mir, kaum hatte ich mich hingesetzt, mein Mahl, das ich mit großem Appetit verspeiste. Die ganze Herrlichkeit kostete einen Piaster, und da ich die Autobusfahrkarte sparte, hatte ich wegen der Geldausgabe kein schlechtes Gewissen. Am südlichen Ende der Straße fand ich in einer engen Nebenstraße meinen Max in seiner Werkstatt, einem offenen Gewölbe, setzte mich dort auf einen Schemel und wartete geduldig auf das Ende seines Arbeitstages. Um nach Hause zu gelangen, leisteten wir uns dann eine Autobusfahrt.

Unser Leben war trotz der materiellen Einschränkung intensiv und abwechslungsreich. Immer wieder traf man Bekannte und ehemalige Freunde auf der Straße, sogar einmal meinen echten Vetter Martin, Richards Sohn. Er lebte nicht in Tel Aviv, sondern in einem Dorf bei Chadera, 50 Kilometer nördlich von Tel Aviv. Dort arbeitete er als Buchhalter eines steinreichen Pardes-Besitzers[96] und bezog ein gutes Gehalt. Martin, den ich in Berlin nicht mochte, da er sich stets aus Neid hämisch über die Begabung meines Bruders äußerte, womit er die Einstellung seiner Eltern zu dem begabten Sohn meiner Mutter, Richards Schwester, verriet. Er war jedoch sichtlich erfreut, uns zu treffen. In seinem Dorf hatte er sicherlich nicht viele Bekannte und Freunde. Er überredete uns, mit ihm in einem gut bürgerlichen Restaurant zu essen, und wir, um uns nicht bloßzustellen, stimmten zu, obwohl wir wussten, dass Martin uns nicht einladen würde und ein Restaurantessen ein tiefes Loch in unsere Geldbörse reißen würde. Martin erzählte von sich, von den Schwierigkeiten seiner Eltern und Schwestern in New York Fuß zu fassen, fragte nicht nach unserem Ergehen oder nach unseren Plänen, schlug keine weiteren Verabredungen vor und entschwand mit kühlem Gruß gleich nach Beendigung der Mahlzeit.

Oh, unsere Vettern! Wie kaltschnäuzig waren sie, als wir im Jahre 1939 ankamen. Wie umschmeichelten sie uns, als wir viele Jahre später in Ramat Gan zu israelischem Wohlstand, ich zu meinen akademischen Erfolgen in Tel Aviv und in Berlin und Max als leitender Ingenieur in hohe Stellen gelangt waren. Da konnten der Gewerkschaftler und der Buchprüfer mit ihren Frauen nicht genug Einladungen aussprechen, um uns endlos über ihre persönlichen Probleme zu berichten. Aber noch waren wir uninteressant und gemieden. Denn wir könnten sie ja anpumpen. Eine Idee, die uns niemals gekommen war. In Wahrheit hatte ich sie viele Jahre völlig vergessen. Durch Zufall traf ich unsere Vettern zu verschiedenen Zeiten wieder. Ich blieb zurückhaltend. Oft machte ich mir über die Kaltschnäuzigkeit unserer Familien Gedanken. Meine Erfahrungen entsprechen wahrlich nicht den Filmen und Romanen, in denen der Familienzusammenhalt auch der entferntesten Verwandten so eindringlich und romantisch geschildert wird. Nach dem Kriege, als Alice, die Frau von Richard, dem Bruder meiner Mutter, von New York, wo meine Schwester seit Jahren lebte, nach Israel kam, erfuhr ich aus den reuigen Reden meiner Tante das Ausmaß an Herzlosigkeit. Vielleicht war die eigene Not, ihre eigene Bitterkeit Grund ihrer Gleichgültigkeit gegenüber der Not anderer: Richard konnte in New York als Rechtsanwalt nicht arbeiten, Alice musste bei ihren ehemaligen reichen Berliner Freunden im Haushalt helfen, sie fühlten sich sozial degradiert, mit den Töchtern lebten sie in Unfrieden. Es soll keine Rechtfertigung sein, aber könnte diese aus Not geborene Ich-Bezogenheit, die keinen Platz für die Not der Mitmenschen übrig ließ, nicht zur Erklärung der herzlosen Gleichgültigkeit gegenüber dem Schicksal von Mitmenschen dienen? „Ein weites Feld", wie Fontane sagt, das zahllose Implikationen enthält. Die Verbindung zu den amerikanischen Verwandten kam niemals zustande. Von meinem Bruder hörte ich nichts, nach dem Kriege entwickelte sich eine Korrespondenz, die jedoch nach so langer Trennung nach einigen Jahren im Sande verlief. Meine Schwester hatte durch die Heirat ihre Emanzipation von mir dermaßen erfolgreich abgeschlossen, dass es mir niemals gelang, ihre dadurch entstandene Aggressivität, die stets mit Bewunderung gepaart war, zu überwinden.

Meiner Tante Alice, die in Berlin mit ihrer Familie in unserer Wohnung Unterkunft gefunden hatte, mit der ich ein Jahr zusammenlebte, bestellte ich durch einen Freund, der nach New York flog, Grüße. Ihre Antwort auf meine Freundlichkeit lautete: „Ach, die will ja nur ein Lebensmittelpaket von uns bekommen", wie der zurückgekehrte Freund erzählte. So hatte ich meine „Quellen" in Ramat Gan, ich war niedergeschmettert durch diese Antwort, vielleicht hätte man sie mir niemals überbringen sollen. War diese Familienkälte bezeichnend für die jüdische Wohlstandsgesellschaft in Deutschland?

Während unserer sieben mageren Jahre dachten Max und ich keinen Augenblick daran, irgendjemanden um Hilfe zu bitten, dies umso weniger, als wir weniger unsere Armut als unsere Berufslosigkeit als Not empfanden, und auch dies nicht in einem bedrückenden Maße während der ersten Jahre. Ich fühlte mich wie auf einer sehr langen Pfadfinder-Bundesfahrt, auch dort waren die Lebensbedingungen primitiv und anstrengend, nur dachte ich manches Mal nachts im Halbschlaf, es wäre eigentlich an der Zeit, nach Hause zu fahren. Dann durchfuhr mich doch der Schreck: Das Zuhause gibt es nicht mehr. Hingegen gab es viele Menschen, die ständig an „das Zuhause" erinnerten. Letztlich verkehrten wir ausschließlich mit unseren Berliner Bundesfreunden. Diese alten Bekannten und Freunde kamen einfach zu Besuch, bekamen Tee, diskutierten und gingen. Sie kamen aus Ma'ajan, aus Ejn Charod, und übernachteten gelegentlich bei uns. Die abrupte und nicht sehr freundschaftliche Trennung von Ma'ajan wollte man vergessen: „Ohnehin wolltet ihr nicht bleiben." Wir widersprachen nicht. Als ich eines Abends sehr spät nach Hause kam – Max schlief den Schlaf der Gerechten – und mich gerade in mein Bett legen wollte, richtete sich Max schlaftrunken auf und flüsterte: „Vorsicht, da liegt Ferry, ein Berliner Freund aus Ma'ajan. Komm zu mir." Diese selbstverständliche Geselligkeit erleichterte in der ersten Zeit das Leben. Doch verflog mit der Zeit diese schöne Unbefangenheit, und es mag sein, dass die „Schuld" wieder einmal mit meinem Verhalten zu tun hatte. An Armut waren wir nicht zu unterbieten. Die Städter hatten entweder „Kapital" oder eine, schon in Deutschland durch Verwandte zugesicherte, ihrem bisherigen Beruf entsprechende Anstellung, meist in einer Bank oder in einer Versicherungsgesellschaft, deren Chefs ihr Unternehmen bereits im Jahre 1933 nach Tel Aviv transferiert hatten, erhalten. Ich meinte, in deren dauerndem Fragen nach unserem Ergehen Mitleid herauszuhören. „Ihr müsst keinen Beitrag leisten, ihr seid eingeladen", hieß es beispielsweise, als man Geld zusammenlegte, um gemeinsam den Seder-Abend zu feiern. „Uns geht es ausgezeichnet", antwortete ich stets auf die Fragen nach unserem Ergehen. Man wollte aber Mitleid und Überlegenheit demonstrieren. „Du meinst wohl ich glaube deiner Frau, wenn sie behauptet, es ginge euch gut?", fuhr ein älterer, wohlsituierter Alt-Pfadfinder meinen Max an. „Marianne ist hochmütig“, war wieder einmal die einhellige Meinung. Nur unsere Freund-Familie ließ es niemals an Takt fehlen. Dort war unser „Zuhause“.

Während der Kriegsjahre bestanden keinerlei Aussichten für Max auf eine angemessene berufliche Betätigung. Ich weiß, er litt darunter. Für mich war unsere Rettung für sehr lange Zeit das Wunder. Und da ich ohne perfekte hebräische Sprachkenntnisse auch nicht auf eine pädagogische Tätigkeit in einer zionistischen Institution rechnen konnte, tat ich mein Bestes und übernahm, nur um Geld zu verdienen, alle möglichen Tätigkeiten, ohne die gute Laune zu verlieren. Im Jahre 1942, mitten im Krieg, erfuhr ich das mich überwältigende Ereignis der Geburt meines Sohnes, Jonathan, das der folgenden Zeit derartigen Überfluss an Glück und Lebensfreude bescherte, der alle Widrigkeiten in den Schatten stellte.

In den Jahren 1939/1940 reparierte Max Autos, dann arbeitete er mit seinem Bruder in einem von ihnen gegründeten chemischen Laboratorium. Ich habe niemals herausgefunden, was sie dort zusammenbrauten. Es war Krieg und Ersatzerzeugnisse für alles Mögliche – ich erinnere mich an eine Art Kunsthonig – waren höchst willkommen. Die Brüder arbeiteten von morgens bis abends und hielten sich so gerade über Wasser. Im Jahre 1940 konnte auch ich einen kleinen Beitrag zu unserem bescheidenen Einkommen leisten. Mir wurde eine Beschäftigung als Erzieherin eines kleinen vierjährigen Mädchens vermittelt. Die Mutter meines Zöglings war bildschön, sehr unterhaltsam und großzügig. Die Zuneigung war sofort gegenseitig, obwohl wir eigentlich – sie eine „femme fatale“, stets umgeben von zahlreichen Kavalieren der wohlhabenden Klasse, ich eine junge, naive „Wunsch-Pionierin“ – in zwei unvereinbarenden Welten lebten. Sie bewohnte eine große Villa in der Jarkonstraße, die parallel zum Strand verlief. Uns überließ sie in dem großen Garten hinter dem Haus ein winziges Zweizimmer-Häuschen, nahe der Böschung, die zum Meer hinunterführte. Romantischer habe ich in meinem ganzen Leben nicht gewohnt: nachts Stille, nur das Meeresrauschen war zu vernehmen, während des Tages wunderbare Blicke auf Strand und Mittelmeer, stets wehte, auch an den heißesten Tagen, ein sanfter kühler Wind. Die Tel Aviver promenierten am Gartenzaun vorbei, beobachteten mich bei meinen Spielen mit der kleinen Mirjam, die ich bald so innig liebte, als wäre sie meine eigene Tochter. Ihre Mutter, Eva, war begeistert, ihre Tochter versorgt zu haben. Ihr Mann war, wie mir schien, als kaufmännischer Unternehmer in irgendeinem asiatischen Land, ob im zionistischen Auftrag oder aus eigener Initiative, weiß ich nicht. Da Eva in dem großen Haus mehr Zimmer hatte, als sie brauchte, und weniger Geld, als sie ausgab, vermietete sie ein bis zwei Zimmer. Und um sich die Zeit zu vertreiben, betrieb sie für ihre Freunde oder Kavaliere einen Mittagstisch. Da ich ihr bei diesem Unternehmen Hilfe leistete, profitierten Max und ich auch davon. Unser winziges Häuschen hatte zwei Zimmer, eines für uns, das andere für Mirjam, dort bereitete ich auch unsere Mahlzeiten zu. Miete zahlten wir nicht, außerdem bezog ich ein kleines Gehalt. Mirjam war wunderbar, und mit größtem Vergnügen verbrachte ich viel Zeit mit ihr. Es war eine einmalige Interessengemeinschaft: wir, Eva und das Kind, die vielen Freunde und die Untermieter. Max war für alles gut, reparierte hier, richtete dort. Aber auch Eva war großzügig. Das Vertrauen zu Max war überwältigend: Ein älteres Ehepaar, kurze Zeit im Land, klopfte einmal in höchster Erregung eines Nachts, es war nach Mitternacht, an unsere Tür: „Herr Awerbuch, kommen Sie schnell. In unserem Zimmer ist ein großer brauner Käfer. Bitte helfen Sie uns!“ Max, übermüdet, verstand sofort, dass es sich um ein großes Exemplar einer Kakerlake handelte – die Häuser am Meer waren ein beliebter Tummelplatz für dieses Getier – und antwortete im Halbschlaf: „Beobachten Sie das Tier gut. Solange es nicht bellt, droht keine Gefahr. Gute Nacht“, und war nicht mehr ansprechbar. Das ältere

Ehepaar tat mir doch bitter leid, als sie am nächsten Morgen berichteten, sie hätten, auf der Bettkante sitzend, die ganze Nacht das „Tier" beobachtet, doch es hätte nicht gebellt. Gegen Morgen wäre dann das „Tier" verschwunden. Diese Episode ist ein tragikomisches Beispiel für die Unbeholfenheit der nichtzionistischen Hitlerflüchtlinge, die sich niemals auf die Schwierigkeiten des Landes vorbereitet hatten. Sie schleppten ihr „Deutschland" mit sich herum, das neue Land war und blieb ihnen in den meisten Fällen fremd. Das Land war schuld, nicht sie. Wer spricht schon Hebräisch, wenn man mit Goethe und Schiller aufgewachsen war? Nicht selten flohen viele dieser deutschen Emigranten, die niemals an einen „Palästina-Aufbau" gedacht hatten, in einen aggressiven Hochmut, der sich in der Weigerung, Hebräisch zu lernen, ausdrückte. Bei mir löste eine derartige Einstellung zunehmend eine Mischung aus Mitleid, Belustigung, aber auch von Verachtung aus.

Die Idylle in der Jarkonstraße am Meer nahm im Spätherbst des Jahres 1940 ein plötzliches Ende. Eines Tages teilte uns Eva, in keiner Weise beglückt, mit, dass ihr Mann wünsche, Frau und Kind bei sich zu haben. Gleichzeitig erhielt ich eine dringende Aufforderung von Anne aus Bet Hakerem, die Schulkinder, die sie bei sich aufgenommen hatte, zu betreuen. Sie müsse für sechs Wochen verreisen. Es kam alles auf einmal: Trennung von der kleinen Mirjam, notwendige Wohnungssuche, meine Vorbereitungen für Bet Hakerem.

Wir suchten fieberhaft die möglichst billigste Unterkunft und fanden diese am südlichsten Ende der Stadt, jenseits der Salamehstraße, die unmittelbar nach Jaffa führt und die Herzlstraße, die älteste Straße von Tel Aviv, begrenzt. Ungefähr hundert Meter östlich der Salamehstraße, nahe der Autobuschaussee nach Jerusalem, einige Schritte entfernt von dem arabischen Dorf Abu Kabir, standen einige auf einem Hügel erbaute einzelne Häuser. Diese kleine Siedlung erhielt den Namen „Giw'at Herzl". Hier fanden wir unsere neue Unterkunft. Eine polnische Familie vermietete uns ein großes Zimmer. Die Familie begnügte sich mit den zwei anderen Räumen und der Mitbenutzung von Küche und Küchenbalkon. Das große leere Zimmer führte auf einen überdeckten Balkon, der von uns und unseren Vermietern, deren neben unserem liegendes Zimmer gleichfalls auf den Balkon führte, benutzt werden konnte. In der Küche wurden mir eingebaute Schränke für Geschirr und Töpfe zur Verfügung gestellt, so dass wir zum ersten Mal ein zwar sehr einfaches, aber einigermaßen vollständiges Domizil besaßen. Badezimmer und Toilette sind in den meisten Wohnungen Tel Avivs getrennt. Schwierig war die Wasserversorgung. Da das Haus auf einem Hügel erbaut worden war, genügte der Wasserdruck nicht, die Wohnungen im zweiten Stock zu versorgen. Wir waren gezwungen Wasser zu horten: Wir füllten die Badewanne und unsere Töpfe jeden Morgen mit Wasser, da erst gegen Abend, wenn der allgemeine Wasserverbrauch geringer wurde, Wasser auch aus unseren Hähnen floss. Das war unbequem, aber man gewöhnt sich an alles. Hastig zogen wir um. Ich überließ es Max unsere ärmlichen Möbel aufzustellen. Wir kauften einen Küchentisch und zwei Stühle. Einen Kleiderschrank besaßen wir auch weiterhin nicht. Und ich fuhr nach Bet Hakerem.

Bis zum Jahre 1946 wohnten wir in der Herzlstraße 105, beinahe sechs Jahre lang. Es waren die Jahre der Unordnung, an der Grenze zum Chaos. Wir waren nicht eigentlich unglücklich. Wir hatten uns inzwischen auf ein Leben „von einem Tag zum anderen" eingestellt. „Die kleinen Freuden des Lebens", für die in Tel Aviv Strand und Mittelmeer sorgten und die für umsonst zu haben waren, verliehen diesen Jahren, nebst den geselligen Treffen mit alten Berliner Freunden, sogar einen gewissen Glanz; auch wir konnten uns – alte Zionisten, die wir waren – als Pioniere fühlen. Die bereits erwähnte Geburt unseres Sohnes Jonathan im Jahre 1942 stellte alle diese äußeren Unbilden in den Schatten, machte allerdings die völlige Mittellosigkeit zuweilen in hohem Maße fühlbar.

Die Vielfalt der Bewusstseinsebenen: Stadt und Gesellschaft, die täglichen Mühungen um die Unterhaltssicherung, das enge Zusammenleben mit einer uns fremden Familie, das nimmer endende Bemühen, trotz Not und Krankheiten Stolz und Würde aufrecht zu erhalten, machen diese Jahre in der Erinnerung zu einer Zeit fortschreitender Bewusstseinsveränderung, zur Zeit eines neuen Lebensgefühls. Rückblickend scheint mir, wir lebten ständig unter dem Zwang einer Entscheidung: entweder, rückwärtsgewandt, in Verbitterung und Enttäuschung zu versinken, in die Verherrlichung europäischer Kultur, dem Gegenbild zu unserer realen jetzigen levantinischen oder kleinbürgerlichen „ostjüdischen Realität", zu flüchten oder unsere jetzige Welt als gegeben zu bejahen, die wirtschaftlichen Schwierigkeiten vor dem Hintergrund von Krieg und innenpolitischen Unruhen als unvermeidbar zu akzeptieren.

Gleich dem biblischen König Ahab, „hinkten wir auf beiden Schwellen"[97]: Wir wollten die vergangene Welt im Gedächtnis und im Bewusstsein bewahren – ohne die Anstrengungen, sich den veränderten kulturellen und sozialen Anforderungen zu stellen, zu vermindern. Unser Entschluss stand fest: In der Öffentlichkeit galt Hebräisch, da wurden wir stur, auch wenn man sich an uns in jiddischer Sprache wandte, denn die meisten osteuropäischen Einwohner fanden diese ihre Heimatsprache „gemütlicher" und wollten sich den Anstrengungen des Hebräischen nicht unterziehen; bei uns zu Hause wurde weiterhin deutsch gesprochen. Es wäre lächerlich gewesen, hätten wir aus zionistischem Idealismus die uns gemeinsame Sprache verleugnet und Hebräisch gesprochen, in dem uns die in der deutschen Sprache so selbstverständliche Ausdruckskraft für unsere nimmer endenden Auseinandersetzungen über Vergangenheit und Gegenwart fehlte. Wir führten stundenlange Gespräche, nachts im Dunkel, eng nebeneinander liegend, flüsternd, damit unsere Zimmernachbarn sich nicht gestört fühlten, denn die Wände der Tel Aviver Häuser waren außerordentlich dünn. Unser Thema war stets diese doppelte Befindlichkeit: damals in Deutschland – schnell kam die Rede auf das drohende Schicksal der Eltern –, und unser jetziges Leben hier in Palästina, das auf dem Weg zu einem Judenstaat war; an dessen Verwirklichung wir nicht zweifelten und wofür wir bereit waren, das damit verbundene schwere Leben geduldig auf uns zu nehmen.

Man erzählt sich, dass der Pionier, der Erneuerer der hebräischen Sprache, Elieser Ben Jehuda, seine Familie gezwungen hätte, von einem Tag zum anderen nur noch Hebräisch zu sprechen. Ob es sich um Haushaltsangelegenheiten oder politische Themen handelte, es musste, es durfte nur Hebräisch gesprochen werden. Nein, das wollten wir nicht. Im Gegenteil: Ich wollte „hinzufügen", nicht „fortwerfen"! Deutsch – das war meine Schulbildung, meine Muttersprache, nichts durfte verleugnet werden, ich war kein Renegat. Irgendwie ahnte ich, dass letztlich nur diese Bewahrung des Bisherigen und sogar dessen Erweiterung die natürliche Basis für das Eindringen in ein völlig anderes Kulturfeld bilden kann. Der seit Geburt natürlich erworbene Schatz an Sprach- und Bildungsgütern ermöglicht erst durch Analogienbildung, durch Vergleiche, ein tiefes Verständnis für das Neue. Wie richtig diese Erkenntnis war, sollte sich später, als ich im Alter von 44 Jahren den Entschluss fasste, ein Universitätsstudium zu beginnen, bewahrheiten. Ohne meine Allgemeinbildung, meine Kenntnis europäischer Sprachen, hätte dieses Unterfangen nicht zu einem Erfolg führen können.

Literatur vermisste ich nicht, denn meine Berliner Bücher schmückten die Wände unseres spartanisch möblierten Zimmers. Eine Leihbibliothek versorgte mich mit englischer und französischer klassischer Literatur. Vorerst musste ich mich mit deutschen Übersetzungen begnügen, doch ließen Zeitungslektüre, damals die „Palestine Post", und französische Untertitel in Filmen meine nicht geringen Schulkenntnisse nicht in Vergessenheit geraten. Was ich wirklich schmerzlich vermisste – das war Musik. Die teuren Konzertkarten des philharmonischen Orchesters, gegründet im Jahre 1936 durch Bronislaw Hubermann, waren unerschwinglich. Doch, so wie hinter meinen geschlossenen Augen Bilder und Texte in Erinnerung geblieben waren, so verschwanden auch die vielfältigen, oft gehörten Melodien und Harmonien nicht aus der Erinnerung. Ich sang. Ich sang während der Hausarbeit, sang leise vor mich hin, wenn ich allein war. „Was singst du jetzt", fragte Max. Es waren Lieder von Schubert, von Brahms, von Schumann – systematisch führte ich Max in das klassische Liedgut ein. Max hörte aufmerksam zu. Deutlich verständlich waren die Texte, rein meine Intonation, beeindruckend meine Hingabe, ich fühlte mich wie in meinem Privatkonzert, mit Max als aufmerksamem Zuhörer. Während des Singens vergaß ich meine Umgebung, unser ärmliches Zimmer. Ich hörte meine Mutter diese Lieder singen, ich ahmte ihre Betonung der Texte nach, hörte gleichzeitig die Klavierbegleitung meines Bruders oder meines Onkels, Mutters Bruder Richard. Mein Singen bedeutete Erinnerung und zugleich, wenn auch nicht eingestanden, Sehnsucht.

Wie tief Max von meinem Singen beeindruckt war, wurde auf bewegende Weise viele Jahrzehnte später deutlich. Wir waren wieder in Berlin und feierten mit einigen nahen Freunden Max' 85. Geburtstag. Max war bereits sehr krank, er sollte nur noch ein Jahr leben. Unsere Freunde und ich bemühten uns, ihn, der sehr schweigsam in unserer Mitte saß, in ein Gespräch zu ziehen. „Erzähle uns, Max", so ein langjähriger Freund, „wie war das Leben in Palästina während der ersten Jahre? Wie hatte Marianne die Sorgen und Ungewissheiten ertragen?" Die Augen von Max wurden feucht, bekamen einen träumerischen Ausdruck. „Marianne?", die Antwort kam sehr langsam: „Marianne sang." Er sah mich bei diesen Worten liebevoll an. Unsere Gäste stellten keine weiteren Fragen. Ich war sehr betroffen und nicht imstande weitere Erklärungen abzugeben.

Es blieb nicht bei Liedern. Es war die Wagner-Musik, bis zum heutigen Tag ein Tabu im Staate Israel, eine Musik, die Max in diesen seinen jungen Jahren völlig fremd war. Jetzt, wie einst meine Mitschülerinnen, führte ich ihn singend und interpretierend in das Wagner-Werk ein. Ich erzählte die Opern-Inhalte, offenbarte mich als Siegmund der Schwester Sieglinde, besang den „Wonnemond", war Wotan und nahm Abschied von Brünhilde, dem „kühnen, herrlichen Kind". Ich sang den Wechselgesang der Liebestrankszene, den Nachtgesang der „Nacht der Liebe", den Liebestod der Isolde. Ich sang Stolzings Preislied und Hans Sachs' „Was duftet doch der Flieder" sowie „Wahn! Wahn! Überall Wahn!". Jahre später, nach dem Krieg, als die Armutsjahre hinter uns lagen und wir in unserem Auto lange Tagesreisen unternahmen, bat Max mich häufig: „Marianne, singe doch bitte. Das Fahren wird dann viel schöner!" Ich ließ mich niemals zweimal bitten.

Die Herzlstraße mit ihren Nebenstraßen, die Salamehstraße und die wenigen Häuser und Fabriken in Giw'at Herzl bildeten einen vollständigen Kosmos, „eine kleine Welt", wie die Rabbinen sagen. Bunt, vielfältig und vielsprachig war die Bevölkerung. In der absoluten Minderheit waren deutsche Einwanderer. Ich erinnere mich an eine deutsche Familie, die ein kleines Restaurant betrieb, sich schlecht und recht davon ernährte. Später, nach der Geburt Jonathans, befreundete ich mich mit einer deutschen Kinderärztin, die mir eine äußerst notwendige Hilfe wurde. Die Inhaberin eines kleinen Schreibwarengeschäftes war ebenfalls eine deutsche Einwanderin. Sie betrieb in ihrem Laden die mir notwendige Leihbücherei deutschsprachiger Bücher. Die große Mehrheit der Bewohner waren Polen und orientalische Juden, Ladeninhaber von Metzgereien, Händler von Obst und Gemüse, Lebensmitteln und Haushaltsbedarf.

Uns gegenüber, getrennt durch die Autobuschaussee, die nach Jerusalem führte, befanden sich Werkstätten osteuropäischer Juden und arabischer Moslems, die friedlich nebeneinander ihr Handwerk betrieben. Während des Fastenmonats Ramadan drang Nacht für Nacht dauernder Lärm zu uns herüber. Nach Sonnenuntergang versammelten sich die Familien, um ihr Fasten zu brechen und ausgedehnte Mahlzeiten zu sich zu nehmen. Musik, Gesang und laute Gespräche störten unseren Schlaf. Die Inhaber unseres Lebensmittelgeschäftes, Jizchak und Jacob, waren syrische Juden und wurden zu meinen besten Freunden. Wie selbstverständlich konnte ich sie in einer Notsituation um Hilfe bitten, die sie mir nie verweigerten. Eines Morgens erhielt ich von meiner Schwester aus Jerusalem ein Telegramm, in dem sie mir mitteilte, dass sie sich während des Vormittags einer nicht ungefährlichen Operation unterziehen würde. Wie immer hatte ich kein Geld, um sofort nach Jerusalem zu fahren. Ich rannte buchstäblich zu Jizchak und Jacob und erzählte ihnen von dem Telegramm. Sie verstanden sofort und gaben mir das nötige Geld für die Fahrt nach Jerusalem. Die selbstverständliche Hilfsbereitschaft aller für jeden erfuhr ich, als ich in Jerusalem eintraf. Ich musste den zweijährigen Jonathan mitnehmen, jedoch wurde ihm im Krankenhaus der Einlass verweigert. Es waren einige Typhusfälle aufgetreten. Wohin mit dem Kind? Eine Frau, die im Vorübergehen meine Unschlüssigkeit beobachtete, trat auf mich zu. Ich möge ihr doch das Kind überlassen, sie würde im nahe gelegenen Park auf mich warten. Ich wusste, ich konnte ihr ohne Arg das Kind überlassen, kam im Krankenhaus gerade zurecht, als Ilse aus der Narkose erwachte. „Marianne", sagte sie leise und glückselig. Ich blieb eine Stunde bei ihr und fand danach Jonathan neben der netten Frau im Sand spielend. Ich habe sie nicht einmal nach ihrem Namen gefragt, auch sie nicht nach meinem.

Vielleicht war diese selbstverständliche Hilfsbereitschaft bezeichnend für ein Pionierland, in dem die Schwierigkeiten des Einen am nächsten Tag die des Anderen sein konnten. Nach der Staatsgründung wurde dieser Pioniergeist in Zeiten von Gefahren wiederbelebt. „Sogar Abba“[98], Max also, „nimmt Trampisten mit und stopft sein Auto voll“, schrieb mir Jonathan während des Sechs-Tage-Krieges nach Berlin, was auch für mich ein sicheres Indiz für die wiedererwachte Nächstenliebe in Zeiten gemeinsam empfundener Gefahren war. Heute ist der Staat Israel entzweit und die Innenpolitik der Regierungen, bestimmt seit dem Libanonkrieg, hat jegliches Einigkeitsbewusstsein in großem Maße gestört: Israel ist heute, gelinde gesagt, ein Staat wie jeder Staat. Die selbstverständliche Hilfsbereitschaft des jüdischen Palästina bis zur Staatsgründung ließ Verbitterung über Armut und berufliche Aussichtslosigkeit leichter ertragen. Syrer, Türken, Griechen, Jemeniten, Polen, Araber – den Begriff Palästinenser kannte man damals nicht – und einige Deutsche lebten in freundlicher Nachbarschaft neben- und miteinander. Es war ein Paradies der Menschenfreundlichkeit, wie ich es niemals wieder erleben sollte.

Schwierigkeiten entstanden, wenn Menschen unterschiedlicher Herkunftsländer, Sprachen und Gewohnheiten eng zusammenlebten. Ich musste große Anstrengungen unternehmen, um mit unseren Vermietern, einer polnischen Familie aus Lublin, in ungetrübter Harmonie auf engem Raum zusammen zu wohnen. Er hieß Jisrael, gerufen Srulik, sie Rosza. Sie waren religiöse Juden, der Haushalt wurde streng rituell geführt. Meine Küchenecke war unabhängig und man tolerierte meine unfromme Haushaltsführung. Sie sprachen unter sich entweder Polnisch, das ich gar nicht verstand, oder Jiddisch, das ich nur sehr schlecht verstand. Dabei konnten sie beide Deutsch. Rosza sprach sogar ein fast einwandfreies Hochdeutsch. Rosza war „fein“, exzellenter Herkunft, wie sie nicht genug betonen konnte. Srulik, ein einfacher Automechaniker, entsprach zwar nicht ihrem gesellschaftlichen Standard, doch war er, wie sie oft betonte, ein herzensguter Ehemann und Stiefvater für

Roszas aus erster Ehe stammenden Sohn. Srulik war ein begabter Handwerker, dessen selbstgefertigte kunstvolle Metallarbeiten ihr großes Wohn-Schlafzimmer verschönerten. Bis tief in die Nacht hämmerte Srulik in der Küche an seinen Lampen, Tabletts, Schmucktellern herum, und bald glich ihr Zimmer einem Souvenirladen, es blieb kein Platz, um irgendetwas aus der Hand zu legen. Rosza erzählte oft seufzend von ihrem vornehmen Elternhaus. Sogar Klavierspielen hätte sie gelernt, ihr jetziges Leben wäre ihr nicht an der Wiege gesungen worden. Ihre Erzählungen erinnerten mich an den damals unter Neueinwanderern oft erzählten „Hundewitz“: Ein Dackel und ein Rehpinscher begegnen sich auf der Straße; sagt der eine: „Wie schwer hier alles ist, ich bin das gar nicht gewöhnt.“ Erwidert der andere: „Ja früher in Deutschland“, (Polen, Rumänien und so weiter), „waren wir ja alle Bernhardiner.“

Bei Rosza lernte ich kochen. Polnische Küche ist für mich bis zum heutigen Tag meine Lieblingsküche. Bei ihr lernte ich auch die Zubereitung der polnisch-russischen jüdischen Gerichte kennen und lieben. Bereits am Donnerstag begann Rosza mit den Sabbatvorbereitungen, nahm mich mit auf den Markt, um für sich und für mich je ein Huhn zu erwerben. Ich lernte, wie man bei einem lebenden zappelnden Huhn seine Güte – ob fleischig, fett oder zu mager – feststellen kann. Nach der Wahl, die bei Rosza lange und fachmännisch durchgeführt wurde, ging sie mit mir zum Schächter, der die Hühner nach den strengen rituellen Vorschriften vom Leben zum Tode zu befördern hatte. Ich guckte während der Prozedur angestrengt zur Seite, niemals konnte ich mich an das angstvolle Gegacker und Flügelschlagen gewöhnen. Rosza nahm beide geschächtete Hühner in Empfang, denn ich war unfähig meines zu berühren, und ging mit mir zur Hühnerrupferin. Das noch warme gerupfte Tier wurde mehrfach in Zeitungspapier eingewickelt. Jetzt war ich fähig meines in die Hand zu nehmen. Zu Hause angelangt, zeigte mir Rosza, wie man das arme Tier über einer offenen Flamme von allen Seiten absengt, so dass auch kein Rest Federn mehr zu sehen war. Nun kam meine eigentliche Qual, an die ich mich lange Zeit nicht gewöhnen konnte: Rosza legte beide Hühner nebeneinander auf den Küchentisch und unterwies mich, ihr jeden Handgriff abzugucken und ihn an meinem Huhn vorzunehmen. Ich weiß nicht, von wem ich folgende Weisheit gelernt hatte: Jede, auch eine sehr zart besaitete Hausfrau ist fähig, grausam Fische, Geflügel oder Wild mitleidlos zu sezieren, wenn es gilt, ihre Familie mit einer festlichen Mahlzeit zu erfreuen. Also, auch ich tat Derartiges lange Zeit mit Grausen, bis ich imstande war, kalten Herzens an meinem Huhn auszuführen, was Rosza vorexerzierte: Einen tiefen Schnitt in das hintere Teil, in die Öffnung hineingreifen, alle Innereien herausnehmen, sorgfältig die Galle von der Leber trennen, die Körner im Magen mit der Magenhaut herausziehen, die Füße abschneiden, die Krallen desgleichen, mittels kochendem Wasser die gelbe geringelte Haut von den Füßen entfernen – und oh, endlich kam der Augenblick, als das Huhn wirklich ganz manierlich, wie in einem Geflügelladen, in dem meine Mutter die kochfertigen Hühner für ihre Familie zu kaufen pflegte, aussah. Ich schnitt es in vier Teile – je ein Viertel für eine Mahlzeit für Max und mich, so dass wir vier Tage zwar eine sehr kleine Portion, aber immerhin eine Hühnchenmahlzeit genießen konnten. Nicht zu vergessen, dass wir mit Magen, Leber, Hals und der mit etwas Mehl und Zwiebel gefüllten, mit Nadel und Faden zugenähten Haut des Hühnerhalses die Zeit der Hühnergerichte etwas verlängerten.

Es war erst Donnerstag und das Huhn wurde in die Eiskiste gelegt, um am Freitag gekocht zu werden. Ich hatte somit mein Sabbatmahl vorbereitet. Nicht so Rosza. Für sie begann jetzt die eigentliche Arbeit, die darin bestand, den Tscholent und die gefüllten Fische vorzubereiten. Tscholent – gefüllter Darm, den Heinrich Heine in einem seiner Sabbatlieder fröhlich besungen hatte – wurde am Donnerstagabend aufgekocht, dann 24 Stunden – in Polen im Ofen, bei uns auf einem Petroleum-Dochtkocher – sanft geköchelt. Fertig war dieses Gericht am Freitagabend zur Zeit des Sabbatmahls. Der Kocher brannte bis Sabbatausgang, da es verboten ist, vom Sonnenuntergang am Freitag bis zum Sabbatausgang am Sonnabend das Feuer anzuzünden. Tscholent ist eine sehr nahrhafte und fette Speise, gefüllt mit Kartoffeln, Mehl, Zwiebeln, Knoblauch und Gewürzen. Roszas Sabbatvorbereitungen waren aber noch lange nicht zu Ende. Der dritte Hauptgang machte nicht nur Rosza viele Umstände, sondern brachte auch uns Ärger und Aufregungen. Nicht so sehr für mich – ich hatte nun ein für allemal beschlossen, alles über mich ergehen zu lassen, um in meinem Zuhause in Harmonie leben zu können –, aber für Max, der weit weniger Geduld aufbrachte als ich. Belästigt fühlten wir uns beide durch den penetranten Knoblauchgeruch, der durch alle Türritzen drang, aber nicht zu vergleichen war mit der Belästigung, die uns Roszas dritter Hauptgang für die Freitagabendmahlzeit verursachte: Der Karpfen, der genauso fachmännisch wie das Huhn lebend gekauft wurde, und zwar am Donnerstag, um erst am Freitagfrüh zum Verzehr bereit gemacht zu werden, übernachtete vom Donnerstag zum Freitag in der mit Wasser gefüllten Badewanne, um sich noch eine Nacht seines Lebens erfreuen zu können. Der arme Max, müde und verschwitzt, war somit jeden Donnerstagabend gezwungen, den glitschigen Fisch aus der Wanne zu angeln, in einen mit Wasser gefüllten Eimer zu setzen, um in Ruhe duschen zu können. Ich folgte ihm schnell nach. Die Wanne wurde wieder gefüllt, und der Karpfen konnte sich bis zum nächsten Morgen, bis Rosza mit dem großen Fischmesser kam, sorglos im Wasser tummeln.

Aber eines Abends verlor Max die Geduld, wer wollte es ihm verargen. Er stieg zu dem Karpfen in das Wasser und duschte sich schnell, uneingeseift, mit kaltem Wasser. Ich weiß nicht, wie Rosza dieser Frevel auffiel. Auf jeden Fall bekam sie einen Tobsuchtsanfall: Sie könne nun aus hygienischen Gründen den Karpfen nicht essen. Nur mit größter Beredsamkeit gelang es mir, Roszas Ekel bei der Vorstellung von Max und dem Karpfen in ein und derselben Badewanne zu überwinden. „Was ist Ihr Mann für ein Mensch! Mein Sabbatkarpfen! Sagen Sie mir bloß, aus welchem Hause kommt dieser Mensch eigentlich?“, ihre Stimme überschlug sich immer wieder: „Wo kommt dieser Mensch bloß her?“ Endlich konnte ich erwidern: „Ich werde es Ihnen sagen. Dieser Mensch kommt aus einem uralten, piekfeinen aristokratischen russischen Adelsgeschlecht!“ „Waaas? Ari – sto – kratisch?“, staunte Rosza. Ich wiederholte meine idiotische Erklärung und fügte noch hinzu: „In diesen Kreisen war es einfach üblich, den Sabbatkarpfen als gleichberechtigt zu behandeln. Das hebt des Fisches Laune und verfeinert damit auch seinen Geschmack!“ Rosza verstummte, sichtlich beeindruckt.

Am Freitag, in den frühen Morgenstunden, buken wir in unseren Wundertöpfen den Hefezopf, die Challa. Wer jemals in seinem Leben Brot gebacken hat, weiß, wie langwierig diese Prozedur ist. Drei Mal musste die Hefe aufgehen: erst in lauwarmem Wasser, dann in einer Vertiefung im Mehl, schließlich nachdem der Teig zum dritten Mal durchgeknetet worden war. Erst nach mehreren Stunden konnten wir ihn auf unsere Petroleumkocher setzen. Aus demselben Teig, ausgerollt, bestrichen mit Margarine, bestreut mit einer Mischung aus Kakao, Zucker und Rosinen – dem Teig wurde als Kostbarkeit ein Ei zugegeben, entstand der Sabbatkuchen. Der ausgewalkte Teig wurde zusammengerollt und nach der Challa ebenfalls auf den Primus gesetzt. Man besaß nur einen Primus sowie eine Dochtmaschine zum sanften Garköcheln, so dass man nur ein Gericht nach dem anderen und nicht mehrere gleichzeitig zubereiten konnte, also: als erstes die Hühnersuppe, dann die Challa und als letztes der Hefekranz. Am Nachmittag, rechtzeitig vor Sonnenuntergang, war alles bereit und jedermann erschöpft. Roszas Familie verbrachte den Sabbat zu Hause, er betend, sie ruhend oder schlafend. Wir, weniger müde, gingen nach unserem Hefekranzfrühstück, beladen mit Obst und belegten Broten, an den Strand, schwammen, spielten Strandtennis und sonnten uns. Nach Anbruch der Dunkelheit gingen wir nach Hause.

Meine Erziehung zur perfekten jüdischen Hausfrau erreichte ihren Höhepunkt vor dem Pessachfest[99]. Ich müsste, so Rosza, die Pessachwoche auf dem Balkon kochen, es sei denn, ich kaschere, das heißt reinige mein sämtliches Geschirr rituell. Rosza besaß wie jede fromme jüdische Hausfrau ein vollständiges Pessachgeschirr, das nur während dieser einen Woche auf den Tisch kam. Ich hingegen hatte nur die Alternative, auf dem windigen Balkon zu kochen oder meine Töpfe, Pfannen, Teller, Tassen und Bestecke am nahen öffentlichen Platz unseres Viertels, auf dem man jedes Jahr einen riesigen Kessel kochenden Wassers aufstellte, von jedem Krümel „Gesäuertem" durch Eintauchen zu reinigen, eben zu kaschern! Da es wirklich unmöglich war, auf dem Balkon die Primusflamme am Brennen zu halten, machte ich mich, an jedem Arm ein großes Netz mit dem für eine Woche nötigen „unreinen" Koch- und Essgeschirr, verbissenen Mutes auf den Weg, Gottes und Roszas Willen zu vollziehen. An der Ecke Salameh- und Herzlstraße stellte ich mich an das Ende einer endlos, mindestens einen Kilometer langen Hausfrauenschlange an. Das Ziel, der Kessel mit dem reinigenden Wasser, lag nicht in meinem Blickfeld, die Entfernung war zu weit. Langsam schlich die Menschenmenge vorwärts. Jetzt bogen wir um die Ecke, und da, am Ende dieser Querstraße, sah ich Rauch und Feuerschein, das Ziel lag nun in greifbarer Nähe. Plötzlich hielt ein Fahrradfahrer unmittelbar neben mir. Es war mein Schwager Nathan. „Was machst du denn hier?" „Kaschern", antwortete ich unwillig, ich kam mir vor wie ertappt. „Bist du verrückt?", fragte er. „Wahrscheinlich", rief ich ihm zu während mich die Menschen vorwärts schoben. Nathan verschwand, um seinem Bruder, meinem Max, mitzuteilen, es wäre etwas Seltsames geschehen, seine Frau habe offensichtlich ihren Verstand verloren, wie mir Max am Abend lachend berichtete. Jetzt standen nur noch drei Frauen vor mir in der Schlange, jetzt zwei Frauen und nun, endlich: Ich! Ich warf einen Blick in den Kessel, sah das kochende Wasser, eine dunkle fettige Brühe. Ich warf einen zweiten Blick auf mein zwar nicht „rituell reines“, aber hausfraulich sauberes Geschirr – und stahl mich gebückten Hauptes, klammheimlich vorbei. Es tat mir in der Seele weh, aber mir schauderte vor dem ekligen Wasser, in dem Hunderte von Hausfrauen ihre Küchenutensilien „rein“ getaucht hatten. „Der Himmlische der Heerscharen“, so hoffte ich, wird meine Mühen und meinen wirklich guten Willen für die Tat nehmen und mir die unfromme Lüge, mit der ich bei meiner Rückkehr Rosza versicherte, dass alles nach rabbinischer Vorschrift vonstatten gegangen sei, verzeihen. Ich muss gestehen, auch ich nahm meinen guten Willen für die Tat, und ohne den Schatten eines schlechten Gewissens entweihte ich die Pessachküche von Rosza und Srulik .

Mit der Aussichtslosigkeit, eine qualifizierte berufliche Tätigkeit ausüben zu können, hatten wir uns abgefunden. Irgendwie hatten wir uns bereits in Berlin darauf eingestellt: mit unserer Absage, uns einer Kibbuzbewegung anzuschließen, mit dem aus unserer zionistischen Tätigkeit kommenden Wissen um die wirtschaftlichen Schwierigkeiten für jüdische Einwanderer und unserer damit folgerichtig verbundenen Bereitschaft, jede, auch unqualifizierte Arbeit anzunehmen. Das bewahrte uns vor Enttäuschung. Sicher, es war oft im höchsten Maße beunruhigend, nicht nur von einem Tag zum anderen, sondern oft von einer Mahlzeit zur anderen zu leben. Lästig war vor allem der monatlich wiederkehrende Kampf, das Geld für die Miete aufzubringen, und sich vor den Mahnungen unserer Wirte, Srulik und Rosza, fürchten zu müssen. Trotzdem verfielen wir nicht dem Fatalismus oder der Verbitterung. Das Bewusstsein, wie durch ein Wunder in letzter Minute aus der Nazihölle gerettet worden zu sein und unter zweifach lebensbedrohenden innen- und außenpolitischen Bedingungen zu leben, die unsere Gedanken und Gespräche völlig beherrschten, stellte unsere persönlichen Sorgen, die wir mit den meisten deutschen Flüchtlingen teilten, in den Schatten. Man lebte in diesen Jahren im jüdischen Palästina in einer „klassenlosen“ Gesellschaft. Wer, wie wir, sich auf den Weg zur Gründung eines Judenstaates begeben hatte und sich folgerichtig um die gründliche Erlernung des Hebräischen bemühte, nahm die Lasten der Gegenwart nur zeitweise, wenn sie zu zeitraubend und lästig waren, zur Kenntnis. Letzteres geschah zwangsweise, als im Sommer des Jahres 1941 meine Schwangerschaft festgestellt wurde. Aber diese Tatsache erschütterte nicht meinen Lebensmut, da ich zur gleichen Zeit, vermittelt durch Freunde, eine Anstellung als Erzieherin in einem privaten Kinderheim, deren Leiterin Thea hieß, in der Nähe von Tel Aviv erhielt. Das sichere Gefühl, dass wir es irgendwie schon schaffen und die finanzielle Misere auch überwinden würden, ließ uns auch weiterhin die kleinen kostenlosen Freuden unseres Daseins, wie meine Erfolge im Erlernen der polnischen Küche und unsere ausgedehnten Sabbatausflüge an den Mittelmeerstrand, genießen. Meine Schwangerschaft rief wie selbstverständlich meine Freunde auf den Plan. Ihre Hilfsbereitschaft verdrängte alle Ängste. Ich brauchte mich um keinerlei Anschaffungen zu sorgen. Kinderbett, Wagen und Babyausstattung gingen reihum von einer Familie zur andern. Wer diese Dinge nicht mehr brauchte, verschenkte sie. Es war, als freuten sich alle mit uns auf unser Baby.

Nur Rosza und Srulik erzählten wir nichts von dem zu erwartenden Ereignis, denn wir wussten, die hätten sich nicht gefreut! Meine Naivität und Unerfahrenheit hielten alle möglichen Besorgnisse von mir fern. Jahre später, als ich durch meine berufliche Tätigkeit mit zurückgebliebenen Kindern in enge Berührung kam und lernte, welchen Schädigungen durch Erbgut und durch Zufall ein Baby ausgesetzt sein kann, hätte ich meine Schwangerschaft weniger unbefangen verbracht und wäre sicher öfter zum Arzt gegangen. Aber auch der Arzt, der mich, als ich bereits im dritten Monat schwanger war, untersuchte, sah keine Veranlassung für eine intensivere ärztliche Betreuung. Er meinte nur, dass ich kurz vor der Entbindung noch einmal zu ihm kommen sollte. Da das Baby aber früher kam als errechnet, kam es auch nicht zu diesem zusätzlichen Arztbesuch. Während der Zeit der Schwangerschaft schwamm ich im Mittelmeer, spielte Strandtennis, arbeitete fast ohne Pause von morgens bis spätabends. Nach Beendigung der Hausarbeit, die unter den primitiven Verhältnissen viel körperliche Bewegung erforderte, fuhr ich um die Mittagszeit nach der ungefähr zwanzig Kilometer nordöstlich von Tel Aviv gelegenen Siedlung Borochow, einem Villenviertel, das zu der größeren Siedlung Giw'atajim gehörte, die sich später, wie unser zukünftiger Wohnsitz Ramat Gan, zu einer Stadtgemeinde entwickelte. Dort arbeitete ich bis in die Abendstunden mit großer Hingabe in Theas Internat für Schulkinder. Ungefähr um neun Uhr abends war ich wieder zu Hause.

Thea wurde, neben Anne aus Bet Hakerem, zum Stützpunkt für eine erträumte dauernde pädagogische Arbeit. In beiden Häusern fühlte ich mich glücklich, beteiligte mich, wenn notwendig mit Eifer, an der gerade anfallenden Haus- und Küchenarbeit und gelangte somit zu der überraschenden Erkenntnis, dass mir technische oder physische Arbeit innerhalb einer Gemeinschaft, der ich voll und ganz angehörte, große Freude bereitete. Beide, Anne und Thea, lobten meine Arbeitskraft. Immer wieder wurde ich von beiden zur Hilfe geholt, wenn Not am Mann war. „Rufen wir Marianne", soll Thea gesagt haben, als sie ernsthaft krank wurde. „Sie wird den Betrieb in Gang halten." Von Thea erhielt ich für Jonathan – der Name stand von Beginn meiner Schwangerschaft an für mich fest – eine vollständige Babyausstattung. Kofferweise schleppte ich sie nach Giw'at Herzl in mein „Rosza-

Srulik-Zimmer“. Merkwürdig, hätte ich es Thea nicht erzählt, sie hätte auch im siebenten Monat nicht gemerkt, dass ich schwanger war. Auch unsere Freunde merkten nichts, und wenn ich ihnen sagte, das nächste Mal würden wir uns zur Feier der „Brit Mila“[100] treffen, denn ich rechnete fest mit einem Sohn, guckten sie mich aufmerksam an und meinten, so lange wollten sie nicht warten. Srulik und Rosza merkten es erst, als unsere Freund-Familie Kinderbett, Kinderwagen und eine Zinkbadewanne ins Haus schickten.

Am 6. Januar 1942 morgens um fünf Uhr brachte mich Max in das Krankenhaus „Assuta“, das renommierteste Krankenhaus Tel Avivs, in dem auch mein Arzt praktizierte. „Wo hast du denn das Kind? Du kommst viel zu früh. Man sieht kaum etwas“, meinte die Hebamme, die ihren Ärger nicht verbergen konnte. „Gut, dass du gekommen bist“, sagte sie entschuldigend nach der Untersuchung, „es wird ein sehr kleines Kind sein, aber auch solche gedeihen prächtig!“ Nun, es war kein „kleines Kind“, es wog über dem Durchschnitt, und ich war glücklich. Max, der Arme, hatte sich gleich nach meiner Einlieferung verabschiedet, denn er könne mich nicht leiden sehen, wie er meinte, und ich war froh, dass er weg war. Ich quälte mich tapfer bis abends um zehn Uhr. Etwas später legte man mir meinen Jonathan in meine Arme.

Ich bin der festen Überzeugung: Es gab niemals eine Mutter, die eine größere Selbstzufriedenheit ausgestrahlt hat, als ich. In der ersten Nacht nach der Entbindung klingelte ich jede Stunde die Schwester herbei, weckte meine armen Mitpatientinnen auf, nur um triumphierend immer wieder das einmalige Ereignis mitzuteilen: „Ich habe ein Baby bekommen!“ Ich konnte und wollte mich nicht beruhigen. Jonathan war nun aber auch das „Baby par excellence“. Nicht nur ich, auch die Schwestern waren begeistert. Wann immer ein Baby schrie, eilten alle Schwestern mit dem Ruf „Jonathan, wir kommen!“ in das Babyzimmer. Ich war wie verwandelt. Nicht einmal Max’ Irritation und

Marianne Awerbuch mit ihrem Sohn Jonathan in Palästina / Israel, um 1944

Unfähigkeit, sich mit der verwandelten Welt abzufinden, konnten mich beunruhigen. Letztlich bedeutete für uns beide die Geburt unseres Sohnes einen tiefen Einschnitt, für Max sogar eine wahre Revolution. Er war der leibhaftige Protest: „Brit Mila – Beschneidung? Barbarismus, Menschenopfer Atavismus, Götzendienst. Kommt nicht in Frage!“, tobte er. Heimlich setzte ich mich mit einem gemeinsamen Jugendfreund in Verbindung, und mit Hilfe des Arztes und unter Anwesenheit meiner Schwester fand die Zeremonie nach rabbinischer Vorschrift am achten Tag nach seiner Geburt statt. Auch Max bequemte sich, zur festgesetzten Zeit zur Stelle zu sein. Mit grimmigem Gesicht stieß er auf die Frage nach dem Namen unseres Kindes wütend hervor: „Ich glaube, er soll Jochanan heißen.“ „Nein“, verbesserte meine Schwester, „Marianne sagte Jonathan.“ So kam mein Sohn doch noch zu dem von mir gewollten Namen. Dann wurde „Jonathan Awerbuch“ in den Bund der Väter aufgenommen. Alle waren fröhlich, nur Jonathan, wie alle Babys, weinte ein bisschen, und Max grollte. Aber auch er lernte mit der Zeit, dass man keinen Sohn im jüdischen Palästina und im Staat Israel aufziehen kann, ohne an ihm die Beschneidung vollzogen zu haben.

Sechs Jahre später, Jonathan war vor kurzem in die erste Schulklasse eingeschult worden, kam er keuchend vor Aufregung aus der Schule nach Hause gerannt. „Ima, Ima“, rief er schon von weitem, „hat man mir eine Brit Mila gemacht?“ Keuchend legte er die Hand auf sein heftig schlagendes Herz. „Ja, selbstverständlich“, so meine Antwort. „Gott sei gelobt,“ so das Kind. „Warum diese Aufregung?“, fragte ich ihn. „Die Lehrerin hat gesagt, der Knabe, an dem nicht die ‚Brit Mila‘ vollzogen wurde, dessen Name soll ausgeschieden werden aus dem Volke Israel! Aber jetzt ist ja alles in Ordnung“, tröstete sich Jonathan, ohne überhaupt zu fragen, was das alles zu bedeuten hat, und ging in den Hof, um mit seinen Freunden zu spielen. Am nächsten Tag hatte ich, auf meiner Seite begleitet von Zornesausbrüchen, eine heftige Auseinandersetzung mit der dummen Lehrerein. Es war das erste vieler noch folgender Streitgespräche. Mein säkularer Zionismus kollidierte zunehmend mit der Politik der herrschenden Arbeitspartei, vor allem Ben Gurions, der bereits vor der Staatsgründung einer Trennung von „Kirche und Staat“ wider seine eigene zionistische Einstellung aus der Pionierzeit eine Absage erteilt hatte. Nach der Staatsgründung begann er, die Bibel als politisches Lehrbuch zu missbrauchen, eine Tendenz, die sich in den Schulbüchern der Kinder niederschlug und der ich von Beginn meiner Lehrtätigkeit in den Schulen an einen vehementen Widerstand entgegensetzte. Jonathans Erschütterung war ein Vorspiel nur, das ich der Dummheit einer einzelnen Lehrerin zuschrieb. Noch war unser „Zionismus“ wenig gottesfürchtig, durchaus säkular ausgerichtet. Doch nach der Staatsgründung wurde die Bibelauslegung zunehmend zur Legitimation politischer Ansprüche herangezogen, so dass meine Auseinandersetzungen mit manchen Vertretern des Unterrichtsministeriums viele Jahre meine Arbeit begleiteten.

Jonathans Geburt veränderte radikal unser Lebens- und Weltverständnis. Es war der Beginn einer neuen Befindlichkeit, die in der Erkenntnis gipfelte, dass die Geburt eines Kindes, eines in totaler Abhängigkeit und Hilflosigkeit existierenden Lebewesens, jugendliche Unreife hinter sich lassen muss, um der eigentlichen Persönlichkeit zum vollen Durchbruch zu verhelfen. Alle vorhandenen, zum Teil bis zu diesem Zeitpunkt schlummernden moralischen Kräfte wurden wirksam, besonders, als es im Winter des Jahres 1942, in Zeiten von größter Not und Gefahr, die jegliche Entscheidungen unfrei machten und zur ständigen Hintanstellung eigener Bedürfnisse zwangen, in voller Schärfe notwendig wurde.

Heute weiß ich, dass Jonathan meine – unsere – Rettung vor Panik, Orientierungslosigkeit bis zum Wahnsinn gewesen war. Er war der Fixpunkt des inneren, eigentlichen häuslichen Lebens. Seine Existenz bestimmte den Tagesablauf, der mit militärischer Genauigkeit abzuschnurren hatte, sollte, bei den primitiven Bedingungen und wirtschaftlichen Nöten unseres täglichen Lebens, ein notwendiges Maß an geistiger und seelischer Disziplin gewahrt bleiben. „Drinnen" musste Ordnung herrschen. – „Draußen"? Wo, was war das? Wohin man sich wandte, ob hier nach Palästina oder dort nach Europa, überall lauerte lebensbedrohende Gefahr! Wenn wir am Strand saßen und auf das Meer hinausschauten, sahen wir in Gedanken die „Totenschiffe" vor uns, anders konnte man die Flüchtlingsschiffe nicht bezeichnen, die sich vor Palästina nicht zeigen durften, im günstigsten Fall von den britischen Radarstationen aufgespürt wurden und entweder nach Mauritius oder nach Zypern verbracht wurden.

In meiner Erinnerung tauchen Bilder, Szenen auf: Ich arbeite in der Küche. Rosza und Srulik haben Besuch von einem polnischen Soldaten und seiner Freundin. Sie sprechen Polnisch, ich verstehe kein Wort. Plötzlich schreit Rosza entsetzt auf und schlägt die Hände vor ihr Gesicht! „Was ist geschehen?", frage ich, und Rosza sagt: „Die Deutschen hätten in Radom", einer polnischen Stadt, „die Häuser der Juden umzingelt, viele Männer auf der Stelle erschossen, andere sowie Frauen und Kinder in die Wälder verschleppt, um sie dort zu ermorden. In ihrer Verzweiflung sollen Mütter ihre Babys aus den Fenstern auf das Straßenpflaster geworfen haben. Sie sollten nicht in die Hände der Nazimörder fallen!" Ich war wie versteinert. In meiner Vorstellung wurde ich zu der verzweifelten Mutter, die ihr Baby, mein Baby, meinen Jonathan, auf das Pflaster warf! Wir ahnten, dass man uns nur ein einziges Element eines vielschichtigen grausigen unvorstellbaren Geschehens geschildert hatte. Die vollständige Wahrheit sollten wir lange nicht erfahren. Sogar nach dem Krieg erhielten wir, aus welchen Gründen auch immer, kein vollständiges Bild über das stattgefundene Grauen.

Marianne und Max Awerbuch (1911–1997) mit ihrem Sohn Jonathan in Tel Aviv, um 1944

Allen Lehrbüchern über die richtige Babyaufziehung zum Trotz nahm ich von diesem Tage an Jonathan jeden Tag mit in mein Bett. Der protestierenden Ärztin erklärte ich, dass der schwer arbeitende Max nicht durch das Babygeschrei gestört werden dürfe, auch hätte ich Rücksicht auf unsere Nachbarn zu nehmen. Die ganze Nacht drückte ich das Kind fest an meine Brust und wagte kaum mich zu bewegen. Das Baby war selig, schnurrte wie ein satter Kater, und ich, stets im Halbschlaf, geplagt von Angstvorstellungen, träumte: Ich laufe wieder und wieder in mein Geburtshaus, aus dem meine Eltern ja tatsächlich schon seit langem vertrieben waren, stürme die Treppen hinauf, falle meinen Eltern weinend um den Hals, erlebe große Freude und Jubel, mache Pläne, ja sogar Anstalten sie zu retten, doch jedes Mal, wenn ich wirklich handeln will, wachte ich auf, beruhigt, Jonathan an meiner Seite zu wissen.

Wir ahnten vieles und wussten wenig, Angstvoll verfolgten wir das Vorrücken der deutschen Armee unter Rommel in Nordafrika. Im Sommer 1943 stand er vor El-Alamein, unweit der Grenze zwischen Ägypten und Palästina. Wir hörten Gerüchte, dass England bereits plante, die Militärbasis in Palästina aufzugeben und nach Indien zu verlegen, und dass sich die Araber Palästinas bereits gegen die Juden bewaffneten, um sich den Rommel-Deutschen anzuschließen. Max nahm Verbindungen zu den jüdischen militärischen Untergrundeinheiten, der späteren Hagana, auf. Ich machte Pläne, mit dem Kind in irgendeinen Kibbuz zu fliehen. Was dort zu geschehen hätte, war völlig unklar. Wir träumten von Partisanengruppen und wussten nicht, dass unsere Repräsentanten der Jewish Agency die „nationale Heimstätte“ eigentlich bereits aufgegeben hatten und nur noch darüber grübelten, auf welche Weise man mit Würde zugrunde gehen könnte! Junge Männer und Frauen, unverheiratet und kinderlos, strömten in die Hilfscorps des britischen Militärs, das nur sehr zögerlich jüdische Soldaten rekrutierte. Ben Gurion kämpfte für die Gründung einer selbstständigen Jüdischen Brigade[101]. Die Briten weigerten sich lange, aus Furcht vor etwaigen politischen Ansprüchen der zionistischen Bewegung sollte der Krieg Palästina verschonen. Die Erregung gegen diese britische Politik stieg. Die Widerstandsgruppen – Irgun[102] um Menachem Begin und LECHI[103] (Kämpfer für die Freiheit Israels) um Abraham Stern – erhielten Zuwachs. Mit großer Spannung lasen wir Tag für Tag die kriegerischen Aufrufe gegen England von Irgun und LECHI, die sich bald zu Terroristengruppen formierten, sich Waffen und Sprengstoff besorgten und gegen die Aktivitäten der Hagana polemisierten, die niemals aufhörte, mit der Mandatarmacht um ihre Ansprüche zu verhandeln, alles tat, um die Verbindung zu ihr nicht abbrechen zu lassen. Der durchschnittliche Normalbürger des jüdischen Palästina sah sich der Todesgefahr einer deutschen Eroberung gegenüber und der Gefahr ausgesetzt, zwischen Irgun und LECHI einerseits und Hagana andererseits zerrieben zu werden. Die Engländer hatten ihre Agenten in allen jüdischen Widerstandsgruppen, beobachteten ihre Aktivitäten, vor allem die Waffenkäufe. Im Februar des Jahres 1942 sollten wir feststellen, wie nahe der Zentrale der LECHI-Gruppe, der militantesten Widerstandsgruppe, wir lebten. Die Schüsse, die Abraham Stern ungefähr um zwei Uhr mittags an jenem Tag im Jahre 1942 töteten, schreckten in unheimlicher Weise Klein-Jonathan und mich aus dem Mittagsschlaf. Ich fiel buchstäblich aus dem Bett, das sehr schmal war, auf den Boden, und Jonathan schrie und ließ sich auf mich fallen.

Angst und Panik, wie wir sie in Berlin empfanden, sind in Palästina einem Gefühl von Kampfes- und Widerstandswillen gewichen. Wir lebten in einer Kämpfergemeinschaft, wir wurden nicht entwürdigt, nicht entmündigt, wir behielten unsere integre Persönlichkeit. Hier gehörten wir nicht zu einer willenlosen Opferhorde. Die bereits agierenden Widerstandsbewegungen, auch die spätere Hagana, ließen das entwürdigende Gefühl der Hilflosigkeit nicht aufkommen. Wir behielten das Recht, unser eigenes Schicksal zu bestimmen.

In diesem Hexenkessel dauernder Bewegung, Hausdurchsuchungen – man suchte Waffen, nicht Illegale –, Ausgehverbote, die plötzlich verhängt wurden, so dass man manchmal den Nachhauseweg nicht mehr antreten konnte, und Lebensmittelknappheit verrichtete ich meine Tagesarbeit mit militärischer Genauigkeit und Gründlichkeit. Um sechs Uhr morgens, bevor Max das Haus verließ, war ich auf der Straße, auf der Chaussee nach Jaffa, blickte den mir begegnenden Araberfrauen aufmerksam ins Gesicht, und wenn mir eine ein Zeichen gab, betrat ich mit ihr einen Hausflur und erstand von ihr zwei Eier. Meine zweite Station war die auf einem Hügel gelegene Molkerei. Der Leiter, der sowohl mir als auch Jonathan sehr zugetan war, übergab mir schnell einen halben Liter Milch und 50 Gramm Butter. Alles war rationiert, und man war auf Freundlichkeiten angewiesen. Zu Hause angelangt, wartete ich auf den Ruf „Mirjam, Mirjam" eines Einwohners des uns benachbarten Dorfes Abu Kabir, der mir für das Kind jeden Morgen einen Hühnerflügel und eine Hühnerleber brachte. Jonathan war der erklärte Liebling des arabischen Dorfes, alle freuten sich, wenn ich sie mit dem Kind besuchte, mich auf einen ihrer niedrigen Schemel setzte und genüsslich ihren starken süßen Kaffee trank. Brüderliche Freundschaft, Gastlichkeit bestimmten die arabischen Beziehungen zu den Juden Palästinas in unpolitischen Zeiten. Wenn jedoch die politische Stunde schlug, verwandelten sich diese „Freunde" in brutale Feinde, die jederzeit bereit waren zu Mördern zu werden. Meine arabischen Freunde aus Abu Kabir waren es, die im Herbst des Jahres 1946 die Insassen eines Autobusses, der unweit von Giw'at Herzl, unserem Wohnsitz, langsam aufwärts den Weg nach Jerusalem erklomm, unter wütendem Gebrüll mit Messern buchstäblich abschlachteten, unter ihnen auch unseren Freund und Helfer Hans Beyth, Henrietta Szolds engsten Mitarbeiter.

Wir lebten damals nicht mehr in Tel Aviv. Einige Wochen zuvor waren wir nach Ramat Gan gezogen, wo wir bis zum Jahre 1991 unseren Wohnsitz hatten.

Feinde und Freunde waren auch die Engländer. Einerseits hatte der politische Extremismus der Widerstandsgruppen Folgen: Hausdurchsuchungen, Ausgehverbote, im schlimmsten Fall Erschießungen ohne Gerichtsverfahren, wie im Fall Abraham Stern, Todesurteile und Hinrichtungen durch Erhängen, wie auf Grund von Attentaten jüdischer Begin-Anhänger auf englisches Militär, und Verbannung aller Terrorverdächtigen nach Mauritius in den letzten Kriegsjahren. Andererseits waren die Beziehungen zwischen Juden und Engländern im täglichen Zusammenleben spannungsfrei. Nicht selten wurden Freundschaften und Ehen geschlossen. Auf der Strandpromenade und in den Café-Häusern herrschte ein freundschaftliches Miteinander. Die Führung der Jewish Agency verurteilte den Terror, kämpfte auch weiterhin für die Rekrutierung einer Jüdischen Brigade und mobilisierte die eigene militärische Untergrundbewegung, die Hagana, in deren Einheiten sich die meisten jungen Männer und Frauen auf die Notwendigkeit eines Palästinakrieges vorbereiteten.

Als Feinde galten den Engländern allein die Terroristen. Den Juden Palästinas, allen Unverdächtigen gegenüber verhielt man sich durchaus fair, sogar freundschaftlich, wie ich es selbst erfahren konnte. Ich war an einem späten Nachmittag allein auf dem Weg nach Hause. Plötzlich ertönten die Sirenen – Curfew![104] Im Nu waren die Straßen menschenleer. Kein Autobus weit und breit. Ich musste jedoch nach Hause. Baby Jonathan musste genährt werden. Panisch lief ich von einem Hauseingang in den anderen. Die Jeeps rasten äußerst schnell die Allenbystraße herauf und herunter, so dass ich nach kurzer Zeit entdeckt wurde, gerade als ich wieder einen Hauseingang verlassen wollte, „He", rief ein Soldier, „come here!" Ich blieb stehen und tat so, als verstünde ich nichts. Ein Sergeant sprang vom Jeep und brachte mich zum Fahrzeug. In stotterndem Englisch und gestenreich sagte ich: „Baby – breastfeed, waiting for mummy", ich war sehr aufgeregt. „Don't worry, come in", und sie hoben mich hoch, setzten mich in den Jeep, fragten nach meiner Adresse, wir sausten die Herzlstraße hinunter und landeten nach wenigen Minuten vor unserem Hause in Giw'at Herzl. Max stand mit Jonathan auf dem Arm besorgt auf dem Balkon. Jonathan jauchzte, als er mich sah. Alle lachten und waren fröhlich. „By, by, good luck, be careful!", und weg waren die Engländer.

Wir lebten in Armut, doch nicht im Elend. Irgendwie ging es immer wieder weiter! Die Hausarbeit war anstrengend und schwer. Die Hitze im Sommer war unerträglich feucht. Wir kämpften gegen Kakerlaken, Moskitos, Papatatchi-Fliegen, deren Stiche hohes Fieber und tagelange Schwäche auslösten. Das Schleppen von Eisblöcken und Kanistern mit Neft[105] zehrte an den Kräften und ließ uns die frühen Abendstunden herbeisehnen. Nach dem Abendbrot verbrachten wir auf unserem kleinen Balkon Stunden mit Gesprächen und unaufhörlichem Verzehr von Zitrusfrüchten, die unglaublich billig waren. Das tägliche Wäschewaschen mit den primitivsten Mitteln – mit Blechwannen, großem Wäscheprimus, Waschbrett zum Rubbeln der Wäschestücke, das Wasser musste am Abend zuvor gehortet werden – fand auf dem Flachdach des Hauses statt, auf das die Sonne brannte. Danach ging es hinunter in die Küche zur Vorbereitung der komplizierten Mahlzeiten für Jonathan. Damals kannte man noch keine fertige Babykost, ich machte den Quark selbst aus Milch und Calcium Lacticum. Oft siebte ich die flockige Masse acht Mal durch ein feines Sieb. Die Herstellung der täglichen Hühner-Gemüsesuppe mit Eigelb und zerdrückter roher Hühnerleber war nicht wenig zeitaufwendig. Erschöpft hielt ich meinen Mittagsschlaf. Am Nachmittag ging ich mit Jonathan ein wenig ins Freie, setzte mich am Rotschild-Boulevard auf eine Bank unter den Bäumen.

Einkaufen war Schwerarbeit: Im Sommer hügelauf und hügelab mit schweren Taschen mit Lebensmitteln, Obst und Gemüse, und jeden Tag Schlangestehen, da alles rationiert war. Im Winter verwandelte sich die Salamehstraße in einen reißenden Strom. Die Kanalisation konnte die dauernden starken Regengüsse nicht absorbieren. Kleine Jungen sind erfinderisch, so auch die zehn- bis zwölfjährigen arabischen Kinder Jaffas. Sie verschafften sich große Gemüsekisten, montierten an deren Boden vier Räder und beförderten in diesen bequemen Fahrzeugen für einen halben Piaster die Menschen von einer Straßenseite zur anderen. Wie ich mit meinen schwere Einkaufstaschen, meistens drei in jeder Hand, und dazu noch Jonathan auf meinem Rücken, der niemals allein gelassen werden wollte, diese Kisten-Schifffahrt überstand, ohne zusammenzubrechen, ist mir heute noch ein Rätsel.

Während des Krieges entstand ein weiteres Problem, ein Sprachenproblem, mit entscheidenden Ergebnissen: In meiner arabisch-jüdisch-orientalisch-polnischen Nachbarschaft konnte ich unter keinen Umständen außerhalb meiner Wohnung deutsch sprechen, auch mit dem Kind nicht. Also sprach ich mit ihm auf der Straße und während unserer Einkaufsrunden hebräisch – zu Hause jedoch deutsch. Ich brachte es nicht fertig, mit dem winzigen, völlig zu mir gehörenden Menschenwesen in einer anderen als in meiner Muttersprache zu sprechen. Es wäre gekünstelt gewesen, meinen Gefühlen für das Kind widersprechend. Ich sprach also auf der Straße hebräisch und zu Hause deutsch, mit dem Erfolg, dass Jonathan, dadurch verwirrt, überhaupt nicht mehr sprach. An seiner Intelligenz zweifelte ich trotzdem nicht, da er alles verstand, auch die kompliziertesten Aufträge ausführte und sich stundenlang hochkonzentriert mit seinen Bausteinen beschäftigte. Wehe dem, der es wagte, ihn dabei zu stören! Auch meine Kinderärztin-Freundin sah keinen Grund zur Besorgnis: Dieselbe Person spricht zwei verschiedene Sprachen, das muss Verwirrung stiften. Sie hatte Recht. Deutsche Eltern im damaligen Palästina, die in europäischen Wohnvierteln wohnten, sprachen nur deutsch mit ihren Kindern, auch auf der Straße, schon deshalb, weil die meisten von ihnen niemals wirklich Hebräisch lernten. Hebräisch lernten diese Kinder von ihren Kindergärtnerinnen und Lehrerinnen. Also waren es zwei Personenkreise und zwei verschiedene Sprachen, damit fanden sich die Kinder zurecht. Ich wollte auch auf der Straße nicht deutsch sprechen, meine Muttersprache wurde zur Intimsprache zwischen mir und meinem Max. Jonathan lernte uns mit der Zeit verstehen, man konnte keine Geheimnisse vor ihm haben. Später verstand er auch die kompliziertesten Themen. Seine zweite Sprache wurde durch das Gymnasium, die Universität und das Post-Doktorat in den USA Englisch.

Im Jahre 1944 wurde Rosza plötzlich krank. Ich meinte die Symptome zu erkennen: Typhus. Zum Schrecken Sruliks reinigte ich Tag für Tag die ganze Wohnung mit Lysol. Zu spät entschloss er sich, Rosza ins Krankenhaus zu bringen, sie starb nach wenigen Tagen. Srulik war untröstlich. Nach kurzer Zeit kam Helena ins Haus, die polnische Freundin Roszas und übernahm den Haushalt. Ihr Verlobter, ein polnischer Unteroffizier, besuchte Srulik und Helena täglich, so dass mein Zuhause völlig polnisch wurde. Die Mitbewohner wurden mir zunehmend fremder. So selten wie möglich hielt ich mich in der Küche auf. Aber grundsätzlich änderte sich nichts. Mit Jonathans Existenz hatte man sich nicht nur abgefunden, man war außerordentlich freundlich zu ihm, keine geringe Erleichterung für mich.

Von Jonathans zweitem Lebensjahr an versuchte ich immer wieder Geld zu verdienen, konnte dies jedoch nur stundenweise für einige Tage in der Woche tun, weil ich das Kind nicht für den ganzen Tag weggeben wollte: Kinderbeaufsichtigung, Aushilfe bei Thea, Haushaltshilfe in einem Arzthaushalt, einem Bekannten meiner Eltern, der nichts dagegen hatte, wenn ich Jonathan mitbrachte. Aber es ging über das bloße Geldverdienen nicht hinaus, meine ständige Sorge um eine sinnvolle Tätigkeit wurde immer quälender.

Im Jahre 1945, einige Monate vor Ende des Krieges, fasste ich einen Entschluss: Ich verlasse Tel Aviv und versuche mit dem Kind in einem Kollektivdorf oder in einem Jugenddorf eine Stelle als Erzieherin zu finden. Zu meiner großen Begeisterung vermittelte mir der Arbeiterinnen-Rat (hebräisch „Mo'ezet ha-Poalot"), eine Unterabteilung der allgemeinen Arbeitergewerkschaft, eine Arbeit als Jugendleiterin in dem berühmten Kinder- und Jugenddorf Ben Schemen an den Ausläufern der Judäischen Berge, nahe dem ehemaligen Städtchen Modi'in, der Geburtsstadt der Makkabäer Mattitjahu und seiner Söhne. Ben Schemen entstand aus dem „Jüdischen Volksheim", gegründet in Berlin im Jahre 1916 von Dr. Siegfried Lehmann für ostjüdische Kinder und Jugendliche, die man dort auf ein etwaiges späteres Leben in Palästina vorbereitete. Ende der zwanziger Jahre gründete Siegfried Lehmann Ben Schemen, das nach dem Jahre 1933 für unsere Berliner Jugendhilfe zum Rettungsort für Schulkinder wurde.

Mir schien, als hätte ich das große Los gewonnen. Ben Schemen galt als pädagogisches Musterinstitut, als Aushängeschild für fortschrittliche humane Erziehungsmethoden. Vorbildlich nicht nur für das jüdische Palästina, sondern es galt auch als einmalig im Vergleich mit fortschrittlichen pädagogischen Schulgemeinden in Deutschland während der Weimarer Zeit. Ben Schemen war Schule und Kibbuz, also landwirtschaftliche Kollektivsiedlung, in einem, erfüllte somit eine nicht zu unterschätzende sozialpädagogische Aufgabe. Es war keine Prestigeschule für Kinder reicher Eltern wie in Europa, sondern Ort der Verwirklichung der Volksheim-Pädagogik und seiner zionistischen Realisierung in Palästina. Vom Jahre 1933 an bestand die Kinder- und Jugendgemeinde aus Gruppen, zusammengestellt von meiner Kinder- und Jugendhilfe in Berlin, elternloser Kinder jüdischer Einwanderer, deren Eltern sich wegen eigener sozialer und wirtschaftlicher Schwierigkeiten nicht um die Erziehung ihrer Kinder angemessen kümmern konnten. Die Kinder waren überglücklich, dass sich für sie ein Platz in dem „Kinderkibbuz" Ben Schemen gefunden hatte. Die Kinder waren in niedrigen Steinhäusern untergebracht, in denen sich Schlafräume jeweils für vier Kinder und Aufenthaltsräume befanden. Baumbestand und große Rasenflächen grenzten jede Häusergruppe von der benachbarten ab und schufen ein anheimelndes Bild, das sofort den Eindruck vermittelte, dass hier jedes Kind eine Ersatzfamilie gefunden hatte, an deren Spitze eine ausgebildete Erzieherpersönlichkeit stand, die bereits viele Jahre Mitglied dieser Gemeinschaft von Kindern, Jugendlichen, Erziehern und Lehrern war. Der Lehrplan der Dorfschule entsprach den Anforderungen des Erziehungs- und Schuldepartements der Jewish Agency, nach Staatsgründung des Erziehungsministeriums für die weltlichen Schulen. Die Schaffung vertrauensvoller Bindungen zwischen Lehrern und Erziehern einerseits und Kindern und Jugendlichen andererseits war ideologische Grundforderung, und zwar immer wieder unter Berufung auf den Gründungspatriarchen, Siegfried Lehmann, dessen Präsenz jedem stets gegenwärtig war und dessen „Geist über (allen) Wassern schwebte". Zu meiner tiefen Enttäuschung musste ich nach kurzer Zeit erfahren, dass die Diskrepanz zwischen Anspruch und Realität nicht zu übersehen war.

Max blieb allein in Tel Aviv, Jonathan und ich fuhren im Frühjahr des Jahres 1945, während der letzten Wochen des Zweiten Weltkrieges, in gepanzerten Autobussen, deren Fenster schmal und vergittert waren, in rasendem Tempo durch die arabischen Städte Lod und Ramleh, denn vor Steinwürfen der uns feindlich gesinnten arabischen Bevölkerung war man niemals sicher, nach Ben Schemen. Dort wurde ich von Jizchak, einem der leitenden Pädagogen, freundlich begrüßt und nach kurzer Unterhaltung in meinen Tätigkeitsbereich eingeführt, meiner unmittelbaren Vorgesetzten, ihr Name war Malka, vorgestellt und in meine Unterkunft, eine geräumige, mit dem Nötigsten möblierte Holzbaracke, geführt. Malka begegnete mir zwar höflich, aber auffallend kalt, stellte keinerlei Fragen über meine pädagogischen Erfahrungen, informierte mich über meine Arbeitszeiten, zeigte mir Eß- und Aufenthaltsräume der Kinder, stellte mich denen aber nicht vor. Ich fühlte mich wegen ihrer kalten Gleichgültigkeit mir gegenüber unbehaglich. Von Jonathan, der wirklich sehr süß war, sich ausgezeichnet benahm, bald zum Liebling aller Kinder wurde und mir das Einleben erleichterte, nahm sie keinerlei Kenntnis.

Um gleich mit dem Ende anzufangen. Ben Schemen wurde für mich kein Ort des Glückes, nicht einmal des Wohlbefindens, eher ein Ort tiefer Enttäuschung. Diesmal lag es nicht an irgendeinem Fehlverhalten meinerseits. Ich begegnete zum ersten Mal der für die jüdischen Institutionen in Palästina und später Israels eingefleischten Gleichgültigkeit und dem Hochmut der Alteingesessenen gegenüber den Neuankömmlingen, denen man drastisch vorführte, dass sie in keiner Weise als der Gemeinschaft zugehörig erachtet wurden.

Dass bei mir keine Überempfindlichkeit vorlag, wurde mir brutal bei meinem Vorstellungsgespräch bei Dr. Lehmann deutlich, zu dem ich ungefähr eine Woche nach meiner Ankunft eingeladen wurde. „Gespräch" kann man diese Zusammenkunft kaum nennen. Ich erinnere mich, nicht ein Wort geredet zu haben. Er hielt mir lässig gelangweilt eine „Ansprache", an deren Ende er mir durch eine Handbewegung bedeutete, dass die „Sitzung" nunmehr beendet sei. Er wohnte am Rande der Siedlung, in einem etwas abgesonderten soliden Steinhaus. Ich betrat ein durchaus bürgerlich möbliertes Wohn- und Bibliothekszimmer. In einer Ecke am Fenster saß in einem hohen Lehnsessel, gestützt von mehreren Kissen, über den Knien ein dickes Plaid, majestätisch der alte Siegfried Lehmann. Mit einer Handbewegung forderte er mich auf, ihm gegenüber auf einem Stuhl Platz zu nehmen, und teilte mir mit, dass er nunmehr gedachte mich „kennen zu lernen", was sich folgendermaßen anhörte: „Sie wollen also als Erzieherin bei uns tätig werden?" Ich nickte eifrig, tief beeindruckt von der patriarchalischen Würde, die er ausstrahlte. Nun hub er zur Rede an, die eigentlich nur eine Mitteilung enthielt: „Sie müssen wissen, welch ein Glück ihr Mitarbeiten in Ben Schemen für Sie bedeutet. Aber gleichzeitig sollte klar sein, dass während des ersten Jahres das Dorf von Ihnen keinerlei Nutzen hat. Sie allein sind der nehmende Teil." Ich hätte nur zu sehen, zu hören und zu lernen. „Im zweiten Jahr", so Dr. Lehmann, „beginnt unsere Zeit der Gewöhnung an Ihre Mitarbeit, und erst im dritten Jahr langsam die Zeit des Ausgleichs, die Zeit, in der auch wir, unsere Gemeinschaft, den Nutzen Ihrer Mitarbeit haben werden", und so weiter. Es war wie eine Predigt, sehr wortreich und äußerst beklemmend. Ich hörte gar nicht mehr zu, dachte nur: ‚Welcher Hochmut, welche Distanzlosigkeit und Missachtung meiner Person! Der Mensch weiß doch gar nichts von mir, kennt mich gar nicht.' Deprimiert und verwirrt verabschiedete ich mich und beschloss, dieses Gespräch so schnell wie möglich zu vergessen. Ohnehin bekam ich den Herrn Dr. Lehmann während meines viermonatigen Aufenthaltes in Ben Schemen nicht mehr zu sehen. Er thronte in seinem Zimmer und empfing Abend für Abend die ihm persönlich nahe stehenden Pädagogen und Lehrer, mit denen zusammen er das Gemeinwesen aufgebaut hatte. Das waren die eigentlich Dazugehörigen! Die Hierarchie entsprach der Nähe jedes Mitarbeiters zu Dr. Lehmann und zu dessen Kreis. Neuankömmlinge wurden kaum zur Kenntnis genommen, sie waren austauschbar, gehörten nicht eigentlich dazu. Jetzt begriff ich auch Malkas Verhalten, das vollkommen korrekt war, Geist und Vorstellung des „Meisters" entsprach. Sie tat mir ja nichts, ich konnte meine Arbeit ungestört verrichten. Sie sprach nur nicht mit mir, und wenn sie mit mir sprach, dann nur das Allernötigste. Die beabsichtigte Kälte bis zur Unfreundlichkeit machte den Neuhinzugekommenen ihren Status überaus deutlich.

Nichtsdestoweniger war ich nicht unglücklich in Ben Schemen. Jonathan hatte sich nach wenigen Tagen gut in dem Kindergarten eingelebt. Die Erzieherinnen waren warmherzig und mütterlich. Man sprach selbstverständlich nur hebräisch, so dass das Kind nach wenigen Wochen von seiner Sprachlosigkeit, oder besser Sprachverwirrung, erlöst wurde, da auch ich nur hebräisch sprach. An den Nachmittagen gehörte er zu meiner Kindergruppe. Alle liebten ihn. Er beteiligte sich an den täglichen Spaziergängen in den nahen Herzl-Wald, an den Sportspielen im Freien und an den Gesellschaftsspielen an den Abenden. Wieder wurde ich zur Gesangslehrerin, erzählte jedoch oft von mir übersetzte Geschichten von Oskar Wilde oder von Andersen und ebenso wahre Erzählungen aus der frühen Pionierzeit. Die Kinder schlossen sich sehr an mich an. Ich bemerkte, dass mein wirklich gutes Verhältnis zu ihnen von Malka mit Misstrauen beobachtet wurde, was ihre Beziehung zu mir zusätzlich belastete. Auf die Dauer bin ich unfähig, vor allem in der Erziehungsarbeit, in einer Atmosphäre von Unfreundlichkeit und ständigem Misstrauen zu leben. Dies hat sich bis zum heutigen Tag nicht geändert. Wie sehr ich mich bemühte, ich fand keinerlei Erklärung für ihr Verhalten, fand sogar, die Kinder blickten zuweilen verwundert auf, wenn sie, zufällig anwesend, ihre Unfreundlichkeit mir gegenüber bemerkten.

Nach einigen Monaten dachte ich an die Rückkehr nach Tel Aviv. Max mochte auch nicht länger allein sein. Doch noch wollte ich nicht aufgeben. Wie erstaunt war ich, als eines Abends Jizchak mich aufsuchte, mich um eine Unterredung bat und mir folgende Neuigkeit überbrachte: „Malka hat mir gestern im Laufe eines Gespräches mitgeteilt, dass sie sich entschlossen hat, ihre Beziehung zu dir zu verändern.“ Sie hatte wirklich „Beziehung“, hebräisch: „Jachas“, gesagt. „So, jetzt wird alles gut", meinte Jizchak, der meine Arbeit schätzte und mich gut leiden mochte, sichtlich erleichtert. So einfach war es, ohne Begründung. Warum hat mich Malka nicht zu einem Gespräch gebeten? Gerade diese Mitteilung durch einen Dritten brachte mir die Unterhaltung mit Dr. Lehmann wieder in Erinnerung, und ich erkannte, dass ich einem allgemeinen „Israel-Syndrom" zum Opfer gefallen war. Wie in Ma'ajan und in Ejn Charod sahen sich auch in Ben Schemen die „Gründer" berechtigt, ihr Verhalten den Neuen, den Gästen, den Machtlosen gegenüber nach eigenem Gutdünken zu gestalten, und ich teilte Jizchak mit, dass ich nach Hause wolle, Max brauche mich. Es tat Jizchak aufrichtig Leid, aber er verstand mich.

Zurück in Tel Aviv, wurde ich sehr krank. War es die tiefe Enttäuschung, die mir Ben Schemen bereitete? Ich weiß es nicht. Geheilt wurde ich durch das gerade in dieser Zeit nach Palästina gelangte neue Medikament Penizillin, damals noch eine zäh-ölige Substanz, die alle drei Stunden, Tag und Nacht, gespritzt werden musste. Max war mit mir beschäftigt und höchst besorgt, nutzte jedoch jede freie Stunde, irgendeinen technischen Auftrag auszuführen. Ein sehr enger Freund von Max und mir sorgte sich in rührender Weise um Jonathan. Er kleidete ihn an – das Kind besaß so gut wie keine Kleidung, vor allem Schuhe fehlten ihm – und ging mit ihm spazieren. Zwischen Jonathan und dem Freund entstanden enge Beziehungen, die sich noch steigerten, als wir nach meiner Genesung alle drei beschlossen, nach Ramat Gan zu übersiedeln, und zwar allein aus der berechtigten Furcht vor unseren bisher so freundlichen arabischen Nachbarn. Deren Verhalten hatte mit dem Ende des Krieges bedrohliche Formen angenommen, die, wie bereits geschildert, in den Mordüberfall auf den Jerusalem-Autobus gipfelten.

Ramat Gan war damals ein Paradies: Die einzeln stehenden Häuser waren von blühenden Gärten umgeben, die Straßen ungepflastert. Die Sandwege mündeten in einen großen runden Platz. Dort gab es Konditoreien, Kinos und gut ausgestattete Geschäfte. Überhaupt gab es auf den Straßen Ramat Gans alles, was das Herz begehrte, so zwei große Schreibwarengeschäfte, Spielzeugläden, und Geschäfte mit Kleidung für alle Altersstufen. Kurz, man musste nicht mehr nach Tel Aviv fahren, denn in Ramat Gan gab es alles. Und man konnte, auch wenn man nur vier Jahre alt war, allein spazieren gehen und sich alles begucken – jeder kannte den kleinen Jonathan und schickte ihn kurzerhand nach Hause, wenn er sich zu lange herumgetrieben hatte. Wir mieteten eine winzige Wohnung, mit Bad, kleinem Balkon und Vorraum. Das Beste an diesem Domizil war die Wohnungstür, die man von innen schließen konnte – kein Srulik, keine Rosza oder Helena kreuzte unseren Weg. Es war unsere Wohnung.

Es waren zwei Welten, die Welt des „Innen“ und die Welt des „Außen“, die es so schwer machen, ein Bild klarer Befindlichkeit zu entwerfen. „Außen“ war die Hölle los. Es waren die Monate der Jahre 1946/1947, in denen die Jüdische Brigade nach Palästina zurückkehrte.[106] Ein großer Teil der Brigade blieb in Deutschland, in den DP-Lagern, den Lagern der Displaced Persons, bei den Überlebenden der Vernichtungsstätten und der Todesmärsche, und organisierte die illegale Alija, auf untauglichen Schiffen, von denen die meisten auf offenem Meer von den Briten aufgegriffen und nach Zypern verfrachtet wurden. Was die Überlebenden zu erzählen hatten, erfuhren wir in Palästina nicht. Man forderte sie auch nicht auf, Berichte zu verfassen. Es dauerte Jahre, bis sich – und nicht etwa durch offizielle Berichte oder die Medien, sondern durch die von mir aufgestöberte Literatur – das Bild des Grauens langsam, aber tief in mein Bewusstsein eingrub.

Wir, meine Schwester und ich, wussten durch einen mit einer Christin verheirateten Bruder meines Vaters, dass meine Eltern nicht mehr lebten, dass man sie aus Berlin fortgebracht hatte. Wir ließen es bei dieser Information bewenden. Heute scheint mir, als wollten wir Genaues damals nicht wissen. Es ging nicht nur uns so. Niemand wollte

Max und Jonathan, um 1945

wirklich wissen, was geschehen war, und als ich mir in den fünfziger Jahren durch schriftliche Berichte ein ungefähres Bild des Vernichtungvollzuges machen konnte und darüber mit Freunden sprechen wollte, stieß ich auf Skepsis, sogar auf Abwehr: „Wir verlassen uns auf unsere politischen Repräsentanten. Die schweigen, die Zeitungen desgleichen. Es wird viel erzählt, viel geschrieben, das muss nicht die Wahrheit sein." Es war grausam, denn auch die Geretteten sprachen nicht, als spürten sie das Stillschweigen als Ablehnung, als Feindseligkeit. Die Vorstellung, „sie sind wie Schafe zur Schlachtbank getrieben worden", erregte Grauen bei den „Neuen Juden", den Chaluzim des kämpferischen Zionismus, die keine Gefahr scheuten, die jederzeit bereit waren, ihr Leben aufs Spiel zu setzen.

Manches Mal hatte ich das Gefühl des völligen Alleinseins. In meiner Vorstellung lebte ich mit den Gemordeten, wusste, was Terror bedeutet. Ich hatte die schmale Grenze zwischen dem letzten Rest einer Möglichkeit selbständigen Handelns und dem Ausgeliefertsein, dem Verlust von Ehre und Würde, dem Verlust des „Mensch-Seins", erfahren, damals am 9. November des Jahres 1938 und damals, als mein Nervenzusammenbruch meine Kollegen davon überzeugte, dass mein Verbleiben in Berlin keinerlei Nutzen mehr bringen würde.

Es sollte viele Jahre währen, bis man in der Lage war, die Scham der „würdelosen Passivität" der europäischen Juden mit Hilfe eines Ehrenrettungsversuches, der die zionistische Vorstellung vom überwundenen Diasporajuden wieder herstellte, zu überwinden. Der Aufstand im Ghetto Warschau und andere heldenmütige Widerstandsversuche stellten die Verbindung zwischen „Zerstörung" und „Heldentum" her, und so feiert der Staat Israel bis zum heutigen Tag den „Jom ha-sikaron la-shoa we-la-gwura"[107], den Tag der Zerstörung und des Heldentums. Doch wurde das Dilemma erst endgültig zu einem brennenden Tagesthema, das immer wieder zu polemischen Auseinandersetzungen führt, mit der Entführung Eichmanns aus Argentinien und seinem Prozess, besser „Schauprozess“, in Jerusalem im Jahre 1961.

Das Unbehagen vieler Intellektueller über Stillschweigen, Passivität, Undurchsichtigkeit der jüdischen Führung in den Jahren der Vernichtung und danach halten bis zum heutigen Tage an, und es würde Bücher füllen, die Diskussionen, die polemischen Angriffe auf die Verantwortlichen der zionistischen Führung, die Berichte über die Verachtung, mit der man anfangs den „Geretteten“ begegnete, aufzuzählen. Da war der Kasztner-Prozess[108] – Kasztner, der Tag für Tag mit Eichmann über die Deportationen verhandelt hatte, um, wie er sagte, Zeit zu gewinnen, um, wie seine Angreifer meinten, einige, vor allem seine Freunde und seine Familie zu retten, die Juden Ungarns täuschte, es würde ihnen in den „Arbeitslagern“ nichts Böses geschehen, sie sollten sich den Transporten nicht widersetzen –, Kasztner, der „seine Seele dem Teufel verkauft“ habe, wie sein Richter Benjamin Halevy urteilte, scharf getadelt vom israelischen Establishment. Der Aufruhr und die Verbitterung, die der Kasztner-Prozess mit sich brachte, können hier nicht mein Thema sein, nur das nicht weichende Unbehagen, Misstrauen, die Sucht, durch die Opferberichte zur Wahrheit vorzudringen, um letztlich zur Erkenntnis zu gelangen, dass es hier keine Wahrheit geben kann, was nimmer endendes qualvolles Grübeln bedeutet, von dem es keine Befreiung geben kann.

Zu Beginn der sechziger Jahre, als Ben Gurion politische Beziehungen zu Adenauers Deutschland aufnahm, entschloss man sich, Eichmann aus Argentinien zu entführen, um ihm in Jerusalem den Prozess zu machen, mit dem Ziel, der Jugend Israels den Judenstaat als einzige Schutzmacht gegen Verfolgung, Entwürdigung und Ermordung vor Augen zu führen. Der Prozess wurde zu einer eindrucksvollen Geschichtsstunde über jüdisches Leben unter den Völkern gestaltet – und der Judenstaat mit den biblischen Berichten und Verheißungen legitimiert. Die Folge: ein gefährliches Zusammenwirken von „Kirche und Staat“, in dem die

Instrumentalisierung des Holocaust die politische Rhetorik beherrscht. „Holocaust“ – noch nicht einmal die von der ganzen Welt angenommene Bezeichnung für die Verbrechen birgt in sich auch nur ein Körnchen der Wahrheit des tatsächlichen Geschehens.

Das Jahr 1946 – ein Entscheidungsjahr. Der Krieg war vorbei, und England wollte seine Mandatarmacht nach seinem politischen Gutdünken anwenden. Es war das Jahr, in dem der arabische Nationalismus offensichtlich wurde, auf den England meinte Rücksicht nehmen zu müssen, durch zusätzliche Beschränkung der jüdischen Einwanderung. Die Juden Palästinas verlangten vehement ihren Tribut: für die Jüdische Brigade, für die militärischen Hilfeleistungen, vor allem während der Krise von El-Alamein, und nicht zuletzt für den ungeheuren Blutzoll, den die europäischen Juden während des Krieges gezwungen wurden zu entrichten. Das Land wurde zu einem gefährlichen Unruheherd. Lord Moyne[109], der britische Gouverneur Ägyptens, wurde von Mitgliedern der LECHI, der „Stern-Gruppe“, ermordet, seine Mörder zum Tode verurteilt. Terrorakte und Vergeltungsaktionen folgten einander Schlag auf Schlag. Die Cherut-Bewegung, Begins Anhänger, überfielen englische Militärlager, erhängten aus Rache englische Soldaten. Ausgehverbote, Hausdurchsuchungen waren in Tel Aviv an der Tagesordnung. In Ramat Gan fühlte ich mich sicher, fürchtete mich jedoch vor jeder Busfahrt nach Tel Aviv. Ich besaß keinerlei Ausweispapiere, war illegal im Land. Die Briten suchten zwar nicht Illegale, sondern Terroristen, fragten jedoch jeden Busreisenden nach den Ausweispapieren. Ohne Jonathan auf meinem Schoß, mit dem ich Liedchen sang, sobald sich mir ein britischer Polizist näherte, der mich wegen meiner Kindereien mit Jonathan für blöd oder harmlos hielt, wagte ich nicht Ramat Gan zu verlassen. Erst wenn der Bus neben der Schokoladenfabrik „Elite“ nach Ramat Gan einbog, seufzte ich erleichtert auf. „Gott sei Dank“ murmelte ich noch

Jahrzehnte später, wenn der Bus „Elite“ erreichte; das Gefühl, gerettet zu sein – wieder einmal „Gerettet!“ –, sollte mich mein langes Leben nicht verlassen.

In meiner Dankrede an die Universität, die meinen 80. Geburtstag festlich beging, behauptete ich, dass Glück und gute Freunde es mir endlich ermöglicht hätten, auf den „Königsweg“ einer kontinuierlichen, meinen Vorstellungen von einem sinnvollen Leben entsprechenden beruflichen Tätigkeit zu gelangen, der, so führte ich in meiner Rede aus, seinen Anfang in der Universität Tel Aviv genommen hatte. In Wahrheit geriet ich auf diesen Weg bereits Jahrzehnte früher, nämlich in diesem ersten Nachkriegsjahr 1946, in dem Jahr der Turbulenzen und des politischen Aufruhrs.

„Bist du nicht Marianne Selbiger?“, fragte mich eine ältere Frau, der ich in Borochow-Giw'atajim auf einem Spaziergang mit Jonathan begegnete. „Lucie!“, rief ich erfreut. Sie war es, meine Berufsberaterin, die mir im Jahre 1934, als meine Mutter mich zu ihr brachte, zu dem Auswegsberuf einer Erzieherin und Jugendleiterin riet und mich an das gerade gegründete psychoanalytisch ausgerichtete Seminar für Erzieherinnen von Nelly Wolffheim verwies. Später sollte ich ihr zu meiner Freude im Palästina-Amt begegnen, wo sie eine leitende Stellung einnahm. „Komm morgen in mein Amt“, so Lucie. Es stellte sich heraus, dass sie die Leiterin der Schul- und Sozialabteilung von Borochow-Giw'atajim war, einer großen Siedlung, die, gleich Ramat Gan, nach der Gründung des Staates Israel 1948 zur „Stadt“ mit unabhängiger Selbstverwaltung ernannt wurde. „Glück und gute Freunde“ hatte ich in meiner Geburtstagsdankrede erwähnt und dabei vergessen, dass ein drittes Element ausschlaggebend gewesen war: die außergewöhnlichen „Situationen“ – Staatsgründung und Universitätsgründung, durch die ich ohne jegliche formale Qualifikationen vorerst zur Sonderschullehrerin, einige Jahre später zur Lehrerin einer säkularen allgemeinen Schule wurde, letztendlich ein Universitätsstudium beginnen konnte, dabei gleichzeitig in den oberen Klassen eines städtischen Gymnasiums Hebräisch, Bibel und Geschichte unterrichtend.

Lucie schickte mich zu Herrn Witt, einem des Hebräischen nicht sehr kundigen ehemaligen Breslauer Volksschulrektor, der in sein geräumiges Landhaus ungefähr zwölf behinderte Kinder verschiedener Alterstufen als Vollpensionäre aufgenommen hatte und dringend eine Hilfe für den Unterricht benötigte. Endlich einmal eine nutzbringende Arbeit. Schnell schlossen sich die Kinder an mich an. Intensiv widmete ich mich ihrer Erziehung und ihres Unterrichts. Ohne meine psychoanalytischen Vorkenntnisse, ohne meine Montessori-Erfahrung wäre ich sicher hilflos gewesen, da jedes Kind „eine Schule für sich“ bildete. Jedes hatte seine eigene „Behinderung“ – physisch, wie leichte Spastik oder Epilepsie, oder mit ernsthaften Lernschwierigkeiten –, Grenzfälle, wie man es nannte, „begriffsstutzig“, wenn man sie nicht als schwachsinnig bezeichnen wollte. Auf jeden Fall waren sie nicht in eine normale Schulklasse zu integrieren und hatten daher meine Zuwendung bitter nötig. Viele Stunden fertigte ich zu Hause nach der Schulzeit Arbeitshefte für sie an, die ich am nächsten Tag verteilte. Still, konzentriert und angestrengt beschäftigte sich jedes Kind mit seiner Aufgabe. Gemeinsame Spiele oder Geschichtenerzählen, zur größten Begeisterung der Schüler oft mit verteilten Rollen, beendeten den Schulunterricht. Lucie schickte mich zu einigen Familien, von denen sie wusste, dass deren Kinder keinerlei Schule besuchten, zu Neueinwanderern aus den nordafrikanischen Ländern. Es gelang mir in allen Fällen, die Eltern zu überreden, die Kinder in „meine“ Schule zu schicken. Die Räume im Hause Witt reichten bald nicht mehr aus, die Schulverwaltung Borochow-Giw'atajim stellte mir eine geräumige Holzbaracke neben der örtlichen Synagoge mit dem für eine Schule notwendigen Mobiliar zur Verfügung. So wurde ich Lehrerin einer Klasse von 16 bis 20 Schülern im Alter von acht bis 14 Jahren. Ich war hoch zufrieden. Niemals in all den folgenden Jahren hatte mich das

Gefühl, wirklich hilfreich, wenn nicht gar unentbehrlich zu sein, in dem gleichen Maße erfüllt wie in meiner „Zwerg-Sonderschule". Mirjam, eine junge, gleichaltrige Schulfürsorgerin aus Ramat Gan, besichtigte mein Unternehmen, beobachtete den Schulunterricht. Für viele Jahre wurde sie meine nächste Freundin; wir beschlossen gemeinsam eine Zusatzausbildung in Heilpädagogik, organisiert von der Stadtverwaltung Tel Aviv, zu absolvieren. Meine Nelly Wolffheim-Ausbildung, meine dort erworbenen Psychologiekenntnisse gaben meiner praktischen Tätigkeit den notwendigen theoretischen Hintergrund und die mir notwendige intellektuelle Anregung. Endlich war mein Leben ausgefüllt: Familie – eine eigene, wenn auch sehr kleine Wohnung – berufliche Anerkennung und Unabhängigkeit. Mein intensivster Gesprächspartner wurde Mirjam, die Schulfürsorgerin von Ramat Gan.

Diese Kinder brauchten wirklich einen verständnisvollen Erzieher. Zwei Beispiele sollen die wichtige Rolle, die meine Arbeit für diese Benachteiligten bedeutete, erhellen.

Eines Nachts, bestimmt nach 12 Uhr, läutete es an unserer Wohnungstür. Zwei Polizisten, die zwei meiner Schüler begleiteten, baten mich, sie trotz der späten Stunde hereinzulassen. Wir hatten nur ein Zimmer, also spielte sich das Gespräch in dem engen Vorraum ab. Ich erfuhr, dass beide Jungen bei einem Einbruch ertappt worden waren. Sie hätten die Polizisten angefleht, sie nicht zu ihren Eltern, sondern zu ihrer Lehrerin zu bringen, und nun wären sie hier. Das Vertrauen der Sünder wärmte mein Herz, ich begleitete trotz der späten Stunde Polizisten und Missetäter zu den Eltern, und es gelang mir, diese zu beschwichtigen.

Später nach der Staatsgründung, als die Juden Iraks zu vielen Tausenden in das Land strömten, viele von ihnen sich in Ramat Gan niederließen, gelangten nicht selten Kinder irakischer Neueinwanderer in meine Schule. Sie wären „debil", so das Urteil der Lehrer der allgemeinen Schulen. Ich war vom ersten Tag von manchem Fehlurteil überzeugt.

Die Kinder sprachen kein hebräisch, waren vollkommen verschüchtert, und den Lehrern der Allgemeinen Schulen gelang es nicht, den Kontakt zu ihnen aufzunehmen – also das Urteil: schwachsinnig! Nach wenigen Wochen intensiver Beobachtung – ich konnte mich gut mit ihnen französisch verständigen, die irakischen Juden, die sich in Ramat Gan niederließen waren meist wohlhabend – schickte ich sie zurück und forderte die Lehrer der Allgemeinen Schulen auf Geduld zu üben. Wie gerechtfertigt fühlte ich mich viele Jahre später, als ich einer jungen Studentin in der Universität Tel Aviv begegnete, die mich begeistert ihren Freunden vorstellte: „Das ist Mirjam. Sie hat mein Leben gerettet!“ Mit Erfolg absolvierte diese „Sonderschülerin“ ein Studium in Geschichte und Philosophie und wurde später Journalistin. Sie war kein Einzelfall. Die Masseneinwanderung stellte Lehrer und Erzieher vor neue, unbekannte Aufgaben, und zunehmend spielte ich – ungewollt – die Rolle einer „Kontrollinstanz“.

Meine hebräischen Sprachkenntnisse hatten sich durch meine heilpädagogische Zusatzausbildung gründlich gebessert, ich arbeitete mich zusätzlich in die moderne hebräische Literatur ein, schrieb bereits Kurzaufsätze in der Zeitung der Lehrergewerkschaft. Ich hätte unbeschwert und glücklich sein können, wenn nicht „Draußen“ immer noch eine undurchdringliche schwarze Wolkenwand die „Wahrheit“ verdeckte.

Es war in der Nacht des 29. November 1947.[110] Ich schlief tief und ruhig, als man heftig an meiner Tür klingelte und gleichzeitig lärmende Stimmen auf der Straße ertönten: „Mirjam, mach auf – jesch lanu medina!“, schrieen meine Nachbarn, „Wir haben einen Staat“, riefen die Menschen auf den Straßen einander zu. Man umarmte sich, weinte, lachte, tanzte Hora, den Reigentanz. Ich stand auf dem Balkon und rührte mich nicht. Mir wurde bewusst, dass ich niemals imstande sein würde, anlässlich politischer Erfolge oder gar Siege Freude zu empfinden oder gar Jubel zu zeigen. ‚Zu spät!', war mein einziger Gedanke. Schweigend stand ich auf dem Balkon, man bat, beschwor mich: „Komm zu uns! Verstehst du nicht? Wir haben eine Medina!" Doch ich legte mich schlafen.

Der 29. November des Jahres 1947 war der eigentliche Beginn des Unabhängigkeitskrieges. Wie stark die Hagana (nach Staatsgründung: ZAHAL, die Nationale Verteidigungsarmee Israels) auch kämpfte, wie aggressiv die arabischen Palästinakämpfer auch angriffen – die Briten, wohl in der Hoffnung, dass man auf sie nicht verzichten konnte, verhielten sich „unentschieden". Auf jeden Fall taten sie nichts zur Befriedung der Situation. Im Gegenteil, uns – besser mir – schien, als stünden sie auf der arabischen Seite. Jedenfalls wurden die Verluste an Menschen, Waffen und Gebieten von Tag zu Tag größer. Hinzu kam, dass die Vereinten Nationen, trotz ihrer Zustimmung, schwankend wurden. Ich halte mich nur an meine Erinnerung: Hätten wir den Judenstaat noch nicht ausgerufen, wäre den Briten ein Aufschub vielleicht recht gewesen. Ich weiß es nicht, sicher bin ich aber des ungebrochenen Kampfesmutes der jüdischen Kräfte. Die schwankenden Schiffe auf dem offenen Meer, die Gefangenen in Zypern, die Berichte über das Schicksal der Juden Europas – die Frage, ob kämpfen oder nicht, stellte sich nicht. Jerusalem wurde zur belagerten Stadt, die direkte Zufahrt durch Latrun-Bab al Wad war nicht mehr möglich, die Wasserversorgung in höchster Gefahr. Ich schickte laufend Lebensmittelpakete an meine Schwester. Merkwürdig: Niemand hatte Angst, niemand geriet in Panik, ich ging wie jeden Tag in meine Schulklasse im Hause von Herrn Witt, Klein-Jonathan an meiner Hand. Ich ertrug stoisch die politischen Gefahren, allerdings schwer bedrückt durch die zahlreichen Opfer dieses „Straßenkriegs". Es war das arabische Ziel, den Zugang zu den jüdischen Siedlungen zu verbarrikadieren. Die Hagana erhielt Waffenlieferungen, vor allem aus den osteuropäischen Staaten, und sie kämpfte noch Seite an Seite mit dem Irgun für die Erhaltung eines zusammenhängenden Gebietes nach dem Abzug der Briten.[111] Jaffa und Haifa wurden „erobert".[112] Man sagt, dass der jüdische Bürgermeister von Haifa, Abba Chuschi, die Araber Haifas aufforderte, die Stadt um keinen Preis zu verlassen, es würde ihnen nichts geschehen. Sie blieben und Haifa ist bis heute eine friedliche gemischte Stadt: die Araber am Meer in der „Unteren Stadt", die Juden in der „Mittleren Stadt", Hadar Ha-Karmel, und in der „Oberen Stadt" auf dem Karmel. Jaffa wurde „erobert", unzählige Araber flohen. Ostjerusalem und die Altstadt wurden von Jordanien erobert, aus den östlichen Vorstädten Jerusalems flohen die Juden, unter ihnen auch meine Schwester mit ihrer Familie. Die Engländer betrachteten stoisch das Chaos. Uns schien es so, als taten sie viel, um den arabischen Kräften Hilfe zu leisten. Auf jeden Fall wollten sie eines: das Mandat, trotz des Beschlusses der Vereinten Nationen, nicht aufgeben. Die UNO wurden zunehmend unsicher, den Teilungsplan unterstützte sie nicht mehr, mit großer Spannung erwarteten wir den Abzug der Briten.

„Der Name des jüdischen Staates lautet Israel", verkündete Ben Gurion am 14. Mai des Jahres 1948 den Repräsentanten des jüdischen Palästina. England schiffte sich ein und verließ sein Mandatsgebiet, während gleichzeitig der neue Staat ausgerufen wurde und die Namensgebung stattfand. Ich hörte die Botschaft im Zentrum Ramat Gans, übertragen durch einen öffentlichen Lautsprecher von „Kol Israel", des Rundfunksenders „Stimme Israels". Ich stand wie versteinert. Der Schandname der europäischen Juden, „Israel", wurde zum Namen des Judenstaates. Waren die Nazis so unsäglich dumm und ungebildet, nicht zu wissen, was „Israel" bedeutet? Dass sich die ersten Christen das „Wahre Israel" nannten, dass „Israel" stets als höchster Ehrenname, der einer Gemeinschaft verliehen werden konnte, geachtet wurde? ‚Der von Vater verachtete Zionismus stellt seine Ehre wieder her', war mein einziger Gedanke. Die Tränen stiegen mir in die Augen.

Krieg – Eroberungen – Waffenstillstand – wieder Krieg – unbefristeter Waffenstillstand. Ein endgültiges Friedensabkommen mit allen arabischen Staaten ist bis zum heutigen Tage nicht geschlossen worden. Es war ein schrecklicher, ein blutiger Krieg, ein hoher Preis für den Judenstaat, ein gewaltiger Aderlass für das neu erstandene Israel. „Es gab kein Haus, in dem es keinen Toten gab", heißt es in der Bibel über die vom Todesengel erschlagenen Erstgeborenen Ägyptens. Ich musste dauernd an diesen Bibelvers denken, als hätte hier eine späte Gerechtigkeit stattgefunden, was, wie ich mir zugleich zugestand, unlogisch war, schließlich kämpfte das werdende Israel damals wie heute für seine Freiheit, und Pharao war der Feind. Tag für Tag erfuhren wir Namen sehr junger Gefallener, die nicht selten ihr Alter gefälscht hatten, um als Kämpfer angenommen zu werden. Viele waren Söhne unserer Nachbarn, wir kannten sie als Spielgenossen des viel jüngeren Jonathan.

Meinen Sohn ließ ich nicht von meiner Seite. Max war nicht zu Hause, er „eroberte" Lydda und Ramle. Die Araber wären geflohen, hieß es, wir eroberten leere Städte. Die Frage, ob wir die städtischen und dörflichen Araber mit Waffengewalt vertrieben haben oder ob sie vor Furcht vor den Eroberern das Weite suchten, ist bis heute nicht geklärt! Wir hätten sie aufgefordert zu bleiben, behaupten die ZAHAL-Soldaten. Doch die Araber der „Unteren Stadt", die in Haifa gebliebenen waren, weil sie den Versicherungen des jüdischen Bürgermeisters Abba Chuschi, es werde ihnen nichts geschehen, Glauben schenkten, sowie das von jüdischen Streitkräften in dem Dorfe Deir Jassin veranstaltete Morden von Männern, Frauen und Kindern sprechen keine eindeutige Sprache. Zweifel, Unruhe, Verbitterung haben seit dem Jahre 1948 das Bewusstsein der jüdischen Kämpfer mit Bitternis erfüllt; Vorwürfe auf der einen, Stillschweigen auf der anderen Seite waren bis heute nicht in der Lage, den Mythos von der kampflosen Übergabe arabischer Siedlungen und Städte zu zerstören. Wir wollten es zu gern glauben:

Kampflos überließen die Araber uns ihre Böden, ihre Häuser. – Jonathan und ich saßen auf einem Hügel in Borochow-Giw'atajim und beobachteten die feindlichen Flieger. „Bum-Bum", rief das Kind begeistert nach jedem Bombbenabwurf über Tel Aviv. Ich wartete, bis es ruhig wurde. Ramat Gan war weniger gefährdet als Borochow-Giw'atajim.

An einem Nachmittag, kurz vor der Dämmerung, auf dem Mugrabi-Platz in Tel Aviv, erstand vor unseren Augen ein unvergeßliches Bild. Hunderte von Menschen strömten vom Mugrabi die Allenbystraße zum Meer hinunter, riefen, schrieen, wiesen mit Entsetzen auf ein brennendes Schiff auf offener See. Über uns ertönte aus einem übergroßen Lautsprecher die schreiende, schluchzende, beschwörende Stimme von Menachem Begin, bis zum Abzug der Engländer der von den Briten meist verfolgte Terrorist. Jetzt konnte er öffentlich auftreten: „Mein Schiff! Mein Abkommen mit Ben Gurion – Verrat!", schluchzte, wimmerte er, seine Stimme überschlug sich. Ich kannte die Hintergründe dieser gespenstischen Szene nicht, doch eines wusste ich: Begin muss als Staatsführer verhindert werden, niemals darf man diesem Mann die Regierungsgewalt übertragen. Viele Jahre später geschah es dann doch. Die Folgen seiner Regierungsgewalt waren zu Beginn, dank des Mutes von Sadat[113] und der Initiative der USA, vernünftig. Doch dann erlebte Israel unter seiner Regierung die größte Katastrophe: den Libanonkrieg, der den Staat um Jahre einer möglichen friedlichen Entwicklung zurückfallen ließ, aber auch den Politiker Begin der Selbstzerstörung anheim gab. Jetzt, im Sommer des Jahres 1948, brannte die „Altalena", ein Waffenschiff, von Begins Anhängern in Amerika entsandt. Nachdem die Hagana die Passagiere des Schiffes gerettet hatte, setzte sie das Schiff in Brand. Absprache ja oder nein, – ich weiß es nicht. Eines war klar. Ben Gurion konnte und wollte nicht einen Teil der Waffengewalt dem Irgun überlassen, nur eine einheitliche Militärgewalt war in der Lage, nicht der militärischen arabischen Übermacht zu erliegen.

„Altalena" hieß das brennende Schiff, nach dem Schriftstellerpseudonym des geistigen Gründers des BETAR, Se'ew Jabotinsky, und seiner militärischen Organisation des Irgun. Da brannte es stundenlang, und viele Wochen und Monate konnten die Tel Aviver die verbrannten Überreste dieser zerbrochenen Macht besichtigen.

Meine Welt veränderte sich mit jedem Tag. Wir wurden „legale Staatsbürger" Israels. Dies geschah in einer imponierenden informellen Art und Weise, wie sie nur ein Gemeinwesen, das durch größte Gefahren wie ein Wunder dieses Ziel erreicht hatte, zustande bringen konnte. Man verzichtete auf jegliche Bürokratie. Jeder, der sich in seiner Wohnung befand, wurde – wie mir schien – von freiwilligen Mitarbeitern registriert. Seine Personalien wurden ungeprüft aufgenommen, behelfsweise wurden Identitätskarten ausgestellt, und meine „staatenlose-illegale Zeit" hatte ihr Ende gefunden. Meine, unsere Staatsangehörigkeit: Israel. Jonathan war ein vollkommener Israeli: Sein Geburtsort war nicht Berlin – sondern Tel Aviv.

Noch während des Unabhängigkeitskrieges, zwischen Kämpfen und Waffenstillständen, organisierte sich in Windeseile der Staat mit allen seinen Institutionen und Ministerien, und somit auch einem Erziehungsministerium. In denselben Monaten während des Krieges bot mir die Ortsverwaltung Borochow-Giw'atajim das Amt einer Schulfürsorgerin, zuständig für alle Schulen des Ortes, an. Ich war begeistert, wähnte mich am Ziel meiner kühnsten Wünsche. Durch meine enge freundschaftliche Verbindung mit Mirjam, der Schulfürsorgerin von Ramat Gan, wusste ich genau, was man von mir erwarten würde. Aber es sollte anders kommen.

Eines Tages erschien bei mir während meines Unterrichtes eine Gruppe von drei oder vier Personen, unter ihnen eine sehr eindrucksvolle ältere Frau. Sie wiesen sich als Gründungsbeamte des Ministeriums für Erziehung aus und baten mich, meinem Unterricht beiwohnen zu können.

Das Gespräch wurde von ihnen sehr informell, sachlich, jedoch freundlich geführt. Ich berichtete über meine pädagogische Vorbildung in Berlin, über meine praktischen Erfahrungen im Lande und über meine jetzige Teilnahme an dem heilpädagogischen Seminar der Stadtverwaltung Tel Aviv. Sie blieben während des ganzen Schultages anwesend, sahen sich meine Arbeitsblätter an, beobachteten mich und die Kinder während der Pausen und während der Gemeinschaftsspiele und unterhielten sich noch eine längere Zeit mit mir, nachdem die Kinder bereits die Schule verlassen hatten. Die Frau, eine sehr bekannte Persönlichkeit im Erziehungswesen während der Mandatszeit, leitete viele Jahre als oberste Instanz die Sonderschulen in Tel Aviv, Jerusalem und Haifa. Während unserer Unterhaltung war sie wortführend, und ich merkte zu meiner Freude, dass sie von meiner Arbeit beeindruckt war. Wenige Tage später wurde mir vom Unterrichtsministerium Jerusalem mitgeteilt, dass ich zur Gründerin einer Sonderschule in Ramat Gan ernannt worden sei, ich solle mich umgehend mit der Unterrichtsabteilung von Ramat Gan, das inzwischen zur Stadt ernannt worden war, in Verbindung setzen, die von meiner Ernennung bereits informiert wäre.

So kam ich noch Ende des Jahres 1948 binnen kurzer Zeit zu „meiner“ Schule, von der Stadtverwaltung „Achwa“, was Freundschaft oder Nächstenliebe heißt, benannt. Auf einem unbebauten Hügel nahe dem Stadtzentrum wurde in kürzester Zeit eine große Holzbaracke errichtet, die Raum für zwei Klassen mit jeweils 16 bis 18 Schülern bot. Im Laufe der nächsten Monate und Jahre wuchs die Schule auf sechs Baracken an, so dass die Schule letztendlich sechs Klassen hatte, eingeteilt nach Altersstufen und Grad der Behinderung. Viele Schüler waren Kinder und Enkel von Analphabeten, somit keineswegs „schwachsinnig“, aber lernbehindert. Ein frontaler Klassenunterricht war auch weiterhin nicht möglich, und jedem Schüler wurden seinen Fähigkeiten entsprechende Aufgaben erteilt. Sechs Lehrer wurden angestellt, gleich mir ohne eine formale Ausbildung, doch mit einiger pädagogischer Erfahrung und äußerst gutem Willen. Die Beziehungen zwischen Lehrern und Schülern waren ausgezeichnet. Eine Krankenschwester und ein Sportlehrer vervollständigten das „Team". Mit der Zeit entwickelte sich „Achwa" zu einer Ganztagsschule. Das Mittagessen lieferte die zentrale Schulküche, am Nachmittag wurden Hausaufgaben beaufsichtigt und Gemeinschaftsspiele organisiert.

Der Wille war gut, „Achwa" ein schöner Name, der nur den Nachteil hatte, dass diese Sonderschule die einzige Schule in Ramat Gan war, die überhaupt einen Bedeutungsnamen besaß. Alle übrigen Schulen waren entweder nummeriert oder nach dem Ortsteil benannt. So konnte es nicht ausbleiben, dass „Achwa" zur Bezeichnung für jeden dummen Menschen in Ramat Gan und Umgebung wurde. „Du bist doof, du gehörst in die Achwa-Schule", wurde zur ständigen Redensart. Wenn ich Jahre später einen meiner ehemaligen Schüler als Hilfskraft in einer Bank oder in einer Postzentrale wiedersah, von diesem mit Begeisterung mit „Meine Lehrerin!" begrüßt, wurde ich von den übrigen Mitarbeitern einer solchen Institution verwundert gefragt, in welcher Schule ich denn diesen „Jossi" oder diese „Ruthi" unterrichtet hätte, nahm ich zu einer frommen Lüge Zuflucht: Alle diese jetzt erwachsenen ehemaligen Schüler, die ihre Aufgaben verantwortungsvoll erfüllten, waren meine Schüler in der „Allgemeinen Zentral-Schule Ramat Gan" gewesen. Die dankbaren Blicke meiner ehemaligen Zöglinge bewiesen mir, dass meine „fromme Lüge" entschuldbar war. Es handelte sich bei diesen Jugendlichen um so genannte Grenzfälle, die durch zusätzlichen Unterricht während ihrer Militärzeit in die Lage versetzt wurden, verantwortliche Tätigkeiten im „niederen Dienst" zu übernehmen.

Bereits als Fünfzehnjährige, nach meinem unfreiwilligen Abgang von der Schule, hatte ich mich entschlossen, nach einem festen Tagesplan zu leben. Die ersten zwei Jahre waren völlig unproblematisch: An den Vormittagen war ich entweder mit dem theoretischen Unterricht in Nelly Wolfheims Seminar oder mit der praktischen Arbeit in Kindergärten beschäftigt, mittags und in den frühen Nachmittagsstunden arbeitete ich in geschlossenen Kinderheimen oder in Schulhorten. Die späten Nachmittagsstunden und die Abende mussten sinnvoll ausgefüllt werden. Heimabende, Sportübungen, Veranstaltungen, Wochenend-Zeltfahrten hatten feste Zeiten, doch am wichtigsten waren mir Gespräche, Diskussionen, Auseinandersetzungen mit Bundesfreunden. Mittels passender Lektüre setzten wir uns kritisch mit den politischen und den sozialen Gegenwartsfragen auseinander, versuchten Vergangenheitsbetrachtungen Antworten auf unsere Fragen zu entnehmen und sprachen oft und engagiert über unsere Zukunftspläne, die selbstverständlich in Palästina verwirklicht werden sollten. Viel Zeit verbrachte ich weiterhin mit Lesen, doch traf ich die Auswahl meiner Lektüre im Zusammenhang mit unseren Überlegungen und Gesprächen. Systematisch vertiefte ich mich in die frühzionistischen Schriften der osteuropäischen jüdischen Intellektuellen, viel Zeit verbrachte ich mit systematischen Studien der „Geschichte der Juden" von Heinrich Graetz und der „Weltgeschichte des Jüdischen Volkes" von Simon Dubnow. Ich achtete eifervoll darauf, dass kein „Leerlauf" eintrat, immer hatte ich etwas „unaufschiebbar Wichtiges", so die belustigt-spöttische Einschätzung meiner Eltern, zu verrichten.

Jetzt, im Jahre 1946, nach sieben Jahren verzweifelter Bemühungen, hatte ich es endlich erreicht, mir ein den Gegebenheiten entsprechendes Tagesprogramm aufzubauen. Wenn bisher körperliche Abgeschlagenheit oder seelische Bedrücktheit meine Motivationen schwächten, wobei Geldnot keine geringe Rolle spielte, so öffneten sich plötzlich alle bisher meinen Wünschen verschlossenen Tore. Unter den Lehrerkollegen meiner und anderer Schulen in Ramat Gan gewann ich Freunde, deren Muttersprache Hebräisch war, so dass ich jetzt, außer mit Max, gezwungen war, ernsthafte Gespräche, auch über theoretische Fragen, auf Hebräisch zu führen. Auf Abzahlung erwarb ich die grundlegenden klassischen Werke jüdischer Religionsphilosophie und rabbinischer Literatur, kaufte mir eine vollständige Mischna-Ausgabe mit wissenschaftlichem Kommentar und arbeitete mich langsam, auch mit Hilfe meiner hebräischen Freunde, in die schwierigsten rabbinischen-theologischen Abhandlungen ein. Gleichzeitig mit der elfbändigen Ausgabe der „Geschichte der Juden“ von Heinrich Graetz und der „Weltgeschichte des jüdischen Volkes“ von Simon Dubnow erwarb ich eine ausgezeichnete allgemeine „Weltgeschichte“, herausgegeben von Ullstein in den Jahren der Weimarer Republik. Es gab zahlreiche Antiquariate in Tel Aviv, so dass ich die grundlegenden Werke von Theodor Mommsen und Jacob Burckhardt preiswert erwerben konnte. Ich entwickelte mich stetig und systematisch zu einer Autodidaktin. Gespräche mit meinen Lehrerfreunden, die in den höheren Gymnasialklassen unterrichteten und ausgezeichnete Hebraisten waren, ließen mich die sprachlichen, literarischen und vor allem die geschichtlichen Probleme der biblischen Texte erkennen. Ich wurde nach kurzer Zeit kritisch und versuchte Gegenthesen zu den ungebrochen monotheistischen Auslegungen mancher Wissenschaftler, wie Ezechiel Kaufmann oder Martin Buber, zu finden und zu formulieren.

„Großartiges in meinem Leben habe ich nicht geleistet, ich bin lediglich eine ‚Höhere Tochter‘ aus gutem Hause, die stets ihre Schulaufgaben gemacht hat“, beschrieb ich meine Persönlichkeit in meiner Dankrede an die Universität, die, trotz meines Widerstandes, meinen 80. Geburtstag feierlich beging. „Man beendet, was man begonnen hat“, verlangte mein Vater, und diese Lehre gehört zu den wenigen, die ich beherzigt hatte, wohl weniger aus Gehorsam, denn als Ausdruck meines eigenen Strebens nach Ordnung in dieser unordentlichen Welt und nach möglicher Vollkommenheit. Ich besuchte mit meinen jetzt nicht mehr

„deutschen“, sondern „israelischen“, im Lande geborenen Lehrerfreunden, auch anderer Schulen Ramat Gans, Theateraufführungen von bedeutenden hebräischen Dichtern übersetzter deutscher oder russischer Klassiker. Ich gewöhnte mich schnell an die hebräische Hochsprache, die mir den Zugang zum biblischen und rabbinischen Hebräisch sowie zur modernen hebräischen Belletristik ermöglichte, wodurch mein tägliches Hebräisch an Wortreichtum und Ausdruckskraft meinen deutschen Sprachkenntnissen kaum noch nachstand.

Rückblickend stelle ich fest, dass sich alles in Windeseile entwickelte und entscheidend veränderte. Israels Tor zur Welt stand offen, das Interesse bedeutender Künstler Europas und Amerikas machte das kleine Land bald zu einem Tummelplatz bedeutender Musiker, Dirigenten und Sänger. Der Dirigent Otto Klemperer, den ich als Zehnjährige in der Berliner Krolloper zum ersten Mal erlebt hatte, damals dirigierte er „Fidelio“, gastierte jetzt, knapp 90 Jahre alt, bei den Israel-Philharmonikern, die sich bald den Ruf eines der besten Orchester der Welt erwarben. Jehudi Menuhin kam mit seiner Schwester Hephzibah, und ich stand viele Stunden in der Menschenschlange, um für mich und Max Karten für seine Darbietungen der Beethoven- und der Brahmssonaten für Klavier und Violine zu erlangen. Während dieser Saison, es war zu Beginn der fünfziger Jahre, spielte er 13 Konzerte in Israel, und ich war bei allen zugegen. Schließlich war er eine meiner aufregendsten Jugenderinnerungen, als er 14-jährig unter Bruno Walter in der Berliner Philharmonie die drei großen B-Konzerte – Beethoven, Brahms und Bach – spielte. In den Pausen fand man ihn damals im Künstlerzimmer, hingebungsvoll mit einer elektrischen Eisenbahn spielend, an die Musik, schien er nicht mehr zu denken. Jetzt schlug seine geistige Konzentration das Publikum völlig in seinen Bann, vor allem durch die Interpretation der Solosonaten für Geige von Bach. Meine innere Erregung während dieser Konzerte bewies mir, wie viel ich während meiner ersten acht bis zehn Jahre in Palästina-Israel entbehrt hatte, wie schmerzvoll die Loslösung von der internationalen Kultur doch war. In denselben Jahren wurde der Philharmonische Chor gegründet und es gelang mir durch freundschaftliche und auch verwandtschaftliche Musikerverbindungen als Altistin in den Chor aufgenommen zu werden. Meine Fähigkeit, nach einmaliger Probe die Musik auswendig zu singen, versetzte mich in die Lage, mich völlig auf den Dirigenten zu konzentrieren, seine Aufmerksamkeit auf mich, auf eine unwichtige, auf eine unter vielen Altistinnen, zu ziehen. Wie stolz war ich, als nach 14 Requiem-Aufführungen, Fricsay[114], als er sich von dem Chor verabschiedete, auf mich zutrat, mir die Hand schüttelte und sich bei mir bedankte: Es sei ihm ein Vergnügen gewesen, mit einem so musikalischen Menschen zusammengearbeitet zu haben. Ich war tief verwirrt, schließlich hatte ich mir keine besondere Mühe gegeben, mein musikalisches Gedächtnis ist nicht durch Fleiß oder Willen erworben worden, und es ist viel anstrengender krampfhaft auf die Noten zu schauen, als den Dirigenten zu beobachten und die Musik auf sich einwirken zu lassen.

Das Verdi-Requiem wurde für mich zum größten Musikerlebnis, umso mehr, als ich bisher etwas achselzuckend über die „Grand Opéra“, meist unter Mitwirkung von Benjamino Gigli[115], gespottet hatte. Jetzt begriff ich, dass Verdi eine tief-fromme Totenmesse komponiert hatte und diese, dirigiert von einem gleichermaßen sensiblen, der wahren Frömmigkeit ergebenen Dirigenten, wurde für mich zu einer nicht erahnten Sensation. Fricsays fromme Hingabe ans Werk wurde für mich, für die bislang das „Deutsche Requiem“ von Brahms an allererster Stelle gestanden hatte, zu einem einzigartigen Erlebnis. Vierzehnmal sangen wir in Israels Städten und in den Amphitheatern von Bet Sche’an und Caesarea Verdis Requiem, niemand ermüdete, nicht die Orchestermitglieder, nicht die Solisten und am allerwenigsten die Chormitglieder, die alle Laien waren und sich nach ihrer schweren täglichen Berufsarbeit an den Abenden hingebungsvoll in die fromme Musik vertieften. Allerdings sangen wir statt „Jesu Pie“ „Domine Pie“, so dass das Oberrabbinat keinen Einspruch erheben konnte und unser Dirigent etwas müde lächelnd diese „Judaisierung“ duldete. Wenn ich an diese Zeit zurückdenke, fällt mir Hutten ein: „Es ist eine Lust zu leben.“[116] Ich vergaß die unverminderten politischen Spannungen und Gefahren, lebte für die Konzertabende, nahm Jonathan, wenn möglich, zu den Proben und manchen Aufführungen mit.

Meine Israelfreunde führten mich in derselben Zeit in den Dichter- und Schriftstellerclub ein. Ich überwand meine Schüchternheit und beteiligte mich an Diskussionen über die neue hebräische Literatur und die Theateraufführungen. Schiller, Shakespeare, Brecht, Shaw – jedoch auch hebräisch-israelische Stücke, entnommen dem nicht wenig dramatischen israelischen Alltagsleben, verstärkten in einem immer gewünschten und erhofften, aber selten erahnten Maße mein israelisches Heimatgefühl. Wieder fällt mir der biblische Ausspruch ein: „Ich hinkte nicht auf zwei Schwellen“, ich lebte in der „Welt“, die jetzt in Israel eindrang. Der Horizont wurde weiter, es entstand eine neue, eine Israel-Musik und Literatur, die Landschaft, Ereignisse, Empfindungen und Probleme des jungen Staates widerspiegelten, in denen wir uns und unser Leben wiederfanden. Ich ging oft mit Jonathan ins Theater. Wir sahen „Maria Stuart“[117], in einer Interpretation, die die Tragödien von Elisabeth und Maria, wenn auch mit anderen Vorzeichen, auswechselbar machten. Es war beeindruckend, als nach einer Woche die ausgezeichneten Schauspielerinnen, beide deutscher Herkunft, die Rollen tauschten und es deutlich wurde, dass nicht die eine „gut“, die andere „böse“ war, denn beide offenbarten ihre eigene Tragik. Sicher, Elisabeth hatte „die Macht“, doch kamen „Raison d’État“ und ihr davon unabhängiger eigener Gefühlsaufruhr in einen tragischen Konflikt. Das waren nicht die sanfte Maria und die harte Elisabeth der deutschen Gymnasialbildung, hier wurden mir die Augen für die sehr unterschiedlichen Tragödien zweier Frauen offenbart. Als ich Jahre später in Berlin „Maria Stuart“ im Schillertheater sah, erschienen wieder eine unschuldige Maria und eine rachsüchtige Elisabeth auf der Bühne; diese beiden Heldinnen waren nicht austauschbar, es war schiere Schwarz-Weiß-Malerei.

Überhaupt das Berliner Theater! Es gab so viel, das mir nicht einleuchtete: Warum mussten die Personen in Lessings „Emilia Galotti“ kalkweiß geschminkt sein? Warum musste „Kabale und Liebe“ dargestellt werden, als spielte sich die Handlung am preußischen Hof des Soldatenkönigs ab? Hier nur zwei zufällige Beispiele für die Verständnislosigkeit oder für die Wichtigtuerei mancher Regisseure – Opern nicht ausgenommen. Erst als die Berliner Schaubühne endlich vom Berliner Senat als gesellschaftsfähig erklärt wurde und Peter Steins Inszenierungen die russische Welt Tschechows – Personen, Landschaften, Interieurs – auf die Bühne brachten, konnte mich wenigstens dieses Berliner Theater begeistern.

Das Leben in jener Zeit in Israel war vielfältig auf- und anregend. Es war keine „Symbiose“, dieses von den deutschen Intellektuellen Israels höhnisch und verächtlich angewandte Wort auf die „deutsch-jüdischen Diasporajuden“ war sinnentstellend, unhistorisch und obsolet als Bezeichnung für das deutsch-liberale Judentum des 19. und 20. Jahrhunderts, in das man ohne eigenes Zutun hineingeboren wurde. Was sich jetzt entwickelte, beruhte auf einer Wiederbelebung einer uralten Sprach-Welt – der hebräischen Bibel, einem Literaturwerk, unübertroffen an poetischer Ausdruckskraft, an historischen Erkenntnissen über die alte Welt und deren dramatische Entwicklung zum „Gottesvolk“, verständlich nur durch intensives Studium der alten Welt, der Wiege der menschlichen Gemeinschaft schlechthin, der menschlichen Bindungen überhaupt. Aus dieser „Urwelt“ heraus Brücken zu schlagen, bedeutet nicht

Aufgehen in eine andere Welt, bedeutet Festhalten und Teilhabe an der biblischen Urwelt, ihrer Mannigfaltigkeit und ihrer Unendlichkeit. „Ich hinkte nicht auf beiden Schwellen“, es gab keine „Schwellen“, es gab „nur“ das Universum, das in einem Menschenleben niemals auszuschöpfen ist. Ich gab nichts auf. Ich bemühte mich – so anspruchsvoll oder pathetisch dies auch klingen mag –, die Welt in allen ihren Ausdrucksformen kennen zu lernen. Hätte zu Beginn der fünfziger Jahre diese Erkenntnis meine Entwicklung nicht bestimmt, auf den „Königsweg“, wie ich es bei meiner Geburtstagsdankrede formulierte, wäre ich wohl niemals gelangt. Das gleichzeitige Festhalten an den noch idealistischen Zions-Vorstellungen als Paradigma für die Welt in ihrer Gesamtheit ermöglichte erst meine mir entsprechende intellektuelle und berufliche Entwicklung, die für den durchschnittlichen Einwanderer aus Deutschland nicht repräsentativ gewesen war, mich aber, wie ich es an meinem 80. Geburtstag formulierte, letztendlich auf den Königsweg der Verwirklichung frühjugendlicher Träume brachte.

Ich galt unter den im Lande geborenen Juden und unter den deutschen, meist nicht zionistischen Einwanderern als Besonderheit, von jenen gelobt und von diesen mit Misstrauen beobachtet. Als ehemaliger „Deutscher Jude“, der aus dem mitteleuropäischen Kulturkreis stammte, fühlte man sich den in Israel geborenen oder den aus Osteuropa eingewanderten Juden erhaben, als wahrer „Kulturträger“, man blickte hochmütig und verächtlich vor allem auf die polnischen, meist jiddisch sprechenden Juden herab.

„Ach, Sie sprechen ja Deutsch!“, verwundert blickte mich ein älteres Ehepaar, das in unserem Hause wohnte, an. Sie stammten aus Nürnberg. „Haben Sie wirklich einige Zeit in Deutschland verbracht?“ „Ja, Ja“, erwiderte ich ungeduldig, „sogar eine sehr lange Zeit!“ „Aber geboren sind Sie sicher nicht in Deutschland?“, setzten sie das Verhör fort. „Doch, doch“, erwiderte ich verärgert. Aber meine Gesprächspartner wollten es genau wissen, denn da sprach jemand hebräisch und zur gleichen Zeit ein akzentfreies Hochdeutsch! „Aber Ihre Eltern, die sind doch sicher zugewandert?“ Die Abneigung gegen diese zugewanderten Ostjuden war allzu deutlich. Jetzt wurde ich wütend: „Nein“, erwiderte ich scharf, „auch meine Eltern, auch meine Großeltern sind in Deutschland geboren!“ „So, so?“, sie blickten mich ungläubig an und unternahmen den letzten Versuch: „Aus welcher Stadt kommen Sie denn?“ „Aus Berlin, wenn Sie es genau wissen wollen!“ „Ach so. Kein Wunder, aus Berlin kommen sehr viele sehr ordinäre Juden.“ Sie hatten des Rätsels Lösung gefunden, und erleichtert machten sie sich von dannen.

„Anders“ oder „fremd“ war ich nicht nur in den Augen meiner aus Deutschland stammenden Nachbarn. In höherem Maße war ich es in den Augen der älteren Generation meiner Berufskollegen, die in Polen oder in Russland ein hebräisches Gymnasium und eine hebräische Lehrerausbildung absolviert hatten. Wieder und wieder erinnerte man mich: „Was, Sie war niemals auf einem Lehrerseminar? Sie kann auf keine formale Berufsausbildung hinweisen? Allein durch Beobachtung ihrer Arbeit und gezwungen durch den Lehrermangel nach der Staatsgründung und der Masseneinwanderung ernannte man sie zu einer qualifizierten Sonderschullehrerin?“ Meine Kritiker fühlten sich durch die Ordnungswidrigkeit gestört, an meiner Arbeit hatten sie nichts auszusetzen. Im Gegenteil, nicht selten zeigten sie sich beeindruckt durch meine, ihnen fremden Ideen und vor allem durch die Zuneigung der Schüler zu ihrer „unqualifizierten“ Lehrerin. Für die Oberschulleiterin, ihr Name war Sonja, blieb ich eine „Seiteneinsteigerin“, die während der Jahrzehnte des jüdischen Palästina niemals in den damals schon bestehenden Sonderschulen gearbeitet hatte. Hinzu kam, dass Sonja eine „allerbeste Freundin“ hatte, die seit vielen Jahren ausgezeichnete Arbeit an Tel Aviver Sonderschulen geleistet hatte und die es jetzt endlich verdiente, eine Stelle als Schulleiterin zu erhalten. Sie wäre viel erfahrener als ich, und ihre langjährige Erfahrung machte sie als Leiterin einer neu gegründeten Sonderschule in besonderem Maße geeignet. Eigentlich wäre ich auch viel zu jung, ließ Sonja wie zufällig hin und wieder verlauten, viel zu schnell hätte man mir meine heilpädagogische Zusatzausbildung als ausreichend anerkannt. Meine eigentliche Ausbildung in Berlin, auch meine niemals unterbrochene allgemeine pädagogische Arbeit, wurde niemals auf den Prüfstand gestellt. Nicht zu vergleichen sei ich mit Sonjas „bester Freundin", einem wahren Ausbund von Kenntnissen und Kompetenz. Sonja schwärmte, doch meine „Achwa"-Kollegen waren kaum zu beeindrucken. Gerade meine Jugend und meine Unbefangenheit machten mich bei Kindern, Eltern und Kollegen, auch bei den Mitarbeiterinnen des Schuldepartements in Ramat Gan, beliebt. „Wenn ihr sie", gemeint war ich, „nicht haben wollt, schließe ich die Schule. Schließlich hat sie aus dem Nichts eine Institution aufgebaut. Ich habe gegen ihre Arbeit noch keine Einwände vernommen", drohte der Leiter des Schuldepartements, eine bekannte politische Persönlichkeit, Mitglied der Knesset.

Der schwache Punkt in dieser sich dramatisch zuspitzenden Situation war ich selbst. Ich erlebte Ben Schemen wieder. Malka und Sonja waren austauschbar. Ich war eben „anders" – Sonjas Freundin war voraussehbar, da wusste man, was sie morgen, übermorgen tun oder sagen würde. Wieder stand ich vor der gleichen Konstellation: Man wollte – oder man wollte nicht. Sonja wollte nicht, und ich bin unfähig in einer Atmosphäre von Unfrieden, Klatsch und schlechtem Willen zu arbeiten. Auf die Dauer zeigten Sonjas Intrigen Wirkung. Opportunismus und Subalternität sind Verführer, gegen die kaum einer gefeit ist, und ich, „Tochter aus gutem Hause", erinnerte mich an die Lehre meines Vaters: „Wenn man dich in dieser oder jener Straße mit Dreck bewirft, dreh dich auf der Stelle um und verlasse diesen Weg." Also tat ich es. Es ginge gegen die Ehre, so mein Vater, und es fehlte ihm nicht an Beispielen für würdiges „preußisches" Verhalten. „Sollte ein Vorgesetzter dich verleumden – verlasse den Arbeitsplatz! Semper aliquid haeret[118], denn über kurz oder lang findet er bei Neidern und Ehrgeizigen Gehör. Selbstachtung ist das höchste Gut", meinte mein Vater. Jahrzehnte lähmten die gut bürgerlichen Erziehungslehren meinen Kampfgeist. Sehr spät lernte ich, vehement für „mein Recht" zu kämpfen. Die Palästina-Israel-Methoden, vielleicht bezeichnend für ein Pionierland, von inneren und äußeren Krisen geschüttelt, kannte mein Vater nicht, und was er später in „seinem Preußen" erfahren musste, hatte mit „Recht" wahrhaftig nichts mehr zu tun.

In Israel fand ich Freunde, Menschen, die meine Arbeit schätzten und deren unabhängiges Rechtsbewusstsein zu meinem Guten ausschlagen sollte, was letztlich auch mir „mein Recht" verschaffte. Aber vorerst schrieb ich, völlig ungeschützt, ohne mich mit irgendjemand zu beraten, mitten im Schuljahr einen Kündigungsbrief an das Unterrichtsministerium und an die Leitung der Lehrergewerkschaft in Tel Aviv. Ich war sehr unglücklich, liebte ich doch meine Arbeit außerordentlich, und ich war darüber hinaus überzeugt, dass mir nichts vorzuwerfen wäre. Weinend stand ich vor dem Oberschulrat, dann vor dem Sekretär der Lehrergewerkschaft. „Warum hast du gekündigt? Du bist im Recht. Kämpfe!", sagten die Repräsentanten beider Institutionen. Der Tugendkalender meines Vaters, mit dem ich mich rechtfertigte, machte keinerlei Eindruck auf sie.

Ein Schriftgelehrter aus dem ersten vorchristlichen Jahrhundert soll, als er in Gefahr war Ansehen und Ehre zu verlieren, seinen Freunden verkündet haben: „Auch dies wird sich zum Guten erweisen." Und so geschah auch mir, nachdem ich geglaubt hatte, alles bereits Erreichte verloren zu haben. Der Oberschulrat, eine moralisch hoch stehende Persönlichkeit, bot mir an, mir irgendeine Schule in Ramat Gan auszusuchen, denn man wolle auf meine Arbeit nicht verzichten. Allerdings sollte ich mich bereit erklären, alle schwer erziehbaren Kinder des von mir betreuten Jahrganges in meine Klasse überführen zu lassen. Und der Gewerkschaftssekretär stellte mir eine zinsfreie Anleihe zur Überbrückung der arbeitslosen Monate zur Verfügung. Schließlich hatte ich mitten im Schuljahr gekündigt.

Mein Stolz war wieder hergestellt, das Sonderschuldezernat – desavouiert. Ich bat in die „Zentrale Musterschule", in der künftige Lehrer ihr praktisches Ausbildungsjahr absolvierten, überführt zu werden. Ich fiel also „die Treppe hinauf". Josef Jacobsohn, der Schuldirektor, geboren in Rischon le-Zion östlich von Tel Aviv in Palästina, war ein ausgezeichneter warmherziger Pädagoge. Er wurde mein bester Freund und unermüdlicher Förderer. Ich habe ihm unendlich viel zu verdanken. Mein „Anders-Sein" faszinierte ihn, meine „Weltlichkeit", mein Unternehmungsgeist, der in rastloser Aktivität, in tagelangen Fahrten zwecks Landeskunde, in beispielgebenden „Musterstunden" für Seminaristen, in Theateraufführungen, in festlichen Gedenktagen, in Ausstellungen seinen Niederschlag fand. Stets fiel mir etwas Neues ein. Freiwillig begab ich mich an den Nachmittagen in die Schule, um nach erprobter Sonderschulmethode gruppenweise Nachhilfeunterricht zu erteilen. Josef unterstützte meine modernen pädagogischen Beurteilungen der schulischen Leistungen meiner Schüler. Ich nahm davon Abstand Noten zu erteilen, die unter dem Durchschnitt lagen, und ersetzte sie durch ermutigende Allgemeinbewertungen. Und es dauerte nicht lange und Schuldirektor und Schulrat versetzten mich von der dritten Vorschulklasse in die siebente und in die achte Klasse. Die Allgemeine Grundschule beinhaltete acht Klassen, gemeinsam für alle Schulkinder. Die Entscheidung darüber, ob die Schüler das Gymnasium besuchen und mit dem Abitur abschließen werden oder auf die Berufsschule gehen, in der mindestens vier Unterrichtstunden täglich auch weiterhin allgemeine Schulfächer unterrichtet wurden, oder eine handwerkliche Lehre begannen, wurde im letzten Trimester der achten Klasse aufgrund von Zensuren, Intelligenz, Eignungs- und

Begabungstests entschieden. Ich unterrichtete in den obersten Klassen Geschichte, Bibel, hebräische Sprache und Literatur. Ich war in zwei Parallelklassen Klassenlehrerin. Das bedeutete zwar doppelte, vor allem administrative Arbeit, hatte aber den Vorteil, dass ich immer mein eigener „Herr im Hause“, ergo in der Schulklasse, war. Ich war unglaublich eifrig. Auch wenn ich mich wirklich sehr krank fühlte, versäumte ich nicht in die Schule zu gehen. Ich wollte unter keinen Umständen, dass auch nur für einen Tag eine andere Lehrkraft meine sehr überlegte Unterrichtsmethode unterbrach.

„Es hängt alles vom Willen, weniger vom Können ab“, dozierte ich oft im Lehrerzimmer. Schließlich wäre das Unterrichtspensum der Durchschnittsbegabung angepasst. Schlechte Noten spiegeln selten die eigentliche Intelligenz und die eigentliche Lernkapazität des Schülers wider. Wie recht ich hatte, mussten viele meiner Kollegen überrascht feststellen, wenn sich durch die häufig abgehaltenen so genannten „Intelligenz- oder Fähigkeitstests“ herausstellte, dass mancher „geniale Schüler“ nur ein sehr fleißiger Schüler gewesen war und dass seine Leistungen wenig über eine wirkliche Berufsbegabung auszusagen hatten.

Meine jahrelange autodidaktische und intensive Beschäftigung mit modernen pädagogischen Unterrichtsmethoden bewiesen mein „Anderssein“, hatten aber auch meine Beliebtheit bei meinen Schülern zur Folge. „Bei ihr ist es niemals langweilig“, lautete das allgemeine Urteil. Anerkannt vom Schuldirektor, vom Schulrat und von den Eltern, jedoch zuweilen misstrauisch beobachtet von manchen Kollegen, deren bisherige Maßstäbe ins Wanken gerieten, deren Vertrauen ich aber oft wiedergewann, wenn ich bereitwillig ihre schwierigsten Schüler übernahm und ihre Arbeit dadurch erleichterte. „Ich bin anders“ oder „Sie ist eben anders“, mit dieser Schlussfolgerung bemühten sich auch viele meiner Kollegen meine Anliegen zu verstehen. Meine Fürsprecher, der Schulleiter und Elieser, einer der diensältesten Lehrer und sicher der begabteste aus dem Kollegium – er gehörte zu den ersten Studenten der Ende der fünfziger Jahre gegründeten „Universität Tel Aviv" –, ließen keine Gelegenheit aus, mir Gehör und Anerkennung des Lehrerkollegiums zu verschaffen. Mein Unterricht fügte „Welten" zusammen, meinen Schülern zur Freude, vielen meiner Vorgesetzten zur Anerkennung, manchen Kollegen zum Ärgernis. Im Laufe von zwölf Schuljahren gab es drei „Bibeldurchgänge" zwecks philologischer, historischer und religionsgeschichtlicher Vertiefung und Erweiterung. Im zweiten Durchgang – die Schüler waren zehn Jahre alt – stellte ich bereits der biblischen Sintflutgeschichte Teile des babylonischen Gilgameschepos' gegenüber, versuchte nachzuweisen, in welchem Maße in der Bibel eine „Monotheisierung" des heidnischen „Gilgamesch" stattgefunden hat, wie ich es überhaupt für angemessen empfand, den mesopotamischen Einfluss auf das Buch Genesis und den ägyptischen Einfluss auf das Buch Exodus nachzuweisen, um somit das Alte Israel, ohne seine Besonderheiten zu schmälern, als integralen Teil der damaligen Vorstellungswelt über Gott- und Menschheit darzustellen. Was Wunder: Schließlich wurde Joseph nach Ägypten verkauft, das Sinaigesetz auf dem Weg in die Freiheit, in das Land der Verheißung verkündet. Mein Unterricht war weit davon entfernt ein „Religionsunterricht" zu sein, „Religion" kann man nicht unterrichten, zum Religionsglauben kann die Religionskunde mit all ihren Verästelungen als Resultat einer individuellen geistigen Entwicklung hinführen, aber nicht als Verwirklichung eines Unterrichtsprogramms. Den Schülern wurde jegliche Glaubensfreiheit gelassen, es wurden ihnen keine Dogmen, keine Lehrsätze vermittelt; der Unterrichtsstoff kann, aber er muss nicht zum „Glauben", was immer man auch darunter versteht, führen. Welche Vorstellungswelt sich im Bewusstsein des Schülers mit den biblischen Geschichten, mit den prophetischen Reden und den göttlichen Verheißungen verbindet, hierüber kann nur der Betroffene, der Schüler, Auskunft geben. Er allein hat die Freiheit, sich seinen Weg zum Glaubenden oder zum Kritisch-Lernenden zu bahnen, und dies im Rahmen des Bibelunterrichtes. So wurde der Bibelunterricht in meinen Klassen Spiegel meiner kritischen Persönlichkeit. Er sprengte den Rahmen eines jeden Religionsunterrichts, wurde zum Zeugnis meines „Anders-Seins".

Alles war „anders" bei mir, anders, als es die vom Unterrichtsministerium vorgeschriebenen Texte vermitteln wollten, nicht nur im Bibel-, mehr noch im Geschichtsunterricht. „Titus, der Bösewicht" über den der rabbinische Midrasch zu berichten weiß, dass er zur Strafe für die Zerstörung des Jerusalemer Tempels beim Weintrinken an einer Fliege erstickte, wurde zwar in meiner Unterrichtsstunde nicht verschwiegen, aber ebenso wenig der vom römischen Volk geliebte Kaiser Titus. „Sie verherrlichen ja unseren nationalen Feind", ergrimmte sich mancher Seminarleiter, der mit seiner Seminaristenklasse meiner Unterrichtsstunde beiwohnte – viel Zeit sollte es mich kosten die Diskrepanz zwischen rabbinischer Rezeption und historischer Realität zu verdeutlichen.

Aktuell wurden diese Probleme nach den ersten zwei Jahren in meiner „allgemeinen säkularen Schule", nachdem Schulleiter und Schulrat zu dem Ergebnis kamen, dass meine „fortschrittliche" Pädagogik den älteren Jahrgängen keinen Schaden zufügen würde, dass, im Gegenteil, die unterschiedlichen Wahrheiten als Legende, Mythos, als durch Geschichtsquellen belegbare historische Wahrheit, die den Bezug der Bibel und ihrer rabbinischen traditionellen Auslegungen zur Weltliteratur herstellten, die Geschichte Israels einerseits in all ihrer Vielseitigkeit und andererseits als religiös-nationales Epos vermittelten. Letzteres wollte ich bestimmt nicht. Die Bibel als Quelle der alleinigen Wahrheit widerspricht dem Text, und dem jungen Staat Israel ist, wie hinlänglich bekannt, eine „fundamentalistische“ Bibelauslegung schlecht bekommen. Verengende patriotisch-nationale Tendenzen sind niemals zu vertreten, sie sind aber in den Israel-Lehrbüchern nicht nur gang und gäbe in der Auslegung der hebräischen Bibel, sondern gleicherweise in der Darstellung historischer Ereignisse, in den Berichten über den Aufbau des Landes: „Zionut“, Heldenmut, wundersame Errettung aus höchster Gefahr, dank des Heldenmutes, meist der jüngsten Kibbuzmitglieder, die sich rückhaltlos den „bösen Arabern“ entgegenstellten. Kein Wunder, dass nach einigen Jahren, spätestens in den obersten Klassen der „Allgemeinen Schule“, die Schüler über derartige Literatur die Nase rümpften, und auf Befragen, über welche Ereignisse im Zusammenhang mit dem Aufbau Israels sie wohl gerne diskutieren würden, man von den Schülern im Chor die Antwort erhielt: „Bloß nichts über ‚Zionut‘!“ „Zionut“ bedeutete Pathos, Einseitigkeit, Schwarz-Weiß-Malerei, und es ist erstaunlich, dass die Ermüdungserscheinungen unter der Schülerschaft sich so sehr bald zeigten, sie hingegen mit großer Spannung jeder Literatur lauschten, die sie aus dem arabisch-jüdischen Palästina, aus dem Judenstaat heraus führte und ihnen die Welt im Ganzen mindestens andeutete.

Sicher habe ich meinen Teil zu einer derartigen Entwicklung beigetragen. „Kinder“, wandte ich mich bereits an die Schüler einer sechsten (!) Klasse, „streicht bitte in eurem Lesebuch die Geschichte über Jossi, der allein“, die Erwachsenen waren auf den Feldern, „einen arabischen Überfall auf den Kibbuz mittels eines Tankes und einiger Handgranaten verhinderte.“ Der Heldenmut eines israelischen Kindes im Gegensatz zur Feigheit der arabischen Feinde, das war das Thema. „Wir lesen diese Geschichte nicht. Wir verherrlichen nicht, und wir verdammen nicht. So einfach verläuft die Geschichte nicht. Außerdem, streicht bitte auf Seite so und so folgenden Satz: ‚Und so trafen sich der deutsche Held des Schwertes‘ – gemeint ist Kaiser Wilhelm II. – ‚und der jüdische Held des Geistes‘ – gemeint ist Theodor

Herzl." Angeblich trafen sie sich einige Minuten in der landwirtschaftlichen Schule „Mikwe Israel"[119].

Josef, mein Schuldirektor, und Elieser, unser Star-Lehrer und mein liebster Kollege, freuten sich über mich. Ich hielt in diesem Sinne Vorträge an den Lehrerabenden und siehe – ich bekam sogar Zustimmung vom Schulrat, von demselben, der mich von der Sonderschule in diese Lehrerausbildungsschule versetzen ließ. Es gab jedoch immer wieder, vor allem unter den älteren Kollegen, einige, denen mein Unterricht größtes Ärgernis bereitete: „Man sollte ihr verbieten Geschichte zu unterrichten", wurde hier und da hinter meinem Rücken geflüstert.

„Ich war anders", allmählich mussten sich weitere Kreise an diese Tatsache gewöhnen. „Nehmen Sie die pornographischen Bilder von den Wänden Ihrer Klasse, der Unterrichtsminister aus Jerusalem will heute die Schule besichtigen", meinte der neue Schulleiter, mein Josef war zum Schulrat befördert worden. „Pornographie?", entsetzt, beleidigt stürzte ich in meine Klasse. Wovon redet dieser Mensch? Als ich es begriff, brach ich in ein unbändiges Gelächter aus. Das Unterrichtsthema lautete „Renaissance" – Wiedergeburt, die große Wende in der europäischen Geschichtsschreibung. Aber, wie erkläre ich es meinen in Israel geborenen Kindern, in deren Häusern es, wenn überhaupt, höchst dürftige Bibliotheken gab, deren Eltern ihnen auf Befragen höchst ungenügend Antworten geben konnten? „Renaissance" spielte sich auf allen Gebieten des künstlerischen und wissenschaftlichen Lebens ab, der Mensch erkannte seinen eigenen Wert, erinnerte sich an die Antike und damit an seine eigenen Fähigkeiten. Also entschloss ich mich, dass Malerei, Bildhauerei, Architektur in eindrucksvoller Weise die großen Veränderungen demonstrierten. Ich schmückte die Wände meines Klassenzimmers mit Reihen mittelalterlicher Kunst, beginnend mit der Gotik, endend mit der Hochrenaissance im 15. und 16. Jahrhundert. Was könnte die neue Geisteswelt überzeugender demonstrieren, als die Gemälde mittelalterlicher Madonnen mit ihren faltenreichen Gewändern, die eine Körperlichkeit noch nicht einmal andeuteten, Madonnen, deren Hände und Füße so winzig waren, dass körperliche Proportionen in einem realitätsfernen Gleichmaß, trotz ihrer Schönheit, die natürlichen Maße überspielten. Tellergroße goldene Heiligenscheine beherrschten die Darstellung und die Lieblichkeit der Antlitze, nahmen ihnen jedoch gleichzeitig jegliche Realität. So reihte ich Bild an Bild: Die Mienen wurden unterschiedlich, die Maße entsprachen zunehmend den natürlichen Proportionen, durch die Falten der Gewänder erkannte man Körperumrisse, bis die letzten von mir angebrachten Darstellungen den Menschen in seiner Wirklichkeit zeigten. Für mich war dieser Höhepunkt in der Statue des David von Michelangelo gegeben, schon deshalb, weil ich hoffen durfte, dass einige Schüler in anderen Zusammenhängen dieses Bildnis nicht zum ersten Male betrachteten. Meine Kinder freuten sich über diese Bilder-Reihe, verstanden die lehrende Absicht, und der Ausgangspunkt für das Verständnis einer neuen, auf allen Gebieten sehr komplexen Welt war gefunden. Der Skandal blieb aus. Der Minister betrachtete interessiert meine Bilderreihe, der Direktor schwieg und schaute grimmig drein, ich warf ihm warnende Blicke zu. Der Minister in diesen Jahren war Abba Eban[120], ein hochgebildeter Mann, international berühmt, der mehrere Sprachen perfekt beherrschte und weit über der Engstirnigkeit mancher Erzieher und Politiker im damaligen jungen Staat Israel stand.

Wer sich seit Jahren mit der Geschichte des christlichen und des moslemischen Europas befasst, umfassende Kenntnisse der Geschichte des europäischen Mittelalters erworben hat, der hat als Lehrer einer Schule im Staate Israel die Qual der Wahl, der versinkt notgedrungen in tiefes Grübeln. Die Themen waren vom Jerusalemer Unterrichtsministerium vorgeschrieben, die Methode war dem Lehrer überlassen, man verließ sich auf sein „Jüdisches Bewußtsein", ein Begriff der zunehmend nach der Staatsgründung an Bedeutung gewann.

In der fünften Klasse lautete mein Thema im Rahmen der allgemeinen mittelalterlichen Geschichte: „Die Kreuzzüge" – ein wahrhaft christliches Thema. Ich bin sicher, dass die Verfasser des Planes vornehmlich die Judenverfolgungen zur Zeit vor allem des ersten Kreuzzuges als den Mittelpunkt der Geschehnisse begriffen und von den Lehrern erwarteten, dass der Unterricht über „Die Kreuzzüge" um diese ersten unerwarteten Verfolgungen und um das Märtyrertum der Vielen, die „die Heiligung Seines Namens", den Tod für den Glauben als den Gipfelpunkt eines frommen Lebens begriffen, kreisen würde. Die Geschichte der Juden in den christlichen und in den moslemischen Ländern kann und will ich nicht als eine Verfolgungsgeschichte begreifen. Der Antagonismus von Judentum und Christentum, seine Entwicklung von der Spätantike bis zur frühen Neuzeit, ist das Grundthema, das es als Ausgangspunkt aller Entwicklungen und Ereignisse zu begreifen gilt. Das Thema „Kreuzzüge" bedeutet für einen in Israel geborenen Schüler Verfolgung, einen Höhepunkt jüdischen Leidens in der Geschichte der Diaspora, der Zerstreuung der Juden unter den Völkern. Nun muss man wissen, dass in den fünfziger und sechziger Jahren im Unterrichtswesen des Staates Israel nicht nur „Christentum", sondern bereits das Kreuzzeichen tabu war und in jeder Art von Darstellung vermieden werden musste. Dies gipfelte in der absurden Vorschrift, im Rechenunterricht das Pluszeichen unvollständig auf der Tafel anzubringen: Der vertikale Strich reichte nicht über den horizontalen hinaus, endete somit auf der horizontalen Linie, so dass es kein „Kreuz" mehr war, sondern irgendein Zeichen, das mit keinerlei Bedeutung assoziierbar war. Lächerlich. Als ich das erste Mal damit konfrontiert wurde, wusste ich nicht, ob ich lachen oder weinen sollte, und ich löste das Problem für mich dadurch, dass ich keinen Rechenunterricht erteilte. Da ich immer zwei Parallelklassen unterrichtete, war mein Deputat mit Hebräisch (Sprache und Literatur), Geschichte und Bibel durchaus erfüllt. Irgendwann ist man auch in Israel zur Vernunft gekommen, und Ende der siebziger Jahre stahl sich das „Kreuz“ oder besser das korrekte internationale Pluszeichen auch in den israelischen Rechenunterricht.

Mein Kreuzzugsproblem war schwieriger zu lösen. Judenverfolgungen waren nur ein Element der Geschehnisse und sicher nicht das auslösende Motiv für diese wirklich umstürzlerischen Ereignisse, die für Jahrhunderte die Politik aller christlichen Länder im Mittelalter beherrschte. Was wussten meine israelischen Schüler über die Bedeutung von „Kirche“ und „Papst“, was wussten sie von der christlichen Lehre, ihrer Verbreitung, über das Leben Jesu und über die zentrale Bedeutung der Papstkirche – letzten Endes über die Erbin und Nachfolgerin des Imperium Romanum und ihre beherrschende Rolle im Bewusstsein und im täglichen Leben der Christenheit, der nichtjüdischen Welt schlechthin! Kurz: Wie sag ich es meinem Kinde? Wieder halfen mir Bilder. Das monatlich erscheinende „Geographical Magazine“ brachte zur rechten Zeit eine bunte Bildserie über die in diesen Jahren in Belgien, so weit ich mich erinnere in Brügge, veranstalteten Kreuzzugsfestspiele. Auf glänzenden farbenprächtigen Fotografien waren einige Phasen der ekstatischen Volksbewegung wiedergegeben: Urbans II. Aufruf „Es ist der Wille Gottes!“ (Deus vult), die farbenprächtigen Umzüge durch die Stadt, die Beteiligung der Volksmassen, die hoch erhobenen Kreuze, die Geistlichen mit ihren prächtigen Gewändern und immer wieder Bilder von der jubelnden Menge. Eine Bildreihe mit von mir formulierten lapidaren Erklärungen befestigte ich an der Längswand des Klassenzimmers und erweckte mit Erfolg das Interesse, die Neugier meiner Schüler an der ihnen völlig fremden Welt der gotischen Kirchen, der Priesterkleidung und anderem mehr. Somit hatte ich einen prächtigen Hintergrund geschaffen für den

Unterricht der historischen Zusammenhänge und über das Leben im christlichen Mittelalter.

Am nächsten Tag erschienen in den Boulevard-Zeitungen von Tel Aviv empörte Berichte über den Unterrichtsskandal der Musterschule von Ramat Gan: Da hatte es doch eine israelische Lehrerin gewagt, christlichen Religionsunterricht zu erteilen; Kirchen, Kreuze, Priestergewänder, ekstatische Volksmassen – alles wäre zu besichtigen, um den Schülern das dem Judentum so feindliche Christentum nahe zu bringen. Am Abend zuvor hatte in meinem Klassenzimmer zufällig ein Journalistentreffen stattgefunden. Die Journalisten forderten vehement meine Absetzung. Wie konnte es überhaupt geschehen, einer solchen Lehrkraft den Geschichtsunterricht anzuvertrauen? Die Zeitung las ich im Lehrerzimmer. Unser Direktor bat mich, zu ihm zu kommen, es war mein Freund und Förderer Josef, und bestellte mir im Namen des Ministeriums, das sich ebenfalls sehr früh gemeldet hatte, ich solle überhaupt nicht darauf reagieren, weder mit den Schülern noch mit den Kollegen über diese Angelegenheit sprechen, der Lärm würde dann sehr bald verstummen.

So war es auch. Ich hatte in diesen Jahren Glück mit meinen Vorgesetzten, von denen sich nicht wenige von der bisherigen Schwarz-Weiß-Malerei – Judenfreunde oder Judenfeinde – loszulösen begannen. Es war in diesen Tagen, dass ein Schulrat während einer Lehrerversammlung über Nationalismus, Patriotismus und Heimaltliebe referierte. Um Letzteres zu illustrieren, deklamierte er das wunderschöne Gedicht von Theodor Storm über Husum, die graue Stadt am Meer, die Heimatstadt des Dichters. Die Lehrer hatten so gut wie keine deutschen Sprachkenntnisse, doch ermöglichten ihnen ihre Kenntnisse des Jiddischen, das in dieser Generation noch in vielen Elternhäusern gesprochen wurde, und die anschließende Interpretation des Vortragenden die Heimatliebe des Dichters nachzuvollziehen. Das geistige Ghetto des frühen zionistischen jüdischen Palästina begann doch sich aufzulockern. In Ramat Gan und der Umgebung von Tel Aviv erweiterte sich der kulturelle Horizont, nicht zuletzt auch veranlasst durch den Einfluss des hebräischen Theaters und den bereits von mir geschilderten Anteil europäischer Künstler, vor allem im Musikleben. Hebräische Sprache und Literatur standen selbstverständlich weiterhin im Mittelpunkt des Unterrichtplanes, auch in den Gymnasien, aber die Ausschließlichkeit jüdischer oder biblischer und rabbinischer Literatur wurde in den anspruchsvollen Allgemeinschulen und vor allem in den Gymnasien aufgehoben.

Ich versuchte, jede Einseitigkeit zu vermeiden und in jeder Israelliteratur das Allgemeingültige zu betonen. Die wunderschönen Geschichten des Nobelpreisträgers Agnon[121] vermittelten in poetischer Form Heimatliebe und gleichzeitig die Tugenden reiner Menschlichkeit, das Suchen nach Gottnähe, um Leben in wahrer Frömmigkeit gestalten zu können. Meine Schüler waren tief ergriffen von den Erzählungen über die menschliche Nähe zwischen dem „Rabbi", das ist immer der „Gerechte", und seiner Schtetl-Gemeinde.

Ergriffen im gleichen Maße waren sie von den Berichten der unsäglichen Mühen der ersten Pioniere, ihrer Bereitschaft, ein Leben in völliger Askese zu führen, das nur ein Ziel kannte: die Siedlung aufzubauen und zu entwickeln. Meine Zimmergenossin Lea aus Ejn Charod steht beispielhaft für die Chaluzim, die Gründer der Kibbuzim während der ersten Jahrzehnte des zwanzigsten Jahrhunderts. Die Naturnähe dieser ersten Generationen fand in den oft sehr sentimentalen oder pathetischen Gedichten und Liedern, die wir auf unseren Klassenfahrten nicht müde wurden zu singen, Ausdruck. Mir, als Kind zweier Welten, kam es auf die Ausgewogenheit an, auf die Vermittlung der Erkenntnis, dass unsere Welt keinen Mittelpunkt hat, dass unsere Heimatliebe nicht für sich steht, sondern auch als Brücke zum Verständnis der Menschheit überhaupt.

Das Leben blieb schwer und aufregend. Zu Beginn der fünfziger Jahre herrschte in Israel Lebensmittelmangel. Warum, ist mir niemals verständlich geworden, schon deshalb nicht, weil er von einem zum anderen Tag zu Ende war. Auf jeden Fall wurde Haushaltsführung in diesen Jahren zu einer Qual. Sie war verbunden mit stundenlangem Schlangestehen nach den notwendigsten Lebensmitteln, oft rannte man von einem Geschäft ins andere, um vielleicht doch noch etwas Geflügel oder zu enormen Preisen Fleisch zu bekommen. Es war keine Katastrophe, nicht zu vergleichen mit der wirklichen Hungersnot in manchen europäischen Ländern, es war nur anstrengend, und, wie mir schien, nicht absolut notwendig. Auf dem Schwarzen Markt bekam man alles, da halfen auch die Überraschungskontrollen der Polizei in Zivil wenig, die verlangten, einen Blick in die Einkaufstaschen der Hausfrauen zu werfen. Hinzu kam, dass man immer noch Eisblöcke und Petroleumkanister schleppte, den Tagesablauf dem Erscheinen ihrer bimmelnden Wagen anpassen musste, denn ohne Eisblöcke in unseren Holzkisten und ohne Petroleum war es unmöglich eine Mahlzeit auf den Tisch zu bringen.

Aber wir waren glücklich. Max „baute das Land auf", sei es in der Luftwaffe, bei den Wasserwerken oder bei den Pottasch-Werken am Toten Meer, wo Jonathan und ich ihn in während der Schulferien besuchten. Es war die Zeit, in der ich endlich das Land gründlich kennen lernte und sich bei mir ein tiefes, unzerstörbares Heimatgefühl entwickelte. Es gibt auf der ganzen Welt kein Land, das in seiner Winzigkeit alle klimatischen Gebiete umfasst, einen Reichtum an Flora und auch Fauna, alle Formen landschaftlicher Schönheiten, Bergketten – das galiläische und judäische Bergland –, tiefe fruchtbare Täler, mit ihren malerischen Kibbuzim und nicht minder malerischen, vornehmlich an den Bergabhängen entstandenen arabischen Oliven-Hainen, Obst- und Gemüseanlagen, mit außerordentlicher Symmetrie und Sinn für Schönheit angelegt, besitzt. Und nicht zu vergessen: Jerusalem, die schönste Stadt der Welt, wie ich immer hinzufüge. Es gibt sicher nur wenige Menschen, die sich nicht irgendwann in ihrem Leben eine Vorstellung von Jerusalem gemacht haben. Auch ich habe bereits als sehr junger Mensch, angeregt durch die biblischen Geschichten, meine Vorstellung von Jerusalem gehabt, aber die Wirklichkeit dieser Stadt hat alle Vorstellungen oder Träume übertroffen. Da liegt sie oben auf den Bergen, frech schaut sie auf den sich mühenden Autobus herab, und merkwürdig, je näher man ihr kommt, desto unsichtbarer wird sie, und plötzlich, ohne Übergang, ist man mittendrin. Erst nach dem Sechs-Tage-Krieg[122] im Jahre 1967 liegt Jerusalem wieder vollständig vor den Augen des Besuchers. Unmöglich, sich in Beschreibungen zu ergehen – es ist „Jerusalem", das biblische Jerusalem. Die Stadt atmet Geschichte, ist eine Welt für sich, sogar das neue, das jüdische Jerusalem hat seine Bauten dem Geist der Stadt angepasst: Jerusalemer Steine sind ein Begriff, wenn man die Schönheit irgendeines Bauwerks irgendwo im Lande hervorheben will. Die Fahrt von Jerusalem zum Toten Meer – eine Höllenfahrt: Man legt innerhalb einer knappen halben Stunde 800 Meter über dem Meeresspiegel bis 400 Meter unter dem Meeresspiegel zurück.

Das Staunen nimmt kein Ende. Israel ist ein Land, das alles enthält: das Mittelmeer, das Rote Meer, das Tote Meer, den Jordan und den See Genezaret, nicht zu vergessen die Negevwüste, deren Gestein in allen Pastellfarben leuchtet und die Farben mit dem Gang der Sonne untereinander austauscht.

Es ist die Landschaft der Bibel, man meint, alles, was man aus den biblischen Geschichten erfahren hat, wieder zu erkennen. Aber auch die späteren Jahrhunderte sind gegenwärtig, in den alten frommen Städten, neben Jerusalem Hebron, Zfat und Tiberias, die Orte des rabbinischen Lernens und frommen Lebens, der Mystik, der nicht weichenden, stets gegenwärtigen historischen Erinnerung. Und die engen Gassen, die meterdicken Häusermauern, die weder Hitze noch Kälte durchließen. Dieses Land Israel hat sich meinem visuellen Gedächtnis verhaftet und hat ein Heimatgefühl entstehen lassen, das mit den Jahren die Heimatgefühle der Jugendjahre mehr und mehr verblassen ließ.

Es war ein schweres, ein sehr ernsthaftes Leben. Wir lebten im Bewusstsein dauernder Kriegsgefahr. Arabische Eindringlinge in jüdische Siedlungen, die nicht im Grenzgebiet, sondern tief im jüdischen Siedlungsgebiet lagen, verbreiteten unaufhörliche Spannungen. Es gab kaum ein Mittel sich vor derartigen „Überraschungen" zu schützen. Und trotzdem, das Leben ging weiter, jeder beteiligte sich auf seine Weise am Aufbau des Landes, ging des Nachts zum Schutz der Siedlungen auf Wache. Bald gehörte dieses Leben voller Spannungen zum Alltag. Der Schrecken konnte jeden Einzelnen zu jeder Stunde ereilen. Als ein naher Freund aus der Berliner Jugend-Alija – ich kannte ihn sehr gut, er gehörte zu den täglichen Mittagsgästen meiner Mutter während der schrecklichen letzten Monate des Jahres 1938 – auf einer archäologischen Exkursion in den Jerusalemer Bergen hinterrücks erschossen wurde, war die Erschütterung nachhaltig. Die Abwesenheit unserer Männer an vielen Abenden, die sich den Verteidigungseinheiten der Hagana angeschlossen hatten, erhöhte die Spannung oft ins Unermessliche, hatte jedoch auf die gewohnte Erfüllung unserer täglichen beruflichen und häuslichen Pflichten keinerlei Einfluss.

Ich muss es wiederholen: Das Leben in dem jungen Judenstaat war schwer und vor allem anstrengend, alle Kräfte mussten täglich hergegeben werden. Die drohende Kriegsgefahr wich niemals aus unserem Bewusstsein. Fast täglich gab es Berichte über arabische Überfälle auf jüdische Siedlungen, keine Siedlung konnte sich sicher fühlen. Die arabischen Fedajin[123] drangen in die Vororte der größeren Städte ein, überall im Lande versuchten die Hagana-Wächter, die Schomrim, das größte Unheil zu verhüten.

Unvorstellbar ist es heute für mich, wie wir, meine Lehrer-Kolleginnen und ich, den Schulunterricht – die Schulklassen umfassten bis 50 Schüler –, Familie und Haushalt, die primitive Haushaltsführung täglich bewältigten. Man arbeitete sechs Tage in der Woche, schulfrei war nur der Sonnabend, der Sabbat, der zur Vorbereitung des Unterrichts für die folgende Woche und der Korrektur der Schulaufsätze diente. Und nichtsdestoweniger fand ich die Zeit, in der Schule zusätzliche Aufgaben zu übernehmen. Ich organisierte, oft am Freitag, Musik- und Literaturabende. Viele Familien unserer Schüler waren sehr wohlhabend, besaßen Villen, umgeben von großen Gärten, so dass ich mit meinen beiden Klassen fast hundert Kinder an einem Abend zusammenbringen konnte. Sie machten keinerlei Lärm, gespannt und konzentriert folgten sie meinen Ausführungen über ein Musikwerk, bevor es auf der Langspielplatte vorgeführt wurde, oder meiner Einführung in eine Novelle oder einem Märchen der Weltliteratur.

Ich organisierte Ausstellungen, Theateraufführungen und vor allem tagelange Wanderfahrten, oft in mein geliebtes Gaul, nach Zfat, die Stadt der Mystiker nach der Vertreibung der Juden aus Spanien und jetzt auch die Stadt der Malerkolonien. Wir übernachteten in primitiven Jugendherbergen, fuhren auf drei Lastwagen, in denen wir auf sperrigen schmalen Holzbänken an den Längsseiten entweder saßen oder herunterpurzelten, die Wege waren holperig. Wir ermüdeten nicht, sangen stundenlang, führten Gespräche über die Siedlungen, die an unserem Weg lagen, rasteten um die Mittagszeit und frühstückten ausgiebig. Begleitet wurden wir von einigen bewaffneten älteren Jugendlichen, 17- oder 18-jährig, die wie alle Jugendlichen Israels eine vormilitärische Ausbildung erhalten hatten. Sie waren nicht nur unsere Beschützer, zu denen auch die Busfahrer gehörten, auch diese waren bewaffnet, sie waren darüber hinaus unsere Freunde. Auf einer unserer mehrtägigen Fahrten kletterten wir auf den Arbel, einen Berg im oberen Galil[124]. Dort hatten zur Zeit der Belagerung Jerusalems durch die Römer die Zeloten, die „Eiferer", eine jüdische Widerstandsbewegung, die keinerlei Kompromiss mit den Römern eingehen wollten, Gegenwehr geleistet. In diesen Berg hatten die Zeloten ihre Höhlen gegraben, von dort die Römer – deren Feldherren waren Vespasian und später dessen Sohn Titus – angegriffen, bis sie überwältigt werden konnten. Meine Lebenslust war in diesen Jahren nicht zu bändigen, den Abstieg vom Arbel vollführte ich auf meinem Hosenboden. Es war mir zu langweilig, langsam, vorsichtig und behutsam Schritt für Schritt herunter ins Tal zu steigen. Ich wartete, bis meine Schüler im Tal angelangt waren, dann setzte ich mich auf meinen Hosenboden und unter lautem Hallo fuhr die Frau Lehrerin abwärts.

Josef schüttelte manches Mal den Kopf über meine Unternehmungslust. Ich werde seine originelle Lobrede, die er anlässlich einer Elternversammlung auf mich hielt, niemals vergessen. „Mirjam", so Josef, „ist wunderbar. Sie kann einfach alles, ist immer zu allem bereit." Es folgte eine lange, ausführliche Aufzählung aller meiner Unternehmungen. Er redete, lobte, begeisterte sich, es nahm kein Ende. Ich wollte schon den Raum verlassen, derartig peinlich waren mir diese „Lobreden" vor Eltern und Kollegen. Ich wusste nicht, wohin ich gucken sollte. Dann beendete Josef seine wirklich sehr wortreiche Lobrede mit folgenden Worten: „Aber noch so eine Mirjam – und ich würde mich aus dem Fenster stürzen." So löste sich die als peinlich empfundene Spannung in heiteres Gelächter auf. Aber er meinte es ernst. Ich spielte in der Schule die Rolle meiner Kindheit: Ich sagte „Nein" zur Einführung von Einheitskleidung der Schüler, „Nein" zu den morgendlichen Musikempfängen auf kreischenden Grammophonplatten, „Nein" zu manchen pathetischen „nationalstolzen" Kundgebungen, wie anlässlich eines militärischen Erfolges, „Nein" zu sentimentalen, tränenreichen Nachrufen jüngstverstorbener Altzionisten. Nicht immer konnte ich mich durchsetzen, aber da ich stets bereit war, Feierstunden, Theateraufführungen selbst zu organisieren, Ideen zu Ausstellungen zu realisieren, wurde ich nicht als querulanter „Neinsager“ kritisiert, die Beziehungen zwischen mir und den Kollegen waren letztendlich harmonisch. Ich war anstrengend, aber selbst immer bereit, Feiern, wenn darum gebeten, Festlichkeiten auszurichten, allerdings nach meinem, nicht nach dem alt gewohnten konventionellen Israel-Stil. So weigerte ich mich, zu Purim die Estergeschichte aufzuführen, ein jährlich sich wiederholendes Unternehmen aller Schulen in Israel. Stattdessen übersetzte ich, richtiger, verbesserte ich eine bereits bestehende Übersetzung des Märchens „Der König und die Nachtigall“ von Andersen. Es war ein chinesisches Märchen. Chinesische Gestik, Tänze, Bewegungen wurden einstudiert, pentatonische Musik von dem Musiklehrer und mir zusammengestellt, vor allem aus Mussorgskijs[125] „Bilder einer Ausstellung“. Wir führten unser Stück in dem größten Kino-Saal Ramat Gans auf, er hatte Platz für 2000 Kinder, und die Aufführung gestaltete sich zu einem Riesenerfolg. Die dumme Haman-Ester-Mordechai-Ahasverusgeschichte war vergessen. Purim ist ein Tag der Freude, der Verkleidungen, der Tänze, und mein chinesisches Märchen erfüllte glänzend all diese Bedingungen. Es war neu für die Zuschauer, die von den jährlichen Aufführungen der Estergeschichte keinerlei Spannung, keinerlei Überraschung mehr zu erwarten hatten.

Wir waren glücklich. Max war wenig zu Hause. Als leitender Ingenieur war er viel unterwegs. Da er in Timna, in der Negevewüste oder am Toten Meer arbeitete, kam er oft für einige Wochen nicht nach Hause, doch waren gerade dies die Aufgaben seiner Träume: ein Diplom der Technischen Universität von Berlin im Jahre 1938 zu erlangen, um als Ingenieur für allgemeinen Maschinenbau seine zionistischen Vorstellungen von einem nicht nur landwirtschaftlichen, sondern mehr von einem industrialisierten Judenstaat zu verwirklichen. Ich habe meine Kinder- und Jugendträume von einer akademischen Laufbahn bald nach dem Jahre 1933 aufgegeben, jedoch gehofft, auf irgendeinem Weg als Lehrerin und als Erzieherin in einer staatlichen Institution im erträumten Judenstaat ein sinnvolles Leben zu gestalten.

Zu meiner großen Freude entwickelte sich Jonathan, trotz schlechter Schulleistungen, gut. Ich gestehe, dass ich es vorzog, seine Schularbeiten zu übernehmen, anstatt durch Strafpredigten und dauernde Ermahnungen die wirklich außerordentlich guten Beziehungen zwischen uns und unseren Sohn zu belasten. Aber da gab es Toni Halle. Sie war bereits in den zwanziger Jahren nach Palästina eingewandert. Gerhard Scholem schildert, wie er sie in der Universität Jena kennen gelernt hatte und sie nicht nur zu einer überzeugten Zionistin, sondern auch zu eifervollem Erlernen der hebräischen Sprache überredet hatte. Sie gründete dann in Tel Aviv ein Gymnasium, „Das Neue Gymnasium", hebräisch Tichon chadasch, eine höhere Schule, die genau meinen Idealvorstellungen von einer glücklichen Verbindung von sozialem Humanismus in der Erziehung und außerordentlich hohem Standard des Unterrichts entsprach.

In welchem Maße die höheren Schulen im Staate Israel von polnisch-russischer Disziplin geprägt waren und wie wenig Rücksicht sie auf die Besonderheiten ihrer Schüler nahmen, konnte ich Jahre später, nach meinem ersten Universitätsabschluss in Geschichte und in Bibelwissenschaft, schmerzlich erfahren. Einheitskleidung war vorgeschrieben, doch damit noch nicht genug. Wehe den Mädchen, die Schuhe mit höheren Absätzen trugen oder die es wagten, ihre Kleidung durch eigenen individuellen Geschmack zu verschönern. Ich musste einen Wutanfall unterdrücken, als in meiner Gegenwart der Schuldirektor ein Mädchen wegen derartiger Übertretungen mit den gröbsten Beschimpfungen angriff und sie der Klasse verwies. Es war schwer für mich, zu schwer. Heute weiß ich, dass diese Gymnasialerfahrung nicht wenig dazu beigetragen hatte, im

Jahre 1966 dem Druck meines Max', meiner Freunde und meines Tel Aviver Geschichtsprofessors, Zvi Yavetz, Professor für alte Geschichte und einer der prominentesten Wissenschaftler der Universität, nicht nachzugeben, und meine Dissertation nicht in Bibelwissenschaft zu schreiben – dann hätte ich Israel nicht verlassen müssen –, sondern in den Geschichtswissenschaften zu promovieren, ein Unternehmen, das nur an einer ausländischen Universität möglich gewesen war, denn nur dort standen dem Doktoranden die notwendigen Bibliotheken zur Verfügung.

Der Eklat in meinem städtischen Gymnasium ließ nicht lange auf sich warten. Der Schulleiter drückte mir eine Broschüre in die Hand, es war eine Abhandlung über den „Arabischen Antisemitismus", mit der Aufforderung, diesen Text in der so genannten „Erziehungsstunde" mit meinen Schülern zu lesen und über die dort vorgebrachten Thesen zu diskutieren. Ich weigerte mich, nahm ihm die Broschüre nicht aus seiner Hand. „Was treiben Sie denn in der Erziehungsstunde mit Ihren Schülern?", fragte er mich sehr provokatorisch. Er konnte seinen Ärger nicht verbergen. „Ich frage eine Woche vorher die Schüler, über welches Problem sie diskutieren wollen", antwortete ich, „bestimme mit ihnen die Thesen und die Methode der Auseinandersetzung, so dass die Schüler vorbereitet sind." „Seit wann ist es üblich Schüler zu fragen, wie der Unterricht gestaltet werden soll? Auch die ‚Erziehungsstunde' muss vom Lehrer bestimmt werden!", so mein Vorgesetzter. Meine wütende Antwort: „Seit wann? Darauf kann ich antworten: seit Pestalozzi!", sagte ich und verließ mit Türenknallen das Direktorzimmer. Später wurde mir berichtet, er hätte einen Herzanfall erlitten und wäre mitten im Unterricht nach Hause gegangen! Und ich? Ich ging zwar nicht nach Hause, fiel allerdings in tiefes Nachdenken, ob der Beruf der Gymnasiallehrerin nach beendetem Studium mein Glück bedeuten würde.

Aber all dies ereignete sich viel später, im Jahre 1965. Jetzt, im Jahre 1955, saß ich bei Toni. Sie möge mir doch bitte sagen, wohin mit meinem lernunlustigen Sohn, welche Schul- oder Berufsausbildung käme für ihn in Frage?! „Was redest du denn! Er bleibt hier. Sage ihm, er soll Schularbeiten machen, er ist begabt und gehört auf eine Universität.“ „Mit den Noten?“, wandte ich ein. „Aber ja. Die letzten Monate vor dem Abitur wird er arbeiten. Er gehört auf die Universität. Mach dir keine Sorgen, schließlich haben wir ihn lange genug beobachtet und waren beeindruckt von seiner Konzentrationsfähigkeit. Also, ziehe hin in Frieden“, scherzte sie, und ich war völlig beruhigt. – Das war Israel: einerseits konservativ, jedweder Modernität abhold, ständig in Furcht, vom eigentlichen Ziel, der Errichtung eines wehrkräftigen Staates, abgelenkt zu werden, andererseits verständnisvoll, menschlich bemüht, jeden, entsprechend seinen wirklichen Fähigkeiten auf den richtigen Weg zu bringen.

Die Feststellung, „Wir waren glücklich, es ging uns gut“, bezieht sich auf die materiellen Umstände allein. Immerhin war es uns inzwischen gelungen eine herrliche Vierzimmer-Wohnung zu erwerben, von deren großen Terrassen wir bei klarem Wetter das Judäische Gebirge sehen konnten. Wir arbeiteten beide in unseren Berufen, und wir waren in der Lage, unsere Wohnung zu einem wirklichen Heim zu gestalten. Aber hinter dieser ewigen Sonne, dem lichtdurchfluteten Himmel lauerte die schwarze Wolke, stets war sie gegenwärtig. Oft habe ich mir darüber Gedanken gemacht, aus welchem Grunde wir niemals, weder in der Schule noch mit unseren Freunden, über die Naziverbrechen gesprochen haben. Ich erinnere mich nicht, dass Jonathan uns jemals nach dem Verbleib seiner Großeltern gefragt hatte. Sicher, es gab den Kasztner-Prozess, dessen Thema Verleumdung, Verschweigen, Ben Gurions Ambivalenz gewesen war, hinter dem der organisierte Judenmord – im Bewusstsein der Kinder – verschwand. Während der fünfziger Jahre bauten wir unseren Staat auf, gründeten eine schlagkräftige Armee. Unsere eigene Sicherheit stand im Vordergrund all unserer Überlegungen und Gedanken.

Aber war dies wirklich die volle Wahrheit? Nachts, wenn Jonathan schlief, begannen unsere Erinnerungsgespräche. Max und ich sprachen über unsere Jugend in Berlin, unsere Liebe zur deutschen Landschaft, umkreisten jedoch stets das eigentliche, in unserem Herzen brennende Thema und hüteten uns, es zum Gesprächsmittelpunkt zu machen. Ein Grund für unsere Zurückhaltung ist leicht zu benennen: „Wie kann man Kinder in eine solche Welt einführen, wie Vertrauen erwecken, zur Nächstenliebe erziehen, in einer Welt, die auseinander gebrochen war? Eine Welt, die jeden von uns sich selbst überlassen hat, jeden von uns zwang, sich allein in ihr zurechtzufinden?" Nein, wir sprachen nicht davon, und als meinem Sohn das Tagebuch einer Auschwitz-Überlebenden zufällig in die Hände fiel – das Buch der ungarischen Jüdin Olga Lengyel, die als einzige ihrer Familie das Todeslager überlebt hatte –, da sah er mich schweigend an, als verstünde er überhaupt nichts. Ich spielte die Unwissende, war unfähig, ihm auch nur annähernd den Sinn des Berichtes zu erklären. „Ima", so Jonathan, „was bedeutet ‚Mea culpa, mea maxima culpa'?" Mit diesen Worten beginnt die Autorin ihren Bericht. Ihr Mann erhielt den Befehl, sich einer „Arbeitsgruppe" anzuschließen, die nach Auschwitz gehen sollte. Man benötige dort einen Arzt, er solle seine örtliche Klinik in der kleinen ungarischen Stadt verlassen und seinen medizinischen Dienst im „Arbeitslager" – niemals sprach man von „Vernichtungslager" – antreten. Händeringend bat sie die SS-Mörder, sich ihrem Mann anschließen zu dürfen, nicht nur sie, auch ihre Eltern, auch ihre Kinder sollten mitgehen, sie wolle ihre Familie zusammenhalten. Dem Leser wird nichts erspart. Die Ermordungen von Kindern, Greisen und Kranken, aller Arbeitsunfähigen werden drastisch geschildert. Jonathan sah mich mit großen Augen an. Wie konnte er diese Dinge verstehen? Seine Welt war heil: Vater, Mutter, Schule, Freunde, die Nachbarschaft – man lebte damals in Israel wie in einer großen harmonischen Familie. Aber ich wollte jetzt alles, so viel wie nur möglich wissen.

Max brachte mir das Buch „Puppenhaus". Der Autor nannte sich Ka-Zetnik, abgeleitet von „Konzentrationslagerhäftling".[126] Der Leser wird mit unvorstellbaren, perversen Grausamkeiten konfrontiert. Das „Puppenhaus" steht für „Bordell", für die Häftlingsmädchen, die gezwungen wurden, den SS-Mördern zu Diensten zu sein.

So lebte man in einer zweifachen Welt: im gegenwärtigen Israel, dem neuen Gemeinwesen, einer Welt der Hoffnung, und in der Welt des Grauens, erweckt durch Lektüre und Berichte. Immer noch gab es viele Skeptiker, Ungläubige, es musste etwas äußerst Drastisches geschehen, um die Welt des unvorstellbaren Grauens, eine Welt der grauenvollen Realität, für jeden gegenwärtig zu machen. Das geschah durch die Entführung von Adolf Eichmann, seine Verbringung von Buenos Aires nach Jerusalem. Doch bis dahin verdunkelte mein Wissen um die Dinge, an deren Wahrhaftigkeit ich nicht zweifelte, zunehmend meine Seele, verdunkelte jegliche Freude, jeglichen beruflichen Erfolg, jegliche neue vertrauensvoll geschlossene Beziehung.

Es war Ende der fünfziger Jahre, dass längst vergessen geglaubte Kinderträume, von denen einer mich lange Zeit verfolgen sollte, wiederkehrten. Es geschah in Berlin, zur Mittagszeit, auf meinem gewohnten Heimweg von der Schule. Wir lebten noch sorglos und in Frieden. Zwar gab es bereits Straßenkämpfe zwischen Kommunisten und Nationalsozialisten, aber weder in der Schule noch in der Familie dachte damals jemand an wirkliches Unheil. So dachte ich auch tagsüber an keine Gefahr, doch dann erlebte ich eines Nachts als Traum eine Angst einflößende Geschichte, die ich niemals vergessen konnte. Ich war auf dem Weg nach Hause, bog in die Claudiusstraße ein, die auf das Holsteiner Ufer stieß. Merkwürdig, die Straße hieß nicht Claudiusstraße, sie trug einen neuen Namen: Hildesheimer Straße. Es gelang mir nicht, in das Holsteiner Ufer einzubiegen. Wie angewurzelt stand ich da, als warnende Stimmen mir zuriefen: „Rühre dich nicht, geh nicht weiter." Da erst bemerkte ich, dass eine hohe Brückenwölbung die „Hildesheimer Straße" überspannte, gestützt von zwei mächtigen Marmorsäulen. Dort auf den Podesten saßen die Wächter, sie waren bewaffnet, und als ich vor ihnen stand, warnten sie mich davor, durch den Bogen hindurch zu gehen. Denn, so erklärten sie, in unregelmäßigen Abständen fällt ein Beil aus dem höchsten Punkt der gewölbten Brücke und erschlägt denjenigen, der hindurch gehen will. Sprachlos stand ich da, erblickte jenseits der Wölbung mein heimatliches Holsteiner Ufer, doch konnte ich es nicht erreichen, ich fühlte mich wie gelähmt. Plötzlich ergriff mich panikartiger Mut, ich rannte durch die Wölbung und kaum hatte ich das Holsteiner Ufer erreicht, sauste das Beil scharf an mir vorbei, berührte mich nicht und ich wusste: Das war ein Traum. Ich stand entgeistert, traute mich nicht von der Stelle. Noch stand ich unter dem Druck meiner Entscheidung: ‚Rennst du durch – wartest du?', das Zaudern schien endlos. Im Jahre 1933 gewann dieser Traum die Bedeutung einer Vorhersage kommender Schrecknisse. Zeit meines Lebens behielt dieser Traum seine symbolische und gleichzeitig warnende Bedeutung.

Nein, ich war vielleicht zehn Jahre alt, als ich diesen Angsttraum erlebte, vergessen habe ich ihn nie. Irgendwie war das Grauen stets gegenwärtig, und als im Januar 1933 Verbrechen von der Regierung legitimiert wurden, wusste ich: Der Traum war eine Vorhersage. Der Zusammenhang zwischen Traum und gelebter Realität blieb gegenwärtig. Jahre später, im Staate Israel, wich die Bedrohung niemals aus meinem Bewusstsein. Harmlosen Vergnügungen konnte ich mich niemals hingeben, hingegen umso mehr den Vorbereitungen von Gedenktagen, sei es in Form von Gedichten, von Gesprächen über das Gestern und Heute mit verteilten Rollen oder selbst verfassten Szenen über den Israel-Alltag, denen es an Spannung und Dramatik nicht fehlte. Heute weiß ich, dass meine Empfindungen, meine Erlebnisse und die nicht lösbaren Probleme meiner Auswahl von Bühnenstücken, meinen Lesungen von Briefen und Tagebüchern zu Grunde lagen, und ich in dieser Mittlerrolle, unter Beteiligung meiner Schüler, die Grausamkeiten, von denen sie zum ersten Mal erfuhren, entschärfte, doch die Mitleidensfähigkeit nicht minderte.

Hannah Szenes, eine ungarische Jüdin, deren Mutter es nicht mehr gelang, Budapest zu verlassen, ließ sich gemeinsam mit gleichaltrigen Soldaten im Fallschirmspringen ausbilden, wurde in Jugoslawien von Partisanen an ungarische Faschisten ausgeliefert. Es folgten Verhaftung, Einzelhaft, Folterungen und letztlich Konfrontation mit ihrer Mutter. Über das Wiedersehen zwischen Mutter und Tochter wurde ein Bühnenstück verfasst, das mit einem Gefühlsreichtum, der kaum zu glauben war, von einigen meiner Schüler aufgeführt wurde. Mit Hilfe unseres Musiklehrers wurden die einzelnen Szenen, durch kurze klassische Musikstücke untermalt, gleichzeitig nahe gebracht und doch in die Ferne gerückt. Mit größter Anstrengung hielt ich meine Tränen zurück. Ich war Hannah, die Mutter – meine Mutter. Hannah wurde zum Tode verurteilt und von den ungarischen Faschisten erschossen. Ich meine heute noch, dass ich mit dieser Aufführung die Grenze des Erträglichen für die noch kindlichen Gemüter erreicht hatte. Darüber hinaus wollte ich nicht gehen. Die Erschütterung der Schüler und ihrer Eltern war beeindruckend.

*

Es war zu Beginn des Jahres 1960. Ich saß auf der Terrasse der Praxiswohnung meines Zahnarztes. Plötzlich sah ich meinen Sohn auf seinem Fahrrad daherrasen. Er stieg genau unter meinem Balkonsitz von seinem Rad ab und rief in höchster Erregung: „Ima, Ima, man hat Eichmann in Argentinien gefasst, ihn verhaftet, er ist bereits unter ‚Mossad-Bewachung'[127] in einem El-Al-Flugzeug auf dem Weg nach Israel." Wie alle Jugendlichen seines Alters war auch unser Sohn in dieser Zeit durch Lektüre, Zeitungs- und Radioberichte nicht nur informiert, sondern auch in höchstem Grade sensibilisiert. Eichmann war der Feind an sich. Ohne ihn, so meinte die Bevölkerung Israels, hätten der organisierte Judenmord, die Deportationszüge, die Enteignungen nicht durchgeführt werden können. In Jonathans Augen war er der Mörder nicht nur seiner Großeltern, sondern auch von Millionen Männern, Frauen, Alten oder Jungen, Kindern und Müttern mit ihren neugeborenen Babys. Der Hauptschuldige demnach! Endlich wäre, so Jonathan, die Stunde der Vergeltung gekommen. Seine Reaktion entsprach der allgemeinen Stimmung. Es war, als schrie man nach Lynchjustiz. Überall standen Gruppen von Menschen zusammen, alle sprachen in höchster Erregung. In den nächsten Wochen und Monaten schien es, als gäbe es kein anderes Thema als Eichmann. Jeder schien zu wissen, wer er war, welche Stellung er in der Nazi-Hierarchie einnahm. Endlich hatte man ihn dingfest gemacht.

Jonathan sprach und sprach, er konnte sich kaum beruhigen: „Und du, Ima? Du schweigst? Der Mörder Deiner Eltern – wir haben ihn jetzt in Israel!“ Ich schwieg. Noch würde er mich nicht verstehen. Es war mir ja nicht einmal klar, was ich selbst empfand, was in mir vorging.

Noch am Abend desselben Tages, nachdem ich die Nachrichten gehört hatte, wusste ich es. Schließlich bin ich mit der zionistischen Bewegung aufgewachsen, Palästina war die Gegenwelt zur Teufelswelt, in der ich gelebt hatte. Eifervoll hatte ich jahrelang die politischen Diskussionen im Lande verfolgt, ich kannte genau den Zionismus, den starren, kompromisslosen Zionismus von Ben Gurion. Er ging weit über den Zionismusgründer Theodor Herzl hinaus, über dessen Ausspruch „Die Juden, die wollen, werden ihren Staat haben.“ Er wird sehr bald verkünden, seine Abgesandten in Europa handelten, sprachen bereits in seinem Sinne zu den Überlebenden in den D.P.-Lagern: Alle Juden gehören nach Israel; jeder Jude dieser Welt ist ein potentieller Israeli, er muss nur nach seiner Ankunft im Flughafen von Lod verkünden „Ich bin Jude und will in Israel bleiben“, um seinen Anspruch auf die Israel-Staatsbürgerschaft zu begründen. Eichmann und seine Verbrechen werden die Rechtmäßigkeit dieses Gesetzes – es wurde bald als „Rückkehrgesetz“ formuliert und verabschiedet – jedem deutlich vor Augen führen. Ich ahnte es nicht nur, ich wusste es: Der Prozess würde als Grundstein einer nationalen Erziehung, als eindringliche Lektion der Geschichte der Juden in der „Diaspora“ vorgeführt werden. So geschah es auch: „Zionismus – begreift es endlich, Juden der Welt, – bedeutet Lebensrecht, Lebenserhaltung. Die Geschichte aller Juden steuert seit der Zerstörung des Tempels lückenlos auf die Auschwitzvernichtung zu, als Geschichte der Verfolgungen, der Entwürdigungen. Der organisierte Judenmord ist der Gipfelpunkt eines deterministischen Geschichtsverlaufs. Nur der Judenstaat garantiert Rettung vor Verfolgungen, Entwürdigungen und Mord.“ Dies ist in Kürze die Lehre Ben Gurions, die der Staatsanwalt der Jugend Israels vermitteln sollte.

Ich saß am Radio, verfolgte viele Stunden die Rede des Anklägers, es blieb mir nichts erspart. Er begann mit zwei Berichten über Judenverfolgungen, die in der Bibel in den Büchern Exodus bzw. Ester geschildert werden: mit Pharaos Befehl, alle Kinder der Hebräer seien im Meer zu ertränken, gefolgt von Hamans Rat an den persischen König Ahasverus, die Juden Persiens auf alle nur erdenkliche Art vom Leben zum Tode zu bringen. Der Staatsanwalt häufte Beweise auf Beweise über den seit Jahrtausenden bestehenden Judenhass und redete ohne Unterlass. Fernsehen gab es damals noch nicht in Israel, doch sein Pathos, seine dauernd erhobene drohende Stimme, seine schauspielerische Rhetorik verrieten seine ekstatische Körpersprache. Seine Suada nahm und nahm kein Ende, war im höchsten Grade ermüdend und war nicht geeignet, bei dem Hörer Emotionen, wie Mitleid, Anteilnahme oder Erschütterung, zu erregen. Deutlich erinnere ich mich an meine wachsende Ungeduld, in der zunehmend Abwehr, Langweile und Abscheu die Oberhand gewannen. Zunehmend ähnelte der Staatsanwalt einem Schmierenschauspieler. Dieser Ankläger konnte mich nicht erschüttern, er wirkte eher lächerlich.

Die Zuhörer in Jerusalem ließen sich willig Tag für Tag von Entsetzen packen, standen stundenlang Schlange, um wenigstens in den dem Gerichtssaal benachbarten Räumen, in die Reden und Antworten per Lautsprecher übertragen wurden, mithören zu können. Es ergriff mich eisige Kälte, ich fühlte mich zunehmend angewidert, da das eigentliche Anliegen, nicht das der Juden Israels, sondern das Anliegen ihres Repräsentanten, Ben Gurion, deutlich zu tage trat: Geld, Reparationen für den Menschenverlust, der notwendig gewesen wäre, den Staat aufzubauen, materielle Hilfe, um Armeen auszubilden und auszustatten. Das Wort „Wiedergutmachung" – niemals konnte ich mich an die Terminologie, entstanden in der Verbrecherwelt, gewöhnen. Sicher, man benötigte Geld. Die Flüchtlinge aus Nordafrika, aus dem Irak waren notdürftig in Zelten untergebracht, im Winter, zur Zeit der Regengüsse, schwamm alles im Wüstensand. Man nahm die Kinder zu sich nach Hause, ließ sie in den Schulen schlafen, wusch sie, entlauste sie, kleidete sie an. Es war schon eindrucksvoll, in welchem Maße in Ramat Gan, in dieser Stadt der Reichen, die Einwohner Tag für Tag schwer arbeiteten, um wenigstens die primitivsten Lebensbedingungen zu sichern. Aber „Wiedergutmachung" der KZ-Verbrechen? Das war ein leeres, ein bedeutungsloses Wort.

Die männlichen Neueinwanderer wurden zu den Waffen gerufen, militärisch ausgebildet. Die Frauen erhielten Grundlebensmittel und die Kinder trieben sich bei schlechtem Wetter in den Schulen und in den Turnhallen herum. Die Verständigung war schwierig, Hebräisch wurde mit größter Intensität gelernt. Wie selbstverständlich nahm jeder seinen Teil auf sich. Die nordafrikanischen Einwanderer waren ungemein gutwillig, ihre Kinder beteiligten sich eifervoll an den Hilfsleistungen. Es kamen der Sommer und die Schulferien. Man ernannte mich zur Jugendleiterin einer älteren Kindergruppe, mit der ich Tag für Tag zum Schwimmen ging, nicht ans Meer, sondern in die komfortablen Schwimmbecken und Badeanstalten, die man in Ramat Gan und in den benachbarten Ortschaften errichtet hatte. Dort verbrachte man die Tage bis zu den Abenden. Ausgebildete Sportlehrer übernahmen die Verantwortung und die Kinder hatten wirklich eine herrliche Zeit.

Wenn ich heute, Ende der neunziger Jahre, in Berlin fast täglich mit dem Fremdenhass konfrontiert werde, und dann die Erinnerung an die harmonischen Beziehungen zwischen den Sabres[128], den in Israel geborenen Kindern, und den Neueinwanderern aufsteigt, dann falle ich in tiefe Gedanken. Hier in Israel Menschenfreundlichkeit – dort, im „feinen" Deutschland, war man „stolz darauf ein Deutscher zu sein" und erging sich in Hasstiraden gegen alles „Fremde".

In dieses menschenfreundliche Israel brachte man Eichmann, wahrlich ein Wesen von einem anderen Planeten. Da gab es keine gemeinsame Sprache, obwohl er sprach und sprach. Unsereins, den Unbeteiligten, die ihm zuvor niemals begegnet waren, jedoch eine teuflische Vorstellung von ihm hatten, verschlug es jegliche Sprache. Im Gerichtssaal von Jerusalem saßen die Schuldlosen, die von den Unholden in eine teuflische Rolle als „Schuldige" verstrickt wurden, und sprachlose, ungläubige Zuhörer, die erst jetzt eine Ahnung von der ganzen unverständlichen Wahrheit über den grässlichen Tod ihrer nächsten Angehörigen bekamen, sie errieten es eher, als dass sie Tatsächliches erfuhren. Wer kann Auschwitz in Worte fassen? Wer kann für das Empfinden jener, die ihre Gräber selbst schaufeln mussten – Alte, Junge, Todkranke, Kinder, Mütter mit ihren Babys –, eine Sprache „erfinden"? Die Sprache für derartige Vorfälle muss erst erfunden werden, sie liegen völlig außerhalb des Vorstellbaren. Bis zum heutigen Tag begnügen wir uns mit Bezeichnungen für die Gräuel, die mit dem tatsächlich Vorgefallenen nicht in Verbindung gebracht werden können. Daher kann man auch Eichmann kaum einen Vorwurf machen, wenn er letzten Endes „sprachlos“ blieb. Da saß er nun in seinem Glaskasten im Jerusalemer Gerichtssaal, schiefmäulig, starren Angesichtes, bar jeglicher Gemütsbewegung. Seine Antworten, seine Darlegungen waren stockend, selten brachte er einen Satz zu Ende. Er wiederholte halbe Sätze, wie um sich selbst in Schwung zu bringen. Er schien nicht fähig zu sein, klare, zusammenhängende Gedanken zu bilden. Er hatte kein Schuldempfinden. Wie könnte er auch? Als Kind, als Schüler, in der Lehre – immer wieder wurde er darauf hingewiesen, dass „Gehorsam“ die höchste Tugend eines guten Deutschen ist. Was er zu tun hatte, wurde ihm befohlen. Kein Zweifel, dass er die ihm aufgetragenen Aufgaben zu erfüllen hat, und dies so unaufwändig wie möglich. Organisationstalent ist ihm nicht abzusprechen. Das Endziel war die Massenvernichtung durch Gas. Wie kommt man an dieses Ziel? Es müssen Listen angefertigt, Sammelplätze gefunden, Vermögensaufstellungen angefertigt, Benachrichtigungen verteilt, Transportgüterzüge bereitgestellt, das gesamte Personal der jüdischen Gemeinde mit Aufgaben beauftragt werden, wie Verpflegung vor der Abfahrt, denn waren die Deportierten erst einmal in den Zügen, wurde „Verpflegung“ zum Fremdwort, es gab einfach nichts zu essen, zu trinken. Geordnet mussten auch die Arbeiterkolonnen – es wurde vorgespielt, sie würden Hilfsarbeiten im Osten zu verrichten haben – zum Ort des Abtransports gebracht werden. Es musste so lautlos wie möglich vor sich gehen, die nichtjüdische Bevölkerung sollte nicht beunruhigt und nicht auf den Gedanken gebracht werden, Fragen zu stellen, die nicht zu beantworten wären.

War es Eichmanns Idee oder die seiner Vorgesetzten, diese „Dienstleistungen“ von Juden verrichten zu lassen, eine „jüdische Polizei“ zu organisieren? Leo Baeck – Rabbiner, Vorsitzender der „Reichsvereinigung“ und höchste Autorität unter den Juden Berlins – nahm an, dass „jüdische

Polizisten" freundlicher mit den Verdammten umgehen werden.[129] Welche Naivität! Freundliche „jüdische Polizisten" würden von den Befehlshabern als Saboteure und von ihren Opfern als Kumpane verdächtigt werden. Sie wussten es, die jüdischen „Ordnungsdiener", dass sie letzten Endes Geiseln waren. Sollte nicht alles nach den Vorstellungen der Gestapo verlaufen, würde man sich an den Angehörigen der „Judenpolizei" schadlos halten. Ihr Leben und das ihrer Angehörigen hingen von einem ordnungsgemäßen Ablauf der Deportationen ab.

Die Vorschriften kamen in Berlin von Eichmann, später von ihm in Wien, die Endstation seiner mörderischen Aktivitäten war Budapest. Zu diesem Zeitpunkt gefiel ihm sein Handwerk schon über die Maßen gut, höchst unwillig folgte er im Winter 1944 dem Befehl Himmlers, keine neuen Transporte zu organisieren, und er konnte den Augenblick des Fortganges der Mordtransporte kaum abwarten, was Kasztner bezeugte, sein dubioser Mitarbeiter, der „Retter", so seine Selbstbezeichnung, der „Mordkomplize", so die ungarischen Juden. Alle Kategorien waren durcheinander geworfen, in Budapest unter Eichmanns Herrschaft: Rettung, Hilfe, Bestechung, Lug und Trug, Verrat – wie soll man Bewertungen beurteilen. Ich weiß nicht, was die Wahrheit war, ich weiß nur, dass ich Kasztner für einen Schuft hielt und dass Ben Gurion in meinen Augen ein doppeltes oder dreifaches Spiel spielte – glaubte er an die Rettung durch Tausch von Lastwagen gegen ungarische Juden? In dieser Wahnsinnswelt gab es keine Wahrheit mehr, auch die „Davon-Gekommenen" konnten ihres Lebens nicht mehr froh werden, sie wussten, dass ihr Leben aus „geschäftlichen" Gründen – Politik konnte man diese Korruption nicht mehr nennen – gerettet worden war. Und warum gerade ihr Leben? Wer hielt die schützende Hand über sie? Jahrzehnte quälte die Geretteten die Frage: Warum gerade ich? Und sie litten an der Unmöglichkeit, die Frage zu beantworten, und manche fanden schließlich den selbst gewählten Tod als den einzigen Ausweg aus dem Dilemma. In diesem Zusammenhang erinnere ich an Primo Levi[130], Peter Szondi[131], Jean Améry[132] und Paul Celan[133] und an die vielen „Gezeichneten", deren Leben zum nimmer endenden Martyrium des Erinnerns wurde.

Wie wenig kann ich im Rahmen meiner Erinnerungen hierüber schreiben, wie viel gäbe es zu erklären, zu rechtfertigen. Und vor diesem Hintergrund erwartet man von einem Eichmann, er solle Rede und Antwort stehen? Er war „gehorsam", und das ist, so seine Meinung, die Erfüllung eines wahrhaft tugendhaften Lebens. Den „kategorischen Imperativ", den er merkwürdigerweise einigermaßen richtig zitierte, reduzierte er von der Menschheit im Allgemeinen auf einen Einzelnen, auf seinen „Führer". ER hatte es befohlen, und er, Eichmann, hatte dementsprechend zu handeln, denn der Führer bestimmte, er verkörperte das richtige Handeln für den Rest der Menschheit. So einfach war es.

Nein: Wer niemals an den Pforten der Hölle stand, niemals in der Hölle gewesen ist, dort nach Befehl eine Funktion ausgeübt hat, kann nicht richten. Gut und Böse haben sich gegenseitig aufgehoben. Anmaßend ist der „Besserwisser", der meint zu wissen, was die Juden hätten tun sollen, kalt und herzlos ist er, wenn er in einer Sprache, die den höhnischen Unterton nicht verdecken kann, meint, apodiktisch Urteile fällen zu dürfen. Ich spreche von Hannah Arendt, deren Selbstsicherheit erstaunliches Unverständnis des gesamten Unheils verrät, von ihrem Hochmut ganz zu schweigen. Wer kann sich erlauben, ein Urteil zu fällen, wenn er niemals auf dem dünnen Seil, das gespannt ist über zwei schaurige Abgründe, in denen man nur einen grässlichen, unwürdigen Tod zu erwarten hat, balancierte, der niemals, auch, wie es scheint, in seiner Vorstellung nicht, einer solchen unausdenkbaren Extremsituation ausgesetzt war?

Während um mich herum sich jeder jeden Tag während des Eichmann-Prozesses von Neuem von Entsetzen packen ließ, der Gerichtsaal Tag für Tag überfüllt war, die Menschen stundenlang Schlange standen, um wenigstem in den benachbarten Räumen des Gerichtssaales, in die die Reden und Verhöre durch einen Lautsprecher übertragen wurden, dem Verhör folgen zu können, wurde ich von Tag zu Tag gefühlskälter, fühlte ich mich zunehmend angewidert, da das eigentliche Anliegen, nicht das der Juden Israels, sondern das Anliegen Ben Gurions deutlich zu Tage trat: der Staatenwelt die eigene Schuld und Verantwortung im Bewusstsein zu verankern und damit die Pflicht, die Existenz des Judenstaats zu garantieren.

Ich weiß, ich hätte spätestens nach meiner Ankunft in Auschwitz meinem Leben ein Ende gemacht, wenn ich den Sinn der elektrisch geladenen Stacheldrähte begriffen, wenn man mich wie ein Stück Schlachtvieh mit einer Nummer gekennzeichnet, wenn man mich namenlos gemacht hätte. Aber hätte ich es getan, wem hätte ich geholfen, wen – gerettet? Wäre es nicht eher eine Tat der Selbstbezogenheit gewesen, Ausdruck meines Willens, meine eigene Würde zu retten? Kein Grund, deshalb Stolz zu empfinden. Es wäre kein Märtyrer-Tod, keine „Heiligung für Seinen Namen – den Namen Gottes" gewesen. Man wurde ja nicht vor die Wahl Tod oder Taufe gestellt, sondern vor die „Wahl": Tod oder Tod, Selbsttötung oder Tod durch Mörderhand. Der letzte Akt der Erniedrigung soll durch Selbstmord vollführt werden mit dem Gefühl „Mich berührt keiner, ich will meinen Mörder nicht sehen müssen, ich bin derjenige, der Herr seines eigenen Schicksals ist, es gehört mir!" Mir allein hätte ich geholfen, und ich muss gestehen, wie viel leichter ich den Tod meiner Eltern ertragen hätte, wenn sie sich zu Herren ihres eigenen Todes gemacht hätten. „Hoffen" – das ist keine Alternative, Hoffnung kann auch die Mutter der Feigheit, bestenfalls der Unschlüssigkeit oder des Unglaubens sein.

Nach dem Krieg, als viele der wenigen Geretteten anlässlich ihrer Verhöre vor den Siegern behaupteten, nichts über Gaskammern gewusst zu haben, war ich sogar geneigt, ihnen zu glauben. Denn Auschwitzer Häftlinge, die sie zu den Selektionen führen mussten, ihnen halfen, ihr weniges Handgepäck zu tragen, versuchten die Neuankömmlinge über Auschwitz, die Kamine, den Rauch und die Gaskammern zu belehren. Sie artikulierten ihre Worte, ohne die Lippen zu bewegen, aber die Ankömmlinge waren davon überzeugt, es mit Verrückten zu tun zu haben. Sie wollten ihnen nicht glauben. Hunger, mangelnder Schlaf, die furchtbaren hygienischen Bedingungen in den Güterzügen hatten sie bereits jeglichen Realitätsempfindens beraubt. Es ist oft und ausführlich geschildert worden, wie den Neuankömmlingen Stück für Stück die Menschenähnlichkeit abhanden gekommen war: Nackt wurden sie unter die eiskalte Dusche gejagt, sie bekamen lumpenartige Kleidungsstücke, wie zum Hohn seidene Unterröcke für die eiskalten Wintertage, die Schädel wurden ihnen kahl rasiert, wie eine Viehherde wurden sie durch Tätowierungen nummeriert. So ging ihnen jegliche Selbstachtung verloren, wurden sie zunehmend menschenunähnlicher. Es war leicht sie zu töten, sie waren bereits tot, gefühllos und verhungert, und nur durch Zufall nach einer „Selektion" verschont geblieben. „Wir sahen uns selber so, wie sie uns sahen, wie Ungeziefer konnte man uns zertreten, wir waren aller menschlichen Würde und Selbstachtung beraubt.", so der Bericht einer Überlebenden.

Da saß er im Glaskasten des Gerichtssaales von Jerusalem. Eichmanns Mund war immer verzerrt, sein Angesicht – starr. Selten sprach er einen Satz zu Ende. Er wusste, dass er zum Tode verurteilt werden würde, man sah ihm keine Gemütsbewegung an. Tag für Tag saß er da, blätterte in seinen Akten, antwortete korrekt, sein ewiger Refrain war: „Ich habe nur gehorcht, zum Gehorsam hat man mich erzogen." Während des Prozesses und der Zeugenvernehmung wurde es allen deutlich und, soweit ich mich erinnere, er sprach es auch aus, aus der Presse wurde ihm dieser Satz viele Male in den Mund gelegt: „Wir brauchten die Hilfe der Juden, wir brauchten sie als Hilfspolizisten und für unzählige andere technische Verrichtungen. Ihre Mitarbeit wirkte auf die Juden beruhigend und war dazu angetan, Panik zu verhüten." Jahre, wenn nicht Jahrzehnte grübelte ich über das Schuldmaß der zahllosen jüdischen Hilfspolizisten, die sich letztlich als „Hilfsmörder" erwiesen, nach. Sie waren es, die am frühen Morgen in den Wohnungen der zum Tode Verurteilten erschienen, die aufzupassen hatten, dass alle Vorschriften beachtete würden, sie waren es, die ihre traurige Fracht per Lastwagen an den Sammelorten ablieferten. Sie hofften, und wahrscheinlich hatte man es ihnen versprochen, sie und ihre Angehörigen zu verschonen, so war weniger Hilfsbereitschaft als zunehmend Todesangst das Motiv ihrer „Dienstleistungen". Oft wurden sie ungeduldig, brüllten. Wie groß war der Irrtum des Rabbiners Dr. Leo Baeck, der seine Zustimmung für die Rekrutierung der Hilfspolizisten gegeben hatte, mit der Begründung, es wäre den Opfern angenehmer, von Juden auf diesem Gang begleitet zu werden, die SS-Polizei würde brutaler mit den Opfern umgehen. Ich bin sicher, Baeck hatte sich geirrt. Taten doch die Gestapo-Beamten alles, um die Juden zu täuschen, gerade durch Freundlichkeit jeglichen Verdacht zu zerstreuen. Die Hilfspolizisten hegten wahrscheinlich zu Beginn ihrer Aktionen Hoffnungen, doch zunehmend begriffen sie ihre Funktion, ihre furchtbare Aufgabe deutlich. Nur wenige von ihnen blieben am Leben, aber nicht als Dank, eher aus Zufall oder weil sie im letzten Augenblick das grausame System durchschauten und sich in den Untergrund begaben. Gerettet konnten sie sich durch die ihnen übertragene Aufgabe niemals fühlen, ihr Schicksal blieb dem Zufall überlassen.

Wie glücklich erschienen mir in meiner Verzweiflung diejenigen, die nichts ahnend sofort nach der Ankunft in die Gaskammern hereingepresst wurden. Mein Trost, mein armer elender Trost. Meine Eltern wussten nichts – tröstete ich mich. Als das Gas bereits im Raum verströmte, verloren sie das Bewusstsein – hoffe ich. So rede ich es mir immer wieder ein, wie der bereits zitierte kleine jüdische Kaufmann aus dem Film „Ship of Fools“, der gefragt wurde, wie er Ende der dreißiger Jahre wieder nach Deutschland zurückkehren könne! „Was kann den[n] passieren? antwortete er, sie können doch nicht alle töten!“ Wie oft wiederholte ich mir im Geiste die allen unvorstellbare Wahrheit!

Selbstverständlich bin ich ein Gegner der Todesstrafe. Man lasse sich das Wort auf der Zunge zergehen „Todes-Strafe“. Niemand hat das Recht Tod als Strafe zu verhängen. Aber wohin mit Eichmann!? Ihn vielleicht für Jahrzehnte im Gefängnishof herumlaufen lassen? Man musste ihn töten, es gab keine andere „Strafe“! Noch einmal durfte er im Mittelpunkt einer Diskussion stehen, alle möglichen Vorschläge wurden erwogen, seine letzte Stunde durfte er selbst gestalten. Oh, wie widerlich war mir der Gedanke an ihn und seine Fürsprecher, deren Humanitätsduselei ich als deren Art von Wichtigtuerei empfand! Mit der Verkündung des Todesurteils hätte doch ein Ende gesetzt werden können. Die Diskussionen nahmen kein Ende und ich empfand alles, die gesamte Diskussion, als nutzloses widerwärtiges Theater. Ich weiß, es klingt frivol – aber ob nun gehängt oder ausgeliefert! Dieser Glaskasteninsasse, dieses Muster an Gehorsamkeit, hatte mit nicht zu überbietendem eifervollem Gehorsam Hunderttausende vom Leben zum Tode bringen lassen. Alle „feinen und klugen Menschen“ zerbrachen sich den Kopf, auf welche Weise er aus dieser Welt zu verschwinden hätte. Eichmann selbst sah bis zu seiner letzten Minute keinerlei Zusammenhang zwischen seiner Tat und dem richterlichen Urteil. „Ich bin das Opfer eines Fehlschlusses“, jammerte er. Der letzte Akt des Theaters wurde zu einem ungeordneten Sammelsurium von Absurditäten. Da sitzt er in seinem Glaskasten, die personifizierte Mittelmäßigkeit, da fühlt sich der durchschnittliche Israeli als Vollstrecker des Rechts, an diesem bedeutungslosen Befehlsempfänger, dem es noch gelang, diese Welt mit seinem dummen Pathos der Lächerlichkeit kommender Generationen preis zu geben: „Es lebe Deutschland – es lebe Argentinien – es lebe Österreich“. Über die Reihenfolge seiner Segenssprüche wird dieser „deutsche Held“ lange nachgedacht haben.

Nachdem ich mit meinen selbstquälerischen Überlegungen über den Anteil an Schuld der Opfer und der jüdischen Helfer meinte zu einem Ende gekommen zu sein, nur um dann festzustellen, dass es für diese Frage niemals eine endgültige Antwort geben kann, verschloss ich das grausamste Verbrechen unserer Menschheitsgeschichte tief in die Unauflösbarkeit einer Beurteilung oder in der Formulierung vom bösen Menschen oder der bösen Tat. Ich floh in die Erinnerungswelt meiner phantasiereichen Vorstellungen, in der mir alles – Musik, Literatur, Kunst und Menschenliebe – zu Gebote standen. Ich habe es erfahren, dass es möglich ist, auf diese Art zu überleben, nicht zu zerbrechen, sich letztlich selbst treu zu bleiben. Allerdings um den Preis zunehmender Empfindsamkeit und Unduldsamkeit, jedoch gleichzeitig wachsender Erkenntnis, dass die Welt zur ewigen Unvollkommenheit verdammt ist. Als Kind habe ich sehr oft nach einer Erklärung für die Diskrepanz zwischen dem Wissenschaftsfortschritt einerseits und dem unveränderbaren Stillstand oder sogar Rückschritt moralischer Erkenntnisse gesucht. Zuweilen schien mir, als erfülle die Wissenschaft die Funktion eines sehr erschreckenden Rückschrittes, einer perversen Rechtfertigung des „Bösen“.

*

Zu Beginn der sechziger Jahre begann meine „Sturmzeit“, als wollte ich nachholen, was mir das Schicksal bisher verwehrt hatte. Ich kann sie auch meine „Sternenzeit“ nennen: Eine Erkenntnis jagte die andere, als blitzten in meinem Geiste ständig neue Lichter auf, die mir das Leben in einem veränderten Sinn erscheinen ließen. Es war zudem eine Zeit ständiger geistiger Unsicherheiten, intensiven Denkens und unaufhebbarer Zweifel, eine Zeit, die bis zum heutigen Tage kein eigentliches Ende gefunden hat. Sicherheit boten mir allein weiterhin die Schule, der Unterricht und meine Bindung an meine Schüler; je schwieriger sich die pädagogische Aufgabe gestaltete, desto intensiver wurden meine Bemühungen die Schwierigkeiten zu überwinden. Die Eltern standen in jeder Situation auf der Seite der Kinder, meine scherzhafte Bemerkung während einer Elternversammlung, „Euch, ist das Kind heilig, nicht weniger als den Indern die Kuh.", löste herzhaftes Gelächter aus. Allmählich gelang es mir, auch die Eltern zu einer kritischen Beurteilung der Verhaltensweisen ihrer Kinder zu bringen. Diese unkritische Elternliebe hinderte sie nicht, wegen kleiner Vergehen ihrer Kinder in unkontrollierte Wutanfälle auszubrechen, um sie kurz danach wieder mit Liebkosungen zu überschütten. Ich gelangte zu der Erkenntnis, dass unsere Israel-Kinder, unsere „heiligen Kreaturen", nur mit ungewöhnlichen Mitteln zur Schuldisziplin erzogen werden können.

„Mirjam", sagte eines Tages Josef, mein Schuldirektor, „in dieser Klasse, die du heute übernimmst, ist ein Schüler, Chanan, der nicht zu bändigen ist. Er stört immer, er sieht dies als seine Aufgabe." Als ich meine neue Klasse betrat, erhob sich ein 14-jähriger Knabe und riet mir, ihn sofort aus der Klasse herauszuwerfen, er würde nur stören und das wäre doch schade, da er glaube, dass ich eine nette Lehrerin sei, wenigstens behaupteten dies Schüler anderer Klassen, die ich unterrichtet hätte. „Gut", sagte ich, „verlasse die Klasse!" Äußerst erstaunt erhob er sich. Er war schwer verunsichert und schaute, als wolle er sagen: „Was, sie schimpft nicht? Sie schreibt keinen Brief an die Eltern?" „Na geh schon", sagte ich. Also ging er, es blieb ihm nichts übrig, schließlich musste er sein Prestige vor der Klasse retten. Nach dem Unterricht ging ich mit ihm in das Sekretariat. „Chaja, vielleicht brauchst du eine Hilfe", meinte ich zu der Sekretärin, „hier ist doch immer etwas zu tun – Rundbriefe und Mitteilungen zu verteilen, Botengänge zu überneh-

Marianne Awerbuch mit einer Schulklasse in Ramat Gan in den 1960er Jahren

men." Ich zwinkerte ihr zu und Chaja verstand. Sie deckte ihn mit dem Ordnen von Unterlagen, mit Botengängen von Klasse zu Klasse und mit vielen anderen Erledigungen ein. Chanan war stolz, rannte von Klasse zu Klasse: „Ich komme im Namen des Direktors, und er bittet…", es waren vielerlei „Bitten" zu erfüllen. Die Klassen amüsierten sich, Chanan war stolz, und ich hatte meine Ruhe während des Unterrichts. Doch nach einigen Wochen fragte mich Chanan: „Erlaubst du mir heute in der Klasse zu bleiben?" „Aber ja", war meine Antwort. Vorerst zweimal in der Woche, doch nach längerer Zeit jeden Tag, erschien Chanan zum Unterricht. Und, oh Wunder, er erledigte sogar seine Schularbeiten, zwar mehr schlecht als recht, doch waren alle, Chanan, seine Eltern und ich, seine Lehrerin, zufrieden. Alle ermunterten ihn, so dass man ihm mit Mühe und Not nach gegebener Zeit ein Abgangszeugnis überreichen konnte, das ihm ermöglichte eine Lehrstelle zu erhalten und eine Berufsschule zu besuchen.

Chanan war kein Einzelfall. Um den Bann zu brechen, Interesse am Lernen zu erwecken, musste man unkonventionelle Methoden anwenden, das war allen Lehrern in Israel klar. Die Lehrergewerkschaft war noch vor der allgemeinen Arbeitergewerkschaft gegründet worden, und aus dieser Gründerzeit stammte die kurze und prägnante Formulierung der Lehreraufgaben: „Wir unterrichten nicht, wir erziehen!" – ERZIEHEN groß geschrieben, die Lehre war nur Mittel, niemals Endzweck. Ausgebildet bei Nelly Wolffheim, geübt mit schwer erziehbaren Kindern umzugehen, und da der Unterrichtsstoff in den unteren Klassen keine große intellektuelle Herausforderung bildete, konzentrierten ich mich wie alle Lehrer auf das „Wie" und erst dann auf das „Was"! Dreimal im Jahr wurden Zeugnisse verteilt, nach der konventionellen Methode müsste dem Schüler dreimal im Jahr schriftlich attestiert werden, dass seine Leistungen ungenügend waren, dass er das Ziel der Klasse nicht erreicht hatte. Welches Selbstwertgefühl konnte sich bei einer derartigen Methode in dem Schüler entwickeln? Die Lösung des Problems war einfach und hilfreich. Der verständnisvolle Lehrer, der „Erzieher“, gab keine in Zahlen ausgedrückte Noten, sondern er formulierte einen kurzen Text, der immer ein positive Mitteilung enthielt, wie: „Er macht Fortschritte.“ oder „Er bereitet regelmäßig seine Schularbeiten vor.“ Es dauerte nicht lange und man konnte die meisten der an das Lernen nicht gewöhnten Schüler konventionell beurteilen. Diese nun in die Gemeinschaft der normalen Schüler eingegliederten Schüler waren ihren Lehrern ein Leben lang dankbar, so auch Chanan. Schließlich war diese „Einheitsschule“ keineswegs homogen. Viele Schüler bewegten sich auf dem schmalen Grad zwischen Normal- und Sonderschule. Es waren glückliche Momente in meinem Leben, wenn zwanzig, manchmal dreißig Jahre später Berliner Mitarbeiter meines Universitätsseminars am Institut für Judaistik, an dessen Aufbau ich mich an leitender Stelle beteiligte, mir nach einem Israel-Besuch herzliche Grüße meiner Ramat Ganer Schüler ausrichteten, oder wenn sich am Telefon ein Unbekannter meldete und mich in hebräischer Sprache fragte: „Hallo, Frau Lehrerin, raten Sie doch einmal, wer ich bin!“ Natürlich konnte ich dies nicht erraten, doch es handelte sich jedes Mal um einen meiner ehemaligen Schüler, der für einige Tage nach Berlin gekommen war, um, wie er behauptete, nicht nur die Stadt zu besichtigen, sondern wenn möglich auch die alte Lehrerin wieder zu treffen. Einmal geschah es, dass eine tiefe männliche Stimme sich vorstellte, und, um mir das „Raten“ leichter zu machen, hinzufügte: „Sie sollten sich erinnern, ich war der schlechteste Schüler Ihrer Klasse. Vier Jahre waren Sie meine Klassenlehrerin. Oh, welche Mühe Sie sich mit mir gegeben haben. Ich unternehme mit meiner Frau und meinem Bruder eine Europareise und stellte zur Bedingung, meine Lehrerin besuchen zu dürfen.“ Als er mir seinen Namen nannte, erinnerte ich mich wirklich. Hebräische Grammatik war sein absoluter Schwachpunkt. „Bitte,

bitte, verabreden Sie sich mit uns“, sagte er. Gut, wir trafen uns im Café Kranzler und es wurde ein heiterer Nachmittag, seine Frau betonte immer wieder, mit welcher Anhänglichkeit er über mich gesprochen hätte, „Stell Dir vor“, hätte er ihr erzählt, „ich war im Hebräischen nicht zu belehren, aber niemals hatte sie die Geduld verloren, sondern immer neue Wege erfunden, mir die oft sehr schwierige, vor allem biblische Syntax zu erklären, und dies sogar mit einigem Erfolg!“ Immer wieder erhielt ich Grüße von ehemaligen Schülern, alle beriefen sich auf gemeinsame Erlebnisse und erfüllten mich mit Freude über meine pädagogischen Erfolge. Größeren Ehrgeiz hatte ich nicht.

Mein renitenter Widerstand, den ich dem unaufhörlichen Druck meines lieben Ehemannes, mich endlich in der neu gegründeten Universität Tel Aviv immatrikulieren zu lassen, entgegensetzte, wurde letztlich gebrochen. Ich brachte ins Spiel: „Ha, du kannst reden solange du willst, es ist aussichtslos: kein Abitur, nicht einmal ein Lehrerexamen. Und eines verspreche ich dir: Das Abitur mache ich nicht nach, auch wenn du mir den besten Mathematikunterricht geben würdest. Ich habe einfach kein Interesse daran, ich schalte sofort ab, wenn du mir auch in der liebevollsten Art Algebra oder Geometrie beibringen wolltest.“ Auch diese meine letzten Trümpfe halfen mir nicht. Max kannte mich zu gut und hatte hinter meinem Rücken vorsorglich, wie später formuliert, den „Marianne-Förderungskreis“ gegründet. Mitglieder waren mein Direktor, Josef, mein Schulrat und unser „Starlehrer“, der zu meinen besten Freunden gehörte. Man heckte einen Plan aus, dessen Ergebnis ich eines schönen Tages in meinem Briefkasten fand: „Sie werden gebeten, sich dann und dann im Hauptsekretariat der Universität Tel Aviv zu einem Gespräch einzufinden.“ Ich stutzte: „Nanu, verstehst du das?“ Max grinste! Ich folgte dieser kurzen und knappen Aufforderung pünktlich zur angegebenen Stunde, obwohl keine Begründung angegeben worden und die Universität letzten Endes kein militärisches Institut war.

Universität – wie originell, diese öden Sandhügel des ehemaligen Abu Kabir, zerstört im Unabhängigkeitskrieg, auf die man einige Holzbaracken errichtet hatte, die keine Gehwege besaßen, so dass man im Sommer im heißen Sand und im Winter im klebrigen Lehmboden watete, „Universität" zu nennen.[134] Doch sollte es nicht lange dauern und dieses Barackendorf entwickelte sich zu einer hochmodernen Institution, mit eindrucksvoll auf einem weiten Areal verstreut gelegenen Gebäuden, voneinander getrennt durch hügelige Wiesen, Blumenbeeten und mit der Zeit hohen Bäumen, die den im Freien lernenden Studenten Schatten spendeten. Zu dieser Zeit waren wir aber nicht mehr in Abu Kabir, sondern waren westwärts gewandert und hatten unsere Universität auf einem weiten hügeligen Gelände, wieder auf dem eines ehemaligen arabischen Dorfes, errichtet. Merkwürdig, erst heute erkenne ich das Problem der Besetzung und Bebauung ehemaliger arabischer Siedlungen; damals, in den sechziger Jahren, war unser Wille eine Universität zu errichten, deren architektonische Weite und Pracht sich mit der Jerusalemer Universität messen konnte, unser Hauptanliegen. Gedanken über die zunehmende Problematik arabisch-jüdischer Beziehungen, die sich mit jeder Okkupation arabischen Bodens durch die Errichtung jüdischer Institutionen oder Siedlungen verschärften, ließen wir nicht aufkommen.

Damals, im Jahre 1961, als ich die Universität in Abu Kabir zum ersten Mal betrat, hatte man bereits Zementbauten errichtet, in denen die Administration und der Prachtbau der Bibliothek untergebracht waren. Es war ein heißer Frühlingstag, als ich hügelaufwärts das ehemalige Abu Kabir erklomm, mich zum Sekretariat durchfragte und endlich klopfenden Herzens der Chefsekretärin für die Geisteswissenschaften, Hannah, gegenübersaß. Hannah war außerordentlich freundlich und verständnisvoll. Ich bemerkte sofort die Auschwitznummer auf ihrem Arm und war unter dem Eindruck dieses „Kainzeichens" besonders beeindruckt von ihrer Ausgeglichenheit und Geduld. Sie war der festen Meinung, ich wolle Psychologie studieren. „Was?", staunte sie, „Allgemeine Geschichte? Ja, haben Sie denn jemals Latein gelernt?" „Nie", antwortete ich heiter und unbefangen, „deshalb will ich es ja jetzt studieren!" Hannah schüttelte den Kopf, gab mir jedoch die nötigen Unterlagen und erklärte, dass ich für ein Jahr als „außerordentliche Studentin" aufgenommen sei, danach würde man entscheiden, ob ich für ein volles Studium die notwendigen Voraussetzungen erfülle.

In Israel immatrikulierte man sich für zwei Hauptfächer, ich wählte Allgemeine Geschichte (Geschichte des jüdischen Volkes war übrigens ein Fach für sich) und Bibelwissenschaften, hebräisch Mikra. Ein Studium wurde als volles Studium nur anerkannt, wenn man wöchentlich zwölf Unterrichtsfächer mit einer Studienzeit von 24 Stunden belegte. Am Schluss des Studienjahres hing die Anerkennung von den Prüfungen ab: Zwölf Fächer entsprachen zwölf Klausuren, die Prüfungsthemen wurden den Unterrichtsfächern entnommen, faktisch hatte man alles zu wissen, was während des Jahres vorgetragen und durchgenommen worden war. Zusätzlich war man verpflichtet, eine lange Liste wissenschaftlicher Literatur durchzuarbeiten.

Der Student in Israel hatte es schwer. Schließlich war Hebräisch keine Wissenschafts- oder Weltsprache, so dass der Student, auch der für die judaistischen Fächer, deren Quellen nun einmal ausschließlich in Hebräisch oder Aramäisch vorliegen, mindestens zwei europäische Sprachen soweit beherrschen musste, damit er sich durch die entsprechende wissenschaftliche Literatur hindurcharbeiten konnte. In den verschiedenen wissenschaftlichen Zeitschriften wurden zwar Aufsätze, Abhandlungen und Rezensionen veröffentlicht, aber dem Studium eines zusammenhängenden wissenschaftlichen Buches war der Durchschnittsstudent der ersten Semester kaum gewachsen. In den Gymnasien lernte man Englisch, doch für wissenschaftliche englische Literatur nicht ausreichend genug. Studenten sind erfindungsreich und israelische Studenten, auf Grund ihrer besonderen Schwierigkeiten, nicht minder. So entwickelte sich bald ein schwungvoller Handel hebräischer Übersetzungen englischer wissenschaftlicher Literatur. Studenten, des Englischen einigermaßen kundig, übersetzten in verkürzter und konzentrierter Form die englisch-historische Pflichtlektüre und verkauften ein Elaborat an ihre Kommilitonen, das von einem ansehnlichen Buch zu einer dünnen Broschüre geschrumpft war. Diese waren nun mehr oder weniger fähig, in kurzer und lapidarer Form informative Prüfungsfragen zu beantworten. Sie wussten einige Fakten, assoziierten oder dachten über das Erlesene jedoch nicht nach, so dass viele Professoren, die ja auch einmal jung gewesen waren, ihren Opfern auf die Schliche kamen und sie durch simple, in keiner Weise akademische Fragen, zu Fall brachten: „Sagen Sie einmal", so der Prüfer, „welche Farbe hat denn die ‚Römische Geschichte' von Theodor Mommsen[135] oder die ‚Roman Revolution' von Ronald Syme[136]?" Da der Student die genannten Bücher nur mit einem gehefteten farblosen Einband kannte, war er nicht imstande zu antworten. Der bedauernswerte Prüfling konnte auch gefragt werden: „Haben Sie das Buch gelesen und gründlich studiert, dann erzählen Sie mir einmal, wo es in der Bibliothek zu finden ist." Die Kurzübersetzungen wurden unter der Hand verkauft. „Durchgefallen", lautete nach drei bis vier Minuten das Verdikt des Prüfers. Der Student verlor ein Studienjahr, da er das betreffende Fach zu wiederholen hatte.

Aber auch bei den judaistischen Studiengängen waren die Abgänge nach dem ersten Jahr sehr zahlreich. Bibelwissenschaft als Universitätsfach hält keinem Vergleich mit dem Bibelunterricht in der Allgemeinen Schule und in den Gymnasien stand. In dem Fach „Bibelwissenschaft" konzentrierte sich die gesamte hebräische Wissenschaft, wie Vergleichende Altertumskunde, philologische und literarische

Interpretationen schwieriger Texte, hebräische Sprachkenntnisse mit Grammatik, Syntax, Stil, auf höchstem wissenschaftlichen Niveau. Hinzu kamen das Studium des biblischen Aramäisch und rabbinische vergleichende Bibelinterpretation. Mancher Hebräischlehrer wurde in der Universität zum ängstlichen, unsicheren Schüler und versagte nicht selten bei den Schlussprüfungen sogar im Aufsatzschreiben, da er den logischen Aufbau eines Themas, dessen Analyse und die darauf folgende Synthese niemals selbst gelernt und geübt hatte. Von seinen Schülern verlangte er vor allem grammatikalisch einwandfreies Hebräisch. Aufbau und Entwicklung einer These hingegen wurden in den Klassen der Allgemeinen Schulen selten geübt. Es wurde in dem Fach „Bibelwissenschaft“ viel verlangt. Pathetisch wurde es „unsere nationale Kultur“ genannt, eine Formulierung, die mich nach wenigen Jahren ungeheuer irritierte. Erweckte sie doch die unheimlichsten Assoziationen zu einer anderen „nationalen Kultur“ aus der die „Fremdlinge“, die Juden, ausgeschlossen wurden. Nichtsdestoweniger ist die hebräische Sprache das Grundelement aller jüdischen Kultur, und der Brunnen, aus der diese Sprache in unendlich sich verändernden Formen geschöpft wird, ist nun einmal die Hebräische Bibel. Das heutige, so genannte moderne Hebräisch hat daran nichts geändert. Hebräisch ist Ende des 19. Jahrhunderts, aus der Bibel entnommen, wiederbelebt worden. Selbstverständlich sind in den vergangenen Jahrhunderten zahllose neue Wörter entstanden, die jedoch sämtlich nach den uralten biblischen grammatikalischen Regeln gebildet wurden.

Bibelwissenschaft wurde zu meiner Leidenschaft. Obwohl ich die Sprache auf hohem Niveau bereits seit langem beherrschte, war ich doch eine Autodidaktin. Ich schwelgte geradezu darin, dass ich durch das Bibelstudium systematisch-wissenschaftlich die Sprache „eroberte“. Eine ernsthafte Schwierigkeit bereitete mir das Fach „Belesenheit“, hebräisch Beki'ut, nämlich des gesamten Bibeltextes: „Wo, in welchem Zusammenhang steht das Wort…“; und man zögerte nicht, sich die schwierigsten Wortzusammenstellungen und Begriffe auszusuchen. Marianne, die „Nein-Sagerin“, erwachte. „Das mach ich nicht mit, ich bin kein Papagei“, meuterte ich. Man erzählte sich, dass in den polnisch-russischen Hebräisch-Schulen der Lehrer eine Stricknadel nahm, mit ihr das Buch durchstach und der Schüler aufgefordert wurde, die von der Nadel getroffenen Wörter zu benennen. Der Ordinarius des Faches verstand mich, schon deshalb, weil er mich als eine außergewöhnlich gute Studentin hoch schätzte. Er unterhielt sich lange und ausführlich mit mir über das Problem; nicht überzeugt, aber ihm zuliebe unterzog ich mich dem Martyrium, und ich habe es niemals bedauert. Ohne perfekte Bibelbelesenheit wird man keinen Forschungsfragen zur Bibel – seien sie sprach- oder geschichtswissenschaftlich – gerecht werden können. Die mittelalterlichen jüdischen Autoren schrieben eine bibelidiomatische Sprache, nicht als Zitat, sondern als Resultat ihrer Überlegungen und Interpretationen. Um der Diskrepanz zwischen dem biblischen Zusammenhang und der individuellen Auslegung des Autors gerecht zu werden, bedarf es gründlicher Kenntnisse des biblischen Textes und seiner eigentlichen Bedeutung.

Abu Kabir im Jahre 1963 – das war nicht die Universität, von der ich in meiner frühen Jugend geträumt hatte. Alles war anders. Kein großes, prächtiges, repräsentatives Gebäude empfing uns, statt dessen bedeckten Baracken und primitive niedrige Zementbauten das hügelige Gelände, das früher Abu Kabir hieß, mein ehemaliges Nachbardorf, das im Unabhängigkeitskrieg völlig zerstört worden war. Auch die Studenten entsprachen in keiner Weise dem herkömmlichen Bild einer studierenden Jugend. Da alle Schulabsolventen drei Jahre Militärdienst zu leisten hatten, waren die Studenten älter und lebenserfahrener als in irgendeiner europäischen Universität. Hinzukam, dass ich nicht die Einzige war, die sich im mittleren Alter den Traum ihrer

Jugend erfüllen wollte und in der Universität Tel Aviv die Möglichkeit sah, das Verlorene spät, sogar sehr spät, nachzuholen. Gleich mir waren zahlreiche Studenten über vierzig Jahre alt, standen seit Jahren in irgendeinem Berufsleben und hatten sich sicherlich nicht erträumt, nach den Jahren des Aufbaus und der Armut irgendwie noch ein Studium beginnen zu können, da, um zum Studium nach Jerusalem zu fahren, sowohl Zeit als auch Geld fehlten. Da ich einer Gruppe von Kommilitonen altersmäßig sehr nahe stand, fühlte ich mich vom ersten Tag an wohl aufgehoben, hatte wunderbare Ansprechpartner, unter ihnen Volksschullehrer wie ich, aber auch Journalisten und höhere Offiziere, von denen viele gleich mir autodidaktisch gearbeitet hatten, so dass gerade die „Alten" zu den besten Studenten gehörten.

Nun stand sie da, die Universität. Sie sah zwar nicht so aus, aber sie war eine. Und was für eine. Die Ansprüche waren außerordentlich hoch, da man beweisen wollte, dass es nicht nur eine Universität, die Hebräische Universität in Jerusalem, geben musste. Das Land hatte wahrlich Platz für mehrere Universitäten, die, eine nach der anderen, in den folgenden Jahren in Ramat Gan, in Be'er Schewa, in Haifa entstanden. Ich befand mich in der mir entsprechenden Gesellschaft, genoss die Studien, freundete mich mit meinen Kommilitonen, mit den Alten und den Jungen, herzlich an. Die „Alten" bildeten die Elite. Abitur hatten sie alle, Autodidakten im Hebräischen waren ebenfalls alle, mit mehr oder weniger Erfolg. Alle hatten viele Jahre für sich studiert, waren sehr belesen und motiviert, ein regelmäßiges Studium zu absolvieren. Ernsthaftigkeit, Fleiß und Energie der Studenten animierte notgedrungen die Dozenten, so dass der Unterricht auf ein beachtliches Niveau gelangte. Da die meisten, nicht nur die älteren Studenten darauf angewiesen waren, wenigstens halbtags einer beruflichen Tätigkeit nachzugehen, fanden die Lehrveranstaltungen frühestens ab zwölf Uhr mittags statt und endeten am späten Abend nach zehn Uhr. Anschließend verbrachte ich noch mindestens eine Stunde in der Bibliothek. Es war also bei festem Willen durchaus möglich, berufliche Tätigkeit und Studium miteinander zu verbinden.

Mein Widerstand gegen ein Universitätsstudium war schnell gebrochen. Ich hatte „Blut geleckt". Meinen erzwungenen Abgang vom Gymnasium im Jahre 1933 hatte ich niemals wirklich überwunden. Jetzt durfte ich wieder auf der Schulbank sitzen, mich völlig auf die Vorlesungen und Seminare konzentrieren. Eifervoll folgte ich den Ausführungen der Dozenten, spätabends ergänzte ich mein Wissen durch die relevante wissenschaftliche Lektüre und war glücklich. Charles Bloch, Professor für Neue Deutsche Europäische Geschichte, freute sich außerordentlich, in mir einen aufmerksamen Gesprächspartner gefunden zu haben. Oft gingen wir zu Fuß spätabends von Abu Kabir bis zum Dizengoffplatz. Er dozierte, ließ sich niemals unterbrechen. Sein Lieblingsthema war damals der Vertrag von Versailles, die deutsche Reaktion auf die militärische Niederlage, und die Reparationszahlungen. Seine These: Deutschland hätte mit einigem Verständnis für eigene Schuld nicht im NS-Staat landen müssen. Vehement verteidigte er die französische Politik. In Berlin als Karl geboren, verbrachte er später einige Jahre in Frankreich und verwandelte sich in einen patriotischen französischen „Charles". Ich war begeistert von den nächtlichen Vorlesungen zwischen Abu Kabir und Dizengoffplatz. Dort trennten wir uns, nachdem wir im Stehen noch eine Pizza gegessen hatten, damals eine Neuigkeit und eine Delikatesse in Israel. Ich ergatterte einen der letzten Autobusse nach Ramat Gan, wo ich kurz vor Mitternacht eintraf. Max schlief fest. Er kannte seine Marianne: „Sie will immer besprochen werden", scherzte er. Außerdem konnte einem zwischen Abu Kabir und Ramat Gan kaum etwas passieren, ohnehin hatten wir seit langem verlernt ängstlich zu sein.

Im Fach Mikra, Bibelwissenschaften, hieß der leitende Dozent Jacob Liever. Er war der geistige Mittelpunkt dieses vielfältigen Faches, das letzten Endes die gesamte israelitische Geschichte, Sprachlehre, Denkungsart und gleichzeitig die rabbinische Interpretation der nachbiblischen Literatur beinhaltete. Seine Textanalysen waren äußerst spannend, seine historische Gesamtschau der Länder des „fruchtbaren Regenbogens" höchst eindrucksvoll. Er referierte, diskutierte mit den Studenten seine Thesen und verteilte Themen für Seminararbeiten, von denen die beste vom Verfasser vorgelesen und diskutiert wurde. Mein Ehrgeiz ließ mir keine Ruhe, und schon nach wenigen Monaten ließ er mich mein erstes Referat ausarbeiten, nebst einer schriftlichen Hausarbeit, zu dem Thema „Die Josianische Reform", ein Vergleich zwischen dem Bericht in den Büchern der „Könige" und in den viel später entstandenen „Chroniken". Mein Stolz war grenzenlos als Liever meine Arbeit lobte. Meine Kommilitonen bewunderten mich, wussten sie doch, dass ich meine Schulausbildung nicht in Israel erhalten hatte und nichtsdestoweniger tapfer in der Diskussion mit Liever und den Kommilitonen erfolgreich meine Thesen verteidigte.

Ich war fasziniert von „dem Buch", von der Bibel. Ich bin der Überzeugung, dass dieses Werk mit seiner Vielseitigkeit, mit seinen offenen und verborgenen Möglichkeiten der Interpretation, zu den größten Werken der Weltliteratur gehört. Es ist ein frommes Buch und doch ist dem jeweiligen Verfasser nichts Menschliches fremd: Und man sollte niemals vergessen, dass das Buch des Neuen Bundes, mag es sich nennen, wie es dem Willen der Verfasser entspricht, als Beweis für die Richtigkeit aller seiner Aussagen des Erstlingsbuches bedarf. Ohne die religiösen Empfindungen eines guten Christen verletzen zu wollen, ist das Buch des Neuen Bundes eine anrührende Glaubens-, Heils- und Wundergeschichte, dessen tragischer Ausgang den Antagonismus, der nicht zu überbrücken ist, wie es scheint für alle Ewigkeit vertieft.

Die Weltliteratur hat nichts den Psalmendichtern Gleichwertiges aufzuweisen. Es ist kein Zufall, dass es im ausgehenden 17. und 18. Jahrhundert immer wieder „Psalmendichter" gegeben hat, immer wieder der Versuch unternommen wurde, die Musik der hebräischen Sprache in die deutsche Sprache zu übertragen. Im eigentlichen Sinne gibt es gar keine Prosasprache in der Bibel. Aufmerksam und verständnisvoll gelesen, wird auch das, was als Prosa verstanden wird, Poesie. Ilse und ich haben uns oft das Vergnügen gemacht, die biblische Sprache als Poesie vorzulesen. Die Wiederholung der Laute, die konzentrierte Kürze der Mitteilungen, die Sprechweise der Menschen – alles wird, verständnisvoll vorgetragen, zu hoher Poesie.

Die prominente Persönlichkeit, unübertroffen an Kenntnissen, an Sprachgewalt, an Geistreichtum, war Zvi Yavetz, einer der Mitbegründer der Abu Kabir-Universität, der Organisator für die Erweiterungen, für den Umzug nach dem Norden, für die Pracht der neuen Gebäude, der Gärten und Erholungsräume, der wahre „Tausendsassa". Nichts war unmöglich für ihn. In das neue Prachtgebäude für die Geisteswissenschaften konnte ich noch für mein letztes Studienjahr einziehen. Die Zahl der Studenten, der wissenschaftlichen Mitarbeiter, der Dozenten verdoppelte verdreifachte sich; im Norden, im ehemaligen Scheich Munes[137], entstand eine eindrucksvolle, architektonisch originell und wunderschön angelegte neue Stadt, eine Akademikerstadt. Von den Hügeln aus gesehen, war das Mittelmeer so nah, dass man meinte, hineinspringen zu können. Welch ein Unterschied zwischen der „Barackensiedlung" und der neuen Schloßvillen-Siedlung. Jedesmal, wenn ich aus Berlin kommend wieder in Tel Aviv auftauchte, was zweimal im Jahr geschah, glaubte ich meinen Augen nicht zu trauen. Die Akademikerstadt wuchs und wuchs in zunehmender Herrlichkeit.

Zvi Yavetz, das Multitalent, das Vielsprachengenie, der bewunderte Star der Universität, hatte seine menschlichen

Schwächen! Ungeduld und Intoleranz wurden aber erträglich, weil er es fertig brachte auch aus seinen Zornesausbrüchen den Witz und Humor nicht zu bannen. „Ilana", sagte Yavetz, „das war sehr schlecht!" „Ich tu, was ich kann, Herr Professor", sagte sie. Der Stoßseufzer des geplagten Lehrers: „Dann können Sie eben sehr wenig." Oder: „Schreiben Sie an die Tafel: Im Jahre 44 – Cäsars Ermordung, 31 – die Schlacht bei Aktium, 48 – die Schlacht bei Pharsalos. Haben Sie mitgeschrieben? Nicht vergessen, das ist meine Telefonnummer!"

Seine Selbstsicherheit einerseits und seine Zornesanfälle bei geringstem Anlass, seine offensichtliche Bevorzugung seiner „Lieblinge" machten mich zu einer Widersacherin, meist wenn es sich um berechtigte sachliche gegensätzliche Meinungen über Interpretationen handelte. Er war dies nicht gewohnt. Wütend über mein Beharren auf einer bestimmten Meinung durchschritt er eines Abends den Campus und stieß zufällig auf Max, der mich von der Universität abholen wollte. Zu dieser Zeit besaßen wir bereits ein Auto. „Max", so mein Lehrer mit zornbebender Stimme, „wie halten Sie es mit Ihrer Frau aus?" „Wer hat Ihnen denn erzählt, dass ich es mit ihr aushalte?", antwortete Max schlagfertig. Kopfschüttelnd trennten sie sich voneinander.

Mir war klar: Ich war ihm ein Dorn im Auge, doch schätzte er meine Studienerfolge. Zu dieser Zeit, es war im Jahre 1964, hatte die Fakultät für „Allgemeine Geschichte" nicht das Recht, den akademischen Titel „Master of Arts" zu verleihen, da es bisher noch niemand gewagt hatte, eine den sehr hohen Ansprüchen genügende Hausarbeit anzufertigen. „Mirjam", sagte mein Lehrer eines Tages, „hören Sie auf mit Ihrem Bibelstudium, schreiben sie eine ‚Magisterarbeit'. Geschichte ist ein grenzenloses Gebiet, man muss sich nicht selbst Beschränkungen in der Forschungsarbeit auferlegen." Nun war Geschichte wirklich der Wunschtraum meiner Jugend, und so geschah es, dass ich eine umfangreiche Arbeit anfertigte, Titel: „Urbs et orbis am Ausgang der

Römischen Republik", in der ich alle Kategorien, die philologischen, philosophischen, vergleichenden, politischen Aspekte untersuchte, um meine These über die eigentlichen Absichten Julius Cäsars zu untermauern. Niemals hätte ich diese Arbeit der vielen Aspekte schreiben können, ohne den Unterricht meines hochbegabten Lehrers, der mich lehrte, methodisch mit Texten aller Kategorien umzugehen. Es gelang mir, in verhältnismäßig kurzer Zeit die Arbeit fertig zu stellen und so als Erste der Universität Tel Aviv den Titel eines „Masters of Art" zu erwerben.

Stolz und glücklich, war mir zu dieser Zeit noch nicht bewusst geworden, dass der nächste Schritt das Auslandsstudium sein muss. Den Doktortitel in Geschichte, und für mich musste es „mittelalterliche Geschichte" sein, konnte man in Israel wegen der gerade in diesem Fach äußerst schlecht ausgestatteten Bibliotheken nicht erlangen. Dasselbe galt allerdings auch für „Geschichte der europäischen Neuzeit", so dass mehrere der über vierzigjährigen Studenten kurz vor dem B.A., Bachelor of Arts, Pläne schmiedeten, wie durch ein Stipendium in England oder in Frankreich der Ph. D., der Doktor der Philosophie, zu erlangen wäre. Aber noch war ich zu sehr beschäftigt, lebte von einem Tag zum anderen, dauernd bemüht, den Tag in einer Weise einzuteilen, die es ermöglichte, allen Plänen in der Universität und allen Verpflichtungen in Haus und Schule Genüge zu tun.

Zurückdenkend, kommt mir meine damalige Arbeitsfreude und -intensität unglaublich vor. Der Tag begann um 5 Uhr morgens. Wohnungsreinigung, Frühstücksvorbereitungen, Küchenreinigung nach gemeinsamem Familienfrühstück, noch einmal schnelle Vorbereitungen für die Unterrichtsstunden, um 7.30 Uhr im Galopp die Treppen des Hauses hinunter gerannt, im Eilschritt in die Schule, in die ich pünktlich um 7.45 Uhr gelangte. Im Lehrerzimmer ruhte ich mich aus, um 8 Uhr läutete es, alles rannte, drängelte, schubste sich die Treppen in den Hof hinunter; klassenweise wurde Aufstellung genommen, Gymnastik, feierlicher Abschluss des Frühsports durch Psalmenverlesung irgendeines lesebegabten Schülers aus der achten Klasse, dann endlich paarweise die Treppen wieder hinaufgestiegen, so dass alle pünktlich um 8.15 Uhr stehend und diszipliniert den Lehrer erwarteten. Ich unterrichtete bis 1 Uhr mittags, aß mein Mittagessen in der Schulküche und begab mich eiligst in die Universität. Auf dem Wege dorthin gab ich meine Lebensmittelbestellungen beim Metzger, Gemüsehändler und im Lebensmittelgeschäft auf. Max sammelte die Ware abends um 7 Uhr ein und brachte sie nach Hause. Ich studierte bis 10 Uhr abends. Mein Heimweg mit meinem verehrten Lehrer Charles Bloch ließ mich erst zwischen 11 und 12 Uhr nachts endlich nach Hause gelangen. Max wartete auf der Terrasse, wir tranken einen „trockenen Martini", berichteten von unseren Erlebnissen und gingen schlafen.

Jonathan war in diesen Jahren entweder im Technion oder in einer militärischen Institution tätig – wo, erfuhren wir niemals. An Krieg dachten wir nicht, obwohl in diesen Monaten 1964/65 Abd el-Nasser[138] die wildesten Drohungen gegen Israel ausstieß, und Schukeiri[139] ankündigte, alle israelischen Frauen zu vergewaltigen und die Babys in das Meer zu werfen. Die Hetzkampagne geriet auf den Höhepunkt im Sommer 1965, und trotzdem ging für die Israelis das Leben weiter, als bestünde keine Gefahr. War man schon dermaßen auf ein gefahrenvolles Leben eingestellt? Nahm man die Drohungen nicht ernst?

„Auslandsstudium" war das Thema. Max war Feuer und Flamme für den Gedanken. Sein Vertrauen und sein Glauben an meine intellektuellen Fähigkeiten waren rührend, jedoch gleichzeitig bedrückend! Wie kann man derartige Erwartungen erfüllen? Nun war Max nicht der einzige, der von meinen Fähigkeiten überzeugt war. Alle meine Universitätslehrer waren der gleichen Meinung, und bald konnte ich mich nirgendwo sehen lassen, ohne gefragt zu werden: „Wann? Wohin? Welches Gebiet in der Geschichtswissenschaft?" Auch die Frage der Finanzierung spielte keine geringe Rolle. Möglich waren Stipendien von israelischen und europäischen Institutionen, die gemäß festgesetzten Maßstäben die Entscheidung zu fällen hatten, wie die zur Verfügung stehenden spärlichen Stipendiengelder zu verteilen seien. Es war eine Frage, die ich stets abwehrte. Ich wollte darüber nicht sprechen, mich nicht durch finanzielle Hilfe in Abhängigkeit begeben. Schließlich war ich bereits 47 Jahre alt. „Genug mit der Bittstellerei!", meinte ich, schließlich hatte ich genug geschrieben, war in Tel Aviv zur Genüge bekannt, so dass ein Gutachten die Aufnahme ermöglichen müsste. Und „finanzieren" würde ich mich selbst, ich würde niemanden bitten. Die Bittstellerei bei den Professoren, die nicht zu umgehenden Einschmeichelungen, stießen mich von Jahr zu Jahr mehr ab. Genug: Yavetz hatte mich für die Erlangung des M.A. vorgeschlagen, der Vorschlag wurde angenommen, ich setzte mich an meine Arbeit. Mein verhältnismäßig hohes Alter überzeugte die zuständigen Professoren, ohne dass ich darum zu bitten hatte, mir die M. A.-Prozedur zu erleichtern. Man befreite mich von zusätzlichen Seminaren und von Klausurarbeiten. Als Gegengabe schrieb ich eine Abhandlung, die alle Voraussetzungen einer Doktorarbeit erfüllte und somit die Anforderungen, die an eine M.A.-Arbeit gestellt wurden, bei Weitem überschritten. Das Manuskript war im Herbst 1966 beendet, ich hätte also fahren können, an irgendeine europäische Universität meiner Wahl. Ich war sicher, dass ich mit meiner Arbeit allen Anforderungen Genüge geleistet hatte, und ich stand somit vor der Entscheidung, wo die Stätte meiner weiteren Forschungen, die mir den Ph. D. ermöglichen würde, zu finden sei.

Es war eine ungemein schwere Entscheidung. Eine Doktorandin in meinem Alter hatte keine Zeit zu verschenken, und ein Studium, sei es in England oder Frankreich, würde mindestens ein Jahr, wenn nicht mehr an Zeit kosten; schließlich beherrschte ich beide Sprachen nur passiv. Ich hatte mich sehr gut in die französische und die englische wissenschaftliche Literatur eingearbeitet, aber eigenständig

Texte zu verfassen, das verlangte ein zusätzliches Studium. Immerhin war Deutsch meine Muttersprache, und ich habe niemals aufgehört, mit Max deutsch zu sprechen. Hebräische wissenschaftliche Arbeiten hatte ich bereits mehrere geschrieben, wobei es mir mein abgeschlossenes Studium in Bibelwissenschaften ermöglicht hatte, meinen eigenen Anforderungen, die ich an „Sprache" stellte, zu genügen. Ich war realistisch. Nur in meiner Muttersprache, nur in der deutschen Sprache würde ich fähig sein, eine sprachlich ausgefeilte, stilistisch hochwertige Arbeit vorzulegen.

„Ima, würdest du nach Deutschland zurückkehren?", fragte Jonathan, und zwar immer dann, wenn wieder einmal eine uns bekannte Familie, der es in Israel nicht gelungen war, wirtschaftlich Fuß zu fassen, oder die in Deutschland ein von den Nazis beschlagnahmtes Vermögen wiedererlangen konnte, sich zur Rückkehr entschloss. „Ich? Nach Deutschland? Niemals! Lieber verhungere ich hier", antwortete ich, „auch die politischen Unruhen können mich nicht abschrecken. Außerdem sind wir jetzt schon längst finanziell völlig installiert. Ich arbeite, Max ist leitender Ingenieur bei Neugründungen industrieller Unternehmungen – also was fehlt uns? Ich bin glücklich hier. An die Landschaft habe ich mich nicht nur gewöhnt, sondern mich sogar regelrecht in sie verliebt. Ich vermisse nicht mehr die dichten europäischen Wälder, das Hochgebirge, die tiefen grünen Täler. Hier in Israel können wir jeden Tag andere Schönheiten bewundern, gesättigt mit historischen Erinnerungen." Die zahlreichen Gegensätzlichkeiten der Landschaften üben einen ungeheuren Reiz aus, und als Max mich auf einer Negev-Reise, die er mit einem beruflichen Ziel verband, die ungeheure Schönheit dieser stetig die Farben wechselnden Gesteine bewundern ließ, verblasste in der Erinnerung meine Bindung an meine Geburtsheimat.

Zu Beginn des Jahres 1963 wurde Max von der Regierung nach Kanada geschickt, um Kupferminen zu besichtigen und sich belehren zu lassen, wie in Israel in der Negevwüste Kupfer zu gewinnen sei. Er fuhr sowohl auf dem Hin- als auch auf dem Rückweg über Deutschland, war beeindruckt von dem wirtschaftlichen und industriellen Aufschwung, berichtete ausführlich nach Ramat Gan – und wieder fragte Jonathan: „Nun, Ima – vielleicht doch?“ Und ich meinte: „Was soll ich denn dort! Ich bin doch kein Maschinenbauer! Geldansprüche habe ich auch nicht zu stellen. Und noch einmal von vorn anfangen? Nein, das kommt nicht in Frage! Und die Hauptsache scheinst du zu vergessen: Unser Staat, unser Judenstaat, wir sind immer noch ‚unterwegs', sowohl Max als auch ich, obwohl wir uns hier in unseren Berufen integriert und die sprachlichen Schwierigkeiten überwunden haben.“

Da hatte ich bereits mein zweites Studienjahr an der Universität beendet und bereitete mich auf den B.A. vor, den ich im Jahr darauf glänzend bestand. Und als Max zurückkam, gar nicht daran denkend, Israel zu verlassen, hatte mein Lehrer Yavetz mich bereits überzeugt, dass es doch ein „hehres Ziel“ sei, als Erste den M.A. zu erlangen, obwohl mir immer noch nicht klar war, dass als Konsequenz ein Auslandsstudium mit allen Komplikationen und Schwierigkeiten in Betracht gezogen werden müsste.

Ja, wie kam es, dass ich mich dann doch plötzlich mit dem Gedanken befreundete, meine akademische Ausbildung im Ausland zu vollenden. Sehr bald wurde mir klar, dass Yavetz und ich zwar dasselbe wollten, aber jeweils ein anderes Ziel vor Augen hatten: Ich wollte meinen Ph.D., meinen Jugendtraum, erfüllen, der plötzlich wie seit langem nicht mein Bewusstsein beherrschte – und so wurde mir auch bewusst, dass nur Deutschland in Frage kam und dort nur Berlin. Persönlich hatte ich unter den Berlinern nicht gelitten, noch nicht einmal unter den Nachbarn und dem Hausmeister, die es auch weiterhin nicht an Höflichkeit hatten fehlen lassen.

Aber es sollte sich herausstellen, dass nichts in dieser Welt einfach ist. Yavetz lud mich zu einem Gespräch ein und teilte mir aufrichtig, wie er nun einmal nach eigener Versicherung war, mit, dass er bei meiner Art zu arbeiten nicht daran zweifle, dass ich nach zwei Jahren eine Doktorarbeit vorlegen könne, doch würde er sich dann weigern, mich in der Universität Tel Aviv zu beschäftigen. Er wolle seine Ruhe haben. Zu oft hätte ich in Diskussionen zwar die Dinge richtig gestellt, aber dadurch meine Kollegen kritisiert; beliebt hätte ich mich leider nicht gemacht, vor allem bei einem älteren Herrn, dem er nach beendetem Auslandsstudium eine Professur fest versprochen hätte. Auch er, Yavetz, fühle sich freier und gelöster, wenn er sich nicht von mir im Hörsaal beobachtet fühlen müsse. Dann zählte er meine Sünden auf, bei denen es sich durchweg um ironische Bemerkungen handelte, die das Auditorium meist zum Lachen gebracht hatten. Kurz, er, mein Lehrer und Wohltäter, wolle in der Nacht ruhig schlafen. Verständlich. Dann fragte er mich, ob ich vielleicht Geld brauche, er würde mir ein Stipendium verschaffen. Ich bedankte mich herzlich für das Angebot und meinte, ich würde mich schon durchschlagen. Ich wollte keine Abhängigkeiten. Das war die erste Enttäuschung. Max war außer sich, konnte und wollte es nicht glauben: „Du fahre erst einmal, danach sieht alles anders aus." Doch musste er erleben, dass nach einigen Jahren nichts anders aussah.

Oh, wie naiv, als ob man so einfach fahren kann. Yavetz sandte vorzügliche Gutachten an die Freie Universität Berlin, und wir waren davon überzeugt, dass nichts schief gehen konnte. Aber ach, wir hatten die Rechnung ohne die deutsche Gründlichkeit, ohne den sinnlosen deutschen Formalismus gemacht. „Ohne Abitur", lautete die Antwort des Außenamtes der Universität. Es war, als hätte es gesagt: Da könne ja jeder kommen. Mein B.A. und mein M.A., beides Abschlüsse mit ausgezeichneten Noten, machten keinen Eindruck! Es fehlte etwas: das Abitur, das im Rang der Abschlüsse an unterster Stelle steht. Im Galopp lief ich in das deutsche Konsulat, wandte mich an die Leiterin der

Kulturabteilung, die ich kürzlich auf einem Uni-Empfang kennen gelernt hatte und die über meinen „unordentlichen" Berufsweg informiert war. Ich erzählte ihr den Verlauf der Dinge. Der Brief des Außenamtes der Universität in Berlin versetzte sie in helle Wut: „B. A. und M. A. und kein Abitur?! Oh, wir Deutschen! Als ob man in Berlin niemals etwas über Judenverfolgungen des Dritten Reiches erfahren hatte!" Sie ließ sich sofort telefonisch mit der Freien Universität Berlin verbinden und auf den zuständigen Beamten ein heiliges Donnerwetter herniedersausen. Nach einigen Wochen erhielt ich vom Schulsenator des Berliner Senats einen Brief. Es war ein ausführliches Schreiben, in dem er meinen Werdegang wiedergab und zum Schluss zu folgendem Ergebnis kam: Außer dem normalen Abitur besteht noch der zweite Bildungsweg, wo man sich als Externer in Abendkursen auf das Abitur vorbereiten kann; als dritte Möglichkeit kann man durch eine „Begabtenprüfung" Hochschulreife erlangen; und: „Da die Kandidatin ihre Begabung durch zwei akademische Abschlüsse überzeugend unter Beweis gestellt hat, spreche ich ihr hiermit die Hochschulreife für alle deutschen Universitäten aus."

Das war Mitte Juli des Jahres 1966. Jonathan war in Holland in einem Hochofenbetrieb, in dem er als Vorbereitung für seinen Abschluss im Haifaer Technion ein Praktikum absolvierte. Ich hatte in meinem Gymnasium gekündigt; meine „Pestalozzi-Antwort" hatte den Direktor zu sehr erschüttert und mich davon überzeugt, dass die Zusammenarbeit mit ihm wenig ersprießlich war. Meine Magisterarbeit lag im Reinmanuskript vor, Max hatte es auf sich genommen, die Arbeit mit Hilfe einer geübten Sekretärin auf eine Schreibmaschine zu übertragen. Ich hatte die Arbeit handschriftlich in hebräischer Sprache verfasst. Armer Max, er ahnte nicht, was er auf sich genommen hatte: ein laufender Text in hebräischer Sprache, also von rechts nach links, dann die anderssprachigen Zitate in Latein, Griechisch, Deutsch, Englisch von links nach rechts

– es war ein dauerndes Schalten, mal nach der einen, mal nach der anderen Seite notwendig, ein äußerst mühsames Unternehmen, da vor jedem Umschalten die Anschläge abgezählt werden mussten, um die Maschine auf der richtigen Reihenhöhe zu halten. Aber während dieser seiner Bemühungen war ich schon in Berlin; das fertige maschinegeschriebene Manuskript bewies mir die unendliche Mühe, die mein treuer Freund und Ehemann aufgewandt hatte, da er die Sekretärin auch keine Minute allein lassen konnte.

Aus Berlin teilte man mir mit, dass ich spätestens am 16. September 1966 in Berlin erwartet wurde. Das wäre der letzte Tag für die Anmeldung ausländischer Studenten. Inzwischen hatte ich mich an die Freie Universität in Berlin gewandt und meine Pläne, einen Doktortitel in mittelalterlicher Geschichte zu erwerben, mitgeteilt. Mein Brief schilderte ausführlich meinen bisherigen Werdegang, verzeichnete auch meine Hauptinteressen in der mittelalterlichen Geschichtsforschung. Wenn ich doch zuweilen mutlos wurde, nahm ich mir die Berliner Antwort noch einmal vor, die mir Mut und Trost vermittelte: „Gern nehmen wir Sie als ‚cand. phil.' auf. Bücher sind auch an deutschen Universitäten nicht unproblematisch, die wichtigsten Werke sind nur durch die ‚Fernleihe' zu erlangen, ein ausgeklügeltes zeitraubendes System, dem man aber mit einigem Organisationstalent gerecht werden kann." Das Schreiben endete mit dem Satz: „Ihr Brief beweist uns, dass Ihre Mitarbeit in unserem Institut ein Gewinn für uns sein wird." Verfasst war der Brief von Professor Reinhard Elze, in dieser Zeit Direktor des Friedrich-Meinecke-Instituts.

Vor meiner Abreise traf ich mich mit niemandem, Max und ich verbrachten die ganzen Tage miteinander, redeten viel und frischten Erinnerungen auf. Allzu unwahrscheinlich schien uns diese Rückkehr, die eigentlich keine war. Wir waren uns völlig bewusst, dass wir kaum etwas so wiederfinden werden, wie wir es verlassen hatten, schließlich waren dreißig Jahre vergangen, die Stadt ist mehrere

Male zerbombt worden. Wir waren realistisch genug, um zu wissen, dass auch die Menschen nicht mehr unseren alten, uns bekannten Berlinern ähnelten, dies umso mehr, als nach dem Krieg doch so etwas wie eine kleine interne Völkerwanderung stattgefunden hatte, und der „Berliner" kein „Berliner" mehr war. Ich war gut vorbereitet und schwelgte nicht in Illusionen einer Heimkehr, schon deshalb nicht, weil ich sie im eigentlichen Sinne gar nicht wollte und zum anderen realistisch genug war, um niemals zu vergessen, dass die „Welt von gestern", meine Kindheits- und frühe Jugendwelt, gar nicht mehr bestanden!

Trotzdem, es lässt sich nicht verleugnen: Ich lebte in einer fortwährenden spannungsgeladenen Erwartung, ohne zu wissen, was ich eigentlich erwartete. „Zweimal im Jahr kommst du nach Ramat Gan", meinte Max, „bringst deine Bücher mit und arbeitest hier an deiner Dissertation. Mindestens einmal im Jahr verbringe ich meine Ferien in Berlin, ich schreibe dir jeden Tag einen langen Brief über die Ereignisse in Israel, und du beschreibst mir das Nachkriegsdeutschland, die äußeren Veränderungen, das Stadtbild von Berlin und die Befindlichkeiten der Nachkriegsdeutschen. Ob sich Menschen ändern können? Wir dürfen niemals vergessen, was sich in den europäischen Ländern, die unter deutscher Herrschaft standen, abgespielt hat, und wir haben jedes Wort der Nachkriegsdeutschen auf die Goldwaage zu legen."

Alle meine Versuche, mich zwei Wochen vor meiner Abreise nach Berlin in meine damalige Befindlichkeit zurückzuversetzen, bezeugen meine Zweifel und Schuldgefühle. Warum Deutschland? – Ja, ja, das Sprachenproblem. Da war eine Spannung, die mich nachts kaum schlafen ließ. Trostreich waren die Studienfreunde, vor allen diejenigen, die doch noch auf eine Universitätskarriere hoffen durften. Unter denen war ich zwar die Einzige, die nach Berlin ging, andere gingen nach Hamburg oder Heidelberg. Alle wurden durch Stipendien unterstützt, ich war die Einzige, die darauf verzichtet hatte. Wie sagte später Yavetz zu Jonathan?: „Sie ist zu (sic!) selbständig. Alle haben sich an mich um finanzielle Hilfe gewandt, nur deine Mutter hat ihre Unabhängigkeit gehütet wie ein Familienschmuckstück.“ Und nachdenklich soll er hinzugefügt haben: „Sie ist einfach sehr selbständig.“ Jonathan verstand gar nichts, machte sich Notizen, denn Hebräisch ist wie eine Kurzschrift, man ist in der Lage Vorträge, Diskussionen, Stellungnahmen mitzuschreiben, da die Vokale ausfallen.

In den Tagen vor meiner Abreise waren wir von morgens bis abends unterwegs, um die notwendigen Vorbereitungen zu erledigen: Pass-, Flugticket- und Hotelbestellung in Berlin für die ersten Tage, Garderobeneinkäufe, allerdings höchst bescheidene und nicht besonders hilfreiche, da sie lediglich geeignet war, vor der brennenden Hitze und dem feuchtkalten Sturm der israelischen Jahreszeiten Schutz zu bieten. Wir waren sehr erregt. Abends gingen wir ins Kino, um uns ein bisschen abzulenken. Nun muss man wissen, dass Israel in allen administrativen Dingen immer noch orientalisch uneffizient war, und was man in Berlin in zwei Stunden erledigt hätte, schaffte man in Tel Aviv kaum während eines ganzen Tages. Unsere Gespräche nahmen kein Ende, nachts im Bett nebeneinander liegend, hielten wir uns in den Armen und sprachen miteinander ohne ein Ende zu finden, bis wir endlich im Morgengrauen übergangslos einschliefen.

Auch als wir meinten, alle Schwierigkeiten überwunden zu haben, mussten wir feststellen, dass unsere Abreise keineswegs problemlos vonstatten gehen konnte, da in jenem Jahre, dem Jahre 1966, das jüdische Neujahrsfest am 13. September abends begann und erst am 15. September abends zu Ende war. El Al, die israelische Fluggesellschaft, flog nicht an den Hohen Feiertagen und mein streng religiöser Hauswirt hätte mir eine Reise an den Hohen Feiertagen schwerlich verziehen. Da wir erst in der zweiten Septemberwoche alle unsere Angelegenheiten erledigen konnten, waren wir gezwungen, eine Flugbuchung am 14. September vorzunehmen, und zwar bei der holländischen Fluggesellschaft KLM, die an diesem Tage von Teheran nach Berlin flog und in Tel Aviv zwischenlandete. Wieder musste ich mich entschließen, die himmlischen Ordnungen zu überlisten. Wir verabschiedeten uns von unserem Hauswirt am 12. September, verstauten mein Gepäck in unserem Auto, das wir in einiger Entfernung von unserem Hause parkten und schlichen heimlich am frühen Morgen des 14. September aus dem Hause. Wir hatten Glück, keiner sah und hörte uns, und fuhren – ich muss gestehen ohne Gewissensbisse – nach Lydda, dem internationalen Flughafen des Staates Israel.

Max und ich verabschiedeten uns voneinander, wie vorher besprochen ohne Sentimentalität, allerdings mit dem festen Versprechen, oft ausführlich zu schreiben, ein Versprechen, das wir streng eingehalten haben. Ich kuschelte mich, reichlich übermüdet, in eine Fensterecke, das Flugzeug hob ab, und ehe ich mich versah, befand ich mich bereits über dem Mittelmeer. Jetzt wurde mir plötzlich bewusst, aus welchem Grund es mir gelungen war, Ängste und Hemmungen zu überwinden. Ich gehörte zu den ganz wenigen Leuten unter unseren Freunden und Bekannten, die Israel seit der Ankunft, bei uns war das der Januar des Jahres 1939, niemals verlassen hatten.

Ende der fünfziger Jahre wurde es gerade zur „Heiligen Pflicht“ Europareisen zu unternehmen, in den meisten Fällen mit der Hilfe von Bankanleihen. Man war sechs Wochen unterwegs, trieb sich in mindestens acht bis zehn Ländern herum, besuchte und besichtigte zwei bis drei Tage die europäischen Kulturstätten, fotografierte mit einem Eifer, der es unglaubhaft machte, ob die Reisenden überhaupt zum Genuss einer ruhigen Betrachtung aller baulichen Herrlichkeiten die Muße hatten aufbringen können. Nach Israel heimgekehrt, wurde eine Party organisiert und alle Fotos mussten bewundert werden. Oberflächlichkeit und ein gewisser Hang zum Protzen bestimmten den gastlichen Abend. Die folgende Zeit, viele Monate, machte man am Arbeitsplatz Überstunden, um die Anleihe zurückzahlen zu können, um im darauf folgenden Sommer wieder eine Europareise zu unternehmen.

„Snob, warst du schon in Eilat?“, stand in großen schwarzen Druckbuchstaben auf einem jeden ins Auge fallenden Schild auf dem Flughafen. Wie sehr war diese ironische Mahnung am Platz! Europa hieß das Lebensziel, Europa um jeden Preis zu besuchen, ohne Sinn und Verstand wurden viele zu „Europa-Konsumenten“. Wir beteiligten uns nicht an diesem Wettlauf „Wer hat mehr gesehen, wer war länger an diesem oder jenem Ort?“. Nichtsdestoweniger: Mein Jahrzehnte währendes Verweilen in dem winzig kleinen Israel erweckte jedesmal, wenn sich wieder Bekannte von uns verabschiedeten, um nach Europa zu fahren, ein unbestimmbares Verlangen, die engen Grenzen unseres winzigen Judenstaates zu überfliegen, um ein gewisses Unbehagen des Eingeschlossenseins aus dem Herzen reißen zu können. Man sitzt jahrelang am Strand, sieht hinaus aufs Meer. Hinter dem Horizont muss Zypern liegen, vielleicht könnte man wenigstens einmal nach Zypern fahren. Nein, nein, verwarf ich sofort diesen Gedanken, ich wollte in dichten Wäldern herumstreifen, mildes Sonnenwetter und gemäßigter Regen sollten endlose Ausflüge, Besichtigungen, Beeren pflücken, Liegestunden auf den Wiesen der Bergabhänge ermöglichen. Meine Wunschgedanken kamen und gingen, immer neue Vorstellungen lösten die vorherigen ab – fast dreißig Jahre hatte ich keine Kirschen gesehen, geschweige denn gegessen. Die ungefährdete Kindheitswelt tauchte in allen Farben und Formen wieder auf, während mein Flugzeug sich langsam senkte, die österreichischen Berge hinter sich ließ und sich München näherte. Ich hatte des Rätsels Lösung gefunden: Trotz aller landschaftlichen Herrlichkeiten Israels, war die Kinderwelt nur eingeschlafen und wachte erst wieder auf, als sie geografisch wieder näher rückte, nicht eher, nicht eine Minute eher. Erst jetzt begann mein Israel mich weniger festzuhalten, loslassen sollte es mich niemals, doch jetzt würde ich fähig sein, in beiden Welten zu leben.

Rückkehr nach Berlin

Ich war gespannt, nicht erregt. Ich kam nicht „nach Hause", es war keine „Heimkehr". Ich erkannte nichts wieder, nur dass alle Menschen Deutsch sprachen verwirrte mich, und ich musste mich auf den Gebrauch der mir seit Jahrzehnten nicht mehr gewohnten Umgangs-„Muttersprache" angestrengt konzentrieren. Doch nach einer sehr kurzen Zeit, bereits im Taxi, in das ich am Tempelhofer Flughafen stieg und in dem ich den jovialen breiten Berliner Dialekt des Taxifahrers vernahm, brach der Bann, beseitigte die Hemmung. Als ich im Jahre 1939 Berlin verließ, kannte ich den Flughafen Tempelhof nicht, man fuhr auch die entferntesten Strecken mit dem D-Zug. Jetzt fuhren wir durch Straßen, in denen ich niemals gewesen bin. Das war Berlin? Dieser Teil der Stadt war weniger zerstört, und auf Befragen erklärte mir mein Chauffeur genau, wo wir uns befanden. Aber auch die Straßennamen sagten mir nichts, erweckten keinerlei Erinnerung. Aber dann: „Madame", so mein Fahrer, „das ist der Nollendorfplatz, gleich sind wir am Wittenbergplatz." Schon sah ich in leuchtender Reklame den Namen des Warenhauses meiner Kindheit: KaDeWe. Jetzt die Tauentzienstraße hinunter, und schon hatte ich die Kaiser-Wilhelm-Gedächtniskirche vor meinen Augen, durch den Bombenhagel in zwei Teile geteilt, zum Gedenken des Kriegsgrauens nicht restauriert, die großen Lücken zwischen den beiden Teilen ausgefüllt mit dem eigentlichen Kirchenteil, dem Betsaal der Gemeinde. Ich erschrak, denn dieser mittlere Teil, in dem sich die Gemeinde versammelte, sah auf den ersten Blick aus wie ein Gasometer. Zerstörung und wieder Zerstörung, nur soweit wieder hergestellt, um einen Zusammenbruch unmöglich zu machen, traurige

Reste eines alten, überholten wilhelminischen Stils, zusammengehalten durch einen achteckigen sehr großen Glasbau.

Das Taxi hielt Ecke Kurfürstendamm und Joachimsthaler Straße vor einem riesengroßen, sehr hässlichen Bau: „Frühling am Zoo", wahrlich ein passender poetischer Name für einen derartig kahlen, unattraktiven Steinkasten. Vielleicht sah ich ihn nur so hässlich, das innere des Gebäudes milderte den negativen Eindruck. Ich wurde äußerst freundlich empfangen – es war das erste Mal, dass ich in meinem Berlin dermaßen freundlich empfangen wurde. Das Zimmer war gemütlich, reich mit schweren Stoffen verziert, wie wir es in Israel gar nicht kannten, dort hätte sich gleich jegliches Ungeziefer festgesetzt. Das Zimmer war nicht wenig überheizt – auch eine wiedererlebte Erfahrung, doch schließlich war es Mitte September und dazu ein kühler Herbstabend. Zu meiner Freude und Überraschung stand unter dem Fenster ein Schreibtisch, nichts würde mich abhalten, sofort nach Hause zu schreiben. Meine Wirtin machte mich noch darauf aufmerksam, dass ich mir ein kleines Abendbrot im großen Frühstückszimmer bestellen könnte. Das Morgenfrühstück wäre im Preis inklusive. Somit war alles erledigt, ich blieb allein, blickte unaufhörlich auf die riesige Leuchtreklame LEISER und hing meinen Gedanken nach, in einer Intensität, die mich meine Umgebung erst einmal vergessen ließ. „Marianne", sprach ich zu mir selbst, „du bist in Berlin, in Deutschland. Hast du einmal darüber nachgedacht, wie du den Deutschen begegnen wirst?" Wach und mit offenen Augen liege ich in meinem breiten, sehr weichen Bett in dem überheizten Zimmer, hinter meinem Rücken die LEISER-Leuchtreklame, die der weißen Bettwäsche einen rosenroten Glanz verleiht. Einschlafen – unmöglich. Wie begegne ich den Deutschen? Immer wieder taucht diese Frage auf. Und plötzlich fand ich die Antwort.

Der Dichter und Schriftsteller Hermann Broch wurde in Princeton gefragt, ob nach seiner Meinung nach dem Krieg Juden nach Deutschland zurückkehren sollten. „Aber ja", antwortete Broch spontan, „jedoch nur unter einer Bedingung, dass jeder deutsche Gesprächspartner sofort von ihm erfährt, dass er Jude ist. Als Jude muss er auftreten!“ Und dann, nach einigem Nachdenken: „Nein, er kann nicht zurückkehren, kein Deutscher hält es aus, einem Juden gegenüberzustehen.“ Ich ergänzte dieses kurze Gespräch für mich: Was soll der Deutsche sagen – „Das tut mir alles sehr leid. Das haben wir nicht gewollt, nicht gewusst.“?! Oder sollte er weglaufen, sich mit einem „Oh, schon so spät! Ich muss mich beeilen. Nett, Sie getroffen zu haben.“ schnell verabschieden? Ich vertiefte mich mehr und mehr in diese mir bestimmt bevorstehende Situation und kam kurz vor dem Einschlafen zu einem Entschluss: Kein Programm wird dir helfen. Sei spontan, witzig, humorig, stell’ keine „moralischen“ Fragen von der Art „Wie konnten Sie?“, geh’ zur Tagesordnung über und bleib gelassen. Und schon fielen mir die Augen zu, und der Donnerstag, der 15. September 1966, der meinen dritten Lebensabschnitt einleitete, verschwand in der herbstlichen Dämmerung.

Am Freitag, nach dem Frühstück – oh, wie mundete mir meine erste Berliner Schrippe –, machte ich mir ein Tagesprogramm und stellte zu meinem Unbehagen fest, dass ich den ganzen Tag von einer Erledigung zur anderen zu laufen hätte: Berliner Bank, denn Max hatte mir Geld von Kanada nach Berlin überwiesen, dann Universitäts-Außenamt, dort hatte ich mich noch am Vormittag pünktlich einzufinden. In den Uni-Gebäuden befand sich auch die studentische Wohnungsvermittlung, vielleicht würde es mir gelingen, ein preiswertes möbliertes Zimmer zu finden, gegebenenfalls müsste ich dann sofort dieses Zimmer besichtigen und einen Mietvertrag für mindestens zwei bis drei Monate schließen. Am Nachmittag wollte ich spazieren gehen, um meine Kindheitsgegend aufzufinden und um dabei einige Einkäufe zu tätigen. Es fehlte mir ja alles. Ich suchte natürlich ein Zimmer mit Küchenbenutzung, also benötigte ich einiges Koch- und Essgeschirr.

‚Also, Marianne', sprach ich mir Mut zu, ‚auf geht's!' Zuerst fuhr ich zur Berliner Bank in Schmargendorf, von dort mit einem Autobus nach Dahlem ins Außenamt der Universität. Dort begegnete ich zum ersten Mal der Berliner Unfreundlichkeit oder Kaltschnäuzigkeit. Eine ältere Beamtin blätterte lange in Aktenordnern, seufzte und sah mich, wie mir schien, vorwurfsvoll an: „Oh je, ist das bei Ihnen kompliziert! Israel, Tel Aviv, Meinecke-Institut – wie schwierig!" Mir schien, sie war wirklich ärgerlich auf mich. „Ach, wissen Sie, ein bisschen Nachdenken würde auch Ihnen helfen, schließlich war mein Leben bei weitem mehr als nur ‚kompliziert'!" Da fiel auch bei ihr der Groschen, sie errötete leicht, fand plötzlich alle Unterlagen, lächelte etwas angestrengt, und als ich sie fragte, wo ich den studentischen Wohnungsnachweis finden würde, gab sie mir bereitwillig und freundlich Auskunft.

Ich fand ihn sehr schnell in einem großen Klassenraum, besetzt mit kleinen Tischen, hinter jedem Tisch ein älterer Student, der in Karteikästen herumwühlte, vor ihm ein jüngerer, ein wohnungssuchender Jüngling, gespannt der Suchaktion seines älteren Kollegen folgend. Da eine lange Schlange von Leidensgenossen vor mir an der Reihe war, hatte ich somit Zeit zum Nachdenken. In Gedanken stieg ich in einem großen Mietshaus drei Treppen hoch, klingelte an der Tür, eine Berliner Hausfrau öffnete, trocknet sich die Hände an ihrer Schürze ab, fragte nach meinem Begehr. Und Plötzlich, ohne es gesehen zu haben, sah ich wie im Wachtraum mein künftiges Zimmer vor mir. Ein großes Hoffenster, eine etwas ramponierte Couch, flankiert von zwei ähnlichen Sesseln, unter dem Fenster zu meiner Beruhigung ein Schreibtisch, ich wandte mich wieder der Couch zu und entdeckte, oh Schreck, über ihr an der Wand des Porträt eines Wehrmachtssoldaten, grimmigen und tapferen Gesichtsausdrucks: Das kann doch nur „der selige Justaf" sein, der gezwungen wurde, sein Leben dem Vaterland zu opfern, war mein erster Gedanke. Nein, nein, das geht ja nicht, daran habe ich gar nicht gedacht, aber es war ja nicht zu spät. Er war ja gar nicht da, nichts hing an der Wand, meine Phantasie hatte mir einen Streich gespielt. Aber der Traum war noch nicht zu Ende, jetzt musste Schluss sein. Hastig verabschiedete ich mich, murmelte etwas von „zu dunkel“ und eilte die Treppen hinunter. – Ich schüttelte den Kopf über meine Träumereien, aber sie halfen mir, jetzt als Erste der langen Reihe gegenüber dem Studenten die richtigen Worte für mein Anliegen zu finden. „Sie müssen nämlich wissen“, begann ich, „ich bin erst gestern aus Israel hier angekommen. Dreißig Jahre war ich nicht in Berlin, da bestehen also Schwierigkeiten, Sie können es sich vielleicht vorstellen“, stotterte ich leicht. „Vielleicht“, fuhr ich fort, „haben Sie in Ihrer Kartei einen ausländischen Wohnungsinhaber, der einen Mieter sucht?“ Ich sprach leise, fast flüsterte ich, und mein Zimmerbeschaffer lächelte freundlich und verständnisvoll: „Ja, ja, gerade war hier eine nicht mehr ganz so junge bulgarische Frau, so in den Dreißigern. Sie studiert Kunstgeschichte und sucht eine nette ältere Mitbewohnerin. Hier ist die Adresse, am besten, Sie gehen gleich einmal zu ihr.“ Es war am Breitenbachplatz, eine Villenstraße, nicht weit entfernt von der historischen Fakultät der Universität. Ich wurde äußerst liebenswürdig empfangen. Es schien, als hätte sie nicht weniger Angst vor einem unpassenden Mieter als ich. Sie war jugendlich, temperamentvoll, wollte mich gleich bei sich einquartieren. Sie hatte die obere Etage einer großen Stadtvilla gemietet, höchst elegant, vier große Zimmer, moderne Küche und modernes Bad. Die Zimmer waren sehr groß und hell, zwei von ihnen wollte sie vermieten. Die Miete, die sie von mir erwartete, war sehr hoch, eigentlich konnte ich mir das gar nicht leisten, doch ich wollte aus dem Hotel heraus, zu Jonathan fahren, und dann würde man schon weiter sehen. Der Hausbesitzer war ein offensichtlich wohlhabender Mann, die obere Etage wollte er vermieten, da bisher sein Sohn mit seiner Familie dort gewohnt hatte. Ich gefiel ihm sichtlich, machte auf ihn einen soliden Eindruck, auch dass ich aus Israel kam, machte mich interessant. Meine Bulgarin war entzückt, dass durch meine Gegenwart ihr Ansehen bei ihrem Hauswirt stieg. Ich hatte den Eindruck, dass er sich auf ihre Solidität wenig verließ. In meinem zukünftigen Zimmer arbeiteten Handwerker, strichen die Wände, legten Teppiche, zogen Wände. Das Zimmer war außergewöhnlich groß. Meine Bulgarin versprach mir das Blaue vom Himmel herunter: Schreibtisch, Sessel, Bilder – es wurde deutlich, sie wollte durchaus, dass ich bei ihr wohne.

Auf dem Rückweg zum Hotel kaufte ich einiges Ess- und Kochgeschirr, aß ein schnelles Mittagbrot, meldete mich im Hotel für den kommenden Mittwoch ab und telefonierte, wie vorher verabredet, mit Jonathan in Amsterdam. War das ein Gejauchze, wie freuten wir uns auf unser Wiedersehen! Dann war es ungefähr vier Uhr nachmittags und Zeit, spazieren zu gehen oder richtiger mein Heimatufer, mein Geburtshaus aufzusuchen. Ich hatte nicht wenig Angst davor, wollte nicht von irgendwelchen Gefühlen überwältigt werden. „Marianne", sagte ich zu mir, „sei nicht wehleidig, selbstverständlich musst du – du willst es ja auch – ‚nach Hause' gehen! Wie wirst du es vorfinden? Ist es überhaupt noch vorhanden?" Ich ging zum Bahnhof Zoo, grüßte freundlich die Normaluhr, den ständigen Treffpunkt von Max und mir, abends um 7 Uhr, nach beendetem Lern- und Arbeitstag. Ich durchquerte den Tiergarten, den ich Mühe hatte wieder zu erkennen, die Bäume waren zart und jung, die hohen massiven Jahrzehnte alten Bäume meiner Kindheit waren in den letzten Kriegsmonaten abgeholzt worden, ich ging, wie ich meinte, den richtigen Weg und musste plötzlich feststellen, dass ich anscheinend die Richtung verloren hatte. Die Wege verliefen anders als in meiner Kindheit, ich wurde in unheimlicher Weise an meinen Kindheitstraum erinnert, der mir den Weg nach meinem Zuhause in Furcht erregender und lebensgefährlicher Weise versperrte. Straßen, die in meiner Kindheit gerade verliefen, wanden sich in mehreren Biegungen, die alten Bürgerhäuser waren fort. Entweder waren ihre Plätze leer und nur mit spärlichem Rasen bedeckt, oder moderne Hochhäuser, höchst uneinheitlich, nahmen ihren Platz ein. Jedes hatte seinen eigenen Stil, als ob jedes Haus von einem anderen Architekten entworfen worden war, ein Eindruck, der mir später als Tatsache bestätigt wurde. Die Hochhäuser gaben dem alten soliden Tiergartenviertel ein verfremdendes Bild, ich wusste wirklich nicht mehr, wo ich mich befand.

‚Irgendwo, nicht weit von hier muss doch die Spree sein', dachte ich bei mir, ‚schließlich müsste ich mich bereits im Ufer-Viertel befinden.' Und richtig, wieder bog die Straße, in der ich mich jetzt befand, in eine andere Richtung. Ich stand in einer mir sehr bekannten Straße, nur den Namen Bartningallee las ich zum ersten Mal. Gleichzeitig wusste ich, dass ich vor einem S-Bahnhof stand, dessen Name mein Herz höher schlagen ließ: Bellevue. Ich durchschritt die Bahnüberführung, wieder Bartningallee, doch jetzt wusste ich, dass dies der neue Name meiner alten Brückenallee war, dort bin ich in den Kindergarten und in Fräulein Rosenthals Privatschule gegangen. Noch einige Meter und ich stand am Spreeufer, an der Bärenbrücke, und die leicht abschüssige Uferstraße, unmittelbar errichtet an der Spree, war mein Holsteiner Ufer.

Als bekannt und unbekannt, als unheimliches Durcheinander fand ich meine Geburtsstätte, untermischt von sehr neuen, hässlichen fünfstöckigen Häusern, angestrichen in grellen Farben, deren niedrige Fenster die Ärmlichkeit der Behausungen verrieten. An der Ecke – welche Freude: die Baumkuchenbäckerei „Buchwald". Ich warf einen Blick in die Bäckerei und stellte fest, dass die alte Besitzerin noch tätig war. „Marianne", sagte meine Mutter immer, „es kommt unerwarteter Kaffee-Besuch, lauf schnell zu Buchwald, kauf Baumkuchen." Diesen Auftrag befolgte ich willig, beantwortete ihn nicht mit einem trotzigen „Nein!" – Baumkuchen, welche Delikatesse!

Langsam ging ich das Ufer hinunter. Hier und da stand noch eines der alten schönen Bürgerhäuser meiner Kindheit, und jetzt, ja, was war denn das? ‚Ist dies mein Geburtshaus?' Ja, ja, es ließ sich nicht verleugnen, obwohl es aussah wie ein gerupftes Huhn! Aller Stuck, die griechischen Götterfiguren, die die Terrassen stützten, die Putten und die Blumengirlanden – alles war wie abrasiert. Kahl und krank sah mein Heim aus. Ich ging durch den Vorgarten auf den herrschaftlichen Eingang zu, die Tür war nicht verschlossen. Die Portierloge war zugemauert und in eine winzige Souterrainwohnung mit eigener Tür umgewandelt worden. Ohne Schwierigkeiten öffnete ich das Hauptportal und erschrak vor der Verwahrlosung der einst so fürstlichen breiten Marmortreppen, die ihre weiße Farbe schon seit Jahren eingebüßt hatten. Auch das Parkett war als solches kaum zu erkennen, es war verschrammt und mit einer schmutzig-grau-schwarzen Farbe belegt. Langsam stieg ich die Stufen hinauf: Hier wohnte der Rabbiner Rosenthal, die Familie ist sicher umgekommen; eine Etage höher wohnte ein Korvettenkapitän mit seiner Familie, ich erinnerte mich noch an ihn. Aber damit war es auch zu Ende mit meiner Erinnerung an bekannte Namen! Schließlich stand ich vor „unserer" Wohnungstür. Anscheinend war die neue Hausfrau ein Prachtexemplar ihrer Gattung. Der Löwenkopfring, der die Klingel bildete, war auf Hochglanz geputzt, ich konnte mich plötzlich eines Heimkehrgefühls nicht erwehren.

Nichtsdestoweniger machte ich kehrt und ging behutsam, um ja niemandem zu begegnen, die Treppen hinunter und verließ die Stätte meines nichts ahnenden Eintritts in diese unverständliche Welt, wo ich umhegt und gepflegt, geliebt und verwöhnt worden war von meinen glücklichen Eltern, die im Jahre 1917 zu ihrer Freude eine Tochter ihr Eigen nennen konnten. In Gedanken versunken stieg ich die Treppen hinab, plötzlich entsann ich mich aller dort wohnenden Familien. Mit allen standen wir in freundschaftlichen Beziehungen, mir schien es so, als hörte ich ihre

Stimmen. Da war die geduldige Familie Wartenberg, Apothekenbesitzer, die sich niemals über das nicht enden wollende Klavierspiel meines Bruders beschwerten! Dann unser bester Freund, der Eisenbahndirektor, dem mein Vater bis zu seinem Tod zur Seite stand. Seine Witwe ging nach China, warum gingen meine Eltern nicht mit? Die Angst, keine berufliche Betätigung zu finden, erstickte jegliche Initiative. Wie töricht! Wir trafen später zahlreiche China-Auswanderer, irgendwie haben sie alle überlebt. Mein Vater wollte „Sicherheiten", die ihm niemand nirgends garantieren konnte. – Jetzt begann die Zeit, in der das Gedenken an das Ende meiner Eltern mich nie mehr loslassen und mein Lebensgefühl bestimmen wird.

Ich verlasse mein Geburtshaus und wende mich dem Nachbarhaus zu, entziffere an einer Wohnungstür, tief parterre, den Namen Bergrath. Unser Schuhmacher! Wie oft saß ich neben ihm und beobachtete fasziniert seine flinken Hände, die die Schuhe, als wären sie neu, nach einer Weile wieder entließen, um sie in ein Regal zu stellen. Bergrath! Herr und Frau Bergrath. Ida Bergrath war unsere Haushaltshilfe, die bei uns arbeiten durfte, da sie nach den Nürnberger Gesetzen aus Altersgründen – sie war bereits über 45 Jahre alt – keinerlei Gefahr eventueller sexueller Übergriffe meines Vaters mehr ausgesetzt war. Ich klingelte, klopfenden Herzens. Alt und verhutzelt, blühte sie plötzlich auf, als sie mich erkannte: „Mariannchen! Komm herein. Wo kommst Du her?" Und sie zeigte mir die Wickelkommode und andere Kleinmöbel, die meine Mutter ihr geschenkt hatte, als sie gezwungen wurde, in ein „Judenhaus" zu ziehen. „Sieh hier, Mariannchen", und die Tränen kullerten ihr die Wangen herab, „dein Geburtstagsgeschenk für mich, ein mit Emailfarben ausgemalter Tonteller. Ich hüte ihn, als wäre er mein kostbarster Besitz." Sie bereitete Tee, gab mir Gebäck, ich versprach wiederzukommen.

Es gab in dieser ersten Woche in Berlin viel zu erledigen. Danach traf ich mich mit Jonathan in Holland, blieb dort eine Woche und fuhr danach mit ihm für ungefähr zwei Wochen nach Paris. In Berlin, ich muss es gestehen, vergaß ich Ida, und als ich mich erneut auf den Weg zu ihr machte, fand ich die Tür verschlossen, das Namensschild verschwunden. Niemand öffnete, Ida habe ich niemals wieder gesehen. Vielleicht war es gut so: Dieses einmalige Treffen hatte bereits allen möglichen Gesprächsstoff erschöpft, mehr wollte ich gar nicht wissen. Später, aus anderer Quelle, erfuhr ich mehr als mir gut tat über die letzten Jahre meiner Eltern in Berlin.

Am Sonnabend der ersten Woche fuhr ich mit einem Touristenbus nach Ost-Berlin, ins Pergamonmuseum. Dort fand ich alles wieder, so wie ich es aus meiner Kindheit in Erinnerung hatte, die babylonischen Tore wie eh und je grandios und farbenprächtig. Mir war die ganze Zeit, als ginge mein Vater neben mir und erklärte mir die Geschichte des Pergamon-Altars. Am Sonntag fasste ich einen Entschluss: Ich wollte Inge treffen, meinen Schulschwarm, drei Jahre älter als ich – wie oft war ich mit ihr zusammen im Schullandheim. Ich war sicher, niemals war sie „der Partei" auch nur nahe gekommen. Ich telefonierte mit ihr. Ihre Adresse hatte mir eine gemeinsame Freundin in Tel Aviv gegeben. „Erinnern Sie sich an eine Schulfreundin namens Marianne Selbiger?", fragte ich mit kaum beherrschter Stimme. – „Marianne, bist du es? Komm sofort, sofort!"

Ich kam zwar nicht „sofort", sondern erst am Nachmittag, weil ich noch eine Kindheitserinnerung im Programm hatte: die Pfaueninsel. Auch dort fand ich alles wieder, selbst die hohen dickstämmigen Bäume, die fast den Himmel verdeckten und die Rad schlagenden Pfauen – es war ihre „Saison" – und das Lustschlösschen der Geliebten des preußischen Königs, Friedrich Wilhelm II. Ich schwelgte in Erinnerungen, spazierte in Gedanken inmitten der Familie Selbiger, alle waren um mich herum – unendliches Glück, wenn ich deren Gegenwart erahnte, tiefes Erschrecken, wenn ich mich allein auf der Wiese oder unter den Bäumen fand.

Nachmittags ging ich zu Inge. Sie lief mir bereits auf der Treppe entgegen. „Sie ist es, sie ist es wirklich“, auch sie meinte, wie Ida, mich wieder zu erkennen. Ich blieb den Nachmittag, den Abend bis tief in der Nacht bei ihr. Arme Inge, so wie ihr erging es allen „Nicht-Nazis“, in deren Kreise ich wenig später durch glückliche Zufälle geriet. Ich wurde nicht müde zu fragen: Alles wollte ich wissen. Was geschah, nachdem wir Berlin verlassen hatten? Man verstand meine Wissbegier und wurde nicht müde zu erzählen. Da war der Freundeskreis um Bobba, eigentlich Erna, der Kreis um den Lektor Max Tau[140] , dem es in letzter Minute gelang, nach Norwegen zu fliehen: Peter Huchel[141], Ingeborg Drewitz[142] und andere, deren Namen heute vergessen sind, wie Max Pohl, der Sekretär von Gerhart Hauptmann[143], Heinz Lange, Georg Zivier[144] und viele mehr. Auch der Pfarrer Klepper[145] gehörte dazu, der sich mit seiner jüdischen Frau und Stieftochter das Leben nahm, als ihnen der Deportationsbefehl für die sechzehnjährige jüdische Stieftochter ausgehändigt worden war. Ich wohnte bei Bobba, ihre Freunde waren meine Freunde. Der Tag, an dem ich bei ihr einzog, war wieder ein Fall von „Glück“, das mir plötzlich begegnete, und mich nicht einsam werden ließ.

Bobba, ihr richtiger Name war Erna Birkenfeld, lernte ich bei einer mir aus Israel bekannten Rechtsanwältin kennen. Ihr Mann, Günter Birkenfeld[146], war wenige Monate zuvor gestorben. Bobba war vorerst sehr einsilbig, doch mein Temperament, meine Erzählungen über Israel lösten ihre Zunge, und wir unterhielten uns bis spät in die Nacht sehr angeregt. Es wurde offensichtlich: Ich gefiel ihr. Am nächsten Tag lud sie mich telefonisch für den kommenden Sonntag zum Mittagessen ein. Nach dem Essen fragte sie mich, ob ich nicht bei ihr wohnen möchte, schließlich wäre sie jetzt allein in ihrem Reihenhaus „Im Fischtal“. Sie zeigte mir alle Zimmer und schlug mir vor, das Schlaf- und Arbeitszimmer ihres Mannes zu beziehen. Selbstverständlich könnte ich mich in allen Zimmern frei bewegen, an den

Wochenenden würde sie für uns beide kochen. Begeistert sagte ich zu. Bei meiner Bulgarin fühlte ich mich fremd, die andere Mieterin war sehr laut. Ich war sicher, bei Bobba würde ich mich wohl fühlen. Ihr Mann, Günter Birkenfeld, war promovierter Germanist gewesen, seine Bibliothek war von großem Nutzen für meine Arbeit. Er schrieb Romane, in denen er die Armutsviertel Berlins schilderte und die, von den Nazis als Asphaltliteratur verhöhnt, am Tag der Bücherverbrennung dem Feuer zum Opfer fielen.

Birkenfelds und ihr Kreis schlugen sich recht und schlecht durch. Ihre Themen entnahmen sie den Schilderungen historischer Persönlichkeiten. Diese Themen waren unverfänglich, gleicherweise Schilderungen des Lebens in Kleinstädten. Ihre Frauen arbeiteten als Sekretärinnen. Die Freundschaften, die in diesem Kreis entstanden, machten ihnen das Leben erträglich, nichtsdestoweniger lebten sie in ständiger Spannung. Vor allem musste man auf die temperamentvolle Bobba aufpassen, der es leicht fiel, aus ihrem Herzen keine Mördergrube zu machen. Ihres Lebens sicher konnten sie niemals sein.

Bobbas Freunde traf ich an Wochenenden, oft wurde ich auch von ihnen eingeladen. Doch ich greife vor, die Erinnerungen an Bobba und an ihren Kreis dominieren, sie sind zu eng verbunden mit meiner unstillbaren Begierde, alles zu erfahren, was sich hier abgespielt hatte, und vor allem was meinen Eltern widerfahren war. Noch stehe ich am Beginn meines neuen Lebens. Die letzte Septemberwoche des Jahres 1966 verbrachte ich mit Jonathan in Amsterdam und erlebte in Holland Europa, wie ich es mir erträumt hatte. Das Stadtbild, die Grachten, die Museen, wir fuhren nach Harlem und nach Wyk am See[147] – das war das schöne, das gute Europa. „Sprich nicht Deutsch“, empfing mich Jonathan, also sprachen wir in Gegenwart Fremder Englisch. Hebräisch konnte nur „unsere Sprache“ sein. In den letzten Septembertagen fuhren wir nach Paris, das mich das Fürchten lehrte. Ich merkte, dass ich Zeit brauchte, mich an eine Weltstadt, an die zahllosen Fremden, an die Menschenmengen, sogar an die Metro erst langsam zu gewöhnen, schließlich kam ich aus dem „Dorf“ Tel Aviv und aus dem Bilderbuchland Holland. Wir wohnten am Pigalle, an der Rue de Clichy. Die „Madame“ des Hotels „Mon Bijou“, die uns empfing, fragte misstrauisch, auf Jonathan weisend: „Il est votre mari?“ „Non, mon fils“, antwortete ich. „Oh“, entrüstete sich Madame, „dann muss ich ein anderes Bett ins Zimmer stellen!“ Ein französisches Doppelbett für Mutter und Sohn verstieß gegen die guten Sitten! Also bekam Jonathan ein Extrabett, und der Ruf von „Mon Bijou“ war gerettet.

Abschied von Jonathan. Ich war allein, doch zu erregt, um Angst oder Melancholie aufkommen zu lassen. Ich fuhr zu meiner Bulgarin, die mein Zimmer inzwischen hergerichtet hatte, und führte sofort meine israelische Lebensweise in Berlin ein: Arbeiten, arbeiten, von früh morgens mindestens bis vor Mitternacht. Es war nicht leicht, vor allem nicht, mich an die veränderten gesellschaftlichen Beziehungen zu gewöhnen. Zwischen einem Professor und einem Studenten lag eine Welt. Niemals hätte es ein Student gewagt, sich in der Gaststätte oder in der Mensa an einen „Professoren-“ oder einen „Assistententisch“ zu setzen, auch wenn an den Tischen der Herren – Frauen gab es überhaupt nicht – genügend Platz vorhanden war. Es war mein Glück, dass die Honoratiorenplätze besetzt waren, als ich das erste Mal das kleine Restaurant betrat; in meiner israelischen Unbefangenheit hätte ich mich ohne weiteres auf den freien Platz gesetzt – die Gesichter der arrivierten Akademiker habe ich mir später, als ich die Sitten schon kannte, vorstellen können. Verschiedene Welten: Professoren, promovierte Assistenten und Studenten. Man war freundlich zu mir, doch es kam mir so vor, als könnten manche ein ironisches Lächeln nicht unterdrücken, als wollten sie sagen: „Brav von dir, Großmutter, dass du auch noch etwas lernen willst!“ Doch meine Unbefangenheit, vielleicht sogar meine Berliner Schnoddrigkeit, auch meine Hilfsbereitschaft beim Übersetzen von Texten bauten freundschaftliche Brücken zwischen mir und manchen Studenten, Freundschaften, die viele Jahre Bestand hatten.

Aber die wichtigsten Verbindungen, die ich schließen musste, waren die zu Professoren. Professor Elze, mein erster Ansprechpartner, war außergewöhnlich freundlich, gesprächig, fragte mich nach meinem Israel-Studium und es dauerte nicht lange, dass er auch von sich, seiner Karriere, und von den Nazijahren erzählte. Ich hatte es mir zum Prinzip gemacht, niemanden zu fragen – Inge und Bobba ausgenommen –, niemanden in der Universität. Aber leider litten etliche unter „Geständnisdrang". Gut, dass mir immer die Worte von Hermann Broch gegenwärtig waren, und ich bemühte mich, allen Geständnissen oder verwunderten Fragen mit Humor, manchmal mit Spott oder Ironie zu begegnen, so dass derartige, als unangenehme Zwischenfälle empfundene Fragen oder Feststellungen in Gelächter endeten. Nein, mit mir sollte man es „aushalten" können, und ich glaube, dass mir dies auch gelungen ist. Ich habe mich im Institut für Geschichtswissenschaft, dem Friedrich-Meinecke-Institut, außerordentlich wohl gefühlt.

Professor Elze war als mein Doktorvater vorgesehen. Dass wir zwar unterschiedliche historische Interessen hatten, stellte sich schnell heraus, nichtsdestoweniger unterhielt er sich gern mit mir, und es verging keine Woche, dass er sich nicht nach seiner Sprechstunde mindestens eine Stunde mit mir über Gegenwart, vor allem aber über Vergangenheit unterhalten wollte. Er, und nicht nur er, liebte es, mir Geständnisse zu machen, als wolle er Gewissensballast abwerfen, und ich machte es allen, allen leicht. „Wissen Sie", so ein Professor, „als wir Paris eroberten, ergriff mich ein mächtiges Glücksgefühl." Dabei sah er mich neugierig an, wie ein ungezogenes Kind, das denkt: ‚Was wird Mutter jetzt erwidern?' „Das war ja auch etwas sehr Schönes", so meine Antwort, die ihn nicht wenig verwirrte. Ein anderer

„Kriegsteilnehmer“: „Ach, Sie kommen aus Israel. Interessant. Wissen Sie, was der Führer mit den Juden angestellt hatte, finde ich grässlich!“ Darauf ich, kurz und bündig: „Sie auch?“ Ein anderer: „Ich muss es Ihnen gestehen, Sie gefallen mir so gut: Ich war einst ein strammer Hitlerjunge!“ „Nehmen Sie es sich nicht zu Herzen“, so meine Antwort.

In diesem Zusammenhang möchte ich bemerken, dass der Lehrkörper im Friedrich-Meinecke-Institut sich wahrlich nicht aus altgedienten Nazis zusammensetzte. Man wollte ja eine „Freie Universität“ aufbauen, nur aus diesem Grund hatte man sich entschlossen, sich von der Humboldt-Universität zu trennen. Ein risikoreicher Entschluss, der vor allem von den Studenten gefasst worden war. Man musste nicht befürchten, an „falsche Propheten“ zu geraten. Die älteren Semester waren durchweg unverdächtig und die jungen Dozenten, die nach der Erlangung des Doktorgrades die wissenschaftlichen Assistentenstellen besetzten, hatten sich schon aus Altersgründen nichts vorzuwerfen. Probleme sollten bald aus einer anderen Richtung auftauchen, Probleme, die mich wirklich in Verwirrung stürzten.

Vorerst, in meinen ersten Berliner Tagen, war es ein Beamter der Fremdenpolizei, den ich verwirrte. Um mich herum standen Araber, Afrikaner – kurz, eine bunte Gruppe von Orientalen, die kaum Deutsch sprach und dadurch die Beamten in einige Ungeduld versetzte. „Und Sie“, fragte mich ein Beamter unwirsch, „auch aus dem Orient?“ Nach einigen Fragen seinerseits starrte er mich verwundert an und stieß hervor: „Woher können Sie denn so gut Deutsch?“ „Aber“, antwortete ich, „ich bin doch schon vierzehn Tage hier.“ „Ach so“, erwiderte er, jetzt völlig verwirrt, und er sah mich misstrauisch an. Als ich ihm dann lachend meine Situation erklärte, lachte er über sich selbst. Solange man noch mit Humor die Situation meistern konnte, blieb ich fröhlich und gelassen. Noch wohnte ich bei meiner Bulgarin und aß mein Mittagbrot in der Mensa der Universität. Das Essen war reichlich und fett. Jeden Tag gab es nach einer dicken Suppe einen Grießpudding als Nachtisch und als Hauptgang meist fettes Schweinefleisch nebst einem Berg von Salzkartoffeln. Ich brauchte mich demnach nicht über meine ständige Gewichtzunahme zu wundern, war daher ratlos und wusste mir nicht zu helfen. Das Essen war sehr preiswert, und da ich keine Einnahmen hatte, war ich auf das Mensa-Essen angewiesen. Ich suchte angestrengt nach einem Ausweg. Die Rettung kam unerwartet. Eines Tages standen mehrere arabische Studenten in der Schlange vor der Essensausgabe und verlangten, als wäre dies selbstverständlich, „mageres Rindfleisch", mit der Erklärung, sie seien Moslems und dürften kein Schweinefleisch essen. Und siehe, man erfüllte anstandslos ihre Bitte. Jetzt kam ich an die Reihe: „Bitte", sagte ich zu der Küchenhilfe, „ich bin Jüdin und esse kein Schweinefleisch. Geben Sie mir bitte auch Rindfleisch." „Soooo", meinte lautstark die Küchenfee, „seit wann denn das?", und sie rief mit lauter Stimme, so dass man es durch den großen Esssaal vernehmen konnte: „Frida, seit wann fressen die Juden kein Schweinefleisch?" Oh, wie peinlich war mir das Aufsehen, das ich erregt hatte! Tiefes Schweigen im Saal, alle Blicke waren auf mich gerichtet. Zu meinem Glück hatte die Kollegin Frida mehr Erfahrung, ich bekam mein mageres Rindfleisch, und von da an anstandslos jeden Tag. Als ich mit meinem vollen Tablett einen leeren Platz suchte, lächelten mich viele Studenten freundlich und erheitert an. Nichtsdestoweniger hatte ich ein schlechtes Gewissen, da ich ja die jüdischen Speisegesetze keineswegs beachtete.

Aber es kam der Tag, an dem keine ironische oder humorvolle Reaktion mir über eine unerträgliche Situation hinwegzuhelfen im Stande war. Ich bekam eine amtliche Aufforderung, mich an einem der nächsten Tage bei einem bestimmten Amtsarzt einzufinden. „Schon wieder", seufzte ich und folgte missmutig an dem festgesetzten Tag der Aufforderung. Der Arzt empfing mich sehr freundlich, lachte und scherzte mit mir: „Und jetzt werde ich Ihnen etwas von Ihrem kostbaren Blut abnehmen." „Warum?", fragte ich erstaunt. „Vor der Immatrikulation bin ich gründlich von einem Vertrauensarzt der Universität untersucht worden!" „Nun", so mein jetziger Doktor, „das, was ich bei Ihnen suche, hat diesen Arzt nicht interessiert." „Sind Sie etwa für Geschlechtskrankheiten zuständig?" Ich meinte, mit dieser Frage besonders witzig zu sein, aber seine fröhliche Antwort versetzte mir einen gehörigen Schock: „Erraten", freute er sich. Ich war entsetzt: „Das können Sie sich sparen, Fehlanzeige!" „Das sagen alle, die zu mir kommen, und nicht selten werden sie dann mit einem positiven Syphilisbefund konfrontiert." Und ehe ich es mir versah, hatte er mir das Blut bereits entnommen, freute sich wiederum über seine Geschicklichkeit und teilte mir mit, dass ich in etwa zwei Wochen einmal bei ihm anrufen sollte, dann läge der Bescheid schon vor. Ich verließ den Praxisraum, rannte die Treppe hinunter, halb besinnungslos vor Entsetzen und Wut. Zurück im historischen Institut, begegnete ich Amos (Funkenstein)[148], dem Assistenten, der mich bei meiner Ankunft in Empfang genommen hatte. Er sah mir meine Verwirrung an, fragte mich, ob er mir helfen könne und gab mir den Rat, mir meine deutsche Staatsangehörigkeit „zurückzuholen". Ich hätte ein Recht, diese zu verlangen, da nach einem Beschluss der Bundesrepublik, alle von dem NS-Regime ausgebürgerten Deutschen auf Antrag die Staatsangehörigkeit, die ihnen widerrechtlich aberkannt worden war, ohne Formalitäten erneuern konnten. Die israelische Staatsangehörigkeit müsste ich nicht aufgeben. Somit bestünde für mich kein Grund, mich aufzuregen, da ich mich sofort von jeglicher Fremdengesetzgebung befreien könne.

Tief in Gedanken versunken, machte ich mich auf den Heimweg, ging aber nicht nach Hause. Ich wollte mit niemandem sprechen, um allein mit dem Dilemma, in dem ich mich befand, fertig zu werden. Ich war tief unglücklich. Das war zu viel. Ich fahre nach Hause! Deutsche Staatsangehörigkeit? Das vertrug sich nicht mit meiner Vorstellung von einer würdigen Existenz in diesem Land, denn, trotz allem guten Willen, das Schicksal derjenigen, denen es nicht gelungen war, das Land zu verlassen, unter ihnen meine Eltern, lastete zu schwer auf meinem Bewusstsein. Das ließ mein Stolz nicht zu! Stundenlang irrte ich umher, ging viele Stunden nicht nach Hause, wusste auch nicht, mit wem ich mich beraten könnte. Ich hörte bereits die Argumente meiner Freunde: „Es handelt sich doch nur um eine Formalität." Es würde sehr schnell gehen, da ich meine Geburtsurkunde, die Heiratsurkunde meiner Eltern und alle notwenigen Unterlagen besaß. Als „Deutsche" dürfte ich jede Arbeit annehmen, eine Sozialwohnung beziehen, und vor allem wäre ich von den erniedrigenden Besuchen bei der Fremdenpolizei befreit. Ich könnte in Deutschland bleiben, so lange ich wollte. Kurz, ich hätte alle Rechte eines Staatsbürgers. Ich wusste, dass viele meiner Freunde in Israel sich ihren deutschen Pass zurückgeholt hatten, obwohl sie niemals daran dachten, für längere Zeit in Deutschland zu leben. Es wäre einfach leichter, sich mit einem deutschen als mit einem Israel-Pass in der Welt zu bewegen. Ich hatte diese Möglichkeit niemals in Betracht gezogen. Da ich den Israel-Pass nicht abgeben müsste – schließlich wussten auch die deutschen Beamten, dass dieses Land uns das Leben gerettet hatte –, sprach alles für den Schritt. Nur, ich konnte mich mit dem Gedanken, als Bittstellerin – so empfand ich meine Situation – zum Innensenator zu gehen, nicht abfinden. So liefen meine Gedanken hin und her, bis ich mich kurz nach Mitternacht entschloss, nach Hause zu Bobba zu gehen.

Meine Freunde, meine Bekannten, meine Kollegen versicherten mir wieder und wieder, es handele sich um eine bürokratische Maßnahme, den Status quo ante für den ehemaligen deutschen Staatsbürger, dem man widerrechtlich die Pässe fortgenommen hatte, wiederherzustellen. „Also, Marianne, hab dich nicht so!", schimpfte Bobba in ihrem besten Berlinisch, „in einigen Tagen ist die Sache erledigt und du wirst ohne ärztliche Untersuchungen, ohne Auflagen in Ruhe und in Frieden deine Arbeit schreiben können." Die Erwähnung meiner Arbeit überzeugte mich. Ich begab mich in das Gebäude des Berliner Senates am Fehrbelliner Platz, brachte bei den niederen Beamten mein Anliegen vor. Ich wurde eine Treppe höher geschickt, dort fragte ich noch einmal, und noch einmal erklomm ich Treppen, bis ich vor einer Tür stand, die zum „Senatsdirektor" führte. Ich habe mich anmelden lassen und wurde außerordentlich freundlich empfangen. Der Herr interessierte sich für die fast fünfzigjährige Doktorandin, es konnte nicht ausbleiben, dass ich ihm nach und nach meinen Lebenslauf schilderte. Er hörte sehr aufmerksam zu, besah sich alle meine Papiere, Heirats- und Geburtsurkunde meiner Eltern, meine Geburtsurkunde – es war gar nicht so einfach, diese zu beschaffen –, und mein Senatsdirektor wurde zunehmend interessierter und liebenswürdiger. Ich bekam den Eindruck, er freue sich über die Gelegenheit, den unvorstellbaren Wahnwitz, wenn auch nur um ein Geringes, rückgängig machen zu können. Er wollte mich nicht entlassen, ließ sich von meiner Berliner Kindheit und Jugend erzählen, von meinen Bemühungen, autodidaktisch das notwendige Wissen zu erwerben, das es mir wenigstens ermöglichte, pädagogisch zu arbeiten. Mit großem Interesse las er die Gutachten der Tel Aviver Universität, fragte mich nach meinen besonderen Interessen; es wurde wirklich eine freundschaftliche und sehr menschliche Unterhaltung. „Also", beendete er die Sitzung, „Sie werden eine Mitteilung erhalten, wann Sie Ihre Urkunde, Ihre Staatsbürgerurkunde, abholen können."

Am festgesetzten Tag zur festgesetzten Stunde erschien ich ziemlich aufgeregt – noch hatte ich das moralische Dilemma nicht völlig überwunden –, fand nach einigem Suchen die richtige Tür und war erstaunt, vielleicht acht Herren um einen runden Tisch versammelt zu sehen, als ob sie auf mich gewartet hätten, um mit mir einen feierlichen Akt zu zelebrieren. Als ich hereinkam, erhoben sie sich,

FREIE UNIVERSITÄT BERLIN

Nicht von dem Studierenden auszufüllen!

STUDIENBUCH

für

~~Herrn~~/Frau/~~Frl.~~ Auerbach Miriam [Marianne]

Zu- und Vorname

geboren am 20. 6. 17

in Berlin

Staatsangehörigkeit: ~~Israel~~ deutsch

Fakultät: Philosophische

Amtliche Vermerke: Staatsangehörigkeit geändert lt. Einbürgerungsurkunde „Der Senator für Inneres" von Berlin ausgest. am 27.7.67 Tgb. Nr. I E 6/1-95-70347 vorgenommen am 12. März 1968

[Unterschrift]

Immatrikulationsbüro Freie Universität Berlin

mein Senatsdirektor hielt eine Mappe in der Hand und begann mit seiner Rede: „Liebe Frau Awerbuch, wir freuen uns, Ihnen die deutsche Staatsangehörigkeit verleihen zu können und wünschen Ihnen viel Glück." Da, in diesem Moment ritt mich der Teufel, ich verlor völlig meine innere Balance. Diesen so netten und gutwilligen Herren antwortete ich in meinem schnoddrigsten Berlinisch: „Na, schlimmer als das erste Mal kann es ja nun auch nicht mehr werden." Also sprach ich, Hermann Brochs Lehre völlig vergessend – das erste und, gottlob, auch das letzte Mal, dass mir ein solcher Fauxpas geschah. Mein Temperament ging mit mir durch. Anscheinend hatte ich mich mit diesem für mich doch unvorhergesehenen Schritt noch nicht völlig abgefunden. Ich nahm die Urkunde in Empfang, war überhaupt nicht stolz auf mich, viel eher völlig verwirrt, und verließ den Raum, meine Helfer einigermaßen bestürzt und verwirrt zurücklassend. Max, der zufällig in Berlin war, machte mir schwere Vorwürfe wegen meiner Taktlosigkeit. Ich war sehr zerknirscht!

Einige Tage später bekam ich noch einen Brief vom Innensenator, dass laut Urkunde mein Vorname „Marianne" laute und dass ich mich so zu nennen hätte. „Mirjam", mein israelischer Vorname, hätte nur für den Israel-Pass und für den Staat Israel Gültigkeit. Da Max, mein intensivster Gesprächspartner, und auch meine Schwester mich niemals anders als Marianne genannt hatten, machte mir diese Namensumstellung, die eigentlich keine war, keinerlei Schwierigkeiten.

Ich schloss Freundschaften, die zwar nichts mit der Universität zu tun hatten, es mir hingegen ermöglichten, mich in harmonischer Ausgeglichenheit meinem eigentlichen Vorhaben, eine Dissertation zu verfassen, intensiv zu widmen. Meine Freundinnen wurden Bobba, bei der ich wohnte, und die mir nach und nach ihr ganzes Haus zur Verfügung stellte – es war ein Reihenhaus in der Taut'schen Siedlung in Zehlendorf –, und Inge, meine ehemalige

Schulfreundin, die sich in rührender Weise um mich kümmerte und mit mir an jedem Wochenende in irgendeiner Form ein Zusammentreffen vereinbarte. Sie berichtete mir ausführlich über ihr eigenes Schicksal – dass sie von den Russen „erobert“ worden war. Sie war mit einer Schulklasse auf dem Wege nach Berlin. Die Kinder gehörten mit ihren Lehrern zu dem Programm der „Kinderlandsverschickung“, durch das sie aus dem bombardierten Berlin in Sicherheit gebracht worden waren. Kurz vor Berlin, sie hatte sich bereits von den Kindern verabschiedet, ereilte sie ihr Schicksal. Es war bewundernswert, mit welchem Gleichmut sie mir davon berichtete: Das wäre eben der Preis, den alle Deutschen, ob schuldig oder unschuldig, für die begangenen Kriegsverbrechen zu zahlen hatten. Als ich sie im Jahre 1966 wieder fand war sie vollbeschäftigte Grundschullehrerin. Von Bobba erfuhr ich alles, was ich meinte wissen zu müssen: was alles während des Krieges mit den Juden geschehen war, dass man zu helfen versuchte, aber dass es, was immer man tat, ein Tropfen auf den heißen Stein war, dass man nur trösten konnte, dass die Deportation unvermeidlich war. Ich stellte ein regelrechtes Verhör mit ihr an, das sich Abend für Abend wiederholte. Sie trank Wein, um sich Mut anzutrinken, und ich bekam eine klare Vorstellung davon, was meine Eltern zu erleiden gehabt hatten. Bobba hatte eine unendliche Geduld, denn meine Wissbegier kannte keine Grenzen. Ich wollte jede Einzelheit erfahren. So standen die fast dreißig Jahre meiner Abwesenheit von Berlin lebendig, allzu lebendig vor meinen Augen. Zuweilen befürchtete ich, dass ich zu viel von Bobba erwartete, da ich niemals genug bekommen konnte und wir viele Nächte bis spät nach Mitternacht miteinander sprachen. Ich fragte nach dem Verhalten und nach den Befindlichkeiten der Betroffenen, nach Stimmungen und vor allem nach den zahlreichen „jüdisch Versippten“ unter ihren Freunden. Da gab es die Tragödie des Pfarrers Klepper, der mit einer Jüdin verheiratet war, die selbst zwar durch die Ehe geschützt war, nicht aber deren Tochter aus erster Ehe mit einem Juden. Kleppers gehörten zu dem Kreis um Bobba und ihren Mann. Man hätte die Tochter nach Schweden retten können, die letzte Genehmigung hatte Eichmann auszusprechen, der sie verweigerte, und das Ehepaar Klepper mit der sechzehnjährigen jüdischen Stieftochter Renate nahm sich das Leben.

Bobba, so schien es mir, fühlte sich durch meine Fragerei nicht belästigt. Mir kam es so vor, als wollte sie ihre Erinnerungen beleben. Sprechen und Schreiben helfen, das Undenkbare einigermaßen zu überleben. Bobbas Mann, Günther Birkenfeld, war zu seiner Zeit ein bekannter Schriftsteller, dessen Bücher verbrannt wurden, weil er seine Erzählungen dem Leben der proletarischen Unterschichten entnahm, sie also als „Asphaltliteratur", so der Nazi-Begriff, galten. Er, wie viele andere, flüchtete danach in die historische Vergangenheit, hielt sich an „unverfängliche" Themen, wie an Naturschilderungen. Andere fanden ihre Romanhelden in der ländlichen einfachen Bevölkerung. Jedoch die Angst begleitete alle ihre Schritte, und auszuhalten war der Wahnsinn nur durch die engen Freundschaften, die diese Gefährdeten unter sich schlossen.

Das Reihenhaus im Fischtal in Zehlendorf wurde mein Berliner Zuhause. Bobba hatte ein natürliches und immer herzliches Wesen. Auch Max und Jonathan, wann immer sie nach Berlin kamen, wohnten „bei mir und Bobba". Meine niemals verschwindenden Empfindsamkeiten, die meinen Berlin-Aufenthalt ständig begleiteten, lachte sie fort, gleicherweise meine steten Sorgen um das Geschehen in Israel, welches nimmer endende Gefahr für alle Israelis, somit auch für Max und Jonathan, in sich barg. Sie lehrte mich, mit der Realität gelassener umzugehen. Dies wurde eminent wichtig, als sich nach kurzer Zeit herausstellte, dass die Freie Universität mit ihrer Studentenbewegung, die sich allerdings bei meiner Ankunft noch im Anfangsstadium befand, mich bereits nach kurzer Zeit in eine Konfliktsituation hineinstieß, die meine bitter notwendige

Seelenruhe für die Anfertigung meiner Doktorarbeit gefährdete.

Aber ich fand ein äußerst hilfreiches Gegengewicht zu meinen von der so genannten Studentenbewegung, auf die ich noch ausführlicher zurückkommen werde, ausgelösten Beunruhigungen in dem menschlichen und geistigen Klima des Institutes für Geschichte, im Friedrich-Meinecke-Institut. Mein Doktorvater wurde Wilhelm Berges, eine wahre Lichtgestalt, menschlich wie wissenschaftlich, eine Persönlichkeit höchster moralischer Ansprüche, frei von Opportunismus, Subalternismus oder verstiegener Romantik, die so vielen Intellektuellen, gerade unter den Akademikern, schon zu Beginn der „nationalen Revolution" zum Fallstrick wurden. Man erzählte sich, dass sich Berges bereits vor der Machtübernahme Hitlers mit Abscheu und voller Verachtung von den uniformierten SS- oder SA-Studenten abgewandt hatte, sich dadurch, wie erzählt wurde, einer Prügelei mit diesen nationalen Helden, den Verantwortlichen für den barbarischen Akt der Bücherverbrennung, ausgesetzt hatte. Bei ihm und dem Professor für Frühe Neuzeit, Fritz Dickmann, bestand keinerlei Gefahr für eine Erschütterung meines seelischen Gleichgewichtes. Nach kurzer Zeit entwickelten sich völlig normale Beziehungen zwischen mir und diesen meinen Lehrern. Auch die jungen wissenschaftlichen Assistenten kamen mir völlig unbefangen entgegen. Manche von ihnen wurden nach kurzer Zeit zu wirklichen Freunden und luden mich wie selbstverständlich zu ihren geselligen Abenden ein.

Bei Wilhelm Berges beobachtete ich anfangs eine gewisse Skepsis gegenüber dieser fast 50-jährigen Doktorandin. Ich hatte es allein den emphatischen Gutachten meiner Tel Aviver Lehrer zu verdanken, dass er sich bereit erklärte, meine Dissertation zu betreuen. Wie richtig mein Eindruck war, wurde anlässlich des ersten Besuches von Max in Berlin im Sommer 1967 deutlich. „Ich danke Ihnen sehr, Herr Awerbuch", wurde er lachend von Berges empfangen, „dass

Sie mir Ihre Frau überlassen haben", und dann, wie zu sich selbst sprechend, fügte er hinzu: „Das ist kein falscher Ehrgeiz, das ist kein falscher Ehrgeiz!"

Von Woche zu Woche festigte sich das geistige Band zwischen meinem Lehrer und mir. Nach Beendigung der Lehrveranstaltung setzte er oft die Gespräche mit mir in seinem Dienstzimmer fort. Die Gespräche wurden von Berges in einer Weise geführt, die weniger Belehrungen vermitteln sollten als selbständiges Denken motivieren, um somit zum Verständnis der Vergangenheit des christlichen Mittelalters zu gelangen, um die ideologischen Verzerrungen dieser geschichtlichen Epoche durch den Geist des „Tausendjährigen Reiches" als solche zu erkennen. Mein Wissensdrang wuchs und meine Arbeit in der Fachbibliothek des Institutes kannte keine zeitlichen Grenzen. Vor zehn Uhr abends gelangte ich niemals nach Hause. Über Einsamkeit hatte ich mich nicht zu beklagen, denn Bobba wartete auf mich, und unsere Marathongespräche über die Kriegsjahre beschlossen den Abend.

Berges schlug mir bereits während unserer ersten Unterhaltungen ein Arbeitsthema vor: „Untersuchen Sie doch das Deutschlandbild in den außerdeutschen Staaten am Vorabend der Reformation." – Aber vorerst gab es dafür grundsätzliche Fragen zu klären: Wer waren die Autoren des „Deutschlandbildes" in den Schriftquellen des französischen und englischen Mittelalters, und vor allem, wo und was war Burgund, welche Territorien meinte man, wenn man von Burgund sprach, dessen Grenzen von jeder Generation, von jedem neuen Herzog aus dem Hause Valois[149] erweitert wurden, bis es sich im letzten Drittel des 15. Jahrhunderts zur Zeit des letzten Herzogs aus dem Hause Valois, Karls des Kühnen[150], von der Nordsee bis Italien erstreckte. Viel Zeit und Mühe wandte ich auf, um geographische Skizzen anzufertigen, um aus dem Kernland, der Grafschaft Burgund, die Entstehung des Riesenreichs Burgund zu verdeutlichen. und musste zu dem Schluss kommen, dass Burgund letztlich

„Frankreich“ war, dass die Herzöge Franzosen waren oder besser französische Politik trieben. Dies war in keiner Weise verwunderlich, war doch der erste Herzog der Sohn des französischen Königs Jean le Bon[151] und bekleidete die höchste Stellung als „Premier Pair und Doyen de France“ am königlichen Hof. Seine Nachkommen kämpften um diese Stellung, nicht nur, um sie zu erhalten, sondern um sie sogar auszubauen. Sie verwickelten sich in kriegerische Auseinandersetzungen mit ihren Gegnern und entfachten in Frankreich einen Jahrzehnte währenden Parteienstreit gegen das Haus Orleans, dem der Nachfolger Philipp II.[152], Jean sans Peur[153], zum Opfer fiel. Auch als der letzte Herzog aus dem Hause Valois, Karl der Kühne, kurz vor seinem unerwarteten Tod auf dem Schlachtfeld von Kaiser Friedrich III.[154], zum Kurfürsten und zum König ernannt werden wollte, geschah dies nicht, so meine These, um im Deutschen Reich an die Spitze zu gelangen, sondern einzig und allein, um seine Stellung am französischen Hof unantastbar zu machen. Französische und deutsche moderne Historiker sind sich darüber einig, dass Karl der Kühne in seinem Ungestüm und in seiner Unvernunft das Glück einer einmaligen Konstellation, die es ermöglicht hätte, das alte Mittelreich wieder herzustellen und den ersten Nationalstaat bereits im 15. Jahrhundert zu gründen, nicht wahrgenommen hatte.

Ein Staatengründer im 15. Jahrhundert? Das wollte mir nicht einleuchten, und zunehmend vertiefte ich mich in die Memoirenliteratur eines Chastellain[155], eines Olivier de la Marche[156] und eines Philippes de Commynes[157], der seinen Herrn, Karl den Kühnen von Burgund, verließ, um als Berater des französischen Königs, Louis XI., zu wirken. Es dauerte nicht lange und ich beschloss, das Thema zu wechseln. Nicht das „Deutschlandbild“, sondern „Die Motivation der burgundischen Politik im 14. und im 15. Jahrhundert“ sollte das Thema meiner Dissertation sein. Die Möglichkeit, auf der Grundlage einer derartigen Thematik an der Entnationalisierung und damit Entromantisierung sowie Entzauberung des Mittelalters als Beitrag für ein Gegenbild zur Ideologie des „Tausendjährigen Reiches“ mitzuwirken, nämlich mittelalterliche Fürstenpolitik nicht nach modernen Maßstäben zu bewerten, sondern Denkweise und Lebensverständnis des ausgehenden Mittelalters zu erforschen, schien mir eine notwendige Aufgabe zu sein.

Neben dem Problem der Themenwahl dominierte ein anderes, ein, wenn man so will, geschichtstheoretisches Anliegen in allen meinen schriftlichen historischen Untersuchungen, nämlich den Beweis zu führen, dass kein Determinismus den Geschichtsverlauf bestimmt, dass nichts so geschah, weil es geschehen musste, sondern dass es die Unvorhersehbarkeiten, die Imponderabilien sind, die den Geschichtsverlauf regieren. In dem farbenreichen Kaleidoskop historischen Geschehens ist es niemals voraussehbar, welches Element geschichtsbildend ist, und damit das Schicksal künftiger Generationen bestimmen wird.

„Was wissen wir über die Zukunft?“, lautet eine rhetorische Frage von Wilhelm Berges. Seine Antwort: „Nichts, sogar das Wissen unserer Gegenwart hat Platz in einer Haselnuss.“ Ich gebe es zu, es ist bequem und zeugt von Ordnungssinn, den Geschichtsablauf einer Determination zu unterwerfen. Ob es sich dabei um den berühmten Gang des Weltgeistes durch die Geschichte bis zu seiner Vollendung oder um eine andere Vollendung, die des klassenlosen Staates, handelt, oder wenn der Niedergang des deutschen, niemals zu seiner Mündigkeit gelangten Untertanengeistes – von Luther über Friedrich II. und Bismarck bis zu seinem Tiefpunkt, der ihn anfällig für die NS-Ideologie machte – beschworen wird, oder, um dieses Ordnungsprinzip auf die jüdische Geschichtsauffassung zu übertragen, wenn die Geschichte der Juden als Geschichte der messianischen Bewegungen und der Verfolgungen begriffen wird, die in einem säkularen Zeitalter in die Geschichte der nationalen Bewegungen einmünden musste, um den Zionismus als Weg zur Erfüllung der eigentlichen historischen

Aufgabe, der Erschaffung des Judenstaates, zu verkünden, stets verdunkelt Ideologie oder Weltanschauung die historische Wahrheit in ihrer Vollständigkeit.

Mein Thema und meine wissenschaftliche Methode hatte ich gefunden, eine Dissertation zu schreiben, so schien es mir, stand nun nichts mehr im Wege. Da musste ich plötzlich mit großer Beunruhigung feststellen, dass ich einer sehr einschneidenden anderen Schwierigkeit gegenüberstand: der sprachlichen! Im Alter von 15 Jahren musste ich die Schule verlassen, unmethodisch versuchte ich mich durch Gespräche, Literatur und Diskussionen weiterzubilden, doch ließ es sich nicht verhehlen, dass meine sprachlichen Fähigkeiten einen Bruch erlitten hatten. Max, immerhin sechs Jahre älter als ich, war die sechs Jahre, die wir noch in Berlin zusammen verblieben waren, mein intensivster Gesprächspartner und gleichzeitig Lehrmeister gewesen. Durch seine treffenden Formulierungen konnte ich lernen, meine Fähigkeiten weiter zu entwickeln. Doch in Palästina waren notgedrungen all meine sprachlichen Bemühungen auf das Erlernen der hebräischen Sprache konzentriert. Obwohl ich weiterhin mit Max ungebrochen über alle geistigen und vor allem politischen Probleme einen intensiven Gedankenaustausch unterhielt, musste ich die Erfahrung machen, dass es sehr schwer ist, es in einer zweiten Sprache zur gleichen Perfektion wie in der Muttersprache zu bringen. Hebräisch, so hatte ich es mir vorgenommen, sollte nicht die zweite, sondern die „andere" Sprache, gleichermaßen zum Spiegel meiner Gedanken, meines Intellektes werden. Es sollte eine sehr lange Zeit währen, bis ich den Konflikt, in dem beide Sprachen, Deutsch und Hebräisch, meine Gedanken beherrschten, überwinden konnte. Die ersten Jahre in Israel übertrug ich meine Gedanken, ohne dass mir dies bewusst wurde, von der Primärquelle meiner Sprachkenntnisse, vom Deutschen, ins Hebräische. Dreißig Jahre später, zurückgekehrt nach Berlin, fand der umgekehrte Prozess statt. Jahrzehnte habe ich um die hebräische

Sprache gerungen, habe unterrichtet, Vorträge gehalten, Abhandlungen geschrieben und endlich mein Geschichts- und Bibelstudium mit einer hebräisch verfassten Magisterarbeit abgeschlossen. Da ich meine Deutschkenntnisse allein in Gesprächen, Familienbriefen und Schulaufsätzen angewandt hatte, sah ich mich im Winter des Jahres 1966 während der ersten Monate in Berlin gezwungen, zwar deutsch zu lesen, das Gelesene jedoch auf Hebräisch zu resümieren. Ich dachte und träumte hebräisch, sprach jedoch in Berlin selbstverständlich deutsch und dies, zum Erstaunen meiner Mitkommilitonen und Dozenten, völlig akzentfrei. Doch währte diese Zweigleisigkeit nur sehr kurze Zeit, und ich wagte den Sprung in das kalte Wasser. Ich bot mich an, zu dem neugeschichtlichen Seminarthema „Die Friedensverträge von Münster und Osnabrück" eine Seminararbeit zu schreiben und ein Referat zu halten. Nach diesem Kraftakt, der von dem zuständigen Professor gelobt wurde, fühlte ich mich im Schriftdeutschen wieder sicher. Der Bann war somit gebrochen.

So wurde es ein wenig zu einer „Heimkehr". Das Gefühl, in der Fremde zu leben, wurde schwächer je mehr das Institut für Geschichtswissenschaften, in dem ich mit vielen Studenten und Assistenten Gespräche führte, dieses Heimkehrgefühl verstärkte. Leider war es jedoch nur die Historische Fakultät, in der ein derartiges Empfinden entstehen konnte. Die Universität in ihrer Gesamtheit wurde mir bereits nach den ersten Monaten unheimlich fremd.

Und zwei Sprachperioden blieben für mich tabu. Zum einen die Sprache der zwölf Terrorjahre, auch wenn sie zuweilen harmlos klang, doch assoziierte ich Begriffe wie Wesen, Wurzel, auch Ursprung mit Blut-und-Boden-Lehren und -Theorien. Zum Anderen hatte ich Schwierigkeiten mit einer Art von Neudeutsch, das sich nach dem Krieg in Deutschland entwickelte. Dreißig Jahre habe ich in Palästina-Israel gelebt, inzwischen hatte sich die deutsche Sprache, ohne auf meine Abwesenheit Rücksicht zu nehmen, selbständig gemacht. Es wimmelte geradezu von neuen Begriffen, wie Frustration oder Eskalation, die niemals zu meinem Sprachschatz gehört hatten, und es waren derer viele, die man jetzt zu benötigen meinte, um einen hohen Intelligenzgrad unter Beweis zu stellen. Es schien mir, als bemühe man sich, mittels schwieriger und komplizierter neuer Wortbildungen, meist nicht deutschen Ursprungs, die Sprache zu verdunkeln. Also entschloss ich mich, meine eigene Jugendsprache, erlernt aus Literatur, Diskussionen und Gesprächen, wieder zu beleben, und, siehe da, – auch im Satzbau sparte ich nicht mit der Anwendung von Perioden – ich erregte keinerlei Anstoß mit meiner „altneuen" Sprache, im Gegenteil, sie wurde von allen Dozenten und Professoren uneingeschränkt gelobt. Meine Sprachschwierigkeiten konnte ich völlig überwinden.

So versorgte ich mich mit einer Art von geistiger „kleiner Heimkehr", in der Sprache konnte ich mich wieder zu Hause fühlen. Ich muss aber gestehen, dass ich noch heute mit der neudeutschen philosophischen und soziologischen Prosa meinen Frieden nicht geschlossen habe. Manchmal deucht mir, als hätte ich es mit einer Fachsprache für Eingeweihte zu tun. Man berichtet, dass Adornos Sprachschöpfungen seiner Absicht entsprachen. Es sollte nicht leicht sein, ihn zu verstehen. Nach einigen Versuchen kam ich dennoch auf den Grund mancher Dinge, doch animieren konnte mich die Sprache – bleiben wir bei Adorno – nicht, auch wenn er Themen, wie die Musik von Richard Wagner, die mich im höchsten Maße interessierte, abhandelte.

Das Historische Institut, in dem ich mehr und mehr eine altbekannte Heimstätte wieder erkannte, konnte nicht meine einzige Arbeitsstätte bleiben, da ich, um den Doktorgrad zu erlangen, in einem Nebenfach eine Prüfung abzulegen hatte. Was war einfacher, als bei dem neu gegründeten Institut für Judaistik und seinem Direktor, Jacob Taubes, der aus Columbia berufen worden war, meinen Antrittsbesuch abzustatten, um meinen Nebenfachantrag zu stellen. Das

Institut für Judaistik war nicht das einzige Arbeitsgebiet des Herrn Professor Taubes. Als Bedingung für seine Bereitschaft, nach Berlin zu kommen, ließ er sich die Gründung und Übernahme eines Institutes für Hermeneutik am Institut für Philosophie, als eine Art von Nebenzweig der Philosophischen Fakultät, versprechen. Als ich mich als künftige Studentin bei ihm vorstellte, unterbreitete er mir nach einer kurzen Unterhaltung den Vorschlag, als wissenschaftliche Hilfskraft am Aufbau des Institutes für Judaistik mitzuwirken. Er würde mir vier bis fünf Studenten für den Aufbau einer Bibliothek zur Verfügung stellen. Ich war zufrieden, denn diese Arbeit, die schnell in eine wissenschaftliche Assistentenstelle umgewandelt wurde, löste meine finanziellen Probleme auf großzügige Art und Weise. Noch glücklicher war der Judaistik-Hermeneutik-Professor, der sich für das Fach seiner eigentlichen Berufung, Judaistik, nicht im mindesten interessierte. Nun hatte er eine, für deutsche Verhältnisse einmalig qualifizierte Mitarbeiterin gewonnen, die ihn völlig entlasten würde und ihm die Freiheit verschaffte, sich voll und ganz seiner geliebten Hermeneutik zu widmen. Ich schäme mich nicht, noch heute zu gestehen, dass ich niemals verstanden hatte, nach welchem System er dieses Institut aufzubauen gedachte, da es mir auch niemals gelang, ein System in der Auswahl seiner Seminarthemen zu entdecken. Zunehmend geriet ich mit Jacob Taubes in eine Konfliktsituation, da ich mich weigerte, sein System der „Beliebigkeit", das sich nach den augenblicklichen Modeinteressen seiner Studenten richtete, es einmal für Judaistik, ein anderes Mal für Hermeneutik erklärte, zu übernehmen oder auch nur gut zu heißen.

Aber anfangs war er in seinem Element. Sein Charisma, seine Intelligenz, seine überschnelle Auffassungsgabe, die zu nicht sehr seriösen oder stichfesten Ergebnissen führte, machten einen gewaltigen Eindruck auf manche Studenten, die in seiner Methode den ersehnten Bruch mit den veralteten Wissenschaftsmethoden erkennen wollten. Sie schwärmten und merkten nicht oder wollten es nicht zur Kenntnis nehmen, dass sie langsam aber sicher untauglich für ein geregeltes Studium wurden. Seine Beliebigkeit richtete sich stets nach den von ihm registrierten Stimmungen der Studenten, die vorerst überzeugt waren, dass diese Art intellektueller Spielereien „Fortschritt" bedeutete und somit ihrem Ego starken Auftrieb verlieh. Seine Beziehung zu mir war vorerst ausgezeichnet, nahm ich ihm doch eine ungeliebte Last ab. Um mich an ihn und somit an das Institut für Judaistik endgültig zu binden, bot er mir bereits nach kurzer Zeit an, bei ihm zu promovieren. Die mittelalterliche Geschichte könne man getrost vergessen, verkündete er. Es wäre viel vernünftiger, in Berlin zu bleiben und das Institut für Judaistik zu übernehmen, dessen Direktor er jedoch bleiben wollte oder besser musste, da sein eigentlicher Ruf nach Berlin nur für das Institut für Judaistik galt, denn die Hermeneutik war eine Beigabe, die er sich bei den Berufungsverhandlungen ausbedungen hatte.

Ich lachte ihn aus. Glaube er denn wirklich, argumentierte ich, ich hätte Israel und meine Familie verlassen, um in Berlin in Judaistik zu promovieren? Das hätte ich billiger und vor allem kompetenter in Tel Aviv erreichen können! Wie unrealistisch, unernst dieser Mensch doch ist, erkannte ich sehr schnell, und ich konnte ihn schon sehr bald während unserer Zusammenarbeit – wenn man überhaupt diesen Begriff auf ihn anwenden kann – einschätzen, da er niemals systematisch, nach einem wissenschaftlichen oder methodischen Plan, arbeitete, sondern sich stets von augenblicklichen Einfällen leiten ließ, wie ich bereits nach seinen ersten Lehrveranstaltungen, an denen ich teilnahm, erkennen musste. Aber noch störte es mich nicht. Meine eigentliche wissenschaftliche Heimat war das Institut für Geschichte. Judaistik in Berlin für christliche Studenten, von denen die meisten gleichzeitig ein Studium in protestantischer Theologie absolvierten, begriff ich weniger als eine wissenschaftliche als eine methodische Aufgabe. Da ich ohnehin der Meinung bin, dass der Begriff Judaistik einer Verschwommenheit Vorschub leistete, die es meinem Institutsdirektor erlaubte, jedes ihm beliebige Thema als Judaistik zu definieren – sei es Max Weber oder „Cargokulte der Papuas“[158], schließlich ist auch dies eine Form einer Messiaserwartung und eignet sich daher zu einer vergleichenden Untersuchung zum Messianismus im Judentum, so Taubes Argumentation, oder „Jüdische Gnosis“, was immer man auch darunter verstehen wollte. In Gedanken definierte ich ihn als „Professor der Beliebigkeit“, hoch interessant für einen gewissen Typ von Studenten, die sich völlig ahnungslos, bar jeglicher realen Vorstellung davon, was es beinhalten sollte, entschlossen hatten, dieses Fach zu studieren, motiviert von einer damals gängigen emotionalen Juden- und Israelliebe. Der Kern des bald entstehenden Konfliktes zwischen ihm und mir war von Beginn an erkennbar, aber noch sah er in mir nur eine Person, die ihm eine Arbeit abnahm, die ihn nicht interessierte und ihm die Möglichkeit gab, Studenten seine „Beliebigkeiten“ als Judaistik zu verkaufen. Da die Studentenbewegung oder „Revolte“ jeden methodischen Zwang als „autoritär“ bekämpfte, kamen für ihn vom Beginn des Jahres 1967 an „Große Zeiten“ und für mich ärgerliche Auseinandersetzungen, bei denen er zuweilen in lächerliche Aggressionen gegen mich verfiel, die mich quälten, denn schließlich hatte ich eine Doktorarbeit zu schreiben und durfte mich in diese wirklich dummen Streitigkeiten, die nicht selten die Ignoranz des Herrn Professors enthüllten, nicht einlassen, was mir nicht in jedem Fall gelang. Doch dauerte es nicht lange und die Studenten der Judaistik, von denen die meisten wirklich etwas über Judentum in Erfahrung bringen wollten, die die assoziativen Einfälle unseres Professors vielleicht interessierten, doch wenig fachlichen Aufschluss vermittelten, stellten ihn zur Rede. Dies hatte zur Folge, dass er den Unterricht völlig mir überließ, über den er sich von Zeit zu Zeit, auch den Studenten gegenüber, verächtlich äußerte.

Ich stellte mich völlig auf Studenten ein, von denen viele im Hauptfach evangelische Theologie studierten, die vor allem ein elementares Grundstudium brauchten, da sie außer ihrer damals sehr verbreiteten Juden- und Israelliebe – die meisten beteiligten sich an der „Aktion Sühnezeichen“ – nichts besaßen, das als Grundlage für ein geregeltes Studium dienen konnte. Für mich war die Bezeichnung „Geschichte und Literatur des Judentums“ die einzig relevante Bezeichnung für dieses Institut – ein riesiges Gebiet, aus dem es galt, methodisch die zu bewältigende Auswahl zu treffen. So begann ich vorerst die Grundlagen der hebräischen Sprache zu unterrichten und Grundkenntnisse der Geschichte der Juden zu vermitteln. Als langjährige Lehrerin für hebräische Fächer in Israel und Absolventin eines Universitätsstudiums in Bibelwissenschaften bemühte ich mich, die Studenten in die biblische Literatur und in das historische Umfeld der Geschichte Israels und des alten Vorderen Orients einzuführen. Ich versuchte, meinen Studenten die rabbinische Interpretation der biblischen Texte als Indiz und Quelle für jüdisches Lebensverständnis im Mittelalter nahe zu bringen. Ich musste feststellen, dass es leichter war – übrigens zum nicht geringen Entsetzen vieler Lehrerkollegen, denn Judentum wird in Israels Schulen und Universitäten isoliert von der Umwelt unterrichtet –, meinen Schülern in Israel die christlich-religiösen Hintergründe der Kreuzzüge zu vermitteln, als den Berliner christlichen Studenten Judentum als unabhängige historische Größe nahe zu bringen. Sie mussten lernen, dass Verfolgungen und Zwangstaufen zwar in der Geschichte eine eminente Rolle spielten, dass diese aber unverständlich blieben, wenn man sie aus dem allgemein-geschichtlichen Zusammenhang löst und damit isoliert.

Bald wurden mir dieser Unterricht und der Aufbau einer entsprechenden Bibliothek zum unverzichtbaren Aspekt einer Rechtfertigung meines Aufenthaltes in Berlin. – Als ich mich entschloss, meine Doktorarbeit an einer deutschen

Universität zu schreiben, hatte ich mir niemals vorgestellt, dass mein Aufenthalt in Berlin ein endgültiger sein könnte.

Die Studentenrevolte nahm an Heftigkeit zu. Ich musste mir die größte Mühe geben, mich nicht ablenken zu lassen, dies umso mehr, als Israel langsam aber sicher in Ungnade fiel. Schließlich war Amerika die „schlechte Welt" und immer auf der Seite Israels, dadurch waren die Fronten festgesetzt! Vietnam war es, das den Anstoß zur Politisierung des Unmutes, bald des Zornes und der Wut lieferte. Die Verachtung für die veraltete Universität wurde dadurch nicht gemindert. Man verstand es bewundernswert, die beiden Schrecknisse, den internen, die Universität, und den externen, den verbrecherischen Vietnamkrieg, zu einem Unheil, von dem die Welt nach dem Zweiten Weltkrieg befallen wurde, zu einer Quelle der Unmenschlichkeit zu verbinden. Und zu gleicher Zeit soll man studieren? In Frankreich kamen die soziale Not und die Ungleichheit zwischen den Bürgern Frankreichs als Auslöser dazu. Und Deutschland? Berlin? Es war und blieb unverständlich! Nichtsdestoweniger arbeitete ich, oft verhöhnt von manchen Studenten und von meinem Judaistik-Direktor, der jede Gelegenheit wahrnahm, mich in Gegenwart seiner Hermeneutikstudenten zu verspotten. Wo wäre meine marxistische Einstellung? Was verstünde ich von „Diamat"[159]?

Es war mein Glück, dass die Studenten, meine Judaistikstudenten, begannen, nicht nur Hebräisch, sondern vor allem den unaufhebbaren Konflikt zwischen Judentum und der übrigen Welt wirklich zu verstehen. Das war spannend: „Das auserwählte Volk" – „Ein Volk von Priestern", „Der Bund zwischen dem Höchsten und dem kleinsten Volk", Fluch, wenn Gehorsam verweigert wird, Segen, wenn Gottes Gebote erfüllt werden. Der historische Hintergrund, der Vergleich mit mesopotamischen oder ägyptischen Quellen gibt den Überlieferungen eine historische Realität und wirft gleichzeitig einen märchenhaften Glanz auf die biblischen Persönlichkeiten und verleiht ihnen eine nicht zu überbietende Lebendigkeit. Sage, Geschichte, Märchen – fast jede literarische Form lässt sich aus der Bibel herauslesen, eine Vielseitigkeit, die die Spannung erhöht und den real-geschichtlichen Hintergrund sichtbar macht. Wir waren noch viele Semester entfernt vom Verständnis der Bibel im „Urtext“, doch je mehr wir uns in diese Ursprache vertiefen lernten, desto mehr näherten wir uns langsam den wahren Absichten, den wahren, authentischen Persönlichkeiten, den Männern und Frauen mit ihren Tugenden und Schwächen.

Mein Unterricht ließ mich oft die studentischen Dummheiten und die Inkompetenz – ich bedauere es, diese Tatsache dermaßen unverblümt erwähnen zu müssen – und, zu unser aller Glück, das marxistische „Diamat“-Halbwissen vergessen. Die Bibel ist das eindruckvollste, vielseitigste Buch der Geschichte der Menschheit: Es bringt uns dem Verständnis der ewigen, unaufhebbaren Kontroverse zwischen dem Judentum, der Mutterreligion, und der Tochterreligion, dem Christentum als Ergänzung zusätzlicher Erzählungskategorien, sehr nahe.

Im Herbst 1966 fand ich eine konventionelle Universität vor, vor allem in der historischen Fakultät, die einen krassen Gegensatz zu der kommunikationsfreudigen Universität Tel Aviv bildete. Hierarchische Ordnungen und Unterteilungen in Professoren, Assistenten und Studenten kannte man in der Neugründung Tel Aviv nicht. Ich muss zugeben, dass dieses sichtbare Standesbewusstsein der Berliner Universität mich nicht wenig einschüchterte und dass es mir sehr schwer fiel, mich daran zu gewöhnen. Ich war daher äußerst überrascht, als ich bereits in den ersten Monaten meiner Studienzeit in Berlin Gerüchte einer „Studentenrebellion“ vernahm. Ich war überrascht und erstaunt zugleich. Rebellion in Deutschland? Studenten kritisierten ihre Professoren und formulierten drastische Forderungen einer Veränderung des akademischen Stils? Ich war ungeheuer neugierig, und wo immer ich auf dem Campus Studentenansammlungen begegnete, lauschte ich ihren vehementen Reden und Ausführungen, von denen ich zu Beginn nur einen Teil verstand, der mir nicht unvernünftig klang. Es befriedigte mich, es sprach mir aus dem Herzen, wenn die „Ordinarienuniversität“ kritisiert wurde, die jahrhundertealten Hierarchien und deren Symbole, die bei allen feierlichen Anlässen vorgeführt wurden und die die Studenten dazu animierten, lautstark die Feierlichkeiten durch polemische Verse und Redewendungen zu stören und jede feierliche Stimmung im Keime zu ersticken. Nicht wenige der Professoren verstanden nicht nur den Unmut der Studenten, sondern übernahmen sogar deren Forderungen. Im Spätherbst des Jahres 1966 und in den ersten Monaten des Jahres 1967 ging es trotz gelegentlich lautstarker Ausbrüche noch einigermaßen zivil zu, obgleich es sich sehr bald herausstellte, dass sich die Schritte von rhetorischer Polemik zu offener Aggression und von dort zur dogmatischen Politisierung, die die Universität in die sehr simplen Kategorien von „links“ und „rechts“ zerfallen ließ, und von Protest zu aggressivem Aufstand sehr schnell und fast unmerklich vollzogen, so dass das anfängliche Verständnis nicht weniger liberaler Professoren nur sehr kurze Zeit vorhielt und sich diese von leicht amüsierenden Sympathisanten zu eifervollen Gegnern verwandelten.

Vorerst war ich teils belustigt, teils verwirrt, bis es den Studenten gelang, auch mich zu verstimmen und in die Gegnerschaft zu treiben. Anfang der siebziger Jahre war es den rebellischen Studenten bereits gelungen, die Universitätsgesellschaft in ein Chaos zu verwandeln. Die alten Werte wurden höhnisch negiert und die von ihnen proklamierten „Neuen Werte“ wandelten sich zu politisch sehr simplen Dogmen, die jedem wirklichen Fortschritt, jeder Demokratisierung hohnlachend ins Gesicht schlugen. Sicher gab es auch Professoren, die Herr der Situation blieben, die aus dem wirren Chaos einen „harten Kern“ der Vernunft formulierten, um ihre Studenten für vielleicht eine neue Art von Vernunft, aufgebaut auf, wie sie meinten, zeitgemäßen gesellschaftlichen neuen Werten, zu gewinnen.

Für die Studentenbewegung spiegelten die wissenschaftlichen Inhalte der Universitätsveranstaltungen den „Unrechtsstaat Deutschland" wider, und so wurden die bisherigen Lehrmethoden, vor allem der geisteswissenschaftlichen Fächer, zum Angriffsziel: Die positivistischen Lehrinhalte, die gesamte „bürgerliche Wissenschaft", die philologisch-historische Methode wurden zu „Beweisen" einer schädlichen, „faschistoiden" Wissenschaft. Falsch verstandener Hegel, völlig missverstandene Nietzsche und Schopenhauer, Verherrlichung der Schriften von Marx – sogar dessen Auslassungen „Über die Judenfrage" wurden ihrer jetzigen Weltanschauung angepasst und somit verfälscht! Kein Wunder, dass mir nicht nur einmal der Gedanke kam: Was soll ich hier, was suche ich hier, was habe ich damit zu schaffen? Lächerlich war das ekstatische Geschrei nach ihren neuen Vorbildern, nach Che Guevara, Ho Chi Minh, sogar nach Mao! Sollte man lachen oder weinen? Da sind sie vor wenigen Jahren die eigene schrecklichste Diktatur losgeworden, da hatte Ulbricht vor ungefähr fünf Jahren die Stadt durch eine Mauer geteilt, damit keinem der Gedanke käme, aus dem sozialistischen Paradies fortzulaufen, und hier, in der ersten wirklich freien Demokratie der deutschen Geschichte, schrieen sie nach Unterdrückung? So viel Unwissenheit über Gegenwart und Vergangenheit empfand ich als erschreckend. Nichtsdestoweniger begegnete ich vorerst dem Aufstand mit einiger Sympathie, der ich sogar einmal versuchte, Ausdruck zu verleihen. Aber einmal und nie wieder – da mein Versuch, heroisch den Studenten Hilfe gegen die wütenden und aufständischen Berliner zu leisten, mir eine beschämende Niederlage beibrachte und außerdem die Erkenntnis, dass ich nichts, rein gar nichts verstand! Wie sollte ich auch? Israel mit seinen Problemen und das jetzige Nachkriegsdeutschland waren aufgrund von Vergangenheit und Gegenwart Lichtjahre voneinander entfernt.

Ich beschloss, der Sache auf den Grund zu gehen, wie der neu gewählte Rektor – sicher besten Willens – den „harten Kern“ der Vernunft sichtbar zu machen. Es gelang ihm nicht. Man „transferierte“ die Naziverbrechen auf die Kriegsverbrechen an den asiatischen Völkern und prägte die Gegner der kriegerischen Angreifer zu Helden, die im „Dritten Reich“ eben nicht aufzufinden waren – so ihre pauschale Behauptung! Was wussten sie über den NS-Staat? Dies wollte ich unbedingt in Erfahrung bringen, doch es wollte mir nicht gelingen. Die Studenten diskutierten lautstark, schwer erregt über die Kriegstreiber, die Amerikaner, kein Wort ließen sie verlauten über die Sünden ihrer Eltern.

Tag für Tag erschienen am frühen Nachmittag die Studenten in Gruppen am Kurfürstendamm und versuchten mit den Berliner Bürgern ins Gespräch zu kommen. Eigentlich war es kein Gespräch, da nur die eine Seite, nämlich die Studenten, hektisch, aufgeregt herumbrüllten und die harmlosen Bürger hinderten, ihren Angelegenheiten nachzugehen, um ihnen wortreich klarzumachen, in welcher unsozialen Welt sie lebten: Merkten sie denn nicht, dass es keinerlei „Chancengleichheit“, ein Lieblingsschlagwort, gab; sie täten gut daran, sich den Forderungen der Studenten anzuschließen und für eine bessere, gerechte Welt und Gesellschaft zu kämpfen. Man hielt die Passanten an ihren Ärmeln fest, redete aufgeregt auf sie ein, wollte ihnen klarmachen, dass sie zwar Studenten, die Ungerechtigkeiten aber überall aufzufinden seien, denn die Studenten seien eben jünger, daher aufmerksamer, außerdem kämen sie nie in ein Gespräch mit ihren Eltern über die Kriegsjahre und über das fürchterliche Unheil unter dem die zivilisierte Welt zusammengebrochen sei. Die Berliner Bürger wandten sich verärgert ab, niemand blieb stehen, viele beschimpften die Studenten auf grobe Art. – Da stand in meiner Erinnerung jene jugendbewegte Zeit vor mir auf, und ich meinte plötzlich, dass ich doch der passende Gesprächspartner, sozusagen der „Mittler“ zwischen beiden Welten sein könnte. Und ich entschloss mich, den Versuch zu unternehmen, ein wenig Kommunikationshilfe zu leisten. „Aber bitte“, wandte ich mich an einen älteren Herrn, „hören Sie doch wenigstens einige Minuten zu. Vielleicht ist dies alles nicht unvernünftig.“ Der Zorn dieses braven Berliners wandte sich sofort gegen mich: „Sie widerliche Kommunistin! Ich schmeiße Sie über die Mauer, dann werden Sie sich wohl fühlen.“ Er konnte sich nicht beruhigen, seine Schimpfworte sind wirklich unwiederholbar. Ich wandte mich ab, tief gedemütigt, hatte ich doch eine schwere Niederlage erlitten, dabei hatte ich es doch so gut gemeint! Er holte sich Hilfe bei anderen gleichaltrigen Berlinern, alle brüllte mich jetzt nieder, die Wut dieser braven Bürger war grenzenlos, ich fürchtete, er könnte handgreiflich werden, bahnte mir in größter Eile einen Weg durch die Menge, hatte nur einen Gedanken: Weg von hier, so schnell wie möglich! Das war meine erste bittere Erfahrung mit dem westdeutschen, vor allem dem Berliner Kommunistenhass. Das war nicht mehr „ein Deutschland“ – schrecklich war die Naziherrschaft, doch die letzten Erinnerungen waren die kommunistischen „Untaten“, die nicht wenige Familien in den Selbstmord getrieben hatten! Ich war nur einige Schritte entfernt von dem Ort meiner „Heldentat“, meines Einsatzes für die Studenten, da stand plötzlich einer der Gerechtigkeitskämpfer neben mir, klopfte mir wohlwollend auf die Schulter und sagte anerkennend: „Brav, Oma, dass du uns helfen wolltest. Ja, wenn alle Alten so vernünftig wären wie du!“ Er war freundlich, jedoch herablassend, und in meinem Bewusstsein dämmerte es: ‚Nichts verstehe ich, diese Erfahrung soll mir eine Lehre sein.‘ Niemals würde ich mich noch einmal in ein Streitgespräch dieser Art, dessen Hintergründe mir zu dieser Zeit völlig unbekannt waren, einmischen.

Letztlich war die Situation, trotz meines gekränkten Stolzes, sehr komisch. Das wurde mir klar, als Bobba, der ich mein Erlebnis aufgeregt und beleidigt erzählte, schallend lachte. Als „Oma“ hatte man mich betitelt, dabei fühlte ich mich durchaus nicht älter als die 20- bis 25-jährigen Studenten. Das Land Israel hält seine Bürger jung, alle beteiligen sich an allem, nehmen Stellung und mischen sich ein. An die Diskrepanz zwischen diesen zwei Welten, dem jungen und ständig um seine Existenz kämpfenden Israel und dem geschundenen, zweigeteilten Nachkriegsdeutschland, musste ich mich schmerzvoll gewöhnen. Ich beschloss, mit meinem Lernprozess sofort zu beginnen. Ich nahm an Studentenversammlungen teil, wollte nicht nur über die triste Universitätsgegenwart, sondern vor allen Dingen über die NS-Vergangenheit einiges erfahren, und ich war höchst erstaunt, dass, wie mir schien, für die Studenten die Welt gleichsam erst gestern erschaffen wurde. Die Sünder waren die Professoren mit ihren veralteten Lehrmethoden, die Helden waren Che Guevara, Ho Chi Minh, sogar nicht selten Mao. Ich verstand gar nichts. Gerade sind sie von einer Schreckensherrschaft befreit worden, verlangen sie wieder einen „starken Mann“, der immer das Richtige tun und sagen würde. Die Universität sei veraltet! Wer braucht die „philologisch-philosophische“ Methode? Wer braucht Geschichte, die eigentlich erst mit Karl Marx beginnt! Man verdammte die herrschende „Bürgerliche Wissenschaft“, und als ich versuchte, einige Studenten darauf aufmerksam zu machen, dass bürgerlich und marxistisch nicht als Gegensätze zu begreifen sind, da sie völlig verschiedenen Begriffszusammenhängen angehören, bescheinigte man mir „falsches Bewusstsein“ – wiederum ein Wortgebilde, mit dem ich nichts anzufangen wusste.

Zu Beginn amüsierte ich mich über die lautstarken Demonstrationen im Campus und auf den Straßen der Stadt. Da hefteten sie sich ihren Protest auf Plaketten an ihre Kleidung, der Vietnamkrieg war das häufigste Angriffsziel. Untergehakt oder eng umschlungen zogen sie lautstark durch den Campus, dann herauf und herunter den Kurfürstendamm, die Berliner Bürger standen kopfschüttelnd am Straßenrand. Unbeirrt brüllten die Demonstranten ihre

Sprüche. Manchmal löste sich die Demonstration, die den Verkehr ernsthaft behinderte, auf und die Studenten mischten sich unter das auf dem Bürgersteig beobachtende Publikum, um mit ihrer „Erziehungsarbeit" zu beginnen. Sie würden alles besser machen als die jetzige herrschende Generation. Ihre Väter hätten das „Dritte Reich" bejaht oder es durch ihr Stillschweigen überhaupt erst ermöglicht. Aber sie wollten ja viel mehr, merkwürdigerweise spielte in ihrer Argumentation das „Dritte Reich" kaum eine Rolle. Ihre Aufmerksamkeit und ihre Bewunderung galten den heutigen Helden, die in Deutschland nicht aufzufinden seien. Wortreich bemühten sie sich, die Berliner Bürger davon zu überzeugen, in welcher elenden Gesellschaft sie lebten. Ausbeutung der Armen, Unfreiheit auf allen Gebieten der Existenz, nur Kinder der Reichen hätten Zugang zu den Universitäten; schlicht: Alles war korrupt, schlecht, sie sollten sich entschließen für eine bessere Gesellschaft zu kämpfen. Schnell bekam ich den Eindruck, dass die Demonstranten eigentlich selbst nicht genau wussten, was sie wollten. „Aber das mit aller Kraft." Lange Zeit glaubte ich, dieser Spruch stamme von Brecht, konnte ihn dann nirgends bei ihm finden. Es ist möglich, dass mein Ehemann Max diese Formulierung erfunden hatte, der sich über die ewigen fruchtlosen Diskussionen der Studenten, von denen ich ihm berichtete, lustig machte. Aber es kam die Zeit, wo einem jeglicher Sinn für Humor vergehen sollte. Die Unvernunft aller Parteien setzte alle ins Unrecht. Entsetzt stellte ich fest, dass Darstellungen demonstrierender Studenten in der Presse in fataler Weise den Judenkarikaturen der NS-Presse glichen. Nach fast dreißig Jahren Palästina-Israel-Leben, wo jeder von den Gedanken an und von Furcht vor Krieg, Terror und Gegenterror beherrscht wurde, konnte ich wenig Verständnis für die Nöte, denen sie euphorisch und pathetisch Ausdruck verliehen, aufbringen. Regierung und Polizei reagierten unangemessen scharf und unvernünftig – eine Unvernunft, die an Hysterie grenzte, in

Prügeleien ausartete und letztendlich ein Todesopfer forderte. Jeder Berliner erinnert sich an den Schah-Besuch im Juni des Jahres 1967, der auf Anordnung des Berliner Senats martialisch von Polizei mit Wasserwerfern und angeheuerten Persern mit Schlagstöcken verteidigt wurde, bis das Unausdenkbare geschah: Ein sorgloser Student, der den bedeutungsträchtigen Familiennamen Ohnesorg[160] trug, wurde von einem hysterisierten Polizisten erschossen. Das Opfer stand völlig unbeteiligt als Zuschauer am Rande der Ausschreitungen. Das andere Opfer war der Theologiestudent Rudi Dutschke[161], Wortführer und Idol aller Studenten. Er wurde von einem labilen jungen Mann, der in keinerlei Verbindung mit der Universität stand, von den Medien und den nicht abreißenden Tumulten aufgehetzt war und, so scheint es, das Vaterland vor dem Verderben retten wollte, durch Schüsse schwer verletzt und starb wenige Jahre später an den Folgen. Ich befand mich zum Zeitpunkt des Attentates auf Rudi Dutschke keine zwanzig Meter vom Tatort entfernt.

Es war vorauszusehen, dass diese Tragödie die Gemüter nicht befriedete, war doch Rudi Dutschke für die Studenten ein Vorbild, ein Gegner jeglicher Gewaltanwendung und ein Streiter für eine gerechte, humane Gesellschaftsordnung. Er beunruhigte Regierungsinstitutionen, die durch seine Eloquenz und sein Temperament und durch die große Anhängerschaft, die er in der Universität fand, den Grund allen Übels zu erkennen glaubten. Diese Schüsse waren der Auftakt zu den folgenden Terroraktionen fanatisierter, meist intellektueller Jugendlicher, die mit der Universität unmittelbar nichts mehr zu tun hatten und zunehmend durch verbrecherische Aktionen in den kommenden Jahren nicht nur die Bundesrepublik erschütterten. Es endete mit schweren Bestrafungen und Bedrohungen der in Isolierhaft internierten Täter. Mein Thema jedoch ist nicht die Geschichte der Rote-Armee-Fraktion[162] (RAF), sondern die Studentenrevolte und ihre Auswirkungen auf die Universität, die mich, die sicher war, eine konventionelle Alma Mater vorzufinden, vor ernsthafte Probleme stellte.

Helmut Gollwitzer[163] war der Direktor des FU-Institutes für systematische evangelische Theologie und der jugendbewegte Übervater der revoltierenden Studenten. Er prägte das Motto „Keine Gewalt gegen Menschen“, doch schien es zuweilen, als könne er sich zu einer eindeutigen Stellungnahme nicht durchringen, wenn bei den fast täglichen zerstörungswütigen Ausschreitungen „gegen Sachen“ kein Menschenleben geschädigt wurde. Jeden Tag gingen Schaufensterscheiben zu Bruch, und Gollwitzer schwieg, doch war ihm seine Missbilligung anzusehen. Doch als Dutschke niedergeschossen wurde, nahm er vehement Stellung gegen jegliche Form von Gewalt. Er nahm sich der Familie Dutschkes an und sorgte für seinen schwer verletzten Schüler. Auch sah er in dem Attentäter ein durch Hetzreden in den Medien, durch die vorschnellen Reaktionen der Berliner Regierung und das brutale Vorgehen der Polizei fehlgeleitetes Opfer der aufgehetzten Bevölkerung der Stadt. Der Attentäter hatte mit der Universität nichts zu tun, war kein Student, und es war bezeichnend für das Opfer Dutschke, dass dieser sich um seinen Attentäter kümmerte, mit ihm Gespräche führte, um ihn von der Wahnvorstellung einer akuten Gefahr durch den Anführer der aufständischen Studenten zu befreien. Für Gollwitzer waren die Studenten „seine Kinder“, die bei ihrem Lehrer Unterstützung für ihre Ideen, aber auch strenge Zurechtweisung für ihr engstirniges Auftreten in der Öffentlichkeit erfuhren. Durch sein unaufhörliches Bemühen, der verständnisvolle Seelsorger zu bleiben und die Rolle eines Mittlers zwischen den erbosten Bürgern der Stadt, der Polizei, der Justiz und den aufrührerischen Studenten glaubwürdig durchzuhalten, befand sich Gollwitzer auf einer nicht ungefährlichen Gratwanderung.

Als ich Helmut Gollwitzer das erste Mal traf, er hatte mich in seine Wohnung eingeladen, traf ich einen Menschen, dessen ganzes Wesen „Judentum“ atmete. „Also, Sie sind Jüdin?", waren seine Begrüßungsworte. „Die Mutter meiner Frau ist auch Jüdin, und wir sind sehr, sehr stolz darauf", meinte er dann. Er fand seine Äußerung völlig selbstverständlich und meine Erwiderung unverständlich. Schnodderig, wie so oft in derartigen Situationen, erwiderte ich: „Das erinnert mich an Kurt Tucholsky, der gesagt haben soll ‚Ich bin stolz darauf, ein Jude zu sein, denn wäre ich nicht stolz, wäre ich auch Jude, also bin ich lieber gleich stolz'." Gollwitzer sah mich etwas verwirrt an, lächelte nicht einmal, und ich bekam den Eindruck, dass er die Welt nicht mehr verstand. Seiner Meinung nach hätte ich Begeisterung über seinen „Stolz" empfinden müssen, so schien es mir, ein Eindruck, der sich während der Jahre unserer Bekanntschaft – man könnte es auch Freundschaft nennen – verstärkte. Wie gesagt, der ganze Mensch atmete „Liebe zu Juden und zum Judentum", im Grunde eine Wesensäußerung, die mir zuwider ist und gegen die ich mich durch Ironie, Witzeleien öfter zur Wehr setzte. Die manchmal anwesenden Studenten amüsierten sich und hatten volles Verständnis für meine Reaktion, was ihre Bewunderung für Gollwitzer und auch meine Zuneigung zu ihm in keiner Weise beeinträchtigte.

Er lud mich zu seinen Lehrveranstaltungen ein und freute sich, wenn ich mich an den Gesprächen und Diskussionen beteiligte. Immer handelte es sich um die gemeinsamen oder unterschiedlichen Gottes- und Messias-Vorstellungen. Meine aktive Beteiligung an seinen Lehrveranstaltungen sollte es ihm und seinen Studenten zumindest erklärlich machen, wie der genuine Hass zwischen den beiden „Glaubensweisen" – um mit Buber zu sprechen – entstehen konnte, welche Wandlungen in den Beziehungen zwischen ihnen eintraten. Mir schien, diese Betrachtungsweise des Verlaufs der christlich-jüdischen Geschichte war für Gollwitzer und seine Studenten eine neue. Gollwitzer, bei dem die emotionale und moralische Betrachtungsweise oft im Vordergrund stand, der eifervoll eine bessere Welt anstrebte, die derartig unvorstellbare Verbrechen unwiederholbar machen würde, war hoch zufrieden, dass ich mich an seinen Seminaren beteiligte. Auch meine Judaistikstudenten beteiligten sich an den Seminaren. Den Theologiestudenten öffnete sich eine neue Welt. Heute, viele Jahre später, bin ich noch mit Theologiestudenten über die Wandlungen in den christlich-jüdischen Beziehungen sowohl zum Guten als auch zum Schlechten im Gespräch. Das Gespräch mit einigen von den damaligen Studenten ist bis heute nicht abgerissen.

Für Gollwitzer war es keine Selbstverständlichkeit mit „der Jüdin Awerbuch", so seine stete Anrede, gemeinsame Lehrveranstaltungen abzuhalten Mich irritierte diese Anrede nicht wenig, und sie reizte mich. Als er wieder einmal nach der Meinung „der Jüdin Awerbuch" über die Gotteserscheinung im Buch Hiob fragte, wurde ich so ungeduldig und ärgerlich, dass ich mich zu sehr schnoddrigen Antworten hinreißen ließ: „Die Jüdin Awerbuch, ja, wo ist sie denn?", und ich guckte mich nach rechts und nach links um und suchte nach ihr auch unter dem Tisch. Die Studenten lachten, sie verstanden meinen Unmut sehr gut. Dadurch ermuntert, formulierte ich meine Antwort: „Ach, wissen Sie, der Gott erinnert mich an Cassius Clay[164], wie er sich spreizt über seine Schöpfungsleistungen, wirklich ‚I am the biggest'." Die Studenten lachten. Gollwitzer fand die Antwort gar nicht komisch. Ich ließ eine bessere folgen, denn schließlich hatten wir uns in Israel, in den Schulen und auch in der Universität, nicht wenig mit der biblischen Vergeltungslehre beschäftigt.

Gollwitzer freute sich über meine Beteiligung an seinen Lehrveranstaltungen, als er jedoch anlässlich seiner Geburtstagsfeier begeistert ausrief „... und die Jüdin Awerbuch ist mitten unter uns", hatte ich wieder einmal meinen Unmut zu unterdrücken und lächelte nur nachsichtig. Meine Gegenwart bedeutete für ihn einen Riesenfortschritt bei der christlich-jüdischen Annäherung. Er sah in meiner Beteiligung seinen persönlichen Verdienst, es machte ihn stolz. Ich bemühte mich meine Unbefangenheit nicht zu verlieren und ironische Entgegnungen zu unterdrücken.

Die Geschichte der Studentenrevolte und ihre furchtbaren Folgen – schon am Beginn der siebziger Jahre wurde die Grenze zur Straffälligkeit überschritten – sind bekannt. Viele „Studenten“ interessierten sich nicht mehr für ihr Studium, waren bald nicht mehr Mitglieder der Universität, setzten all ihre Kräfte zur Weltverbesserung ein, verloren den Blick für das Gerade-noch-Erlaubte, fühlten sich als Menschheitserzieher und landeten in der Kriminalität. Eigenhändig zerstörten etliche ihr Leben. Der Verlauf der Dinge ist bekannt. Diese „Revolte“ kostete nicht wenige Menschenleben. Die in Einzelhaft sitzenden verurteilten ehemaligen Studenten verbüßten entweder viele Jahre schwere Strafen, traten in den Hungerstreik oder nahmen sich eigenhändig das Leben. Mörderische Überfälle, Kidnapping, Erpressungen waren fast an der Tagesordnung, ausgeführt von Jugendlichen, die mit der Universität nichts mehr zu tun haben wollten.

Eine solche Universität hatte ich nicht gesucht. Unruhe, Chaos und Hysterie, begleitet von unverschämtem Benehmen gegen die Professoren, bestimmten die Atmosphäre. Das war keine akademische Institution nach meiner Vorstellung. Bezeichnend für die Atmosphäre am Beginn der siebziger Jahre war die Art der Übergabe meiner Dissertation. Die zuständige Sekretärin suchte lange vergeblich in dem ungeordneten Papierwust und konnte das mir so wichtige Dokument nicht finden. Dabeistehende Studenten überschütteten mich mit hämischen und ironischen Bemerkungen über die Nutzlosigkeit, Zeit und Kraft an ein derartiges Doktorthema zu verschwenden: „Wie nutzlos, sich mit dem französischen Mittelalter zu beschäftigen! Wen interessiert das heute noch? In welcher Zeit lebst du eigentlich?“ Ich seufzte tief: „Wenn ihr wüsstet, was ich und Millionen andere bereits erlebten und noch erleben werden“ – Grausamkeiten, Verbrechen an der Menschheit, die auch ich mir nicht vorstellen konnte! In den sechziger

Jahren war die ganze Wahrheit über die jüdische Katastrophe noch nicht nach Israel gedrungen, und man wusste, warum man darüber schwieg, denn jeder trieb seine eigene Politik, jeder wurde von seinen eigenen Vorstellungen getrieben. Die Wahrheit kam erst mit dem Eichmann-Prozess ans Licht. Endlich fand man mein Ph.D.-Dokument, so schnell wie irgend möglich verließ ich den mir unheimlichen Ort, verzweifelt über die Diskrepanz zwischen meinen Wünschen und Hoffnungen einerseits und der mir unverständlichen Realität andererseits.

Die Überraschung über die tapferen und kriegerischen Juden im Staat Israel hatte mit der von mir ersehnten Normalität nichts zu tun. Diese Juden oder Israelis entsprachen in keiner Weise den bisherigen Vorstellungen über Juden und deren Eigenschaften. Es währte nicht lange und die deutsche Linke stellte fest, dass entgegen allen damaligen politischen Vorstellungen, marxistischen Lehren, die nun sichtbar gewordene Konstellation die bisherigen Unterdrückten zu Helden machte, die jetzt ihrerseits als Sieger auftraten, die dem Gegner ihren Willen diktierten.

Die Beziehungen zwischen „Zionisten“ und „Palästinensern“ entwickelten sich in der zweiten Hälfte der sechziger Jahre weit entfernt von einer Normalität. Es waren Beziehungen, die die Welt, grob formuliert, in zwei Teile zu spalten schienen. Israel als Anhänger des verhassten amerikanischen Kapitalismus, des von Amerika gestützten westlichen Kapitalismus. Demgegenüber: Die Gegner Amerikas und Israels hatten keine Schuld auf sich geladen, im Gegenteil, kämpften sie doch von jeher für eine bessere Welt. Die arabischen Länder des Nahen Ostens waren schuldlos. Mit Schuld hatte sich das von den westlichen Ländern gestützte Israel beladen. Daher nimmt es nicht Wunder, dass sich plötzlich in die antiisraelische Polemik ein antisemitischer Ton hineinschlich, waren es doch die „Zionisten“, die die Existenz der arabischen Nachbarländer einer Gefahr aussetzten.

Ich begriff den Umschwung in den Einstellungen zu Israel und zum Judentum nur langsam. Deutlich wurde er mir während meines ersten Besuches nach dem Sechstagekrieg in Israel. Nichtsdestoweniger lasse ich bei der Bezeichnung Antisemitismus, angewandt auf die Länder des Nahen Ostens, Vorsicht walten. Schließlich ist die Situation nach dem Krieg, die Besetzung weiter Gebiete am Westufer des Jordans und im Norden des Landes, Resultat nicht einer mörderischen Willkür, sondern eines Krieges, der von Israel nicht gewollt wurde.

Mein Wille zur Unbefangenheit enthielt ein gerüttelt Maß an Naivität. Schließlich war ich erst ein halbes Jahr in Deutschland und meinte, meinen Beitrag zur Normalität in den Beziehungen zwischen Deutschen und Israelis, besser zwischen Juden und Christen, leisten zu können. Im Lauf der Jahre hatte ich viel zu lernen. Einmal, dass eine „Normalität", wie sie mir vorschwebte, nicht zu erreichen war. Und zum anderen, dass die Deutschen mit der schweren Schuld, die sie auf sich geladen hatten, im eigentlichen Sinne des Wortes nicht fertig werden konnten, auch wenn sie es wollten. Vielleicht ist es unmöglich, nicht schuldbeladen zu sein, auch als Nachkomme, der erst nach der unsagbaren Katastrophe geboren wurde. Ich werde versuchen, in einem späteren Zusammenhang darzustellen, warum die Befangenheit, trotz ehrlicher Bemühungen, nicht zu beheben ist. Bald kam ich zu dem Schluss, dass eine Unbefangenheit zwischen Juden und Nichtjuden auch nicht herzustellen ist. Mein Gefühl „Ich muss es nur wollen und meinen Weg der Unbekümmertheit fortsetzen" beruhte auf Naivität, und ich musste erfahren, dass diese Unbefangenheit nur mit der moralischen Kraft der Betroffenen aufzubringen ist, nicht aber von den Nachkommen der Verursacher.

Es war mitten im Sechstagekrieg, als eine Versammlung arabischer und einiger israelischer Studenten in Berlin stattfand. Die Araber, den Begriff „Palästinenser" kannte man noch nicht, weigerten sich, mit den Israelis zu diskutieren.

Diese bestanden auch nicht lange darauf und begnügten sich mit ihrer Rolle als Zuhörer. Gollwitzer wies zornig die Bezeichnung „Unrechtsstaat" für Israel zurück und verteidigte Israel vehement, obwohl damals niemand ein klares Bild über die tatsächlichen Geschehnisse besaß. In den Medien wurde von einem ägyptischen Vormarsch durch den Sinai berichtet und von einem unaufhaltsamen Vordringen bis nach Be'er Schewa, damals die südlichste Stadt in Israel. Der andere Diskussionsleiter, ein prominenter Politologe, teilte den Arabern mit, dass sich Deutschland in eine furchtbare Schuld gegen die Juden tief verstrickt habe und aus diesem Grunde niemals Kritik am Staat Israel üben dürfe. Diesen Standpunkt empfand ich als unerträglich. Nach der Versammlung schrieb ich an Gollwitzer und an den Politologen einen ausführlichen Brief, in dem ich mich mit aller Schärfe gegen eine derartige Verteidigung Israels wandte, als ob die arabischen Staaten die deutsche Schuld zu begleichen hätten. Ein nichts sagender und sentimentaler Brief, in dem die tiefe Liebe zu Israel, die er und die Deutschen empfanden, pathetisch beschworen wurde, war die Antwort.

Es war schon aufschlussreich: Es war der Beginn der Funktionalisierung der jüdischen Katastrophe, vorgenommen sehr bald von beiden Gegnern, sehr bald auch von Israel. Und es war der Beginn eines dramatischen Umschwunges unter der deutschen Jugend, eines Umschwunges, der mir bewies, dass auch die schuldlose Generation mit der Schuld ihrer Väter nicht leben kann. Und bald kam es zu völlig neuen, jeder Beschreibung spottenden Auswüchsen in den nichtjüdischen Medien.

Der Begeisterung für die tapferen Israelis folgte sehr bald deren Verdammung. „Diese wunderbaren kämpferischen Juden", „Seit den Zeiten der Makkabäer hatte man solche tapferen Juden nicht mehr erlebt!", las man zuerst in allen Zeitungen, tönte es in allen Fernsehreportagen. Wie sagte mir in den ersten Wochen nach dem Sechstagekrieg ein Mitreisender im Flugzeug zwischen München und Berlin?:

„Sie sehen ja so außergewöhnlich braungebrannt aus. Wo kommen Sie denn her?“ Nachdem ich ihm berichtete, dass ich von einem Familienbesuch in Israel nach Berlin zurückkehre, konnte mein Mitreisender sich vor lauter Begeisterung nicht fassen: „Oh“, so mein Münchener, „nach Israel will auch ich so bald wie möglich fahren. Diese Israelis, diese einmalig tapferen Krieger! Alle Achtung! Ist ja auch kein Wunder, schließlich sind diese Israelis ja alle Deutsche!“ ‚Eine verrückte Welt!‘, dachte ich bei mir. Soll man lachen, ihn auslachen oder weinen, vor Wut weinen!?

Überraschenderweise gewann Israel innerhalb von sechs Tagen den Krieg, und es beging die Ursünde, die diesen Krieg niemals zum Stillstand bringen kann: Sie besetzten die eroberten Gebiete und machten ihrerseits keinerlei Anstalten, zu einem würdigen Frieden zu gelangen. Damit begann die Zeit der Unabsehbarkeit der Dauer dieses Krieges, der letzten Endes immer noch währt.

Anmerkungen

1 „Der Rosenkavalier“: Oper (1911) von Richard Strauss (1864–1949).

2 Walter Calé: Nachgelassene Schriften. Mit einem Vorwort von Fritz Mauthner. Herausgegeben und eingeleitet von Arthur Brückmann, S. Fischer Verlag, Berlin [2. Auflage 1907].

3 Gösta Berlings Saga (1891), zweibändige Nacherzählung von Volkssagen aus Värmland in lyrischer Prosa.

4 Ich bin ein Mensch, nichts Menschliches ist mir fremd – „Homo sum, humani nil [nihil] a me alienum puto“ (Terenz).

5 Friedrich von Schiller: Die Jungfrau von Orleans, Fünfter Aufzug, Vierzehnter Auftritt.

6 Friedrich von Schiller: Wilhelm Tell, Zweiter Aufzug, Zweite Szene.

7 Friedrich von Schiller: Maria Stuart, Dritter Aufzug, Sechster Auftritt.

8 Ludwig Uhland: Des Sängers Fluch („Es stand in alten Zeiten…“).

9 Ludwig Uhland: Schwäbische Kunde („Als Kaiser Rotbart lobesam…“).

10 Richtig heißt der Anfang von Goethes Gedicht „Mignon“: „Heiß mich nicht reden, heiß mich schweigen…“

11 Hermann Geßler, Reichsvogt in Schwyz und Uri, – in Friedrich von Schiller: Wilhelm Tell.

12 „Ein zuckersüßes Brüderchen! In der That! – Franz heißt die Kanaille?“ – Zitat aus Friedrich von Schiller: Die Räuber, Erster Akt, Zweite Szene.

13 Konzertsaal in der Bernburger Straße 22/23 im einstigen Berliner Musikviertel am Potsdamer Platz, Architekt Franz Heinrich Schwaechten (1841–1924), heute zerstört.

14 „kalos kalä kalon“: Griechisch maskulin, feminin und neutrum für „schön“.

15 Uriah Heep und David Copperfield sind Figuren aus den Romanen und Satiren des englischen Schriftstellers Charles Dickens (1812–1870).

16 Die Geschwister Anne (1820–1849), Charlotte (1816–1855) und Emily Jane (1818–1848) Brontë waren britische Schriftstellerinnen des 19. Jahrhunderts.

17 Laut Berliner Adressbuch jener Zeit lebte Prof. Dr. Willi Splettstößer in der Kiekemaler Straße 1.

18 Hermann Löns (1866–1914) und Hermann Stehr (1864–1940): deutsche Dichter und Schriftsteller.

19 Jüdische Hohe Feiertage: Jüdisches Neujahrsfest Rosch ha-Schana und Versöhnungstag Jom Kippur.

20 Erste Strophe des Gedichts „Vereinsamt" von Friedrich Nietzsche. In der letzten, sonst gleich lautenden Strophe heißt es am Schluss: „Weh dem, der keine Heimat hat."

21 Emilia Galotti: Trauerspiel (1772) von Gotthold Ephraim Lessing.

22 Ebd., Vierter Aufzug, Fünfter Auftritt.

23 Ebd., Gräfin Orsina: „Küssen möcht' ich den Teufel, der ihn dazu verleitet hat!… Ja, küssen, küssen möcht ich ihn – Und wenn Sie selbst dieser Teufel wären, Marinelli."

24 Werner von Blomberg (1878–1946): 1927 bis 1928 Chef des Truppenamtes der Reichswehr, ab 30. Januar 1933 Reichswehrminister; erlässt 1934 den Befehl zur sofortigen Vereidigung aller Soldaten auf Hitler, 1935 Oberbefehlshaber der Wehrmacht, seit 1936 Generalfeldmarschall, Soldaten dürfen nach seinem Befehl vom 15. Juli 1935 nicht mehr in jüdischen Geschäften einkaufen, dankt Februar 1938 aufgrund eines privaten Skandals ab, 14. März 1946 Tod in US-Haft in Nürnberg infolge einer Erkrankung.

25 W. v. Blomberg war von 1929 bis Januar 1933 Befehlshaber des Wehrkreises 1 in Ostpreußen.

26 Wilhelm Keitel (1882–1946): Ab 1929 Leiter der Heeres-Organisationsabteilung im Reichswehrministerium, 1937 Ernennung zum General, 1938 bis 1945 Chef des Oberkommandos der Wehrmacht, seit 1940 Generalfeldmarschall; im Nürnberger Prozess 1946 wegen Kriegsverbrechen und Verbrechen gegen die Menschlichkeit verurteilt und am 16. Oktober 1946 hingerichtet.

27 Ulrike von Levetzow (1804–1899), Marianne von Willemer (1784–1860).

28 Monarchisten und Nationalsozialisten in der Weimarer Republik favorisierten die schwarz-weiß-rote Flagge des Deutschen Kaiserreiches (1871–1918).

29 1848 bis 1866 Flagge von Deutschland („Paulskirchenregierung"), 1919 bis 1933 Nationalflagge des Deutschen Reiches („Weimarer Republik"), seit 1949 Bundesflagge.

30 Erwin Zimet (Berlin 1912–1991 USA): 1930 bis 1938 (Examen) Studium an der Hochschule für die Wissenschaft des

Judentums, seit 1933 Prediger und Lehrer bei der Jüdischen Gemeinde Berlin.

31 Ellen Littmann (1900–1975): 1922/1923 Studium am Lehrerbildungsinstitut des Jüdisch-Theologischen Seminars in Breslau, etwa ab 1926 bis 1931 Studium an der Hochschule für die Wissenschaft des Judentums in Berlin (Lehrbefähigung als Religionslehrerin), 1928 Promotion zum Dr. phil. an der Universität Köln (Thema: „Studien zur Wiederaufnahme der Juden durch die deutschen Städte nach dem Schwarzen Tode. Ein Beitrag zur Geschichte der Judenpolitik der deutschen Städte im späten Mittelalter"), 1930 1. Preis der Moses-Mendelssohn-Stiftung für die Arbeit „Moses Mendelssohns Bibelübersetzung in ihrer literarischen und exegetischen Bedeutung", Emigration nach Palästina, ab 1938 Lehrerin in Jerusalem, nach 1956 Dozentin für Bibel und Hebräisch am Leo Baeck College London.

32 In der Nacht vom 9. zum 10. August 1932 ermordeten nicht uniformierte SA Leute den kommunistisch gesonnenen, arbeitslosen 35-jährigen Arbeiter Konrad Pietczuch in seiner Wohnung in Potempa (Oberschlesien). Die Täter wurden zum Tode verurteilt, dann durch von Papen zu lebenslänglichem Zuchthaus begnadigt und 1933 freigelassen.

33 Chaluz/*Pl.* Chaluzim (*hebr.* Pionier): Mitglied der Anfang des 20. Jahrhunderts bis Ende des Zweiten Weltkrieges existierenden zionistischen Organisation He-Chaluz (Der Pionier), die jüdische Jugendliche auf das Leben in Palästina vorbereitete; verallgemeinernd auch als Bezeichnung „Gründerväter" verwendet.

34 Albert Leo Schlageter (1894–1923): Deutscher Offizier, 1919 bis 1921 Freikorpsangehöriger, propagierte nach Einsetzen des Ruhrkampfes gegen die französische Besatzung den aktiven Widerstand, war an Sabotageakten beteiligt, wurde von den französischen Behörden am 8. Mai 1923 zum Tode verurteilt und am 26. Mai erschossen, insbesondere von den Nationalsozialisten zum Märtyrer stilisiert.

35 Hans Blüher (1888–1955): Deutscher Schriftsteller und Philosoph, schrieb u.a. 1922 die antisemitische Polemik „Secessio Judaica", 1933 erschien sein Disput mit dem jüdischen Religionswissenschaftler Hans-Joachim Schoeps, „Streit um Israel".

36 Palästina-Amt: Auswanderungsbüro der „Zionistischen Vereinigung für Deutschland" (ZVfD), deutscher Partner der Jewish

Agency mit Sitz in Berlin-Charlottenburg, Meinekestraße 10, ab November 1938 in der Kantstraße 158. Das Palästina-Amt verhalf etwa 50 000 deutschen Juden zur Auswanderung. Nach dem Novemberpogrom 1938 wurde es in die „Reichsvertretung der Juden in Deutschland" eingegliedert.

37 (Wladimir) Se'ew Jabotinsky (Odessa 1880–1940 New York): Zionistischer Politiker, 1903 Mitbegründer einer der ersten zionistischen Selbstverteidigungsorganisationen in Russland, während des Ersten Weltkrieges Begründer der Jüdischen Legion innerhalb der britischen Armee, 1920 Mitbegründer der Hagana (jüdische Verteidigungsorganisation in Palästina), zeitweise Mitarbeit in Gremien der World Zionist Organization, 1923 Gründervater der militanten Jugendorganisation BETAR, 1925 der nationalistischen, antiarabischen und militanten Revisionistischen Partei, 1937 der Militärorganisation Irgun (*Abk.:* EZEL), Gegner jeglicher Teilungspläne für Palästina.

38 Kulturbund Deutscher Juden: Im Juli 1933 in Berlin gegründete Selbsthilfeorganisation jüdischer Künstler zur Überwindung der NS-Boykottpolitik. Der Berliner Kulturbund hatte schon im ersten Jahr seines Bestehens 20 000 Mitglieder. Seine erste Spielzeit wurde im Oktober 1933 im Berliner Theater in der Kreuzberger Charlottenstraße mit G. E. Lessings „Nathan der Weise" eröffnet. Zwischen 1933 und 1935 entstanden weitere regionale Kulturbünde, u. a. im Rhein-Ruhr- und Rhein-Main-Gebiet, in Bayern, Hamburg und München. Im April 1935 wurden die regionalen Kulturbünde zum „Reichsverband der Jüdischen Kulturbünde in Deutschland" mit 36 regionalen Kulturbünden zusammengeschlossen; der Berliner Kulturbund musste sich auf Druck der Gestapo in „Jüdischer Kulturbund, Berlin e.V." umbenennen. Der Reichsverband wurde im Januar 1939 abgelöst durch den „Jüdischen Kulturbund in Deutschland e.V.", der am 11. September 1941 aufgelöst wurde.

39 Das Drama „Judith" von Friedrich Hebbel (1813–1863) wurde am 2. Oktober 1935 im Theater in der Kommandantenstraße gespielt. (Vgl. Geschlossene Vorstellung. Der Jüdische Kulturbund in Deutschland 1933–1941, Berlin 1992, S. 393.) Das Stück lehnt sich an das „Buch Judith" in der Bibel an, wonach die Jüdin Judith in das Lager der assyrischen Besatzer eindrang, deren Anführer Holofernes tötete und sich daraufhin die Besatzer zurückzogen. Hebbel beschreibt Judith als einerseits fromme Jüdin und gefeierte Heldin ihres Volkes sowie ander-

seits erniedrigte und missbrauchte Frau, die sich auch aus persönlichen Gründen an Holofernes rächt.

40 Charlotte Marie-Anne Corday d'Armont (1768–1793): Französische Adlige, die im Juli 1793 Jean-Paul Marat, einen der radikalen Anführer der Französischen Revolution, ermordete und dafür guillotiniert wurde. Vor dem Revolutionstribunal sagte sie, sie habe „einen Menschen getötet, um 100 000 zu retten".

41 „Hamlet, Prinz von Dänemark", Drama von William Shakespeare.

42 Nelly Wolffheim (Berlin 1879–1965 London): Ausbildung zur Kindergärtnerin am Berliner „Pestalozzi-Fröbel-Haus", Eröffnung eines Privatkindergartens nach Fröbelpädagogik, später nach Psychoanalytischer Pädagogik, 1934 bis 1939 Leiterin des Kindergärtnerinnenseminars der Jüdischen Gemeinde Berlin, maßgebliche Wegbereiterin der psychoanalytisch orientierten Vorschulpädagogik, Emigation nach England. Vgl. Astrid Kerl-Wienecke/Nelly Wolffheim: Nelly Wolffheim – Leben und Werk, Reihe: Psychoanalytische Pädagogik, Psychosozial Verlag, Gießen 2000.

43 Am 17. September 1933 wurde als Gesamtinteressenvertretung jüdischer Vereine und Verbände die „Reichsvertretung der deutschen Juden" gegründet (Präsident: Leo Baeck). Träger der Reichsvertretung waren der Centralverein deutscher Staatsbürger jüdischen Glaubens, die Zionistische Vereinigung, der Reichsbund jüdischer Frontsoldaten und die regionalen jüdischen Gemeindeverbände. Die Reichsvertretung gliederte sich in verschiedene Funktionsabteilungen, z.B. für Erziehung und Bildung, Wohnung, Auswanderung. Von den Nationalsozialisten erzwungen, musste sie sich 1935 zunächst in „Reichsvertretung der Juden in Deutschland", im Juli 1939 in „Reichsvereinigung der Juden in Deutschland" umbenennen. Aus einem freiwilligen Zusammenschluss war eine Zwangsvereinigung geworden. 1 500 jüdische Organisationen und 1 600 Einzelgemeinden hatten ihre Selbständigkeit verloren. Die Leitung der „Reichsvereinigung" wurde von den Nationalsozialisten ernannt und war direkt der Kontrolle der Gestapo unterworfen. Am 10. Juni 1943 wurde die Geschäftsstelle der „Reichsvereinigung" von der Gestapo geschlossen, das Vermögen beschlagnahmt und die meisten Mitarbeiter deportiert.

44 Robert Baden-Powell (1857–1941): Er gilt als Begründer der Pfadfinderbewegung.

45 „Blaue-Blume“-Lieder: Romantische Lieder der Wandervogelbewegung, Symbol für Fernweh und Natur.

46 Die Tetralogie „Joseph und seine Brüder“ besteht aus den Romanen „Die Geschichten Jaakobs“ (Berlin 1933), „Der junge Joseph“ (Berlin 1934), „Joseph in Ägypten“ (Wien 1936) und „Joseph der Ernährer“ (Stockholm 1943).

47 Werke des englischen Schriftstellers Charles Dickens (1812–1870).

48 Emily Brontë (1818–1848): Britische Schriftstellerin. „Sturmhöhe“ (Originaltitel „Wuthering Heights“) ist ihr einziger Roman.

49 Als Oberrabbiner von Hamburg amtierte von 1937 bis 1941 Joseph Carlebach (Lübeck 1883–1942 Riga). Er wurde 1942 mit seiner Frau und seinen drei jüngsten Kindern in Riga ermordet. Sein ältester Sohn hieß Julius Carlebach (Hamburg 1922–2001 Brighton/Großbritannien). Er emigrierte 1938 mit einem Kindertransport nach England, war nach seiner Ausbildung als Leiter eines Waisenhauses, als Rabbiner und Dozent tätig. Von 1989 bis 1997 amtierte er als Rektor der Hochschule für Jüdische Studien in Heidelberg.

50 „Der Stürmer“: Aggressiv antisemitische Wochenzeitung, gegründet am 20. April 1923 von Julius Streicher in Nürnberg, erschien zuerst im „Völkischen Verlag Wilhelm Härdel“, ab 1935 im „Verlag Der Stürmer“, höchste Auflagenzahl 1938 mit etwa einer Million Exemplaren.

51 Jüdischer Nationalfond (JNF), *hebr.:* Keren Kajemet (Le-Jisrael): Zentraler Fonds der World Zionist Organization zur Besiedlung Palästinas, gegründet 1901.

52 Kinder-Alija, Jugend-Alija: Das Wort Alija bedeutet im Hebräischen „Hinaufziehen“, und es steht auch für die Einwanderung nach Erez Israel, dem vorstaatlichen jüdischen Gemeinwesen in Palästina. Mit der Kinder- und Jugend-Alija konnten zwischen 1932 und 1939 4 500 jüdische Kinder und Jugendliche vor der nationalsozialistischen Verfolgung in Deutschland nach Erez Israel gerettet werden. Die Arbeitsgemeinschaft für Kinder- und Jugend-Alija war für die Organisation der Alija verantwortlich.

53 „Ein ernstes Leben“: Roman (1932) von Heinrich Mann.

54 Degania: Name zweier Kibbuzim in Nordisrael südwestlich des Sees Genezareth. Degania „A“ bzw. „Aleph“ ist der älteste israelische Kibbuz, Vorläufer aller Gemeinschaftssiedlungen,

gegründet 1909 von russischen Einwanderern, Geburtsort des israelischen Generals und Politikers Mosche Dajan. Degania „B“ bzw. „Bet“ entstand 1920 in unmittelbarer Nähe der vorherigen Siedlung.

55 Kinneret: Kibbuz am Südende des Sees Genezareth.

56 Giora (Georg) Josephthal (Nürnberg 1912–1962 Luzern): 1930/1931 Studium der Rechtswissenschaft in Berlin und Heidelberg, Mitglied der zionistischen Studentenverbindung, 1938 Emigration nach Palästina, 1952 bis 1956 Schatzmeister der World Zionist Organization, 1956 Generalsekretär der Arbeiterpartei MAPAI, 1959 Abgeordneter der Knesset, 1960 bis 1961 Arbeitsminister, danach Minister für Wohnungswesen und Entwicklung, beigesetzt im Kibbuz Gal-Ed.

57 Gisela Warburg Wyzanski (Hamburg 1912–1991 Cambridge/ Mass.): 1939 in die USA emigriert, verheiratet mit dem Juristen Charles E. Wyzanski, langjähriges führendes Mitglied der zionistischen Jugend- und Frauenbewegung, engagierte sich in den USA jahrzehntelang in der Hadassa-WIZO und für UNICEF.

58 Max M. Warburg (Hamburg 1867–1946 New York): Hamburger Bankier, 1938 in die USA emigriert.

59 Lola Hahn-Warburg (1901–1989): Verheiratet mit Rudolf Hahn, dem Bruder des Reformpädagogen Kurt Hahn, für dessen Jugendarbeit sie sich schon in den 1920er Jahren engagierte; nach der Emigration im September 1938 nach England Mitarbeit in der Refugee Children´s Movement, später Leiterin des Bloomsbury House in London.

60 Einwanderungszertifikat: „Die britische Mandatsregierung hatte zur Regulierung der Einwanderung ein Quotensystem eingerichtet, nach welchem nur bestimmten Personengruppen die Immigration nach Palästina erlaubt wurde. Voraussetzung für den Erhalt einer Einwanderungserlaubnis, deren Zahl halbjährlich festgelegt wurde, war entweder ein ausreichendes Vermögen, um eine Existenz in Palästina aufzubauen (Kapitalisten-Zertifikate), oder die Ausübung eines Berufes, der in Palästina benötigt wurde (Arbeiter-Zertifikate). Daneben gab es Zertifikate für Kinder und Jugendliche, die in öffentlichen Einrichtungen in Palästina ausgebildet wurden und deren Unterhalt finanziell gesichert war. In diese Gruppe fielen die Teilnehmer der Jugend-Alija. Jugendliche zwischen 15 und 17 Jahren sollten in die Kibbuzim geschickt werden, während das Kinderdorf

Ben Schemen und das Kinderheim Ahawah in Kiriat Bialik die Jüngeren aufnahmen.“ (Axel Meier: Die Jugend-Alija in Deutschland 1932 bis 1941, in: Aus Kindern wurden Briefe. Die Rettung der jüdischen Kinder aus Nazi-Deutschland, Hg. G. Maierhof/Ch. Schütz/H. Simon, Berlin 2004, S. 79 f.)

61 Jewish Agency: 1922 bis 1948 Jewish Agency for Palestine: Organisation, die die Interessen der jüdischen Bevölkerung Palästinas gegenüber dem das Mandatsgebiet verwaltenden Großbritannien und dem Völkerbund bzw. der UNO vertrat; ab 1948 Jewish Agency for Israel.

62 Kwuzat Degania: Gruppe, die den Kibbuz Degania aufbauten und bewohnten.

63 Gordonia: Sozialistische, linkszionistische Jugendorganisation.

64 Levi Schkolnik (Oratowo/Ukraine 1895–1969 Jerusalem): Späterer Name Levi Eschkol, seit 1914 in Palästina, tätig als Landarbeiter, Mitbegründer der Histadrut, Mitglied der MAPAI (Arbeiterpartei Palästinas). Als Leiter der Siedlungsabteilung im Palästina-Amt in Berlin organisierte er in den 1930er Jahren die Emigration deutscher Juden nach Palästina. Nach 1948 Generaldirektor im israelischen Verteidigungsministerium, 1930 bis 1952 Schatzmeister der Jewish Agency for Israel, 1951/52 Minister für Landwirtschaft und Entwicklung, 1952 bis 1963 Finanzminister, 1963 bis 1969 Ministerpräsident.

65 David Ben Gurion (Plonsk/Polen 1886–1973 Tel Aviv): Ursprünglicher Name David Grün, Mitglied der linkszionistischen Poale Zion, 1906 Einwanderung nach Palästina, tätig als Landarbeiter und Journalist, später Berufspoltiker, 1912 bis 1914 Jura-Studium, 1921 bis 1935 Generalsekretär des Gewerkschaftsdachverbandes Histadrut, ab 1930 Vorsitzender der MAPAI (Arbeiterpartei Palästinas), 1935 bis 1948 Vorsitzender der Exekutive der Jewish Agency for Palestine, 1946 Führung der jüdischen Selbstverteidigungsorganisation Hagana, 1948 erster Ministerpräsident und Verteidigungsminister der provisorischen Regierung Israels, ebenso 1949 bis 1953 und 1955 bis 1963, 1970 Rückzug aus der Politik.

66 Hitler ließ sich am 15. März 1938 auf dem Heldenplatz in Wien als erster „großdeutscher Führer“ feiern.

67 Am 28. Oktober 1938 wurden etwa 15 000 vom NS-Regime als „polnischstämmig“ bezeichnete Juden gewaltsam nach Polen abgeschoben. Es handelte sich um staatenlose Juden und um Juden mit polnischer Staatsangehörigkeit.

68 Marinus van der Lubbe (1909–1934): Niederländischer Maurergeselle, soll am 27. Februar 1933 angeblich den Reichstag in Brand gesetzt haben, was von den Nationalsozialisten als Vorwand für die Verfolgung der Kommunisten, Sozialdemokraten, Gewerkschafter und anderer Nazigegner sowie für die Außerkraftsetzung wesentlicher Grundrechte (Reichstagsbrandverordnung) benutzt wurde.

69 Walter Calé: Nachgelassene Schriften, a. a.O., S. 88.

70 Ebd.

71 Permit: Hier Einreiseerlaubnis.

72 Nach dem Novemberpogrom 1938 erlaubte die britische Regierung auf Drängen der Öffentlichkeit und der jüdischen Gemeinden Großbritanniens die Einreise von jüdischen Kindern aus Deutschland. Dank dieser Hilfsaktion, die unter dem Begriff „Kindertransport" in die Geschichte einging, konnten zwischen Dezember 1938 und November 1939 11 000 Kinder gerettet werden.

73 Affidavit: Bürgschaft eines USA-Staatsangehörigen für einen Einwanderer in die USA, Voraussetzung zum Erhalt eines Visums.

74 Quote: Die USA hatten für die Einwanderung von Juden aus Deutschland und Österreich eine Quote von jährlich 27.370 Menschen festgelegt, die sie auch nach dem Novemberpogrom 1938 nicht erhöhten.

75 „Das Narrenschiff" („Ship of Fools"): Mit zwei Oscars preisgekrönter Spielfilm, Regie Stanley Kramer, USA 1964; Verfilmung von Katherine Anne Porters Bestseller. Am Vorabend des „Dritten Reiches" ist ein Passagierschiff auf dem Weg von Vera Cruz nach Bremerhaven mit den unterschiedlichsten Charakteren an Bord.

76 Hechaluz: Als Weltverband 1921 gegründete nationaljüdische Organisation zur Vorbereitung und beruflichen Ausbildung (Hachschara) junger jüdischer Menschen für ein Arbeiterleben in Palästina. Der Weltverband umfasste um 1935 etwa 100 000 Mitglieder, der 1923 gegründete deutsche Landesverband zählte etwa 14 000 Mitglieder. (Nach: Philo-Lexikon. Handbuch des jüdischen Wissens, 3., verm. u. verb. Aufl., Berlin 1936.)

77 „Lloyd Triestino di navigazione" (auch „Triester Lloyd"): Reederei mit Hauptsitz in Triest/Italien, betrieb die ersten Fracht- und Personentransporte nach dem Orient.

78 Augustus, Gaius Octavius (63 v.Z.–14 n.Z.): Erster römischer Kaiser (27 v.Z.–14 n.Z.), bis zur Übernahme des Titels Augustus (lat. „der Erhabene“) auch Octavian.

79 Horatio Viscount Nelson (1758–1805): Britischer Admiral und Nationalheld durch seine Siege in den Seeschlachten bei Abukir und Trafalgar.

80 Agudat Israel (Bund Israels): 1912 gegründete jüdische orthodox-religiöse Partei.

81 Keren Hajessod: Grundfonds. Finanzorgan der World Zionist Organization zur Finanzierung des jüdischen Palästina-Aufbaus, gegründet 1920.

82 Watikim/*Sg.* Watik (*hebr.* Alteingesessener): Vor dem Jahre 1933 meist aus Osteuropa eingewanderte Juden.

83 Technion: Israel Institute of Technology (Technische Hochschule Israels), 1924 in Haifa eingeweiht.

84 Chawer/*Pl.* Chawerim *(hebr.)*: Das Wort kann Freund, Kamerad, Mitglied, Genosse bedeuten.

85 Schalom *(hebr.* Frieden): Begrüßung im Sinne von „Guten Tag“.

86 Jecke: Bezeichnung für deutsche Juden. Der sprachgeschichtliche Ursprung des Wortes ist unklar.

87 Peel-Kommission: Nach ihrem Leiter, Lord Robert Peel, benannte Untersuchungskommission, die von der britischen Regierung eingesetzt worden war, um die Ursachen für die 1936 ausgebrochenen arabischen Unruhen in Palästina zu untersuchen sowie um Lösungsvorschläge zu unterbreiten. Es wurden jüdische und arabische politische Oberhäupter angehört. Se’ew Jabotinsky sprach 1937 vor der Peel-Kommission. Er unterstrich die Dringlichkeit der Gründung eines jüdischen Staates angesichts der bedrohlichen Lage für Juden in Deutschland und Mitteleuropa und ihrer Suche nach Zuflucht. Jabotinsky vertrat die Ansicht, dass die Beseitigung der akuten Not der Juden Vorrang vor dem arabischen Wunsch nach einem Staat in Palästina haben müsse. Der Peel-Bericht schlug am 7. Juli 1937 erstmals einen Teilungsplan vor, wonach im Nordwesten ein kleiner jüdischer Staat und im Süden und Osten ein größerer arabischer Staat zu errichten sei. Zusätzlich enthielt der Peel-Bericht Empfehlungen für die Einschränkung der jüdischen Einwanderung und Landkäufe. Die zionistische Führung lehnte den Teilungsplan in dieser Form ab, bekundete jedoch Verhandlungsbereitschaft. Von arabischer Seite wurde der Teilungsplan strikt abgelehnt.

88 BETAR (*hebr. Abk. für* Brit Josef Trunmpeldor, *dt.:* Bund Josef Trumpeldor): 1923 gegründete zionistische Jugendorganisation, die der Revisionistischen Partei Jabotinskys nahe stand.
89 Emek Jesreel: Tiefebene im Norden Israels.
90 Kadima (*hebr.* Vorwärts): Zionistischer Jugendbund.
91 Dysenterie-Verdacht: Verdacht auf Ruhr.
92 Weißbuch (auch „MacDonald-Weißbuch" genannt): Von der britischen Regierung am 17. Mai 1939 veröffentlicht. Es schränkte u.a. die jüdische Einwanderung nach Palästina ein.
93 Hagana (*hebr.* Verteidigung): 1920 gegründete jüdische Selbstverteidigungsorganisation in Palästina, die dem zionistisch-sozialistischen Gewerkschaftsdachverband Histadrut nahe stand. Die Hagana verteidigte jüdische Siedlungen gegen arabische Angriffe und war Mitorganisatorin der illegalen Einwanderung jüdischer Flüchtlinge aus Europa. Nach 1939 richtete sich ihr Kampf auch gegen die britischen Mandatstruppen. Diese Politik wurde jedoch angesichts der dramatischen Lage Europas, besonders Großbritanniens, unterbrochen und erst wieder nach 1945 aufgenommen. Im Mai 1948 ging aus der Hagana die staatliche Israelische Verteidigungsarmee (Zwa Hagana le-Jisrael, *Abk.* ZAHAL) hervor.
94 Theodor Herzl: Der Judenstaat. Versuch einer modernen Lösung der Judenfrage, 6. Aufl., Jüdischer Verlag, Köln o. J. [1908], S. 94.
95 Die Autorin bezieht sich auf die deutschlandweiten Bücherverbrennungen am 10. Mai 1933, bei denen die Nazis „undeutsches Schrifttum" verbrennen ließen.
96 Pardes-Besitzer: Plantagenbesitzer.
97 In Anlehnung an 1 Könige 18,21.
98 Aba: in Israel Bezeichnung für Papa.
99 Pessach: Eines der wichtigsten Feste im Judentum. Es erinnert an die in der Bibel geschilderte Verschonung der Erstgeborenen unter den Juden in Ägypten und den Auszug der Juden aus der ägyptischen Gefangenschaft. Während der Wüstenwanderung konnten die Juden nur ungesäuerte Brote (*hebr.* Mazzot) essen. Zur Erinnerung an die göttliche Errettung werden während des Pessachfestes Mazzot verzehrt. Während dieser Zeit darf sich in einem gesetzestreuen jüdischen Haushalt nichts Gesäuertes (*hebr.* Chamez) befinden. Während eines gründlichen Hausputzes werden daher sicherheitshalber sämtliche Lebensmittel entfernt. Das im Alltag verwendete Geschirr und Besteck wird

von Gesäuertem rituell gereinigt, indem es ausgeglüht oder ausgekocht wird. Pessach dauert in Israel vom 15. bis 21. Nissan im jüdischen Kalenderjahr. Das Fest beginnt am 14. Nissan im Familien- und Freundeskreis mit einem festlichen Abendmahl und Gebeten; beides läuft nach einer bestimmten Ordnung ab – dem Seder.

100 Brit Mila: Rituelle Beschneidung eines männlichen Kindes am 8. Lebenstag.

101 Ungeachtet der Ablehnung einer Jüdischen Brigade durch die britische Regierung meldeten sich viele Juden freiwillig zum Dienst in der Armee. Im September 1940 wurden zunächst 15 Bataillone mit Juden aus Palästina zusammengestellt. Im August 1942 formierten die Briten ein Palästinensisches Regiment, bestehend aus drei jüdischen und einem arabischen Bataillon, welches an den Kampfeinsätzen in Ägypten und Nordafrika teilnahm. Erst im September 1944 konnte eine Jüdische Brigade als Teil der 8. britischen Armee gebildet werden, nachdem die britische Regierung im Juli 1944 ihre Zustimmung erteilt hatte. In der Jüdischen Brigade kämpften 5000 Freiwillige aus Palästina gegen die deutsche Wehrmacht in Italien. Nach Kriegsende waren sie in Italien, Belgien und in den Niederlanden stationiert; Mitglieder der Jüdischen Brigade betreuten Überlebende der Schoa in Displaced Persons Camps und organisierten deren Einwanderung nach Palästina.

102 Irgun (Irgun Zwa'i Le'umi, *Abk.:* EZEL, dt.: Nationale Militärorganisation): Nach der Abspaltung von der Hagana 1931 gegründete radikale militärische Untergrundorganisation, die der Revisionistischen Partei nahe stand. Der Irgun war u. a. für das Attentat auf das King David Hotel in Jerusalem 1946 und für Massaker an Zivilisten in arabischen Dörfern im April 1948 verantwortlich. Im Mai/Juni 1948 setzte Ben Gurion zum Teil gewaltsam die Auflösung und Unterordnung des Irgun in die staatliche Israelische Verteidigungsarmee ZAHAL durch. Menachem Begin, von 1977 bis 1983 Ministerpräsident Israels, war ab 1943 das Haupt des Irgun.

103 LECHI (*hebr. Abk.* für Lochamej Cherut Jisrael, *dt.:* Kämpfer für die Freiheit Israels): Militärische Untergrundorganisation in Palästina 1940 bis 1948, die ihre Attacken hauptsächliche gegen die britischen Mandatstruppen richtete. Die Briten nannten die Gruppe nach ihrem Anführer Awraham Stern auch Stern Gang.

104 Curfew *(engl.)*: Ausgangssperre

105 Neft: Rohöl bzw. Heizöl.

106 Im Sommer 1946 wurde die Jüdische Brigade aufgelöst.

107 Jom ha-sikaron la-shoa we-la-gwura: Gedenktag für die Märtyrer und Helden der Schoa.

108 Rudolf (Rezsō) Kasztner: (Kolozsvár/Ungarn, heute Cluj/Rumänien 1906–1957 Tel Aviv): Oberhaupt der jüdischen Gemeinde Ungarns, Journalist und Jurist. In Israel amtierte er als hoher Funktionär in der Partei Ben Gurions, der MAPAI. 1952 wurden gegen Kasztner Vorwürfe laut, er habe mit den Nazis kollaboriert. Ein israelisches Gericht kam zu dem Ergebnis, Kasztner habe „seine Seele an den Teufel verkauft". In der Nacht des 3. März 1957 wurde Kasztner in Tel Aviv von drei Extremisten ermordet. Das Oberste Gericht Israels wies in einem abschließenden Urteil im Januar 1958 fast alle Anschuldigungen gegen Kasztner zurück.

109 Lord Moyne: Seit 1941 britischer Kolonialminister für den Nahen Osten, ermordet am 6. November 1944 an seinem Amtssitz in Kairo von zwei Mitgliedern der LECHI, die dafür am 22. Januar 1945 in Kairo hingerichtet und deren Leichen 1975 nach Israel überführt wurden.

110 Am 29. November 1947 stimmte die UN-Vollversammlung der Resolution Nr. 181 (II) zur Beendigung des britischen Mandats in Palästina sowie der Teilung des Landes in einen jüdischen und einen arabischen Staat mit Wirtschaftsunion zu. Die Jewish Agency unter Führung David Ben Gurions akzeptierte die Resolution; die Staaten der Arabischen Liga und das Arabische Hochkomitee in Palästina lehnten sie hingegen strikt ab. In den Monaten nach der UN-Entscheidung eskalierten die gewaltsamen Auseinandersetzungen zwischen Juden und Arabern in Palästina.

111 In den Monaten nach dem UN-Teilungsbeschluss für Palästina am 29. November 1947 eskalierten die gewaltsamen Auseinandersetzungen zwischen Juden und Arabern in Palästina. Beide Gegner waren bestrebt, wichtige strategische Punkte zu besetzen. Teilweise übergaben die Briten ihre militärischen Stellungen direkt an arabische Truppen. Die Hagana war bemüht, innerhalb des von der UNO zugesprochenen Gebietes die jüdischen Ortschaften zu verteidigen und Straßen freizuhalten, um die Versorgung gewährleisten zu können. Trugen diese Kämpfe der Hagana zunächst defensiven Charakter, begann am 1. April 1948 mit der „Operation Dalet" eine expansive Of-

fensive um zusammenhängende jüdische Gebiete innerhalb des den Arabern zugeteilten Landes.

112 Laut UN-Teilungsplan sollte Haifa zum jüdischen Staat gehören, Jaffa hingegen – wegen arabischer Bevölkerungsmehrheit – als arabische Enklave innerhalb des jüdischen Staates existieren. Um Haifa fanden erbitterte Kämpfe statt, wobei die jüdischen Truppen am 23. April 1948 die Oberhand gewannen. Tel Aviv wurde von Jaffa aus 1947/1948 beschossen; im Mai 1948 wurde Jaffa schließlich von jüdischen Truppen besetzt.

113 Mohammed Anwar as-Sadat (1918–1981): Politiker, Staatspräsident von Ägypten (1970 bis 1981); erster arabischer Staatspräsident, der Israel anerkannte; wurde am 6. Oktober 1981 während einer Militärparade in Kairo von islamischen Fundamentalisten ermordet.

114 Ferenc Fricsay (1914–1963): Ungarischer Drigent.

115 Benjamino Gigli (1890–1957): Italienischer Sänger, neben Enrico Caruso berühmtester Belcanto-Tenor zu Beginn des 20. Jahrhunderts.

116 „Oh Jahrhundert! Oh Wissenschaften! Es ist eine Lust zu leben.“ Aus Ulrich von Hutten (1488–1523): Brief an Prickheimer.

117 „Maria Stuart“: Drama (1800) von Friedrich von Schiller.

118 Semper aliquid haeret: Es bleibt immer etwas hängen.

119 1898 trafen sich während einer Palästinareise Kaiser Wilhelm II. und Theodor Herzl bei der jüdischen Landwirtschaftsschule Mikwe Israel zu einem Gespräch.

120 Abba Solomon Eban (Kapstadt 1915–2002 Tel Aviv): Israelischer Politiker, 1960 bis 1963 Erziehungsminister, stellv. Ministerpräsident und Außenminister des Staates Israel.

121 Samuel Josef Agnon, *ursprgl. Name:* Samuel Josef Czaczkes (Daczaz/Galizien 1888–1970 Rechowot/Israel): Bedeutender hebräischer Autor des 20. Jahrhunderts, ab 1907 in Palästina, 1966 Nobelpreis für Literatur gemeinsam mit Nelly Sachs.

122 Sechs-Tage-Krieg: Krieg der arabischen Staatenallianz Ägypten, Jordanien und Syrien gegen Israel vom 5. Juni bis 10. Juni 1967. Nachdem die Straße von Tiran für israelische Schiffe gesperrt und arabische Truppen an den israelischen Grenzen aufmarschiert waren, führte Israel am 5. Juni 1967 einen militärischen Präventivschlag gegen ägyptische Luftwaffenbasen. Als Ergebnis der Kampfhandlungen brachte Israel Gebiete unter seine Kontrolle, die zuvor unter arabischer Hoheit standen: die Sinai-

Halbinsel, den Gazastreifen, die Golanhöhen und das Westjordanland sowie Ost-Jerusalem mit der historischen Altstadt.

123 Fedajin (*arab.* Sich-Opfernde): Bezeichnung für bewaffnete, nicht religiös motivierte palästinensische Gruppen, die vor allem in den 1950er und 1960er Jahren nach Israel eindrangen, um Anschläge zu verüben.

124 Galil: Hebräische Bezeichnung für die Region Galiläa. Jehuda entspricht Judäa.

125 Modest Petrowitsch Mussorgskij (1839–1881): Russischer Komponist. „Bilder einer Ausstellung" (1874) war dem befreundeten Maler Viktor Hartmann gewidmet und ursprgl. als Klavierstück konzipiert, heute vor allem bekannt in der Orchesterbearbeitung Maurice Ravels von 1922.

126 *Ka-Zetnik 135633:* Pseudonym in Erinnerung an die in den deutschen Konzentrationslagern (KZ) ermordeten Juden Europas für Jehiel Dinur – die Nummer war seine KZ-Nummer –, *ursprgl.:* Jehiel Feiner (Sosnowiec/Polen 1917–2001 Tel Aviv), aus Polen stammender israelischer Schriftsteller und Dichter, Studium an der Chochmei-Lublin-Jeschiwa, Überlebender des Vernichtungslagers Auschwitz, sagte am 68. Verhandlungstag (7. Juni 1961) als Zeuge der Anklage im Eichmann-Prozeß in Jerusalem aus und brach dabei bewusstlos zusammen, Werke: „Salamandra" (eines der ersten in Israel erschienenen Bücher über die Shoa) sowie die dreibändige autobiografische Chronik einer jüdischen Familie im 20. Jh. mit den Bänden „Das Haus der Puppen", „Piepel" und „Phoenix über Galiläa".

127 Mossad: Israelischer Geheimdienst.

128 Sabre *oder* Sabra, (*Pl.* Sabres *bzw.* Sabarim): abgeleitet vom hebräischen Wort Zabar (*Pl.* Zabarim). Zabar ist eine äußerst robuste Kakteenart der Gattung Opuntia, die sehr große farbenprächtige Blüten trägt und deren Früchte außen stachelig und innen süß sind. Die in Israel geborenen Juden werden Sabres genannt, um ihre Mentalität zu charakterisieren.

129 Für diese Annahme Leo Baecks gibt es keinen schriftlichen Beleg, dennoch bestätigen Zeugen, dass Baeck diese Hoffnung hegte und äußerte. Die Begriffe „jüdische Polizei" bzw. „jüdische Polizisten" sind nicht zutreffend, da die für diese Zuarbeiten in den Sammellagern von der Gestapo eingesetzten Männer keine polizeilichen Kompetenzen hatten. Die Jüdische Gemeinde war von der Gestapo gezwungen worden, Personal

zu stellen, das beim Ablauf der Deportationen Hilfsdienste leisten musste. Für diese Hinweise danke ich Ernst Ludwig Ehrlich (Schweiz). – Hermann Simon, Herausgeber.

130 Primo Levi (Turin 1919–1987 Freitod in Turin): Überlebender von Auschwitz, bedeutender italienischer Autor des 20. Jahrhunderts.

131 Peter Szondi (Budapest 1929–1971 Freitod in Berlin): Überlebender von Bergen-Belsen, deutscher Literaturwissenschaftler ungarischer Herkunft.

132 Jean Améry, *eigentl.* Hans Maier (Wien 1912–1978 Freitod in Salzburg): Überlebender verschiedener Konzentrationslager, österreichischer Schriftsteller und Journalist.

133 Paul Celan, *eigentl.* Paul Antschel, *auch:* Anczel (Czernowicz 1920–1970 Freitod in Paris): Überlebender des Ghettos Czernowicz, bedeutender Lyriker und Übersetzer.

134 Am Anfang gab es den aus einzelnen Instituten bestehenden Campus Abu Kabir. Die Universität Tel Aviv wurde offiziell 1956 gegründet.

135 Theodor Mommsen (1817–1903): deutscher Historiker des 19. Jahrhunderts, der sich vor allem mit römischer Geschichte beschäftigte. „Römische Geschichte", 3 Bde. (1854–1856)

136 Sir Ronald Syme (1903–1989): Aus Neuseeland stammender bedeutender britischer Althistoriker, bekanntestes Werk „Die Römische Revolution" (1939).

137 Scheich Munes: Bis 1948 ein arabisches Dorf. Es wurde in die Stadt Tel Aviv eingemeindet und in den nördlichen Stadtbezirk Ramat Aviv umbenannt.

138 Gamal Abd el-Nasser (1918–1970): 1954 bis 1970 Staatspräsident von Ägypten.

139 Ahmed Schukeiri (1908–1980): Mitbegründer und 1964 bis 1967 erster Vorsitzender der PLO

140 Max Tau (1897–1976): Deutscher Schriftsteller mit den Themen Frieden und Völkerversöhnung, 1938 Emigration nach Norwegen und Schweden, 1950 erster Träger des Friedenspreises des Deutschen Buchhandels.

141 Peter Huchel (1903–1981): Deutscher Lyriker, der mit seinen Gedichten und als Chefredakteur (1948 bis 1962) der Literaturzeitschrift „Sinn und Form" die Entwicklung der DDR-Literatur nachhaltig prägte.

142 Ingeborg Drewitz (1923–1986): Deutsche Schriftstellerin.

143 Gerhart Hauptmann (1862–1946): Deutscher Schriftsteller,

Hauptvertreter des Naturalismus in der deutschen Literatur, 1912 Nobelpreis für Literatur.

144 Georg Zivier, *Ps.* Hans Gregor (1897–1974): Deutscher Schriftsteller, Journalist und Kritiker, Werke u.a. „Deutschland und seine Juden" sowie mit Walther Huder „300 Jahre Jüdische Gemeinde zu Berlin" (beide 1971).

145 Jochen Klepper (1903–1942): Deutscher Schriftsteller, bedeutender Dichter geistlicher Lieder, evangelischer Theologe. 1931 Heirat mit der Jüdin Johanna (Hanni) Stein (1890–1942, Witwe des Rechtsanwalts Stein, Mutter der Töchter Brigitte, die vor 1939 nach England ausreisen konnte, und Renate) in Breslau und Umzug nach Berlin, 1933 Entlassung als Rundfunkmitarbeiter und 1935 beim Ullstein-Verlag, 1937 Ausschluss aus der Reichsschrifttumskammer. Weil die jüngste Stieftochter Renate als Jüdin deportiert werden sollte, Selbstmord der Familie.

146 Günther Birkenfeld (1901–1966): Schriftsteller und Übersetzer, ab 1927 Generalsekretär des Reichsverbandes deutscher Schriftsteller, arbeitslos, nach 1933 Verlagslektor und Luftlagereporter, nach 1945 Herausgeber und Chefredakteur der Jugendzeitschrift „Horizont".

147 Wijk aan Zee.

148 Amos Funkenstein (Israel/Palästina 1937–1995 Berkeley/USA). Vgl.: In memory of Amos Funkenstein (= Doreen B. Townsend Center occasional papers; 6), Berkeley, Calif. [1966].

149 Valois: Herrscherdynastie, Name nach der Grafschaft Valois (heutige Departements Aisne und Oise), stellte von 1328 bis 1589 die Könige von Frankreich.

150 Karl der Kühne (1433–1477): Letzter Herzog von Burgund aus dem Hause Valois, Sohn Herzog Philipps des Guten von Burgund und der Isabella von Portugal,

151 Jean le Bon: *Französisch für* Johann II. der Gute (1319–1364), 1350 bis 1364 König von Frankreich, Sohn König Philipps VI. aus dem Haus Valois.

152 Philipp II. von Burgund, *genannt* „der Kühne" (1342–1404): 1363 bis 1404 Herzog von Burgund.

153 Jean sans Peur: Französisch für: Johann ohne Furcht von Burgund (1371–1419), Sohn Herzog Philipps des Kühnen, 1404 bis 1419 Herzog von Burgund; 1419 ließ ihn der spätere König Karl VII. von Frankreich in Montereau-faut-Yonne ermorden.

154 Friedrich III. (1415–1493): römisch-deutscher König und Kaiser.

155 Georges Chastellain: Hofdichter im mittelalterlichen Burgund, Verfasser der „Chronique de Jacques de Lalaing".

156 Olivier de la Marche: Memoirenautor, Hofdichter im mittelalterlichen Burgund.

157 Philippe de Commynes, auch: Comines, Commines, Commyn (um 1447–1511): In Comines/Flandern geborener französisch-burgundischer Historiker und Diplomat, dessen 1524 erschienene „Mémoires" als der Beginn der modernen politischen Geschichtsschreibung gelten.

158 Cargo-Kulte: Im 19. Jahrhundert aus der Konfrontation mit Europäern entstandene Heilserwartungskulte in Melanesien und Neuguinea, verbunden mit der Hoffnung der Alteingesessenen auf Teilhabe an den Gütern der Zivilisation der Weißen.

159 Diamat: *Abk.* für „Dialektischer Materialismus".

160 Benno Ohnesorg (Hannover 1940–1967 Berlin): Student der Romanistik und Germanistik. Er war Pazifist und Mitglied einer evangelischen Studentengemeinde, wollte Gymnasiallehrer werden. Am 2. Juni 1967 nahm er in Berlin zum ersten Mal in seinem Leben an einer Demonstration teil, in deren Verlauf er von einem Polizisten auf dem Hinterhof Krumme Straße 66/67 erschossen wurde.

161 Rudi Dutschke (Schönefeld b. Luckenwalde 1940–1979 Arhus/Dänemark): Bekanntester Vertreter der so genannten 68er-Studentenbewegung, auf den im Zusammenhang mit den Studentenunruhen in West-Berlin am 11. April 1968 ein Mordanschlag verübt wurde, an dessen Spätfolgen er am 24. Dezember 1979 starb.

162 Rote-Armee-Fraktion (RAF): Linksterroristische, gegen das gesellschaftliche System der BRD gerichtete, aus dem Untergrund heraus operierende Gruppe um Andreas Baader, Gudrun Ensslin, Horst Mahler, Ulrike Meinhof und andere, die 1970 in der Bundesrepublik Deutschland gegründet wurde und sich 1998 endgültig auflöste.

163 Helmut Gollwitzer (Pappenheim/Bayern 1908–1993 Berlin): Evangelischer Theologe, Schriftsteller und streitbarer Sozialist.

164 Cassius Clay: Geburtsname von Muhammad Ali (geb. 1942), US-amerikanischer Boxer.

Jonathan Awerbuch

About Marianne
A son's perspective

To be proud of one's parents is common. To admire them for their life's work or acquired fame is also not unusual. Some, however, are fortunate enough to respect their parents for something perhaps more intangible and rare: their courage and character. The respect that I felt – and continue to feel – for both my parents was inspired not merely by what they accomplished during their lifetimes, which spanned nearly the entire 20th century. My respect flows primarily from the uncompromising determination with which they conducted their lives, despite the often-unforgiving human environment and the harsh historical circumstances they encountered. Although they grew up reviled and demonized as Jews, living under constant threat and the ever - tightening noose of the Nuremberg laws, they never pitied themselves or their plight. Confronted by the murder of their parents and relatives, by the threat of their own near annihilation, and by the stark contingencies of exile, they never saw themselves as victims, but as survivors who must bear accurate witness to the history of their times, regardless of the price.

Passion for the truth, fairness, courage, determination, drive toward perfectionism, strong work ethic, clarity of thought and purpose, and non-conformism – these are some of the traits that come to mind when I think of my parents. My parents valued loyalty and gave unstinting support to friends and colleagues. They were not afraid to dissent from the majority or to challenge power for the sake of truth and fairness. They conducted their lives with modesty mixed with conviction and stubbornness. My mother, in particular, was highly opinionated, strong-willed, and very intense in her approach to people and issues, while my father, Max, was always patient, a strong and reliable supporter of my mother and her aspirations. My parents were passionate in their belief in human decency and dedicated to the principle of helping others. They were both stoics at heart who despised sentimentality, cowardice, or self-pity of any kind. Living in the midst of our increasingly ubiquitous consumer culture, they always remained indifferent to the temptations of greed and the acquisitive instinct. Nor was it fame or the appetite for power that drove them to reach their goals in a world dominated by envy, egotism, and ruthless competition. Their ethic was always to do the right thing, as they saw it, without compromise, whatever the sacrifice.

Many of the traits for which I admired my mother ironically also caused much strife in her life. In matters of friendship, especially involving intimate friends and colleagues, the stakes for her were extremely high. Her passionate, morally exacting, inflexible and proud nature often infused her interactions with others with remarkable intensity and drama. She did not hesitate to break off long-held friendships when she felt that her expectations were not met, often perceiving minor disagreements or inadvertent lapses as fatal breaches of trust and loyalty. The fact that so many of her friends swallowed their pride to avoid permanent estrangement is a testament to how highly they valued her friendship. I, myself, often shared that unenviable position. Marianne often recounted these episodes to me, speaking with pride of these friendships that she valued so dearly, precisely because they had survived the vicissitudes of human nature and the test of time.

In the winter of 1939 Marianne and her husband, Max (my father), boarded the train at Anhalter Bahnhof and waved farewell to their parents, knowing that they would never see them again. Hired by a German Jewish Zionist organization, they had been entrusted to lead a group of Jewish German children to safety in Palestine – at that time still under the British Mandate. Unlike the children in their care, who all possessed valid entry visas, neither of my parents had a legal certificate to settle in Palestine. Faced with the stark choice of returning to a certain fate in Germany, or risking arrest and expulsion by the British authorities, they managed to disembark at the port of Haifa and disappeared into the country. Although many Jewish refugees succeeded in breaking through the British human embargo after the war – the Jewish boat people – my parents were among the few who actually slipped into the country before the war, despite the tight British crackdown against "illegal immigration" of Jewish refugees fleeing Nazi persecution.

The main reason my parents fled Berlin as late as the winter of 1939 – literally at the eleventh hour – was because they were both determined to stay long enough to allow my father to complete his studies and graduate with an engineering diploma from the Berlin Technical University. Both valued education to the point that they were willing to risk their lives for this precious diploma that would give them hope of starting a new life in Palestine. Shortly after my father's graduation my parents married in Berlin, on November 30, 1938, and then organized their escape.

Looking back over my mother's life, what leaves the deepest impression on me is the courage and determination with which she confronted and overcame repeated obstacles. One of her lifelong ambitions had been to become a scholar and teach history or the humanities at the university level. It was in 1954, as a boy in middle school, when I first realized that my mother was still struggling to achieve this elusive goal to attend a university, an experience that had been denied her as a Jewish child growing up in Nazi Germany. In Israel at the time, the path to achieve this yet unfulfilled dream in a still struggling, largely impoverished, new nation of immigrants and refugees was neither obvious nor easy.

After arriving in Palestine and spending a short time in a Jewish kibbutz, my parents rented a single room from a host family in Abu-Kabir, one of the poorest neighborhoods in southern Tel-Aviv, near the town of Jaffa. There I was born, in January 1942. Ten months later, the battle of Al-Alamein, when the Wehrmacht stood on the brink of capturing Egypt and overrunning British-controlled Palestine, renewed my parents' fear of persecution. Although the British military successes brought welcome temporary relief, as illegal immigrants they still faced the constant fear of deportation from Palestine. In fact, my father was arrested by British authorities and subjected to interrogation (just as he had been questioned a few years earlier by the Gestapo in Berlin) and released shortly thereafter. It was only on May 15, 1948, after the state of Israel had been declared, that my parents could finally feel safe and free again, despite the outbreak of the Israeli-Arab War. My father fought in the War of Independence, fortunately returning home unhurt. Despite the increasing Jewish - Arab tension, my mother told me later about the excellent relations she had with members of the local Arab community.

During her first decade in Palestine/Israel, my mother worked as a teacher's aid in various pre-school children camps and private educational institutions. Later she founded and became the principal of a small independent school that catered to the special needs of a few dozen children with mental disabilities. Eventually, she was hired as a teacher in the Yahalom School, a public elementary school in Ramat-Gan, a suburb of Tel-Aviv. Not knowing Hebrew upon arriving in Palestine never posed an obstacle: With iron self-discipline, Marianne learned the language the hard way – in the street and with a constant regimen of Hebrew books.

Marianne possessed a unique combination of traits – including her commanding will and personality, her remarkable pedagogical skills, her passionate love of children, and the high quality secondary education she had received at her Berlin gymnasium, despite having been expelled at age 16 for being Jewish. These many attributes persuaded the local Israeli authorities to certify her as a teacher, even though she lacked the mandatory requirements of high school matriculation and a teaching diploma. Perhaps another favorable factor was that Israel, as a struggling new nation, was in a dire need of competent teachers. Armed with these many assets, Marianne soon was teaching history and social science courses for all classes in the middle school curriculum. I attended the same school where she taught, and grew accustomed to hearing many compliments about my mother – of her being both a demanding and exemplary teacher. She brought both pedagogical innovation and consummate expertise on the subjects of European culture and history into the syllabus, sharing her extensive knowledge of these fields with a diverse Jewish community made up of a rich mix of immigrants, predominantly from the Middle East, Northern Africa, and Eastern Europe.

For much of my childhood, we lived in a single room apartment in Ramat-Gan. Space was tight: we used folding beds and the icebox was in the entrance hall. Everyday I carried the 10–15 kilogram ice cube one kilometer; on the Sabbath the second chunk of ice was wrapped in a special towel. The furniture was Spartan. To make ends meet my mother offered private lessons each afternoon to other children, while I was playing football in the dusty street. Her time off work was filled with the mundane, daily, domestic chores that occupied all working Israeli mothers. Years later she assured me that I had been a "good kid," often helping her out with household tasks. Despite these demands on her time, my mother spent every spare moment with me: taking me to theatres, movies, concerts, and the beach. At the same time, she always remained obsessed with my performance in school, anxious that I should be admitted to the best high school and attend a top-notch university. It was a continuous struggle between us, with many inevitable arguments and disappointments along the way – although I did end up attending the Technion (the Israel Institute of Technology), graduating, like my father, with a degree in mechanical engineering, completing my Ph.D., and eventually working as professor at a university in the United States. Only decades later, having two daughters of my own, did I forgive my mother for not allowing me to attend the annual weeklong Boy Scout camps in the wilderness, out of concern for my safety.

There were many bright moments in my mother's life that I remember fondly. She was completely absorbed with her work at school, and involved with the children from whom she drew such tremendous satisfaction and sense of fulfillment. Her school projects were often a central theme in family conversations in these early years. Marianne was an inspired conversationalist and enthusiastic storyteller. She was deeply enmeshed in the traditions of German and European culture, seized with the importance of Bildung, and fully versed with all the imperishable works of the great German/European writers, poets, and philosophers of the previous centuries. She could discourse effortlessly on almost any theme and explicate and distill the essence of a book or poem in a way to inspire the uninitiated. She was also fluent in three major European languages – English, German and French, familiar with Greek and Latin, and intimately knowledgeable with all forms of European classical music, paintings, and sculptures – an appreciation that she thankfully managed to convey to me over the years.

It was not surprising, therefore, that my mother saw a great opportunity to rekindle her youthful singing skills when the Tel-Aviv Philharmonic Choir was established in Israel. Two to three times a week she took the bus there after her long workday to participate in choir rehearsals. I remember my mother being in a state of tremendous excitement and elation during these concert seasons when the Choir performed, together with the Tel-Aviv Philharmonic Orchestra, such masterpieces as the Verdi's Requiem (with Ferenc Fricsay), Beethoven's Ninth (with Rafael Kubelik), or Arthur Honegger's King David (with the Choir conductor). Performing these and other musical masterpieces proved to be a great revival period for my mother. I remember her being totally absorbed and enraptured by that experience. I often joined her in these rehearsals and concerts, which helped instill in me the same intense appreciation of music.

In 1954, Marianne rededicated herself to her quest to pursue a higher education. My mother started to study the Bible, a required topic for Israeli high school matriculation. She also needed to be tested in such subject matters as Hebrew, history, social sciences, mathematics, and the natural sciences. The latter two subjects were her weaknesses. Ultimately, however, she was admitted to the Tel-Aviv University on a one-year probationary period without high school matriculation credentials. Her hard-earned accomplishments as a reputed teacher had opened for her a crack in the door to a new life. This was the year the university had been founded. It occupied a temporary setting that consisted of a couple of shacks located in Abu-Kabir, before moving to its more permanent site in northern Tel-Aviv.

While working as a middle school teacher and taking care of her family, Marianne launched into her studies with extraordinary intensity and unparalleled enthusiasm. Her primary focus was on Biblical studies and classical history (the Roman Empire), her keenest areas of interest at that time. I would find her totally immersed, loving every moment of the new intellectual adventure. Family conversations all revolved around her studies: she lived and breathed every lecture, seminar, new scholarly book, and assignment with the same enthusiasm with which a child embraces a new discovery. She was a person transformed.

She soon proved herself to be the most accomplished student in her class and her probationary requirement was removed. She graduated with distinction at age 47. Two years later she earned her M.A. degree, writing her thesis on Roman History, again with distinction. By then she had become a full time history teacher at a top-ranked high school in Tel-Aviv.

My father, who meanwhile had established his own engineering consulting firm, was one of the unsung heroes of my mother's quest to achieve her vita nuevo. It was he who first recognized her extraordinary intellectual gifts: during the difficult periods, when I saw little of my mother because she was always working and studying, he would advise me that one must learn to be patient with artists. He was relentless in his unconditional support of her, encouraging Marianne throughout her studies, acting as her sounding board whenever she needed one – which was often every waking hour – helping her with household chores, and routinely chauffeuring her back home from the University campus late at night, every weekday, for years. My father practiced the concept of equal rights for women long before it became fashionable.

Soon after, my mother was encouraged to pursue her doctoral studies. Such an option, however, was as yet unavailable to her at this embryonic stage of development of Tel-Aviv University. She first considered France and the United Kingdom for her advanced studies. However, a German university, particularly one located in Berlin, her birthplace, struck her as the natural and optimal solution. Although her choice of returning to her birthplace was not an easy decision psychologically, because of the many childhood memories, she felt irresistibly drawn to rediscover the place she had once called home. In August 1966, twenty-seven years after escaping Berlin, my mother returned to Germany at age 49. She no longer recognized the city where she grew.

That first night, Marianne stayed at a hotel across from the Kranzler Konditorei on Kurfürstendamm. The following day she sought out her parents' home, the only house in Holsteiner Ufer, along the banks of the Spree River, that survived the war. She registered as a student for the coming semester at the Freie Universität, like an 18-year old enrolling in courses for the academic year, and renting a room from an elderly Berliner woman. When we met the following week in Amsterdam, where I had spent the summer as an exchange student, I encountered a markedly different person: someone nervous, emotional, full of apprehension and concern about the future. Her sense of anxiety and discomfort was palpable. A couple of weeks later, after a brief visit to Paris together, we separated: I returning to Israel to complete my military service and continue my engineering studies, my mother rejoining Berlin to begin the third stage of her remarkable life. By doing so she was starting to close the circle, to complete what she would have accomplished some three decades earlier.

Thereafter, during our frequent meetings in Berlin, Ramat-Gan, and later Philadelphia – where I have lived since 1977, I invariably encountered a person who seemed genuinely satisfied that she had accomplished her life's goal. By all accounts history seems to have confirmed this impression: After her arrival in Berlin she became, in quick succession, an assistant at the Institut für Judaistik at the Freie Universität, earned her doctorate (1970), published her habilitation (1974), was appointed the Director of the Institut für Judaistik (1976–1982), raised to the rank of Professor of Mittelalterliche Geschichte (1974), served twice as the Dean of the Fachbereich Philosophie und Sozialwissenschaften (1978–1979 and 1980–1982), and then officially retired in 1982. Marianne then continued her teaching as a Professor Emeritus for several more years. She never blamed her "late success" on the historical circumstances that affected her life, either in Berlin or in Israel: she simply kept plowing ahead, often against the wind. Throughout that period Marianne wrote and lectured about Christian-Jewish relations in Europe over the previous centuries and engaged in public debates on German-Jewish relations. She was also involved in the city's decisions to address the past by erecting memorials and museums about the Holocaust. Not surprisingly, newspaper readers quickly learned that Marianne did not adopt the "party line."

During those many years, Marianne was repeatedly asked by her Israeli friends how she could return to live in Berlin after all that had happened. Until the early 1960s, Germany – and everything associated with that country – was taboo in Israel. Even after diplomatic relations between the two countries – orchestrated by the Israeli Prime Minister David Ben-Gurion and the West German Kanzler Konrad Adenauer – had been established in the early 1960s, the visceral animosity of many Israelis remained intense, particularly among non-German born Israelis. My mother repeatedly tried to explain that Berlin was a singular place, an exception to the rule: that it had been different then and different now when she returned. Berliners for her were somehow sui generis. Even the new generation of students was "exceptional", "different" for her. Most Israelis found the historical divide too extreme to accept her explanation or overcome their hostility. Eventually my mother gave up trying to justify her choice, and some friendships were broken off and left behind.

In Berlin, my mother enjoyed a wide circle of collegial friends, mostly associated with the Freie Universität. She was also involved in the social life of the city, particularly in matters related to the revival of the Jewish-German relations, although she kept some distance from the Berlin Jewish Community, which she found too parochial. Ironically, the people she felt closest to were her secular German "gentile" colleagues, her circle of Berlin friends who shared her mother tongue, her cultural sensibilities, all those discreet, intangible human qualities of character and habit that constitute a person's Weltanschauung. Although my mother was a product of the sum of her experiences, she chose to end her life where she felt most at home, despite her past experience.

Marianne returned "home" to Berlin in 1966. For some time the city did not feel like a real home: she had no surviving family or friends, and the students belonged to a radically different world – the rebellious generation of the 1960s and early 1970s. However, it did not take long before Marianne was able to overcome her initial isolation. With her forthcoming personality, keen intellect, and her peculiar Berliner charm, she soon established new long lasting friendships with members of both generations. It was these vital friendships, and the engaged intellectual environment that they fostered, which enriched her life immeasurably in Berlin. These many friendships all proved long lasting, enduring far beyond her retirement in 1982. At times, these relationships experienced turbulent periods, as is common with such intense personalities. These friendships, however, were her lifeblood – they made her spiritual survival in Berlin possible.

Sitting next to her hospital bed a few days before she passed away, I told Marianne about my meetings and conversations with several of her closest friends over the previous days, mentioning some names. Although she was frail, and it took her some time to respond, she lifted her head with her typical determination and with a weak, but intense voice shouted: "they are all my friends!" She sounded so proud and at the same time so possessive. At the funeral I had the opportunity to thank many of her colleagues and close friends for their loyal friendship, concluding: "Your friendship made a great impact on Marianne's life in Berlin: without you she could not have succeeded as she did, and she knew it, and she acknowledged it. I thank you."

Marianne passed away on June 6, 2004, two weeks before her 87th birthday. Many friends and former colleagues attended her last journey on June 9th, under heavy clouds, pouring rain, and cracking thunderstorms – weather emblematic of her life and personality. She rests in the Jewish cemetery in Weissensee, next to her husband, who passed away on October 29, 1997, at age 86. Many members of Marianne's extended family have also been brought to rest there.

I consider both my parents to be my heroes – examples to follow, despite their human frailties. I was always very close to both of them. We often shared each other's experiences in great detail, seeking the other's guidance and advice. For me, the spiritual umbilical cord was never really severed. In Israel, we lived in unusual harmony as a family. With our eventual departures from Israel – my parents to Berlin, myself to the United States – the separation created inevitable tensions – tensions to be expected among people living in such different worlds and cultures. It is this rich legacy of love and companionship, which, despite some painful interruptions, we continued to enjoy together, that I miss so deeply. Only after their passing away do I grasp how much I miss them. To me, they were larger than life.

This is only a brief homage to an exceptional person who was also my mother, Marianne. Only the words of her own memoir, however, can truly represent her own experience, or reveal her as she really was in all of her complexity and spirit.

Finally, special thanks are due Dr. Hermann Simon, Director of the Foundation of the Neue Synagoge Berlin-Centrum Judaicum, Dr. Hartmut Zinser, Professor of Religionswissenschaft at the Freie Universität in Berlin, and Dr. Winfried Sühlo, the former Staatssekretär in der Kulturverwaltung in West Berlin. They were instrumental in preparing the original manuscript for publication. Without their work this project would have never come to fruition.

Dr. Simon, Dr. Zinser, and Dr. Sühlo were also personal and dedicated friends of Marianne, for several decades. They especially supported her during the later period of her deteriorating health, after the passing away of Max. I wish also to thank Mr. Ethan Taubes who edited and contributed to this introduction. As the son of Prof. Yakob Taubes, a colleague of Marianne during his later years at the Freie Universität, Ethan knew Marianne since childhood, often visited her in Berlin, and maintained a special affection toward her throughout her life.

My daughters, Naomi and Dina, were very close to their grandparents. They participated in the preparation of this introduction. As they stated at Marianne's funeral: "Her story, as well as our grandfather's story, will always be our story, our children's story, our grandchildren's story, and so on. …Max and Marianne Awerbuch have now both passed on together from this world. But our love and reverence for these two amazing people does not pass with them, and it will not pass with us."

Philadelphia
August, 2007

Winfried Sühlo

Worte des Gedenkens für Marianne Awerbuch

Marianne Awerbuch – es fällt schwer, heute Worte des Abschieds zu sprechen. Für uns, ihre Freunde war sie eine große, eine weitherzige, eine liebenswerte Frau.

Ich habe sie 1971 zuerst getroffen, wenige Jahre nach ihrer Rückkehr aus Israel nach Berlin. Nach Jahrzehnten der Emigration, nach der Ermordung ihrer Familie, wird man nicht sagen können, Marianne sei nach Berlin in ihre Heimat zurückgekehrt. Sie mochte das Wort „Heimat" nicht.

Aber: Sie kam nach Hause, sie fühlte sich in Berlin zu Hause. Sie kannte diese Stadt, sie kannte ihre Menschen.

Unvergessen bleiben mir die Erzählungen aus dem Berlin ihrer Kindheit; die Ausflüge mit ihrem strengen Vater in der S-Bahn, die sie in lebhaften Worten vor unseren Augen erstehen ließ. Einer ihrer ersten Wege nach ihrer Rückkehr führte in das Café Buchwald, in unmittelbarer Nähe ihrer früheren Familienwohnung. Und sie fand es richtig, dass man sie – nach mehr als 30 Jahren – erkannte und mit Namen begrüßte.

Mariannes Treue zu Berlin war bemerkenswert. Dreißig Jahre lang feierte sie mit meiner Familie zusammen Weihnachten. Es gab keine Unterbrechung. Sie fühlte sich selbst als Berlinerin – mit ihrem Witz, ihrer Bissigkeit, ihrer Streitlust, ihrer wachen Intelligenz, ihrem großen Talent, Worte und Sprache zu setzen.

Das haben wir bewundert, davon haben alle profitiert, die mit ihr näher zu tun hatten: in der akademischen Lehre, im berühmten Fachbereichsrat 11 der FU, im Wissenschaftskolleg. Wenn es eine Gruppe von Menschen gibt, die dabei besonders ausgezeichnet war, so waren es ihre Schüler. Sie verehrten Marianne Awerbuch, von Semester zu Semester wurden es mehr.

Auch Berliner Politiker hätten von ihr mehr profitieren können, hätten sie in vielen Gesprächen mit ihr besser zuzuhören vermocht. Sie machte es allerdings niemandem leicht. Von ihrer bürgerlichen Familie, ihrer Erziehung her, war sie in vielen Fragen konservativ. Aber ihre Lebenserfahrung, ihre Offenheit für Begegnungen und Freundschaften prägten eine bewundernswerte Liberalität – im Grunde war Marianne Awerbuch eine Linke.

Ich habe einen Gedanken in den Mittelpunkt gestellt, weswegen wir Marianne vermissen werden: Sie hat durch ihre Art in dieser Stadt zu leben, mit den Menschen hier umzugehen und zu reden, vielen Berlinern etwas zurückgegeben von ihrem zerstörten, ihrem verlorenen Selbstgefühl. Dafür haben wir sie geliebt, und ich denke, dafür haben wir ihr von Herzen zu danken.

Berlin-Weissensee
9. Juni 2004

Veröffentlichungen von Marianne Awerbuch

Bücher

Urbs et Orbis בשלהי הרספובליקה הרומית, עבודת גמר לתואר "הוסמך". אוניברסיטת תל-אביב, 1966.
[Urbs et orbis am Ausgang der Römischen Republik, Abschlussarbeit zur Erlangung des M.A. Grades. Universität Tel-Aviv, 1966].

Über die Motivation der burgundischen Politik im 14. und 15. Jahrhundert. Inauguraldissertation, Philosophische Fakultät der FU Berlin, 16. Februar 1970 (Dissertationsdruckstelle der FU).

Christlich-jüdische Begegnung im Zeitalter der Frühscholastik, München: Chr. Kaiser 1980.

Imperium, in: Archiv für Begriffsgeschichte, Bd. XXV, Heft 2, Bonn 1981, S. 162–184.

Zwischen Hoffnung und Vernunft. Geschichtsdeutung der Juden in Spanien vor der Vertreibung am Beispiel Abravanels und Ibn Vergas, Studien zu jüdischem Volk und christlicher Gemeinde, Bd. 6, Berlin: Selbstverlag Institut Kirche und Judentum 1985.

Aufsätze und Vorträge

Martin Buber – Helfer in Sprachloser Zeit. Aspekte seines Werkes, in: Veröffentlichungen aus dem Institut Kirche und Judentum, Heft 7: Leben als Begegnung. Ein Jahrhundert Martin Buber, Berlin 1978, S.16–27.

Weltflucht und Lebensverneinung der „Frommen Deutschlands“. Ein Beitrag zum Daseinsverständnis der Juden Deutschlands nach den Kreuzzügen, in: Archiv für Kulturgeschichte Bd. 60, Heft 1, 1978, S. 53–93 (Köln – Wien: Böhlau Verlag).

Jüdische Frömmigkeit in Deutschland, Radiovortrag im Deutschlandfunk, Radio Kolleg, 30. Mai 1979.

Über das Lebensverständnis der Glückel von Hameln, in: Juden in Deutschland. Zur Geschichte einer Hoffnung, hrsg. von Peter von der Osten-Sacken, Berlin: Institut Kirche und Judentum 1980, S. 127–142.

Buchbesprechung von: Karl E. Demandt: Bevölkerungs- und Sozialgeschichte der jüdischen Gemeinde Niederstein 1653–1866, Wiesbaden 1980, in: Hessisches Jahrbuch für Landesgeschichte Bd. 32, 1982, S. 376–379.

Humanismus – Reformation und Judentum, in: Jahrbuch für Berlin-Brandenburgische Kirchengeschichte 55. Jg., 1985, S. 9–35.

Imperium. Zum Bedeutungswandel im staatsrechtlichen und politischen Bewußtsein der Römer, in: Archiv für Begriffsgeschichte, hrsg. von Karlfried Gründer, Bd. XXV, Heft 2, Bonn: Bouvier 1981, S. 162–184.

Heinrich von Treitschke, in: Berlinische Lebensbilder, hrsg. von Michael Erbe, Berlin: Colloquium Verlag 1989, S. 209–230.

Das Ende und das Fortleben des Judentums in Deutschland, hrsg. vom Hessischen Ministerium für Umwelt, Energie und Bundesangelegenheiten, Bonn 31.1.1992, S. 4–18.

Hochschule für die Wissenschaft des Judentums, in: Geschichtswissenschaft im 19. und 20. Jahrhundert, hrsg. von R. Hansen und W. Ribbe, Berlin New York: Walter de Gruyter 1992, S. 517–549.

Moses Mendelssohns Judentum, in: Bild und Selbstbildnis der Juden Berlins zwischen Aufklärung und Romantik, hrsg. von M. Awerbuch und S. Jersch-Wenzel, Berlin: Colloquium Verlag 1992, S. 21–41.

Die Kulturen lebten eng bei- und miteinander. Die These von der Isolation der deutschen Juden ist nicht haltbar, in: Frankfurter Rundschau Nr. 147 vom 27. Juni 1992, Dokumentation S. 11.

Über Juden und Judentum zwischen Humanismus und Reformation. Zum Verständnis der Motivation von Reuchlins Kampf für das jüdische Schrifttum„ in: Reuchlin und die Juden, hrsg. von A. Herzig und J. H. Schoeps, Pforzheimer Reuchlinschriften Bd. 3, Sigmaringen: Jan Thorbecke Verlag 1993, S. 189–200.

Spinoza in seiner Zeit, in: Spinoza in der europäischen Geistesgeschichte, (Studien zur Geistesgeschichte Bd. 16) hrsg. von H. Delf, Julius H Schoeps und Manfred Walther, Berlin: Edition Hentrich 1994, S. 39–74.

Judaistik ohne Juden. Peter Schäfers Attacke gegen die „Jüdischen Studien", in: Menora. Zeitschrift für deutsch-jüdische Geschichte, Bodenheim: Philo Verlagsgesellschaft 1996, S. 15–24.

Juden und Christen in Deutschland: Eine Geschichte vieler Wahrheiten, in: Rhein Reden. Texte aus der Melanchton Akademie Köln 2, 1994, S. 35-51 (Vortrag am 8. 11. 1993 in der Melanchthon Akademie Köln).

Alltagsleben in der Frankfurter Judengasse im 17. und 18. Jahrhundert, in: Jüdische Kultur in Frankfurt am Main in den Anfängen bis zur Gegenwart, hrsg. von Karl E. Grözinger, Wiesbaden: Harrassowitz 1997, S. 1–24.

Ansprache zu Ihrem 80. Geburtstag (20. Juni 1997) in der Historischen Kommission Berlin-Nikolassee

„Ein Mahnmal kann eine unglaubliche Beleidigung sein." Welche Alternativen die Judaistin Marianne Awerbuch zum geplanten Gedenken an den Holocaust sieht. Interview in „Die Welt", 9. November 1998. S. 3.

„Das ganze Land ist ein Mahnmal". Marianne Awerbuch über den 9. November 1938, aktuelle Sorgen und ihr Verständnis für Martin Walser, Interview von Amory Burchard, in: „Der Tagesspiegel" vom 9. November 1998.

„Ich weiß nicht, was das ist – jüdisches Bewußtsein“. Marianne Awerbuch, ehemalige Dekanin an der Freien Universität (Berlin), schreibt ihre Lebenserinnerungen auf. Interview von Malte Lehming, in: „Der Tagesspiegel“ Nr. 16 226 vom 21. Januar 1998.

Judentum im 16. und 17. Jahrhundert zwischen Inquisition und Reformation, in: Judentum und Antisemitismus von der Antike bis zur Gegenwart, im Auftrag des Fachbereichs Geschichtswissenschaften der Philips-Universität Marburg hrsg. von Th. Klein, V. Losemann, G. Mai, Düsseldorf: Droste Verlag 1984, S. 77–102.

Zionismus gestern und heute, in: Richte unsere Füsse auf den Weg des Friedens. Helmut Gollwitzer zum 70. Geburtstag, hrsg. von Andreas Baudis, München: Kaiser, S. 26–39.

Religionsgespräche in Salomo Ibn Vergas Schevet Jehuda, in: Religionsgespräche im Mittelalter, Wolfenbütteler Mittelalter-Studien, Bd.4, Wiesbaden: Harrassowitz 1992, S. 43–59.

Judentum, in: Theologische Realenzyklopädie, Bd. XVII, Berlin – New York: Walter de Gruyter 1988, S. 462–463.

Israel, in: Evangelisches Kirchenlexikon. Internationale theologische Enzyklopädie, hrsg. von Erwin Fahlbusch. Band 2, 3. Aufl., Göttingen: Vandenhoek und Ruprecht 1989, S. 759–782.

Antijudaismus, Antisemitismus, in: Evangelisches Kirchenlexikon. Internationale theologische Enzyklopädie, hrsg. von Erwin Fahlbusch, Band 1, 3. Aufl., Göttingen: Vandenhoek und Ruprecht 1986, S. 174–181.

Das Ende und das Fortleben des Judentums in Deutschland, (9. 1. 1992, 15 Seiten).

Personenregister

Abbildungsnachweis

Alle Abbildungen
Privatbesitz Jonathan Awerbuch

HENTRICH & HENTRICH

Herausgegeben von Hermann Simon

Reihe jüdische Memoiren

Meno Burg **Geschichte meines Dienstlebens** Band 1
Erinnerungen eines jüdischen Majors der preußischen Armee ISBN 3-933471-00-1

Jacob Teitel **Aus meiner Lebensarbeit** Band 2
Erinnerungen eines jüdischen Richters im alten Rußland ISBN 3-933471-03-6

Salomo Sachs **Mein fünfzigjähriges Dienstleben** Band 3
»Ich büße für meinen Glauben« ISBN 3-933471-04-4

Karl Schwarz **Jüdische Kunst – Jüdische Künstler** Band 4
Erinnerungen des ersten Direktors des Berliner Jüdischen Museums ISBN 3-933471-05-2

Martin Riesenburger **Das Licht verlöschte nicht** Band 5
Ein Zeugnis a. d. Nacht d. Faschismus – ein Berl. Rabbinerleben ISBN 3-933471-21-4

Elchanan Nathan Adler **Von Ghetto zu Ghetto** Band 6
Berichte eines jüdischen Reisenden ausgangs des 19. Jahrhunderts ISBN 3-933471-18-4

James Israel **Meine Reise zum Sultan** Band 7
Tagebuch-Notizen 1915 ISBN 3-933471-28-1

Wolfgang Pintzka **Von Sibirien in die Synagoge** Band 8
Erinnerungen aus zwei Welten ISBN 3-933471-31-1

Rosemarie Schuder **Deutsches Stiefmutterland** Band 9
Wege zu Berthold Auerbach ISBN 3-933471-40-0

Magrit Delius **Gisela Jacobius – als Jüdin in Berlin** Band 10
„. . . sind wir am 9. Januar 1943 in den Untergrund gegangen" ISBN 3-933471-88-5

Christoph Hamann **Die Mühsams** Band 11
Geschichte einer Familie ISBN 3-938485-00-0

Christiane Hoff **Anna und Leon** Band 12
Ihre Lebenswege nachgezeichnet ISBN 3-938485-01-9

Lorenz Peter Johannsen **Kinderarzt Karl Leven** Band 13
Lebensspuren – Todesspur ISBN 3-938485-05-1

Hans Brodnitz **Kino intim** Band 14
Eine vergessene Biographie ISBN 3-938485-06-X

Marianne Awerbuch **Erinnerungen aus einem streitbaren Leben** Band 15
Von Berlin nach Palästina – Von Israel nach Berlin ISBN 978-3-938485-39-2

Sabine Hank und Hermann Simon (Bearbeiter) **2 Bände**
Feldpostbriefe jüdischer Soldaten 1914–1918 Sonderausgabe
Briefe ehemaliger Zöglinge an Sigmund Feist ISBN 3-933471-25-7 u. 33-8

Elisa Klapheck (Hrsg.) Sonderband
Fräulein Rabbiner Jonas Zweite Auflage
„Kann die Frau das rabbinische Amt bekleiden?" ISBN 3-933471-17-6

HENTRICH & HENTRICH

JÜDISCHE MINIATUREN
SPEKTRUM JÜDISCHEN LEBENS

Herausgeber Hermann Simon

Moses Mendelssohn	Band 1	ISBN 3-933471-45-1
Walther Rathenau	Band 2	ISBN 3-933471-44-3
Max Liebermann	Band 3	ISBN 3-933471-47-8
Regina Jonas	Band 4	ISBN 3-933471-48-6
Ernst Lubitsch	Band 5	ISBN 3-933471-54-0
Theodor Herzl	Band 6	ISBN 3-933471-55-9
Jüdische Feiertage	Band 7	ISBN 3-933471-56-7
Leben im Judentum	Band 8	ISBN 3-933471-60-5
Victor Klemperer	Band 9	ISBN 3-933471-59-1
Theodor Wolff	Band 10	ISBN 3-933471-62-1
Glückel v. Hameln	Band 11	ISBN 3-933471-61-3
Jurek Becker	Band 12	ISBN 3-933471-57-5
Oscar Tietz	Band 13	ISBN 3-933471-67-2
Anna Seghers	Band 14	ISBN 3-933471-68-0
Magnus Hirschfeld	***Band 15	ISBN 3-933471-69-9
Heinz Galinski	Band 16	ISBN 3-933471-70-2
Synagoge Rykestr.	Band 17	ISBN 978-3-938485-65-1
Billy Wilder	Band 18	ISBN 3-933471-72-9
Hans Rosenthal	Band 19	ISBN 3-933471-73-7
Dresdner Synag.	Band 20	ISBN 3-933471-74-5
Albert Ballin	Band 21	ISBN 3-933471-75-3
Еврейские праздники	Band 22	ISBN 3-933471-77-X
Jenny Hirsch	Band 23	ISBN 3-933471-81-8
Rahel Hirsch	Band 24	ISBN 3-933471-82-6
Albert Einstein	***Band 25	ISBN 3-933471-83-4
Siegfried Marcus	Band 26	ISBN 3-933471-84-2
Еврейские традиции	Band 27	ISBN 3-933471-85-0
Alfred Dreyfus	Band 28	ISBN 3-933471-86-9
Mausche mi-Dessau	Band 29	ISBN 3-933471-87-7
Selma Stern	Band 30	ISBN 3-938485-07-5
Synagoge zu Görlitz	Band 31	ISBN 3-938485-09-4
Adolf Jandorf	Band 32	ISBN 3-938485-10-8
Berliner/Kolmar/Arendt	Band 33	ISBN 3-938485-12-4
Charlotte Wolff	Band 34	ISBN 3-938485-13-2
Moritz Katzenstein	Band 35	ISBN 3-938485-14-0
Heinrich Heine	Band 36	ISBN 3-938485-15-9
Sigmund Freud	**Band 37	ISBN 3-938485-16-7
Jüd. Friedhof Weißensee	**Band 38	ISBN 3-938485-17-5
Joseph Wulf	Band 39	ISBN 3-938485-18-3
Alexander Beer	Band 41	ISBN 3-938485-20-5
Leo Kufelnizky	Band 42	ISBN 3-938485-21-3
Siegmund Breitbart	*Band 43	ISBN 3-938485-22-1
Berl. Neue Synag.	Band 44	ISBN 978-3-938485-23-1
Abraham Geiger	Band 45	ISBN 3-938485-27-2
Helene Weigel	*Band 46	ISBN 3-938485-29-9
Fritz Kortner	Band 47	ISBN 978-3-938485-31-6
Alfred Hahn	Band 48	ISBN 3-938485-30-2
Emil Bernhard Cohn	Band 49	ISBN 3-938485-32-9
Wissenschaft d. Judent.	Band 50	ISBN 3-938485-19-1
Julius Hirsch	Band 51	ISBN 978-3-938485-33-0
Jacques Joseph	Band 52	ISBN 3-938485-34-5
Moritz Steinschneider	Band 53	ISBN 978-3-938485-35-4
Jüdische Kassenärzte	Band 54	ISBN 3-938485-36-1
Paul Mühsam	Band 55	ISBN 3-938485-37-X
Fritz Mauthner	Band 56	ISBN 3-938485-38-8
Iwan Bloch	Band 57	ISBN 3-938485-41-8
Geboren in Shanghai	Band 58	ISBN 3-938485-44-2
Isidor Mamlock	Band 59	ISBN 978-3-938485-49-1
Jacob Moser	Band 60	ISBN 978-3-938485-52-1
Bernhard Weiß	Band 61	ISBN 978-3-938485-54-5
Stadttempel Wien	Band 62	ISBN 978-3-938485-55-2
Agathe Lasch	Band 63	ISBN 978-3-938485-56-9
Kurt Tucholsky	Band 64	ISBN 978-3-938485-57-6
Eugen Panofsky	Band 65	ISBN 978-3-938485-60-6

Standardausgabe bis 64 Seiten, € 5,90,
bis *80 Seiten € 6,90, bis ** 96 Seiten € 7,80,
bis ***128 Seiten € 9,90